LA DANIELA

PAR

GEORGE SAND.

Introduction.

I.

Ce que nous allons transcrire sera, pour le lecteur, un roman et un voyage, soit un voyage pendant un roman, soit un roman durant un voyage. Pour nous, c'est une histoire réelle, car c'est le récit, écrit par lui-même, d'une demi-année de la vie d'un de nos amis : année pleine d'agitations et de douleurs, qui met en relief et en activité toutes les facultés de son ame et toute l'individualité de son caractère.

Jusque-là, Jean Valreg (c'est le pseudonyme qu'il a choisi lui-même) n'était connu ni de lui ni des autres. Il avait eu l'existence la plus sage et la plus calme qu'il soit possible d'avoir au temps où nous vivons. Des circonstances inattendues et romanesques développèrent tout à coup en lui une passion et une volonté dont ses amis ne le croyaient pas susceptible. C'est par cet imprévu de ses idées et de sa conduite que son récit, sous forme de journal, offre quelque intérêt. Ses impressions de voyage ne présentent rien de bien nouveau ; elles n'ont que le mérite d'une sincérité absolue et d'une certaine indépendance d'esprit. Mais nous devons nous abstenir de toute réflexion préliminaire sur son travail : ce serait le déflorer. Nous nous bornerons à quelques détails sur l'auteur lui-même, tel que nous le connaissions avant qu'il se révélât, par son propre récit, d'une manière complète.

J. V. (soit Jean Valreg, puisqu'il a pris ce nom qui conserve les initiales du sien), est le fils d'un de nos plus anciens amis, mort, il y a une douzaine d'années, au fond de notre province. Valreg père était avocat. C'était un honnête homme et un homme aimable. Son instruction était sérieuse et sa conscience délicate ; mais, comme beaucoup de nos concitoyens du Berry, il manquait d'activité. Il laissa pour toute fortune, à ses deux enfans, vingt mille francs à partager.

En province, c'est de quoi vivre sans rien faire. sartout, c'est de quoi acquérir l'éducation nécessaire à une profession libérale, ou fonder un petit commerce. Les amis de M. Valreg n'avaient donc pas à se préoccuper du sort de ses enfans, qui, d'ailleurs, ne restaient pas sans protection. Leur mère était morte jeune ; mais ils avaient des oncles et des tantes, honnêtes gens aussi et pleins de sollicitude pour eux.

Pour ma part, je les avais entièrement perdus de vue depuis longtemps, lorsqu'un matin, on m'annonça M. Jean Valreg.

Je vis entrer un garçon d'une vingtaine d'années, dont la taille et la figure n'avaient, au premier abord, rien de remarquable. Il était timide, mais plutôt réservé que gauche, et, voulant le mettre à l'aise, j'y parvins très vite en m'abstenant de l'examiner, et en me bornant à le questionner.

— Je me souviens de vous avoir vu souvent quand vous étiez un enfant, lui dis-je ; est-ce que vous vous souvenez de moi ?

— C'est parce que je m'en souviens très bien, répondit-il, que je me permets de venir vous voir.

— Vous me faites plaisir : j'aimais beaucoup et j'estimais infiniment votre père.

— *Ton père!* reprit-il avec un abandon qui me gagna le cœur tout de suite. Autrefois, vous me disiez *tu*, et je suis encore un enfant.

— Soit! ton pauvre père t'a quitté bien jeune! Par qui as-tu été élevé depuis?

— Je n'ai pas été élevé du tout. Deux tantes se disputèrent ma sœur...

— Qui est mariée, sans doute?

— Hélas, non! Elle est morte. Je suis seul au monde depuis l'âge de douze ans, car c'est être seul que d'être élevé par un prêtre.

— Par un prêtre? ah! oui, je me souviens, ton père avait un frère curé de campagne; je l'ai vu deux ou trois fois: il m'a paru être un excellent homme. Ne t'a-t-il pas élevé avec tendresse?

— Physiquement, oui; moralement, le mieux qu'il a pu, prêchant d'exemple; mais intellectuellement, d'aucune façon. Absorbé par ses devoirs personnels; ayant, sur toutes choses, et même sur la religion et la charité, des tendances toutes positives, comme on pouvait les attendre d'un homme qui avait quitté la charrue pour le séminaire, il m'a recommandé le travail sans me diriger vers aucun travail, et j'ai passé dix ans près de lui sans recevoir d'autre instruction que celle des livres qu'il m'a plu de lire.

— Avais-tu de bons livres, au moins?

— Oui. Mon père lui ayant confié par testament sa bibliothèque pour m'être transmise à ma majorité, j'ai pu lire quelques bons ouvrages, et, bien que tous ne fussent pas orthodoxes, jamais ce bon curé ne s'est avisé de se placer entre moi et ce qu'il considère comme ma propriété.

— Comment se fait-il qu'il ne t'ait pas mis au collège?

— Élevé par mon père, qui avait résolu de m'instruire lui-même et qui m'avait donné les seules notions d'études classiques que j'ai reçues, j'éprouvais pour le collège une antipathie que mon bon oncle ne voulut pas même essayer de vaincre. Il disait, je m'en souviens, en parlant chez lui, que ce serait autant d'épargné sur mon petit avoir, et que je serais bien aise, c'était son mot, de retrouver mon revenu capitalisé à ma majorité. D'ailleurs, ajoutait-il, puisque l'idée de mon frère était de l'élever à la maison, je dois me conformer à son désir, et je sais bien assez de latin pour lui enseigner ce qu'il en faut savoir. Mon brave oncle avait cette intention; mais le temps lui manqua toujours, et quand il rentrait, fatigué de ses courses, j'avoue que je ne le tourmentais pas pour me donner des leçons. Il s'assoupissait après souper dans son fauteuil, pendant que je lisais, à l'autre bout de la cheminée, Platon, Leibnitz ou Rousseau; quelquefois Walter Scott ou Shakspeare, ou encore Byron ou Goëthe, sans qu'il me demandât quel livre j'avais entre les mains. Me voyant tranquille, recueilli, et studieux à ma manière, heureux et sans mauvaises passions, il s'est imaginé que cette absence de vices et de travers était son ouvrage, et que n'être ni méchant, ni importun, ni nuisible suffisait pour être agréable à Dieu et aux hommes.

— De telle sorte, que tu penses n'avoir aucune grande qualité, aucune grande faculté développées, faute d'une direction éclairée ou d'une sollicitude assidue?

— Cela est certain, répondit le jeune garçon avec une singulière tranquillité. Pourtant, je serais un misérable ingrat si je me plaignais de mon oncle. Il a fait pour moi tout ce qu'il s'est avisé de faire et ce qu'il a jugé le meilleur.

Sa vieille servante a eu des soins si maternels pour ma santé, ma propreté, mon bien-être; elle et lui ont si bien assuré le charme de mes loisirs, en prévenant tous mes besoins; une telle habitude de silence, d'ordre et de douceur régnait autour de moi lorsque mon oncle s'absentait pour les soins de son ministère, qu'il n'aurait pas eu de motifs pour s'inquiéter de moi. Chaque jour, songeant au triple dépôt qui lui était confié, ma vie, mon âme et ma bourse, il me faisait trois questions: Tu n'es pas malade? Tu ne perds pas ton temps? Tu n'as pas besoin de quelque argent? Et comme je répondais invariablement *non* à ces trois interrogations, il s'endormait tranquille.

— Ainsi, repris-je, tu ne te plains de personne; mais, tout à l'heure, tu avais sur les lèvres, comme par réticence, une sorte de plainte contre toi-même.

— Je ne suis ni content ni mécontent de ce que je suis. N'ayant été poussé dans aucune direction, je ne peux pas valoir grand'chose, et si je me suis permis de vous parler de moi, c'est qu'il faut bien que je m'excuse de la visite que j'ai osé vous faire.

— Ta visite m'est agréable, ton nom m'est cher, et tu m'intéresses par toi-même, bien que je ne pénètre pas encore beaucoup ton caractère et tes idées.

— C'est qu'il n'y a rien à pénétrer du tout, dit le jeune homme avec un sourire plutôt enjoué que mélancolique. Je suis un être tout à fait nul et insignifiant, je le sais, car, depuis quelque temps, je commençais à me lasser de mon bonheur et à reconnaître que je n'y avais aucun droit; voilà pourquoi, dès que l'heure de ma majorité a sonné, j'ai demandé à mon oncle la permission d'aller voir Paris, et, lui faisant part de mes projets, j'ai obtenu son assentiment.

— Et quels sont tes projets? Peut-on t'aider à les réaliser?

— Je l'ignore. Je ne sais si l'on peut être utile à ceux qui ne sont bons à rien; et il est possible que je sois de ceux-là. Dans ce cas, vous pouvez me renvoyer planter mes choux, puisque, par malheur, je possède assez de choux pour en vivre.

— Pourquoi par malheur?

— Parce que j'ai hérité de la part de ma pauvre petite sœur, et que me voilà, depuis quelques jours de majorité, à la tête de vingt mille francs.

En parlant ainsi avec simplicité et résignation, Valreg se détourna, et je crus voir qu'il cachait une grosse larme venue tout à coup au souvenir de sa jeune sœur.

— Tu l'aimais beaucoup? lui dis-je.

— Plus que tout au monde, répondit-il. J'étais son protecteur; je me figurais être son père, parce que j'avais quatre ans de plus qu'elle. Elle était jolie, intelligente, et elle m'adorait. Elle demeurait à trois lieues du presbytère de mon oncle, et, tous les dimanches, on me permettait d'aller la voir. Un jour, je trouvai un cercueil sur la porte de sa maison. Elle était morte sans que j'eusse appris qu'elle était malade. Dans nos campagnes sans chemins et sans mouvement, vous savez, trois lieues, c'est une distance. Cet événement eut beaucoup d'influence sur ma vie et sur mon caractère, déjà ébranlé par la mort de mon père. Je perdis toute gaîté. Je ne fus pas consolé ou fortifié par une tendresse délicate ou intelligente. Mon oncle me disait qu'il était ridi-

I

cule de pleurer, parce notre Juliette était au ciel et plus à envier qu'à plaindre. Je n'en doutais pas; mais cela ne m'enseignait pas le moyen de vivre sans affection, sans intérêt et sans but. Bref, je restai longtemps taciturne et accablé, et j'ai beau faire, je me sens toujours mélancolique et porté à l'indolence.

— Cette indolence est-elle le résultat de tes réflexions sur le néant de la vie, ou un état de langueur physique? Je te trouve pâle, et tu parais plus âgé que tu ne l'es. Es-tu d'une bonne santé?

— Je n'ai jamais été malade, et j'ai physiquement de l'activité. Je suis un marcheur infatigable; j'aimerais peut-être les voyages; mais mon malheur est de ne pas bien savoir ce que j'aime, car je ne me connais point, et je suis paresseux à m'interroger.

— Tu me parlais cependant de tes projets : donc tu n'as pas quitté ta province et tu n'es pas venu à Paris sans avoir quelque désir ou quelque résolution d'utiliser ta vie?

— Utiliser ma vie! dit le jeune homme après un moment de silence; oui, voilà bien le fond de ma pensée. J'ai besoin que vous me disiez qu'un homme n'a pas le droit de vivre pour lui seul. C'est pour que vous me disiez cela que je suis ici; et quand vous me l'aurez bien fait comprendre et sentir, je chercherai à quoi je suis propre, si toutefois je suis propre à quelque chose.

— Voilà ce qu'il ne faut jamais révoquer en doute. Si tu es bien pénétré de l'idée du devoir, tu dois te dire qu'il n'y a d'incapables que ceux qui veulent l'être.

Nous causâmes ensemble une demi-heure, et je trouvai en lui une grande docilité de cœur et d'esprit. Je le regardais avec attention, et je remarquais la délicate et pénétrante beauté de sa figure. Plutôt petit que grand, brun jusqu'à en être jaune, un peu trop inculte de chevelure, et déjà pourvu d'une moustache très noire, il offrait au premier aspect quelque chose de sombre, de négligé ou de maladif; mais un doux sourire illuminait parfois cette figure bilieuse, et des éclairs de vive sensibilité donnaient à ses yeux, un peu petits et enfoncés, un rayonnement extraordinaire. Ce n'étaient là ni le sourire, ni le regard d'une jeunesse avortée et infructueuse. Il y avait dans la simplicité de son élocution une netteté douce et comme une habitude de distinction qui ne sentaient pas trop le village. Enfin, bien qu'en effet il ne sût peut-être rien, il n'était étranger à rien, et me paraissait apte et prompt à tout comprendre.

— Vous avez raison, me dit-il en me quittant; mieux vaudrait le suicide réel que le suicide de l'âme par nonchalance et par poltronnerie. Je manque d'un grand désir de vivre, mais je ne suis pourtant pas dégoûté maladivement de la vie, et je sens que, ne voulant pas m'en débarrasser, je dois l'utiliser selon mes forces. Le scepticisme du siècle est venu me blesser jusqu'au fond de nos campagnes. Je m'étais dit, qu'entre l'ambition des vanités de la vie et le mépris de toute activité, il n'y avait peut-être plus de milieu pour les enfans de ce temps-ci. Vous me dites qu'il y en a encore. Eh bien, je chercherai, je réfléchirai, et quand, avec cette espérance, je me serai de nouveau consulté, je reviendrai vous voir.

Il passa cependant six mois à Paris sans prendre aucun parti et sans vouloir me reparler de lui-même. Il venait souvent chez nous, il était de la famille; il nous aimait et nous l'aimions, car nous avions promptement découvert en lui des qualités essentielles, une grande droiture, de la discrétion et de la fierté, de la délicatesse dans tous les sentiments et dans toutes les idées, enfin quelque chose de calme, de sage et de pur, je ne dirai pas au dessus de son âge, car cet âge devrait être, dans les conditions normales de la vie, une sereine éclosion de ce que nous avons de meilleur dans l'âme, mais au dessus de ce que l'on pouvait attendre d'un enfant livré de si bonne heure à sa propre impulsion.

Ce qui me frappait particulièrement chez Jean Valreg, c'était une modestie sérieuse et réelle. Cette première jeunesse est presque toujours présomptueuse par instinct ou par réflexion. Elle a des ambitions égoïstes ou généreuses qui lui font illusion sur ses propres forces. Chez notre jeune ami, je remarquais une défiance de lui-même qui ne prenait pas sa source, comme je l'avais craint d'abord, dans une apathie de tempérament, mais bien dans une candeur de bon sens et de bon goût.

Je ne pourrais pourtant pas dire que ce charmant garçon répondît parfaitement au désir que j'avais de le bien diriger. Il restait mélancolique et indécis. Cette manière d'être donnait un grand attrait à son commerce. Sa personnalité ne se mettant jamais en travers de celle des autres, il se laissait doucement entraîner, en apparence, à leur gaîté ou à leur raison; mais je voyais bien qu'il gardait, par devers lui, une appréciation un peu triste et désillusionnée des hommes et des choses, et je le trouvais trop jeune pour s'abandonner au désenchantement avant que l'expérience lui eût donné le droit de le faire. Je le plaignais de n'être ni amoureux, ni enthousiaste, ni ambitieux. Il me semblait qu'il avait trop de jugement et pas assez d'émotion, et j'étais tenté de lui conseiller quelque folie, plutôt que de le voir rester ainsi en dehors de toutes choses; et comme qui dirait en dehors de lui-même.

Enfin, il se décida à me reparler de son avenir; et, comme il était d'ordinaire très peu expansif sur son propre compte, j'eus à refaire connaissance avec lui dans cette seconde explication directe, bien que je l'eusse vu très souvent depuis la première.

Dans ce court espace de quelques mois, il s'était fait en lui certains changemens extérieurs qui semblaient révéler des modifications intérieures plus importantes. Il s'était promptement mis à l'unisson de la société parisienne par sa toilette plus soignée et ses manières plus aisées. Il s'était habillé et coiffé comme tout le monde; et cela, soit dit en passant, le rendait très joli garçon, sa figure ayant déjà par elle-même un charme remarquable. Il avait pris de l'usage et de l'aisance. Son air et son langage annonçaient une grande facilité à effacer les angles de son individualité au contact des choses extérieures. Je m'attendais donc à le trouver un peu rattaché à ces choses, et je fus étonné d'apprendre de lui qu'il s'en était, au contraire, détaché davantage.

Introduction.

II.

— Non, me dit-il; je ne saurais m'enivrer de ce qui enivre la jeunesse de mon temps; et si je ne découvre pas quelque chose qui me réveille et me passionne, je n'aurai pas de jeunesse. Ne me croyez pas lâche pour cela; mettez-vous à ma place, et vous me jugerez avec indulgence. Vous appartenez à une génération éclose au souffle d'idées généreuses. Quand vous aviez l'âge que j'ai maintenant, vous viviez d'un souffle d'avenir social, d'un rêve de progrès immédiat et rapide qu'à la révolution de juillet, vous crûtes prêt à se réaliser. Vos idées furent refoulées, persécutées, vos espérances déjouées par le fait; mais elles ne furent point étouffées pour cela, et la lutte continua jusqu'en février 1848, moment de vertige où une explosion nouvelle vous fit retrouver la jeunesse et la foi. Tout ce qui s'est passé depuis n'a pu vous les faire perdre. Vous et vos amis, vous avez pris l'habitude de croire et d'attendre; vous serez toujours jeunes, puisque vous l'êtes encore à cinquante ans. On peut dire que le pli en est pris, et que votre expérience du passé vous donne le droit de compter sur l'avenir.

Mais nous, enfans de vingt ans, notre émotion a suivi la marche contraire. Notre esprit a ouvert ses ailes, pour la première fois, au soleil de la république; et tout aussitôt les ailes sont tombées, le soleil s'est voilé. J'avais treize ans, moi, quand on me dit : Le passé n'existe plus, une nouvelle ère commence; la liberté n'est pas un vain mot, les hommes sont mûrs pour ce beau rêve; tu vas avoir l'existence noble et digne que tes pères n'avaient fait qu'entrevoir; tu es plus que l'*égal*, tu es le *frère* de tous tes semblables.

— Est-ce ton oncle le curé qui te parlait de la sorte?

—Non, certes. Mon oncle le curé, qui n'avait pas peur pour sa vie (c'est un homme brave et résolu), avait peur pour son petit avoir, pour son traitement, pour son champ, pour son mobilier, pour son cheval. Il avait horreur du changement, et, sans avoir ni ennemis ni persécuteurs, il rêvait avec effroi le retour de 93.

Quant à moi, je lisais les journaux, les proclamations, et j'entendais parler. Je buvais l'espérance par tous mes sens, par tous mes pores, et j'eus deux ou trois mois d'enfance enthousiaste qui furent ma seule, ma véritable jeunesse.

Puis vinrent les journées de juin, qui apportèrent l'épouvante et la colère jusqu'au fond de nos campagnes. Les paysans voyaient des bandits et des incendiaires dans tous les passans; on leur courait sus, et mon pauvre oncle, si humain et si charitable, avait peur des mendians et leur fermait sa porte. Je compris que la haine avait dévoré les semences de fraternité avant qu'elles eussent eu le temps de germer ; mon âme se resserra, et mon cœur contristé n'eut plus d'illusions. Tout se résuma pour moi dans ce mot : Les hommes n'étaient pas mûrs! Alors je tâchai de vivre avec cette pensée morne et lourde :« La vérité sociale n'est pas révélée. Les sociétés en sont encore à vouloir inaugurer son règne par la force, et chaque nouvelle expérience démontre que la force matérielle est un élément sans durée et qui passe d'un camp à l'autre comme une graine emportée par le vent. La vraie force, la foi, n'est pas née... elle ne naîtra peut-être pas de mon temps. Ma jeunesse ne verra que des jours mauvais, mon âge mûr des temps de positivisme. Pourquoi donc, hélas, ai-je fait un beau rêve et salué une aurore qui ne devait pas avoir de lendemain? Mieux eût valu vivre si loin de ces choses que le bruit n'en fût pas venu jusqu'à moi; mieux eût valu naître et mourir dans la pesante somnolence de ces gens de campagne qu'un changement quelconque trouble pendant un ins-

tant, et qui retombent avec joie dans les liens de l'habitude, sous le joug du passé.»

Telle fut la rêverie douloureuse de mes années d'adolescence, augmentées des douleurs particulières que je vous ai racontées.

Aujourd'hui, j'arrive dans une société rapidement transformée par des événemens imprévus, poussée en avant d'une part, rejetée en arrière de l'autre, aux prises avec des fascinations étranges, avec une pensée énigmatique à bien des égards, comme le sera toujours une pensée individuelle imposée aux masses. Je ne songe point ici à vous parler politique : les inductions qui s'appuient sur des éventualités de fait sont les plus vaines de toutes. Je me borne à chercher, dans l'avenir, une situation morale quelconque, à laquelle je puisse me rattacher, et, en regardant celle qui m'environne, je ne trouve pas ma place dans ces intérêts nouveaux qui captivent l'attention et la volonté des hommes de mon temps.

— Voyons, lui dis-je, j'ai très bien compris tout ce qui t'a rendu triste comme te voilà. Cette tristesse, loin de me sembler coupable, me donne une meilleure opinion de toi; mais il est temps d'en sortir, je ne dirai pas par un effort de ta volonté (il n'y a pas de volonté possible sans un but arrêté); mais par un plus ample examen de cette société actuelle que tu ne connais pas assez pour avoir le droit d'en désespérer.

— Je n'en désespère pas, répondit-il, mais je la connais ou je la devine assez, je vous jure, pour être certain qu'il faut y vivre enivré ou désenchanté. Ce milieu paisible, raisonnable, patient; ces humbles et bonnes existences d'autrefois que me retrace le souvenir de ma propre enfance dans la famille bourgeoise, cette honnête et honorable médiocrité où l'on pouvait se tenir sans grands efforts et sans grands combats, n'existent plus. Les idées ont été trop loin pour que la vie de ménage ou de clocher soit supportable. Il y a dix ans, je me le rappelle bien, on avait encore un esprit d'association dans les sentiments, des volontés en commun, des désirs ou des regrets dont on pouvait s'entretenir à plusieurs. Rien de semblable depuis que chaque parti social ou politique s'est subdivisé en nuances infinies. Cette fièvre de discussion qui a débordé les premiers jours de la république, n'a pas eu le temps d'éclaircir des problèmes qui portaient la lumière dans leurs flancs, mais qui, faute d'aboutir, ont laissé des ténèbres derrière eux, pour la plupart des hommes de cette génération. Quelques esprits d'élite travaillent toujours à élucider les grandes questions de la vie morale et intellectuelle; mais les masses n'éprouvent que le dégoût et la lassitude de tout travail de réflexion. On n'ose plus parler de rien de ce qui est au-delà de l'horizon des intérêts matériels, et cela, non pas tant à cause des polices ombrageuses, que par crainte de la discussion amère ou oiseuse, de l'ennui ou de la mésintelligence que soulèvent maintenant ces problèmes. La mort se fait presqu'au sein même des familles les mieux unies, on évite d'approfondir les questions sérieuses, par crainte de se blesser les uns les autres. On n'existe donc plus qu'à la surface, et pour quiconque sent le besoin de l'expansion et de la confiance, quelque chose de lourd comme le plomb et de froid comme la glace est répandu dans l'atmosphère, à quelque étage de la société que l'on se place pour respirer.

— Cela est certain; mais l'humanité ne meurt

pas, et quand sa vie semble s'éteindre d'un côté, elle se réveille de l'autre. Cette société, engourdie quant à la discussion de ses intérêts moraux, est en grand travail sur d'autres points. Elle cherche, dans la science appliquée à l'industrie, le *royaume de la terre*, et elle est en train de le conquérir.

— Voilà ce dont je me plains précisément ! Elle ne se soucie plus du royaume du ciel, c'est à dire de la vie de sentiment. Elle a des entrailles de fer et de cuivre comme une machine. La grande parole l'*homme ne vit pas seulement de pain* est vide de sens pour elle et pour la jeune génération, qu'elle élève dans le matérialisme des intérêts et l'athéisme du cœur. Pour moi, qui suis né contemplatif, je me sens isolé, perdu, dépouillé au sein de ce travail où je n'ai rien à recueillir ; car je n'ai pas tous ces besoins de bien-être que tant de millions de bras s'acharnent à satisfaire. Je n'ai ni plus faim ni plus soif qu'il ne convient à un homme ordinaire, et je ne vois pas la nécessité d'augmenter ma fortune pour jouir d'un luxe dont je ne saurais absolument que faire. Je demanderais tout simplement un peu d'aise morale et de jouissance intellectuelle, un peu d'amour et d'honneur ; et ce sont là des choses dont le genre humain n'a plus l'air de se soucier. Croyez-vous donc que tous ces grands frais de savoir, d'invention et d'activité par lesquels le présent montre sa richesse et manifeste sa puissance, le rendront plus heureux et plus fort ? Moi, j'en doute. Je ne vois pas la vraie civilisation dans les progrès des machines et dans la découverte des procédés. Le jour où j'apprendrais que toute chaumière est devenue un palais, je plaindrais la race humaine si ce palais n'abritait que des cœurs de pierre.

— Tu as raison et tu as tort. Si tu prends le palais rempli de vices et de lâchetés pour le but du travail humain, je suis de ton avis ; mais si tu vois le bien-être général comme un chemin nécessaire pour arriver à la santé intellectuelle et à l'éclosion des grandes vérités morales, tu ne maudiras plus cette fièvre de progrès matériel qui tend à délivrer l'homme des antiques servitudes de l'ignorance et de la misère. Pour être sage, tu devrais conclure ceci : Que les idées ne peuvent pas plus se passer des faits que les faits des idées. L'idéal serait sans doute de faire marcher simultanément les moyens et le but ; mais nous n'en sommes pas là, et tu te plains d'être né cent ans trop tôt. J'avoue que j'ai eu souvent envie de m'en plaindre aussi pour mon compte ; mais ce sont là des désespoirs trop sublimes dont nous n'avons pas le droit d'entretenir nos semblables, sous peine d'être fort ridicules.

— J'en conviens, dit Jean Valreg après avoir un peu rêvé. Je suis un plus grand ambitieux que ces vulgaires ambitieux que j'accuse. Mais il faut conclure. Je ne me sens pas né industriel ; je n'entends rien aux affaires. Les sciences exactes ne m'attirent pas. Je n'ai pas été à même de faire des études classiques. Je suis un rêveur, donc je suis un artiste ou un poète. C'est de ma vocation que je veux vous parler ; car, vous le voyez, je suis fixé.

J'ignore si j'ai des dispositions pour un art quelconque ; il y en a un pour lequel j'ai de l'amour C'est la peinture. Je vous raconterai plus tard comment ce goût m'est venu, si cela vous intéresse. Mais cela ne prouvera rien ; je n'ai peut-être pas la moindre aptitude, et, dans tous les cas, je suis d'une ignorance primitive absolue. Je vais essayer d'apprendre ce qui peut être enseigné. J'irai dans l'atelier de quelque maître. Je me ferai d'abord esclave du métier, et quand j'en tiendrai un peu les procédés, je lâcherai la bride à mes instincts. Alors, vous me jugerez, et si j'ai quelque talent, je ferai des efforts pour en avoir davantage. Sinon, j'accepterai ma nullité avec une résignation complète, et peut-être avec une certaine joie.

— Aïe! m'écriai-je, voici le fond de paresse ou d'apathie qui reparaît.

— Vous croyez ?

— Oui ! pourquoi se réjouir d'être nul ?

— Parce qu'il me semble que le talent impose des devoirs immenses, et que j'aurais plutôt le goût des humbles devoirs. C'est si peu la paresse qui me conseille, que si je trouvais à m'employer honorablement au service d'une grande intelligence, je me sentirais fort heureux d'avoir à jouir de sa gloire sans en porter le fardeau. Avoir tout juste assez d'âme pour savourer la grandeur des autres, pour la sentir vivre au dedans de soi, sans être forcé par la nature à la manifester avec éclat, c'est un état délicieux que j'ambitionne ; c'est mon rêve, de douce médiocrité que je caresse : la médiocrité de condition, avec l'élévation du cœur et de la pensée, l'expansion dans l'intimité, la foi à quelque chose d'immortel et à quelqu'un de vivant. Suis-je donc si coupable à vos yeux, de vouloir apprendre pour comprendre, et de ne rien désirer de plus ?

— A la bonne heure ! Essaie! Je ne crois pas que cette modestie t'empêche d'acquérir du talent, si tu dois en avoir. Il faudra pourtant songer à apprendre assez pour faire au moins de cette peinture un petit métier ; car avec tes 1,000 francs de rente...

— Douze cents francs ! Mon revenu, capitalisé depuis dix ans par mon oncle, a porté mon revenu à ce chiffre respectable de cent francs par mois. Mais je me suis bien aperçu, depuis que je vis à Paris, que, par le temps qui court, il est impossible de mener avec cela une vie de loisir et de liberté. Il faudrait le double et beaucoup d'ordre. La question est d'acquérir l'un et de me procurer l'autre, non pas pour mener cette vie de fils de famille que je ne convoite pas, mais pour payer le matériel de mon apprentissage, qui est dispendieux, je le sais.

— Que feras-tu donc, je ne dis pour avoir une rigoureuse économie, cela dépend de toi, mais pour gagner cent francs par mois en sus de ta rente, sans renoncer à la peinture qui, pendant trois ou quatre ans au moins, ne te rapportera rien et te coûtera beaucoup ?

— Je ne sais pas, je chercherai ! Si j'ai besoin de votre conseil et de votre recommandation, je viendrai vous les demander.

Deux mois après, Jean Valreg était violon dans l'orchestre d'un petit théâtre lyrique. Il était bon musicien et jouait assez bien pour faire convenablement sa partie. Il ne s'était jamais vanté de ce talent, que nous ne lui supposions pas.

— J'ai pris ce parti sans consulter personne, me dit-il ; on eût essayé de m'en détourner ; et vous-même...

— Je t'eusse dit ce qui doit être vrai : c'est qu'avec les répétitions du matin et les représentations du soir, il ne te reste guère de temps pour étudier la peinture. Mais peut-être as-tu renoncé à la peinture, peut-être préfères-tu maintenant la musique ?

— Non, dit-il, je préfère toujours la peinture.

— Mais où diable avais-tu appris la musique?

— Cela s'apprend tout seul, avec de la patience! J'ai ai beaucoup!

— Pourquoi ne pas te perfectionner dans cet art-là, puisque tu as un si bon commencement?

— La musique met trop l'individu en vue du public. Perdu dans mon orchestre, je n'attirerai jamais l'attention de personne; mais le jour où je serais un virtuose distingué, il faudrait me produire et me montrer; cela me gênerait. Il me faut un état qui me laisse libre de ma personne. Si je fais de la mauvaise peinture, on ne me sifflera pas pour cela. Si j'en fais d'excellente, on ne m'applaudira pas quand je passerai dans la rue; tandis que le virtuose est toujours sur un pilori ou sur un piédestal. C'est une situation hors nature, et qu'il faut avoir acceptée de la destinée comme une fatalité, ou de la Providence comme un devoir, pour n'y pas devenir fou.

— Enfin, tu as du temps de reste pour aller à l'atelier?

— Peu, mais j'en ai. Mon apprentissage durera plus longtemps que si j'avais toutes mes heures disponibles; mais il est possible maintenant; tandis que, sans cette ressource de mon violon, il ne l'était pas du tout. J'aurais pu, il est vrai, disposer de mon capital, sauf à n'avoir pas un morceau de pain et pas de talent dans trois ou quatre ans d'ici; mais si je parlais à mon oncle de lui retirer la gestion de cette belle fortune, il me donnerait sa malédiction et me croirait perdu. J'aurai donc de l'ordre bon gré mal gré; c'est-à-dire que je me contenterai de manger mon superbe revenu. Donc, tout est bien ainsi. L'état que je fais ne m'ennuie pas trop. Je râcle mon violon tous les soirs comme une machine bien graissée, tout en pensant à autre chose. Je suis l'amant d'une petite comparse assez jolie, bête comme une oie à fait dépourvue de cœur. C'est si facile d'avoir affaire à des femmes de cette espèce, que je ne m'inquiète pas d'être trahi ou abandonné par celle-là. J'en retrouverais une autre le lendemain qui ne vaudrait ni plus ni moins. Ma vie est occupée; et si elle est un peu assujétie, je m'en console en me disant que je travaille pour conquérir ma liberté. C'est quelquefois un peu pénible, et il n'est pas bien certain que je n'eusse pas pris le chemin le plus sûr et le plus court en m'établissant dans mon village, et en épousant quelque belle dindonnière qui m'eût doucement abruti en me faisant porter des habits rapiécés et des marmots à joues pendantes. Mais j'ai voulu vivre par l'esprit, et je n'ai pas le droit de me plaindre.

Je fis un voyage, et, au bout de deux ans, je retrouvai Jean Valreg à Paris dans une situation analogue. Il s'était lassé de l'orchestre, mais il avait trouvé des écritures à faire chez lui, le soir, et des leçons de musique à donner deux fois par semaine. Il gagnait donc toujours une centaine de francs par mois, et continuait à étudier la peinture. Il était toujours mis avec une propreté scrupuleuse et un certain goût. Il avait toujours ces excellentes manières et cet air de parfaite distinction qu'il avait pris on ne sait où, sa propre nature apparemment; mais il était plus pâle qu'autrefois et paraissait plus mélancolique.

— Voyons, lui dis-je, tu m'as écrit plusieurs lettres pour me demander de mes nouvelles, et je t'en remercie, mais sans jamais me parler de toi; et je m'en plains. Tu me dis aujourd'hui que tu as réussi à te maintenir dans ton travail, dans tes idées et dans ta conduite. Mais tu as quelque

chose comme vingt-trois ans, et avec cette persévérance dont tu viens de faire preuve, tu dois avoir acquis quelque talent. Il faut que j'aille chez toi voir ta peinture.

— Non, non! s'écria-t-il, pas encore! Je n'ai aucun talent, aucune individualité; j'ai voulu procéder logiquement et me munir, avant tout, d'un certain savoir. Je tiens maintenant le nécessaire, et je vais essayer de me trouver, de me découvrir moi-même. Mais pour cela, il faut une toute autre vie que celle que je mène, et qui est horrible, je ne vous le cacherai plus; si horrible pour moi, si antipathique à ma nature, si contraire à ma santé que, sachant votre amitié pour moi, je n'ai pas voulu vous écrire l'état de souffrance où, depuis deux ans, mon cœur et mon âme sont plongés. Je pars, je vais passer un mois chez mon oncle, et ensuite un ou deux ans en Italie.

— Ah! ah! tu as donc le préjugé de l'Italie, toi? Tu crois que l'on y devient artiste plus qu'ailleurs?

— Non, je n'ai pas ce préjugé-là. On ne devient artiste nulle part quand on ne doit pas l'être; mais on m'a tant parlé du ciel de Rome que je veux m'y réchauffer de l'humidité de Paris, où je tourne au champignon. Et puis, Rome, c'est le monde ancien qu'il faut connaître; c'est la vie de l'humanité dans le passé; c'est comme un vieux livre qu'il faut avoir lu pour comprendre l'histoire de l'art; et vous savez que je suis logique. Il est possible qu'après cela je retourne dans mon village épouser la dindonnière accessible à tout propriétaire de ma mince étoffe. Je dois donc me maintenir dans ce milieu: faire tout mon possible pour devenir un homme distingué, et, en même temps, tout mon possible pour accepter sans fiel et sans abattement le plus humble rôle dans la vie. Rester dans cet équilibre ne me coûte pas trop, car je suis tiraillé alternativement par deux tendances très opposées: soif d'idéal et soif de repos. Je vais voir laquelle l'emportera, et, quoi qu'il arrive, je vous en ferai part.

— Attends un peu, lui dis-je, comme il prenait son chapeau pour s'en aller. Si tu échouais dans la peinture, ne tenterais-tu pas quelque autre carrière? La musique...

— Oh! non. Jamais la musique! Pour l'aimer il faudra que je l'oublie longtemps; mais plutôt que d'en vivre, j'aimerais mieux mourir: je vous ai dit pourquoi.

— Il faut pourtant que tu sois artiste, puisque tu as la haine des choses positives, et que tu n'as pas fait d'études classiques. Il m'est venue une idée en lisant tes lettres, c'est que tu pourrais bien avoir quelque talent de rédaction.

— Etre homme de lettres, moi? Non! je n'ai fait qu'entrevoir et deviner le monde et la vie sociale. Rédiger n'est pas écrire; écrire c'est penser, et je suis un homme de rêverie ou un homme d'action; je ne suis pas un homme de réflexion. Je conclus trop à la vie, et d'ailleurs je ne sais conclure que par rapport à moi-même. La littérature doit être l'enseignement direct ou indirect d'un idéal. Songez donc que je n'ai pas trouvé le mien!

— N'importe! veux-tu me faire une promesse sérieuse?

— Vous avez le droit d'exiger tout ce qui dépend de ma volonté!

— Eh bien, tu feras pour moi, pour moi seul si tu veux, car je te promets le secret si tu l'exiges, une relation détaillée de ton voyage, de tes impressions quelles qu'elles soient, et même de tes aventures, s'il t'arrive des aventures. Et cela pendant un an, sans lacune de plus de huit jours.

— Je vois pourquoi vous me demandez cela. Vous voulez me forcer à m'examiner dans le détail de la vie et à me rendre compte de ma propre existence.

— Précisément. Je trouve que, sous l'empire de certaines résolutions prises à des intervalles assez éloignés et rigidement observées, tu oublies de vivre, et tu restes dans une attente perpétuelle qui te prive des petits bonheurs de la jeunesse. En te rendant mieux compte de tes vrais besoins et de tes légitimes aspirations, tu arriveras insensiblement à des formules plus sages.

— Vous me trouvez donc fou ?

— C'est l'être toujours que de ne l'être jamais un peu.

— Je ferai ce que vous m'ordonnerez. Cela me sera peut-être bon ; mais si, à force de caresser mes propres pensées, j'allais devenir plus fou que vous ne souhaitez ?

— Je t'indique à la fois l'excitant et le calmant : la réflexion !

Je lui offris de faciliter son voyage par cette assistance de père à enfant qu'il pouvait accepter de moi. Il refusa, m'embrassa et partit.

Huit jours après, je reçus de lui une assez longue lettre, qui était comme la préface de son journal, et que je transcrirai presque littéralement, ainsi que la suite de ce travail sur lui-même, auquel je l'avais décidé à se livrer.

III.

Journal de Jean Valreg.

Commune de Mers, 10 février 185..

Me voici à mon poste, je commence : non pas encore une relation de ce qui m'arrive, car je suis bien sûr qu'ici rien ne m'arrivera qui mérite d'être rapporté, mais un résumé de certaines choses de ma vie que je n'ai pas su vous dire quand vous me le demandiez.

D'abord, vous vouliez savoir pourquoi, n'ayant jamais été rudoyé ou maltraité en aucune façon, j'avais ce caractère réservé, cette aversion à parler de moi aux autres, cette difficulté à m'occuper moi-même de moi-même. Je n'en savais rien. Je m'en rends peut-être compte maintenant.

Mon oncle l'abbé Valreg, n'est pas du tout spirituel ni méchant, ce qui ne l'empêche pas d'être excessivement railleur. C'est une nature excellente, rude et enjouée. Il est si positif que tout ce qui échappe à son appréciation étroite et rapide lui est sujet de doute et de persiflage. Il a pris ce tour d'esprit non seulement en lui-même, mais encore dans l'habitude de vivre avec la Marion, sa vieille et fidèle gouvernante, la meilleure des femmes dans ses actions, la plus dédaigneuse et la plus malveillante dans ses paroles. Il n'est pas de dévoûment dont elle ne soit capable envers les gens les moins dignes d'intérêt de la paroisse ; mais, en revanche, il n'en est pas, parmi les plus dignes, qu'elle ne déchire à belles dents sitôt qu'elle prend son tricot ou sa quenouille pour faire la *causette* du soir avec M. l'abbé, lequel, moitié riant, moitié dormant, l'écoute avec complaisance, et s'entretient ainsi en belle santé et en belle humeur aux dépens du prochain.

Ceci est fort inoffensif, car, avec leur grand esprit de conduite, ces deux braves personnages ne confient leurs médisances et leurs dédains à personne du dehors. Mais j'y ai été initié si longtemps, que certainement quelque chose a dû en rejaillir sur moi et m'habituer, à mon insu, à une méfiance instinctive dans mes relations.

Pourtant je n'ai pas à me reprocher d'avoir partagé cette malveillance générale. Au contraire, il me semble que je m'en défendais ; mais je me persuadais peut-être insensiblement que j'en méritais ma part, et que, si l'abbé Valreg me l'épargnait, c'est uniquement parce que j'étais son parent et son enfant d'adoption. Quant à ses moqueries, étant placé sous sa main pour lui servir de but, j'en étais incessamment criblé. C'était avec une intention paternelle et affectueuse, je n'en saurais douter, mais c'était de la moquerie quand même. Bon régime, certes, pour tuer tout germe de sottise et de vanité, mais régime excessif par sa persistance, et qui devait me conduire jusqu'au détachement trop absolu de moi-même.

Pour vous donner une idée, une fois pour toutes, des façons ironiques de mon oncle, il faut que je vous raconte mon arrivée ici, avant-hier soir.

Comme aucune diligence et aucune patache ne dessert notre village, je vins à pied, à la nuit tombante, par un temps doux et des chemins affreux.

— Ah ! ah ! s'écria mon oncle dès qu'il me vit, c'est fort heureux. Hé, Marion ! C'est lui ! c'est mon coquin de neveu ! Fais-le souper, tu l'embrasseras après ; il a plus faim de soupe que de caresses. Assieds-toi, chauffe-toi les pieds, mon garçon. Je te trouve une fichue mine. Il paraît que tu ne gagnes pas déjà si bien ta vie, là-bas, car tu as fait maigre chère, ça se voit. Ah çà, il paraît que tu t'en vas en Italie pour détrôner Raphaël et... et les autres fameux barbouilleurs dont je ne sais plus les noms ! Ça me flatte de penser que je vais avoir un homme célèbre dans ma famille ; mais ça n'augmentera guère ton patrimoine, car il y a le vieux proverbe : *gueux comme un peintre* ! Tu es donc toujours toqué ? Allons, soit. Pourvu que tu restes honnête homme ! Mais ne mange pas tout ton bien avant que je sois mort, et ne fais pas de dettes, car je ne te laisserai pas la rançon d'un roi. D'ailleurs, je t'avertis que je veux m'en aller le plus tard possible, et, si j'en juge par ta figure, je me porte mieux que toi. Prends garde que je ne t'enterre !

Après beaucoup de quolibets de ce genre, l'abbé Valreg me fit plusieurs questions, dont il n'écouta pas ou ne comprit pas les réponses, ce qui lui servit de texte pour me railler de nouveau. « L'Italie ! dit-il, tu crois donc que les arbres y poussent les racines en l'air, et que les hommes y marchent la tête en bas ? Voilà une bêtise, d'aller hors de chez soi étudier la nature, comme si partout les hommes n'étaient pas aussi bêtes et les choses de ce monde aussi laides ! Quand j'étais jeune, mes supérieurs, sous prétexte que j'étais fort et en état de voyager, voulaient me persuader d'être missionnaire. Moi, je leur disais : « Bah ! » bah ! il n'y a pas besoin d'aller chez les Chinois » pour trouver des magots, et dans les îles de la » mer du Sud pour rencontrer des sauvages ! »

Quand j'eus soupé, et, bon gré mal gré, mangé plus que ma faim (la Marion se dépitant quand je ne faisais pas assez d'honneur à ses mets), mon oncle voulut voir quelque preuve de mon travail à Paris et de mes progrès en peinture. Tu te trompes, sans doute, que ce serait *margaritas ante porcos*, dit-il gaîment ; tu te trompes. Pour juger ce qui est fait pour les yeux, il ne faut que des yeux. Allons, déballe! Je veux voir les chefs-d'œuvre de mon futur grand homme.

Il me fallut ouvrir ma malle et la retourner dans tous les sens pour lui prouver que je n'avais qu'un très mince et très portatif attirail de peintre en voyage, et pas le plus petit croquis à lui montrer.

Il en fut très mortifié. « Ça n'est pas aimable de ta part, s'écria-t-il. Tu devais bien penser que je m'intéresserais à tes grands talens, et je commence à croire que tu n'as rien fait qui vaille dans ton Paris. S'il en était autrement, tu te serais appliqué pour m'apporter au moins une jolie image coloriée par toi. Tu avais des dispositions, cela est sûr; mais je parierais que tu n'as songé qu'à flâner là-bas ! »

A force de retourner mon bagage, la Marion finit par découvrir une figure d'académie qui m'avait servi à envelopper un paquet de crayons. Comme c'était déchiré et chiffonné, que les pieds et la tête manquaient, elle ne comprit pas tout de suite ce qu'elle examinait; puis, tout à coup, jetant un cri d'horreur et d'indignation, elle s'enfuit en se recommandant à tous les saints.

— Fi! dit mon oncle, en regardant cette nudité qui avait épouvanté la Marion, est-ce là un état? Quoi, vous passez votre temps à copier des personnes toutes nues? C'est une occupation bien dégoûtante, et à quoi ça peut-il servir? D'ailleurs, ça me paraît bien grossièrement fait! J'aimais beaucoup mieux les jolis petits bonshommes que tu inventais autrefois. C'était plus soigné, et c'était plus décent. Les habillemens de la campagne était parfaitement imités, et tout le monde pouvait regarder ça!

— Mais, parlons raison, ajouta-t-il en jetant au feu mon académie. Comment t'es-tu comporté dans cette grande Babylone? As-tu fait des dettes?

— Non, mon oncle! — Si fait, conte-moi ça. — Je vous jure que non : j'aurais trop craint de vous effrayer et de vous affliger; mais, à l'avenir, si vous voulez bien vous laisser convaincre de certaines vérités positives, il est possible...

— Tu me trompes, tu es endetté !

— Non, sur l'honneur !

— Mais tu as le projet...

— Je n'ai aucun projet. Seulement, j'ai à vous dire que je suis las d'un système d'économie qui va forcément jusqu'à l'avarice, et qui, si j'avais le malheur d'en prendre le goût, me conduirait à l'égoïsme le plus stupide. Je comprends les privations qu'on s'impose en vue des autres; mais celles qui n'ont d'autre but que notre propre bien-être dans l'avenir sont étroites et déraisonnables. Jusqu'ici, ma parcimonie a été pour moi une question d'honneur. Vous m'aviez fait jurer que je ne dépasserais pas mon revenu, et, enfant que j'étais, je m'étais laissé arracher ce serment sans prévoir, sans savoir qu'avec cent francs par mois on ne vit pas à Paris, ou que, si l'on y vit, c'est à la condition de ne jamais s'intéresser à un être plus pauvre que soi, et de s'absorber dans une prévoyance sordide. Je n'ai pas pu vivre ainsi : j'ai travaillé pour doubler mon revenu, mais j'ai travaillé de la manière la plus abrutissante et la plus antipathique, ce qui ne m'a pas empêché d'être forcé de me priver de mille jouissances morales ou intellectuelles qui eussent développé mon cœur et mon esprit.

Enfin, malgré tout, j'ai résolu le problème d'apprendre ce que je voulais apprendre, sans manquer, dans ma manière d'être, à aucune bienséance, et sans négliger trop les occasions de voir de temps en temps une société d'élite où il m'a été permis de pénétrer sans choquer les regards de personne. A présent, je m'en vais dans un pays où l'on peut être pauvre et s'instruire, comme artiste, sans trop souffrir, à ce que l'on m'a dit; mais, avant de me séparer de vous une seconde fois, mon bon et cher oncle, je viens vous dire que je reprends ma parole, et que je ne m'engage nullement à respecter mon patrimoine, si mes besoins d'artiste et mes sentimens d'honnête homme m'obligent à l'entamer.

A la suite de cette déclaration nécessaire, il y eut une discussion assez vive entre l'abbé Valreg et moi. Il était outré de me voir dans des idées si nouvelles pour lui, qui n'a jamais songé à me demander compte d'aucune idée. Mais quand il m'eut dit tout ce que lui suggérait sa conviction, mélange assez singulier d'égoïsme et de charité, qui consiste à faire la part des autres et la sienne propre, sans jamais se laisser aller à aucun entraînement pour eux ou pour soi-même, il prit bravement son parti, et, incapable de s'affecter de quelque chose au point de perdre une heure de sommeil, il se calma en disant : « Allons, c'est assez se tourmenter pour un jour; nous penserons à cela demain. »

En ce moment, l'horloge de l'église sonnait neuf heures, et mon oncle s'assoupit aussitôt comme autrefois, avec cette régularité de fonctions digestives qui appartient aux tempéramens vigoureux. La Marion rentra, rangea la salle, enleva la table, causant tout haut avec moi, faisant claquer ses sabots sans précaution sur le plancher sonore. Quand tout fut en ordre, elle cria dans l'oreille du son maître, qui, habitué à ce vacarme, ouvrit tranquillement les yeux sans tressaillir : Allons, monsieur l'abbé, on s'en va! bonne nuit! c'est l'heure de faire vos prières et de vous mettre au lit.

Elle me conduisit à la chambre que j'ai habitée pendant la moitié de ma vie, veilla à ce que je ne manquasse de rien, m'embrassa encore une fois, et monta, à grand bruit, à l'étage supérieur. Un quart d'heure après, tout dormait au presbytère, y compris votre serviteur, fatigué par les rudes chemins du pays et les durs raisonnemens de l'abbé Valreg.

Le lendemain, c'est à dire hier, mon oncle voulut, à l'heure du souper, reprendre la discussion; mais je vins à bout de reculer toute explication jusque vers neuf heures moins un quart, et je compte l'amener ainsi, avec un quart d'heure de dispute chaque soir, à s'habituer, sans secousse trop vive, à ma diabolique résolution.

Vous allez croire comme lui, peut-être, que j'ai quelque folie en tête, quelque projet de Sardanapale à l'endroit de mon capital de vingt mille francs. Il n'en est rien pourtant. Je n'ai d'autre projet que celui d'aller devant moi, et de ne pas me sentir esclave d'une situation consacrée par un serment.

13 février.

Mon oncle réalise mes prévisions. Il s'habitue à mes volontés d'indépendance, et se rassure un peu en me voyant raisonnable d'ailleurs. Puisque j'étais en train de récapituler mon passé pour vous, il faut que je continue et que je vous raconte comment m'est venu ce goût de la peinture sur lequel je n'ai pas osé vous donner les explications que vous me demandiez.

Ici, ma jeunesse se passait dans la solitude au sein de la nature. Je ne faisais que lire et rêver. Tout à coup, j'eus vaguement la conscience d'une jouissance infiniment plus douce qui s'emparait de moi. C'était celle de *voir*, bien plus soutenue, bien plus facile en moi que celle de *penser*. Les premières révélations de cette jouissance me vinrent un jour au coucher du soleil, dans une prairie bordée de grands arbres, où les masses de lumière chaude et d'ombre transparente prirent tout à coup un aspect enchanté. J'avais environ seize ans. Je me demandai pourquoi cet endroit, que j'avais parcouru cent fois avec indifférence ou préoccupation, était, ce jour-là, et dans ce moment-là, inondé d'un charme si étrange et si nouveau pour moi.

Je fus quelques jours sans m'en rendre compte. Occupé jusqu'à midi au presbytère par quelques *devoirs*, c'est-à-dire quelques thèmes ou extraits que mon oncle me donnait régulièrement chaque matin, et que, régulièrement chaque soir, il oubliait d'examiner, je ne pouvais voir l'effet du soleil levant. Je cherchais tout le long du jour, en lisant dans la prairie à bâtons rompus, le prestige qui m'avait ébloui. Je ne le retrouvais qu'au moment où l'astre s'abaissait vers la cime des collines, et quand les grandes ombres veloutées des masses de végétation rayaient l'or de la prairie étincelante. C'est l'heure que les peintres appellent l'heure de l'*effet*. Elle me faisait battre le cœur comme l'arrivée d'une personne aimée ou d'un événement extraordinaire. Dans ce moment-là, tout devenait beau sans que je puisse dire pourquoi; les moindres accidens de terrain, la moindre pierre moussue, et même les détails prosaïques du paysage, le linge étendu sur une corde à la porte de la chaumière, les poules grattant le fumier, la baraque de branches et de terre battue, la barrière de bois brut et mal agencé qui, clouée d'un arbre à l'autre, séparait le pré de la chenevière.

— Qu'y a-t-il de si étonnant dans tout cela? me demandais-je, et d'où vient que seul j'en suis frappé? Les gens qui passent ou qui travaillent à la campagne n'y font point d'attention, et mon oncle lui-même, qui est le plus instruit de ceux que je vois, ne m'a jamais parlé de pareil phénomène. Est-ce un état de la nature extérieure ou un état de mon âme? est-ce une transfiguration des choses autour de moi ou une simple hallucination de mon cerveau?

Cette heure d'extase garda son mystère pendant quelques jours parce que c'était, dans la saison, l'heure à laquelle soupait mon oncle, et il était fort sévère quant à la régularité des habitudes de sa maison. Une journée de mon absence ne le tourmentait pas; une minute d'attente devant ma place vide à table le contrariait sérieusement. Il était si bon, d'ailleurs, que je ne craignais rien tant que de lui déplaire. Aussi, dès que le timbre lointain de l'horloge de l'église, et certain vol de pigeons dans la direction du colombier, me marquaient le moment précis où la Marion mettait le couvert, il me fallait m'arracher à ma contemplation et interrompre ma jouissance à demi-savourée. Elle me poursuivait alors comme un rêve, et, tout en coupant le gigot ou le jambon en menues tranches pour obéir aux prescriptions de l'abbé Valreg, je voyais passer devant mes yeux des files de buissons aux contours dorés, et des combinaisons de paysages empourprés par les reflets d'un ciel ardent comme la braise.

Mais ces jours d'automne raccourcissant très

vite, j'eus bientôt le loisir auquel j'aspirais, et je pus suivre, avec ce sentiment de la beauté des choses qui s'était éveillé en moi comme un sens nouveau, les admirables dégradations du jour et la succession d'aspects étranges ou sublimes que prenait la campagne. J'étais comme enivré à chaque observation nouvelle, et, bien que nourri de livres poétiques, il ne me venait pas à la pensée de chercher dans les mots le côté descriptif de ma vision. Je trouvais les mots insuffisans, les peintures écrites vagues ou inexactes. Les plus grands poètes me paraissaient chercher dans la parole un équivalent qui ne saurait s'y trouver. Le plus hardi, le plus pittoresque de tous les modernes, Victor Hugo, ne me suffisait même plus.

C'est à cela que je sentis que la manifestation de mon ivresse intérieure ne serait jamais littéraire. Mon imagination était pauvre ou paresseuse, puisque les plus puissans écrivains ne m'avaient jamais fait pressentir ce que mes yeux seuls venaient de me révéler.

Je fus pourtant bien longtemps avant d'oser me dire que je pouvais être peintre; et, même encore aujourd'hui, j'ignore si ces premières émotions furent les vrais symptômes d'une vocation déterminée; mais, à coup sûr, elles furent l'appel d'un goût prédominant et insatiable.

J'avais quelque chose comme dix-neuf ans, lorsque, durant mes longues veillées de l'hiver, l'idée, ou plutôt le besoin, me vint de me remettre sous les yeux, tant bien que mal, les splendeurs de l'été. Je pris un crayon et je dessinai, admirant naïvement ce que j'essai barbare, et, cette fois, dominé par mon imagination qui me faisait voir autre chose que ce que ma main pouvait exécuter. Le lendemain, je reconnus ma folie et brûlai mon barbouillage; mais je recommençai, et cela dura ainsi plusieurs mois. Tous les soirs, j'étais charmé de mon ébauche; tous les matins, je la détruisais, craignant de m'habituer à la laideur de mon propre ouvrage. Et pourtant les heures de la veillée s'envolaient comme des minutes dans cette mystérieuse élaboration. L'idée me vint enfin d'essayer de copier la nature. Je copiais tout avec une bonne foi sans pareille; je comptais presque les feuilles des branches; je voulais ne rien laisser à l'interprétation, et je perdais dans le détail, la notion de l'ensemble, sans rendre même le détail, car tout détail est un ensemble par lui-même.

Un jour, mon oncle m'emmena dans un château où je vis enfin de la peinture des maîtres anciens et nouveaux. Mon instinct me poussait vers le paysage. Je restai absorbé devant un Ruysdaël. Je ne le compris pas d'abord. Peu à peu la lumière se fit, et je m'avisai que c'était là une science de toute la vie. Je résolus, dès que je serais indépendant, d'employer ma vie, mon art, selon mes forces, à écrire, avec de la couleur sur la toile, le rêve de mon âme.

On me prêta de bons dessins; mon oncle me permit même l'achat d'une boîte d'aquarelle. Il ne s'inquiéta pas de ma monomanie; mais quand, parvenu à ma majorité, je lui révélai ma pensée, je le vis bouleversé. Je m'y attendais. Je résistai avec douceur à ses remontrances. Je savais son respect pour la liberté d'autrui, son aversion pour les paroles inutiles, et ce fonds d'insouciance ou d'optimisme qui part d'une grande candeur et d'une sincère bonté.

Vous me demanderez maintenant pourquoi, aux premiers jours de notre connaissance, je vous ai fait mystère d'une chose aussi simple que ma prédilection pour cet art : la raison est tout aussi simple que le fait ; vous m'eussiez demandé à voir mes essais ; je les savais détestables ; bien qu'ils eussent fait l'admiration de la Marion et du maître d'école de mon village. Vous m'auriez dit que j'étais insensé ; ou, si vous ne me l'eussiez pas dit, je l'aurais lu dans vos yeux. Or, je n'ai pas en moi-même une foi assez robuste pour lutter contre les critiques de l'amitié. Celles du premier venu me sont indifférentes. Les vôtres m'eussent fait douter doublement ; et c'est bien assez d'avoir à douter seul.

À mon âge, c'est-à-dire à l'âge que j'avais alors, et négligé comme je l'avais été, on ne sait pas défendre sa conviction. On la sent, on manque d'expressions et de preuves pour la formuler et la maintenir. On l'aime parce que, révélation ou chimère, elle vous a rendu heureux ; on la garde en soi avec terreur, comme le secret d'un premier amour. C'est une fleur précieuse qu'un souffle de dédain, un sourire de raillerie peut flétrir.

Cette crainte est encore en moi, elle est encore fondée, et, si je n'ai pas voulu vous faire juge de mes essais, ne croyez pas que ce soit par excès de vanité. Non ! Je me suis examiné sous ce rapport-là ; je me suis tâté le cœur et la tête avec impartialité. J'ai reconnu que si je ne suis pas un sage, du moins je ne suis pas un fou. Il faudrait l'être pour me persuader que j'ai déjà du talent ; et ce qui me rassure, c'est que je suis bien certain de n'en point avoir encore. Ce que j'aime dans mon secret, ce n'est donc pas moi, c'est l'art en lui-même ou pour lui-même. C'est mon espérance, que je veux garder encore vierge de toute atteinte, de toute réflexion, de tout regard. Il me semble qu'avec tant de respect pour mon idéal, je ne cours pas le risque de m'égarer, et que le jour où je vous dirai : Voilà ce que je sais faire pour exprimer ma pensée,—j'aurai véritablement conscience d'un succès relatif à mes forces ; je ne dis pas à mes aspirations ; ceci, je crois, ne peut jamais être atteint par personne.

IV.

Marseille, le 12 mars 185...

Me voilà en route, mon ami. J'ai fini par calmer mon oncle et par emporter sa bénédiction et ma liberté. Vous aviez sans doute raison de me dire que la patience n'est pas le génie, mais je suis tenté de croire que c'est la vertu, car ce n'est qu'à force de patience que j'ai amené mon père adoptif à ne pas souffrir de ma résolution. J'étais décidé à ne point le quitter sans avoir atteint ce résultat. Je devais cela à son affection, à ses bontés pour moi.

Je pense partir demain pour Gênes. Le passage des Alpes serait, m'a-t-on dit, assez pénible à un piéton en cette saison de bourrasques. C'est ce qui m'a décidé à prendre la voie de Marseille ; mais, à vrai dire, la mer n'est pas beaucoup plus praticable en cette saison. Le ciel est noir et le mistral souffle avec furie. Il s'est apaisé un peu ce soir, et on espère que le *Castor*, vapeur génois très bon marcheur, pourra sortir du port.

J'étais déjà venu à Marseille, dans mon enfance, avec mon père. Il était, comme vous savez, d'origine provençale, et nous avions ici un vieux parent. Ce parent est mort aussi, et je n'ai plus personne ici que je me soucie de voir. J'ai très bien reconnu les masses principales de la ville et des plans qui l'environnent. Je me rappelais avoir dîné avec mon père dans une baraque sur les rochers ; on appelle cet endroit la Réserve, et l'on y mange un certain coquillage très recherché des indigènes, bien qu'assez coriace, qui parque naturellement en ce seul endroit du rivage. La baraque a brûlé ; à la place s'élève un élégant pavillon qui va, dit-on, disparaître aussi pour faire place à des constructions nouvelles.

J'ai poussé plus loin ma promenade. Courbé en deux par un vent terrible, j'ai vu la mer bien belle, plus belle que je ne me la rappelais. Enfant, elle m'avait terrifié ; aujourd'hui, sa grandeur m'a ébloui. Pourtant, c'est une chose formidablement triste que cette masse d'eau fouettée par la tempête. Aucune image n'exprime plus énergiquement la pensée d'un immense désespoir sous les coups d'une torture acharnée. Mais c'est un désespoir tout physique. L'âme humaine ne s'identifie que par la pensée des naufrages à cette tourmente du géant. C'est en vain qu'il mugit, qu'il se tord, qu'il se déchire en lambeaux sur le flanc des rochers, les inondant de larmes furieuses et leur crachant des montagnes d'écume enragée : c'est un monstre aveugle, et ce petit point noir là-bas, cette pauvre barque qui se débat contre l'orage, porte, dans le moindre atome des êtres qui la guident, la vraie force, c'est-à-dire la volonté.

La nature est terrible sur cette petite planète où nous sommes. Il est donc bon que l'homme soit hardi. Certes, j'ai compris aujourd'hui ma frayeur d'enfant devant ce bruit, cette agitation, cette immensité ! Je n'avais vu jusqu'alors que des blés et des foins courbés par les rafales de nos plaines tempérées. Mon père fut obligé de me prendre dans ses bras. J'avais tout aussi peur ainsi ; ce n'était pas d'être emporté ou englouti que je tremblais contre son sein : c'était un vertige moral. Il me semblait que mon souffle était arraché de ma poitrine et que mon âme tournoyait éperdue sur ces abîmes. J'ai eu un peu de la même sensation, cette fois-ci ; mais plutôt agréable que pénible. L'idée de la destruction se dresse devant l'enfant comme un spectre effroyable. Devant l'homme, habitué à la lutte, ce spectre appelle plus qu'il ne menace, et le vertige est presque une volupté.

J'ai eu un étrange plaisir à voir entrer, dans cette passe difficile de l'ancien port, quelques petits bâtimens plus ou moins en péril, selon leur construction, leur pilote et la force de la lame. Tous s'en sont bien tirés. Un petit chasse-marée, d'apparence assez fragile, m'a intéressé particulièrement. C'était le moment de tourner pour entrer dans la rade, le moment critique ! La vague, sur laquelle il bondissait comme un oiseau des tempêtes, le prenait alors en flanc. Il s'est couché si à plat que ses vergues effleuraient la crête des flots ; mais aussitôt il s'est relevé, agile, élastique comme un arc bien tendu. Il a franchi légèrement une vraie montagne bouillonnante, et il s'est trouvé dans les eaux calmes, fier comme un cygne qui reprend possession de son nid. Rien ne trahissait l'épouvante dans les mouvemens du petit équipage, et j'étais fier, pour ma part, comme si j'eusse été de la partie. Oui, l'homme doit être intrépide, et le spectacle le plus attrayant, c'est, on le conçoit bien, le déploiement des forces humaines. Les tempêtes et les océans ne sont rien : l'âme universelle émanée de Dieu, a son foyer le plus pur en nous, qui méprisons la mort, et ce n'est pas la terre et la mer seulement qu'il faut peindre, n'est-ce pas, mon ami, c'est l'homme et sa vie!

Puis, un navire plus lourd est arrivé. Son entrée a demandé plus de cérémonies. Dans ces crises où le sort de l'équipage dépend de la manœuvre, on entend des cris à bord; mais c'est le commandement de l'intelligence ou de l'expérience, et cette voix-là domine à bon droit les rugissemens de la mer.

Le tout était bizarrement accompagné du son clair et strident d'une petite harpe, partant d'assez près de moi. Tandis que flots et navires s'étreignaient dans la lutte, sur l'esplanade d'une baraque servant de cabaret, dansaient des filles et des marins endimanchés. Un artiste de grand chemin, un bohême harpiste, chevelu, déguenillé, jouait, avec une verve saccadée et diabolique, une sorte de tarentelle à mouvement détraqué, sur lequel polkaient avec fureur des créatures avinées. Le contraste était curieux, je vous jure, et résumait toute l'audace insouciante et aventureuse de l'homme de mer.

Arrivés le matin d'un voyage au long-cours, bronzés par de terribles soleils et de terribles tempêtes, ces marins, rasés de frais et chaussés d'escarpins brillans, valsaient avec des filles en robe de soie, pirouettant dans sept étages de falbalas gonflés par le vent. Il faisait un froid atroce, un ciel de plomb. La vague, déferlant jusque sur les planches vermoulues de la terrasse, semblait, à chaque instant, devoir emporter baraque et orgie. Le navire, approchant comme malgré lui, semblait devoir échouer sur le bal. Personne n'y songeait, si ce n'est moi. Le harpiste eût, je crois, marqué le rythme au milieu des affres de la mort, et le rire échevelé des lionnes de guinguette se fût perdu sans transition dans le râle de l'agonie.

J'ai dîné seul dans un autre cabaret plus tranquille, et j'ai vu, avec la chute du jour, l'apaisement rapide de la bourasque. Le vent est devenu tout à coup tiède, et quand l'obscurité a tout envahi, je suis resté sans lumière dans le petit recoin où l'on m'avait oublié.

Pendant que je me reposais, en me laissant aller à ma rêverie, une conversation, établie de l'autre côté d'une mince cloison, allait son train, sans m'inspirer aucun intérêt. Pourtant, je fus frappé de ces paroles prononcées distinctement par un Anglais, s'exprimant avec facilité dans notre langue : « Croyez-vous donc que cela serve à quelque chose d'avoir de la volonté? »

Cette réflexion s'adaptait si bien à mes pensées du moment, que je ne puis m'empêcher de prêter l'oreille, et alors j'entendis, après quelques paroles banales échangées entre les deux interlocuteurs et interrompues par le petit bruit de leurs couteaux sur les assiettes, le récit que je vais vous transcrire et qui m'a paru renfermer une grande moralité.

Bah! j'avais dix-neuf ans (c'est l'Anglais qui parlait) quand on me dit que j'étais en âge d'épouser miss Harriet. Moi, je me trouvais trop jeune et j'étais effrayé d'entrer dans le grand monde que je ne connaissais pas et que je n'étais pas bien pressé de connaître. J'étais un cadet de famille; j'avais très peu de quoi vivre. J'avais déjà fait avec vous ce voyage aux Antilles. Je n'aimais pas précisément la marine; mais j'avais le goût de l'indépendance et de la locomotion. Miss Harriet m'avait pris en amitié, Dieu sait pourquoi! J'avais un beau nom, soit! mais pas d'usage, pas de talent, et pas grand

esprit, comme vous savez! mais elle était sentimentale, amoureuse de ma pauvreté et un peu monomane, je suppose. Des souvenirs d'enfance, une pitié que je ne lui demandais pas, un point d'honneur excentrique, le ciel vous préserve, mon cher, des femmes excentriques! l'orgueil d'enrichir un pauvre parent... Dieu me damne si je sais quoi; enfin elle était folle de moi et mourait de consomption si nous n'étions pas mariés au plus vite. J'avais juré que je ferais le voyage de Ceylan avant de me mettre la corde au cou...

— Pourquoi Ceylan? demanda le Français.

— Je ne m'en souviens pas, reprit le narrateur. C'était mon idée, ma volonté. La volonté d'un homme devrait être sacrée. Mais miss Harriet était jolie, très jolie même, et je devins amoureux en la voyant si éprise de moi. Bref, nous fûmes mariés avec deux cent mille livres de rente, et c'est de ce jour-là que commence mon infortune...

— Diantre! mylord! fit l'autre en frappant sur la table; vous avez deux cent mille livres de rente?

— Non, reprit l'Anglais, avec un soupir qui fit vibrer son verre. J'en ai à présent huit cent mille! ma femme a hérité!

— Eh bien, de quoi diable vous plaignez-vous?

— Je me plains d'avoir huit cent mille livres de rente. Cela m'a créé des devoirs, des obligations, une foule de liens qui ne convenaient pas à mon caractère, à mon éducation, à mes goûts. J'aime à faire ma volonté, mais je ne suis pas méchant, et, n'ayant jamais pu vivre à ma guise, depuis que je suis marié, riche et considéré, j'ai toujours été très malheureux.

— Comment donc ça?

— Vous allez voir. Ma femme, dès le lendemain du mariage, me fit homme du monde. Je n'étais pas né pour ça. Je m'ennuyais dans la grandeur; j'aimais mieux la compagnie des gens simples. J'aurais voulu parler marine et voyages; il me fallait parler politique et littérature. Ma femme était bas-bleu. Elle lisait Shakspeare, moi je lisais Paul de Kock. Elle aimait les grands chevaux; je n'aimais que les poneys. Elle faisait de la musique savante; moi je préférais la trompe de chasse. Elle ne recevait que des gens de la plus haute classe; moi, je m'en allais volontiers causer avec mes gardes. Je me plaisais quelquefois au détail de la ferme; elle ne trouvait rien d'assez luxueux et d'assez comfortable pour la vie de château. Elle avait toujours froid quand j'avais chaud, et chaud quand j'avais froid. Elle voulait toujours aller en Italie quand je voulais aller en Russie, et réciproquement; être sur terre quand j'aurais voulu être sur mer, et vice versâ; et de tout ainsi!

— La belle affaire! s'écria le Français en riant. C'est là le mariage! Un peu plus, un peu moins, c'est toujours la même histoire. C'est ennuyeux pour les pauvres gens qui n'ont pas le moyen de faire deux ménages; mais quand on est mylord...

— Quand on est mylord, on n'est pas pour cela un homme sans principes, repartit l'Anglais d'un ton qui révéla tout à coup une certaine supériorité de caractère; si j'avais abandonné mylady, elle aurait eu le droit de se plaindre et peut-être celui de manquer à ses devoirs. Je n'ai pas voulu faire de ma femme une femme délaissée. Je voyais bien (et je l'ai vu très vite) qu'elle ne me trouvait plus ni beau, ni aimable, ni intéressant. Elle avait bien assez à rougir en elle-même de m'avoir aimé si follement. Ça, je n'y pouvais rien; mais je n'ai pas voulu qu'elle fût humiliée dans le monde, et je ne l'ai pas quittée. Je ne l'ai jamais quittée, ce qui l'ennuie bien, et moi aussi !

L'Anglais soupira, le Français se mit à rire.

— Ne riez pas ! reprit mylord d'un ton sévère : Je suis malheureux, très malheureux ! Ce qu'il y a de pire, c'est que mylady, douce comme un agneau avec tout le monde, est un tyran avec moi. Elle croit que sa fortune a payé le droit de m'opprimer. Je n'ai pas eu le bonheur de la rendre mère, et, pour cela aussi, je suis humilié dans son cœur. Et, encore un fléau !..; elle est jalouse de moi. Arrangez cela ! Elle ne m'aime plus du tout, et nous ne sommes plus d'un âge à nous permettre ce ridicule. Eh bien, elle m'accuse de mauvaises mœurs, moi qui, pour ne pas lui donner prise sur ma conscience, ai dépensé tant de volonté à me sevrer de tout plaisir illicite ! Vous voyez, je ne bois même pas ! Et quand je vais rentrer à l'hôtel, elle va me dire que je suis ivre. Je suis là avec vous, un ancien camarade, parlant raison et philosophie : elle m'accuse, en ce moment-ci, j'en suis sûr, de faire quelque débauche en mauvaise compagnie... Et si elle nous voyait ici, tête à tête, dînant avec sobriété, elle trouverait encore moyen de s'indigner. Elle dirait que le choix de ce petit restaurant de planches sur les roches est *schocking*, et que nous devrions être dans le pavillon le plus élégant de la *réserve*... Comme si les *clovis* et les moules fraîches n'étaient pas aussi bons ici ! Je déteste le comfort, moi ! Tout ce qui ressemble au luxe me rappelle ma femme. Heureusement elle s'est imaginé de prendre avec elle une nièce très belle, pour aller en Italie, et comme elle craint que je ne la trouve pas laide... oh ! mon Dieu, cela suffirait pour amener l'orage ! elle me laisse un peu plus de liberté depuis quelque temps. C'est à cela que je dois le plaisir d'être avec vous. Voulez-vous venir fumer un cigare ? Allons au vent, pour que mes habits ne sentent pas le tabac !

Ils sont sortis, et, moi, je suis rentré dans la ville, à tâtons, par les sentiers coupés dans la roche. La mer n'avait plus que des plaintes harmonieuses, et cette harmonie dans les ténèbres avait un charme étrange. Mais je voulais vous écrire, et me voilà relisant vos lettres, vous serrant la main, et vous disant que vous êtes le meilleur des amis, mon meilleur ami, à moi !

V.

Mercredi 14.

Le mistral a recommencé hier et cette nuit. Le *Castor* ne veut pas sortir du port. J'ai pris le parti de faire de longues promenades pour remplir ces deux journées, et je vous écris au crayon sur une feuille de mon album, des hauteurs de Saint-Joseph. Je suis à quelques heures de marche de la ville ; et, tandis que le vent froid y fait rage, je me baigne ici dans les rayons d'un vrai soleil d'Italie. Je viens de traverser une immense vallée et d'atteindre le pied des collines qui la ferment. Elles ne sont pas assez élevées pour l'abriter ; mais, dans leurs plis étroits, on trouve tout à coup une chaleur ardente et une végétation africaine. Pour vous qui vivez dans les fleurs, je remarque les plantes que je foule. Elles sont toutes aromatiques : c'est le thym, le romarin, la lavande et la sauge qui dominent. Les courts gazons sont jonchés de petits soucis d'un or pâle et d'une senteur de térébenthine.

Cette région-ci est admirable, et je comprends que la Provence soit si vantée. Ses formes sont étranges, austères, parfois grandioses. Elles attestent des efforts géologiques d'une grande puissance. En certains endroits, ce sont des crêtes déchiquetées qui sortent brusquement du sol et qui dressent d'immenses lignes de fortifications naturelles, quelquefois triples, sur la lisière des plateaux. Ces traînées de roches calcaires, aussi blanches que le plus beau marbre de Carare, dont elles sont, je crois, cousines-germaines, ressemblent à des vagues soudainement cristallisées, et quelques-unes sont penchées comme si elles pliaient encore sous le vent. Ailleurs, sur une étendue de plusieurs milles, lès collines sont des escaliers naturels où la terre végétale est soutenue par des strates de pierre d'une régularité inouïe. On pourrait fort bien s'imaginer que chacune de ces collines était surmontée d'un palais magique, et que ces degrés gigantesques ont été taillés par la main des fées pour je ne sais quels êtres en proportion avec la nature primitive. Ce sont les gradins des amphithéâtres de quelque race de Titans.... Mais la science dit holà à la fantaisie, et se charge d'expliquer ces craquemens formidables, ces exhaussemens subits, ces soulèvemens et ces écroulemens, tous ces vomissemens d'entrailles qui raient la surface terrestre d'accidens incompréhensibles. Elle voit tout cela d'un œil aussi tranquille que nous les gerçures d'une pomme ou les rugosités d'une coque de noix.

J'ai souvent pensé, avec les poètes, que la science de ces faits était le bourreau de la poésie. Resté ignorant, j'avoue que je regrette parfois de savoir même l'infiniment peu que je sais. Mais hier et aujourd'hui, j'ai compris que j'avais tort. Les peintres ne doivent pas être si poètes que cela. La science regarde et mesure l'immensité. Le peintre doit-il être autre chose qu'un œil qui voit ? Or, pour voir, il faut comprendre.

Je connais, depuis hier, un peintre qui s'en va à Rome et avec qui je voyagerai probablement. Nous étions partis ensemble, ce matin, pour la promenade, mais il s'est arrêté, au bout d'une heure, pour dessiner un petit coin qui lui plaisait. Je sais que, devant la vaste nature, le paysagiste ne peut que choisir le coin approprié aux convenances de son métier ; mais, avant de s'en emparer, n'est-il pas nécessaire de comprendre l'ensemble, la charpente de ce grand corps qui, dans chaque contrée, a une physionomie, une âme particulière ? Le petit coin peut-il nous révéler quelque chose, tant que l'ensemble ne nous a encore rien dit ? Il y a là, je crois, plus que des accidens de lignes et des effets de lumière. Il y a des formes, une couleur générale dont il me semble que j'aurais besoin de m'imprégner. Si je m'écoutais, je resterais quelque temps ici ; mais l'Italie ! C'est mon rêve, et, puisqu'il me faut l'atteindre, il faut la suivre.

Voici pourtant sous mes yeux et autour de moi un pays splendide. Je me rappelle ces paroles de Michelet à l'oiseau qui émigre : « *Là, derrière un rocher*, dit-il en parlant de la Provence, *tu trouverais, je t'assure, un hiver d'Asie ou d'Afrique.* » C'est vrai. La terre ici est saine et sèche. Après ces pluies et ces brumes de notre hiver de Paris, je suis tout étonné d'être couché sur l'herbe et de voir, dans le chemin, les troupeaux soulever des flots de poussière. Les pins maritimes se balancent sur ma tête dans une brise qui sent l'été. L'immense vallée qui me sépare de la mer est comme une rade de fleurs et de pâle verdure. Ce ne sont qu'amandiers blancs, abricotiers rosés, pêchers roses, et les oliviers au ton indécis flottant comme des nuages au milieu de toute cette hâtive floraison. Marseille, comme une reine des rivages, est là-bas assise au bord des flots bleus. La mer paraît encore méchante, car, malgré le chaud et le calme qui m'enveloppent ici, je vois bien les masses d'écumes que le mistral fouette autour des âpres rochers du golfe, et même je distingue la rayure des lames, bien plus gigantesque encore que, de près, on ne se l'imagine, puisque, à la distance de plusieurs lieues, j'en suis le dessin et j'en saisis le mouvement.

15 mars.

Me voilà enfin sur le *Castor*, en vue des côtes d'Italie. La journée a été claire et fraîche à bord. Les rivages escarpés sont toujours magnifiques. Ce soir, le vent est tombé, la brume a envahi les horizons. Trois goëlands, qui nous suivaient au coucher du soleil, et qui s'obstinaient à vouloir percher sur la banderolle de fumée noire que notre vapeur lance à intervalles égaux, se sont enfin décidés à nous quitter après des cris d'adieu d'une douceur étrange. Le phare de Nice perce le brouillard. Presque personne n'est malade. Pour moi, je n'aurai jamais le plus petit malaise en mer, je sens cela. J'ai un coin pour vous écrire, et je vais vous raconter les incidens de la journée.

D'abord, mon camarade le peintre, qui me prend pour un petit amateur paresseux, et par qui je trouve assez commode d'être piloté et protégé, m'a tenu compagnie tout le temps, et ne m'a pas fait grace d'un terme du métier, en me montrant le ciel, la vague et les masses de rochers au milieu desquels le steamer nous promène. Il était tout étonné que je n'eusse aucune notion de l'argot des peintres, qu'il lui plaît d'appeler la langue de l'art. Car il faut vous avouer que, pour passer le temps, je me suis amusé à feindre la plus complète ignorance des us, coutumes et locutions de l'atelier. Il était bien près de me mépriser. Cependant la docilité que j'ai mise à l'écouter l'a un peu mieux disposé en ma faveur. Il m'a montré ensuite ses croquis de Marseille. C'est habilement fait ; il y a ce qu'il appelle de *la patte*, une *fière patte* ; mais cela n'est pas plus l'endroit dont je l'ai vu charmé, que tout autre endroit du monde. Les formes y sont, le sentiment n'y est pas. J'ai essayé de le lui faire entendre. A mon tour, je lui parlais une langue qu'il ne comprenait point et qui n'avait pas, comme son argot d'atelier, le mérite d'être amusante.

C'est, du reste, un aimable garçon que ce Brumières. Il a une trentaine d'années, quelques petites ressources qui lui permettent de refaire le voyage de Rome, bien que ses études soient ce qu'il appelle terminées ; une jolie figure, de la gaîté qui ressemble à de l'esprit, et un très agréable caractère.

Comme nous causions de l'itinéraire de notre voyage, un *monsieur des troisièmes*, c'est à dire un prolétaire voyageant au dernier prix, et qui avait une attitude dantesque, comme s'il se fût agi de naviguer sur l'Achéron, se mêla de notre conversation et nous conseilla de ne pas perdre notre temps à Gênes, ville pour laquelle il affichait un profond mépris.

La figure de cet homme ne m'était pas inconnue. — Où donc vous ai-je vu ? lui demandai-je. — Il y a deux jours, excellence, répondit-il en assez bon français. Je jouais de la harpe à la *Réserve*… — Ah ! c'est vous ? Eh bien, où est-elle donc, votre harpe ? — Elle n'est plus ! Ils se sont pris de vin, colletés, battus. Dans la bagarre, ma pauvre harpe a eu le ventre écrasé sous une table. Et Dieu sait qu'elle était lourde : il y avait six hommes dessus ! Quand ils ont été dessous, il n'y a pas moyen de leur faire entendre qu'ils m'avaient détruit mon gagne-pain. Ce n'est pas qu'ils soient méchans ; non, certainement : à jeun, le marin est une bonne pâte d'homme. Mais le rhum, *mossiou !* Que voulez-vous faire contre cela ? Ils m'auraient tué ! J'ai laissé là ma harpe, et je vais tâcher de faire quelque autre métier. Aussi bien, j'en avais assez de la musique et de la France. Je suis un Romain, moi, excellence. » Et, là-dessus, il se redressa de la hauteur de ses quatre pieds et demi, taille d'enfant qui ne l'empêche pas de posséder une barbe de sapeur et une chevelure à l'avenant. « Je suis un Romain, poursuivit-il avec emphase, et j'ai besoin de me retrouver sur les Sept-Collines.

— C'est bien vu, lui dit Brumières, les Sept-Collines doivent avoir besoin de toi ! Mais quel métier y faisais-tu là, et à quoi vas-tu consacrer tes précieux jours ?

— Je ne faisais rien ! répondit-il, et je compte ne rien faire, aussitôt que j'aurai amassé quelques sous pour passer l'année.

— Tu n'as donc rien épargné dans ta vie errante ?

— Pas même de quoi payer mon passage sur le *Castor* ; mais *ils* me connaissent et ne me parleront pas d'argent avant Civita-Vecchia.

— Mais alors…

— Alors, à la garde de Dieu ! répondit-il avec philosophie. Peut-être vos excellences me donneront-elles un petit secours.

— Ah ! tu mendies ? s'écria Brumières ; tu es bien Romain, nous n'en pouvons plus douter. Tiens, voilà mon aumône. Fais le tour de l'établissement.

— Rien ne presse ! peu à peu ! reprit le Bohémien en me tendant une main, tandis que, de l'autre, il mettait les cinquante centimes de Brumières dans sa poche.

— Si c'est là le type romain… dis-je à mon compagnon, lorsque le harpiste se fut éloigné.

— C'est le type abâtardi ; et pourtant cet homme dégénéré est encore très beau ; que vous en semble ?

Il ne me semblait pas du tout. Cette énorme barbe grossissant encore le volume d'une tête trop grosse pour le corps grêle et court ; ce nez de polichinelle surmonté de gros sourcils ombrageant des yeux trop fendus ; cette bouche de sot emportant violemment le menton dans tous ses mouvemens, me faisaient l'effet d'une caricature de médaille antique ; mais mon ami Brumières paraît habitué à ces laideurs-là, et j'ai remarqué que toutes les figures qui me semblaient grotesques avaient de l'attrait pour lui, pourvu qu'elles eussent ce qu'il appelle de la race.

Au milieu du nombreux personnel qui encombre le *Castor*, nous nous sommes pourtant trouvés d'accord sur la beauté d'une femme. C'est un personnage assez mystérieux qui a, je crois, troublé la cervelle de mon camarade. Il veut que ce soit une princesse grecque ; soit. D'abord, nous l'avions prise pour une femme de chambre élégante, parce qu'elle était venue, au milieu du déjeûner, chercher quelque mets qu'elle a emporté elle-même dans sa chambre ; mais nous l'avons vue

ensuite assise sur le pont, donnant des ordres en
italien à une vraie suivante. Puis, une dame âgée
est apparue à ses côtés, celle sans doute qui était
malade, une tante ou une mère, et elles ont parlé
anglais comme si elles n'eussent fait autre chose
de leur vie.

Brumières ne persiste pas moins à croire Grecque la belle personne qui captive son attention.
C'est, en effet, un type oriental : les cils sont
d'une longueur et d'une finesse inouïes ; les yeux,
longs et doux, ont une forme tout à fait inusitée
chez nous ; le front est élevé, avec des cheveux
plantés bas ; la taille est d'une élégance et d'un
mouvement magnifiques ; enfin, c'est, à coup sûr,
une des plus belles femmes, sinon la plus belle
femme que j'aie jamais vue.

— Je reprends mon bavardage après deux heures d'interruption. C'est un singulier être, à mon
sens, que ce Brumières Il se prétend positivement amoureux, et ce que je vous racontais de
lui en plaisanterie, il faut peut-être le prendre au
sérieux maintenant. Il a causé avec *sa princesse*,
c'est ainsi qu'il persiste à l'appeler. Il prétend
qu'elle est romanesque, étrange, délicieuse. Elle
était revenue seule sur le pont et s'est laissé parler des étoiles (que l'on n'aperçoit pas), de la
phosphorescence de la mer, qui est, en effet, superbe en ce moment-ci ; des merveilles de Rome, qu'elle connaît mieux que Brumières lui-
même, ce qui, selon lui, n'est pas peu dire ;
enfin, elle va à Rome sans s'arrêter, et mon cerveau brûlé, qui devait s'arrêter à Gênes, ne veut
plus s'arrêter nulle part. Au moment où il devenait trop curieux, la princesse a eu froid, et s'en
est allée rejoindre sa vieille parente, ou sa maîtresse, car rien ne prouve encore qu'elle ne soit
pas lectrice ou dame de compagnie.

L'enthousiasme subit du jeune peintre nous
a entraînés à parler de l'amour, et ses théories me semblent violentes à digérer. Comme
je montrais quelque doute à l'endroit de la
qualité de la dame, il s'est presque fâché,
assurant qu'il connaissait le monde, les femmes
particulièrement, et que celle-ci appartenait à la
plus haute aristocratie. — Soit, lui disais-je, vous
vous y connaissez certainement mieux que moi ;
mais quand, par miracle, vous vous tromperiez,
qu'importe que votre héroïne soit riche ou pauvre, noble ou bourgeoise ? Ce n'est pas de son
rang et de sa fortune que vous seriez amoureux,
j'imagine ; ce serait d'elle-même. Le peintre ne
demande pas au cadre ce qu'il doit penser de la
peinture.

— Eh ! eh ! m'a-t-il répondu, le cadre, quand il
est beau, n'est pas une vaine présomption pour
la valeur de l'image. Bien certainement, on peut
aimer une femme sans argent et sans aïeux ; cela
m'est arrivé aussi bien qu'à vous, probablement,
aussi bien qu'à tout le monde ; mais quand une
femme intelligente et belle joint à ses charmes
l'attrait des biens et des grandeurs, elle est complète parce qu'elle vit dans son milieu naturel,
dans une atmosphère de poésie faite pour elle.

— Je vous accorde cela pour la vue. Il devait ê-
tre beau de regarder passer Desdemona traînant
sa robe brodée d'or et de perles sur les tapis d'O-
rient du palais ducal. Cléopâtre, couchée sur les
coussins de pourpre de sa galère, me ferait certainement ouvrir les yeux, et, si j'avais vu pareille chose, je passerais peut-être ma vie à m'en
souvenir ; mais, pour souhaiter d'être l'époux de
Desdemona ou l'amant de Cléopâtre, je croirais
utile d'être Othello le victorieux ou Antoine le

magnifique. Tel que je suis, sans nom, sans richesse et sans gloire, je me tiendrais à distance
de ces divinités pour lesquelles il faut des héros,
ou de ces diablesses auxquelles il faut des millions. Donc, que votre héroïne soit une reine ou
une aventurière, regardez-vous vous-même, ou
regardez dans votre poche avant de monter sur
le piédestal d'où l'idole plongera toujours sur
vous.

— Ainsi, mon cher, reprit-il, vous raisonnez
avec l'amour ? Vous croyez qu'il suffit de se dire :
« Je ne dois pas désirer cette femme, » pour n'y
plus songer ? Ce serait bien facile ! Ou vous êtes
singulièrement blasé, ou vous ne savez ce que
c'est qu'une passion qui vous envahit. Et d'ailleurs, ajouta-t-il après avoir attendu vainement
ma réponse, il n'y a pas de rang et de richesse
qui tiennent ! Non, il n'y a pas même d'intelligence, de fierté ou de pruderie qui défende une
femme contre la volonté d'un homme. Je vous
accorde que nous voilà très laids, avec nos pale-
tots et nos guêtres de voyageurs, avec nos poches
mal garnies, nos noms roturiers, nos célébrités
d'artiste dont personne encore ne se doute. Pour
arriver à faire les aimables sur un pied d'égalité
avec des Cléopâtre ou des Desdemona, il nous
faudrait d'autres habits, d'autres séductions, d'autres museaux, peut-être, car je vois bien que c'est
notre état ou notre apparence d'inégalité qui vous
choque ; mais c'est trop de modestie... ou trop
d'orgueil ! Je me moque de tout ça, moi. Je vaux
ce que je vaux, et si je parviens à me faire aimer
jamais d'une merveille de beauté, de luxe et d'esprit, je me dirai que je le méritais et qu'elle ne
pouvait pas faire un meilleur choix, puisque avec
rien j'ai su conquérir celle qui avait tout. J'y ai
souvent pensé ; j'ai frisé de grandes aventures, et
vous verrez que j'en attraperai une belle, un jour
ou l'autre. Ces choses-là arrivent toujours à qui
s'y croit destiné, jamais à qui doute de soi-même.

Là-dessus, nous nous sommes souhaité le bonsoir, et, enveloppé de son manteau râpé, le bon
jeune homme s'est endormi sur un banc, dans sa
confiance et dans son bonheur, dans sa raison
peut-être ! Ce qui me choque et m'étourdit dans
cette estime de soi que rien ne justifie, c'est
peut-être là, tout de bon, le moyen grossier, mais
toujours sûr, de réaliser ses rêves. Mais où diable va-t-on chercher de pareils rêves ?

VI.

Passé Gênes, 16 mars, onze heures du soir.

Toujours à bord du *Castor !* Mais j'ai passé une
magnifique journée. Ce matin, je me suis éveillé
à six heures, après avoir un peu dormi, bien malgré moi, car c'est un vrai plaisir, pour qui n'en a
pas l'habitude, d'entendre, de voir et de sentir le
flot, même dans les ténèbres. Je dis *voir*, parce
que les sillages phosphorescens dessinent mille
arabesques changeantes autour des flancs du navire. On s'hébête à regarder cela ; il me semble
que je ne m'en lasserais jamais.

Je m'étais assoupi ayant froid, je me suis éveillé ayant chaud. Le soleil brillait déjà, le soleil
d'Italie ! C'est lui que j'ai salué le premier, et ensuite j'ai été libre de saluer le *gigante*. Vous connaissez par les gravures et par le daguerréotype
cette riante entrée du port de Gênes, cette colonnade des jardins du palais Doria, et cette statue
colossale (qui n'est pas celle d'André), qui, de la

colline où elle se tient depuis si longtemps sur ses grosses jambes, semble, d'un air bonhomme, vous souhaiter la bienvenue. Je vous ferai donc grâce de cette description. Le premier aspect de la ville a, vous le savez, plus d'étrangeté que de beauté; mais c'est une étrangeté souriante; et, ici, le moyen-âge n'a rien laissé d'imposant, rien de lugubre non plus.

On vous fait attendre le débarquement pendant deux mortelles heures, et ensuite, pour vous permettre de passer une journée sur le territoire sarde, on vous rançonne sous prétexte de *visa*, sans compter le temps qu'on vous prend encore à vous faire attendre le bon plaisir de la police et des ambassades. L'accueil n'a rien d'hospitalier, je vous jure, pour les pauvres diables. Enfin, il m'a été possible de pénétrer dans la ville et d'y chercher, à tout hasard, un coin pour déjeûner. Mon camarade Brumières n'avait pas voulu débarquer, sa princesse grecque ne débarquant pas. Je l'ai donc laissé tout le jour sur le *Castor*, occupé à tâcher de renouer la conversation avec l'objet de ses pensées et à tirer les vers du nez à ses domestiques. Et puis, il est un peu comme le harpiste, il méprise Gênes, il méprise tout ce qui n'est pas Rome et les Sept-Collines.

Le hasard m'a conduit devant la porte du café de la *Concordia*. La vue du petit jardin m'a tenté. Je me suis fait servir le café sous des orangers, de véritables orangers couverts d'oranges, au milieu de platebandes fleuries auxquelles le soleil donnait des tons resplendissans. Mais ne soupirez pas trop. Le climat de cette région est si non aussi froid, du moins aussi variable que le nôtre. Nos déplorables printemps de ces dernières années ont eu ici leur contrecoup, et j'entendais dire autour de moi que cette belle journée était la première de l'année. J'en ai remercié le ciel, qui m'a permis de voir ainsi l'ancienne reine de la Méditerranée dans toute sa splendeur.

En tant que cité commerçante, progressive et civilisée, elle est bien détrônée aujourd'hui par Marseille; mais comme arrangement et distribution pittoresque, il y a la différence d'une belle aventurière à une belle bourgeoise. La première, un peu follement accoutrée et mêlant des ornemens exquis à des parures risquées, mais ayant ces grâces qui entraînent ou ces originalités qui plaisent; l'autre plus sage, plus soumise à la mode, décente, riche, propre, mais ressemblant à tout le monde.

En somme, l'aspect général de Gênes n'est pas satisfaisant, mais le détail est souvent adorable. Les maisons peintes sont décidément une laide chose; heureusement la mode s'en perd. La ville, jetée sur des plans inégaux, n'a ni queue ni tête, mais les *belles* rues sont curieuses et amusantes. On appelle ici les belles rues celles qui sont bordées de beaux palais; par malheur, elles sont si étroites et les beaux palais y sont enfouis. On passe en admirant les portes et les dessous de la construction, mais il faut se tordre le cou pour voir l'édifice, et encore ne se fait-on, quelque part qu'on se mette, qu'une idée vague de ses proportions et de son élégance.

Il faudrait consacrer une journée à chacune de ces demeures d'un style varié au dedans comme au dehors. Cette variété étonne, éblouit, amuse et fatigue. Il y a beaucoup de marbres, beaucoup de fresques, beaucoup de dorures, et tout cela a coûté beaucoup d'argent. C'est petit et mignon à l'extérieur. Au dedans les salles sont vastes, et l'on s'étonne qu'elles tiennent dans des palais qui

semblent tenir eux-mêmes si peu de place. Plus loin, il y a de belles promenades bordées de vilaines petites maisons; des églises riches et encombrées de choses précieuses et coûteuses; et puis des sentiers à pic, bordés de hautes maisons très laides, des passages noirs qui s'ouvrent tout à coup sur des verdures éblouissantes; puis, le roc à pic devant et derrière soi; puis, la mer vue d'en haut et toujours belle; des fortifications gigantesques, interminables; des jardins sur les toits; des villas jetées au hasard sur les collines environnantes, profusion de bâtisses criardes, qui, vues de loin, gâtent le cadre naturel de la ville; enfin, c'est incohérent: ce n'est pas une cité, c'est un amas de nids que toutes sortes d'oiseaux sont venus construire là, chacun faisant à sa tête et s'emparant de la place et des matériaux qui lui plaisaient. Si on ne se disait pas que c'est l'Italie, on se persuaderait volontiers que ce n'est pas ce que l'on attendait; mais il faut ne point penser à cela, et plutôt se livrer à cette influence de désordre et de caprice qui rend un peu fou à première vue.

Après avoir couru deux ou trois heures, tantôt choqué, tantôt ravi, je suis entré dans quelques palais. Ah! mon ami, que j'ai vu de beaux Van Dicks et de beaux Véronèses! Mais les étranges intérieurs que ceux de ces nobles Génois! Quels drôles de petits détails attestant l'incurie ou l'absence du goût! quelles croûtes de portraits modernes! quels mesquins petits meubles! quelles plaisantes acquisitions de la veille au milieu de ces chefs-d'œuvre, de ces décorations splendides et de ces raretés rapportées par les ancêtres voyageurs ou trafiquans éclairés! Comme la petite faïence anglaise jure à côté de la monumentale potiche de Chine, et comme nos colifichets d'industrie française à bon marché d'il y a dix ans sont étonnés de se trouver mêlés à ces vieux marbres et à ces fières peintures!

Il semble que les descendans des illustrissimes navigateurs aient pris en dégoût tout ce luxe de pirates, ou que la lassitude du cérémonial ait gagné les têtes, comme celle de mon Anglais de la *Réserve*. Peut-être ont-ils perdu quelque chose de plus que le goût de la magnificence, le goût du beau. On va jusqu'à dire que, dans certains palais, des toiles de grands maîtres ont été vendues aux étrangers par des gardiens infidèles, remplacées par des copies médiocres, et que les propriétaires ne s'en sont pas encore aperçu.

Je ne vous affirme nullement le fait; mais, pour vous résumer mon impression générale, je vous dirai qu'ici tout est surprise charmante ou brusque déception. Si j'eusse été en humeur de travailler, le pittoresque m'eût pourtant retenu; il est à chaque pas, dans une ville aussi raboteuse; il faudrait s'arrêter devant toutes ces ruelles qui se tordent et se précipitent d'un plan à l'autre, passant sous des arcades multipliées qui relient les maisons entre elles et projettent, sur ces profondeurs brillantes, des ombres d'un velouté et d'une transparence inouïs. Oh! s'il ne s'agissait que de peinture, un artiste entier d'un artiste minutieux pourrait bien se consumer devant une de ces ruelles à perspective mouvementée! Mais il s'agit d'autre chose, il s'agit d'avancer, de comprendre, de vivre si faire se peut!

Pendant que j'avalais Gênes des yeux, des jambes et de l'esprit, mons Brumières poursuivait sa déesse. Mais voilà que je recommence l'aventure, qui, j'espère, va vous faire oublier l'informe esquisse que je viens de mettre sous vos yeux.

Quand, à huit heures du soir, je suis remonté, affamé et harassé, sur le *Castor*, j'ai trouvé le pont tellement encombré de beau monde, qu'on eût dit d'une fête. Ce bruit et cette foule venaient d'un notable surcroît de passagers à bord, des Anglais, toujours des Anglais, et puis, quelques Français et quelques indigènes, ces derniers ayant amené là toute leur famille et tous leurs amis, qui, en manière d'adieux, causaient gaîment avec eux, en attendant le moment de lever l'ancre.

Au milieu de cette bagarre, que rendaient plus étourdissante les chanteurs et guitaristes ambulans postés dans des barques autour du *Castor*, et tendant leurs casquettes aux passagers, j'eus le temps de remarquer, encore une fois, que le Génois était expansif, babillard, enjoué, commère et avenant. Cela était, du moins, écrit sur toutes les figures et dans toutes les intonations de ceux qui parlaient le patois. Les prêtres surtout me parurent gais et sémillans, ressemblant fort peu, dans leurs allures, à ceux de France. On voit qu'ils sont mêlés plus que les nôtres à la société locale et à ses préoccupations temporelles. Pourtant, l'opinion générale est ici en grande réaction contre eux, à ce que l'on m'a dit.

Enfin, le son de la cloche nous délivra de tous les visiteurs, qui s'envolèrent sur leurs barques, envoyant de gais adieux et de bons souhaits à l'équipage, et quand l'ordre en un peu agrandi l'espace, je pus chercher et retrouver mon ami Brumières, tandis que le steamer se remettait en marche.

— J'ai passé une sotte journée, me dit-il; ma princesse a dormi tout le temps dans sa cabine, d'où elle est enfin sortie, parfumée et coiffée à ravir, il n'y a pas plus d'une heure. J'ai réussi à l'accoster; mais sa chère tante, n'ayant plus le mal de mer, est venue me l'enlever: vous pouvez les voir là-bas qui se moquent de nous!

Je regardai la tante, qui m'avait paru vieille, hier, mais qui, débarrassée de ses coiffes et de l'affreux abat-jour vert que les Anglaises mettent maintenant en voyage autour du passe de leurs chapeaux, est une assez jolie femme grasse, sur le retour. La *princesse* avait, en effet, arrangé ses magnifiques cheveux bruns d'une façon très artiste et daignait nous les laisser admirer, en tenant à la main son petit chapeau de paille à rubans de velours vert. Du reste, ces deux dames ne me paraissaient faire aucune attention à nous.

— Et, maintenant, dis-je à Brumières, puisque vous étiez si intrigué, vous savez du moins qui elles sont? vous avez eu le temps de vous en enquérir?

— La tante est une Anglaise pur sang, répondit-il. La nièce n'est peut-être pas sa nièce. Voilà tout ce que je sais. Leurs bagages sont au fond de la cale; pas un nom, des chiffres tout au plus, sur leurs nécessaires de voyage. Le domestique ne sait pas un mot de français, et je ne sais pas un mot d'anglais! Quant à la soubrette italienne, elle est malade à mourir, à ce que prétend Benvenuto.

— Qui ça, Benvenuto?

— Votre harpiste! il s'appelle Benvenuto, l'animal! J'espérais qu'il me serait utile. Il avait flairé ma préoccupation sentimentale, et, venant au-devant de mes désirs, il se mettait au service de ma passion avec cette inimitable courtoisie et cette délicieuse pénétration qui caractérisent certaine classe d'hommes très employés et très répandus en Italie... sur les Sept-Collines, particulièrement; mais je soupçonne le drôle d'avoir

bu ma *bonne-main* et de ronfler sous quelque malle. Bref, je ne sais rien du tout, sinon que l'on va à Rome, ce qui laisse mon espérance intacte. Si cette diable de mer coulante comme de l'huile pouvait se courroucer un peu, j'espérerais que la tante retournerait vite à ses oreillers... Mais qu'est-ce que vous avez, mon cher? et à qui est-ce que je parle?

— A quelqu'un qui vous écoute d'une oreille, mais qui, de l'autre, reconnaît une voix... Tenez, mon cher, cette dame qui emmène votre princesse en Italie est bien sa tante, c'est mylady *trois étoiles*. Je ne connais que son nom de baptême, Harryet; mais je sais qu'elle a épousé par amour un cadet de famille qui s'est laissé enrichir de huit cent milles livres de rentes, un très bon et très honnête homme, pas gai tous les jours; mais ceci ne fait rien à l'affaire. Votre héroïne est bien réellement une personne de grande maison, et peut-être l'héritière future de cette grande fortune, car mylord et mylady n'ont pas d'enfans.

— Zadig! s'écria Brumières transporté de joie, où diable avez-vous appris tout cela?

— Vous voyez bien, repris-je, en lui montrant un Anglais chauve, à pantalon grillagé, qui s'était approché assez respectueusement des deux femmes, que voilà mylord qui parle à sa femme!

— Ça? c'est le domestique!

— Je vous jure que non; et s'il n'a pas voulu vous répondre, c'est que vous ne lui êtes pas présenté, et que, devant mylady, il ne veut pas paraître ce qu'il est, un homme sans morgue et parlant le français aussi facilement que vous et moi.

— Encore une fois, Zadig, expliquez-vous!

Je refusai de m'expliquer, autant pour me divertir de l'étonnement de mon camarade, que pour obéir à un sentiment, peut-être exagéré, de délicatesse. J'avais surpris les secrets du ménage de lord *trois étoiles*, en écoutant, avec une attention dont je pouvais bien me dispenser, ses confidences à un ami, à travers une cloison du cabaret de la *Réserve*. Je crois que je devais m'en tenir là, et ne pas les divulguer.

Maintenant, mon ami, vous allez aussi me traiter de Zadig et me demander comment je reconnaissais un homme que je n'avais pas aperçu la figure. Je vous répondrai que d'abord sa voix, sa prononciation, ses intonations tristes et comiques à la fois, m'étaient restées dans l'oreille d'une façon toute particulière. Si je voulais me faire valoir comme devin, j'ajouterais qu'il est certains traits, certaines physionomies et certaines tournures qui s'adaptent si parfaitement à certaines manières de s'exprimer, et à certaines révélations de caractère et de situation, qu'il n'y a pas moyen de les méconnaître. Mais, pour rester dans l'exacte vérité, je dois vous avouer qu'au moment où je quittais le cabaret de la *Réserve*, je m'étais trouvé face à face sur l'escalier extérieur avec les deux personnages, au moment où un garçon leur présentait sa lanterne pour allumer eurs cigares. L'un me parut un officier de marine; l'autre, c'était l'homme à front chauve, à casquette vernie renversée en arrière, à pantalon grillagé, que je voyais en ce moment échanger quelques paroles avec mylady. Leur conversation ne fut pas longue. Je ne l'entendis pas; mais, à coup sûr, je la traduirais ainsi: « Vous avez fumé? — Je vous jure que non. — Je vous jure que si. » Et mylord s'éloigna d'un air résigné, sifflota un moment, en regardant les étoiles, et s'en alla fumer derrière la cheminée de la chaudière. Il n'y eût peut-être pas songé, mais sa femme venait de lui en donner l'envie.

Brumières, enchanté de mes découvertes, vient de voir un autre de ses souhaits exaucés : le temps s'est brouillé, la mer s'est fait sentir plus rude. Lady Harryet a quitté le pont. La nièce, qui paraît d'une solidité à toute épreuve, est restée sur le banc avec la femme de chambre, et j'ai laissé mon camarade tournant autour d'elles. Je vous écris du salon, où, en ce moment, je vois apparaître mylord trois étoiles avec un très vilain chien jaunâtre que je le soupçonne d'avoir acheté à Gênes pour se faire renvoyer plus souvent par sa femme. Ils se font mutuellement (mylord et son chien) de grandes amitiés. Pauvre lord *trois étoiles!* Il sera peut-être aimé, au moins, de ce chien-là! Mais le roulis augmente et il me devient difficile d'écrire. La nuit se fait maussade en plein air, et je vais me reposer des rues perpendiculaires et du terrible pavé de briques de Gênes la superbe.

VII.

Samedi 17 mars.
Toujours à bord du *Castor.*

Il est onze heures du soir, et je reprends mon journal. Brumières est toujours amoureux, mylord toujours silencieux, Benvenuto toujours obséquieux. Mon camarade s'est obstiné à ne pas débarquer à Livourne, où nous nous sommes arrêtés ce matin, après une nuit assez dure, malgré les allures douces et solides du *Castor.* Il a fait tout aujourd'hui un temps de Paris, gris, humide et froid par dessus le marché. Beau ciel d'Italie, où es-tu? J'ai bien le projet de revoir ces villes que je traverse au pas de course; mais j'avoue que je n'y peux pas tenir, et qu'ayant la liberté de rester dans les ports, chose fort triste et nauséabonde, du moment où l'on se sent emprisonné dans une forêt de bâtiments qui ne sont pas tous propres à regarder, j'aime mieux payer l'impôt d'arrivée à toutes les polices locales, et voir quelque chose qui remplisse activement ma journée. Cela me fait faire des dépenses extravagantes pour un gueux de peintre; mais je suis relevé de mon serment, et l'abbé Valreg est résigné à me laisser vivre.

Je n'avais pas fait trois pas dans la ville de Livourne, que vingt voiturins se disputaient l'honneur de me conduire à Pise. J'avais manqué l'heure du petit chemin de fer qui y transporte en peu d'instans, et j'allais me laisser rançonner, lorsque Benvenuto s'est dressé à mes côtés comme une Providence, pour faire le marché, sauter sur le siége et me servir de cicérone. Comment avait-il débarqué? qui l'avait préservé des formalités coûteuses et ennuyeuses que je venais de subir? Dieu le sait! Il y a aussi une Providence pour les Bohémiens.

Nous avons traversé ces grands terrains d'alluvion tout récemment sortis de la mer. Vous vous souvenez de ce fait, qu'au temps d'Adrien, Pise était à l'embouchure de l'Arno dont elle est aujourd'hui éloignée de trois lieues. Il n'y a, au bord des terrains qui gagnent toujours, que des oliviers maigres, des taillis marécageux, des champs inondés, couverts de goëlands; puis des cultures trop bien alignées, des villages sans caractère. Mais Pise en a de reste. C'est solennel, vide, largement ouvert, nu, froid, triste, et en somme, assez beau. J'ai déjeuné en toute hâte et couru aux monumens. La basilique greco-arabe et

son baptistère isolé, la tour penchée, le *Campo-Santo*, tout cela, sur une immense place, est très imposant. Je ne vous dirai pas comme ferait un *guide* imprimé, que ceci ou cela est admirable ou défectueux au point de vue du goût ou des règles. Les chefs-d'œuvre ont des défauts; à plus forte raison ces édifices bâtis, ornés ou enrichis à diverses époques, chacune apportant là son progrès ou sa décadence. Chacun y a apporté sa volonté ou sa puissance; voilà ce qu'il y a de certain et ce qui peut toujours être regardé avec un certain respect ou avec un certain intérêt. Ces grands ouvrages qui ont absorbé le travail, la richesse et l'intelligence de plusieurs générations sont comme des tombes élevées à la mémoire des idées, tombes couvertes de trophées qui, tous, sont l'expression de l'idéal d'un siècle.

La tour penchée est une jolie chose, nonobstant l'accident qui l'a rabaissée au rôle de curiosité; mais l'accident lui-même a eu des suites illustres. Il a servi à Galilée pour ses expériences et ses découvertes sur la gravitation. Les portes de Ghiberti, vous les savez par cœur. Nous travaillons aussi bien aujourd'hui; mais nous imitons beaucoup et inventons peu. Honneur donc aux vieux maîtres! Pourtant les fresques d'Orcagna m'ont peu flatté: c'est un cauchemar grotesque, et j'ai eu besoin de m'adresser les réflexions ci-dessus énoncées, pour les regarder sans dégoût. Les autres fresques du *Campo-Santo* sont moins barbares, mais bien mal conservées et successivement retouchées ou changées. Il faut y chercher celles du Giotto, avec les yeux de la foi. Quelques compositions, les siennes peut-être, sont bien naïves, bien jolies, sans qu'il y ait pourtant motif de pamoison, comme Brumières m'en avait menacé.

Ce *Campo-Santo* est, en somme, un lieu qui vous reste dans l'âme après qu'on en est sorti. Il ne serait pas bien aisé de dire pourquoi précisément, car c'est une construction ruinée ou inachevée, couverte en charpente. Le cadre d'élégantes colonnettes du préau n'est pas une merveille qui n'ait été surpassée en Espagne, dans d'autres cloîtres dont j'ai vu les dessins. La collection d'antiques auxquels le cloître sert de musée est très mutilée et n'approche pas, dit-on, d'une des moindres galeries de Rome. Il y a là, en somme, peu de très beaux débris; mais il y a de tout, et ce vaste cloître où un pâle rayon de soleil est venu un instant dessiner les ombres portées de la découpure gothique, ces profondeurs où gisent mystérieusement des tombes romaines, des cippes grecs, des vases étrusques, des bas-reliefs de la renaissance, de lourds torses païens, de fluettes madones du Bas-Empire, des médaillons, des sarcophages, des trophées, et ces fameuses chaînes du défunt port de Pise, conquises et rendues par les Génois; l'herbe fine et pâle du préau, où quelques violettes essayaient de fleurir; tout, jusqu'à cette charpente sombre qui ne finit rien, mais qui ne gâte rien, compose un lieu solennel, plein de pensées, et d'un effet pénétrant. Fiez-vous donc à vos belles photographies, qui nous faisaient dire: L'*effet* embellit tout; la réduction aussi embellit peut-être les objets. Non! la magie du soleil n'est pas la seule magie du *Campo-Santo.* On le regarde sans trop d'ébahissement, mais on l'emporte avec soi.

La cathédrale est un autre musée, encore plus précieux, des arts sacrés et profanes. Les mosaïques byzantines des voûtes sont d'un grand effet; mais la mosaïque de marbre du pavé central m'a

2

donné un certain frisson de respect. C'est la même que celle du temple d'Adrien. Elle était là, servant au culte des dieux antiques, avant qu'une église eût remplacé le temple ; elle avait été foulée, usée déjà par les prêtres de ce dieu Mars dont la statue est là aussi, baptisée du titre et du nom de Saint-Ephèse. Ah! si ces pavés pouvaient parler, que de choses ils nous raconteraient que notre imagination s'inquiète de ressaisir !

Mais les eaux de l'Arno ou les croupes des monts pisans en ont vu davantage, me direz-vous. Je vous répondrai que nous ne sommes jamais tentés d'interroger la nature brute sur les destinées humaines. Nous savons qu'elle gardera son secret; mais du moment que, de ses flancs, une pierre est sortie pour être travaillée et employée par la main de l'homme, cette pierre devient un monument, un être, un témoin, et nous la retournons dans tous les sens pour y trouver une inscription, une simple trace qui soit une voix ou une révélation.

C'est là, je crois, en dehors de l'effet pittoresque, le grand attrait des ruines, la curiosité! J'avoue que je suis très las des réflexions imprimées sur les destins de l'homme et la chute des empires. Ce fut la grande mode, il y a quelque quarante ans, sous notre empire à nous, de *pleurer* les vicissitudes des grandes époques et des grandes sociétés. Pourtant, nous étions, nous-mêmes, grande société et grande époque, et nous touchions aussi à des désastres, à des transformations, à des renouvellemens. Il me semble que regretter ce qui n'est plus, quand on devrait sentir vivement que l'on doit être quelque chose, est une flânerie poétique assez creuse. Le passé qui, en bien comme en mal, a eu sa raison d'être, ne nous a pas laissé ces témoignages, ces débris de sa vie, pour nous décourager de la nôtre. Il devrait, en nous parlant par ses ruines, nous crier : *agis et recommence*, au lieu de cet éternel : *contemple et frémis*, que la mode littéraire avait si longtemps imposé au voyageur romantique des premiers jours du siècle.

L'illustre Chateaubriand fut un des plus puissans inventeurs de cette mode. C'est qu'il était une ruine lui-même, une grande et noble ruine des idées religieuses et monarchiques qui avaient fait leur temps. Il eut des velléités généreuses comme il convenait à une belle nature d'en avoir. L'herbe essaya souvent de pousser et de reverdir sur ses voûtes affaissées ; mais elle s'y sécha malgré lui, et, comme un temple abandonné de ses dieux, sa grande pensée s'écroula dans le doute et le découragement.

Mais me voici bien loin de Pise. Non, pas trop cependant : je me disais ces choses-là en traversant ces grandes rues où l'herbe pousse, et en regardant ces vieux palais bizarres qui se mirent dans l'Arno d'un air solennel et ennuyé. Pise tout entier est un *Campo-Santo*, un cimetière où les édifices, vidés d'habitans, sont debout comme des mausolées. Sans les Anglais et les malades de tous les pays froids, qui viennent, en certains mômens de l'année, lui rendre un peu d'aisance, la ville, je crois, finirait comme doivent finir les petites républiques d'aristocrates, elle mourrait *dà se*.

Il n'y a pas tant à gémir sur ses destinées ; elle a eu ses beaux jours, alors que sa constitution était un grand progrès relatif. Elle a été rivale de Gênes, de Venise et de Florence ; elle a été reine de Corse et de Sardaigne, reine de Carthage, cette autre ruine dont elle devait partager le destin.

Elle a eu cent cinquante mille habitans ; de grands artistes, une marine, de grands capitaines, des colonies, des conquêtes, d'immenses richesses et tout l'enivrement de la gloire. Elle a bâti des monumens qui durent encore et que le monde vient encore saluer. Mais les temps sont venus où ces petites sociétés si vivaces et si ardentes, au lieu d'être des foyers d'expansion, de sources bienfaisantes, se transformèrent en foyers d'absorption, en abîmes attirant la sève des nations sans vouloir la rendre, en nids de vautours ou de pirates. Dès lors leur décadence et leur abandon furent décrétés là-haut. Jupiter ne lance plus de foudres ; mais Dieu a mis au cœur des sociétés le ver rongeur de l'égoïsme qui les dévore quand elles le nourrissent trop bien. Les voisins jaloux ou irrités ont livré des luttes acharnées ; la mer, en se retirant, a accueilli de nouveaux hôtes sur ses rivages. Livourne s'est élevée dans des idées toutes positives, et, moins jalouse d'art et de magnificence, a prédominé par le trafic. Les outrages, inséparables compagnons du malheur, sont venus frapper l'orgueil des fiers Pisans. La noble république fut vendue, violée, pillée, disputée comme une proie, ravagée par la famine, par la peste, par la misère. Elle n'est plus, et la belle Italie du passé s'est vendue et perdue comme elle, pour avoir trop caressé dans son sein des intérêts rivaux, pour avoir dû sa splendeur et sa gloire à des passions étroites et non à des sentimens généreux.

Requiescat in pace! Je vous ai trop promené avec moi dans ce champ de repos. Il faut que je vous ramène au *Castor* à travers la campagne, qu'un peu de soleil est venu égayer. J'ai pu, en me retournant, saluer les *monti pisani*, que les nuages m'avaient voilés ce matin, et qui font aux monumens de la ville un cadre assez beau. Je ne sais si, par un temps clair, on voit d'ici les Apennins, dont ces monts pisans sont une côte rompue et détachée.

Benvenuto m'a été d'un grand secours. Il est savant à sa manière et bavard avec un certain esprit. J'apprends avec lui à entendre l'italien, que je sais un peu, mais dont la musique est trop neuve à mon oreille pour que je la comprenne d'emblée complètement. Cela viendra, j'espère, en peu de jours.

Me revoici en mer, voyant passer comme des rêves, la Corse, l'île d'Elbe, le rocher de Monte-Christo, qu'un roman plein de feu a rendu populaire, et qu'un Anglais vient d'acheter pour s'y établir.

Ces écueils des côtes de France et d'Italie font, dit-on, la passion des Anglais. Le génie de l'insulaire rêve partout un monde à créer, une domination intelligente ou fantasque à établir. Au reste, je comprends le prestige qu'exercent sur l'imagination ces petites solitudes battues des vagues. Quelques-unes ont assez de terre végétale pour nourrir des pins, et lorsqu'elles sont creusées en amphithéâtre dans une bonne direction, des villas peuvent s'y élever et des jardins y fleurir à l'abri des vents et des flots qui battent l'enceinte extérieure. La chaleur doit y être tempérée en été, et le continent est assez voisin pour qu'on n'y soit pas trop privé des relations sociales. Pourtant, je crois de tels asiles dangereux pour la raison. Cette mer environnante vous défend trop de l'imprévu, elle vous rend trop sûr d'une indépendance dont on n'a que faire dans la solitude.

Brumières vient me souhaiter le bonsoir. Miss *Médora* est de race grecque, il ne s'était pas trompé. Son père, marié à la sœur de lady Harriet, était un Athénien pur sang. Elle est orpheline. Elle est amoureuse de Raphaël et de Jules Romain. Elle est très anxieuse de recevoir la bénédiction du pape, bien qu'elle ne soit pas du tout dévote. Sa suivante s'appelle *Daniella*. Voilà le résumé de ses épanchemens.

VIII.

Rome, 18 mars.

Enfin, mon ami, m'y voilà! mais ce n'est pas sans peine et sans aventure, comme vous allez voir.

Je ne m'attendais certainement pas à une Italie aussi complète. On m'avait dit qu'il n'y était plus question de brigands depuis l'occupation française, et il est de fait, m'assure-t-on, que, grâce à nous, *l'ordre* est aussi bien établi que possible dans un pays où le brigandage est comme une nécessité fatale. Ceci m'a été expliqué assez péremptoirement, et je vous l'expliquerai plus tard. Vous êtes plus pressé d'ouïr mon aventure. Je vais tâcher pourtant de vous la faire attendre un peu, pour la rendre plus piquante. Ecoutez donc, ce n'est pas tous les jours qu'on en a une pareille à raconter!

Débarqués, ce matin, à Civita-Vecchia, après nos adieux au *Castor* et à son excellent capitaine, M. Bosio, nous avons déjeûné dans une auberge, des fenêtres de laquelle, plongeant sur le rempart, nous avons pu voir des soldats français se livrer à leurs exercices quotidiens avec cette aisance qui les caractérise. Encore des visites de police sur le bâtiment; encore les douanes sur le rivage; encore des visas, des impôts et des heures d'attente : toujours le voyageur arraché à sa première impression, à son innocente fantaisie de courir à droite ou à gauche sur la terre qu'il vient de toucher. Le voyageur est partout suspect, il est partout susceptible d'être un bandit, ce qui n'a jamais empêché aucun bandit de débarquer, et aucun voyageur de trouver des bandits indigènes ou autres, là où il y en a pour l'attendre. Mais je vous assure que les bandits gâtent bien moins les voyages que les précautions prises contre les honnêtes gens. Les douanes sont aussi une vexation barbare. On s'en sauve ici avec de l'argent; mais c'est encore une chose blessante de ne pouvoir s'en sauver avec sa parole. Les montagnes et les mers ne sont rien pour l'homme; mais il s'arrange pour être à lui-même son obstacle et son fléau sur la terre que Dieu lui a donnée.

Une diligence attendait que toutes ces formalités fussent remplies pour nous transporter à Rome, en huit heures, ce qui, moyennant quatre relais et de bons chevaux, me sembla exorbitant pour faire quatorze lieues. Mais c'est ainsi! On perd une bonne heure à chaque relais, les postillons ne voulant partir qu'après avoir rançonné les voyageurs. Il y a bien un conducteur qui est censé les faire marcher quand même; mais il s'en garde bien : il partage probablement avec eux. Il vous dit philosophiquement que vous ne leur devez rien, mais qu'il ne peut pas les faire obéir. On est donc à la discrétion de ces drôles, qui vous insultent si vous ne voulez pas céder à leur ton d'insolence, et qui exigent que vous ayez sur vous la monnaie qui leur convient. Tant pis pour vous si, arrivant de Livourne avec celle qu'on vous a échangée, vous n'avez pas eu la précaution de vous munir de *pauls* romains. Ils enfourchent leurs chevaux et restent immobiles jusqu'à ce que vous leur ayez promis de faire en sorte de les satisfaire au relais suivant. Peu importe que tous les autres voyageurs aient subi leurs prétentions; un seul, empêché ou récalcitrant, arrête le départ. Une bande de voyous qui ont aidé à l'attelage, sont là autour de la voiture, réclamant aussi, avec des grimaces, des langues tirées en signe de haine et de mépris, vous traitant de *singes* et de *porcs* si, par malheur, dans votre aumône, il s'est trouvé un sou *étranger*, un sou ayant cours à deux lieues de là.

Je ne vous parle pas des mendians de profession, c'est à dire du reste de la population, traînant sur les chemins ou grouillant dans les villages. Leur misère paraît si horrible et si réelle qu'on n'hésite pas à leur donner ce qu'on peut ; mais leur nombre accroît, en un clin d'œil, dans une telle proportion, qu'en faisant à chacun la part bien mince, il faudrait être deux ou trois mille fois plus riche que je ne suis, pour ne pas faire de mécontens. — Et puis, il ne faut qu'un coup d'œil pour voir que cette malheureuse engeance a tous les vices, toutes les abjections de la misère : paresse, fourberie, abandon de soi-même, malpropreté et nudité cyniques, haine sans fierté, superstition sans foi ou basse hypocrisie. Ces mendians se battent ou se volent les uns les autres de la même main qui égrène le chapelet bénit. Il n'est pas de saints dans le calendrier qu'ils n'invoquent en mêlant à leur litanie plaintive de grotesques ordures, quand ils croient qu'on ne les comprend pas.

Tel est l'accueil, tel est le spectacle qui attendent le passager dès qu'il a mis les pieds sur les Etats de l'Eglise. J'avais entendu raconter tout cela. Je croyais à de l'exagération, à de la mauvaise humeur. Je n'aurais pas pu m'imaginer l'existence d'une population n'ayant rien, ne faisant rien, et vivant littéralement de l'aumône des étrangers.

Nous avions suivi quelque temps les rives de la mer, courant assez vite sur un chemin tortueux, parmi des monticules sans arbres, mais couverts d'une végétation sauvage, luxuriante. Pour la première fois, j'ai vu des anémones roses percer les touffes de bruyère. Il y a là une profusion et une variété de plantes basses qui attestent la fertilité de ces plages incultes. Un peu plus loin, nous vîmes quelques essais de culture.

Après le dernier relais, comme nous étions en pleine campagne romaine, le postillon s'arrêta court. Il avait oublié son manteau. On voulut le faire marcher, on invoqua l'autorité du conducteur. «Impossible, dit celui-ci; un homme qui se trouverait, sans manteau, revenir à la nuit dans la campagne de Rome, serait un homme mort.» Il paraît que cela est certain; mais quelque chose de certain aussi, c'est que, tout en dépêchant un gamin pour lui aller chercher son manteau, le compère lui avait parlé bas avec un sourire expressif. Cela signifiait *prends ton temps*, car l'enfant s'en alla lentement, se retourna, et, sur un signe d'intelligence, rallentit encore sa marche. Cet homme avait-il, pour agir ainsi, une autre raison que celle de se venger de Brumières, lequel l'avait menacé de mettre pied à terre pour le corriger de quelque parole impertinente à son adresse? C'est ce que j'ignore, ce que nul de nous ne saura jamais.

Comme il faisait beau temps et que l'incident, vu tous ceux qui l'avaient précédé, menaçait d'être interminable, je calculai devoir arriver à Rome en même temps que la diligence ; je descendis et pris les devants sur la *via Aurelia*. Brumières avait voulu m'en empêcher. Cela ne se fait guère, m'avait-il dit : bien que, depuis longtemps, diton, on n'ait dévalisé personne, on ne voyage pas seul et à pied dans ces parages. Ne perdez pas trop de vue la diligence.

Je le lui promis, mais je l'oubliai vite. Il ne me semblait pas possible, d'ailleurs, qu'aux portes d'une capitale, en plein jour et sur un sol complétement découvert, on ne pût pas faire impunément quelque mauvaise rencontre.

VIII *(Suite)*.

J'étais, depuis une demi-heure environ, seul dans le désert qui s'étend jusqu'aux portes de la ville ; désert affreux, sans grandeur pour le piéton qui, à chaque instant, perdu dans les mornes ondulations du terrain, ne voit qu'une suite de monticules verdâtres où errent, de loin en loin, des troupeaux abandonnés tout le jour à eux-mêmes, sur un sol non moins abandonné de l'homme. Quelque paysagiste que l'on soit, on a le cœur serré, en voyant qu'ici la nature elle-même est une ruine muette et délaissée.

Le soleil baissait rapidement et, de temps à autre, j'apercevais le dôme de Saint-Pierre dans la brume, moins imposant, à coup sûr, que je ne l'avais rêvé, terne, lugubre, semblable à un mausolée dominant un vaste cimetière. D'une des médiocres hauteurs où je pus atteindre, je me souvins de l'avertissement de Brumières ; mais je cherchai en vain la diligence, et comme il commençait à faire frais, je poursuivis ma route.

Un peu plus loin, quelques pierres sortant de l'herbe attirèrent mon attention. C'était un vestige de ces constructions antiques dont la campagne est semée ; mais comme c'était le premier que je voyais tout près de la route, je m'en approchai et m'arrêtai machinalement pour le regarder. J'étais auprès d'une petite butte déchirée à pic, et par l'effet du hasard, je me trouvais caché à quatre escogriffes de mauvaise mine, adossés au revers de cet accident de terrain. Le sol herbu avait amorti le bruit de mes pas, et, au moment où j'allais m'éloigner sans me douter de leur présence, je les aperçus tapis dans les broussailles comme des lièvres au gîte. Il y avait quelque chose de si mystérieux dans leur attitude et dans leur silence, que je crus devoir me tenir sur mes gardes. Je me retirai doucement, de manière à mettre tout à fait le pli du terrain entre eux et moi. Au même moment, j'entendis, sur le chemin que je venais de franchir, un bruit de roues, et, pensant que c'était la diligence, j'allais abandonner mon système de précautions, lorsqu'à ce même bruit, mes quatre gaillards se relevèrent sur leurs genoux, rampèrent comme des serpens dans le petit creux qui aboutissait à la route et se trouvèrent à portée du véhicule qui approchait rapidement et qui n'était pas la diligence, mais bien une voiture de louage, traînée par de bons chevaux de poste.

Je reconnus aussitôt cette voiture pour y avoir vu transporter, à Civita-Vecchia, le bagage de lady Harriet et de sa famille. C'était une grande calèche ouverte. Un domestique, dépêché quelques jours d'avance pour l'envoyer, de Rome, au devant des illustres voyageurs, était resté à la ville pour achever de préparer leur logement. J'ai su ce détail après coup. Il n'y avait donc, dans la calèche, que lord B*** (je sais son nom maintenant), sa femme et sa nièce. La femme de chambre italienne était sur le siége.

Le projet de mes bandits me parut assez clair, et je me demandai aussitôt comment je pourrais m'y opposer. Rongés par la misère ou par la fièvre, ils ne me paraissaient pas bien solides, sauf un grand chenapan qui n'avait ni le type ni le costume indigène, et qui me sembla fortement constitué. Je n'avais pour arme qu'une canne à tête de plomb, et je regardais attentivement ce qu'ils traînaient dans l'herbe avec précaution. Quand ils se redressèrent à demi dans le fossé, je vis que c'était simplement de gros bâtons, circonstance qui acheva de me donner confiance dans le succès de ma défense. Ils devaient avoir quelques couteaux sous leurs habits, car ils ne paraissaient pas gens à se permettre un grand luxe de pistolets. Ils s'agissait de ne pas leur donner le temps de faire usage de ces lames, bonnes ou mauvaises.

J'avais l'avantage de me trouver sur les derrières sans avoir été aperçu. Pendant que je faisais ces réflexions, me débarrassant de mon caban qui m'eût gêné, la calèche arrivait au lieu marqué pour le coup de main. Le postillon, sur une brève sommation, arrêtait ses chevaux, se jetait à genoux et se tournait la face contre terre avec une résignation vraiment édifiante. Cela réduisait d'un tiers les moyens de la défense. Je crus devoir agir prudemment ; et, comme lord B***, ouvrant la portière avec flegme, regardait devant lui à combien d'ennemis il avait affaire, je lui fis signe de ne pas résister encore, ce qu'il comprit avec un admirable sangfroid. Il mit donc pied à terre en leur disant avec un sourire calme : « Dépêchez-vous, mes bons amis : la diligence est derrière nous. » Cette menace parut ne pas les inquiéter, et, voyant qu'il n'y avait pas tentative de résistance, que les femmes ne criaient pas, et que, d'elles-mêmes, elles descendaient précipitamment pour leur abandonner la calèche ; et cela, dans des termes d'une courtoisie comique, rendant grâce à la *gentilezza del cavaliere* et hommage à la beauté des dames.

En ce moment, j'étais sur leurs talons, et, m'adressant au grand chenapan qui ne disait rien et tenait son bâton levé sur la tête de lord B. par manière d'intimidation, je déchargeai sur la sienne un si bon coup de ma canne, qu'il tomba comme mort.

Ramasser le bâton qui s'échappait de cette *main défaillante* et en assommer le bandit obséquieux qui traitait avec lord B*** fut pour ce dernier l'affaire d'un instant. Le troisième larron, qui tenait les chevaux, ne m'attendit pas ; il prit la fuite. Le quatrième ne fit guère mieux, et, après avoir essayé de montrer son couteau, disparut également.

Nous restions là avec un homme qui demandait grace, un autre, étendu à terre, qui ne donnait pas signe de vie, un postillon, toujours prosterné, qui ne voulait rien voir de ce qui se passait, et trois femmes plus ou moins évanouies sur les bras.

Quand le drôle, terrassé par lord B***, vit qu'il ne lui restait aucun espoir de sortir de ses mains, il prit le parti ingénieux de s'évanouir aussi. C'était nous créer un embarras, dans le cas où nous eussions voulu le faire prisonnier.

— Je connais ces histoires-là, me dit lord B***, qui ne me parut nullement ému ; si nous nous arrêtons à attendre la diligence, qui est encore loin et au pas, nous risquons de voir arriver du renfort à ces gens-ci, et alors, la vengeance se mêlant de l'affaire, nous n'en sortirions pas vivans. Si nous avançons, nous laissons échapper ces messieurs qui ne sont peut-être pas si morts qu'ils en ont l'air. Le mieux est de retourner vers la diligence et de la forcer à marcher vite jusqu'ici, où nous aviserons à faire constater le fait et à nous emparer de ces deux blessés avant qu'ils aient pu se relever.

C'était le meilleur avis possible. Il fallut rosser le postillon pour le faire revenir de son émotion. Dans l'opinion de son mari, lady Harriet aurait peut-être eu besoin du même stimulant pour retrouver le marchepied de la voiture. Elle avait la tête perdue. La nièce était d'un calme héroïque. Lord B*** voulut me faire monter avec elles. Je m'y refusai. Après avoir remis sur son cheval le postillon éperdu, et lui avoir fait tourner bride, je sautai sur le siége auprès de la soubrette, dont la frayeur ne se manifestait que par des torrens de larmes.

Je n'eus guère le temps de m'occuper de ses nerfs.

Rencontrer la diligence, l'arrêter, raconter l'aventure, et reprendre les devans pour montrer au conducteur et aux voyageurs la preuve des faits déclarés, tout cela fut accompli en moins d'un quart d'heure. Mais, ô surprise ! comme on dit dans les romans, quand nous fûmes sur le lieu du combat, bien reconnaissable pour moi, grâce au fragment de ruine que j'avais exploré à dix pas du chemin, plus de morts, plus de blessés, plus de trace de l'aventure. Pas une goutte du sang de celui à qui j'avais fendu le crâne, pas un haillon enlevé dans la lutte à ses acolytes, pas même l'empreinte du piétinement des chevaux effrayés, ni celle des roues de la voiture sur le sable. Il semblait qu'un coup de vent eût tout balayé, et pourtant il n'y avait pas un souffle dans l'air.

Lord B*** était plus mortifié que surpris. Il était surtout blessé de l'air de doute du postillon de la diligence. Celui de la calèche était muet comme la tombe, défait, tremblant, peut-être désappointé. Brumières et quelques voyageurs ajoutaient foi à ma parole ; d'autres se désolaient tout bas, en riant, que nous avions rêvé bataille, et qu'une panique nous avait troublé la cervelle. Quelques bergers, à la recherche de leurs troupeaux errans, juraient aussi et juraient n'avoir rien vu, rien entendu. Lord B*** avait fort envie de se mettre en colère et de se livrer à une minutieuse perquisition ; mais la nuit approchait, la diligence voulait arriver ; lady Harriet, nerveuse et malade, s'impatientait de l'obstination de son mari. Brumières, enchanté de retrouver sa princesse, et jaloux du bonheur que j'avais eu de lui porter secours, profitait de l'occasion pour faire l'empressé autour d'elle. Quand on se remit en marche, je ne sais comment la chose s'était passée, mais j'étais dans la diligence et Brumières dans la calèche avec les dames : mylord sur le siége, avec la soubrette.

Cette soubrette est, par parenthèse, assez jolie, et, dans le peu de mots que j'avais échangés avec elle sur ce même siége de calèche, je lui avais trouvé la voix douce et un très agréable accent. Je lui avais laissé mon caban pour s'envelopper,

car elle était peu vêtue pour affronter l'*influenza*, c'est-à-dire l'atmosphère de fièvre mortelle qui commence ici à la chute du jour et qui, comme le désert et le brigandage, règne jusqu'au mur d'enceinte de la ville des papes.

Ce caban ne me revint en mémoire que lorsque cette jeune fille me le rapporta à la porte Cavalleggieri, où nous nous arrêtâmes tous pour exhiber une fois de plus nos passeports. Comme pour reprendre mon vêtement je tendais la main, j'y sentis avec beaucoup d'étonnement le baiser d'une bouche fraîche, et, avant que je me fusse rendu compte d'un fait si étrange, la soubrette avait disparu. Brumières, qui arrivait à moi, ne fit que rire de ma stupéfaction. « C'est une chose toute simple, me dit-il ; c'est la manière du pays pour dire merci, et cela ne vous donne pas le droit d'exiger davantage. » C'était plus que je n'aurais jamais songé à *exiger* d'une jolie femme.

On venait de visiter nos malles pendant une heure, lorsque le conducteur nous annonça que ceci n'était rien, et que nous allions subir une autre visite bien plus longue et bien plus minutieuse à la douane ; mais qu'il pouvait nous en dispenser si nous voulions lui donner chacun deux pauls. Nous mourions de faim et nous donnâmes tous ; mais, quand nous fûmes à la douane, notre collecte ne servit de rien : le digne homme ne put s'entendre avec les douaniers. Un colloque, peu mystérieux et fort long, s'établit à deux pas de nous. Ils voulaient un paul et demi par tête, et il voulait partager seulement par moitié avec eux. On se querella beaucoup ; notre homme se piqua, garda le tout, et nous fûmes visités.

Comme nous sortions enfin de ce purgatoire, riant, à force de dégoût, de toutes ces bouffonneries, et nous disposant à chercher un gîte, lord B***, qui, muni d'un laissez-passer, avait disparu depuis longtemps, me frappa amicalement sur l'épaule en me disant : « Je viens de faire ma déclaration relativement à nos brigands, et de conduire ma femme et ma nièce au logement qui les attendait. A présent, je viens vous chercher de leur part. Est-ce que vous avez ici des parens ou des amis qui vous réclament ?

Je ne songeai pas à mentir ; mais je remis au lendemain ma visite à ces dames, pour cause de faim et de fatigue.

— Oh ! si vous avez faim et sommeil, reprit-il, vous n'irez pas à l'hôtel où, quel qu'il soit, vous serez mal. Nous avons une bonne chambre pour vous au palais *** et nous vous attendons pour manger avec nous un bon souper.

Toutes mes excuses furent vaines. Je ne rentrerai pas sans vous, me dit-il, et ces dames ne souperont pas, tant que nous ne serons pas rentrés.

Je donnai pour prétexte que je ne voulais pas laisser seul mon ami Brumières.

— Qu'à cela ne tienne. Votre ami viendra aussi, dit lord B***.

Brumières ne se le fit pas répéter. Nous voilà aussitôt en route, à pied, dans les rues de Rome, suivi de *facchini*, portant nos malles, et de Benvenuto, qui se regardait comme invité aussi.

Le palais en question me parut bien loin. J'aurais préféré la plus modeste auberge sous la main. C'est une maison trop grande, jadis très magnifique, aujourd'hui très délabrée. Je n'ai pas eu le loisir d'en admirer l'architecture extérieure. J'ignore si elle est louée ou prêtée à mes Anglais. Leur majordome se vante de l'avoir rendue aussi comfortable qu'il est possible de le faire ici en peu de jours. Si cela est, le comfortable n'abonde pas à Rome. Les meubles modernes disparaissent d'ailleurs dans ces salles immenses où l'on gèle encore en dépit des grands feux allumés depuis trois jours.

Lord B*** nous conduisit avec nos bagages dans une chambre dont il exigeait que je prisse possession ; après quoi, nous allâmes trouver lady Harryet et miss Medora dans un salon grand comme une église, et dont le plafond, surchargé de dorures massives et de peintures confuses, était lézardé en mille endroits. Ces dames n'en admirent pas moins le grand caractère de ce local et semblent se plaire à vouloir rajeunir ce vieux luxe évanoui. Beaucoup de bougies, allumées dans des candélabres d'un grand style, éclairaient à peine une table immense copieusement servie, dernière circonstance qui me fut agréable, car j'étais l'être le plus stupidement affamé du monde. Vous connaissez pourtant ma sobriété, mais j'ignore si c'était l'émotion du combat sur la via Aurelia, où l'air de la mer avalé à pleins poumons depuis quatre jours ; j'étais sourd et quasi muet. Quand cette abrutissante obsession fut calmée, je commençai à faire plus ample connaissance, à l'entremets, avec mes nobles hôtesses et à m'étonner des amitiés et des prévenances dont j'étais l'objet. Ces dames, influencées apparemment par les fresques mythologiques de leur palais, voulaient absolument m'ériger en Jupiter libérateur, en Apollon vainqueur des monstres. Il y avait l'enthousiasme des nerfs chez lady Harriet. Elle a eu tellement peur ! Chez miss Medora, il y avait quelque chose d'indéfinissable : une reconnaissance moqueuse, ou une acceptation maligne du service rendu. Peut-être la digestion d'un si copieux dîner m'a-t-elle embrouillé la cervelle. Je n'ai rien compris à son air, à son regard, à son sourire, à ses éloges exagérés. Quand elle a vu que j'en étais plus étourdi que flatté, elle m'a laissé tranquille et s'est remis à causer peinture avec Brumières. Je la soupçonne de faire des ruines roses et bleues à l'aquarelle.

Quant à lord B***, ses remercîmens m'ont été plus agréables, parce qu'ils m'ont paru plus sincères. Comme je lui faisais observer qu'avec sa présence d'esprit et sa manière d'employer le bâton, il se serait probablement tiré d'affaire sans moi. — Non, me dit-il, je ne crains pas un ou deux hommes, j'en crains trois ou quatre. Je n'ai que deux mains et deux yeux. Je sais que trois de nos adversaires n'en valaient peut-être pas un ; mais le quatrième, celui dont vous avez commencé par me débarrasser, en valait peut-être quatre.

Je répliquai qué il n'y avais pas grand mérite, l'ayant abattu par surprise. Je ne suis pas fort, ajoutai-je. Je n'ai jamais eu l'occasion de savoir si je suis brave. Pour la première fois de ma vie, j'ai reconnu la nécessité de la traîtrise, et je n'en suis pas plus fier pour cela.

— C'est répondre en homme modeste, reprit lord B***, en lançant à sa nièce un regard sévère qui me confirma dans la pensée du mauvais vouloir de la jeune personne à mon égard.—Mais moi, poursuivit-il en me regardant, je sais que je suis fort et hardi, et que pourtant, sans vous, je ne me serais pas défendu.

— Oh ! Shame ! murmura lady Harriet.

— Ma femme dit que c'est une honte, reprit-il. Les femmes trouvent tout naturel qu'on se fasse égorger pour sauver leurs diamans, pendant qu'elles se trouvent mal sur vos bras.

— Je ne me suis pas trouvée mal, dit fièrement miss Medora, je cherchais les pistolets dans la voiture, et si je les avais trouvés…

— Mais vous ne les trouviez pas, répondit lord B***. Donc, vous n'aviez pas les idées bien nettes. Quant à moi, reprit-il en se retournant encore vers moi, je vous disais donc que je ne suis pas poltron. Pourtant, je n'engage jamais de lutte inégale pour peu de chose, et je ne tiens pas assez à l'argent pour exposer, par mesure d'économie, les personnes que j'accompagne à être tuées. On peut croire, si l'on veut, que c'est à ma vie que je tiens. Je n'ai pas de grandes raisons pour aimer la vie, n'ayant pas sujet de m'aimer beaucoup moi-même. Pourtant il y a une chose qui me blesse beaucoup dans ces occasions-là : c'est de faire la volonté de ceux qui me mettent le couteau sur la gorge. J'aime à faire ma volonté, à moi, et je ne la fais pas toujours. J'y renonce parfois de bonne grace, parfois avec beaucoup d'humeur. J'étais dans cette dernière disposition quand vous êtes venu à mon secours. Vous m'avez donc, non pas rendu un service dont je voudrais vous récompenser ; c'était votre devoir, et j'en eusse fait autant à votre place sans prétendre à votre reconnaissance ; mais vous m'avez délivré à propos, et avec beaucoup de jugement, d'une contrariété, la plus vive que je connaisse. Par là vous avez gagné mon amitié, et je veux avoir la vôtre.

Ayant ainsi parlé, sans regarder sa femme, bien que la moitié de ce discours fût évidemment à son adresse, il me tendit la main avec une franchise irrésistible.

En ce moment, l'affreux chien jaune que je lui avais vu caresser sur le bateau à vapeur, s'élança dans l'appartement et vint se jeter dans ses jambes.

— Ah ! ciel ! s'écria lady Harriet, encore cette odieuse bête ! Elle vous a suivi !

— C'est malgré moi, répondit-il en soupirant.

— Non, vous dis-je ; c'est un chien que vous avez acheté ou qu'on vous a donné… Vous me trompez toujours ! Vous disiez qu'il appartenait à quelque passager ; mais c'est à vous qu'il appartient. Convenez-en donc !

Mylord jeta sur moi instinctivement un regard de détresse. Instinctivement entraîné, de mon côté, à prendre en pitié le chien et son maître, je m'imaginai de dire que l'animal était à moi. J'avais entendu comme que mylord lui donnait. « Buffalo ! m'écriai-je, venez ici. Pourquoi êtes-vous sorti de ma chambre ? Venez ! » Et comme si l'intelligente bête eût compris ce qui se passait, elle vint à moi la tête basse et l'air suppliant. J'allais l'emmener, lorsque miss Medora demanda grâce pour le chien à sa tante, laquelle, excellente femme en somme, me pria de le faire manger et de le laisser s'installer dans un coin. « Il ne me gêne pas, dit-elle ; il a l'air bonne personne, et il n'est pas si laid que je croyais. »

— Je vous demande pardon, dit lord B*** ; il est fort laid, et vous détestez les chiens.

— Où prenez-vous cela ? reprit-elle. Je ne les déteste pas du tout !

— Ah ! oui, pardon ! c'est vrai, murmura-t-il avec son mélancolique sourire : vous ne détestez que mes chiens.

Lady Harriet leva les yeux au ciel comme une victime prenant les Dieux à témoin d'une grande injustice. On se levait de table. Lord B*** m'emmena dans un coin. —Vous êtes un bon garçon, me dit-il ; vous avez compris que j'aime ce chien.

Grace à vous, il restera dans la maison. Voilà deux fois aujourd'hui que vous me faites faire ma volonté.

—Pourquoi, mylord, aimez-vous tant ce chien? Il n'est réellement pas beau.

— Je l'aime parce que, me promenant en barque dans le port de Gênes, je l'ai vu pendu à une corde, prêt à rendre au diable sa pauvre ame, le chien. C'était une bête perdue qui, sautant de barque en barque, était venue se réfugier à bord d'un bateau de pêcheurs, et ces brutes trouvaient plaisant de la pendre à une de leurs vergues. Je l'ai réclamé. Il a l'air de comprendre qu'il me doit la vie, et je crois qu'il m'aime.

— En ce cas, je m'en dirai propriétaire tant que ce sera utile, et je ferai en sorte que mylady vous conseille de m'en débarrasser.

— Voyez, dit-il, ce que c'est que le caprice d'une femme! Si mylady avait vu ce chien avec la corde au cou, et que je fusse passé sans songer à le sauver, elle m'eût traité d'insouciant et de cruel! Elle est très bonne, je vous jure, et très douce... seulement... seulement, je suis son mari. C'est un grand défaut d'être le mari d'une femme!

A son tour, mylady, toujours très émue, m'appela pour me parler à l'écart. — Nous vous devons plus que la vie, me dit-elle d'un air exalté. La vie n'est rien, mais, dans ces histoires de brigands, les femmes peuvent être exposées à des insultes. Si les choses en fussent venues là, je suis sûre, j'aime à croire que lord B*** se fût fait tuer pour nous donner le temps de fuir; mais une seule parole malhonnête est un fer rouge pour des femmes de notre rang, de notre caractère et de notre nation. Je vous dirai donc, comme lord B***, et plus chaleureusement, que vous avez notre amitié, et que nous vous demandons la vôtre. Nous vous connaissons d'ailleurs par votre ami, monsieur... Comment l'appelez-vous?

Je trouvai fort plaisant que l'on me demandât le nom de l'homme qui me servait de caution, et je me hâtai de dire que Brumières ne me connaissait guère plus que lady Harriet elle-même.

— C'est égal, reprit-elle sans se déconcerter, il nous a dit que vous étiez peintre comme lui, et que vous aviez beaucoup de talent.

— Il n'en sait rien, mylady; il n'a pas vu de moi la moindre chose.

— Oh! c'est égal! Il dit que vous parlez si bien de l'art! et il en parle si bien lui-même! Il a tant d'esprit, et il est de si bonne compagnie! C'est un jeune homme charmant! et il dit que vous êtes charmant-aussi!

— Ce qui est bien la preuve, répondis-je en toute humilité, que nous sommes charmans tous les deux! Mais permettez, mylady, vous êtes bienveillante, et votre gratitude pour moi fait honneur à la générosité de votre âme. Pourtant, je ne dois pas...

Mylady m'interrompit en s'écriant: Ah! monsieur, je vois à votre discrétion et à votre fierté que ma confiance est bien placée, et que je n'aurai jamais à m'en repentir. Vous n'êtes pas riche, je le sais, et vous allez, en quelques jours, dépenser à Rome, où l'on est affreusement volé, tout ce qui pourrait vous en rendre le séjour possible. Nous, nous avons plus de fortune que nous n'en pouvons dépenser; et d'ailleurs, nous ne louons pas, on nous prête cet hôtel dont nous n'occupons pas la moitié. Vous pouvez donc être libre et seul dans tout un étage, qui ne communique pas même pas avec le nôtre, si l'on veut faire vie à part. Vous n'accepterez notre table et notre société qu'autant qu'il vous plaira, pas du tout si nous vous ennuyons. Mais, pour ne pas nous causer un chagrin réel, vous serez sous notre toit, et dans le cas où vous seriez malade, ce qui peut fort bien vous arriver dans ce climat, nous serons plus à portée de vous distraire ou de vous secourir. C'est donc dans notre intérêt que je vous demande de rester ici, car, en quelque lieu que vous soyez, vous nous serez désormais un objet de sollicitude, ou un sujet d'inquiétude. Choisissez généreusement.

J'étais fort embarrassé. L'offre était si gracieusement tournée que je me trouvais maussade d'y résister. Lord B***, plus pénétrant que sa femme, devina mes scrupules et vint à mon secours.

— Elle vous a rappelé qu'elle était riche et que vous ne l'étiez pas, me dit-il de manière à être entendu de lady Harriet. C'est une maladresse; mais l'intention était bonne, et, quant à vous, vous sortirez d'affaire à votre honneur en payant votre chambre ce qu'elle nous coûte; ça n'ira pas à deux écus par mois. Vous nous permettrez bien de vous prêter les autres salles dont nous ne nous servons pas, pour faire de la peinture et pour fumer votre cigare les jours de pluie. Consentez à cet arrangement, ajouta-t-il tout bas. Sinon, je serai accusé de froideur, d'impolitesse, de maladresse et d'ingratitude envers vous.

Voilà mon gîte réglé. Restait à régler celui de Brumières. Je mourais de peur qu'il n'acceptât l'offre qui lui fut faite de partager l'hospitalité que l'on m'imposait. Avec ses prétentions sur le cœur et la main de miss Medera, je craignais d'avoir à endosser quelque responsabilité ridicule ou fâcheuse. Heureusement, l'offre lui fut faite avec moins de chaleur qu'à moi, et il eut le bon goût de refuser. Mais il est invité à revenir dîner souvent, ce qui indique l'intention de l'admettre à l'intimité des mœurs françaises. Ce n'est pas la première fois que je remarque combien les Anglais, quand ils sont aimables, le sont complétement. Sont-ils ainsi chez eux? je ne sais.

Nous prîmes congé des dames, qui étaient fatiguées, et lord B*** me reconduisit à ma chambre pour me montrer le plan de la maison, ainsi qu'à Brumières, «afin qu'il pût venir me voir, disait-il, sans être forcé de rendre chaque fois visite à ces dames;» mais, comme nous traversions l'antichambre, suivis de Buffalo, qui doit rester sous ma protection jusqu'à nouvel ordre, je vis que je n'en avais pas fini avec toute ma suite. Au milieu de cette antichambre, ou plutôt de ce corps-de-garde, je trouvai messire Benvenuto se livrant à une danse de caractère avec la gentille suivante qui m'avait baisé la main. Ils sautaient, au son d'une guitare magistralement râclée par un gros cuisinier à moustaches noires, une superbe caricature de Caracalla, récemment engagé au service de leurs *excellences britanniques.*

— Ah! pour le coup, dis-je à mon hôte, voici un acolyte que je désavoue absolument. C'est un bohémien qui s'est attaché à mes pas et que je n'ai aucun motif de vous recommander.

— Qui? Tartaglia? répondit lord B*** en souriant, autrement dit Benvenuto, Antoniuccio, et cent autres noms que nous ne saurons jamais? Soyez tranquille: ce n'est pas vous qu'il a suivi; c'est l'odeur de la cuisine qui l'a attiré. Nous le connaissons beaucoup. C'est l'ancien loueur d'ânes et l'ancien ménétrier de Frascati, le compatriote et le parent de la Daniella.

En parlant ainsi, mylord me montrait la gentille

soubrette qui continuait à danser en riant et en faisant briller ses dents blanches. Un coup de sonnette ne l'arrêta pas, mais il l'enleva adroitement, par une dernière pirouette, jusqu'à la porte de sa maîtresse, miss Medora, à qui elle est particulièrement attachée en qualité de coiffeuse.

— Avez-vous besoin de lui? reprit lord B*** en me montrant Benvenuto-Tartaglia; et, sur ma réponse négative : Va te coucher, dit-il au bohémien; tu reviendras demain matin savoir si myla-dy a quelque course te faire faire, et nous te donnerons un habit, car tu en as besoin.

Tartaglia, enchanté, vint nous baiser la main à tous trois. Triple coquin, lui dit Brumières à voix basse; pourquoi faisais-tu semblant de ne connaître ni leurs excellences ni la Daniella?

— Eh! carissime monsieur, répondit-il effrontément; que m'auriez-vous donné si j'avais contenté votre désir tout de suite? Quelques baïoques! Au lieu que vous m'avez nourri en voyage aussi longtemps que j'ai laissé jeûner votre curiosité!

A demain, cher ami, pour vous parler de Rome, que j'ai traversée, ce soir, à peu près dans les ténèbres. Jamais ville ne consomma moins d'éclairage dans ses rues étroites et croisées d'angles infinis. Cela m'a paru interminable et empesté de cette odeur de graisse chaude qui s'exhale d'une multitude de *frittorie* en plein air, ornées de feuillages et de banderolles. J'ai longé la base de la colonnade de la place Saint-Pierre, qui paraît une chose puissante, même vue ainsi en courant. J'ai passé au pied du château Saint-Ange; j'ai traversé le Tibre, et puis je ne sais plus où j'ai été, où je suis. Tout est confus pour moi, tant je me sens fatigué. A demain! oui, demain, au lever du soleil, je penserai à vous, qui me disiez : « J'ai tant étudié la Rome païenne et catholique » que je la connais, je la vois; je rêve quelquefois » que j'y suis, et je me promène comme dans » Paris. Au réveil, il me reste une impression de » bien-être et d'enthousiasme, de lumière et de » grandeur. » — C'est donc demain que je vais m'éveiller, moi, dans ce beau rêve! Je ne le crois pas encore. Le morne silence qui règne déjà au dehors me fait douter si je ne suis pas encore dans la campagne romaine.

IX.

Rome, 19 mars, dix heures du matin.

Je viens de passer une heure à ma fenêtre. Je suis sur le Monte-Pincio, et j'ai une des plus belles vues de Rome. Oui, c'est ce qu'on appelle une vue, un grand espace rempli de maisons et de monuments bien éclairés probablement quand le soleil s'en mêle; mais le ciel est gris, et il fait froid. La coupe de ce vallon, où Rome s'enfonce pour se relever sur ses illustres collines affaissées par le temps, est très gracieuse; mais la ligne environnante est froide, l'horizon trop près, et pauvre malgré les grands pins qui se découpent sur le ciel, du côté de la villa Pamphili, et qui sont trop clairsemés, trop secs de contour. Je sais bien que ces monuments, ces palais, ces églises innombrables sont à voir de près, et que cette ville renferme des trésors pour l'artiste. Mais quelle laide, triste et sale grande ville! Les colosses d'architecture qui s'en détachent la font paraître encore plus misérable.... pis que cela, prosaïque, sans caractère. Rome sans caractère! qui pouvait s'attendre à pareille

déception! Tartaglia (car, décidément, c'est le nom qui prédomine ici) est derrière moi, me disant qu'il ne faut pas regarder Rome par un temps sombre; que ce n'est d'ailleurs pas par l'ensemble qu'elle brille... que la Rome moderne ne sert qu'à avilir l'ancienne. Je ne le vois que trop! Mais moi, qui ne comprends pas le détail avant d'avoir saisi la physionomie générale, je cherche en vain à quoi ceci ressemble, tant ceci ressemble à une ville mal bâtie quelconque. Des quartiers entiers de vilaines maisons déjetées qui ne sont d'aucune époque, les unes d'un blanc criard, les autres d'un brun sale; aucune intention, aucun lien, aucune époque précise dans toutes ces constructions, et la monotonie cependant; comment arranger cela? Est-ce l'uniformité de l'incurie, du mal-être, de l'abandon de soi-même? Il semble que cette population ne se soit pas douté qu'elle venait bâtir sur l'emplacement où fut Rome, ou bien que, prenant en haine sa splendeur passée, cause de tant d'invasions et source de tant de maux, elle se soit hâtée d'en cacher les vestiges sous un amas de rues étroites et de bâtisses misérables. Quoi! ceci n'a même pas la fantaisie de Gênes et la solennité de Pise! Si l'on prenait trente ou quarante de nos laides et crasseuses petites villes du centre de la France, et si l'on en semait le sol bien serré, pour étouffer et cacher, autant que possible, les beaux restes de la Rome des Césars et des papes, on aurait ce que j'ai sous les yeux! Je suis consterné et indigné!

Il paraît que c'est jour de lessive, car je n'aperçois pas une maison, un palais même, qui ne soient couverts de haillons pendus à toutes les fenêtres. Et notez que ce ne sont pas les capes rouges des marins génois, ni les brillans *mezzari* bariolés semant de points lumineux et chauds les harmonieuses profondeurs des ruelles de Gênes. Ce sont des guenilles incolores sur des murs décolorés, ou des amas de chiffons blafards couvrant les ruines, jurant auprès des édifices, masquant les détails de la composition, la seule belle chose qu'il y aurait à laisser voir!

O déception! déception! Allons! cela passera sans doute. C'est l'effet du temps gris et des mauvais rêves que j'ai faits cette nuit. Je m'étais couché tranquille, ne sentant aucun remords et aucun regret, je vous jure, d'avoir frappé, mortellement peut-être, un voleur ou un assassin de grand chemin, et voilà que, dans mon sommeil, ce gibier de potence est revenu dix fois se faire assommer! Cela me met mal avec l'Italie dans mon for intérieur, de m'être trouvé forcé, dès mon premier pas sur cette terre sacrée, de la priver d'un de ses habitants. Cela me convient si peu, à moi, paisible et patient amoureux des fleurs des champs et des petits ruisseaux, de me frayer passage, comme un paladin, à travers des embuscades de mélodrame!

J'en suis tout triste, tout honteux, tout irrité. J'en veux à cette race de postillons insolens, de conducteurs filous, de mendians obscènes, qui m'avaient rendu méchant, et qui sont peut-être cause que j'ai trop réellement cassé la tête du premier bandit offert à ma vengeance. Faisait-il le mort? l'a-t-on emporté? s'est-il sauvé de lui-même? Cela me fait penser que j'ai promis hier à lord B*** de ne pas sortir pour mon compte avant d'avoir été avec lui faire ma déposition. Si j'en croyais Tartaglia, nous nous tiendrions tranquilles. Il assure que cela ne servira de rien; qu'on va nous ennuyer pendant six mois en nous confrontant avec tous les bélîtres arrêtés pour d'autres méfaits; enfin, que nos poursuites vont nous exposer à de pires aventures dès que nous quitterons Rome, et même dans Rome, peut-être. Il a l'air assez sûr de son fait. Peut-être aussi fait-il partie de quelque respectable société en commandite pour le détroussement des voyageurs. Je ferai ce que lord B*** jugera convenable.

Puisque je vous transmets l'opinion de Tartaglia, il faut que je vous dise de quelle merveilleuse apparition il a charmé l'instant de mon réveil.

— Il est huit heures, excellence. *C'est moi que vous* avez chargé de vous faire lever.

— Tu en as menti. Je n ai pas besoin et je ne veux pas de domestique.

— Moi, domestique, *mossiou?* Vous n'y songez pas! Un Romain domestique! Cela ne s'est jamais vu et ne se verra jamais.

— En vérité? C'est donc comme ami que tu t'occupes de ma personne? Eh bien! je n'ai pas besoin d'ami pour le moment. Va te promener!

— Vous avez tort, mossiou! Tu *as souvent besoin d'un plus petit que* soi!

— Diantre! nous sommes érudit, même en français! Mais quel diable de costume as-tu là?

— Un joli costume, n'est-ce pas, excellence? J'ai mis ce que j'ai de mieux en toilette du matin, et je vais vous dire pourquoi. Lord B*** m'a promis hier un habillement. Je fais les commissions de la maison, et mylady ne veut pas que j'aie l'air d'un malheureux.

— Eh bien! est-ce là le goût de mylady, cette toilette du matin?

— Je ne sais pas, *mossiou*; mais n'importe. On m'a promis des habits, on m'en donnera. Seulement, si je me montre dénué de tout, on me jettera une vieille redingote de domestique; au lieu que si on me voit comme me voilà, un peu élégant, on m'offrira un habit noir, encore bon, de la garderobe de mylord.

Vous voyez que Tartaglia raisonne serré. Mais imaginez-vous son élégante toilette : un habit de bouracan vert-olive gancé de noir, rapiécé de vert-bouteille aux coudes; un pantalon pareil, rapiécé de vert-billard aux genoux. Cela fait la gamme de tons la plus étrange et la plus fausse. Ajoutez à cela un jabot de mousseline et des manchettes énormes, très-blanches, bien plissées, mais percées de trous gigantesques; une corde grasse, qui fut jadis une cravate de soie, et une sorte de berret, autrefois blanc, aujourd'hui couleur des murailles de Rome, *objet de goût*, qu'il a rapporté de ses voyages; enfin, une épingle de corail de Gênes au jabot et une bague de lave du Vésuve au doigt. Cet ajustement de sa petite personne à grosse tête, ornée d'une affreuse barbe dure et grisonnante, achève de le rendre hideux, et le contentement avec lequel il se posait devant la glace me le fit paraître si bouffon, que je partis d'un immense éclat de rire.

Je crus voir que je l'avais blessé, car il me regarda d'un air de tristesse et de reproche, et j'eus la niaiserie de me repentir. Affliger un homme qui me rendait le service de m'égayer, c'était de l'ingratitude. Quand il vit ma simplicité : « C'est bien aisé de se moquer des pauvres, dit-il, quand on ne manque de rien; quand on a trois ou quatre cravates à choisir tous les matin. » Je compris l'apologue, et lui fis don d'une cravate. Il retrouva aussitôt sa bonne humeur, qu'il avait fait semblant de perdre.

— Excellence, me dit-il, je vous aime, et je m'intéresse à un *cavaliere* qui sait *ce que c'est que la vie!* (C'est là son éloge favori, éloge mystérieux, profond peut-être dans sa pensée.) Je veux vous donner un bon conseil. Il faut épouser la *signorina.* C'est moi *que je vous le dis.*

— Ah! ah! tu veux me marier! Avec quelle *signorina?*

— La *Medora,* l'héritière future de leurs *Excellences* britanniques.

— En vérité! Pourquoi faut-il l'épouser? Est-ce qu'elle est en peine d'un mari?

— Non, elle est riche et belle. Oh! la belle femme! n'est-ce pas?

— Oui, après?

— Eh bien! elle a refusé ici, l'an dernier, les plus beaux partis de la contrée : des neveux de famille papale, des fils de cardinaux; tout ce qu'il y a de plus huppé.

— Tu es sûr qu'elle a refusé tout cela pour m'attendre?

— Non; mais qui sait l'avenir? Puisque vous êtes amoureux d'elle, pourquoi ne serait-elle pas amoureuse de vous?

— Ah! je suis amoureux d'elle? Qui t'a dit cela?

— Elle!

— Comment, elle? à toi?

— A la Daniella, ma cousine; c'est la même chose.

— Ah! oui-dà, vraiment! voilà un amour dont je ne me serais pas avisé!

— Voyons, voyons, *mossiou,* c'est moi *que je* m'y connais! Vous êtes amoureux. La Daniella vous le dira comme moi. Elle n'est pas sotte : je suis son oncle.

— Tu disais ton cousin?

— N'importe. Tenez, la voilà.

En effet, la Daniella entrait avec un immense plateau chargé, sous prétexte de thé, d'un déjeuner complet.—Eh! mon Dieu! qui m'envoie cela? m'écriai-je. Je n'ai rien demandé et je ne veux pas être nourri ici, moi, que diable!

— Ça ne me regarde pas, répondit la jeune fille. Je fais ce que l'on m'a commandé.

— Qui?

— Mylord, mylady et la signorina. Je vous prie de manger, monsieur, ou je serai grondée.

— Est-ce que l'on vous gronde quelquefois, Daniella?

— Oui, depuis hier! répondit-elle d'un air singulier. Mais mangez donc!

Brumières est survenu et s'est moqué de ma contrariété. Il prétend que je fais des façons ridicules; qu'il n'y a rien de plus contraire au bon goût que cette petite fierté bourgeoise en révolte contre la facile libéralité des grands; que ces gens-là font leur devoir et leur bonheur en caressant et en gâtant les artistes; qu'à ma place, il se laisserait faire; et il a ajouté que justement, pour être à cette place dans les bonnes grâces d'une certaine personne de la famille, il aurait tué dix brigands et, au besoin, trois honnêtes gens par dessus le marché.

Son entrain et sa gaîté ont charmé Tartaglia et la soubrette; de sorte que la conversation s'est établie sur les sujets les plus délicats avec un abandon extraordinaire. Comme je suis seul maintenant (il est midi, et je vous écris à bâtons rompus, en attendant toujours lord B***, qui m'a fait dire qu'il allait venir me prendre), je veux vous la transcrire comme une peinture de mœurs. Peut-être resterai-je ensuite quelques jours sans pouvoir vous tenir ainsi au courant de mes fait et gestes, car il faudra voir Rome et digérer mieux les réflexions que je me permets aujourd'hui de mettre étourdiment et crûment sous vos yeux. Je profiterai donc du moment que je tiens encore, pour vous installer avec moi, par la pensée, dans ce nouveau monde où je viens d'être jeté par le hasard.

LA DANIELLA, *à Brumières*, pendant que je me résigne à avaler une côtelette assez bonne, qui n'est ni mouton ni agneau. (La Daniella parle facilement le français, mais non correctement, et je supprime les contre-sens et les pa-t-à-qu'est-ce.) — Je savais bien, excellence, que, vous aussi, vous soupiriez pour la signorina.

BRUMIÈRES.—Moi *aussi?* Qui donc est l'autre ?

VOTRE SERVITEUR, *la bouche pleine.* — Il paraît que c'est moi !

BRUMIÈRES. — Coquin de paysagiste ! vous ne me disiez pas çà ! N'en croyez rien, charmante Daniella, et dites bien à votre jeune maîtresse qu'elle ne fasse pas d'erreur. C'est moi, moi seul qui soupire pour elle.

LA DANIELLA. — Vous seul? Un seul amoureux à une si belle fille? Elle ne le croirait pas ! N'est-ce pas que vous aussi, *signor Giovanni di val reggio*, vous aimez ma maîtresse?

VOTRE SERVITEUR, *toujours la bouche pleine.* — Hélas ! non ! pas encore !

(*Stupéfaction de l'auditoire.*)

— *Cristo !* s'écrie Tartaglia indigné : vous faites *l'imprudence* de vous méfier de nous ! Vous êtes un enfant, c'est *moi que je vous le* dis !

LA DANIELLA, *dédaigneuse.* — Monsieur n'a peut-être pas regardé la signorina?

BRUMIÈRES, *triomphant.* — Vous voyez, ma chère, il ne l'a pas seulement regardée !

VOTRE SERVITEUR.—J'ai fait mieux, je l'ai vue.

LA DANIELLA, *étonnée.*—Et elle ne vous plaît pas?

MOI, *résolument.*—Non ! de par tous les diables, elle ne me plaît pas !

BRUMIÈRES, *me serrant la main avec une solennité comique.* — Grand cœur ! noble ami ! Je te revaudrai ça quand tu seras amoureux d'une autre.

LA DANIELLA *à* TARTAGLIA, *me désignant.*—C'est un facétieux ! (*un buffone.*)

TARTAGLIA *haussant les épaules.* — Non ! il est fou ! (*matto.*)

LA DANIELLA, *à votre serviteur.* — Est-ce qu'il faudra dire à la Médora qu'elle vous déplaît ?

TARTAGLIA *vivement.* — Non ! je le protége ! (*à part probablement ;*) il m'a donné une cravate !

BRUMIÈRES, *à la Daniella.*—Vous direz poliment qu'il est amoureux d'une autre. Vous y consentez, Valreg ?

VOTRE SERVITEUR, *d'un air magnanime.* — Je l'exige !

LA DANIELLA. — Tant pis, je vous aimais mieux que l'autre.

BRUMIÈRES. — Qui, l'autre ?

LA DANIELLA. — Vous. .

BRUMIÈRES. — Tu me fais penser que je ne t'ai rien donné. Veux-tu un baiser, charmante fille ?

LA DANIELLA, *après l'avoir regardé.*—Non ! vous ne me plaisez pas, vous !

VOTRE SERVITEUR. — Et moi?

ELLE. —Vous me plairiez ! vous avez l'air sentimental. Mais vous aimez quelqu'un?

BRUMIÈRES. — C'est peut-être vous?

MOI. — Qui sait? ça pourrait venir !

LA DANIELLA. — Alors, vous n'aimez personne, et vous vous moquez de nous. Je dirai cela à ma maîtresse.

BRUMIÈRES. — Ah çà, ta maîtresse tient donc beaucoup à être aimée de monsieur?

LA DANIELLA. — Elle ? pas du tout !

VOTRE SERVITEUR. — Tu vois donc bien que je suis très heureux de ne pas la trouver jolie ! Tu me plains cent fois davantage !

LA DANIELLA, *levant les yeux au ciel.* — Sainte madone ! Peut-on se moquer ainsi ? »

Je dois vous dire que, tout en me posant de la sorte, je disais jusqu'à un certain point la vérité. Seulement je le disais sans préméditation aucune, et, vous pouvez m'en croire, sans dépit contre la Médora, comme sans projet de séduction sur la Daniella. Je trouve bien la première un peu impertinente à mon égard, de s'imaginer que je n'ai pu la voir sans perdre la tête ; mais elle est assez belle pour qu'on prenne en considération son orgueil d'enfant gâtée. Je le lui pardonne. Le fait est qu'elle ne m'est pas sympathique, qu'elle me semble étrange, trop occupée d'elle-même, trop *poseuse.* de. courage martial et de goût raphaëlesque. Si j'avais quelque raison pour *aimer* sa soubrette, ce dont le ciel me préserve, car je la crois très délurée, je m'arrangerais beaucoup mieux avec l'expression de sa figure et le type de sa beauté ; je dis beauté, quoiqu'elle soit tout au plus jolie. Vous me direz si vous la voyez telle d'après le portrait que je vais vous faire.

Je voudrais vous montrer une de ces puissantes beautés du Trastevère, ou une de ces élégantes filles d'Albano, que vous connaissez en peinture, avec leur costume pittoresque, leur taille de reine, leur majesté sculpturale. Rien de tout cela n'a encore frappé mes regards. La Daniella est une Frascatine pur-sang, à ce que m'assurent Brumières et Tartaglia, c'est à dire une jolie femme selon nos idées françaises, bien plus qu'une belle femme selon le goût italien. Elle est très brune, un peu pâle ; elle a des yeux, des dents et des cheveux magnifiques ; le nez est passable, la bouche un peu grande, le menton un peu court et avancé ; les plans du visage sont plus fermes que gracieux ; le regard est passionné, peut-être hardi. Est-ce franchise ou impudeur, je ne sais. La taille est charmante, fluette sans maigreur et souple sans débilité. Les pieds et les mains sont petits, qualité rare en Italie, à ce que j'ai pu remarquer jusqu'ici. Elle est vive, adroite, et m'a paru danser avec grace. Quoique civilisée par un voyage en France et en Angleterre (elle est depuis deux ans au service de lady Harriet), elle a conservé je ne sais quoi de hautain dans le sourire et de sauvage dans le geste qui sent la villageoise méfiante, à idées étroites et obstinées. Je ne l'avais guère regardée en voyage : elle avait un châle et un chapeau qui l'enlaidissaient beaucoup et qu'elle portait assez mal ; mais, depuis ce matin, elle a repris son costume local, qui n'est pas des plus beaux, mais qui lui sied : une robe brune à manches demi-courtes, un tablier dont la pièce de corsage baleinée lui sert de corset, et un mouchoir de mousseline blanche sur le chignon noué très lâche sous le menton.

Telle est la personne dont je suis censé amoureux, car il faut vous raconter la suite de l'*intrigue.*

IX (*Suite*).

A peine la Frascatine (car, en dépit de Tartaglia, je crois que c'est ainsi qu'il faut dire) était-elle sortie, emportant les restes de mon déjeûner, que Tartaglia, se posant devant moi d'un air solennel et un peu tragique, m'adressa cette réprimande :

— Prenez garde à vous, mossiou ! (Je découvre que *mossiou* est son terme de mécontentement, tandis qu'*excellence* est son terme de satisfaction.) Prenez garde aux yeux de la Daniella ! C'est une Frascatane et une fille *apparentée*.

— Qu'entends-tu par ces paroles ?

BRUMIÈRES. — Je vas vous le dire, moi. J'ai failli y être pris, à l'occasion d'une certaine...

TARTAGLIA. — Je sais !

BRUMIÈRES. — Comment, tu sais ?

TARTAGLIA. — Eh oui, vous ne vous souvenez pas de moi, mais je vous ai remis tout de suite sur *le vapeur*. Il y a deux ans, quand, par occasion et faute de mieux, je tenais *des ânes* à Frascati, vous fîtes la cour à la Vincenza.

BRUMIÈRES. — C'est possible ; mais j'y renonçai vite en voyant qu'elle était *apparentée* ; c'est à dire, mon cher, ajouta-t-il en s'adressant à moi, qu'elle avait une famille établie au pays. On vous expliquera peu à peu comment, dans certains villages de la Campanie, et à Frascati particulièrement, il y a une population nomade, la caste des *contadini* (paysans), qui ne tient pas au sol, et une population stable, la caste des artisans. Ces derniers ont l'humeur austère à l'endroit des étrangers, et dès qu'une fille de la tribu est recherchée par un touriste, un peintre, un amateur quelconque sans grande protection ni crédit, on lui impose le mariage .. ou le duel au couteau. Seulement, on ne lui prête aucune espèce de couteau pour se défendre, et on le force à épouser ou à fuir. C'est le sage parti que j'ai pris et que je vous conseille de prendre si jamais vous avez affaire à Frascati, avec une fille ayant beaucoup de parens. Je crois que la Vincenza avait quelque chose comme vingt-trois cousins.

VOTRE SERVITEUR, *à Tartaglia*. — Et comme tu prétends être le parent de la Daniella, tu m'avertis et me menaces ? Tu me donnes envie de lui faire la cour !

TARTAGLIA. — Non, excellence ; je ne suis ni son parent ni son amoureux. Je ne suis pas un Frascatino ; je suis un Romain, moi ! La Daniella, qui est une bonne fille, m'a fait passer ici pour son parent, ce qui m'a assuré les bonnes grâces de mylady. Un petit mensonge, c'est une bonne action quelquefois. Mais je vous dis, excellence, ne pensez pas à cette petite fille, quand même vous devriez ne jamais mettre les pieds à Frascati.

BRUMIÈRES. — C'est donc...

TARTAGLIA. — Non, non, rien de mauvais ! Une bonne fille, excellence, je vous dis ! Mais quoi ! une fille de rien ! Et, me prenant à part, il ajouta :

— Regardez plus haut ; faites-vous aimer de l'héritière, c'est moi *que je vous le dis* !

— Laisse-nous tranquille, avec ton héritière et tes avis. Nous avons assez de ta conversation.

— A votre service, quand il plaira à mossiou ! dit-il en souriant de travers et en emportant sa cravate.

— Ne le fâchez pas, me dit Brumières dès que nous fûmes seuls ; ces abominables coquins-là sont utiles ou dangereux ; il faut opter. Dès que vous avez accepté d'eux le plus petit service, même en le payant bien, et surtout si vous l'avez bien payé, vous leur appartenez, vous devenez leur ami, c'est à dire leur proie. N'espérez plus leur échapper, tant que vous aurez un pied dans Rome ou aux environs. Et même, s'ils ont quelque intérêt sérieux à vous épier ou à vous suivre, vous les verrez sortir de terre en quelque lieu de l'Italie que vous vous trouviez. Dès qu'ils ont pénétré ou

cru pénétrer votre caractère, vos goûts, vos besoins ou vos passions, ils s'arrangent pour les exploiter. Vous avez l'air de ne pas me croire ? Eh bien, vous verrez ! Je vous attends à la première amourette que vous aurez ici. Fût-ce la nuit, au fond des catacombes, et sous triple cadenas, vous me direz si vous ne trouvez pas ce Tartaglia sur vos talons, et s'il ne s'arrangera pas pour que vous ayez absolument besoin de lui. Au reste, ne vous en chagrinez pas. Si l'obsession de ce genre de démon familier est quelquefois irritante, elle a aussi bien des avantages, et le mieux est de l'accepter franchement. Ils ont les qualités de leur emploi : ils sont aussi discrets pour garder votre secret qu'ils le sont peu pour vous l'arracher. Ils connaissent toutes gens et toutes choses ; ils ont l'esprit subtil, pénétrant, agréable à l'occasion. Ils vous donnent des conseils infâmes dans l'intérêt de vos passions, mais ils vous en donnent aussi de fort bons dans l'intérêt de votre sécurité. Ils vous avertissent de tout danger et vous préservent de toute école. On les connaît, on les emploie, on les ménage. A mesure que vous prendrez langue ici, vous apprendrez bien des choses et serez émerveillé de voir à quel point, sur cette terre classique de la caste, le diable rapproche, dans une mystérieuse intimité, les individus placés aux points extrêmes de l'échelle sociale. Souvenez-vous que Rome est le pays de la liberté par excellence. Entendons-nous ; la liberté de faire le mal ! Il y a plus de deux mille ans que c'est ainsi.

— Je crois ce que vous me dites en voyant un vagabond comme ce Tartaglia prendre possession de ce palais et de cette famille, comme ferait un homme de confiance. Et pourtant nous sommes chez des Anglais qui devraient avoir en exécration un pareil spécimen des mœurs locales !

— Rien de plus tolérant que les Anglais hors de chez eux, mon cher. Voyager est pour eux une débauche d'imagination qui les soulage de la raideur de leurs habitudes. Ceux-ci sont venus plusieurs fois en Italie, et si je ne les ai jamais rencontrés à Rome, c'est que je ne m'y suis pas trouvé aux mêmes époques, où qu'ils n'avaient pas, pour se faire remarquer, cette belle nièce avec eux. Mais je vois bien que lord B*** connaît le terrain, et quand je l'ai vu, hier soir, accueillir le Tartaglia si amicalement, je me suis dit que lady B*** était jalouse, et que mylord avait souvent besoin d'un éclaireur, d'un factionnaire ou d'une vigie. Peut-être bien aussi Tartaglia sert-il à la fois d'espion à la femme et de confident au mari ; mais je vous réponds qu'il satisfait aux exigences de l'un et de l'autre sans en trahir aucun, son affaire étant de vivre de leurs bonnes graces, et de vivre sans travailler, ce qui est tout le problème à résoudre dans l'existence du prolétaire romain.

— Ainsi, par fierté, ils refusent d'être laquais ; mais, par goût, ils sont...

— Hommes d'intrigues ! Ceux qui ne le sont pas sont forcés de voler ou de mendier. Si ce n'est par goût que beaucoup d'entre eux cherchent à vivre des vices des classes riches, c'est au moins par besoin. Que voulez-vous que fasse un peuple qui n'a ni commerce, ni industrie, ni agriculture, ni relations avec le reste du monde ? Il faut bien qu'il se mette à sucer, comme un parasite la sève de ces grands arbres qui étouffent les plantes basses sous leur ombre. Cela vous indigne ou vous attriste ? Bah ! c'est Rome, la merveille du monde, la ville éternelle de Satan, le grand festin où, parasites nous-mêmes, nous venons chercher, selon nos aptitudes, l'art, le mystère, la fortune ou le plaisir. A bon entendeur, salut! Pourvu que vous ne fassiez pas de scandale, tout ira bien pour vous. Et, pour ma part, excepté de prétendre à l'enthousiasme de miss Medora, je suis disposé à vous aider en toute honnête entreprise, ou à vous pardonner toute aventure agréable. Et sur ce, je m'en vas trouver il signor Tartaglia; car il m'a semblé que le drôle avait pour vous une préférence inquiétante, et je veux que, par l'intermédiaire de la Daniella, il me fasse *mousser* auprès de la céleste Médora. A propos, ajouta-t-il en s'en allant, permettez-moi, au premier dîner que j'accepterai ici, de glisser dans l'oreille de la *princesse* que vous êtes épris... en tout bien tout honneur, (je sais comment il faut parler à une Anglaise!) de sa piquante caмériste.

— Dites que c'est une idée de peintre!

— Oui, c'est ça! une *tocade!* Ce sera bien assez pour vous faire mépriser profondément. A demain! Je viendrai vous chercher pour vous montrer un peu les principales masses de la ville. Mais je vous avertis qu'il vous faudra bien un an pour voir tous les détails! Adieu! »

A présent, j'entends la voix de lord B***, qui vient me chercher. Il m'a dit qu'il se chargeait d'envoyer mes lettres en France par l'ambassade anglaise, sans qu'elles eussent à passer par les mains de la police papale, qui ne les laisserait point passer du tout.

X.

Rome, 24 mars 185..

Je crois que je ne resterai pas ici; j'y suis abattu, faible; une tristesse de mort me pénètre par tous les pores. Est-ce de Rome, est-ce de moi que cela vient? Ces entretiens de chaque jour avec vous m'arrachaient à des réflexions trop personnelles et me faisaient vivre en dehors de mon spleen. Je vais tâcher de le reprendre, ne dussé-je pas vous envoyer toutes ces écritures.

Mais si, pourtant; il faut que je vous promène avec moi dans ce cimetière plus vaste, mais moins imposant mille fois que celui de Pise. Il faut vous montrer Rome comme elle m'apparaît, dussé-je vous faire partager ma désillusion.

Par où commencerai-je? Par le Colisée. Vous connaissez par la peinture, la gravure et la photographie tous les monumens de l'Italie. Je ne vous en décrirai aucun. Je vous dirai seulement l'impression que j'en ai reçue. Celui-ci, quoique beaucoup plus vaste, en fait, que ceux de Nîmes et d'Arles, que j'ai vus dans mon enfance, est moins saisissant. La partie des gradins manque, et c'est ce revêtement qui donne à ces vastes arènes leur caractère solennel, et qui aide à l'imagination à y reconstruire les terribles scènes du passé. Ici, ce n'est plus qu'une carcasse gigantesque, des constructions superposées dont on ne devinerait pas l'usage si on ne le savait pas d'avance. Et puis, n'a-t-on pas imaginé de sanctifier ce lieu funeste par un *chemin de croix*, c'est à dire par un entourage intérieur de petites chapelles uniformes, microscopiques, c'est vrai, mais, en revanche, d'un nu et d'un blanc si criard, qu'elles s'emparent de l'œil et le crèvent, quelque effort qu'il fasse pour s'en détacher! Entre ces chapelles, des échafaudages de planches semblent destinés à un étalage forain; c'est là que des capucins viennent prêcher pendant le carême. Ce que l'on nous racontait chez vous des incroyables bouffonneries de ces énergumènes, et des scènes burlesques que présentent ces prédications en plein vent, reste beaucoup au dessous de la réalité. Il faut l'avoir vu et entendu, pour croire que cela existe encore. On dit que le haut clergé en rit, mais qu'il le tolère et ne pourrait s'y opposer sans mécontenter le peuple.

Je ne m'en fâcherais pas si ces saltimbanques emportaient leurs baraques et la décoration de petits frontons badigeonnés dont ils ont enlaidi l'arène du Colisée; mais cette décoration bénite et consacrée durera peut-être plus que le Colisée lui-même. Il faut en prendre son parti, et ne pas s'arrêter sous ces puissantes arcades ruisselantes de végétation; au fond desquelles, au milieu d'une perspective magique de couleur, on aperçoit, de quelque côté qu'on s'y prenne, un de ces objets disparates qui tuent tout effet, en bannissant toute émotion sérieuse.

— Passons, me dit lord B*** qui avait voulu me servir de guide. Ce n'est rien de plus qu'un tas de pierres bien grand. — Il avait presque raison.

Le Forum, les temples, toute cette série de vestiges magnifiques qui s'étend le long du *Campo Vaccino*, depuis le Capitole jusqu'au Colisée, n'est réellement très intéressante que pour les antiquaires. Les arcs de triomphe sont seuls assez entiers pour qu'on puisse les appeler des monumens. On est enchanté, cependant, au premier abord, de voir tant d'ossemens du grand cadavre montrer encore l'étendue et l'importance de sa vie et de son histoire. Les fragmens relevés ou gisans sont beaux, ou riches, ou énormes. Ce qui est resté debout fait encore grande figure à côté des constructions qui ont été accolées ou qui touchent de trop près, à côté surtout d'édifices modernes tels que le Capitole, qui est une jolie chose trop petite pour sa base. Mais, à part l'intérêt historique qui est incontestable, qu'est-ce qui manque donc pour que les ruines ne produisent pas plus d'effet sérieux sur le commun des mortels comme votre serviteur? Pourquoi n'éprouve-t-il qu'un saisissement de malaise et de regret plutôt que de surprise et d'admiration?

Pourquoi lui faut-il faire un notable effort pour se représenter le spectre du passé planant sur ces restes dont l'attitude est encore significative et la pensée lisible? J'en cherche la raison, et je trouve celle-ci, qui est fort banale, mais fort vraie: C'est que les ruines ne sont pas à leur place au beau milieu d'une ville. Plus elles sont belles, plus elles font paraître laid tout ce qui n'est pas elles. La mort et la vie ne peuvent pas vivre un lien, une transition: Elles effacent mutuellement leur empreinte. On se demande ici où est Rome, si elle existe, ou si elle a existé. C'est l'un ou l'autre, et pourtant je ne vois bien ni l'un ni l'autre. La Rome d'autrefois n'existe plus assez pour m'écraser de sa majesté. Celle du présent existe trop peu pour me la faire oublier, et beaucoup trop pour me la laisser voir. Je sais bien qu'il n'y a pas moyen de relever la Rome antique; mais il m'est venu un projet à l'état de vision qui arrangerait toutes choses à ma guise: ce serait de faire disparaître la Rome moderne et de la transporter ailleurs. Nous laisserions sur place ses palais et ses églises, ses obélisques, ses statues, ses fontaines et ses grands escaliers; et, au lieu de ses vilaines rues et de ses affreuses maisons, nous apporterions de beaux arbres et de belles fleurs que nous grouperions assez habilement pour isoler un peu les édifices des diverses époques sans les masquer. Mais nous ne planterions qu'après avoir bien fouillé ce sol immense qui nous rendrait autant de richesses que nous en avons déjà à fleur de terre. Oh! alors ce serait un beau jardin, un beau temple dédié au génie des siècles, la véritable Rome de nos rêves d'enfant, le musée de l'univers!

Quant à transporter la population dans un air viable et sur une terre cultivée, la chose y faite, elle ne s'en plaindrait pas. Elle n'aurait certes pas lieu, même en supposant qu'elle restât sous le joug des prêtres, de regretter l'atmosphère où elle végète et le foyer de pestilence qui l'environne.

Mais assainir cette Rome d'aujourd'hui, au moral et au physique, me paraît plus difficile que le rêve de la transplanter ailleurs.

Disons donc, pour en revenir à l'aspect des choses ici, qu'elles sont mal situées relativement au cadre qui les environne : un cadre de constructions laides, pauvres, bêtes ou choquantes ; et, par malheur, rien qui puisse être dégagé pour l'œil, de ces accessoires déplorables, à moins de grands partis pris, de grandes dépenses, de grands moyens et de grandes idées par conséquent. Sans aller aussi loin que moi, tout à l'heure (il ne m'en coûtait rien!), le formidable travail de démolition et de reconstruction auquel se livre aujourd'hui l'édilité parisienne, serait ici aux prises avec des élémens grandioses, des rêves magnifiques, sans compter les besoins impérieux d'assainissement que réclame au plus vite une population décimée par la fièvre, même au sein des quartiers réputés les mieux aérés et les mieux entretenus.

Si vous saviez en quoi consiste le nettoyage d'une ville qui possède à chaque coin de rue, ce que l'on appelle un *immondiziario*, c'est à dire une borne, souvent décorée d'un fragment antique très curieux, d'un torse innommé ou d'un pied colossal, sur lequel s'entassent toutes les ordures imaginables ! Cela sert à enterrer des chiens morts, sous des trognons de choux et beaucoup d'autres choses que je ne vous dirai pas. Comme les rues sont étroites et les dépôts considérables, il faut y marcher à mi-jambe ou rebrousser chemin. Ajoutez à cela l'aimable abandon du peuple romain qui, en quelque lieu qu'il se trouve, sur les marches des palais ou des églises, sous le balai même des custodes irrités, sous les yeux des femmes et des prêtres, s'accroupit, grave, cynique, le cigare à la bouche, ou chantant à pleine voix. Je me demande comment les poètes contemplatifs dont je vous parlais l'autre jour ont tant pleuré sur les ruines et se sont assis sur tant de fûts de colonnes, sans être asphyxiés, car les ruines sacrées sont presque aussi polluées que les rues fréquentées et les places publiques ; et, l'autre jour, j'ai vu la belle Médora au bras de mon ami Brumières, levant les yeux vers le fronton de Sainte-Marie-Majeure, et s'extasiant sur les délices intellectuelles de Rome...; mais promenant sa longue robe de soie et ses incommensurables jupons brodés. J'avoue que je n'ai pu retenir un fou rire, et que, ne pouvant plus songer à cette romantique beauté sans me représenter le spectacle de cette distraction, je sens que je ne pourrai jamais devenir amoureux d'elle.

Je vous demande bien pardon d'associer dans votre pensée l'image de Rome à celle de la révoltante obscénité de ses coutumes et franchises ; mais c'est le trait caractéristique qui, du premier moment, vous donne la clé de l'ensemble. L'abandon absolu de toute pudeur, l'absence de répression, la magistrale insouciance du passant,

la fièvre et la mort planant sur le tout malgré une incessante pluie d'eau bénite, cela explique bien des choses, et il ne faut pas s'étonner si l'on a pu bâtir tant de cahuttes avec les pierres des édifices sacrés, si des guenilles immondes flottent sur les précieux bas-reliefs incrustés dans tous les murs, et si, dans le monde moral que cet extérieur représente, il y a des vices infâmes vainement arrosés d'eaux lustrales et des vertus natives écrasées sous d'effroyables misères.

Je me suis relevé de l'abattement moral où m'avait plongé cette première impression, au milieu des Thermes de Caracalla. Ceci est une ruine grandiose et dans des proportions colossales ; c'est renfermé, c'est isolé, silencieux et respecté. Là, on sent la terrifiante puissance des Césars et l'opulence d'une nation enivrée de sa royauté sur le monde.

Mais ce qui, pour mon usage personnel, me semble préférable à tout, ici, ce qui est unique dans l'univers, c'est le coup d'œil que, par un ciel sombre et rougeâtre, présente la via Appia, cette route des tombeaux dont on parle moins dans les livres que de tout le reste, et dont je n'avais vu aucune image. Je crois que cela est, en grande partie, nouvellement exhumé et n'a pas encore été trop de larmes de poètes. Je vois qu'on fouille encore et que, tous les jours, on découvre de nouvelles tombes. Cette étroite, mais incommensurable perspective de ruines tumulaires, est d'un effet que vous pouvez rêver incomparable, sans crainte d'aller trop loin. C'est une route bordée, sans interruption, de monumens antiques de toute dimension et de toutes formes, avec un caractère harmonieux et une profusion de débris d'une grande beauté. On a rassemblé tous ces fragmens épars et enfouis ; on a réussi à rétablir assez chaque tombeau pour qu'ils aient tous un sens, une physionomie, et la plupart leurs inscriptions solennelles ou facétieuses. Cela s'étend dans la campagne de Rome pendant plus d'une lieue ; et si l'on fouille toujours, on trouvera peut-être tous les monumens de cette route-cimetière, qui allait jusques à Capoue.

Le pavé de lave basaltique sur lequel vous marchez est, en beaucoup d'endroits, la voie antique même, et les roues des voitures s'enfoncent dans les mêmes rainures qui furent creusées par le passage des chars. A droite et à gauche de cette voie, qui coupe à vol d'oiseau dans la campagne de Rome jusqu'à Albano, vous voyez s'élever, dans le désert, les doubles et triples lignes de ces aqueducs monumentaux dont la rupture et l'abandon font la beauté du tableau et, en partie, l'insalubrité du pays. Les *souvenirs* abondent : Le tombeau de Sénèque, le champ de bataille des Horaces, le temple d'Hercule, le cirque de Romulus, et, ce qui est encore un monument debout et imposant, le mausolée splendide de Cecilia-Metella ; mais je ne suis qu'un pauvre peintre, et je ne vous parle que de ce qui frappe les yeux. C'est beau, c'est grand, c'est coloré, c'est étrange surtout, cette via Appia, et d'un caractère de désolation que ne trouble aucune construction moderne, aucun accident vulgaire.

Je suis descendu d'un degré de plus dans le mépris de miss Médora en avouant, après une journée de courses avec lord B***, que la plus vive sensation de cette journée avait été le tableau que je vais vous dépeindre.

Tartaglia qui, bon gré mal gré, nous suit partout, et qui, en dépit du silence que nous lui imposons, trouve moyen de nous faire faire sa volonté, nous avait conduits au fond d'un abominable égout placé sous des jardins, dans un coin tout rustique du Vélabre ; car il faut vous dire qu'à chaque pas et sans transition, cette ville est une ruine antique, une cité chrétienne, un quartier *nobile*, et une campagne. Nous avions descendu un petit chemin malpropre, et vu, dans une sorte de précipice infect, un bonhomme lancer les charognes dont sa charrette était chargée. Cette voirie, c'est la *Cloaca Maxima* ; cela a plus de deux mille ans d'existence. Ce fut un grand ouvrage pour assainir Rome, et c'est si solidement construit en blocs de travertin et de pépérin, que cela sert encore a recevoir les eaux des égouts du quartier, et à les porter dans le Tibre. Mais je doute que la police s'en occupe beaucoup, puisqu'il est maintenant à moitié comblé par les immondices, et qu'on trouve plus simple d'y jeter des chevaux morts que de faire un trou pour les enterrer.

Lord B***, qui est fort las d'antiquités, jurait après Tartaglia, lorsqu'en revenant sur nos pas, nous remarquâmes un détail qui nous avait échappé : c'est une excavation dans le tuf où, au fond d'un petit antre noir, coule l'*Aqua argentina*, flot de cristal dont on ignore l'origine. Cette eau, si belle et si précieuse dans une ville où les eaux sont presque toutes funestes, est à la merci de la première lavandière venue. Il y en avait là une que je n'oublierai jamais. Seule dans cet antre, grande, maigre, jadis belle, hideusement sale, vêtue de haillons couleur de terre, ses longs cheveux encore noirs, épars sur son sein nu, pendant comme celui d'une vieille Euménide, elle lavait, battait et tordait avec une sorte de rage qui m'a fait penser aux fantastiques *lavandières de nuit* de nos légendes gauloises ; mais elle n'en avait que l'activité : c'était une Romaine ou plutôt une Latine. Elle chantait quelque chose d'inouï, avec une voix haute, nazillarde et plaintive, dans un patois dont je ne saisissais que ces rimes souvent répétées : *mar, amar.* J'aurais été désolé que Tartaglia me traduisît le reste ou qu'il m'apprît quel était ce dialecte. On sent en soi le besoin de respecter les mystères de certaines sensations. J'aurais été également fâché de songer seulement à faire un croquis de cette pythonisse détrônée, qui se trouvait là comme sortie de terre, frappant l'eau en cadence et essayant sa voix enrouée après deux ou trois mille ans d'inhumation sous les ruines de Rome. Non, ce n'est pas moi qui dirai maintenant cette formule classique que l'on trouve dans les romans : *Il eût fallu à cette scène le pinceau d'un grand maître!* Non, certes, il ne fallait rien que voir, entendre et se souvenir. Il y a des choses qu'on ne prend sur le fait par aucun moyen matériel : l'âme seule s'en empare. J'aurais bien défié le plus habile musicien de noter ce que chantait la sibylle. Cela n'avait aucun rythme, aucune tonalité appréciable d'après nos règles musicales. Et cependant, elle ne chantait pas au hasard, et elle ne chantait pas faux selon sa méthode, car je l'écoutai longtemps, je vis que chaque couplet repassait exactement par les mêmes modulations et la même mesure. Mais que cela était étrange, lugubre, funéraire! Ce thème peut être une tradition aussi ancienne que la *Cloaca maxima.* C'était peut-être là le chant primitif des Latins, et ce serait peut-être beau, si nos oreilles, faussées par un système inflexible, pouvaient l'admettre ou le comprendre.

Voilà comment je peux vous expliquer, à vous, l'émotion qui m'avait gagné, et que lord B*** voulut ensuite me faire traduire en paroles convenables à sa précieuse nièce. Je n'aurais pu en venir à bout; je m'en tirai par des plaisanteries, et il en résulta quelque aigreur entre nous, au grand contentement de Brumières, qui était là à prendre le thé, et qui me pousse le coude pour m'encourager, chaque fois que l'occasion se présente de me rendre insupportable à l'objet de son culte.

XI.

24 mars (Suite).

Je vous ai bien assez promené aujourd'hui chez les morts. Nous serons forcés d'y retourner, car ici il n'y a pas moyen d'en sortir ; mais, pour aujourd'hui, il faut que je vous parle un peu des vivans.

Miss Médora est donc tout à fait persuadée que j'ai l'horreur du beau, et j'ai bien senti, dans ses paroles, que, la Daniella aidant, Tartaglia avait fait les affaires de mon camarade. On sait que je me défends d'adorer les charmes irrésistibles de miss Médora, et que j'ose trouver plus piquans ceux de la soubrette. La soubrette même a l'air de croire à mon amour, vu que je continue mon rôle et que je l'accable de complimens exagérés. Brumières pousse sa pointe et se nourrit d'espérances que je crois tout aussi folles que celles dont Tartaglia persiste à vouloir m'enfiévrer. Cela fait une situation assez piquante et qui m'égaierait si je pouvais secouer je ne sais quel manteau de glace tombé sur mes épaules et sur mon esprit depuis que je suis à Rome.

Il faut pourtant que je tâche de ne pas vous ennuyer aussi, et je veux vous dire quelle singulière conversation j'ai entendue avant-hier ; cela fera la suite, et, à certains égards, comme la contre-partie de celle que j'ai surprise à la *Réserve*. Il paraît que je suis destiné à m'emparer, comme malgré moi, des secrets d'autrui. Ne me dites pas que je fais métier d'écouter aux portes ou au travers des cloisons. Vous allez voir comment la chose est arrivée.

Pour vous la faire comprendre, il faut que je vous dise où et comment je suis logé.

Il arrive quelquefois, dans ces grands palais d'Italie, que les deux étages principaux sont la propriété de personnages différens. Il en a été ainsi dans celui où je me trouve, car ces deux habitations superposées ont été arrangées de manière à être bien distinctes l'une de l'autre. Nulle communication entre le premier et le second. Quand je vais dîner avec mes Anglais, j'ai à descendre jusque dans la rue pour remonter chez eux par une autre porte située sur une autre façade de l'édifice.

Mais cette disposition particulière n'a pas été prise lors de la construction du palais, et il se trouve dans mon appartement, dans ma chambre même, une porte donnant sur un petit escalier qui aboutit à une impasse. C'était autrefois, sans doute, une des communications pour le service intérieur de la maison, et elle est parfaitement murée. J'avais exploré cet escalier le jour de mon installation, et, voyant qu'il n'aboutissait qu'à un gros pilier pris dans la maçonnerie, j'avais jugé parfaitement inutile d'en demander la clé.

Avant-hier donc, vers six heures, comme je venais de rentrer pour faire un peu de toilette (car il est à peu près impossible de songer à dîner dehors, lady Harriet m'envoyant dire sept fois tous les matins qu'elle compte sur moi pour le soir), je fus surpris de trouver cette porte ouverte et le très remarquable berret basque de Tartaglia sur la première marche. Je l'appelai, il ne répondit pas; mais il me sembla entendre remuer au fond de l'impasse, et j'y descendis dans l'obscurité. Quand je fus à la dernière marche, je sentis une main se poser sur mon bras. — Que fais-tu là, coquin? lui dis-je, reconnaissant le sans-gêne de mon drôle. — Chut! chut! tout bas! me répondit-il d'un ton mystérieux. Ecoutez-la, elle parle de vous! » Et, m'attirant avec lui contre la muraille, il m'y retint par le bras, et j'entendis en effet prononcer mon nom.

C'était la voix de miss Médora qui m'arrivait à l'oreille, comme au moyen d'un cornet acoustique, et qui disait : « Tu déraisonnes; il te trouve laide, et c'est une coquetterie à mon adresse, de faire semblant... » Un éclat de rire de la Daniella interrompit la jeune lady.

J'aurais dû n'en pas écouter davantage. Oh! cela, j'en conviens, et voilà que, suivant la prédiction de Brumières, je subissais fatalement la mauvaise influence de cette canaille de Tartaglia; mais, croyez-vous qu'un homme de mon âge, quelque sérieux que l'ait rendu sa destinée, puisse entendre deux jolies femmes parler de lui, et résister à la tentation de prêter l'oreille?

La Médora avait, à son tour, interrompu le rire de la Frascatine par une réprimande assez aigre. — Vous devenez sotte, lui disait-elle, et prenez garde à vous! Je ne souffrirais pas auprès de moi une fille qui aurait de vilaines aventures. — Qu'est-ce que votre seigneurie appelle vilaines aventures? reprit vivement la Daniella. Qu'y aurait-il de vilain à être aimée de ce jeune garçon? Il n'est ni riche, ni noble, et il me conviendrait beaucoup mieux qu'à votre seigneurie.

Là-dessus, miss Médora fit une morale à sa femme de chambre, essayant de lui prouver qu'un homme de ma condition, bien élevé comme je le paraissais, ne pouvait prendre l'amour au sérieux avec une grisette, avec une artigiana de Frascati; qu'elle serait trompée, abandonnée, et que, pour un moment de vanité satisfaite, elle aurait à pleurer tout le reste de ses jours.

La Daniella ne me semble pas fille à tant se désespérer, le cas échéant, car elle continua sur un ton très décidé : — Laissez-moi penser de tout cela ce que je veux, signora, et renvoyez-moi si je me conduis mal. Le reste ne vous regarde pas, et les sentimens de ce jeune homme pour moi ne peuvent que vous divertir, puisqu'il vous déplaît encore plus que vous ne lui déplaisez.

La discussion alla quelques momens ainsi; mais d'aigre-douce elle devint tout à coup violente. Miss Médora se plaignait d'être mal coiffée (il paraît qu'on la coiffait pendant ce colloque); et comme la Daniella assurait avoir fait mieux et aussi bien qu'à l'ordinaire, l'autre s'emporta, lui dit qu'elle le faisait exprès, et, s'étant apparemment décoiffée, elle donna l'ordre de recommencer. Il y eut des larmes de la Daniella, car, après un peu de silence, l'Anglaise reprit : « Allons, sotte, pourquoi pleures-tu? — Vous ne m'aimez plus, dit l'autre. Non! depuis que ce jeune homme est ici, vous n'êtes plus la même : vous avez du dépit, et je vous dis, moi, que vous l'aimez.

— Si je ne vous savais folle, répondit l'Anglaise irritée, je vous chasserais pour les impertinences que vous dites à tout propos; mais je vous prends pour ce que vous êtes, une sauvage! Allons, venez me mettre ma robe.

Le bruit d'une porte, brusquement fermée, mit fin à cette querelle, et à mon péché de curiosité. En cherchant à retrouver l'escalier, je m'aperçus que Tartaglia était toujours près de moi et qu'il n'avait pas dû perdre un mot de tout ceci. Je l'avais oublié. — Mais, insupportable espion, lui dis-je, pourquoi es-tu venu là, et comment oses-tu te permettre de surprendre les secrets d'une maison qui t'accueille et te nourrit? — En cela, répondit l'impudent personnage, nous sommes à deux de jeu, mossiou!

Fort bien, pensai-je, j'ai ce que je mérite; et, pour ne pas faire avec lui le pendant de la scène des deux jeunes filles, je remis ma réplique à un autre moment. « Avant de remonter, me dit-il en me retenant avec son incorrigible familiarité, donnez-vous donc le plaisir de regarder la jolie invention! » Et, frottant sur le mur une allumette qui prit feu pour nous éclairer suffisamment, il me montra, sous le renfoncement de la muraille, contre le pilier, une petite ouverture simulant l'absence d'une brique. J'y collai mon œil, et ne vis pas le plus petit rayon de lumière.

— Il n'y a rien là pour la vue, continua le cicérone de cet arcane domestique. Cela serpente dans le mur; c'est arrangé pour entendre. C'est comme une oreille de Denys.

— Et l'invention est de toi?

— Oh! non, certes! Je n'étais pas né quand celui qui a imaginé ça est mort. C'était un cardinal jaloux de sa belle-sœur qui...

Je remontai à ma chambre. J'ai peu de goût pour les historiettes scandaleuses de Tartaglia. Vraies ou fausses, elles sont une satire si sanglante des mœurs des princes de l'Eglise, et en même temps, je le vois tellement dévot, que je me tiens avec lui sur mes gardes. Il est trop libre dans son langage pour n'être pas mouchard, et agent provocateur par dessus le marché.

— Mossiou! mossiou! dit-il en riant, quand j'eus refermé la porte en lui promettant beaucoup de coups de pied quelque part si je l'y reprenais; vous ne feriez point cela! Je suis un Romain, moi, et, au contraire de la Médora, qui fait l'indifférente parce qu'elle est fâchée, vous faites le fâché pour cacher que vous êtes content. J'espère que vous en êtes sûr, à présent, que j'avais raison? Vous êtes aimé! Je ne me trompe jamais, moi! Allez, allez, excellence, n'ayez pas peur. En écoutant souvent par-là, vous saurez comment il faut vous conduire, et je vois, à présent, que vous vous y prenez bien. Vous poussez au dépit pour faire pousser la passion. C'est bien, je suis content de vous; mais vous, quand vous serez mylord, souvenez-vous du pauvre Tartaglia.

La-dessus, il sortit plus enchanté que jamais de lui-même.

La première parole que j'adressai à Médora, au moment du dîner, fut une louange exhorbitante sur l'admirable arrangement de ses cheveux. J'étais, vous le voyez, dans une disposition d'esprit profondément scélérate; mais il est certain que cette Daniella a un goût exquis et qu'elle est pour moitié dans les triomphes de beauté de sa maîtresse. Pauvre fille, pensai-je, elle aussi, elle a des cheveux magnifiques qui sont peut-être plus à elle que ceux de sa maîtresse, et on ne les aperçoit que quand son mouchoir blanc se dérange.

Dans la querelle que j'avais entendue, certes la provoquée, la méconnue et l'humiliée était cette pauvre Frascatine. N'est-ce pas une chose contre nature pour une jeune fille d'avoir à s'effacer pour faire place à une autre, et de consacrer sa vie à orner une idole en s'oubliant soi-même? Et, parce que cette humble prêtresse de la déesse Médora se permettait de croire à mes hommages, la déesse, courroucée, l'avait menacée de la chasser de son sanctuaire !

— Oui, mademoiselle, lui dis-je ; je ne vous ai jamais vue si bien arrangée.

— Vous croyez? répondit-elle du ton d'une femme au-dessus de ces misères ; je m'arrange toujours moi-même, et j'y mets si peu de temps !

— Ah! vraiment? Vous avez l'adresse d'une fée et le goût d'une véritable artiste.

Nous étions seuls ; elle en profita pour être coquette, et même un peu lourdement, comme le sont, je crois, les Anglaises quand elles s'en mêlent.

— Ne faites donc pas semblant de me regarder, dit-elle ; je ne suis pas belle du tout dans votre opinion.

— C'est vrai, répondis-je en riant ; vous êtes laide, mais bien coiffée, et j'envie votre habileté.

— Ah! Et pourquoi faire? Voulez-vous donc natter et crêper vos cheveux?

— Je voudrais, dans l'occasion, savoir dire à un modèle comment il faut s'arranger. Est-ce que vous me permettez de regarder de près ?

— Oui, regardez bien, et vous direz à la fameuse lavandière de l'*Aqua argentina* de s'arranger comme moi. Ah ça, vous touchez à mes cheveux ? Savez-vous qu'on ne doit pas toucher à un seul cheveu d'une Anglaise?

— J'ai ce droit-là, ne vous semble-t-il pas?

— Vous? et pourquoi donc, s'il vous plaît ?

— Parce que, auprès de vous, je suis absolument calme et indifférent. Je suis le seul homme au monde capable d'une pareille imbécilité ; donc, le seul homme qui ne puisse vous inquiéter et vous offenser en aucune façon.

Il faut vous dire que j'avais senti, au toucher, en effleurant la grosse tresse de son chignon, la différence des cheveux morts avec les vivans, et cela me donna l'aplomb d'ajouter : « Croyez-vous qu'une femme qui n'aurait pas, comme vous, cette profusion de cheveux, pourrait imiter votre coiffure? »

— Je n'en sais rien, répondit-elle brusquement en me lançant un regard d'aversion où je crus lire clairement ces paroles : Vous savez que ma grosse tresse n'est pas à moi, parce que la Daniella vous l'a dit, ou qu'elle m'a coiffée de manière à rendre l'artifice visible.

Elle sortit au bout d'un instant, et quand elle revint, je vis que l'on avait retouché à la coiffure. Je me repentis de mon impertinence : Ceci avait dû causer de nouvelles larmes à la pauvre Frascatine.

....

Je vois que je suis une pomme de discorde et que je dois cesser absolument de taquiner l'une ou l'autre. J'espère être quitte envers Brumières et m'être consciencieusement assuré l'antipathie de Médora. Les impertinences de la soubrette m'ont bien aidé à obtenir ce résultat ; mais les choses ne doivent pas aller plus loin, si je ne veux pas que l'orage retombe sur la pauvre fille.

Savez-vous que je m'attache réellement à la personne la moins aimable de la maison? Je ne parle pas de ce pauvre Buffalo qui a réellement beaucoup d'esprit et de savoir-vivre, mais au véritable chien galeux de la famille, à lord B***, le prosaïque, le petit esprit, le vulgaire, l'ignorant, l'homme nul, sans cœur et sans intelligence? Car telle est l'opinion bien arrêtée désormais de

lady Harriet sur le compte de l'homme qu'elle a aimé jusqu'à la consomption, jusqu'à l'étisie. Quand je regarde cette courte et ronde personne, si bien guérie, si fraîche dans son soleil d'automne, et si aimable quand elle oublie de déplorer la médiocrité de son mari, je ne puis m'empêcher de m'effrayer à la pensée de l'amour. Est-ce donc là une des réactions inévitables des grandes passions, et faut-il absolument, quand on a été adoré, tomber dans ce mépris que les délicatesses d'un grand savoir-vivre peuvent à peine dissimuler chez lady B***, mais qui nâvrent son orgueil comme un poison lent à dose continue? Ceci ne serait rien encore, et vous me direz que je ne cours pas si grand risque d'inspirer de grandes passions. C'est bien mon avis ; mais si, par hasard, j'étais capable d'en ressentir une et d'obtenir, pour compagne de ma vie, une *femme adorée*, serais-je donc condamné, un jour ou l'autre, à éprouver les angoisses et les écœuremens d'une désillusion comme celle dont lady B*** me montre le triste exemple ?

Il y a une chose certaine, cependant : c'est que lady B*** est dans l'erreur sur le compte de son mari et sur le sien propre. Lord B*** lui est infiniment supérieur sous tous les rapports sérieux. Sans avoir beaucoup d'instruction ni d'esprit, il en a infiniment plus qu'elle ; et quant au caractère, il y a en lui une loyauté, une chasteté, une candeur, une philosophie, une générosité à la fois spontanées et raisonnées qui laissent bien loin derrière elle la douceur naturelle, la libéralité insouciante et la sensiblerie exaltée de sa femme. En somme, ce sont deux bonnes et honnêtes natures ; mais ici le mari a toutes les qualités essentielles de l'homme, et l'épouse n'a que les agrémens vulgaires de la femme. Lady Harriet est un type que l'on voit partout ; lord B*** est une précieuse originalité, et, dans le cercle obscur des vertus privées, une supériorité réelle.

Au fond, je crois voir que ces deux âmes froissées ne se haïssent point, et que, tout en maudissant le joug qui les lie, elles ne le verraient pas se rompre sans douleur et sans effroi. Quelle est donc la cause du désenchantement de l'une et du découragement de l'autre? Peut-être une fausse appréciation du monde extérieur, trop de dédain pour ce monde, de là part du mari, trop d'estime de la part de la femme. Mais le dédain chez lord B*** vient d'un excès de modestie personnelle, et, chez lady Harriet, l'engouement résulte d'un fonds de vanité frivole.

Voilà donc un ménage à jamais troublé, deux existences profondément gâtées et stériles, parce qu'une femme manque de bon sens, et un homme de présomption !

Je suis arrivé vite à parler de cette plaie secrète avec lord B***. Son seul défaut, c'est de la laisser voir trop facilement. Il y a si longtemps qu'elle le ronge ! Peut-être n'est-il pas né avec beaucoup d'énergie. Je lui ai appris que j'avais entendu sa conversation avec l'officier de marine, à la *Réserve*, et que j'avais résolu de lui en garder le secret, même avant de prévoir que nous serions liés ensemble. Il m'en sait un gré infini et me tient pour un homme excessivement délicat. Il s'aperçoit pas que ma discrétion ne sert pas à grand chose, et que son attitude pénible, mélancolique et un peu railleuse auprès de sa femme fait deviner à tout le monde ce que je sais avec plus de détail seulement. Je me suis permis de le lui dire, et il m'a remercié de ma franchise, en promettant de s'observer ; mais lady Harriet a, dans ses indignations rentrées, ou dans ses soupirs de compassion, quelque chose de si blessant pour lui, que je doute de l'utilité de mes humbles avis. Il semble d'ailleurs que tous deux soient tellement habitués à ne pas s'accepter, qu'ils périraient d'ennui et ne sauraient plus que faire d'eux-mêmes, si on arrivait à les mettre d'accord.

La belle Médora devrait être un trait d'union entre eux; mais il ne paraît pas qu'elle y ait jamais songé. C'est, je le crains bien, une tête éventée, sous son air grave et pensif. Elevée à travers champs par une mère voyageuse, ensuite orpheline et promenée de famille en famille, elle a fait acte d'indépendance dès sa majorité (car elle a déjà quelque chose comme vingt-cinq ans) en choisissant sa tante Harriet pour chaperon définitif. Cette préférence s'explique peut-être par des affinités de goûts et d'habitudes : amour de la parure, de la paresse et de l'apparence en toutes choses. Elles nous font l'honneur d'appeler cela des goûts d'artiste. Et puis, la jeune personne a fait cause commune de plaintes et de dénigremens moqueurs avec la chère tante contre le pauvre oncle. Lord B*** en souffre et le supporte. Elle a doublé ma part de blâme, dit-il, en apportant son contingent de remarques défavorables sur mon compte; mais, d'autre part, elle a allégé mes ennuis en réussissant à faire rire Harriet. C'est presque toujours à mes dépens; mais du moment qu'elle rit, elle est un peu désarmée; et si on me méprise davantage, du moins on me laisse plus tranquille.

———

Nous avons retiré du journal de Jean Valreg quelques chapitres que nous nous proposons de publier à part. Les impressions de voyage l'emportaient trop sur le roman de sa vie, et, dans le choix que nous avons fait, nous désirons rétablir un peu l'équilibre auquel il ne songeait nullement à s'astreindre, en nous écrivant ses réflexions.

Nous ne le suivrons donc ni dans les musées, ni dans les églises, ni dans les palais de Rome, et c'est à Frascati que nous reprendrons le fil de ses aventures.

XII.

Frascati, 31 mars.

Je crains, mon ami, d'avoir été bien spleenétique ces jours derniers. Mon dégoût de Rome s'est terminé par quelques jours de maladie. J'ai quitté Rome et j'espère être mieux ici.

La principale cause de mon mal, c'est le froid que j'ai éprouvé à Tivoli. C'est bien beau, Tivoli! Je vous en parlerai un autre jour. Je sais que vous voulez, avant tout, que je vous parle de moi. La bonne lady Harriet me voyant trembler la fièvre, cela m'avait pris comme un état convulsif en rentrant de cette course, a prétendu me soigner et me veiller elle-même. Son mari a eu beaucoup de peine à lui faire comprendre que cela me gênait et me contrariait au point de me rendre beaucoup plus malade, et c'est lui qui s'est chargé de moi. Mais avec quelle délicatesse et quelle bonté! Cet homme est réellement excellent! Voyant mon dégoût, comme les chats, le besoin de me cacher d'être malade, il s'est caché lui-même derrière mon lit et ne s'est montré que quand, battant la campagne, j'ai été hors d'état de comprendre la sollicitude dont j'étais l'objet.

Je suis resté ainsi deux fois douze heures, avec un intervalle de douze heures entre les deux accès. Un bien habile et bien digne médecin français m'a médicamenté à propos et sauvé, je crois, d'une plus grave maladie. Je dois dire que la petite Daniella m'a montré aussi beaucoup d'intérêt, et que, dans mes momens lucides, je l'ai vue autour de moi, aidant lord B*** à me dorlotter. Mais, je ne l'ai plus revue, et même, lorsque je l'ai cherchée dans le palais pour lui faire mes remercîmens et mes adieux au moment du départ, il m'a été impossible de l'apercevoir.

C'est qu'il faut vous dire que je me suis enfui à la sourdine. Aussitôt que j'ai été sur mes pieds, je me suis fait conseiller la campagne pour quelques jours, par le docteur Mayer. J'aurais voulu retourner à Tivoli; mais l'air y est mauvais et c'est Frascati qui m'a été désigné. Lord B*** voulait m'y amener et s'occuper de mon installation; mais je déteste tant occuper les autres de ma sotte personne encore nerveuse et irascible comme on l'est quand on se sent affaibli, que je me suis sauvé le jour désigné pour le voyage. J'ai pris une petite voiture de louage et me voilà enfin libre, c'est-à-dire seul.

Frascati est à six lieues de Rome, sur les monts Tusculans, petite chaîne volcanique qui fait partie du système des montagnes du Latium. C'est encore la campagne de Rome, mais c'est la fin de l'horrible désert qui environne la capitale du monde catholique. Ici la terre cesse d'être inculte et la fièvre s'arrête. Il faut monter pendant une demi-heure, au pas des chevaux, pour atteindre la ligne d'air pur qui circule au-dessus de la région empestée de la plaine immense; mais cet air pur est moins dû à l'élévation du sol qu'à la culture de la terre et à l'écoulement des eaux, car Tivoli, plus haut perché du double que Frascati, n'est pas à l'abri de l'influence maudite.

Aux approches de ces petites montagnes, quand on a laissé derrière soi les longs aqueducs ruinés et trois ou quatre lieues de terrains ondulés, sans caractère et sans étendue pour le regard, on traverse de nouveau une partie de la plaine dont le nivellement absolu présente enfin un aspect particulier et assez grandiose. C'est un lac de pâle verdure qui s'étend sur la gauche jusqu'au pied du massif du mont Gennaro. Au baisser du soleil, quand l'herbe fine et maigre de ce gigantesque pâturage est un peu échauffée par l'or du couchant et nuancée par les ombres portées des montagnes, le sentiment de la grandeur se révèle. Les petits accidens perdus dans ce cadre immense, les troupeaux et leurs chiens, seuls bergers qui, en de certaines parties de la steppe, osent braver la *malaria* toute la journée, se dessinent et s'enlèvent en couleur avec une netteté comparable à celle des objets lointains sur la mer. Au fond de cette nappe de verdure, si unie que l'on a peine à se rendre compte de son étendue, la base des montagnes semble nager dans une brume mouvante, tandis que leurs sommets se dressent immobiles et nets dans le ciel.

Mais, en résumé, voici la critique qui se présente à mon esprit sur l'*effet* bien souvent *manqué* de la plaine de Rome. Je dis *manqué* à la nature sur l'œil des coloristes, et peut-être aussi à l'âme des poètes. C'est un défaut de proportion dans les choses. La plaine est trop grande pour les montagnes. C'est une toile énorme avec un petit cadre. Il y a trop de ciel, et rien ne se *com-*

pose pour arrêter la pensée. C'est solennel et ennuyeux comme, en mer, un calme plat. Et puis, le genre de civilisation de ce pays-ci trouve moyen de tout gâter, même le désert. Puisque désert il y a, on voudrait le voir absolu, comme la prairie indienne de Cooper, dont les défauts naturels me semblent, d'après ses descriptions et les images que j'ai vues, assez comparables à ceux d'ici : de trop petites lignes de montagnes autour de trop grands espaces planes ; mais, au moins, la prairie indienne exhale le parfum de la solitude, et l'œil du peintre qui voit, quoi qu'il fasse, à travers sa pensée, peut se reposer sur une sensation d'isolement complet et d'abandon solennel.

Ici, n'espérez pas oublier les maux passés ou présens de l'état social. Cette plaine est parsemée de détails criards, d'une multitude de petites ruines antiques plus ou moins illustres; de tours guelfes ou gibelines, très grandes de près, mais microscopiques sur cette vaste arène; de cahuttes de paille, assez vastes pour abriter, la nuit, les troupeaux errans pendant le jour, mais si petites à distance qu'on se demande si un homme peut y loger. Ce semis de détails toujours trop noirs ou trop blancs, selon l'heure et l'effet, est insupportable, et fait ressembler la plaine à un camp abandonné.

Pardonnez-moi cette critique froide dans des lieux qu'on est forcé par l'usage de trouver admirables de lignes et ruisselans de poésie. Il faut bien que je vous explique pourquoi, sauf de rares instans où l'œil saisit un détail par hasard harmonieux (les troupeaux le sont toujours ici et partout) et une échappée entre deux buttes où, par bonheur, il n'y a pas de ruines *tranchantes*, je m'écrie intérieurement : « Laide, trois fois laide et stupide la steppe de Rome ! O mes belles landes plantureuses de la Marche et du Bourbonnais, personne ne parle de vous ! Voilà ce que c'est que de manquer de peste, de cadavres, de rapins et de *larmes de poète !* »

Enfin, ici, à Frascati, on entre dans un autre monde, un petit monde de jardins dans les rochers, qui, grâce au ciel, ne ressemble à rien et vous fait comprendre les délices de la vie antique. Je tâcherai de vous en donner peu à peu l'idée ; car c'est un cachet bien tranché, et voici la première fois que je me sens vraiment loin de la France et dans un pays nouveau. Pour aujourd'hui, je ne vous parlerai que de mon installation dans un domicile étrange comme le reste.

Oubliez vite ce mot que je viens de dire : les *délices de la vie antique*, en parlant de la villégiature romaine. La campagne qui m'environne mérite le titre de délicieuse ; mais la civilisation n'y a point de part pour le pauvre voyageur, et si les villas princières que je vois de ma fenêtre attestent un reste de magnificence, la population ouvrière et bourgeoise qui végète à leurs pieds ne me paraît pas s'en ressentir le moins du monde.

La ville est pourtant jolie, non-seulement par sa situation pittoresque et son côté de ruines romaines pendant sur le ravin, mais encore par elle-même. Elle est bien coupée et assez bien bâtie. On y arrive par une porte fortifiée qui a du caractère ; la place bien italienne avec sa fontaine et sa basilique, annonce une importance, une étendue et une aisance qui n'existent pas : mais c'est comme cela dans toutes ces petites villes des Etats de l'Eglise : toujours une belle entrée, des monumens, quelques grandes maisons d'aspect seigneurial, quelque villa élégante ou quelque

riche monastère ayant à vous montrer quelques tableaux de maîtres ; et puis, pour cité, une bourgade d'assez bon air, peuplée de guenilles et recélant à l'intérieur une misère sordide ou une insigne malpropreté.

Je suis entré dans vingt maisons pour trouver un coin où je pusse m'établir, et Dieu sait qu'élevé dans un pauvre village de paysans, je n'apportais pas là de prétentions aristocratiques. J'ai trouvé partout ce contraste particulier à l'Italie, un luxe de décoration inutile au milieu d'un dénuement absolu des choses les plus nécessaires à la vie. Dans la plus pauvre demeure, des sculptures et des peintures ; nulle part, à moins de prix exorbitans, un lit propre, une chaise ayant ses quatre pieds, une fenêtre ayant toutes ses vitres. J'entrais dans ces maisons sur leur mine. Bien bâties et tenues fraîches, au dehors, par un air pur, elles annonçaient l'aisance. On est tout surpris de trouver, dès l'entrée, une sorte de vestibule voûté qui sert de latrines aux passans ; un escalier noir, étroit, avec des marches de deux pieds de haut, conduisant à un bouge infâme dont l'odeur vous fait reculer. Il est vrai que l'on a du marbre sous les pieds et des fresques telles quelles sur la tête. Le superflu est le nécessaire pour le Romain, et réciproquement.

L'intérieur de l'*Albergo Nobile* de Frascati, ancien palais vendu et revendu, est une curiosité sous ce rapport. On traverse de vastes salles remplies de statues de marbre blanc, copiées sur des antiques. Dans un grand hémicycle qui sert de salon principal, il y a tout un Olympe d'une colossale bêtise. Ailleurs, ce sont des chambres représentant des paysages vus à travers des colonnes, des salles de bain fort agréables, avec des baignoires de marbre blanc sur le modèle des vasques antiques; d'autres endroits plus secrets encore sont aussi en marbre blanc et décorés de sculptures. Puis, sur tout ce luxe de parois, des loques de tapis rapiécés, des fauteuils dépareillés, si gras et si vermoulus qu'on n'ose s'y asseoir ; des lits rembourrés d'ardoises, et, pour ornemens, des vases en cartonnage fané, rouge et or, contenant des bouquets de plumes de paon. Je m'imagine que le roi de Tombouctou, ou le grand chef des Têtes-Plates, se pâmerait d'aise devant un pareil goût de décoration.

Ce que j'ai enfin trouvé de plus comfortable et de moins cher, c'est la villa Piccolomini, où me voilà installé. C'est une grande maison carrée, largement bâtie, et qui, malgré son dénuement et son état de dégradation, mérite encore le titre de palais. Un perron, à marches brisées et disjointes, où il faut se baisser pour passer sous le linge qui sèche sur des cordes, donne entrée à un vestibule fermé qui, rempli de fleurs, ferait une jolie serre. Au rez-de-chaussée s'étendent d'immenses appartemens voûtés, d'une élévation disproportionnée, et percés de petites fenêtres qui ont fermé jadis. Tout cela est disposé pour le frais en été; mais, au temps où nous sommes, c'est glacial. La fresque qui garnit tout, de la base au faîte de ces chambres-édifices, est d'un goût insupportable. Tantôt cela veut imiter les arabesques de Raphaël et n'imite absolument rien ; tantôt d'atroces bonshommes nus, soi-disant divinités mythologiques, se tordent au plafond dans des poses terribles qui imitent grotesquement les Michel-Ange. Les portes sont à fond d'or, rehaussées du chapeau et des cordelières du cardinalat, emblèmes qui vous poursuivent dans toutes ces demeures seigneuriales, puisqu'il n'est pas d'ancienne famille qui n'ait eu quelques uns de ses membres pourvus des hautes dignités de l'Église.

Tout cela est sale, crevassé, moisi, terni d'une croûte de piqûres de mouches. De lourdes consoles dorées, à dessus de riches et laides mosaïques, et menaçantes de vétusté, garnissent les coins. Les glaces, de quinze pieds de haut, sont dépolies par l'humidité, et raccommodées, dans leurs brisures, avec des guirlandes de papier bleu. Le pavé de petites briques s'égraine sous les pieds. Les lits de fer, sans rideaux, disparaissent dans l'immensité. Le reste du mobilier est à l'avenant de cette misérable opulence. Une pauvre cheminée, pour tout un appartement de cinq pièces énormes, est à peu près inutile : on ne trouve de bois à acheter à aucun prix à Frascati, bien que ses collines soient couvertes d'une magnifique végétation; mais tout cela appartient à trois ou quatre familles qui, à bon droit, respectent leurs antiques ombrages, et n'ont rien de superflu à vendre de leur bois mort. Le pauvre monde et les étrangers qui s'imaginent, comme moi, qu'il faut aller chercher un hiver doux et un printemps chaud en Italie, se dégèlent le bout des doigts à la flamme rapide de quelques tiges de bambous pourris qui ne peuvent plus servir d'échalas aux vignes, et qu'on daigne leur vendre aussi cher que, chez nous, des bûches de Noël.

Au dessus de ce rez-de-chaussée qui, sur l'autre face de la maison, bâtie à mi-côte, est un premier, s'étendent des appartemens encore plus vastes, habités en été par une famille suisse, aujourd'hui propriétaire de la villa Piccolomini. Maintenant, la maison serait entièrement vide sans la présence de quatre ouvriers qui viennent passer la nuit dans une cave, et celle de la Mariuccia qui demeure dans les combles.

La Mariuccia, c'est à dire la Marion ou la Mariotte (j'avoue que j'ai été influencé par cette similitude de nom avec la vieille gouvernante de mon oncle le curé), la Mariuccia est la gardienne, la servante, la gouvernante, la cuisinière, le régisseur, le *factotum* de cette grande habitation et des terres qui en dépendent. C'est un être assez singulier et assez remarquable : petite, maigre, plate, édentée, malpropre, hérissée, elle s'attribue *una trentasettesima* d'années. J'ai été fort effrayé quand elle m'a offert de faire mon ménage et ma cuisine; mais, en causant avec elle, j'ai reconnu qu'elle était excessivement intelligente, spirituelle même, et qu'elle me serait une ressource dans ces heures de spleen où l'on a besoin d'échanger quelques paroles, quelques idées avec une créature humaine, si bizarre qu'elle soit.

Elle m'a promené et piloté minutieusement dans *son palais* en commençant par les plus *belles* chambres et en finissant par les plus humbles; et débattant les prix avec une âpreté énergique. Comme ces prix étaient, en somme, les plus raisonnables que j'eusse encore rencontrés, je ne les discutais que pour me divertir de sa physionomie et de sa parole, étourdissantes de vivacité. Je m'attendais à être rançonné comme partout, et mis au pillage comme une proie acquise aux exigences de détail d'une servante-maîtresse. J'y étais tout résigné; mais, à peine eus-je fait choix de mon gîte que les choses changèrent subitement. La Mariuccia, soit qu'elle m'eût pris en amitié, soit qu'elle ait dans le caractère un fonds de bonté réelle, commença à me dorloter comme si elle m'eût connu toute sa vie. Elle s'inquiéta de ma pâleur et

se mit en quatre pour réchauffer ma chambre, défaire ma malle et préparer mon dîner. Elle apporta chez moi le meilleur fauteuil et les meilleurs matelas de la maison, fouilla l'appartement de ses maîtres pour me trouver des livres, une lampe, un tapis propre; bouleversa le grenier pour me choisir un paravent, et courut au jardin pour me procurer quelques poignées de bois mort. Enfin, elle fixa le prix de ma consommation et celui de son service avec une discrétion remarquable.

Cela m'a mis fort à l'aise avec elle, non que je sois d'humeur à regimber contre le système d'exploitation auquel tout voyageur doit se soumettre en Italie pour avoir la paix, mais parce qu'on se sent vraiment soulagé, dès que l'on peut voir dans un être de son espèce, quel qu'il soit, un égal sous le niveau de la probité.

Me voilà donc dans un appartement situé au troisième; un troisième qui, en raison de la hauteur des étages inférieurs, serait un sixième à Paris. De là, j'ai la plus admirable vue qui se puisse imaginer. Je devrais dire les deux plus admirables vues, car les deux pièces que j'occupe, faisant l'angle de la maison, j'ai, d'un côté, la chaîne des montagnes depuis le Gennaro jusqu'au Soracte, la campagne de Rome et Rome tout entière visible à l'œil nu, malgré les treize milles de plaine qui m'en séparent à vol d'oiseau. De mon autre fenêtre, c'est plus beau encore : au-delà de la plaine immense, je vois la mer, les rivages d'Ostie, la forêt de Laurentum, l'embouchure du Tibre, et, au-dessus de tout cela, montant comme des spectres dans le ciel, les pâles silhouettes de la Sardaigne. C'est immense, comme vous voyez, et un rayon de soleil m'a fait paraître tout cela sublime. Je peux donc être ici languissant de santé, paresseux ou enfermé par la pluie. J'ai le vivre et le couvert assurés, une bonne femme pour me montrer de temps en temps une figure comique et bienveillante, deux pièces très basses, mais assez vastes, trop mal closes et trop haut perchées d'ailleurs pour n'être pas suffisamment aérées; quelques livres propres à me renseigner sur le pays, et, n'eussé-je que quelques rares éclaircies de ciel, un des plus beaux spectacles que j'aie jamais contemplés.

En ce moment, tenez, c'est splendide. Les montagnes sont d'un ton d'opale si fin et si doux qu'on les croirait transparentes. Tout ce côté de l'est se baigne dans des reflets d'une exquise suavité. Le couchant, au contraire, est embrasé d'un rouge terrible. Le soleil, abaissé sur l'horizon, éclate d'autant plus ardent que des masses opaques de nuages violets s'amoncèlent autour de lui. Les méandres marécageux du Tibre se dessinent en lignes étincelantes sur des masses de forêts encore plus violettes que le ciel. La mer est une nappe de feu, et, comme pour rendre le tableau plus lumineux et plus bizarre, une riche fontaine située à la terrasse d'une villa voisine, semble faire jaillir, aux premiers plans, une pluie d'or fondu qui se détache sur un fond de sombre verdure.

Mes deux chambres sont, à mon sens, les moins laides de la maison, parce qu'elles n'ont aucune espèce d'ornement. C'est pour cela que la Mariuccia me les a cédées au moindre prix possible, estimant que je devais être bien pauvre, puisque je consentais à me passer de fresques et de bustes. C'est peut-être aussi pour cela qu'elle m'apporte les meubles les plus propres de l'établissement, compensation qui lui paraît probablement moins sérieuse qu'à moi.

Vous voilà tranquille sur le compte de votre serviteur et ami, qui, un peu fatigué de sa journée, va se coucher avec le soleil, comme les poules.

XIII.

Les nuées violettes du couchant n'avaient pas menti : il a fait, cette nuit, une tempête comme je n'en ai jamais entendu. Malgré l'épaisseur des murs et la petitesse des fenêtres, circonstances qui me semblaient devoir assourdir le vacarme extérieur, j'ai cru que la villa Piccolomini s'envolerait à travers ces espaces sans bornes que mon œil contemplait hier soir. J'ai dormi malgré tout; mais j'ai rêvé dix fois que j'étais en pleine mer sur un navire qui volait en éclats. Il pleut fin et serré, ce matin. Le colossal paysage que je vous décrivais n'existe plus. Plus de mont Janvier, plus de Soracte, plus de Saint-Pierre, plus de Tibre, plus de mer. C'est gris comme une matinée de Paris. Je ne distingue que les maisons de Frascati sous mes pieds, car la villa Piccolomini, placée à une extrémité de la ville, occupe le premier plan d'un système de terrasses naturelles verdoyantes qu'il me tarde d'explorer.

La Mariuccia vient de m'apporter une tasse de lait passable ; et, en attendant que je puisse sortir, je vais vous raconter les circonstances que j'ai omises dans mon bulletin d'hier.

Il s'agit d'une course à Tivoli que je vous ai sommairement indiquée et dont les faits me paraissent si étranges aujourd'hui, que j'ai besoin de me bien tâter pour m'assurer que je n'ai pas rêvé cela pendant ma fièvre.

J'aime bien à être seul, ou tout au moins avec des artistes, pour aller à la découverte des belles choses ; mais la famille B*** avait décrété, le 26 du mois dernier, qu'elle irait à Tivoli et que je serais de la partie. On n'invita pas Brumières, quoiqu'il eût pu y avoir place pour lui dans la calèche. J'offrais de me mettre sur le siége avec le cocher ; mais ma proposition fut comme éludée, et, croyant m'apercevoir d'une certaine opposition, surtout de la part de lady B***, je n'osai pas insister, et je m'abstins de prévenir Brumières de la possibilité de son admission.

La route m'ennuya beaucoup jusqu'à la solfatare, où l'intérêt géologique commence. Il faisait tour à tour trop chaud et trop froid ; lady Harriet et sa nièce ne cessaient de vouloir forcer lord B***, et moi par contre-coup, à nous extasier sur la poésie, sur la beauté de la plaine, et, par toutes les raisons que je vous en ai données, je trouvais cette interminable solitude sans caractère, insupportable à traverser. Nous allions pourtant aussi vite que possible, lord B*** ayant fait l'acquisition de quatre magnifiques chevaux du pays. C'est une race précieuse. Ils ne sont pas très grands, mais assez doublés sans être lourds ; ils trottent vite ; ils ont de l'ardeur et de la solidité. Leur robe est d'un beau noir, leur poil très fin et brillant. La tête est un peu commune, le pied un peu vache, mais les formes sont belles quant au reste. Ils ont le caractère hargneux, et il ne se passe pas d'heure où l'on ne voie, à Rome ou autour de Rome, des querelles sérieuses entre hommes et bêtes. Cavaliers et cochers sont intrépides, mais généralement équitent ou conduisent avec plus de hardiesse, de violence et d'obstination que de véri-

table adresse et de raisonnement. Pourtant, les accidens sont rares, les chevaux ne manquant jamais par les jambes et descendant à fond de train, sur les dalles, les pentes les plus rapides des collines de la métropole.

Je remarquai, avec lord B***, qui essayait cet attelage avec attention pour la première fois, que le type de ces animaux était exactement celui du cheval de bronze doré d'Adrien, dans la cour du Vatican. Il m'a dit, et je l'ai oublié, de quelle partie des États de l'Église ils proviennent. Ce n'est pas de l'*agro romano*, je présume, car tous les élèves que l'on voit courir dans la steppe sont rachitiques et d'une race vulgaire, ainsi que les jumens qui les produisent. Les bœufs y sont également petits et laids, bien qu'ils appartiennent à cette belle espèce d'un blanc de lait, aux cornes démesurées, que l'on voit employée aux transports sur les routes, et aux travaux des champs dans la région des montagnes. Cette espèce est fort étrange. Elle est encore très petite relativement à nos espèces de France ; mais la finesse de ses formes et de son poil, la beauté de ses jambes et de sa face devraient en faire, pour les artistes, le type de la race bovine. On emploie pourtant le buffle de préférence dans les tableaux de l'école romaine, sans doute à cause de son étrangeté ; mais le buffle est un hideux animal.

Cette race de bœufs blancs est, m'a-t-on dit, originaire de la Vénétie ; mais le développement vraiment fantastique des cornes me paraît une dégénérescence due au sol romain, et une preuve de faiblesse plutôt que de vigueur. On laboure ici avec tout ce qui tombe sous la main dans la prairie : bœufs, vaches, ânes ou chevaux ; mais on laboure très mal, sans s'occuper de l'écoulement des eaux, sans assainir ni unir le terrain. La terre est légère et le climat favorable ; mais la grande question pour les laboureurs est de se dépêcher, et de séjourner le moins possible sur ces terrains pestilentiels. Tous sont étrangers au terroir. Journaliers nomades, ils couchent, pendant la quinzaine des travaux, dans ces ruines ou sous ces paillis qui servent de points de repère dans l'étendue ; puis, ils disparaissent en toute hâte, et vont chercher de l'ouvrage dans des lieux plus salubres, jusqu'à ce qu'ils reviennent faire la moisson de ces semences abandonnées aux influences naturelles, et totalement privées de soins jusqu'à leur maturité.

Les animaux, abandonnés avec presque autant d'incurie que les végétaux, se ressentent aussi du mauvais air. Dès que l'on s'élève au-dessus de ces régions funestes, les races grandissent et embellissent comme les plantes.

Les plus jolis animaux que l'on voie ici sont les chèvres. Un vaste troupeau de race cachemirienne était littéralement couché et endormi comme un seul être sur le bord du chemin, et, au milieu de ce troupeau, dormait aussi un enfant vêtu de la peau d'une des chèvres et couché pêle-mêle avec les petits chevreaux. Au bruit de la voiture tout s'éveilla en sursaut, tout bondit à la fois sous le coup d'une terreur indicible. Ce fut comme un nuage de soie blanche qui s'envolait en rasant le sol, les cabris se livrant à des cabrioles échevelées, les mères faisant flotter leurs franges éclatantes à la brise, le petit berger, propre et blanc aussi, parce qu'il n'avait d'autre vêtement que sa toison neuve, courant éperdu, tombant et se relevant pour fuir avec ses bêtes effarouchées.

On arrêta la calèche pour jouir de cette scène. Je descendis et parvins à rassurer le petit sauvage, qui consentit à me laisser prendre un de ses chevreaux pour le montrer de près à miss Médora.

C'est ici, mon ami, que commence l'étrange aventure. La belle Médora prit le petit animal sur ses genoux, le caressa, lui fit manger du pain, le dorelotta jusqu'à ce que lord B*** impatienté, lui eût rappelé que le temps s'écoulait et que nous n'avions pas trop de la journée pour voir Tivoli à la hâte et revenir à Rome. Puis, lorsqu'elle me rendit le chevreau, après avoir attaché sur moi un regard tout à fait inexplicable, elle se rejeta dans le fond de la voiture et couvrit son visage de son mouchoir.

Ce mouvement me fit croire que le cabri sentait mauvais et que Médora, s'en apercevant tout à coup, respirait son mouchoir parfumé.

Je me hâtai de reporter le chevreau au chevrier qui ne manqua pas de me tendre la main avant que j'eusse eu le temps de porter la mienne à ma poche pour y prendre, à son intention, quelques baïoques. Mais quand je remontai en voiture, je vis Médora sanglottant, sa tante s'efforçant de la calmer, et mylord sifflant entre ses dents un *lila burello* quelconque, de l'air d'un homme embarrassé d'une scène ridicule. Cette situation incompréhensible me mit fort mal à l'aise. Je me hasardai à demander si miss Médora était malade. Aussitôt le mouchoir cessa de cacher son visage, et, à travers de grosses larmes qui coulaient encore, elle me regarda d'un air étrange, en me répondant, d'un ton enjoué, qu'elle ne s'était jamais sentie si bien.

— Oui, oui, se hâta de dire lady B***. Ce n'est rien qu'un peu de mal aux nerfs.

Et lord B*** ajouta : — Certainement, certainement, des nerfs, et rien de plus.

Cela m'est égal, pensai-je ; et, au bout de peu d'instants, je trouvai un prétexte pour monter sur le siège à côté du cocher, liberté à laquelle j'aspirais depuis longtemps, et plus vivement encore depuis cette scène mystérieuse où mon rôle était nécessairement celui d'un indifférent incommode ou d'un indiscret mal appris.

Un peu plus loin, on s'arrêta pour voir les petits lacs *dei tartari* (1) et la curieuse cristallisation sulfureuse qui les environne. Figurez-vous plusieurs millions de petits cônes volcaniques s'élevant de quelques pieds au-dessus du sol, ayant chacun sa cheminée principale et ses bouches adjacentes, plusieurs millions d'Etnas en miniature. Au premier abord, cela ressemble à une végétation étrange, pétrifiée sur pied. Et puis, cela vous apparaît comme un liquide en fusion qui se serait candi tout à coup au milieu d'une ébullition violente. Autour de ce champ de cratères, et sur les bords de ces flaques d'eau sédimenteuses que l'on nomme des lacs, s'étendent des haies d'autres cristallisations incompréhensibles, que l'on dit être des plantes pétrifiées ; mais je n'en suis pas sûr, et je crois voir là, comme dans les cônes voisins, les caprices du bouillonnement refroidi d'un volcan de boue et de soufre.

Je parcourais tout cela avec beaucoup de curiosité, me hâtant de casser quelques échantillons, lorsque je vis recommencer les larmes de Médora. Sa tante la gronda un peu et se dépêcha

(1) C'est à dire des tartres, et non pas des tartares, comme traduisent quelques voyageurs.

de la ramener à la voiture. Lord B*** me dit : Venez! nous reviendrons ici tous les deux, si cet endroit vous intéresse. En ce moment, vous voyez que ma chère nièce a un accès de folie.

— Vraiment! m'écriai-je consterné, cette belle personne est sujette....

— Non, non, reprit en riant lord B***, elle n'est pas aliénée ; elle n'est que folle à la manière de ma femme, qui prend cela au sérieux, et vous savez bien la cause de toutes ces bizarreries.

— Moi? je ne sais rien, je vous le jure !

— Vous n'en savez rien ? dit lord B***, en m'arrêtant et en me regardant fixement; vous en donneriez votre parole d'honneur ?

— Je vous la donne ! répondis-je avec la plus parfaite simplicité.

— Tiens! c'est singulier, reprit-il. Eh bien, nous reparlerons de cela plus tard, s'il y a lieu. Et, sans me donner le temps de l'interroger, il me ramena à la voiture et me força de lui céder ma place sur le siège, voulant, disait-il, conduire lui-même, pour essayer la bouche de ses chevaux.

Mon malaise recommença, comme vous pouvez croire. Les deux Anglaises furent d'abord muettes. Lady B*** paraissait aussi embarrassée que moi. Sa nièce pleurait toujours. Forcé par les assertions de lady Harriet à regarder ces larmes comme une crise de nerfs, je ne savais quelles idées suggérer pour y remédier. J'ouvrais et refermais les glaces, ne trouvant rien de mieux que de donner de l'air ou de préserver de la poussière. Enfin, nous commençâmes à gravir au pas une montagne couverte d'oliviers millénaires, et je conseillai de marcher un peu. On accepta avec empressement; mais, au bout de quelques pas, lady Harriet, essoufflée et replète, remonta en voiture. Lord B*** resta sur le siège, le cocher mit pied à terre, et miss Médora, qui s'était traînée d'un air dolent, prit sa course comme si elle eût été piquée de la tarentule, et s'élança, légère, forte et gracieuse, sur le chemin rapide et sinueux.

— Une belle femme ! dit naïvement le cocher; avec cet abandon propre aux Italiens de toutes les classes, en se tournant vers moi d'un air tout fraternel. J'en fais mon compliment à votre excellence.

— Vous vous trompez, mon ami, lui dis-je. Cette belle femme est une demoiselle, et je n'ai aucun lien avec elle.

— Je sais bien ! reprit-il tranquillement en m'ôtant sans façon mon cigare de la bouche pour allumer le sien. Je suis au service de ces Anglais pour la saison; mais on sait bien, dans la maison et dans Rome, que vous épousez la belle Anglaise.

— Eh bien! mon cher, vous direz s'il-vous-plaît, dans la maison et dans Rome, que ce que vous croyez là est un mensonge et une stupidité.

Je doublai le pas, peu curieux de constater l'effet des bavardages insensés de la Daniella ou du Tartaglia, son compère, et, fort ennuyé du rôle absurde que ces valets voulaient m'attribuer, je fis un effort pour n'y plus songer en marchant.

Cette préoccupation venait mal à propos m'arracher au charme qui s'emparait de moi dans cette région vraiment admirable. La montagne était jonchée d'herbe d'un vert éclatant, et les antiques oliviers adoucissaient leurs formes fantastiques et la torsion insensée de leurs tiges, sous des robes de mousses veloutées d'une adorable fraîcheur. L'olivier est un vilain arbre tant qu'il n'est pas arrivé à cet aspect de décrépitude colossale qu'il conserve pendant plusieurs siècles sans cesser d'être productif. En Provence, il est grêle et n'offre qu'une boule de feuillage blanchâtre qui rampe sur les champs comme des flocons de brume. Ici, il atteint des proportions énormes et donne un ombrage clair qui tamise le soleil en pluie d'or sur son branchage échevelé. Son tronc, crevassé, finit par éclater en huit ou dix segmens monstrueux, autour desquels les rejets plus jeunes s'enroulent comme des boas pris de fureur.

Cette forêt de Tivoli fait penser à la forêt enchantée du Tasse. On ne sait pas bien si ces arbres ne sont pas des monstres qui vont se mouvoir et rugir ou parler. Mais, pas plus que dans le génie tout italien du poëte, il n'y a, dans cette nature, de terreurs réelles. La verdure est trop belle, et les profondeurs bleuâtres que l'on aperçoit à travers ces entrelacemens infinis, sont d'un ton trop doux pour que l'imagination s'y assombrisse. Comme dans les aventures de la *Jérusalem*, on sent toujours la main des fées prête à changer les dragons de feu en guirlandes de fleurs, et les buissons d'épines en nymphes décevantes.

J'en étais là de ma rêverie, lorsque la belle Médora qui avait pris les devants, et que j'avais oubliée, m'apparut tout à coup à un détour de la montée, sortant d'un de ces fantastiques oliviers creux où elle s'était amusée à se cacher. Je tressaillis de surprise, et elle s'élança vers moi, aussi gaie, aussi rieuse que si elle n'eût jamais eu de vapeurs. Elle était vraiment plus belle que je ne lui avais encore accordé de l'être. Un trop grand soin, que je ne peux m'empêcher d'attribuer à un trop grand amour de sa personne, me la gâte presque toujours. Elle est toujours trop bien habillée, trop bien coiffée, et d'un ton trop reposé, trop inaltérable. C'est une beauté de nacre et d'ivoire, qui change sans cesse de robes, de bijoux et de rubans sans que sa physionomie change jamais ; et c'est de bonne foi, je vous assure, que j'ai dit souvent à Brumières que cette invariable perfection m'était insupportable.

En ce moment, elle était toute différente de sa manière d'être habituelle. Les larmes avaient un peu creusé ses beaux yeux, et ses joues, animées par la course, étaient d'un ton moins pur et plus chaud que de coutume. Il y avait enfin de la vie et comme de la moiteur sur sa peau et dans son regard. Elle avait perdu son peigne en courant. J'ignore si elle avait mis sa fausse tresse dans sa poche; mais elle avait encore une assez belle chevelure pour se passer d'artifice et pour encadrer magnifiquement sa tête. Ce n'était plus cet inflexible diadème lissé comme du marbre noir sur un front de marbre blanc. C'était une auréole de vrais cheveux, souples et fins, voltigeant sur une chair rose et frémissante.

Probablement, elle vit dans mon regard que je lui faisais amende honorable, car elle vint à moi amicalement et passa son bras sous le mien avec une familiarité bien différente de ses dédains accoutumés, en me demandant à quoi je pensais et pourquoi j'avais eu l'air si surpris en la voyant sortir de son arbre.

Je lui racontai comme quoi la forêt du Tasse s'était présentée à mon imagination, et comment son apparition, à elle, avait coïncidé avec le souvenir de ces enchantemens bénévoles.

— C'est-à-dire que vous m'avez comparée tout bonnement à une sorcière ! Il ne faut pas que je m'en plaigne, puisque décidément il faut avoir cet air-là pour vous plaire.

— Où prenez-vous cette singulière assertion sur mon compte ?

— Dans votre enthousiasme pour la lavandière de l'*Agua argentina*. La seule créature de mon sexe qui vous ait ému depuis votre arrivée à Rome, a été qualifiée par vous de sibylle.

— Alors, vous pensez que je cherche à établir une comparaison, sur le terrain de la magie, entre vous et une pauvre septuagénaire ?

— Que dites-vous là ? s'écria-t-elle en raidissant ses doigts effilés sur mon bras ; c'était une femme de soixante-dix ans ?

— Tout au moins ! Ne l'ai-je pas dit, en faisant la description de ses *charmes* ?

— Vous ne l'avez pas dit. Pourquoi ne l'avez-vous pas dit ?

Cette brusque interrogation, faite d'un ton de reproche, me laissa stupéfait au point de ne savoir quoi répondre. Elle m'en épargna le soin en ajoutant :

— Et la Daniella ? Que dites-vous de la Daniella ? N'a-t-elle pas aussi un petit air de sorcière ?

— Je ne m'en suis jamais avisé, répondis-je; et, en tout cas, je n'y tiendrais pas essentiellement pour la trouver jolie.

— Ah ! vous convenez que celle-ci vous plaît ? Je le disais bien, il faut être laide pour vous plaire !

— Selon vous, la Daniella est donc laide ?

— Affreuse ! répondit-elle avec une candeur de souveraine jalouse du moindre objet supportable sur les terres de son royaume.

— Allons, vous êtes trop despote, lui dis-je en riant. Vous voulez qu'à moins de trouver une beauté supérieure à la vôtre, on ne daigne pas seulement ouvrir les yeux. Alors, il faut se les crever pour jamais, et renoncer à la peinture.

— Est-ce un compliment ? demanda-t-elle avec une animation extraordinaire : un compliment équivaut à une raillerie, par conséquent à une injure.

— Vous avez raison; aussi n'est-ce pas un compliment, mais une vérité banale que j'aurais dû ne pas formuler, car vous devez être lasse de l'entendre.

— Vous ne m'avez pas gâtée sous ce rapport, vous ! Dites donc toute votre pensée ! Vous savez que je ne suis pas laide ; mais vous n'aimez pas ma figure ?

— Je crois que je l'aimerais autant que je l'admire, si elle était toujours naïvement belle comme elle l'est en ce moment-ci.

Pressé de questions à cet égard, je fus entraîné à lui dire que, selon moi, elle était ordinairement trop arrangée, trop encadrée, trop rehaussée, et qu'au lieu de ressembler à elle-même, c'est à dire à une femme superbe et ravissante, elle se condamnait à un travail perpétuel pour ressembler à n'importe quelle femme pimpante, à n'importe quel type de fashion aristocratique, à n'importe quelle poupée servant de montre à un étalage de chiffons et de bijoux.

— Je crois que vous avez raison, répondit-elle après un moment de silence attentif. Et, arrachant tout à coup sa broche et ses bracelets de Froment-Meurice, véritables objets d'art que précisément je n'étais nullement disposé à critiquer, elle les lança à travers le bois avec une gaîté de Sardanapale.

— Voilà un étonnant coup de tête ! lui dis-je en quittant son bras sans galanterie pour aller ramasser ces précieux objets. Vous permettrez qu'en qualité d'artiste, je vous reproche ce mépris pour de si beaux ouvrages.

Je retrouvai les bijoux, non sans peine, et quand je les lui rapportai :

— Gardez-les, me dit-elle avec colère : je n'en veux plus.

— Et pour qui diable les garderais-je ?

— Pour qui vous voudrez ; pour la Daniella ! quand elle sera ornée et parée, elle commencera à vous déplaire autant que moi.

— Je les lui remettrai ce soir, pour qu'elle les replace dans votre écrin, répondis-je, en mettant les bijoux dans ma poche.

— Ah! vous êtes cruel! Vous n'avez pas une réponse qui ne soit de glace! » Et, me quittant brusquement, elle reprit sa course en avant de la voiture, me laissant là assez stupidement ébahi de sa véhémence.

Que se passait-il donc dans cette étrange cervelle de jeune fille ? Voilà le problème que je ne pouvais, que je ne peux pas encore résoudre. Quand la voiture la rejoignit, elle était calme et enjouée. Ses émotions s'apaisent vite. Elles viennent et s'en vont comme des mouches qui volent.

XIV.

Frascati, 1er avril. (Suite.)

Tivoli est une ville charmante au point de vue pittoresque ; mais la fièvre et la misère ou l'incurie, règnent là comme à Rome. La population était cependant en grande activité pour rentrer les olives dont la récolte, tardive dans cette région fraîche, vient de s'achever. Hommes, femmes et enfants offraient, comme à Rome, une exhibition de guenilles à nulle autre pareille ; à ce point que l'on ne sait plus si c'est la détresse ou le goût du haillon qui généralisent ainsi cette livrée repoussante. Aux jours de fête, les femmes de la campagne sont pourtant d'un luxe exorbitant. Chaque localité a son costume tout chamarré d'or et de pourpre, les robes et les tabliers de damas de soie, les chaînes et les boucles d'oreilles d'un grand prix. Cela n'empêche pas qu'on ne soit hideusement sale dans la semaine et qu'on ne tende la main aux passans.

Vous avez le dessin du joli petit temple de la sibylle, perché sur le sommet d'un abîme ; mais cela ne vous donne pas la moindre idée de cet abîme, où je vous ferai descendre tout à l'heure.

Lord B*** avait envoyé Tartaglia, la veille, en éclaireur, pour commander notre déjeûner. Nous trouvâmes la table dressée sur une terrasse escarpée, au pied du temple même, et en face de l'effrayant rocher dont le sommet fut le principal couronnement des grottes de Neptune. Le couronnement s'est écroulé, il y a quelques années ; l'Anio a été détourné en partie pour passer sous des tunnels à quelque distance de là, et former la grande cascade. Mais ce qui est resté des eaux du fleuve pour alimenter le torrent du gouffre naturel, est encore splendide, et les monstrueux débris de la principale grotte, gisant au pied du roc, ont donné un autre genre de beauté à la scène que nous dominions. D'ailleurs, grâce aux pluies de ces derniers jours, le rocher de Neptune était arrosé d'une fine cataracte qui tombait en nappe d'argent sur sa brisure à pic.

Nous ne pouvions voir, sous l'abondante végétation qui remplit le gouffre, l'autre bras du torrent qui forme d'autres chutes plus importantes vers le fond de cet entonnoir. Nous en entendions le bruit formidable, ainsi que celui de la grande cataracte du tunnel, placée derrière d'autres masses de rochers. Toutes ces voix de l'abîme, mugissant sous des arbres dont nous respirions les cimes fleuries, avaient un charme extraordinaire.

Le déjeuner fut excellent, grâce à la prévoyance de lord B*** et aux soins de Tartaglia, qui s'entend à la cuisine comme à toutes choses. Lord B*** fut aussi enjoué que sa nature le comporte. Il déteste le séjour des villes, celui de Rome en particulier. Il aime les lieux sauvages, les grandes scènes de la nature. Un peu excité par une pointe de vin d'Asti, boisson agréable et capiteuse dont je sentis bientôt qu'il fallait se méfier, il parla des ouvrages de Dieu avec une sorte de poésie d'autant plus remarquable chez lui, qu'elle s'appuyait sur le large fond de bon sens qui fait la base de son caractère. Sa femme était, comme de coutume, disposée à dénigrer ce rare moment d'expansion. J'eus le bonheur de l'en empêcher en écoutant lord B*** avec intérêt, et en l'aidant à développer ses pensées, lorsque sa timidité naturelle ou son découragement de lui-même tendaient à les laisser obscures et incomplètes. Il arriva ainsi à dire d'excellentes choses, très senties et empreintes d'une certaine originalité. Médora, beaucoup plus intelligente que sa tante, en fut peu à peu frappée, et, regardant alternativement lui et moi avec quelque surprise, elle arriva à daigner causer avec ce pauvre oncle comme avec un être de quelque valeur. Cette espèce d'adhésion gagna insensiblement lady Harriet, qui cessa de sauter comme une carpe à chaque parole de son mari, et qui voulut bien, par deux ou trois fois, dire en l'écoutant : *Juste, extrêmement juste!*

Quand on nous eut servi le café, les femmes se levèrent pour mettre leurs manteaux, car le ciel s'était couvert et le froid se faisait sentir. Lord B*** les retint. — Attendez encore un peu, leur dit-il. Prenez un verre de Bordeaux et trinquez avec moi, à la française.

Cette proposition révolta sa femme, mais Médora, qui a beaucoup d'ascendant sur elle, prit un verre et, après y avoir mouillé ses lèvres, demanda quelle santé son oncle voulait porter. — Buvons à l'amitié, répondit-il avec une émotion concentrée. Lady Harriet, faites-moi la grâce de boire à l'amitié !

— A quelle amitié ? dit-elle ; à celle que nous avons pour M. Jean Valreg, notre sauveur ? A l'amitié et à la reconnaissance ! Je ne demande pas mieux !

— Non, non, reprit lord B***. Valreg n'a pas besoin de témoignages particuliers, et ce que je vous propose a un sens général.

— Expliquez-vous, dit Médora. Je suis sûre que vous allez vous expliquer très bien.

— Je bois, dit-il en élevant son verre, à cette pauvre bonne personne de Déesse, veuve de messer Cupidon, laquelle demeure au fond du carquois épuisé de flèches, comme Pandore au fond de la boîte des afflictions et des malices. C'est une indigente que les jeunes gens méprisent parce qu'elle est vieillotte et modeste ; mais nous, mylady....

Je vis qu'il allait gâter son exorde par quelque maladroite allusion à la beauté automnale de sa femme, et je profitai d'un de ces points d'orgue spasmodiques, moitié soupir, moitié bâillement, dont il parsème ses périodes, pour couvrir sa conclusion sous un robuste applaudissement.

Puis j'ajoutai, avec une profondeur d'habileté dont je fus étonné moi-même : — Bravo! mylord, ceci est tout-à-fait dans le goût de Shakspeare, que vous affectez de ne pas comprendre, et que vous pourriez commenter aussi bien que Malone ou... mylady !

— Serait-il vrai? dit lady Harriet, surprise et flattée. En effet, je crois quelquefois que l'ignorance de mylord est une affectation, et qu'il a plus de goût et de sensibilité qu'il n'en veut avouer.

C'était sans doute la première parole un peu aimable que lady Harriet disait à son mari depuis bien longtemps. Le pauvre homme fit un mouvement comme pour lui prendre la main ; mais, arrêté par une habitude de doute et de crainte, ce fut ma main qu'il prit dans la sienne, et c'est à moi que son remercîment fut adressé.

— Valreg, dit-il, écoutez-moi et devinez-moi ! Voilà vingt ans que je n'ai fait un repas aussi agréable.

— C'est vrai, dit mylady; depuis ce déjeûner sur la mer de glace, à Chamounix, avec... avec qui donc! Je ne me rappelle pas...

— Avec personne, répliqua lord B***. Nos guides s'étaient éloignés, et vous me fîtes la grace de boire avec moi, comme aujourd'hui... à l'amitié !

Une vive rougeur avait monté au front de lady Harriet. Un instant, elle avait craint l'évocation de quelque tendre souvenir, imprudemment éveillé par elle. Il est aisé de voir qu'outre le plus léger froissement de sa pudeur britannique, rien ne lui est plus désagréable que les imperceptibles fatuités rétrospectives de son mari à son égard. Elle lui sut donc un gré infini de s'être arrêté à temps dans sa commémoration de tête à tête de Chamounix.

— N'est-il pas très plaisant, me dit tout bas miss Médora, que le dernier jour de tendresse de mon cher oncle et de ma chère tante soit daté de ce lieu symbolique, *mer de glace?*

Comme elle s'était appuyée, en me parlant, sur la barre de fer qui entoure la plateforme du temple de la Sibylle, et que le bruit des eaux du gouffre couvrait nos voix, je pus, à deux pas de la table où lord B*** était encore assis avec sa femme, m'expliquer rapidement sans en être entendu.

— Je ne trouve rien de plaisant, dis-je, à la railleuse Médora, dans la situation maussade et douloureuse de ces deux personnages, si charmans et si parfaits individuellement, si différens d'eux-mêmes quand ils sont réunis. Il me semble que rien ne serait plus facile à qui joindrait un peu d'adresse à beaucoup de cœur, de rendre leur désaccord moins pénible.

— Et je vois que vous avez entrepris cette tâche méritoire ?

— Ce n'est pas à moi, qui suis auprès d'eux un passant étranger, qu'il appartiendrait de l'entreprendre avec chance de succès. Ce devoir est naturellement indiqué à la délicatesse d'un esprit de femme.

— Et à la générosité de ses instincts ? Je vous comprends, merci ! J'ai été légère dans ma conduite vis-à-vis de mes parens, je le reconnais; mais, à partir de ce jour, vous verrez que je sais profiter d'une bonne leçon.

— Une leçon ?...

— Oui, oui, c'en est une, et vous voyez que je la reçois avec reconnaissance.

Elle me tendit, ou plutôt me glissa sa belle main, le long de la barre de fer sur laquelle nos coudes étaient appuyés, et, sans songer à y mettre du mystère, je la portai à mes lèvres par un retour bien naturel de gratitude. Mais, comme si cet échange amical eût été une audace furtive de sa part et de la mienne, elle retira vivement sa main, et, se retournant vers sa tante, qui ne songeait, pas plus que son oncle, à nous observer, elle prétendit, comme pour motiver auprès d'eux sa rougeur et sa précipitation, que ce rocher à pic lui donnait le vertige.

Ce mouvement, qui gâtait la spontanéité de ses intentions et qui semblait vouloir incriminer la simplicité des miennes, me déplut un peu. Je m'éloignai sans rien dire, espérant m'échapper et pouvoir aller explorer le gouffre avant mes compagnons moins alertes. Mais ce puits de verdure est fermé par une solide barrière dont un gardien spécial a la clef. Il était là, attendant notre bon plaisir; mais il refusa de me laisser passer seul. — Non, monsieur, me dit-il, cet endroit est très dangereux, et je suis responsable de la vie des personnes que je conduis. Trois Anglais ont, il y a quelques années, disparu dans le gouffre, pour avoir voulu le visiter sans moi, et comme je dois attendre les dames qui sont avec vous, je ne peux pas vous conduire seul.— Oh! oh! ajouta-t-il en s'adressant à Tartaglia qui passait auprès de nous, portant deux bouteilles qu'il venait de prendre dans la voiture de mes Anglais, est-ce que mylord va encore boire ces deux-là ?

— Bah! ce n'est rien, répondit Tartaglia ; du vin de France, du bordeaux! Les Anglais boivent ça comme de l'eau.

— Ça m'est égal, reprit le gardien : Si mylord est *ubbriaco*, je ne le laisserai pas descendre.

Je pensai devoir empêcher lord B*** de s'exposer à une discussion de ce genre. Je l'ai toujours vu très sobre; mais qui sait ce qu'un rayon de bonne intelligence avec sa femme pouvait apporter de changement à ses habitudes? Je retournai donc à la table où le bordeaux était déjà versé, bien que les femmes fussent levées et en train de s'équiper pour la promenade. Je remarquai que mon Anglais était redevenu froid et sérieux comme à son ordinaire. Déjà quelque parole aigre avait été échangée entre sa femme et lui, et déjà Médora avait oublié ses beaux projets de conciliation, car elle riait de la triste figure de son oncle. — Allons! disait-elle en attachant sa coiffe de makintosh, vous avez fait assez de poésie pour un jour. Le soleil s'en va, le temps marche, et nous ne sommes pas venus ici pour porter des santés à tous les dieux de l'Olympe.

— Vous savez que l'endroit est dangereux, dit lady Harriet à son mari ; si la pluie vient, il le sera encore plus. Venez donc, ou restez seul tout à fait !

— Eh bien! je reste, répondit-il avec une sorte de désespoir comique, en remplissant son verre. Allez voir couler l'eau; moi, je vas faire couler le vin !

C'était une révolte flagrante.

— Adieu donc! dit lady Harriet avec indignation, en prenant le bras de sa nièce.

— Valreg! buvez à ma santé, je le veux, s'écria mylord en me retenant par le bras.

— Moi, je ne le veux pas, répondis-je. Ce bordeaux, par-dessus le café, serait pour moi une médecine; et je ne comprendrais pas, d'ailleurs, que nous pussions laisser aller sans nous, dans un endroit dangereux, les femmes que nous accompagnons.

— Vous avez raison ! dit-il en faisant un effort pour repousser son verre. Tartaglia, viens ici. Bois ce vin ! bois tout ce qu'il y a dans la voiture ; je te le commande, et si tu n'es pas ivre-mort quand je reviendrai, tu n'auras jamais plus un baïoque de ma main.

Cette singulière fantaisie chez un homme aussi sensé me parut suspecte. Je vis que Tartaglia suivait, comme moi, des yeux, la démarche allanguie de mylord. Il y avait trop de laisser-aller dans ses jambes pour qu'il n'y eût pas quelque chose à craindre du côté de la tête.

— Soyez tranquille, me dit l'intelligent et utile Tartaglia : *c'est moi que je vous* réponds de lui ! Et sans oublier de prendre possession du vin qu'il désigna comme sien en faisant à l'hôte de la Sibylle un signe rapide, il emboîta le pas derrière l'Anglais sans faire semblant de s'occuper de lui. L'hôte avait compris que Tartaglia aimait mieux lui vendre cet excellent bordeaux que de le boire, et, avec cette perspicacité supérieure dont les Italiens de cette classe sont doués à la vue d'une *affaire*, il donna à ses garçons des ordres en conséquence.

Rassuré sur le compte de mon pauvre ami, je le dépassai pour aller rejoindre les femmes qui, sous la conduite du guide, descendaient déjà le sentier. Médora était, comme de coutume, en avant, la tête en l'air, affectant le mépris du danger et déchirant sa robe à tous les buissons, sans daigner faire un mouvement pour s'en préserver. En toutes choses et en tous lieux, elle marche d'un air d'impératrice à qui l'univers appartient et doit céder ; et s'il lui prenait envie de traverser l'épaisseur des murs, elle serait, je gage, étonnée que les murs ne s'ouvrissent pas d'eux-mêmes à son approche.

Ces allures de reine Mab ne me rassuraient pas plus que la démarche avinée de lord B***; mais je crus devoir lui offrir mon bras à une.

— Non, me dit-elle, j'irai prudemment, je connais le sentier, et le guide ne me quittera pas; mais prenez garde à Médora qui est fort téméraire.

Je doublai le pas et remarquai, avec un certain effroi, que j'avais pour mon compte un peu de vertige. C'était comme une folle envie de courir sus à Médora, de lui prendre le bras et de m'élancer en riant avec elle dans ces ravissantes profondeurs de verdure et de rochers. Comme le sentier était des plus faciles, et que rien ne justifiait les appréhensions du gardien, je vis bien que mon vertige était plus moral que physique, et qu'en m'occupant à empêcher les toasts trop répétés de lord B***, j'avais perdu la conscience de mon propre état. J'avais pourtant bien discrètement fêté le vin d'Asti et le bordeaux de la voiture; mais j'avais eu chaud et soif; peut-être avais-je été étourdi par le soleil qui nous tombait d'aplomb sur la tête, par le rugissement et le mouvement de la cascade placée verticalement devant nos yeux, par les singularités de Médora, par les expansions de lord B***. Bref, quelle qu'en fût la cause, et quelle que fût la tranquillité de ma conscience, je sentis que j'étais gris, mais gris à faire de sang-froid les plus splendides extravagances !

XV.

Frascati, 1er avril. *(Suite.)*

J'étais gris, vous dis-je, et je sentis cela en courant après miss Médora. Dans le peu d'instants qui s'écoulèrent avant que je fusse près d'elle, j'éprouvai une surexcitation qui développa dans ma tête un degré de lucidité extraordinaire. « Cette fille est riche et belle, me disais-je à moi-même. Elle se jette de gaîté de cœur dans un système de provocations qui pourrait la perdre si tu étais un lâche, ou l'unir à toi si tu étais un ambitieux. Tout cela n'est rien ; il n'y a ici de danger ni pour toi ni pour elle, si tu as la conscience de tes paroles et la netteté de tes idées; mais te voilà gris, c'est-à-dire fou, porté violemment à l'audace vis-à-vis de la destinée, à l'enthousiasme pour la beauté, à l'ivrement de la gaîté, de la jeunesse et de la poésie devant cette scène grandiose de ta plus chère maîtresse, la nature ! Te voilà disposé à l'expansion délirante quand il faut que tu veilles, même sur tes regards, et que tu pèses tous les mots que tu vas dire pour n'être ni sot, ni méchant, ni fourbe, ni léger ! »

Comment toutes ces réflexions se pressèrent en moi dans l'espace de deux ou trois minutes tout au plus, c'est ce qu'il m'est impossible de vous expliquer; mais elles s'y formulèrent si nettement que je sentis la nécessité d'un violent effort sur moi-même pour me dégriser. Vous avez rêvé souvent, n'est-ce pas, *que vous rêviez*, et vous êtes venu à bout de vous arracher à des images pénibles et de vous réveiller par le seul fait de votre volonté? Voilà précisément ce qui se passa en moi; mais je ne saurais vous dire combien fut énergique et par conséquent douloureux ce combat contre les fumées du vin. J'en sortis vainqueur, cependant, car, après m'être arrêté court à un tournant à angle vif qui me cachait Médora, je pris seulement le temps de me dire : où est-elle? je ne la vois plus. Peut-être est-elle tombée dans quelque précipice. Eh bien! pourquoi pas? Cela vaudrait beaucoup mieux pour elle que d'être le jouet d'un engouement déplacé et passager de sa part et de la mienne.

Après m'être dit ces sages paroles, je me sentis complètement rendu à mon état naturel, et seulement fatigué comme si j'eusse fait une longue course. Je rejoignis Médora, je l'abordai avec calme, et, au lieu des véhéments reproches que j'avais été tenté de lui adresser sur son imprudence, je lui dis, en souriant, que je courais après elle pour l'accompagner, par l'ordre de lady Harriet.

— Je n'en doute pas, répondit-elle. Certes, vous n'y seriez pas venu de vous-même.

— Non, en vérité, lui dis-je. Pourquoi vous aurais-je importuné de ma présence, quand ce sentier est le plus joli et le plus commode qui se puisse imaginer dans un lieu semblable? On peut courir ici comme dans sa chambre, et, pour tomber, il faudrait être d'une maladresse ridicule ou d'une présomption stupide.

Cette observation lui fit tout à coup ralentir son allure. — Vous pensiez donc, me dit-elle avec un regard pénétrant, que je voulais vous éblouir par mon audace, que vous prenez ces précautions oratoires pour me dire...

— Pour vous dire quoi?

— Que mon effet serait manqué ! C'est fort inutile; je sais que je ne pourrais même pas avoir un moment de gaîté bien naturelle, me sentir enfant et oublier que vous êtes là à m'épiloguer, sans être accusée de poser l'Atalante ou la Diana Vernon. Vous avouerez que vous êtes un compagnon de promenade fort incommode, et qu'autant vaudrait être sous une cloche que sous votre regard éplucheur et malveillant.

— Puisque nous voilà aux injures, je vous dirai que j'aimerais bien autant que vous me trouver seul ici, pour admirer à mon aise et sans préoccupation une des plus belles choses que j'aie jamais vues ; mais comment faire pour nous délivrer du tête-à-tête qu'on nous impose ? Voulez-vous que nous descendions jusqu'en bas sans nous dire un seul mot ?

— Soit, dit-elle ; passez devant pour que ma tante, qui nous regarde de là-haut, en venant tout doucement, voie bien que vous faites votre office de garde-fou ! Si j'ai la ridicule maladresse ou l'absurde présomption de tomber, vous m'empêcherez de rouler jusqu'en bas ; hormis ce cas invraisemblable, je vous défends de vous retourner.

— C'est fort bien ; mais si vous roulez par le côté du précipice ? Si je ne vous entends pas marcher sur mes talons, il faudra que je me retourne ou que je sois inquiet, ce qui me dérangera dans ma contemplation, et m'ennuiera beaucoup, je vous en avertis.

— Voyons, dit-elle en riant, il y a moyen de s'arranger.

Elle détacha le long ruban de son chapeau de paille et m'en donna un bout, pendant qu'elle prenait l'autre. Il fut convenu que, quand je ne la sentirais plus au bout du ruban, j'aurais le droit et le devoir de me retourner.

Cet arrangement facétieux était bien facile à prendre sur le délicieux sentier qui conduit au fond de l'entonnoir. S'il est parfois rapide et escarpé, nulle part il n'offre le moindre péril pour qui ne cherche pas le péril. C'est l'ouvrage de soldats français, sous la direction du général Miollis, et, grâce à ce travail ingénieux, l'abîme est devenu un adorable jardin anglais où l'on court avec sérénité au milieu d'épais massifs de myrthe et d'arbustes variés et vigoureux. Cette belle végétation vous fait perdre souvent de vue l'ensemble de la scène, mais c'est pour le retrouver à chaque instant avec plus de plaisir.

Puisque vous me dites que vous avez sous les yeux tous les guides et itinéraires de l'Italie pour suivre mon humble pérégrination, je dois vous prévenir que, dans aucun, vous ne trouverez une description exacte de ces grottes, par la raison que les éboulemens, les tremblemens de terre et les travaux indispensables à la sécurité de la ville, menacée de s'écrouler aussi, ou d'être emportée par l'Anio, ont souvent changé leur aspect. Je vais tâcher de vous en donner succinctement une idée exacte ; car, en dépit des nouveaux itinéraires qui prétendent que ces lieux ont perdu leur principal intérêt, ils sont encore une des plus ravissantes merveilles de la terre (1).

Je vous ai parlé d'un puits de verdure ; c'est ce bocage, d'environ un mille de tour à son sommet, que l'on a arrangé dans l'entonnoir d'un ancien cratère. L'abîme est donc tapissé de plantations vigoureuses, bien libres et bien sauvages,

descendant sur des flancs de montagne presque à pic, au moyen des zigzags d'un sentier doux aux pieds, tout bordé d'herbes et de fleurs rustiques, soutenu par les terrasses naturelles du roc pittoresque, et se dégageant à chaque instant des bosquets qui l'ombragent pour vous laisser regarder le torrent sous vos pieds, le rocher perpendiculaire à votre droite et le joli temple de la Sibylle au-dessus de votre tête. C'est à la fois d'une grâce et d'une majesté, d'une âpreté et d'une fraîcheur qui résument bien les caractères de la nature italienne. Il me semble qu'il n'y a ici rien d'austère et de terrible qui ne soit tout à coup tempéré ou dissimulé par des voluptés souriantes.

Quand on a descendu environ les deux tiers du sentier, il vous conduit à l'entrée d'une grotte latérale complétement inaperçue jusque-là. Cette grotte est un couloir, une galerie naturelle que le torrent a rencontrée dans la roche, et qui semble avoir été une des bouches du cratère dont le puits de verdure tout entier aurait été le foyer principal. On s'explique plus difficilement la cause première des gigantesques *macaroni* (je ne puis les appeler autrement) qui se tordent sous les voûtes et sous les parois de cette galerie souterraine. C'est exactement, en grand, les mêmes formes et les mêmes attitudes que les prétendues herbes pétrifiées de la petite solfatare de l'étang des tartres. Les gens du pays affirment que ces entrelacemens et ces enroulemens de pierre sont, dans les grottes de Tivoli, comme à la solfatare, des pétrifications de plantes inconnues. Je ne demanderais pas mieux ; mais comme elles sont percées, dans toute leur étendue, d'un tube intérieur parfaitement rond et lisse, cette perforation me fait bien l'effet d'être le résultat d'un dégagement de gaz et de souffles impétueux partant de l'abîme et se faisant des tuyaux de flûte de toutes ces matières en fusion. Ce travail a pu être régulier d'abord comme le crible ignivome de la solfatare ; mais une convulsion subséquente de la masse volcanique les a tordues, embrouillées et déjetées en tous sens, avant qu'elles fussent entièrement refroidies. Voilà mon explication. Prenez-la pour celle d'un rêveur ou d'un ignorant ; je n'y tiens pas ; mais elle a satisfait au besoin que j'éprouve toujours de me rendre compte des bizarreries géologiques, bizarreries pures dans la solfatare à fleur de terre que j'avais vue le matin, mais mystères grandioses dans la grotte de Tivoli, comme sur le chemin de Marseille à Roquefavour.

De quelles scènes effroyables, de quelles dévorantes éjaculations, de quels craquemens, de quels rugissemens, de quels bouillonnemens affreux cette ravissante cavité de Tivoli a dû être le théâtre ! Il me semblait qu'elle devait son charme actuel à la pensée, j'allais presque dire au souvenir évoqué en moi, des ténébreuses horreurs de sa formation première. C'est une ruine du passé autrement imposante que les débris des temples et des aqueducs ; mais les ruines de la nature ont encore sur celles de nos œuvres, cette supériorité que le temps bâtit sur elles, comme des monumens nouveaux, les merveilles de la végétation, les frais édifices de la forme et de la couleur, les véritables temples de la vie.

Par cette caverne, un bras de l'Anio se précipite et roule, avec un bruit magnifique, des lames de rocher qu'il s'est chargé d'aplanir et de creuser à son usage. A deux cents pieds plus haut, il traverse tranquillement la ville et met en mou-

---

(1) Un itinéraire sans défauts, c'est la pierre philosophale, et il faut dire aux personnes éprises de voyages que l'exactitude absolue des renseignemens sur toutes les localités intéressantes est absolument impossible. Ces ouvrages se font généralement à coups de ciseaux, vu que le rédacteur ne peut aller *partout* lui-même. Il le ferait en vain. L'aspect des lieux change d'une année à l'autre. J'ai sous les yeux une relation qui déplore l'écroulement complet et la complète séchéresse des grottes de Tivoli, que je viens de voir telles que les décrit Jean Valreg. Parmi les meilleurs guides, je recommande ceux de MM. Adolphe Jouanne et A.-J. Dupays, en Suisse et en Italie. Ce sont de véritables manuels d'art et de savoir encyclopédique, sous une forme excellente.

vement plusieurs usines ; mais, tout au beau milieu des maisons et des jardins, il rencontre cette coulée volcanique, s'y engouffre, et vient se briser au bas du grand rocher, sur les débris de son couronnement détaché, qui gisent là dans un désordre grandiose.

Il me fallut, en cet endroit, me retourner, comme Orphée à la porte de l'enfer, pour regarder mon Eurydice, car elle avait malicieusement lâché le ruban et s'était vivement aventurée sur une planche jetée, au flanc du sentier, pardessus le vide et appuyée sur une faible saillie du grand rocher. C'était une pure forfanterie, car cette planche ne conduisait à rien, ne tenait à rien, et présentait le plus épouvantable danger. Je vis qu'en effet ma princesse était brave et affrontait le vertige avec une surprenante tranquillité. Mais quoi? c'est une Anglaise, et je me persuade toujours qu'il y a plus de fer et de bois que de sentiment et de volonté dans ces belles machines qui se donnent pour des femmes. Je crois bien que si elle était tombée, elle aurait pu se casser, mais qu'on eût pu la raccommoder, et qu'elle eût été miss Médora comme devant.

Néanmoins, mon premier mouvement fut une grande terreur et puis un accès de colère irréfrénable. Je courus à elle, je la pris très rudement par le bras et je l'entraînai sous la voûte de la caverne, où je la forçai de s'asseoir pour l'empêcher de recommencer quelque inutile expérience de son courage insensé.

Pour que vous compreniez comment je pouvais entrer dans une caverne où coule un bras de rivière impétueuse, il faut vous représenter la large ouverture de cette caverne dont une moitié seulement sert de lit à la course des eaux; cette moitié est nécessairement la plus creuse; l'autre, également pavée de grands feuillets ondulés et bosselés par les soulèvemens volcaniques, vous permet de monter, en tournant, jusque vers l'ouverture supérieure par laquelle le flot s'engage sous la voûte. Ainsi vous remontez, aisément et à couvert, la pente fortement inclinée et tourmentée d'un cours d'eau qui forme une cascade devant vous, et une autre cascade derrière vous. Cela m'expliquait la formidable basse continue que, du temple de la Sibylle, nous entendions monter de l'abîme invisible, tandis que la claire nappe argentée, qui léchait la perpendiculaire du grand rocher, dominait la sauvage harmonie par un chant plus frais et plus élevé.

L'endroit où j'avais fait asseoir, bon gré mal gré, Médora, forme une imposante et bizarre excavation, où pénètre, de l'issue supérieure invisible encore, une lueur bleue d'un effet fantastique. Les voûtes de la caverne où s'enroulent furieusement ces étranges formations minérales dont je vous ai parlé (ces prétendues plantes d'un monde antérieur colossal), prennent là le dessin et l'apparence d'un ciel de pierre labouré de ces lourdes nuées moutonneuses qu'imitèrent les statuaires italiens du dix-septième siècle, dans les *gloires* dont ils entourèrent leurs Madones ou leurs Saints équestres. En sculpture, c'est fort laid et fort bête; mais, dans ce jeu de la nature, dans ce plafond de caverne éclairé d'un jour frisant et blafard qui en dessine les groupes fuyans et insensés, c'est étrange au point d'être sublime; et, comme si la matière, dans ses transformations successives, se plaisait à conserver les apparences de couleur et de forme de ses premières opérations, on peut très bien se figurer là, au lieu d'un fleuve d'eau qui descend, un fleuve de lave qui monte, et, au lieu d'une voûte de rochers, une

voûte de lourdes vapeurs tordues et dispersées par les vents de l'enfer volcanique.

Je fus tellement saisi par l'aspect et le bruit de ce cercle dantesque, qu'à peine eus-je fait asseoir Médora, je l'oubliai complètement. Ma main, crispée par l'émotion qu'elle m'avait causée, tenait pourtant encore la sienne; mais c'était une sollicitude toute machinale, et je restais pétrifié comme le ciel de la grotte, curieux d'abord de comprendre à ma manière la scène étrange qui m'environnait, et puis ravi, pénétré, transporté dans le rêve d'un monde inconnu, enchaîné comme on l'est quand on n'a pas une parole pour formuler ce que l'on éprouve, et que l'on n'a pas auprès de soi un être vraiment sympathique, avec qui l'on puisse échanger le regard qui dit tout ce que l'on peut se dire.

Je ne sais pas si mon examen extatique dura une minute ou un quart d'heure. Lorsque je retrouvai la notion de moi-même, je vis que je tenais toujours la main de Médora, et qu'à force d'être comprimée dans la mienne, cette pauvre belle main, un vrai modèle de forme et de tissu, était devenue bleuâtre. Je fus honteux de ma préoccupation, et, me retournant vers ma victime, je voulus lui demander pardon. Je ne sais ce que je lui dis ni ce qu'elle me répondit. Le bruit du torrent, roulant devant nous, ne nous permettait pas d'entendre le son de notre propre voix; mais je fus frappé de l'expression froide et hautaine de ces grands yeux d'un bleu sombre attachés sur les miens. Je ne pouvais exprimer mon repentir que par une pantomime, et je pliai un genou pour le faire comprendre. Elle sourit et se leva. Sa figure avait encore une expression ironique et courroucée, du moins à ce qu'il me sembla. Elle ne retira pourtant pas sa main, que je tenais toujours, mais non plus de manière à la meurtrir, et, comme son regard se portait vers le torrent, le mien s'y reporta aussi. On a beau se dire qu'on reviendra voir à loisir de belles choses; on se dit aussi qu'on sera peut-être empêché d'y revenir jamais, et qu'on ne retrouvera pas l'instant qu'on possède.

J'étais resté sur mes genoux, non plus pour faire amende honorable à la beauté, mais pour regarder le dessous de l'excavation plus à mon aise. Comment vous dire ma surprise, lorsqu'au bout d'un instant, je sentis sur mon front, glacé par la vapeur du torrent, quelque chose de doux et de chaud comme un baiser? Effaré, je retournai la tête, et je vis, à l'attitude de Médora, que ce n'était pas une hallucination.

Un cri de surprise, de colère réelle et de plaisir stupide, tout à fait involontaire, sortit de moi et se perdit dans le vacarme du torrent. Je me reculai précipitamment, averti par ma conscience que tout élan de joie et de reconnaissance serait un mensonge de la vanité ou de la sensualité. La victoire eût peu de mérite : cette belle créature parlait médiocrement à mes sens, et nullement à mon cœur. Je ne saurais m'éprendre d'elle que par l'imagination, et j'en suis défendu par la certitude que son imagination seule s'est follement éprise de moi.

Eh quoi! pas même son imagination ; je devrais dire son amour-propre, son dépit de mon indifférence, sa puérile jalousie de jolie femme contre la Daniella. Je me souviens, en cet instant, que celle-ci m'avait provoqué plus singulièrement encore en me baisant la main ; mais, de sa part, c'était l'action d'une servante qui croit, à tort, devoir s'humilier devant une supériorité sociale, et cette caresse, naïvement servile, m'avait donné envie de lui rendre la pareille pour rétablir la logique des choses. Rien de semblable ne me fut suggéré par la provocation de Médora.

C'était pourtant une provocation chaste à force d'être hardie. Je la crois même aussi froide qu'exaltée, cette Anglaise à passions de parti pris. Il n'y a place en elle, je l'ai senti à première vue, ni pour l'amitié tendre, ni pour l'amour ardent. Elle procède par coups de tête; elle veut, ou vaincre ma résistance pour se moquer de moi ensuite, ou se persuader à elle-même qu'elle éprouve les émotions violentes d'un amour irrésistible. Elle veut peut-être recommencer le roman d'amour de sa tante Harriet, sauf à me mépriser le lendemain comme on méprise le pauvre lord B***. Ah! grand merci! me disais-je. Je ne serai pas si faible que lui. Je garderai ma liberté et ma fierté. Je ne deviendrai pas amoureux de cette beauté dangereuse et décevante, à qui ses millions persuaderaient bientôt qu'elle a le droit de m'avilir.

Je me disais tout cela, dégrisé de tout vin et de toute vanité, comme vous voyez; et, malgré tout cela, j'étais tremblant de la tête aux pieds, comme on l'est à la suite d'une commotion violente; car tout appel à l'amour, remue en nous la source profonde, sinon des plus vives émotions de l'animal, du moins celle des plus hautes aspirations de l'âme.

Sottement troublé, follement éperdu, j'entraînai Médora hors de la caverne. J'avais besoin de l'air plein et du jour brillant pour me retrouver tout entier. A l'entrée de la grotte, nous vîmes lady Harriet et le guide qui faisaient une pause. Lady Harriet savait son Tivoli par cœur et ne daigna pas entrer dans la caverne dont elle craignait la fraîcheur, ce qui ne l'empêcha pas de m'en parler avec enthousiasme, en phrases toutes faites, et en si beau style que rien n'y manquait pour dégoûter à jamais de l'expansion admirative.

Comme tout danger était franchi, à ce que nous assura le guide, je feignis de vouloir aller au-devant de lord B***, qui n'arrivait pas, et je me mis à courir, résolu à ne plus échanger un mot ni un regard avec Médora. Je vis lord B*** beaucoup au-dessous de nous. Il nous avait dépassés et devisait avec Tartaglia, trop familièrement sans doute au gré de sa femme.

Pour les atteindre, je n'avais qu'à suivre le sentier qui s'enfonce en long corridor, taillé de main d'homme dans la roche. Cette galerie, percée de jours carrés comme des fenêtres, ne gâte rien dans le tableau. Elle vous fait tourner de plain-pied une face abrupte de la montagne, et quand on la voit du dehors, ses ouvertures, ombragées de lianes, ressemblent à une suite d'ermitages abandonnés et devenus inaccessibles. Elle est propre et sèche dans toute son étendue; c'est là dedans qu'on voudrait demeurer si on pouvait choisir son gîte à Tivoli. On nous a dit que ce travail était beaucoup plus ancien que celui du général Miolis, et qu'il avait été fait pour les plaisirs d'un pape amoureux des grottes de Neptune.

J'allais sortir de ce défilé lorsqu'un frôlement de robe m'avertit que j'étais suivi. Je fis la sottise de me retourner, et je vis Médora, pâle et comme désespérée, qui courait littéralement après moi.

—Laissez-moi, lui dis-je résolument, vous êtes folle!

— Oui, je le sais, répondit-elle avec énergie; c'est même pour vous en convaincre tout à fait que me voilà encore près de vous. Si vous trouvez là quelque chose de plaisant, vous pouvez en rire avec M. Brumières et tous ses amis de l'école de Rome...

— Vous me prenez pour un lâche ou pour un sot? Vous voyez donc bien que vous étiez folle de vous confier à ce point à un homme que vous ne connaissez pas.

— Si! je vous connais, s'écria-t-elle. Ce n'est pas votre méchanceté ni votre indiscrétion que je crains; c'est votre fierté puritaine. Vous savez que je vous aime, et moi je sais que vous m'aimez; mais vous avez peur de mes millions, et vous croiriez vous abaisser en faisant la cour à une femme riche. Eh bien! moi, je vous laisse d'être le but des ambitieux et l'effroi des hommes désintéressés. Je me suis dit que, le jour où je me sentirais aimée pour moi-même par un homme délicat, je l'aimerais aussi et le lui dirais sans détour. Vous êtes celui que j'ai résolu d'aimer et que je choisis. Il y a assez longtemps que vous résistez à vos sentiments, et que vous vous faites souffrir vous-même en me tourmentant de votre prétendue antipathie. Finissons-en; dites-moi la vérité, puisque je désire l'entendre, puisque je le veux.

J'espère, mon ami, que vous riez en vous représentant la figure ébahie de votre serviteur. Je me sentis l'air si bête que j'en fus honteux; mais il me fut impossible de dire autre chose que ceci: En vérité!.. sur l'honneur!.. je jure, mademoiselle, que je ne me savais pas amoureux de vous!

— Mais, à présent, vous le savez, s'écria-t-elle; vous le sentez, vous ne vous en défendez plus? Est-ce là ce que vous voulez dire?

— Non, non! répondis-je avec effroi; je ne dis pas cela.

— Non? vous dites non? alors je vous hais et vous méprise!

Elle était si belle, avec ses yeux secs enflammés, ses lèvres pâles et cette sorte de puissance que donne la douleur ou l'indignation, que je me sentis redevenir ivre. La beauté a un prestige contre lequel échouent tous les raisonnemens, et, en ce moment, celle de Médora réalisait tout ce que peut rêver, tout ce qui peut faire battre un cœur de jeune homme! car enfin, je suis homme, je suis jeune, et j'ai un cœur comme un autre! Je la contemplais tout éperdu et il me semblait qu'elle avait raison d'être furieuse; que je n'étais qu'un sot, un poltron, un butor, un petit esprit, un cœur glacé. Je ne pouvais lui répondre. J'entendais, au fond de la galerie, la voix de lady Harriet qui s'approchait.—Continuez la promenade sans moi, je vous en supplie, lui dis-je. Je suis trop troublé, je deviens fou; laissez-moi me remettre, me recueillir avant de vous répondre... Tenez, on vient, nous causerons plus tard...

— Oui, oui, j'entends, dit-elle; vous ferez vos réflexions, et vous nous quitterez sans me dire seulement adieu!

— De grâce, baissez la voix, votre tante... cet homme qui l'accompagne...

— Que m'importe, s'écria-t-elle, comme décidée à tenter un effort suprême pour vaincre ma résistance. Ma tante sait que je vous aime; je suis libre d'aimer, je suis libre de me prendre, je suis libre de mourir!... En disant ces derniers mots, elle pâlit. Ses yeux se voilèrent; il me sembla qu'elle allait tomber évanouie; je la retins dans mes bras. Sa belle tête se pencha sur mon épaule, sa chevelure de soie inonda, enveloppa mon visage. Le sang gronda dans ma tête et reflua vers mon cœur; je ne sais ce que je lui dis; je ne sais si ma bouche rencontra ses lèvres : ce fut un délire rapide comme l'éclair. Lady Harriet, arrivant à l'angle du chemin couvert, n'avait plus qu'un pas à faire pour nous surprendre. Saisi de honte et de terreur, je pris la fuite, seul, cette fois, et j'aurais été me cacher je ne sais au fond de quel antre, si je n'eusse rencontré, au bas du sentier, lord B***, qui, redevenu le plus sage de nous deux, m'arrêta au passage.

XVI.

Frascati, 1er avril. *(Suite.)*

C'est moi, me dit lord B***, de cet air mystérieux et profond que donne l'ivresse; c'est moi qui veux vous faire les honneurs de la grotte des Sirènes.

Je me laissai conduire, et, pendant quelques instants, me sentant de nouveau très gris, je vis toutes choses d'un œil très vague. Cependant, je fus remis et calmé plus vite que je ne l'espérais.

Nous gagnâmes le fond resserré de l'entonnoir, qui en est la partie la plus délicieuse. Il est semé de blocs de rochers et de massifs d'arbres, et traversé par le bras de l'Anio, qui, arrivé à l'extrémité de ce petit cirque naturel, se précipite, s'engouffre et disparaît entièrement dans une dernière grotte tellement belle qu'on la prendrait pour un ouvrage d'art. Le sentier n'a eu pourtant qu'à cotoyer son rebord pour faire pont sur le torrent. Là, en sûreté derrière un parapet de roches à peine dégrossies, qui ne gâte pas la délicieuse sauvagerie du lieu, on plonge de l'œil dans la profondeur d'un nouvel abîme qui est comme la clé du dernier déversoir de cette onde fougueuse, car elle s'y perd avec une dernière clameur effroyable, dans des cavités dont on ne connaît pas l'issue.

—C'est ici, me dit lord B***, que deux Anglais se sont fait avaler par cette bouche béante. On prétend qu'ils sont descendus sur cette corniche étroite, mais parfaitement praticable, que vous voyez là-dessous, et que le pied leur a glissé. Moi, je trouve qu'il faut être bien maladroit pour ne pas s'y promener les mains dans ses poches, et vous remarquerez que la chute de l'eau est si nette et si absolue dans son puits naturel, qu'elle n'envoie pas une goutte de pluie sur ses margelles de rocher.

— Alors, vous croyez qu'ils se sont précipités volontairement?

—Et naturellement! dit-il en fixant sur le gouffre son œil mélancolique, terni par un reste d'ivresse.

— L'aventure n'est pas authentique, dis-je à Tartaglia; car le guide m'a parlé de trois Anglais, et voilà mylord qui parle de deux.

—Il n'y en a peut-être eu qu'un seul, répondit Tartaglia avec son insouciance habituelle sur le chapitre de la vérité; c'est un suicide qui aura fait des petits.

Ce trait d'esprit produisit sur lord B*** un effet qui m'eût fait frémir si j'eusse été seulement à trois pas de lui, car il enfourcha le parapet avec l'aisance d'un bon cavalier, et parut un instant disposé à descendre sur la corniche; mais j'avais été à temps de passer mon bras sous le sien, et je le tenais encore mieux que je n'avais tenu Médora quelques instants auparavant. Cette corniche me paraît aussi à moi très praticable; mais, au milieu de la foudre de la cataracte qui la rase, je n'y voudrais pas voir marcher un Anglais sortant de table.

— Qu'est-ce que vous avez? me dit-il tranquillement en restant à cheval sur le parapet. Vous croyez que je veux aller faire une promenade dans les entrailles de la terre? Non! la vie est si courte qu'elle ne vaut pas la peine qu'on l'abrège. Donnez-moi du feu pour rallumer mon cigare! quant à l'immoralité du suicide, en ma qualité d'Anglais de race pure, je proteste. Quand on se sent décidément et irrévocablement à charge aux autres...

Il s'interrompit pour rappeler son chien jaune qui était sauté sur le parapet et qui aboyait à la cascade.

— A bas, Buffalo, s'écria-t-il d'un ton de sollicitude. Descendez! ne faites pas de ces imprudences-là!

Et, en voulant repousser l'animal, il tourna ses deux jambes du côté du gouffre, avec une mollesse et une insouciance de mouvement, qui me forcèrent à le prendre de nouveau à bras le corps.

— Bah! reprit-il, vous croyez que je suis gris? Pas plus que vous, mon cher! Je vous disais donc que quand on n'est agréable ni utile à personne, aimer et préserver sa vie est une lâcheté; mais, tant qu'on a un ami, ne fût-ce qu'un chien, on ne doit pas l'abandonner. Seulement... écoutez! s'il est vrai pour moi qu'on ne soit pas forcé d'exister à tout prix, le suicide n'en est pas moins une faute, parce qu'il est toujours le résultat d'un mauvais emploi de la vie. La vie n'est une chose insupportable que parce que nous l'avons faite ainsi. Il dépend de tout homme sage et intelligent de bien conduire la sienne; et, pour cela, il faut préserver sa liberté et ne pas tomber dans les pièges d'un amour mal assorti.

Je sentis le rouge me monter au front. La leçon m'arrivait si directe et si méritée que je la crus à mon adresse. Je me trompais. Lord B*** ne songeait qu'à se juger lui-même; mais son attitude brisée sur le bord de l'abîme, sa figure décomposée par l'ennui, et sa tendresse de célibataire pour son chien parlaient si éloquemment que je me jurai à moi-même de ne jamais revoir Médora.

Cependant, comme lord B*** était réellement pris de sommeil au milieu de ses réflexions mélancoliques, et qu'il parlait de s'étendre, là où il était, pour dormir au bruit de la cataracte, il me fut impossible de le quitter, et les femmes nous eurent bientôt rejoints. Aussitôt que mylord entendit la voix sèchement doucereuse de mylady, qui lui demandait compte de son attitude négligée, il se remit sur ses pieds, et parla de poursuivre l'exploration, car nous n'avions encore vu, en fait de chutes d'eaux que les moindres curiosités de l'endroit; mais la pluie commençait à tomber sérieusement, le ciel était envahi, le soleil éteint, et, bien que Médora insistât pour continuer, lady Harriet, qui se croit souffreteuse et délicate, voulut retourner à Rome. J'appuyai vivement cette idée. On amena les ânes, qui attendaient au fond du cratère, et les femmes remontèrent sans fatigue jusqu'au temple de la Sibylle, où, en peu d'instants, la voiture fut prête à les remmener.

C'est alors seulement que je manifestai l'intention de rester à Tivoli jusqu'au lendemain soir.

— Je comprends, dit lady Harriet, que vous désiriez voir tout ce que nous n'avons pu voir aujourd'hui; mais ne vaudrait-il pas mieux revenir par un beau temps que de vous mouiller ce soir, et peut-être encore demain, pour voir un pays ce sans soleil?

J'insistai. Lord B*** voulut alors rester avec moi, ce que j'aurais accepté s'il eût été convenable et prudent de laisser les femmes traverser sans lui la campagne de Rome. En dernier ressort, lady Harriet prononça, malgré mes refus et ma résistance, qu'elle me renverrait la voiture le lendemain ; et je fus obligé, pour conquérir ma liberté, de prononcer à mon tour que je resterais peut-être plusieurs jours à Tivoli pour dessiner.

Pendant ce débat, Médora demeura muette et les yeux attachés sur moi avec une expression d'anxiété d'abord, puis de reproche et de dédain qui me fut fort pénible à supporter. Enfin, la voiture partit, et je me sentis allégé du poids d'une montagne.

Voilà, mon ami, un récit bien long, et peut-être trop circonstancié de l'aventure qui me pousse à la solitude de Frascati. Je vous demande pardon de me laisser aller à vous tout dire ; mais il me semble que, si je vous cachais quelque chose, il vaudrait mieux ne vous rien dire du tout.

Quand je me retrouvai seul à Tivoli, au lieu d'aller voir les autres cascades, je redescendis vers celles que je connaissais déjà. Le gardien, ancien soldat au service de la France, voulut bien avoir confiance en ma parole de ne pas attenter à mes jours (car, décidément, cet abîme est regardé comme tentateur), et j'eus la liberté d'aller rêver seul, à l'abri de la pluie, dans les cavernes.

Je ne rentrai pas sans remords dans celle où j'avais rendu ce maudit baiser. J'en ressentais encore le frémissement dangereux ; mais, au lieu de m'y complaire, je me condamnai à un sévère examen de conscience, et je reconnus que j'avais été coupable d'imprudence. N'aurais-je pas dû, depuis les larmes bizarres que le soin d'apporter un chevreau avait fait répandre, et toutes les singularités du reste de la route, deviner, comprendre que j'étais l'objet d'un dépit tout prêt à se changer en caprice et à se faire baptiser du nom de passion ? Eh bien, non ! Je ne m'en étais pas douté, apparemment ! J'avais observé, sans grand intérêt et comme malgré moi, cette étrange organisation. J'expliquais les premières larmes par quelque souvenir, peut-être un souvenir d'amour, réveillé en elle par une circonstance fortuite. J'expliquais la scène des bijoux jetés dans le bois par une colère de reine, échouant devant un sujet déterminé à ne pas être un courtisan. J'expliquais même le baiser sur le front, par une hallucination de sa part ou de la mienne. Jusque-là, jusqu'au moment où elle m'avait poursuivi pour me dire : *Je vous aime*, je m'étais obstiné à croire à je ne sais quelle méprise, où, passez-moi le mot, à je ne sais quelle fumée d'hystérie nerveuse.

Me voilà donc, pensai-je, en présence d'un amour bon ou mauvais, senti ou rêvé, mais sincère à coup sûr, et aussi résolu que le mien serait timide et involontaire ? Le mien ! En me disant cela, je me tâtais le cœur, j'y appuyais les mains et j'en comptais les battements comme le médecin interroge le pouls d'un malade, et je découvrais, tantôt avec joie, tantôt avec effroi, qu'il n'y avait pas là d'amour vrai, c'est à dire pas de foi, pas d'enthousiasme pour cette incomparablement belle créature.

Le trouble que j'avais ressenti était donc tout simplement dans mes sens, et pouvais-je me croire *engagé*, pour un baiser involontaire, pour un mot que mes lèvres avaient prononcé, que mes oreilles n'avaient pas entendu, que mon esprit ne pouvait même pas ressaisir ?

Il y aurait là, pensai-je, une question d'hon-neur vis-à-vis de lord B*** et de sa femme, qui m'ont témoigné la confiance que l'on doit à un homme de cœur. La moindre apparence, la moindre velléité de séduction auprès de leur héritière me ferait rougir à mes propres yeux, et la moindre expression, le moindre témoignage d'amour envers elle, serait tentative de séduction, puisque je sens que je ne l'aime pas..

Je n'ai pas eu cette pensée, l'ombre même de cette lâche pensée, un seul instant. Je la repousserais avec dégoût si elle osait me venir ; mais il y a eu une seconde, un éclair d'égarement des sens, et puisque dans de telles occasions (la première, à coup sûr, dans mon inexpérience des grandes aventures), je ne suis pas maître de moi, il faut que je m'en préserve avec la prudence d'un vieillard.

Cependant j'éprouvais encore un malaise dont j'eus peine à trouver la cause au fond de mon âme. Je me sentais honteux et comme avili, d'être si froid de raisonnement et si décidément vertueux en présence d'une passion aussi échevelée que celle dont j'étais l'objet. Il me semblait que Médora, avec sa folie et son audace, mettait son vaillant de, reine sur ma pauvre tête d'esclave craintif, et que mes scrupules me faisaient un rôle misérable au prix du sien. Je me confessai obstinément et je reconnus qu'il n'y avait, dans le sentiment de mon humiliation, rien de plus que la suggestion d'un sot amour-propre. Que venait donc faire l'amour-propre entre elle et moi ? Pourquoi cet ennemi du juste et du vrai se glisse-t-il dans les cœurs à leur insu, et quel est ce besoin égoïste et vulgaire de jouer le premier rôle dans une partie qui ne devrait avoir que le ciel pour témoin et pour juge ?

J'aime à croire que quand je ressentirai le véritable amour, je n'aurai pas à lutter contre cette vanité funeste, que je me sentirai complètement généreux et désarmé devant l'objet de mon adoration, complètement naïf vis-à-vis de moi-même. Mais cette simplicité de cœur et cette loyauté d'intentions, ne les dois-je pas également à la femme dont je repousse les sacrifices ? — Va donc pour l'injuste mépris de cette amante superbe ! m'écriai-je, et, débarrassé de toute hésitation, comme de tout mécontentement vis-à-vis de moi-même, je m'enveloppai de mon caban et allai voir les autres gambades fantastiques de l'Anio, le long du mont Catillo.

L'Anio, ou Teverone, ou Aniene, car il a tous ces noms, arrive ici des vallées élevées qui servent de bases aux groupes du Mont-Janvier. Il y rencontre la brusque coupure d'une gorge qui, par un détour, doit l'emmener, triste et souillé de toutes les eaux corrompues de la steppe de Rome, jusqu'au Tibre. Avant d'entrer dans l'affreux désert, il s'élance fier, bruyant et limpide, comme pour faire ses adieux à la vie, à l'air pur, aux splendeurs des hautes régions ; mais cet emportement de puissance mettait en danger la montagne où est Tivoli. Par un très beau travail, on a divisé son cours en plusieurs bras, et, laissant aux usines, aux ruines et aux touristes de Tivoli le courant mystérieux des grottes de Neptune et les ravissantes *cascatellés* et *cascatellines* qui s'épanchent en ruisseaux d'argent sur le flanc de la montagne, on a contraint la plus forte masse des eaux à suivre paisiblement deux magnifiques tunnels situés à peu de distance de l'entonnoir naturel dont je vous ai parlé. C'est de ces tunnels jumeaux que le fleuve se laisse tomber dans son lit inférieur en cataracte tonnante, et cependant avec une effroyable tranquillité. On descend ensuite dans la gorge pour voir d'en bas toutes ces chutes. La gorge est charmante; elle n'a qu'un défaut : c'est d'être couverte et remplie d'une végétation si splendide qu'il est presque impossible de trouver un endroit d'où l'on puisse voir l'ensemble de cette corniche si merveilleusement arrosée.

Les ruines de toutes les villas antiques dont les noms sont célèbres ne m'attirèrent nullement. Je suis las des ruines, et, devant la nature, à moins qu'elles ne lui servent d'ornement, comme ce charmant temple de la Sibylle au-dessus du gouffre de Tivoli, ou la villa de Mécènes, qui couronne les Cascatelles, elles me deviennent honteusement indifférentes.

Je passai la nuit dans le plus affreux lit et dans la plus affreuse chambre de l'affreuse auberge de la Sibylle, un vrai coupe-gorge d'opéra-comique. Pourtant, je ne fus point assassiné, et les gens de la maison, malgré leur mauvaise mine, me parurent d'excellentes gens.

Le lendemain, malgré la pluie et un commencement de fièvre, je recommençai mes excursions; mais rien de ce que je vis ne valait pour moi la grotte des Sirènes, et c'est là que je retournai contempler, pendant deux heures, le torrent engouffré dans son puits sans issue. Ce devait être là, certainement, l'antre favori de la fameuse sibylle tiburtine, lorsque ces abîmes n'étaient accessibles que par des voies mystérieuses, et que les *pâles mortels* n'en approchaient qu'en tremblant, effrayés du déchaînement des cataractes autant que des oracles du destin.

Aujourd'hui, c'est un lieu de délices. Ces tapis de violettes et ces buissons de myrtes par lesquels on descend mollement et sans danger jusqu'au milieu de cette grande scène; ce torrent diminué qui ne menace plus personne et qui n'a gardé de sa fureur que ce qu'il en faut pour donner une émotion puissante sans lassitude et sans anéantissement; cette grotte, dont les rudes anfractuosités s'embellissent de guirlandes de lierre et de chèvrefeuille, et qui, percée de larges crevasses, vous laisse voir, comme à travers un cadre, les profondeurs d'un paysage magique, tout cela exerce sur moi un magnétisme étrange, et j'ai rêvé là un bonheur que je demande pour paradis au Dieu bon. Oui, ce creux de rochers, d'eaux agitées et de plantes vigoureuses, avec du soleil et un air salubre, si c'était possible; une grotte pour abri et une femme selon mon cœur, et je consens à être prisonnier sur parole durant l'éternité.

Ma contemplation était si douce et mon corps si fatigué, que je m'endormis comme lord B*** avait voulu s'endormir la veille, au bruit de la cataracte. Quand je m'éveillai, Tartaglia était auprès de moi.—Vous avez tort de dormir là à l'humidité, me dit-il. Il y a de quoi être malade.—Il avait raison : je me sentais mal partout. J'eus peine à remonter au temple. Chemin faisant, Tartaglia, qui était retourné la veille à Rome, m'apprit qu'il venait me chercher avec une voiture par l'*ordre de la Médora*. —C'est fort bien, lui répondis-je; tu vas t'en retourner comme tu es venu. —Vous n'y songez pas, *mossiou*. Vous êtes dans l'endroit le plus malsain de l'Italie, et vous allez y mourir. Prenez garde d'ailleurs à ce qui va arriver. Dès que la Médora vous saura malade, elle viendra avec sa famille, car ils font tous sa volonté, et elle est folle de vous...

— En voilà assez, répondis-je avec colère. Vous me portez sur les nerfs avec vos sottises. Il faut que tout cela finisse !

Et, prenant mon parti, je montai dans la voiture et donnai au cocher l'ordre de me conduire à Rome chez Brumières.

Je croyais être délivré du Tartaglia, qui, me voyant irrité et un peu en délire, avait fait mine de rester à Tivoli; mais, à mi-chemin, m'éveillant d'un nouvel assoupissement fébrile, je vis qu'il était sur le siège avec le cocher. Je renouvelai à celui-ci l'injonction de me conduire chez Brumières. Mon intention était d'écrire, de chez lui, une lettre d'adieux à la famille B***, de faire prendre mes effets par Tartaglia et de quitter Rome à l'instant même. Le cocher fit un signe d'assentiment respectueux, et je me rendormis, vaincu par une torpeur insurmontable.

Quand je m'éveillai, j'étais si accablé que je ne compris pas où j'étais, et qu'il fallut les empressemens de l'excellent lord B*** autour de moi pour m'éclairer sur la trahison de Tartaglia et du cocher. J'étais au palais ***; je montais l'escalier de ma chambre, soutenu par l'Anglais et la Daniella. Vous savez le reste; je dois ajouter que je me suis si bien arrangé pour ne pas sortir de ma chambre jusqu'au moment du départ, que je n'ai pas revu Médora. J'espère donc que son caprice est passé; j'espère même qu'il n'y a pas eu caprice, et, quand j'y songe, je reconnais que j'ai servi de titre à un roman dont elle avait fait le plan avant de me connaître. Elle a vingt-cinq ans, elle est froide, elle a refusé beaucoup de bons partis, à ce que l'on assure. Puis, l'ennui est venu, les sens peut-être; elle a résolu, dit-elle, d'épouser le premier homme délicat qui l'aimerait sans le lui dire. Pourquoi s'est-elle imaginé que j'étais cet homme-là, moi qui ne l'aimais pas du tout? Ou elle a le ridicule de se croire irrésistible, ou il y a là-dessous l'intrigue impertinente de Tartaglia, qui a eu plus d'effet que je ne pensais.

Quoi qu'il en soit, me voilà loin de Rome, par un temps à ne pas mettre un chien dehors, et, dans quelques jours, quand mes forces seront revenues, s'il y a encore péril en la demeure, comme disent les légistes, je me sauverai plus loin encore.

Mais ne trouvez-vous pas que ma terreur de *Casto Giuseppe*, comme dit Tartaglia, dont je vous épargne les dernières remontrances, est d'une fatuité ridicule ?

A propos de Tartaglia, je dois vous dire que le drôle m'a soigné paternellement, et que, maître de fouiller dans mes effets à toute heure, il a pleinement justifié ce que lord B*** me disait de lui : «C'est un vrai gredin, capable de vous arracher, par prières ou par intrigue, votre dernier écu; mais c'est un valet fidèle, incapable de vous dérober une épingle si vous n'avez pas l'air de vous méfier de lui. En Italie, beaucoup de gens de cette classe sont ainsi faits : ils pillent ceux qu'ils détestent; ils se font un plaisir de dévaliser ceux qui veulent lutter de finesse pour se garantir; mais ils voleraient volontiers, pour enrichir ceux qui, par leur confiance absolue, obtiennent leur amitié. Ayez des serrures Fichet à vos coffres; cachez votre bourse dans les trous de mur les plus invraisemblables : ils déjoueront toutes vos ruses. Laissez la clé à la porte et l'argent sur la table, ce sera chose sacrée pour eux. »

« Ce vaurien a donc du bon comme tous les vauriens... de même que tous les gens vertueux ont un coin de perversité. » C'est toujours lord B*** qui parle, et je vous fais grâce des blasphèmes de sa misanthropie. Tant il y a que le Tartaglia me fatiguait, et qu'après avoir bien payé, malgré lui, je dois le dire, ses bons services, je suis charmé d'être délivré de son babil, de sa protection et de ses suggestions matrimoniales.

Voici enfin un peu d'éclaircie dans le temps, et j'en vais profiter pour visiter les jardins Piccolomini et faire le tour de mes domaines.

XVII.

3 avril, à Frascati.

Depuis deux jours, bien que le soleil ne se montre pas plus qu'à Londres, je me goberge de la douceur du temps. Les soirées sont froides dans l'intérieur de Piccolomini; ma cheminée se garderait bien de ne pas fumer; et d'ailleurs, le bois manque; mais *quelqu'un* qui me choie m'a apporté un *brasero*, et cela me permet de me réchauffer les doigts pour vous écrire. Le reste du temps, je suis dehors jusqu'à l'heure de dormir, et je m'en trouve fort bien.

Ce *quelqu'un* vous intrigue un peu, j'espère? Patience, je vous raconterai. Il faut que je vous dise d'abord que je suis au beau milieu d'un paradis terrestre, moyennant quelque chose comme trois francs par jour, toutes les dépenses comprises, ce qui me permettra de passer ici plusieurs mois sans me préoccuper de ma pauvreté. Je bénis donc les vieilles divinités du Latium qui daignent protéger ma solitude et mon repos sous leurs divins ombrages.

J'ignore ce que deviendra le climat. On m'annonce des chaleurs qui me feront revenir de mes doutes sur le beau ciel de l'Italie. Dans l'état de faiblesse où je suis encore, le temps doux et voilé que nous tenons m'est fort agréable; mais il n'y aurait guère moyen de faire de la peinture sans soleil, et il faut que ce pays-ci soit bien beau, puisqu'il l'est encore à travers son manteau de brouillard. Brumières, qui voulait que je l'attendisse pour venir ici, m'annonçait bien que je n'y trouverais pas encore le moindre effet pittoresque; mais je suis peut-être moins peintre que contemplatif, et quand je ne peux pas essayer d'être un interprète quelconque de la nature, je n'en reste pas moins son amant fidèle et ravi.

Figurez-vous que, sans sortir de *mon jardin*, j'ai la campagne, le verger, la solitude et le désert. Le parterre qui s'étend devant la maison n'annonce guère ce luxe; c'est un carré de légumes et de vigne, enfermé dans des haies de buis taillé. Au bout, la vue est terminée par une grande fontaine murale en hémicycle avec les niches et les bustes classiques. L'eau est limpide, les plantes grimpantes abondent, et, sur la terrasse dont cette architecture est le contrefort, de beaux arbres inclinent leurs branches touffues. Mais là n'est pas le charme de cet enclos dont l'ancienne splendeur a fait place, d'une part, à l'abandon, de l'autre aux soins vulgaires de l'utilité domestique. Une belle allée d'arbres centenaires s'en va en montant rapidement vers des terres ensemencées et plantées d'oliviers. Heureusement on a laissé subsister ces arbres, et on n'a pu songer à niveler le terrain, de sorte que l'ancien parc des Piccolomini, sacrifié au prosaïsme de l'exploitation, a gardé ses chênes verts courbés en berceaux impénétrables au soleil et à la pluie, ses aspérités de montagne et son clair

ruisselet qui court en bouillonnant sous des masses de fleurs sauvages. Il y a même un coin, tout à fait inculte, qui forme ravin et qui se compose tout aussi bien qu'un grand paysage. Le ruisseau, qui sort d'une belle source dans la villa voisine, nous arrive de la hauteur et forme une cascatelle charmante qui, de son amphithéâtre de rochers et de verdure, arrose une petite prairie tout à fait naturelle, traverse l'enclos et s'en va réjouir une troisième villa contiguë à celle-ci. On voit qu'ici l'on ne s'est pas disputé l'eau courante. Bien au contraire, on se l'est libéralement distribuée, et, comme elle abonde partout, ceux qui ont bien voulu lui permettre de rire et de sauter à travers leurs jardins ont rendu à leurs voisins un véritable service.

Les collines Tusculanes ne sont, d'ici à leur point le plus élevé (Tusculum), qu'un immense jardin partagé entre quatre ou cinq familles princières. Et quels jardins! celui de Piccolomini ne compte plus. Vendu à des bourgeois qui font argent de leur propriété, il n'a de beau que ce que l'on n'a pu lui ôter. Mais la villa Falconieri, qui le borne à l'est, et la villa Aldobrandini, qui le borne au couchant, la villa Conti qui touche à cette dernière; plus haut, la Ruffinella, et, en revenant vers l'est, la Taverna et Mondragone, tout cela se tient et communique, si bien que j'en aurais pour trois heures à vous décrire ces lieux enchantés, ces futaies monstrueuses, ces fontaines, ces bosquets et ces escarpemens semés de ruines romaines et pelasgiques; ces ravins de lierre, de liseron et de vigne sauvage, où pendent des restes de temples et où tombent des eaux cristallines. Je renonce au détail qui viendra peut-être par le menu; je ne peux que vous donner une notion de l'ensemble.

Le caractère général est de deux sortes: celui de l'ancien goût italien, et celui de la nature locale qui a repris le dessus, grâce à l'indifférence ou à la décadence pécuniaire des maîtres de ces folles et magnifiques résidences. Si vous voulez une exacte description de ces résidences, telles qu'elles étaient encore, il y a cent ans, vous la trouverez dans les spirituelles lettres du président de Brosses, un des hommes qui, malgré son apparente légèreté, a le mieux vu l'Italie de son temps. Il s'est beaucoup moqué des *jeux* d'eaux et girandes, des statues grotesques et des concerts hydrauliques de ces villégiatures de Frascati. Il a eu raison. Lorsqu'il voyait dépenser des sommes folles et des efforts d'imagination puérile pour créer ces choses insensées, il s'indignait de cette décadence du goût dans le pays de l'art, et il riait au nez de tous ces vilains faunes et de toutes ces grimaçantes naïades outrageusement mêlés aux débris de la statuaire antique. Il appelait cela gâter l'art et la nature à grands frais d'argent et de bêtise, et je m'imagine que, dans ce temps-là, quand tous ces fétiches étaient encore frais, quand ces eaux sifflaient dans des flûtes, que les arbres étaient taillés en poires, les gazons bien tondus et les allées bien tracées, un homme de sens et de liberté comme lui devait, à bon droit, s'indigner et se moquer.

Mais s'il revenait ici, il y trouverait un grand et heureux changement: les Pans n'ont plus de flûte, les nymphes n'ont plus de nez. A beaucoup de dieux badins, il manque davantage encore, puisqu'il n'en reste qu'une jambe sur le socle. Le reste gît au fond des bassins. Les eaux ne soufflent plus dans des tuyaux d'orgue; elles bondissent encore dans des conques de marbre et le long des grandes girandes ; mais elles y chantent de leur voix naturelle. Les rocailles se sont tapissées de vertes chevelures, qui les rendent à la vérité. Les arbres ont repris leur essor puissant sous un climat énergique, et sont devenus des colosses encore jeunes et pleins de santé. Ceux qui sont morts ont dérangé la symétrie des allées ; les parterres se sont remplis de folles herbes ; les fraises et les violettes ont tracé des arabesques aux contours des tapis verts ; la mousse a mis du velours sur les mosaïques criardes : tout a pris un air de révolte, un cachet d'abandon, un ton de ruine et un chant de solitude.

Et maintenant, ces grands parcs jetés aux flancs des montagnes, forment, dans leurs plis verdoyans, des vallées de Tempé, où les ruines rococo et les ruines antiques, dévorées par la même végétation parasite, donnent à la victoire de la nature un air de gaîté extraordinaire. Comme, en somme, les palais sont d'une coquetterie princière ou d'un goût charmant ; que ces jardins, surchargés de détails puérils, avaient été dessinés avec beaucoup d'intelligence sur les ondulations gracieuses du sol, et plantés avec un vrai sentiment de la beauté des sites ; enfin, comme les sources abondantes y ont été habilement dirigées pour assainir et vivifier cette région bocagère, il ne serait pas rigoureusement vrai de dire que la nature y a été mutilée et insultée. Les brimborions fragiles y tombent en poussière ; mais les longues terrasses d'où l'on dominait l'immense tableau de la plaine, des montagnes et de la mer ; les gigantesques perrons de marbre et de lave qui soutiennent les ressauts du terrain, et qui ont, certes, un grand caractère ; les allées couvertes qui rendent ces vieux édens praticables en tout temps ; enfin tout ce qui, vrai élégant, utile ou solide, a survécu au caprice de la mode, ajoute au charme de ces solitudes, et sert à conserver comme dans des sanctuaires, les heureuses combinaisons de la nature et la monumentale beauté des ombrages. Il suffit de voir, autour des collines de Frascati, l'aride nudité des monts Tusculans, ou l'humidité malsaine des vallées, pour reconnaître que l'art est parfois bien nécessaire à l'œuvre de la création.

Mais voyez donc, mon ami, comme je défends mes villas contre les injures du président de Brosses, et peut-être contre les critiques que j'appréhende de votre part ! C'est que l'amour de la propriété s'est emparé de moi, quand je me suis vu ici seul, absolument seul de mon espèce artiste, jouissant de toutes ces résidences désertes. D'ici à un ou deux mois, me dit-on, il ne viendra à Frascati ni seigneurs indigènes, ni forestieri, et, sous ce dernier titre, on confond les artistes, les touristes et les malades de tout genre qui cherchent l'air salubre au commencement des grandes chaleurs. En attendant, les villas ne sont habitées que par leurs gardiens, de bons vieux serviteurs qui me confient les clés des parcs avec une bonne grâce charmante, ce qui me permet de choisir chaque jour celui qui me plaît, ou de les parcourir tous dans une grande excursion, si j'ai de bonnes jambes.

Quelle douce manière de posséder, n'est-ce pas ? N'avoir rien à surveiller, rien à ordonner, rien à réparer ; quitter quand bon me semblera, sans me soucier de ce que les choses deviendront en mon absence ; revenir de même, sans que personne fasse attention à moi ; jouir sans contrôle et sans contestation de plusieurs Trianons de caractères différens ; me promener en pantoufles

dans tous les paysages de Watteau, sans risquer de rencontrer personne à qui je doive mes égards et ma conversation ! Vraiment, je suis trop heureux, et j'ai peur que ce ne soit un rêve. Tout cela à moi, pauvre diable qui ai vécu trois ans à Paris, triste et courbé sous la préoccupation de payer la vue des gouttières, et les bottes à tremper dans la boue liquide des rues ! A moi tout cela pour trois francs par jour, sans que j'aie à me tourmenter de cette responsabilité de soimême, si rigoureuse pour la dignité de l'individu, mais si funeste à la poésie et à l'indépendance dans les grands centres de civilisation ! Par quelles vertus ai-je mérité d'être gâté à ce point ? Et la Mariuccia, qui plaint ma figure absorbée, mon air nonchalant, et qui regarde avec une maternelle pitié mon mince bagage, et ma bourse plus mince encore !

Cette Mariuccia est un être excellent et divertissant au possible. Elle est rieuse et bavarde comme le ruisseau de son jardin, et, pour peu qu'on l'excite par des questions, elle arrive avec une éloquence pétulante, accompagnée d'une mimique exaltée qui la transfigure en une sorte de pythonisse rustique. Elle est un spécimen si complet et si naïf de sa classe et de sa localité, que je vois, mieux que dans un livre, à travers ses descriptions, ses préjugés et ses raisonnemens, le caractère du milieu où je me trouve jeté.

Mais un autre type plus étrange encore aux yeux d'un homme naïf tel que moi, c'est ce quelqu'un dont il faut enfin que je vous entretienne. Aussi, je reprends mon récit où je l'ai laissé.

Hier matin, je demandai à la Mariuccia si elle avait fait blanchir mon linge. — Certainement, dit-elle en apportant une corbeille de linge blanc, humide et frippé. La vieille femme qui m'aide à mes lessives s'en est chargée. — C'est fort bien ; mais je ne peux pas porter ce linge sans qu'il soit repassé. Le mot repasser m'embarrassa ; car, si je sais un peu ma littérature italienne, je n'ai pas encore à mon service tout le vocabulaire de la vie pratique, et la Mariuccia n'entend pas un mot de français. J'appelai la pantomime à mon secours, et, comme si un gueux de mon espèce eût prétendu à un grand luxe en exigeant du linge passé au fer, elle s'écria d'un air stupéfait :

— Vous voulez la stiratrice ?

— C'est cela, la repasseuse ! Est-ce une industrie inusitée à Frascati ?

— Oh ! oui-dà ! reprit-elle avec orgueil ; il n'y a pas de pays au monde où l'on trouve de meilleures artisanes.

— Eh bien ! confiez ceci à une de vos merveilleuses ouvrières.

— Voulez-vous que ce soit ma nièce ?

— Je ne demande pas mieux, répondis-je, étonné du regard clair et pénétrant que son petit œil gris attachait sur le mien.

Elle remporta la corbeille, et, à l'heure où je rentrais pour souper, car je me suis arrangé pour rester dehors le plus tard possible, je trouvai installées autour d'un brasero, dans une grande pièce du rez-de-chaussée, où la Mariuccia juge plus commode de me servir mes repas, trois personnes qui causaient, les pieds sur la cendre chaude et les coudes sur les genoux : c'était la vieille femme en haillons qui fait la perpétuelle biancheria de Mariuccia, un gros capucin de bonne mine, et une fille mince, dont un grand mouchoir de laine rouge enveloppait la tête et les épaules. Les deux femmes ne se dérangèrent pas. Le capucin seul se leva et me fit des politesses qui aboutirent à l'humble demande d'un baïoque, un sou du pays, pour les besoins de son ordre. Je lui en donnai cinq qu'il reçut avec une profonde reconnaissance.

—*Cristo!* s'écria la vieille femme, à laquelle il montra, d'un air naïf, cette grosse pièce de cuivre dans sa main crasseuse, quelle générosité! et, se tournant vers moi, elle m'accabla d'une grêle d'épithètes élogieuses. Pour n'être pas enivré de ses flatteries, je lui donnai vite deux baïoques qui restaient dans ma poche, et elle se confondit en révérences et en tentatives de baisemens de main auxquelles je me hâtai de me soustraire.

Mais, voulant savoir jusqu'où allait cette misère ou cette passion pour la mendicité, je m'adressai à la jeune fille, dont je ne voyais pas la figure cachée sous son châle, et qui me semblait très proprement habillée. — Et vous, mademoiselle, lui dis-je en m'asseyant sur l'escabeau qu'avait laissé libre le frère quêteur à côté d'elle, est-ce que vous ne me demandez rien?

Elle releva la tête, écarta son châle rouge, et me tendit la main sans rien dire.

— Daniella! m'écriai-je en la reconnaissant à la pâle lueur que le brasero envoyait dans cette vaste salle: Daniella à Frascati? Daniella qui tend la main...

— Pour que vous y mettiez la vôtre, répondit-elle en souriant. Vous êtes cause que j'ai perdu une bonne place; mais je ne la regrette pas, s'il me reste votre amitié.

— Parlez plus bas, lui dis-je; expliquez-moi...

— Oh! je n'ai pas besoin d'en faire un secret, reprit-elle; je n'ai rien fait de mal; et, d'ailleurs, le frère Cyprien est mon oncle, et la Mariuccia est ma tante. C'est moi qui suis la *stiratrice*, et je vous rapporte votre *biancheria*.

— Oui, oui, dit la Mariuccia qui venait d'entrer et qui posait mon humble dîner sur la table, nous sommes tous parens: le capucin est mon frère, la vieille femme est ma tante, à moi, et vous pouvez parler tous les deux devant nous; c'est en famille, rien ne sortira d'ici.

C'est très bien, pensai-je; il n'y manque que le cousin Tartaglia, pour que tout Frascati sache les particularités sérieuses ou ridicules de ma retraite à Frascati.

— Daniella, dis-je à la jeune fille, je vous prie de ne pas...

— C'est bien, c'est bien, dit la vieille femme en sortant; causez ensemble; nous savons toute l'histoire. Pauvre Daniella! ce n'est pas sa faute: c'est une bonne fille qui nous a tout fait.

— Et moi, dit le capucin en ramassant sa besace et son bâton, je vous présente mes révérences, seigneur étranger... *Danieluccia*, je prierai pour toi, afin que l'orgueil de cette Anglaise soit vaincu par la miséricorde divine!

Je vous laisse à penser si j'étais de bonne humeur de voir ébruiter ainsi ce qui avait pu se passer à propos de moi dans la famille B***. Je voulus faire expliquer la Daniella. — Non, pas à présent, me répondit-elle; vous me paraissez en colère. Je vais porter votre linge dans votre chambre, et je reviendrai.

XVIII.

3 avril. (Suite).

—Qu'est-ce? qu'y a-t-il? demandai-je à la Ma-

riuccia. Que vous a-t-elle donc dit, à tous tant que vous êtes?

— Les choses, comme elles se sont passées, répondit-elle; cette Anglaise, la grosse dame, je la connais bien! Elle vient presque tous les ans à Frascati; mais je n'ai jamais pu dire son nom...

— Eh bien?

— Eh bien, il y a deux ans, elle a pris ma nièce en amitié et elle l'a emmenée. Elle la payait bien et la rendait très heureuse; et puis, quand elles ont été là-bas, en Angleterre, je crois, lady Bo.., lady Bi.., au diable son nom! a pris une nièce, la, la.....

— N'importe!

— La Médora! Voilà son nom, à elle! Il paraît qu'elle est belle: Comment la trouvez-vous?

— Je n'en sais rien; allez toujours.

— Eh! vous savez bien qu'elle est belle, et riche, mais méchante..... Non; la Daniella dit qu'elle est bonne, mais folle. Elle a commencé par aimer ma nièce comme si la pauvre fille eût été sa sœur. Elle a voulu l'avoir à elle seule pour son service. Elle lui donnait des robes de soie, des bijoux, de l'argent. Oh! dans une année, la Daniella a plus gagné qu'elle ne gagnera dans tout le reste de sa vie, à moins qu'elle ne veuille encore quitter le pays et suivre d'autres *forestieri*; mais je ne le lui conseille pas: vous autres étrangers, vous êtes tous maniaques, bizarres!

— Merci; après?

— Après, après! Vous savez bien que vous avez dit à ma nièce qu'elle était plus jolie que sa maîtresse. Depuis ce moment-là, la signorina n'a plus voulu la supporter; elle l'a tourmentée, chagrinée, offensée. La petite a répondu deux ou trois paroles un peu vives, et, pendant que vous étiez encore malade, on l'a renvoyée. Allons, il n'y a pas grand mal; on lui a fait un beau cadeau, et elle pourra se marier ici avec qui elle voudra. On est toujours mieux dans son pays que sur les chemins; et si vous l'aimez, ma nièce, si elle vous plaît, et que vous souhaitiez rester chez nous, il ne tient qu'à vous d'être son mari. Vous êtes peintre, vous trouverez de l'ouvrage dans les villas. Justement, la princesse Borghèse veut faire réparer Mondragone. Vous ferez de la fresque, et vous gagnerez bien de quoi élever vos enfans.

— Ainsi, répondis-je, émerveillé du plan rapide de la Mariuccia, vous avez arrangé tout cela en famille, avec la vieille femme, le capucin et... la Daniella?

— La Daniella ne dit rien du tout; on ne sait pas si elle vous aime; mais...

— Mais vous le pensez, puisque vous me mariez avec elle?

— Eh! qui sait?

Le *chi lo sa* de la Mariuccia est son grand et dernier argument. Elle le dit si souvent à tout propos, que j'ai déjà compris que cela signifiait, en certaines occasions, *laissez-moi faire*, et, en certaines autres, *je n'y tiens pas*.

Cette fois, l'accent était problématique, et je dus insister pour savoir si j'étais tombé dans une de ces intrigues dont Brumières et Tartaglia m'avaient signalé les fâcheuses conséquences; mais l'œil clair et la figure enjouée de Mariuccia ne permettaient pas le soupçon, et, dans ses réponses subséquentes, je ne vis que l'empressement d'une bienveillance irréfléchie pour sa nièce et pour moi.

S'il en est ainsi, pensai-je, je dois avoir une

franchise égale ; et comme la Daniella ne reparaissait pas, je priai sa tante de monter avec moi dans ma chambre, où nous la trouvâmes occupée à brosser mes habits et à ranger mes ustensiles de toilette, comme si elle eût été à mon service.

— Que faites-vous là ? lui dis-je en entrant avec un peu de dureté.

Elle me regarda avec un mélange de décision et de douceur qui paraît être dans son caractère comme sur sa physionomie : — Je nettoie et je range votre appartement, dit-elle, comme je faisais à Rome pendant que vous étiez malade.

Le souvenir des soins empressés et intelligens de cette bonne fille me fit rougir de ma brusquerie.

— Ma chère enfant, lui dis-je, asseyez-vous, et causons. Je veux savoir comment je suis la cause de votre séparation d'avec la famille B***. Vous avez dit, à ce sujet, ce que vous avez cru devoir dire ; il faut que je le sache, afin de redresser la vérité si vous vous êtes trompée en ce qui me concerne.

— C'est aisé à dire, répondit-elle avec assurance. Vous avez fait le projet d'épouser la Médora. Comme vous avez beaucoup d'esprit, vous avez deviné que, pour la rendre amoureuse de vous, elle qui n'a jamais pu être amoureuse de personne, il fallait faire semblant de devenir amoureux d'une autre, sous son nez, et vous avez réussi à le lui persuader. Moi, j'aurais été sacrifiée à ce jeu-là, si j'avais eu affaire à de mauvais maîtres ; mais lady Harriett est généreuse, et, avec ce qu'elle m'a donné en me congédiant, j'aurais tort de me plaindre. N'est-ce pas là ce que j'ai dit, ma tante Mariuccia ?

— Peut-être, répondit la tante, mais j'avais compris que le *signore* te plaisait, et je pensais que tu lui avais plu. A présent, si les choses vont autrement, s'il doit épouser l'Anglaise et que ton dos lui ait servi d'échelle, il te devra un beau cadeau de noces, et tout est dit.

Bien que l'explication de la Daniella dût couper court à toute pensée d'alliance entre elle et moi dans l'esprit de ses parens, je ne pus supporter le plan ridiculement fourbe qu'elle m'attribuait à l'égard de sa maîtresse. Je crus devoir m'en expliquer avec elle.

— Ma chère, lui dis-je, il vous a plu d'interpréter ma conduite dans un sens que je désavoue absolument. Je n'ai pas fait semblant d'être épris de vos charmes. Ç'a été une plaisanterie dont j'étais loin de prévoir les conséquences et que personne, je l'espère encore, n'a prise au sérieux. Quoi qu'il en soit, j'ai eu un grand tort, puisque le résultat de ceci a été une mésintelligence momentanée entre vous et des personnes auxquelles vous deviez être attachée. Je suis assez coupable sans que vous me prêtiez un projet aussi absurde et aussi coupable que celui de vouloir me faire aimer d'une personne trop riche pour moi et que je ne connais pas assez pour l'aimer moi-même. Je vous prie donc, dans vos épanchemens avec votre nombreuse famille, de ne pas me faire jouer inutilement ce vilain rôle.

— Inutilement ? reprit-elle en français, français qu'il me faut vous traduire plus que si c'était de l'italien. Vous consentiriez cependant à ce que je le fisse utilement ?

— Voulez-vous bien vous expliquer ?

— Si ma famille se persuadait que nous nous aimons, vous et moi, il y aurait pour vous quelque inconvénient à le laisser croire, et il vaudrait mieux donner à penser que vous ne songez qu'à la Médora.

— Et quel serait l'inconvénient dont vous parlez ?

— Des coups de couteau pour vous et des coups de poing pour moi.

— De la part de qui ? Je veux tout savoir.

— De la part de mon frère, un méchant homme, je vous avertis. Je ne dépends que de lui, je n'ai plus ni père ni mère.

— Alors, c'est une menace sous laquelle il vous a plu de me placer, en faisant vos confidences...

— Moi, vous menacer et vous exposer ! s'écria la Daniella en levant au ciel ses yeux étincelans. *Cristo !* croyez-vous que j'aurais dit seulement que je vous connaissais, si Tartaglia ne fût venu ici, ce matin ?

— Tartaglia ? Bon ! voici le bouquet ! Et qu'est-il venu faire à Frascati ?

— Il est venu savoir de vos nouvelles de la part de la Médora, mais en secret, et en se servant d'un prétexte, car il paraît qu'elle est inquiète de vous et qu'elle s'en cache, parce qu'elle craint de vous avoir fâché par ses refus. Alors, comme ce pauvre garçon s'est mis en tête de faire réussir votre mariage avec elle, il a dit à la Mariuccia qu'il fallait m'empêcher de vous voir, parce que vous me feriez la cour et que vous ne m'épouseriez pas. Voilà comment, en venant ici rapporter votre linge, j'ai été forcée de répondre à des questions, et si tout cela s'est embrouillé dans la cervelle de ma tante, ce n'est pas de ma faute ; mais le capucin est prudent, la vieille femme bonne, la Mariuccia excellente, et les choses en resteront là, pourvu que vous me permettiez de leur dire que vous ne pensez qu'à la Médora. Autrement....

— Autrement ?

— Autrement, des idées viendront à mon frère, et il vous fera un mauvais parti.

— C'est assez revenir sur ce danger-là, ma chère, lui dis-je avec impatience. Je ne suis pas habitué à me battre au couteau ; mais, de quelque façon que je m'y prenne, gare à votre frère et à tous vos parens et amis, s'ils me cherchent noise. Je suis d'un naturel très doux ; mais je sens qu'avec des exploiteurs comme avec des bandits, je peux devenir très méchant et vendre ma peau extrêmement cher à quelques uns.

En parlant ainsi à Daniella, en italien, afin que Mariuccia l'entendît, je les observais attentivement l'une et l'autre, la première surtout, que je crois assez rusée et qui pourrait bien avoir pour moi, non pas une passion de keepsake, comme miss Médora, mais un sentiment fondé sur des vues intéressées. La Mariuccia, quoique fine, me parut n'avoir que de bonnes intentions. Quant à la *Stiratrice*, il me fut difficile de pénétrer ses sentimens. Elle semblait épier les miens propres : nous restions donc tous deux sur la défensive.

Quand j'eus fini de parler, elle garda un instant le silence, comme pour chercher une solution à une situation qu'il lui plaisait apparemment de croire embarrassante ou périlleuse ; et, tout à coup, au lieu de me répondre, elle s'adressa à sa tante.—Je vous ai raconté, lui dit-elle, que le *signore* avait tué un voleur et mis deux autres en fuite auprès de Casalmorte. Je sais comme il est hardi, je vous ferai fort qu'il n'en a l'air : Je l'ai vu se battre avec ces mauvaises gens. Si quelqu'un doit avoir peur, ce n'est pas lui, et Masolino fera bien de se tenir tranquille. » Puis se retournant

vers moi, elle ajouta en français : « Mais pourquoi donc, pour éviter des querelles, ne voulez-
vous point passer pour amoureux de la Médora ?
— Parce que cela n'est pas vrai, et que je déteste le mensonge, répondis-je avec impatience.
Il vous a plu d'inventer cela ; mais soyez sûre
que si j'établis ici quelque relation qui me mette
à même de vous démentir, je n'y manquerai dans
aucune occasion.

Ses yeux brillèrent d'une satisfaction si vive
que je compris qu'entre la maîtresse et la suivante, il y avait un duel de vanité féminine en règle,
dont le hasard m'avait rendu l'objet litigieux.

— C'est étonnant, cela dit-elle en se maniérant
avec beaucoup de gentillesse, il faut l'avouer.
Comment est-il possible que vous ne vouliez pas
d'elle, qui vous aime tant !

Sur ce mot-là, je me fâchai tout rouge. Que
Médora se soit follement confiée à mon honneur,
cela n'est pas douteux ; mais il ne sera pas dit
qu'elle s'y soit confiée en vain ; et fût-elle tout à
fait indigne de ma loyauté, il me resterait encore
à la disculper pour l'honneur de lady Harriet et de
l'excellent lord B***. J'imposai donc silence aux
malices de la soubrette avec tant de sévérité,
qu'elle baissa les yeux comme effrayée, et se retira bientôt avec une confusion feinte ou réelle.

Je regrettai qu'elle n'eût pas témoigné quelque
regret qui me permît de la congédier plus amicalement. Elle m'a soigné si bien, que je lui dois de
la reconnaissance, et je n'ai pu encore trouver
le moment de la lui exprimer, puisqu'elle avait
disparu du palais *** avant mon départ de
Rome.

En outre, bien que j'aie d'elle une médiocre
opinion, je dois reconnaître que j'ai pour sa figure et ses manières des momens de sympathie
réelle. Je l'entendis causer jusqu'à minuit avec
la Mariuccia dans le grenier voisin de ma chambre. Je ne voulais ni ne pouvais saisir un mot de
leurs longs discours ; mais je vis bien, à l'intonation tantôt narrative, tantôt gaie de leur dialogue, que Daniella n'était pas très inquiète de son
sort. La durée de ce tranquille babillage, qui accompagnait je ne sais quel travail, me prouvait
aussi qu'elle n'était pas sous le coup d'une surveillance bien redoutable. Enfin, j'entendis ouvrir les portes, descendre l'escalier de bois de
l'étage que nous occupons, Mariuccia et moi, et
grincer sur ses gonds la grille de l'enclos qui
donne sur la ruelle malpropre et montueuse décorée du nom emphatique de *Via Piccolomini*.

LA DANIELLA

DEUXIEME VOLUME.

XIX.

3 avril.

Ce matin, vers six heures, je fus éveillé par une
voix douce et pleine qui, du dehors, appelait

Rosa, c'est le nom de la vieille femme, tante et
servante de Mariuccia. Cette manière d'appeler
résumait tout le chant de la langue italienne.
Tandis que nous autres, quand nous voulons nous
faire entendre au loin, nous escamotons la première syllabe et prolongeons le son sur la dernière, on fait ici tout l'opposé ; et le nom de Rosa,
crié, ou plutôt chanté en octave descendante, a-
vait une euphonie très agréable. En me frottant
les yeux pour m'éveiller tout à fait, je reconnus
que c'était la voix de la *stiratrice*. Je me levai
pour regarder à travers ma persienne : je vis
dans la rue apportant un très joli brasero de forme ancienne et d'un poli étincelant. Au bout de
quelques instants, la Mariuccia mit la tête à sa fenêtre et tira successivement deux cordes. La grille
du jardin s'ouvrit, puis la porte d'entrée de la
maison, pour donner passage à la Daniella.

Une demi-heure après, la Mariuccia entrait
chez moi avec ce brasero tout allumé. — J'espère
que vous n'aurez plus froid, me dit-elle. Le bra-
sier d'en bas est trop grand pour votre chambre ;
il vous aurait donné mal à la tête, et ma nièce
m'a empêché hier soir de vous le monter ; mais
elle en avait un plus petit que voilà.

— Elle s'en prive pour moi ? C'est ce que je ne
veux pas.

Et j'appelai la Daniella, qui chantait dans le
grenier voisin.

— Vous êtes beaucoup trop bonne pour moi,
lui dis-je, pour moi qui ne suis plus malade, et
qui n'ai été dans votre vie qu'un incident fâcheux
et désagréable. Je vous remercie bien amicalement et bien fraternellement ; mais je vous prie
de garder pour vous ce meuble encore utile dans
la saison où nous sommes.

— Et qu'en ferais-je ? répondit-elle : je ne rentre dans ma chambre que pour dormir.

Et, sans attendre ma réponse, elle dit à la Mariuccia que mon déjeûner était prêt, et qu'elle allait me le servir.

— Ne tardez pas à descendre, ajouta-t-elle en
s'adressant à moi avec gaîté, si vous ne voulez
pas que vos œufs frais soient durs, comme hier !

Et elle descendit légèrement le dédale d'escaliers rapides qui conduit aux degrés de pierre
des étages inférieurs.

— Comme hier ? dis-je à la Mariuccia qui commençait à ranger ma chambre. Votre nièce était
donc ici déjà hier matin ? Elle y vient donc tous
les jours ?

— Mais certainement. Elle n'a pas encore beaucoup d'ouvrage dans le pays. Elle a un peu perdu sa clientèle, mais elle la retrouvera vite : elle
est si aimée et si bonne ouvrière ! En attendant,
elle m'aidera à mon ouvrage comme elle faisait
souvent autrefois. C'est une bonne fille qui m'aime bien et qui est vive comme un papillon, douce
comme un enfant, complaisante *comme un ange*.
Est-ce que cela vous gêne qu'elle trotte dans la
maison autour de moi ? Ça ne vous coûtera pas
un sou de plus ; c'est moi qu'elle sert, et non pas
vous.

Les choses me paraissant arrangées ainsi, il ne
me restait qu'à les accepter dans la mesure où
elles me sembleraient acceptables. Mon déjeûner
me fut servi par la jeune fille, dont la propreté,
beaucoup moins suspecte que celle de sa tante,
la vivacité et les délicates attentions m'eussent été
très agréables, si je ne sais quelle méfiance ne
m'eût tenu sur la défensive. Il y avait, dans ses
manières avec moi, une provocation évidente,
mais une provocation tendre et comme mater-

nelle dont je ne pouvais me défendre d'être encore plus touché que flatté. Je résolus d'en avoir
le cœur net, et comme, en se baissant vers moi
pour me servir du café, sa joue effleurait la mienne
plus que de raison, je lui donnai de grand cœur
le baiser qu'elle semblait appeler.

Je fus étonné de la voir rougir et frissonner,
comme si cette liberté l'eût prise au dépourvu. Je
suppose pourtant qu'elle n'est pas grisette, italienne et jolie, et qu'elle n'a pas couru le monde
deux ans en qualité de soubrette élégante, sans
avoir eu bon nombre d'aventures plus sérieuses.
Aussi, pour en finir avec toute comédie de sa
part ou de la mienne, je crus devoir lui poser
nettement la question. —Vous ai-je offensée? lui
dis-je en l'attirant près de moi.—Non, répondit-
elle sans hésiter, et en me caressant de son plus
beau regard.—Vous ai-je déplu? — Non. — Vous
me permettrez donc d'espérer... — Tout, si vous
m'aimez; rien, si vous ne m'aimez pas.

Cela était dit si nettement que j'en fus tout a-
basourdi.

— Qu'entendez-vous par aimer? repris-je.
— Si vous le demandez, vous ne savez donc
pas ce que c'est?
— Je n'ai jamais aimé.
— Pourquoi?
— Parce que je n'ai rencontré apparemment
aucune femme qui me parût digne d'un amour
comme je l'entendais.
— Vous n'avez donc pas cherché?
— L'amour ne se trouve pas en le cherchant.
On le rencontre peut-être au moment où l'on ne
s'y attend pas.
— Suis-je celle qui vous paraîtrait digne de
l'amour comme vous l'entendez?
— Comment le savoir?
— Il y a quinze jours que vous me connaissez!
— Je ne vous connais pas plus que vous ne me
connaissez vous-même.
— Vous croyez donc qu'il faut se connaître de-
puis quinze ans pour s'aimer? Il y en a qui disent
le contraire.
— Vous ne m'avez pas répondu. Qu'entendez-
vous par aimer, vous?
— Être l'un à l'autre.
— Pour combien de temps?
— Pour tout le temps qu'on s'aime.
— Chacun sa mesure de fidélité. Je ne con-
nais pas la mienne. Quelle est la vôtre?
— Je ne la connais pas non plus.
— Ah bah! vous ne l'avez jamais mise à l'é-
preuve? lui dis-je d'un air sérieux; et, en moi-
même, je pensais. A d'autres, ma mignonne!
— Je ne l'ai pas mise à l'épreuve, dit-elle,
parce que je n'ai jamais connu l'amour partagé.
— Voyons, soyons amis; ça ne vous engage à
rien, et contez-moi ça.
— La première fois, c'était ici; j'avais quatorze
ans. J'ai aimé... Tartaglia.
— Merci de moi! j'aurais dû m'en douter!.
— Non! C'était si bête de ma part, et il était
déjà si laid! Mais j'avais besoin d'aimer. Il était
le premier qui me parlait d'amour comme à une
jeune fille, et j'étais lasse d'être un enfant.
— Fort bien, au moins vous êtes franche. Et....
il fut votre amant?
— Il aurait pu l'être s'il eût su mieux me tromper; mais j'avais une amie qu'il courtisait en même temps que moi et qui m'en fit la confidence.
A nous deux, après avoir bien pleuré ensemble,
nous fîmes le serment de le mépriser, de nous
moquer de lui; et, à nous deux, à force de nous

faire remarquer l'une à l'autre, par suite d'un
reste de jalousie, sa laideur et sa sottise, nous en
vînmes à nous guérir si bien de l'aimer, que nous
ne pouvions le regarder, ni même parler de lui
sans rire.

— Allons, quant à celui-là, je respire! Et le
second?

— Le second vint beaucoup plus tard. A quelque chose malheur est bon. Le dépit et la confusion d'avoir rêvé à Tartaglia, me rendirent plus
méfiante et plus patiente. Beaucoup de garçons
me firent la cour; aucun ne me plaisait. Je mé-
prisais les hommes, et, comme cela me posait en
fille fière et difficile, ma coquetterie et mon orgueil y trouvaient leur compte. Cela m'ennuyait
bien quelquefois d'être si hautaine; mais c'était
encore heureux pour moi de persister à l'être.
N'ayant rien, si je m'étais mariée toute jeune, je
serais aujourd'hui dans la misère, avec des enfans,
peut-être avec un mari brutal, ivrogne ou paresseux, par dessus le marché.

— Et le second amour?
— Attendez! Ce fut lord B...
— Aïe! moi qui le croyais vertueux!
— Il est vertueux. Il ne m'a jamais fait la cour,
et il n'a jamais su qu'il eût pu me la faire.
— Encore un amour pur?
— Un amour est toujours pur quand il est sincère, et puisque lady Harriet ne veut pas entendre parler de son mari, bien qu'elle en soit jalouse pour le *qu'en dira-t-on*, j'aurais pu être honnêtement sa rivale en secret et sans troubler le
ménage; mais cela ne fut pas, parce que... un
jour, à Paris, je vis mylord ivre. Cela ne lui arrive
pas souvent: c'est quand il a un surcroît de chagrin. J'eus à le soigner pour que sa femme ne s'a-
perçût de rien. Je le trouvai si laid dans le vin, si
vieux avec sa figure pâle et son front sans perru-
que, si drôle enfin dans son malheur, qu'il ne me
fut plus possible de le prendre au sérieux. C'est
un homme excellent que j'aimerai toujours, le
seul que je regrette dans la famille, mais si on me
l'offrait pour père ou pour mari, je le choisirais
pour père.

— Allons! et de deux avec qui vous avez eu la
bonne chance de vous désillusionner à temps;
mais le troisième?

— Le troisième? C'est vous.
Cette parole aimable méritait encore un baiser.
— Attendez! dit-elle après me l'avoir laissé
prendre. Puisque vous êtes un homme sincère, je
dois tout vous dire. Je vous ai aimé à la folie,
mais cela a beaucoup diminué, et, à présent, je
pourrais m'en guérir comme je me suis guérie des
autres.
— Dites-moi ce qu'il faudrait faire pour cela,
afin que je ne le fasse pas.
— Il faudrait essayer de me tromper, et comme vous n'en viendriez pas à bout... je me dé-
goûterais de vous tout de suite.
— Qu'appelez-vous donc tromper?
— Aimer la Médora et vouloir me faire croire
le contraire.
— Sur l'honneur, je ne l'aime pas! A présent,
m'aimez-vous?
— Oui, dit-elle avec résolution, mais en s'é-
chappant de mes bras. Cependant, écoutez ce
que je veux vous dire encore.
— Je le sais, lui dis-je avec humeur: vous voulez que je vous épouse?
— Non! Je ne veux pas me marier sans avoir
éprouvé la constance de mon amant et la mienne
pendant plusieurs années; et comme, à cet égard,

vous ne me promettez rien, comme je ne peux rien vous promettre non plus, je ne songe pas avec vous au mariage.

— Alors, qui vous fait hésiter?

— C'est que vous ne m'avez pas encore dit que vous m'aimez.

— D'après votre définition de l'amour, qui est d'être l'un à l'autre, nous ne pouvons pas encore nous aimer l'un l'autre.

— Oh! attendez, *signor mio!* s'écria-t-elle en m'enveloppant de son regard limpide, comme d'un flot de volupté, mais en me retirant ses mains que j'avais prises par-dessus la table. Vous êtes subtil, et je ne suis pas sotte. Au point où nous en sommes, s'aimer, c'est avoir envie de s'aimer. Il faut que le désir soit grand de part et d'autre. Celui d'une femme n'est jamais douteux, puisqu'elle y risque son honneur. Celui d'un homme peut bien n'être qu'un petit moment de caprice, puisqu'il n'y risque rien.

— Il paraît pourtant que j'y risque ma vie, si ce que vous m'avez dit de votre frère et de vos autres parens est vrai?

— C'est malheureusement très vrai. Mon frère, presque toujours ivre ou absent, ne me surveille pas; mais qu'une méchante langue lui monte la tête, il peut vous assassiner,

— Eh bien! tant mieux, Daniella! Je suis charmé d'avoir ce risque à courir pour vous prouver...

— Que vous n'êtes pas poltron? Ça ne prouve pas autre chose! Il me faut une certitude de votre amour en échange de mon honneur.

— Ah! ma chère, m'écriai-je impatienté, voilà deux fois que vous prononcez ce gros mot; ne le dites pas une troisième, car tout serait fini entre nous.

Elle me regarda avec surprise, puis, haussant les épaules : — Je comprends, dit-elle, vous n'y croyez pas? Et pourquoi n'y croyez-vous pas?

— Ne vous fâchez pas! Si je savais ce que vous entendez par là, peut-être y croirais-je.

— Il n'y a pas deux manières de l'entendre. Une fille qui aime hors de la pensée du mariage est déchue. Tous les hommes se croient le droit de lui demander d'être à eux, et si elle leur résiste, ils la décrient et l'insultent.

— Vous me parlez, ma chère, comme si vous n'aviez jamais appartenu à aucun homme. S'il en était ainsi, je vous donne ma parole d'honneur que je ne chercherais point à être le premier.

— Et pourquoi cela?

— Parce que je suis trop jeune et trop pauvre pour devenir votre soutien, dans le cas où notre amour prendrait de la durée; et parce que, s'il n'en devait point avoir, je me reprocherais de nuire à une personne qui m'a donné des soins et témoigné de l'amitié.

— C'est bien, dit-elle après avoir réfléchi; et quand elle réfléchit ainsi, sa figure, hardie et sensuelle, prend une singulière expression d'énergie. Puis elle se leva et se mit en devoir d'enlever le couvert pour rompre notre entretien. Je voulus le renouer; elle secoua la tête en silence et descendit légèrement l'escalier du jardin. J'eus fort envie de l'y suivre pour la forcer à me pardonner, car, de la fenêtre, je vis qu'elle y était seule. Je la rappelai, elle ne bougea pas. J'hésitai quelques momens, en proie à une agitation dont la vivacité m'effraya moi-même. Ce n'était pas seulement, comme avec Médora, une tentation des sens; c'était un attrait plus vif, et que la réflexion ne venait ni démentir ni calmer.

Et que m'importait que cette Daniella fût menteuse et galante? Elle ne m'en plaisait pas moins. J'avais été bien sot de vouloir la confesser. Il y a en nous un fond de pédanterie qui nous gâte toute la spontanéité de l'existence.

Mais elle avait eu la maladresse de parler de son honneur : c'était faire appel au mien; la folie d'exiger de l'amour : Honneur et amour! ces deux mots n'avaient certainement pas la même portée, le même sens pour elle et pour moi. Ah! s'il était vrai qu'elle eût le droit de les invoquer, combien peu je me soucierais de ce que l'on en pourrait dire et penser! Combien il me serait facile de purifier, par mon dévouement et ma sincérité, le charme vulgaire que je subis!... Mais s'il était vrai, combien ma manière d'être avec elle aurait été grossière et indigne d'elle jusqu'à ce moment! Quelles mauvaises pensées et quelle injurieuse familiarité j'aurais à me faire pardonner, avant d'accepter ce premier amour si vaillamment et si naïvement offert!

La crainte de faire une erreur stupide en sollicitant grossièrement une vierge s'empara de moi au milieu du délire qui me gagnait. Partagé entre cette terreur et celle, beaucoup moins vive, d'être pris pour dupe, je résolus d'attendre à mieux connaître cette fille pour reprendre un entretien si délicat, et je me sauvai dans la campagne. J'y promenai d'abord une émotion chagrine, une inquiétude pénible. Enfin, la beauté de ces solitudes, où je suis roi, me calma, et je vins à bout d'oublier une tentation beaucoup trop soudaine pour ne pas créer quelque danger nouveau à ma raison ou à ma conscience.

Je suis rentré, comme de coutume, à huit heures du soir. J'emporte dans mes excursions, un morceau de pain pour ne pas souffrir de la faim entre mes deux repas, distans d'environ douze heures. L'*eau pure des fontaines* ne me manque pas, et suffit parfaitement à ma sensualité, car elle est délicieuse.

Quand je pense au peu de besoins de bien-être auquel peut se réduire un homme qui vit beaucoup par l'esprit, la soif des richesses et le désir de luxe me jettent toujours dans un grand étonnement. Me voici dans un pays où l'insouciance d'une part, et la pauvreté de l'autre, rendent inconnues les mille recherches de nos climats et de notre civilisation. Le premier aspect de ce dénuement étonne, parce qu'il fait contraste violent et comique avec le goût de l'ornementation; mais on s'y habitue bien vite, et même on est tenté de chercher à simplifier encore cette vie d'Arabe sous la tente.

Quand je me rappelle ce que, dans la limite du plus humble nécessaire, il faut penser à se procurer chez nous pour arranger son existence, soit dans une grande ville, soit à la campagne, je reconnais que la vie de campement est, pour les pauvres, la seule rationnelle, libre et vraie. Peut-être les riches font-ils le même rêve. Je m'imagine que les devoirs se multiplient en raison des ressources, et que le riche libéral a tout autant de sollicitude, de soucis, par conséquent, pour dépenser noblement ses richesses, que l'avare en a pour les conserver et les saisir. Si la propreté, qui est la grande volupté de la vie animale, et dont les bêtes elles-mêmes nous donnent l'exemple, était compatible avec la sobriété d'habitudes de ces peuples méridionaux, il faudrait reconnaître que c'est nous, qui sommes insensés d'avoir compliqué les embarras de ce court voyage sur la terre, où nous nous installons comme si nous étions sûrs d'y voir lever le soleil qui se couche.

Mais la malpropreté et le dénuement vont ensemble presque partout, et l'homme semble fait de manière à ne pas trouver de milieu entre le nécessaire et le superflu. Au fait, n'en est-il pas ainsi dans toutes les manifestations de sa vie intellectuelle, morale et sociale!

Je n'ai pas revu la Daniella ce soir. Toujours partagé entre la crainte de me livrer à elle plus ou moins qu'elle ne le mérite, j'ai eu sur moi assez d'empire pour ne pas m'informer d'elle. Mariuccia n'est pas venue, comme les autres jours, au devant de mon expansion, et je suis rentré chez moi sans apercevoir d'autre visage que le sien et sans échanger une parole avec elle. Pourtant, voilà sur ma table deux vases de fleurs qui n'y étaient pas ce matin. Ce sont de grandes iris d'un blanc de lait, bien plus belles que des lys, et d'un parfum plus fin. Je me suis hasardé, tout à l'heure, à demander à la Mariuccia, au moment où elle m'apportait ma petite lampe, si ces fleurs venaient du jardin de Piccolomini. Je savais bien que non; mais j'espérais qu'elle me dirait d'où elles venaient. Elle a fait d'abord semblant de ne pas m'entendre; puis elle m'a dit d'un air terriblement narquois:

—C'est mon frère le capucin qui vous envoie cela.

Je n'ai pas osé faire semblant d'en douter; seulement, quand elle est sortie, je lui ai crié en riant: vous l'embrasserez pour moi!—Qui? a-t-elle répondu; et voyant que je lui montrais les fleurs: *Cristo!* s'est-elle écriée, avec sa mimique expressive: embrasser pour vous le capucin?

Faut-il conclure vis-à-vis de moi-même? Faut-il prononcer, avant de m'endormir, ce mot joyeux ou terrible: Je suis amoureux? Non, pas encore. Ce peut-être une folle brise qui passe et dont je ferai aussi bien de ne pas m'enivrer. Si c'est un vent d'orage... Que le ciel m'en préserve, moi qui, pour la première fois depuis les années du presbytère, me trouve dans des conditions où le calme de l'esprit et l'oubli de ma personnalité me seraient si salutaires et si doux!

XX.

4 avril.

Je me suis distrait forcément aujourd'hui de la préoccupation d'hier. Brumières m'est arrivé vers dix heures avec un appétit d'enfer. La Mariuccia a trouvé moyen de le faire déjeuner, et nous avons loué deux rosses efflanquées qui nous ont portés, tant bien que mal, à Albano. Notre première station a été au couvent de Grotta-Ferrata, que je pris d'abord pour une forteresse. C'est une communauté très riche de l'ordre de Saint-Basile. Nous nous y arrêtâmes pour voir les fresques de la sacristie.

Ces fresques sont du Dominicain et très bien conservées. C'est là qu'est la composition célèbre du *Jeune possédé,* une très belle chose comme sentiment, quoique d'une exécution un peu trop naïve. En repassant dans l'église, je vis une cérémonie bizarre. Une confrérie de paysans revêtus de robes jadis blanches, à revers rouges, et la tête couverte de leurs mouchoirs sales, étalés de manière à leur couvrir le visage, entourait une sorte de lit noir et or, en psalmodiant des prières. Au bout d'un instant, ils remirent précipitamment leurs mouchoirs dans leurs poches,

jetèrent çà et là leurs costumes, et s'enfuirent en causant et en riant, comme pressés de se débarrasser d'un corvée dégoûtante.

Je m'approchai du lit qui restait au milieu de l'église déserte, et j'y vis un objet que j'eus besoin de toucher pour le comprendre. Brumières, qui était resté dans la sacristie, approcha à son tour, et s'y méprit.

—Qu'est-ce que cela? dit-il; je ne connaissais pas cela. C'est magnifique! quelle vérité, quel caractère! Voyez! on a imité jusqu'à la bouffissure des mains malades. — Que croyez-vous donc que ce soit? lui demandai-je: une figure de cire ou de bois peint?

Il eut alors quelque doute et appuya son doigt sur la main enflée, qui se creusa sous cette empreinte. — Pouah! fit-il, c'est une morte pour de bon! Que ne le disait-elle?

C'était une petite vieille qui devait rester exposée sur ce catafalque funéraire jusqu'au moment de la sépulture. Elle paraissait au moins centenaire, et pourtant elle était très belle dans le calme de la mort: sa peau avait le ton mat et uni de la cire vierge; ses traits, fortement accentués, n'avaient pas de sexe, car un duvet, blanc comme la neige, ombrageait ses lèvres rigidement fermées. Vêtue d'une robe de linge blanc nouée au cou et aux poignets par des rubans noirs, la tête ombragée d'un voile de mousseline, qui lui donnait l'aspect d'une religieuse, elle semblait dormir dans une attitude aisée, les mains pendantes sur le bord du lit mortuaire. Elle paraissait si recueillie et satisfaite dans son éternel sommeil; son mouvement semblait si bien dire, comme le *Sonno* de Michel Ange: *Ne m'éveillez pas!* qu'elle donnait envie d'être mort comme elle, sans convulsion, sans regret, semblable au voyageur qui trouve enfin un bon lit après les fatigues d'une longue route.

Comme je m'étonnais de l'abandon de ce cadavre si proprement arrangé et apporté là en cérémonie, puis tout à coup laissé sans surveillance et sans prières dans l'église ouverte à la curiosité des passans:—C'est toujours comme cela, me dit Brumières. La mort, en Italie, n'a rien de sérieux, les honneurs qu'on lui rend ont plutôt un air de fête; les larmes et des parens n'accompagnent le défunt que jusqu'à la porte de la maison. Le reste est pour le coup d'œil, et même quelquefois de la farce. J'ai vu autrefois, sur la grande route de la Spezia, un pauvre diable que deux hommes portaient au cimetière. Le prêtre marchait d'un air allègre, regardant les filles qui passaient et leur souriant, tout en marmottant les prières d'usage. Derrière lui et autour de lui, sautait et gambadait, sans qu'il en parût choqué ou seulement étonné, un jeune gars, vêtu de la robe noire et masqué de la hideuse cagoule, portant une grande croix de bois noir et remplissant l'office de *frère de la mort.* Ce garçon faisait mille contorsions burlesques, courait après les filles pour les effrayer, et les embrassait bel et bien sous le nez du prêtre, qui paraissait trouver la chose fort plaisante. Je demandai aux passans ce que cela signifiait. Cela ne fait pas de mal aux morts, me fut-il philosophiquement répondu. Et comme je demandais si on en usait aussi cavalièrement avec tous, un bourgeois me dit: Non, sans doute, mais celui-ci n'est pas du pays.

Une autre fois, à Naples, continua Brumières, j'ai vu porter à l'église le cadavre d'un gros vieux cardinal, en grande pompe et à visage découvert, comme c'est l'usage. On lui avait mis une couronne de roses, et, le croiriez-vous? du fard sur les joues, pour réjouir la vue des assistans. »

A Castel-Gandolfo, en longeant à pied les murs extérieurs d'un autre couvent, — Tenez, me dit Brumières en s'arrêtant devant une petite fenêtre grillée, voici autre chose qui vous fera voir comme on joue ici avec la mort. Je m'approchai, et je vis, dans l'intérieur d'une petite chapelle, une hideuse bouffonnerie : un squelette tombant en poussière était agenouillé, dans une attitude suppliante, devant un autel fait d'ossemens humains. La croix, les flambeaux, un lustre en roue suspendu à la voûte, étaient composés de tibias, de côtes, de mâchoires et de vertèbres artistement agencés, dans l'intention, à la fois lugubre et facétieuse, d'appeler l'attention des passans. C'était un appel à la charité publique, et, dans ce pays de misère, la dévotion trouvait le moyen d'y répondre, car le pavé de la chapelle était littéralement jonché de gros sous. C'était, en effet, quelque chose de bien caractéristique que ce squelette agenouillé qui représentait non la prière, mais la mendicité.

— Vous le voyez, me dit Brumières, ici, les morts mêmes tendent la main aux passans.

Nous nous retournâmes pour voir, d'une terrasse ombragée de grands arbres, le lac d'Albano. Pour un lac, c'est bien peu de chose, et, comme les collines environnantes sont sans haute végétation et sans caractère, il me fut impossible de partager l'admiration de mon compagnon. C'est un garçon d'esprit et un artiste intelligent devant les choses d'art; mais, tout littérateur qu'il est en même temps que peintre, car il écrit des articles très spirituels pour ce que l'on appelle, à Paris, la *petite presse*, je crois qu'il n'aime pas la nature, ou, du moins, qu'il ne porte, dans son amour pour elle, aucune délicatesse, aucun discernement. Il l'accepte partout ici telle qu'elle est, comme un écolier ou comme un moine cloîtré accepterait n'importe quelle femme, vieille ou jeune, noire ou blanche. Pourvu qu'il y ait de l'air vif, du ciel bleu, des lignes crues, et surtout des noms et des souvenirs, il croit que le plus pauvre coin de la nature méridionale est préférable aux plus beaux sites et aux plus beaux aspects de celle du Nord. Nous sommes en discussion perpétuelle sur ce point. Il est dû, du reste, comme beaucoup de touristes qui ne croient qu'aux choses lointaines ou célèbres. Les humbles beautés de leurs champs paternels n'existent pas pour eux, et l'amour des pays de tradition et de soleil est chez eux à l'état de fétichisme.

— Au fait, me répondait-il en riant, quelle description oserait-on faire de Château-Chinon ou de toute autre bourgade de votre France centrale? Qui dit Auvergne, Marche ou Limousin, dit quelque chose que tout le monde est censé connaître! — Et que personne ne connaît!

— J'en conviens; mais vous-même, vous voilà ici cherchant un beau ciel et de beaux sites?

— Oui, je les cherche, et je trouve un ciel gris et des sites très au-dessous de leur réputation. Maintenant que je me rappelle certains aspects des environs de Marseille, où vous n'avez pas voulu me suivre, je me demande si ce que j'ai vu de la Provence n'est pas infiniment plus beau que ce que je vois de l'Italie. Ce qu'il y a de certain, c'est que je n'ai pas encore rencontré ici une aussi belle journée que celle que j'ai passée sur les hauteurs de Saint-Joseph, et cependant c'était jour de mistral.

« Tout à l'heure, ajoutai-je, dans la gorge boisée de Marino, je vous disais que j'avais été élevé dans des ravins cent fois plus pittoresques, et que cette gorge rocailleuse, avec son ruisseau maigre et son village perché sur la colline, me paraissaient jolis, mais tout petits.

— Mais la tristesse de ce site, mais son caractère à nul autre semblable?

— Il n'est pas un coin de l'univers, si vulgaire qu'il paraisse, qui n'ait son caractère unique au monde, pour qui est disposé à le comprendre ou à le sentir. Mais avouez que l'imagination est souvent pour beaucoup dans nos impressions, que si l'on ne vous disait pas que Marino est un ancien repaire de brigands, sur cette route de Terracine féconde en sujets de mélodrames; enfin, que si vous rencontriez ce village et ce site sur un chemin de fer, à vingt-cinq lieues de Paris, vous n'y feriez pas la moindre attention?

— J'en conviens de tout mon cœur. Il n'a pour moi des airs de drame et de roman que parce qu'il est sur la terre du roman et du drame. Donc, je suis un voyageur naïf, tandis que vous, avec votre prétention de voir les choses par elles-mêmes, et de ne les juger que par ce qu'elles sont, vous vous ôtez tout le plaisir qu'elles vous donneraient, si vous les acceptiez pour ce qu'elles paraissent ou pour ce qu'elles rappellent.

Tout en cheminant, à grand renfort d'éperons, pour soutenir le trot de nos montures, je me demandais si Brumières avait raison, et si, avec sa nature parisienne irréfléchie, à la fois moutonnière et fantaisiste, il n'était pas plus aisément satisfait, par conséquent plus heureux que moi. Après y avoir réfléchi et fait un notable effort pour suivre vos conseils, c'est à dire pour me rendre compte de moi-même, je fus en mesure de lui répondre.

Nous étions arrivés à l'Aricia, l'antique Aricia des Latins, aujourd'hui une toute petite bourgade gracieusement située. Nos chevaux se reposaient, et, appuyés sur le parapet d'un magnifique pont à trois rangées d'arches superposées, ouvrage moderne digne des anciens Romains, nous reprîmes la conversation. Ce site-là était vraiment bien joli. Le pont monumental remplit un profond ravin pour mettre de plain-pied la route d'Aricia à Albano. Il passe donc par-dessus tout un paysage vu en profondeur, et ce paysage est rempli par une forêt vierge jetée dans un abîme. Une forêt vierge fermée de murs, c'est là une de ces fantaisies que des princes peuvent seuls se passer. Il y a cinquante ans que la main de l'homme n'a abattu une branche et que son pied n'a tracé un sentier dans la forêt Chigi. Pourquoi? *Chi lo sa?* vous disent les indigènes.

Cela m'a rappelé ce que vous me racontiez d'un palais aux portes et aux fenêtres murées depuis vingt ans, sur le boulevard de Palma, à l'île Majorque, par suite d'une volonté testamentaire dont nul ne savait la cause. Il y a, dans ces contrées de vieille aristocratie omnipotente, des mystères qui défraieraient nos romanciers, et qui excitent en vain nos imaginations inquiètes. Les murs se taisent, et les gens du pays s'étonnent moins que nous, habitués qu'ils sont à ne pas savoir la cause de faits bien plus graves dans leur existence sociale.

Au reste, ce caprice-là, qui serait bien concevable de la part d'un propriétaire artiste, est une agréable surprise pour l'artiste qui passe. Sur les flancs du ravin s'échelonnent les têtes vénérables des vieux chênes soutenant dans leur robuste branchage les squelettes penchés de leurs voisins morts, qui tombent en poussière sous une mousse desséchée d'un blanc livide. Le lierre court sur ces ruines végétales, et, sous l'impénétrable abri de ces réseaux de verdure vigoureuse et de pâles ossemens, un pêle-mêle de ronces, d'herbes et de rochers va se baigner dans un ruisseau sans rivages praticables. Si l'on n'était sur une grande route, avec une ville derrière soi, on se croirait dans une forêt du nouveau monde.

En fait d'arbres, je n'ai jamais rien vu d'aussi monstrueux que les chênes verts des *galeries* d'Albano. On appelle ainsi les chemins qui entourent cette localité célèbre en suivant une corniche faite de main d'homme, au-dessus de la plaine immense que dentèle la Méditerranée. Ce pays du Latium est largement ouvert, fertile, plantureux et pittoresque. Je vous dirai, par le menu, ce qui manque à cette riche nature ; mais je n'oublie pas que je suis sur le pont gigantesque d'Aricia, planant sur la forêt Chigi, et causant avec Brumières.

— J'étends votre raisonnement et le mien à toutes choses, lui disais-je, et cela n'en prouve qu'une seule, c'est que chaque organisation suit sa logique personnelle, et croit tenir la vraie notion, la vraie jouissance des biens terrestres. Je vous avoue donc humblement que je me crois infiniment mieux partagé que vous. Je n'ai pas cette bienveillance sans bornes et sans conteste que vous accordez à tout ce qui est réputé précieux. Je suis privé, en effet, de cette expansion continuelle d'une âme continuellement satisfaite ; mais j'ai en moi des trésors de volupté pour les joies qui s'adaptent dans à mon cœur et à mon intelligence. J'ai l'esprit un peu critique peut-être, ou un peu rebelle à l'admiration de commande ; mais quand je rencontre ce que je peux considérer comme mien, par la parfaite concordance de l'objet avec mon sentiment intérieur, je suis si heureux dans mon silence que je ne peux m'en arracher. J'ai toujours pensé que je ne m'y rencontrerais le coin de terre dont je me sentirais véritablement épris, je n'en sortirais jamais, cela fût-il aux Antipodes ou à Nanterre, cela s'appelât-il Carthage ou Pézénas ; de même que...

J'achevai ma phrase en moi-même, comme vous m'avez souvent reproché de le faire ; mais Brumières, perspicace en ce moment, l'acheva tout haut. — De même, dit-il, que le jour où vous rencontrerez la femme dont vous vous sentirez complétement amoureux, qu'elle soit reine de Golconde ou laveuse de vaisselle, vous serez à elle éternellement... mais non pas exclusivement, j'espère ?

— Exclusivement, je vous le jure ; ne voyez-vous pas, par mes continuelles restrictions, que je porte en moi, dans le sentiment de la nature et de la vie, un idéal qui n'a pas encore été satisfait et que je ne serai pas assez sot pour laisser échapper s'il se présente ?

— Diantre ! s'écria mon compagnon, je suis heureux que ma *princesse* (c'est ainsi qu'il persiste à appeler Médora) ne vous entende pas parler de la sorte. Je serais enfoncé à cent pieds au-dessous du niveau de la mer ! D'autant plus que depuis cette course, sans moi, à Tivoli, c'est étonnant comme mes actions ont baissé !

— Allons donc !

— Je ne plaisante pas. Soit que vous ayez été délicieux durant cette promenade, soit que votre maladie vous ait rendu ensuite très intéressant, ou enfin que votre exploit sur la *via Aurelia* ait laissé un souvenir ineffaçable, je trouve, surtout depuis votre départ, que vous faites des progrès effrayans, tandis que j'en fais à reculons dans le cœur de cette belle. Jean Valreg, ajouta-t-il moitié riant, moitié menaçant, si je pensais que vous vous moquez de moi, et que vous agissez pour votre propre compte.....

— Si vous me demandez cela avec des yeux flamboyans et le ton terrible, je vas vous envoyer promener, mon cher ami ! mais si vous faites sérieusement un dernier appel à ma loyauté, avec la volonté de prendre ma parole pour une chose sérieuse..., dites, est-ce ainsi que vous m'interrogez ?

— Oui, sur votre honneur et sur le mien !

— Eh bien, sur mon honneur et sur le vôtre, je vous renouvelle mon serment de ne jamais songer à miss Médora.

— Vous êtes donc bien sûr de pouvoir le tenir ? Voyons, cher ami, ne vous fâchez pas : je suis l'homme du doute, puisque je doute de moi-même ; puisque, moi, je n'oserais pas vous faire, en pareille circonstance, le serment que vous me faites si résolument.

— Alors, gardez vos soupçons. Que voulez-vous que j'y fasse ?

— Non ! non ! j'accepte votre parole ! Je la tiens pour sacrée quant à présent ; mais songez que, d'un jour à l'autre, vous pouvez regretter de me l'avoir donnée !

— Pourquoi, et comment cela ?

— Eh ! mon Dieu ! on ne sait ce qui peut se passer dans la cervelle d'une jeune fille aussi exaltée que Médora le paraît dans de certains momens. Si elle concevait pour vous... une fantaisie, je suppose ; si elle vous avouait une préférence...

— En sommes-nous là ? lui dis-je pour couper court à des suppositions qui m'embarrassaient un peu : venez-vous, amoureux débonnaire, me signaler les dangers, c'est à dire les avantages de ma situation ?

Brumières sentit la crainte du ridicule et s'empressa de me rassurer ; mais, au retour, tout le long du chemin, il ne put se défendre de revenir sur ce sujet, et j'eus bien de la peine à me préserver des questions directes ; questions auxquelles je n'aurais pas hésité à répondre par autant de mensonges effrontés. Cette éventualité me prouve bien que la vérité absolue n'est pas possible quand il s'agit de femmes.

Je vins à bout de calmer Brumières par une vérité, qui est la déclaration obstinée de mon absence de penchant pour Médora. Mais, quand cela fut bien posé, sa satisfaction se changea en un certain dépit contre l'insulte que ce dédain faisait à son idole, et il épuisa toutes les formules de l'admiration pour me prouver que j'étais aveugle et que je ne connaissais en femmes comme me un *croque mort en baptêmes.*

Cette conversation m'ennuya considérablement, car elle m'empêcha de donner aux objets extérieurs l'attention que j'aime à leur donner quand je me mets en route dans ce but. Décidément il vaut mieux être seul que dans un tête à tête où le cœur n'a rien à voir. Je n'avais pas mis dans les prévisions de ma journée, en m'éveillant, que je passerais cette journée de loisir à parler de miss Médora. Pouah, la discussion ! pouah, l'esprit ! pouah, les préoccupations d'avenir et de fortune ! Je ne suis bon à rien de tout cela, et il me tardait de me retrouver seul ; je me disais involontairement tout bas : J'ai assez vu Brumières aujourd'hui.

XXI.

4 avril. (Suite.)

Comme nous rentrions à Frascati, nous nous trouvâmes, sur la place extérieure, face à face avec la Daniella, belle comme un astre. Elle avait une robe de soie aventurine, un tablier tourterelle, un châle de crêpe de Chine écarlate sur la tête, du corail en collier et en pendants d'oreilles; enfin, tout attifée de la défroque de lady Harriet, mélangée et rajustée à la mode de Frascati, elle avait l'air d'une perdrix rouge.

Je ne sais trop pourquoi je fis semblant de ne pas la voir, peut-être par un sentiment de jalousie que je n'eus pas le temps de raisonner. J'espérais peut-être que Brumières ne la verrait pas ; mais il la vit, jeta la bride sur le cou de son cheval, et, courant à elle, il lui fit fête comme à une amie favorable à sa cause. Je vis alors qu'il ne savait rien du renvoi de la soubrette, et que, dans la famille B***, on disait avoir accordé à celle-ci la permission d'aller passer quelques jours dans sa famille.

— Vous allez sans doute revenir bientôt, lui disait Brumières : voulez-vous que je vous remmène, ce soir, à Rome ? — Jamais ! répliqua la *stiratrice* d'un air de reine, après l'avoir laissé jusque là dans son erreur, comme par malice.

— Comment, jamais? s'écria Brumières ; vous êtes donc brouillée avec votre belle maîtresse ?

— À jamais ! répéta Daniella avec le même accent d'orgueil indomptable.

— Contez-moi donc ça ? dit Brumières, curieux de tout ce qui pouvait lui révéler quelque particularité du caractère de Médora.

— Jamais ! répondit la Frascatane pour la troisième fois en tournant les talons.

Brumières la retint. — Faudra-t-il lui faire cette réponse de votre part, si elle m'interroge sur votre compte ?

— Si vous lui dites que vous m'avez vue, et si elle vous demande comment je parle d'elle, vous lui direz que je lui pardonne, mais que je ne retournerai jamais avec elle, quand elle me donnerait mon pesant d'or.

Elle s'éloigna sans m'accorder un regard, et Brumières m'accabla de questions. C'est ce que je redoutais, étant las de toute cette diplomatie. Je m'en tirai comme je pus, en feignant de ne rien savoir et de n'avoir échangé que quelques mots avec la Daniella depuis mon retour à Frascati. Je me gardai de lui dire sa parenté avec la Mariuccia et ses habitudes à la villa Piccolomini.

En me taisant ainsi et en feignant la plus profonde indifférence, je sentis que je devenais de plus en plus mécontent de la façon légère dont Brumières parlait d'elle. — Que se sera-t-il donc passé entre la maîtresse et la servante? disait-il. Je donnerais gros pour le savoir. Voyons, vous ne l'ignorez pas, vous qui avez été au mieux à Rome avec cette fille ! » Et, comme je m'en défendais, il se moqua de moi. — Vous me faites *poser*, dit-il, tout à coup, comme frappé d'un trait de lumière. Elle est votre maîtresse ! C'est pour cela qu'on l'a renvoyée, et c'est parce qu'on l'a renvoyée que vous êtes ici !

— Je serais très honteux que vous eussiez deviné juste, lui répondis-je. Ce serait bien grossier de ma part d'avoir pris ainsi mes aises dans une maison respectable et d'en avoir fait chasser cette pauvre fille, qui, après tout, peut être fort honnête, quoi que vous en pensiez.

Le voiturin qui va tous les jours de Frascati à Rome, sous le titre usurpé de diligence, arriva sur la place, et Brumières n'eut que le temps de me dire adieu.

Pour revenir à Piccolomini, je fis un détour, suivant au hasard, et comme malgré moi, la direction que, quelques momens auparavant, j'avais vu prendre à la *stiratrice*.

La ruelle dans laquelle je m'engageai me conduisit au faubourg qui forme ravin, du côté des anciennes constructions romaines. Tout cet escarpement est très pittoresque. De vieilles maisons démesurément hautes, et plongeant à pic dans le précipice, sont assises sur des masses qui se confondent avec les rochers et qui sont d'énormes blocs de ruines antiques. Sous la gigantesque végétation qui les recouvre, on reconnaît des pans de murailles colossales, revêtues de *mattoni*, dès escaliers et des portes qui, liés à des fragmens entiers d'édifices par l'indestructible ciment des anciens, sont tombés là sur le flanc ou à la renverse. Et, pour soutenir tout cet éboulement, qui lui-même soutient les constructions modernes, on a fiché, çà et là, de vieilles poutres qui portent le tout tant bien que mal, jusqu'à ce qu'un de ces petits et fréquens tremblemens de terre, dont on ne s'occupe guère ici, achève de tout emporter dans la plaine. Il y a de la place en bas ; c'est apparemment tout ce qu'il faut.

Parmi ces décombres, dont plusieurs laissent à nu de profondes excavations pleines d'eau, les habitans du faubourg ont établi des caves, des lavoirs, des celliers et des terrasses. Sur le couronnement d'une petite tour ruinée, je vis ; au milieu du splendide revêtement de mousse qui miroitait sur tout ce tableau au soleil couchant, de grosses touffes d'iris blanches sortant des fentes du ciment. Quelque chose de mystérieux m'avertit que c'était là le jardin de la Daniella, et je m'imaginai que je devais la trouver elle-même dans cette maison, ou plutôt dans cette tour carrée que flanquaient, jusqu'à la moitié, deux restes de tourelles rondes de construction plus ancienne. Cette habitation est la plus étrange et la plus démesurée du faubourg. Elle a une porte en arceau qui donne sur la rue basse, et dont la largeur occupe presque toute la façade d'entrée, si toutefois on peut appeler façade un long tuyau de maçonnerie perpendiculaire. Un sale ruisseau passe sous le seuil et va se perdre, tout à suite, dans un de ces cloaques antiques qui sont des abîmes.

J'entrai d'autant plus aisément que cette ouverture n'avait aucune espèce de porte. Je montai un grand escalier malpropre et usé qui me parut être le chemin commun à plusieurs des habitations superposées le long du précipice. Celle-ci présente sur la rue une face d'environ vingt pieds de large sur au moins cent pieds de hauteur, percée irrégulièrement, et comme au hasard, de petites ouvertures qu'on n'oserait appeler des fenêtres. Quand j'eus gravi à peu près soixante marches, je trouvai une autre porte sur le flanc de la maison, et je me mis à niveau avec le sommet des tourelles antiques, par conséquent avec le parterre de deux mètres carrés où croisaient des iris jaunes. Je ne pus résister à l'envie de sortir de la cage de l'escalier où, jusque-là, je n'avais été vu de personne, pour explorer cette petite plate-forme que couvrait un berceau de roses grimpantes.

Il n'y a rien de plus joli que ces grappes de petites roses jaunes; le feuillage, ressemblant à celui du frêne, est superbe, et la tige prend les proportions sans fin du lierre et de la vigne. Ce rosier se plaît beaucoup ici, et celui-ci a toute l'élévation des tours, c'est-à-dire une cinquantaine de pieds. Ses rameaux, entrelacés sur des cannes de roseau, ombragent la petite plate-forme et reprennent leur ascension sur le flanc de la maison, bien décidés à grimper aussi haut qu'il y aura du mur pour les porter.

Sous ce berceau, un petit tombeau de marbre blanc, en forme d'autel antique, ramassé dans les décombres et couché sur le flanc, sert de siége. Quelques girofflées garnissent irrégulièrement le pourtour ébréché de la plate-forme, et, sur la terre rapportée qui les nourrit, je vis la trace d'un tout petit pied dont le talon, creusé plus que le reste, indiquait une bottine de femme, chaussure plus élégante que celle des pauvres artisanes de Frascati, et qui m'avait paru n'être portée que par la Daniella. Cette trace approchait du bord de la plate-forme, et une empreinte plus arrondie me fit deviner qu'on s'était agenouillé là, tout au bord, pour atteindre, en se penchant sur l'abîme, les fleurs d'iris blanches sortant du mur, deux pieds plus bas.

Comme ce jardin, ou plutôt cette tonnelle, n'a aucune espèce de rebord, et que le ciment des pierres ébranlées criait sous le pied, il me passa un frisson par tout le corps, en songeant à ce que j'éprouverais en voyant là une femme aimée se pencher en dehors, ou seulement s'asseoir sur le tombeau adossé au fragile édifice de bambous romains qui porte les branches légères du rosier.

Je m'y assis un instant pour me rendre compte, ou plutôt pour me rendre maître d'une émotion si soudaine et si vive; car je me ferais en vain illusion, chaque minute qui s'écoule accélère les battemens de mon cœur, et, désir ou affection, sympathie ou caprice, je me sens envahi par quelque chose d'irrésistible.

Je vins à bout, cependant, de me raisonner. Si c'était là, en effet, la résidence de la stiratrice et que cette fille fût honnête, devais-je m'engager plus avant dans une visite qui pouvait lui attirer des chagrins ou des dangers? Et si elle n'était qu'une vulgaire intrigante, qu'allais-je faire en donnant, bien que dûment averti, tête baissée, dans un guêpier? De toutes manières, la raison me disait le fort avant que les commères du voisinage ne m'eussent aperçu.

Je m'arrêtai à une autre solution passablement absurde, qui était d'explorer consciencieusement l'intérieur de cette grande vilaine bâtisse, où je supposais que la pimpante soubrette de miss Médora devait habiter quelque affreux bouge. Quand j'aurai surpris là, pensai-je, la hideuse malpropreté qui m'a fait reculer devant des maisons de meilleure apparence, je serai si bien guéri de ma fantaisie qu'elle ne mettra plus en péril, ni le repos de cette fille ni le mien.

Je quittai donc la plate-forme; je rentrai dans l'intérieur; je recommençai à gravir l'escalier, qui, jusque-là, n'était, qu'un passage public, c'est-à-dire une servitude commune à huit ou dix maisons adjacentes, posées trop au bord de l'escarpement pour avoir d'autre issue.

L'escalier, tout en moellons, dont plusieurs portaient des traces d'inscriptions romaines, devenait de plus en plus rapide, étroit et sombre. De temps en temps, je rencontrais un palier ou une échelle conduisait à des portes cadenassées. Plusieurs étaient en si mauvais état que je pus regarder à travers : c'étaient des chambres hideuses, meublées d'un ou de plusieurs grabats énormes, de quelques chaises de paille plus ou moins cassées, et de cette multitude de pots et de cruches de toute matière et de toute dimension qui sont ici le fonds du mobilier.

Dans une pièce plus vaste, également déserte et cadenassée, je vis une grande table et un attirail de fers et de fourneaux. Bon! pensai-je, voilà l'atelier de la stiratrice. Le local était tellement nu, qu'il n'y avait rien à conclure pour ou contre la propreté qui pouvait y régner d'habitude.

Je montai encore. Mais comment se faisait-il que cette maison, évidemment habitée, n'eût pas, en ce moment, une seule figure humaine à me montrer, une seule parole humaine à me faire entendre? En passant la tête par un des jours de l'escalier, je plongeais dans toutes les fenêtres ouvertes des maisons voisines, et je voyais ces maisons également désertes et silencieuses, bien que les chiffons pendus à des cordes et les vases ègueulés sur les fenêtres me prouvassent qu'elles n'étaient pas abandonnées à la ruine qui les menace. Enfin, je me rappelai que la Mariuccia m'avait parlé d'un fameux capucin qui devait prêcher, à cette heure-là précisément, dans une des églises de la ville, et je m'expliquai le désert qui m'environnait et la brillante toilette de la Daniella. Sans aucun doute, toute la population était au sermon, je pouvais continuer sans danger mon exploration. Le son de la cloche m'avertirait du moment où je ferais bien de déguerpir.

Ainsi rassuré, j'arrivai au dernier étage. Une porte, dont la gâche ne mordait plus, s'ouvrit comme d'elle-même quand j'y appuyai la main. L'escalier continuait, mais ce n'était plus qu'une vis en bois sans rampe, une sorte d'échelle. Si je n'étais pas chez la stiratrice, j'étais du moins chez quelque personnage mystérieux dont les habitudes ou les besoins d'élégance contrastaient singulièrement avec le reste de ce taudis, car les degrés de bois étaient couverts d'une natte de jonc très propre, et la porte à laquelle ils s'arrêtaient était fermée, en guise de loquet, par un bout de ruban rose passé dans deux pitons.

Je me résolus à frapper. Personne ne répondit. J'hésitai à dénouer le ruban, qui me semblait une marque de confiance respectable; mais ce pouvait bien être aussi l'enseigne d'une demeure suspecte. Je cédai à la curiosité : j'entrai.

C'était une assez grande pièce, puisqu'elle occupait tout le carré de la tête de la maison. Les murs, récemment blanchis au lait de chaux, n'avaient pour ornemens qu'un crucifix, un joli bénitier de faïence ancienne et quelques gravures de dévotion. Une statuette d'ange, moulée en plâtre, était posée dans une petite niche, à la tête du lit. Une grande palme bénite de la fête des Rameaux, toute fraîche encore, ombrageait l'oreiller. Le lit blanc, d'un aspect virginal, le carreau recouvert de nattes, les deux chaises de fabrique frascatine, en paille tressée et en bois orné de dorures naïves, la table de toilette avec sa nappe garnie de grosses dentelles de coton, sa glace brillante, et tous les petits ustensiles qui attestent un soin consciencieux et même recherché de la personne, de gros bouquets de cyclamens roses dans des vases de terre cuite, qui étaient peut-être des urnes cinéraires, un rideau de mousseline, non encore ourlé, à l'unique fenêtre, je ne sais quel air embaumé de propreté scrupuleuse et de sensualité chaste, voilà quel était l'intérieur, tout fraîchement arrangé, de la *stiratrice*.

Mais étais-je bien chez elle? Et si j'étais chez elle, en effet, ne pouvais-je pas m'attendre à voir arriver quelque chaland initié à la honteuse signification du ruban rose? Etait-il possible, encore une fois, qu'une jolie fille, libre d'allures et de principes comme elle paraissait l'être, comme elle l'avait été en me disant : « *espérez tout* si vous m'aimez », vécût là saintement dans un sanctuaire d'innocence, au milieu des humbles recherches féminines d'une coquetterie bien entendue, sans songer à tirer parti de sa supériorité d'esprit, de luxe et de manières sur toutes ses compagnes? Imaginer une grisette de Frascati vertueuse ou seulement désintéressée, n'était-ce pas, selon Brumières, le comble du don quichottisme?

Que m'importait, après tout? Et pourquoi cette dévorante inquiétude? Pourquoi vouloir trouver une vestale dans une fillette à l'œil provoquant et à la démarche voluptueuse? N'était-ce pas assez de voir qu'elle avait, relativement, autant de soin de sa jeunesse et de ses charmes que miss Médora elle-même? Rencontrer cette initiation à la vie civilisée chez une Italienne de cette classe, n'était-ce pas une bonne fortune à ne pas dédaigner?

Au beau milieu de ces réflexions d'une grossière philosophie, je devins d'une tristesse mortelle, sans trop savoir pourquoi. J'étais assis sur la chaise peinte et dorée, auprès de la fenêtre. A travers les fleurs d'une grosse touffe de pétunia blanche, qui poussait d'elle-même dans les fentes d'une pierre, comme chez nous les violiers jaunes, je pouvais plonger de l'œil dans le gouffre immonde de la *Cloaca*, où se précipitaient des ruisseaux d'eau de lessive et de fumier. Et pourtant, un air vif, passant, à la hauteur où j'étais, sur toutes ces émanations pestilentielles, ne s'imprégnait autour de moi que des parfums de ces fleurs et de cette chambre. La splendide verdure des rochers et des ruines tendait à couvrir et à cacher la sentine impure, et, dans le ciel immense qui s'étendait sur la campagne de Rome et sur les montagnes bleues de l'horizon, il y avait quelque chose de si doux et de si pur, qu'on ne pouvait allier la pensée du vice avec celle de l'habitante de cette cellule aérienne.

Mais quoi, pensais-je en m'arrachant au charme qui me dominait, ce vaste ciel et ces sales décombres, ces fleurs luxuriantes et ces égouts infects, ces yeux enivrans et ces cœurs souillés, n'est-ce pas là toute l'Italie, vierge prostituée à tous les bandits de l'univers, immortelle beauté que rien ne peut détruire, mais qu'aussi rien ne saurait purifier?

Le son de la cloche m'avertit que l'on sortait de l'église. Comme j'allais quitter cette chambre, incertain encore de la réalité de ma découverte, un objet qui n'avait pas encore frappé mes regards me prouva que j'étais bien chez la Daniella, et cette preuve fut en même temps une révélation émouvante. Dans la niche qui contenait la statuette de l'ange gardien, je remarquai une pierre d'une forme étrange : c'était un de ces petits cônes de lave sulfureuse que j'avais cassés à la solfatare, sur la route de Tivoli. J'aurais hésité à le reconnaître si, dans le tube qui perfore ces petits cratères, on n'eût planté une fleur de perven-

che desséchée, et cette fleur, je la reconnus pour l'avoir cueillie auprès du temple de la Sibylle. Médora l'avait prise et mise avec soin dans du papier, circonstance qu'en ce moment-là, je n'avais attribuée qu'à une sentimentalité anglaise pour le sol de l'Italie. Elle m'avait aussi demandé un de mes échantillons de la solfatare, et j'y vis une petite étiquette marquant la date de cette promenade. Daniella lui avait-elle volé ce souvenir, ou l'avait-elle ramassé dans les balayures? C'est ce que je me promis de savoir. Quoi qu'il en soit, je fus touché de le voir là, posé au chevet de son lit comme une relique, et j'y crus trouver une réponse éloquente à tous mes soupçons, tant il est vrai que la femme qui nous aime se purifie, par ce seul fait, dans notre ombrageuse imagination.

Des voix lointaines, qui chantaient horriblement faux je ne sais quels cantiques, me donnèrent un second avertissement. Je renouai le ruban rose à la porte; puis, entraîné par ma fantaisie de cœur, je dénouai, et je rentrai dans la chambre pour placer, sur la pierre de soufre, une petite bague antique assez jolie, que j'avais achetée à Rome au columbarium de Pietro. Enfin, je me hâtai de sortir, de descendre et de regagner l'intérieur de la ville, avant que les habitans du faubourg eussent reparu sur les hauteurs.

En traversant la rue de la *Tomba di Lucullo* (on dit qu'une vieille tour qui est encastrée dans une des maisons de la ville est le tombeau de Lucullus), je me rendis compte des chants discordans que j'avais entendus. Une cinquantaine d'enfans des deux sexes, agenouillés dans la crotte, glapissaient un cantique devant trois petites bougies allumées autour d'une madone peinte à fresque sur le mur. J'allais passer insoucieux, quand je vis arriver une douzaine de jeunes filles portant des fleurs dont elles voilèrent complétement la madone, en les piquant dans le petit grillage de laiton qui la protégeait. La Daniella était parmi elles, et chantait aussi; mais sa voix était perdue dans ce vacarme, et je ne pus savoir si elle chantait plus ou moins faux que les autres. Elle me vit, et me suivit des yeux en souriant, mais sans cesser de chanter et sans se déranger de la cérémonie.

Je n'osai m'arrêter, car on me regardait curieusement, et l'acte de dévotion qu'on accomplissait n'empêchait pas les chuchotteries des jeunes filles.

Je rentrai donc sans avoir pu échanger un mot avec la *stiratrice*, et cela fait maintenant deux jours passés ainsi, ce qui est étrange après la conversation que nous avons eue ensemble. Je crois bien qu'elle me boude sérieusement, car j'ai eu le coup de tête de demander à la Mariuccia pourquoi sa nièce ne venait plus la voir, et elle m'a répondu : — « Elle vient aux heures où vous n'y êtes pas. »

XXII.

5 avril. — Frascati.

Il a fait aujourd'hui un temps délicieux, clair et presque chaud. C'était bien le cas de faire enfin, hors des villas, une belle promenade à ma guise, et pourtant, je n'en avais nulle envie. Après mon déjeuner, je suis remonté à mon grenier. Grenier est le mot, car je suis de plain pied avec celui de la maison, et il faut même que je le traverse pour arriver à mon logement; cela me fait une situation isolée qui ne me déplaît pas.

La Mariuccia est arrivée pour faire mon ménage et m'a poussé dehors pour balayer. Je me tenais dans le grenier; elle m'a grondé parce que j'y fumais mon cigare et risquais, selon elle, d'y mettre le feu.

— Est-ce que vous n'allez pas courir aujourd'hui? Il n'a pas fait si beau depuis un mois! (Et, comme je trouvais des prétextes pour ne pas sortir.) Eh bien, a-t-elle ajouté, vous n'aurez pas besoin de moi, et, si vous restez, je vous confierai la garde de la maison.

— Vous allez donc sortir, Mariuccia?

— Eh! n'est-ce pas aujourd'hui le Jeudi-Saint? Il faut que je m'occupe de mes dévotions.

— Dites-moi à qui je dois ouvrir si l'on sonne.

— Personne ne sonnera.

— Pas même la Daniella?

— Elle moins que toute autre.

— Pourquoi ça?

— Parce qu'elle a fait un vœu hier, en sortant du sermon. Oh! le beau sermon! Jamais je n'ai entendu mieux prêcher! Vous avez eu grand tort de ne pas venir entendre cela. La Daniella a tant pleuré qu'elle a juré de faire ses pâques plus chrétiennement qu'elle ne les a encore faites, et, pour s'y disposer, elle a été mettre des fleurs à la madone de *Lucullo*.

— Qu'est-ce que cela veut dire?

— Qu'elle faisait un vœu!

— Lequel?

— Ah dame! vous êtes curieux!

— Très curieux, vous voyez!

— Eh bien, voilà ce que je leur ai conseillé à toutes, à la Daniella et à une douzaine d'autres jeunes filles, qui me demandaient par quel vœu elles devaient se sanctifier avant le jour de Pâques. Portez des fleurs à la Vierge, leur ai-je dit, et promettez-lui de ne pas parler à vos amans avant d'avoir reçu l'absolution et la communion.

— Vous avez eu là une belle idée, Mariuccia!

— Elles l'ont trouvée belle, puisqu'elles l'ont suivie. Ainsi, vous ne verrez ma nièce ni aujourd'hui, ni demain, ni samedi.

— Votre nièce a donc un amant dans la maison?

— Eh! *chi lo sa*? dit la vieille fille en me regardant avec malice; puis elle rangea son balai et courut se faire belle pour aller entendre les offices à l'église des Capucins. Je pensai que la Daniella l'y rejoindrait, et je guettai sa sortie pour la suivre à distance.

Elle traversa l'enclos et en sortit par le petit chemin rapide qui sépare les Piccolomini et Aldobrandini. Quand on a grimpé un quart d'heure, on tourne à gauche et on grimpe encore l'avenue du couvent, qui est vaste et ombragée. L'édifice est à mi-côte, tapi comme un nid sous la verdure. Quand M. de Lamennais vint demeurer ici en 1832, il demeura chez les capucins, dont il pensait beaucoup de bien. Il aimait aussi, m'a-t-on dit, cette retraite cachée dans la riche végétation de la montagne, thébaïde charmante entourée de villas désertes et silencieuses.

Je regardai dans toute l'église; la Daniella n'y était pas, et, comme les petits yeux malins de la Mariuccia m'observaient, je fus forcé de me retirer. J'attendis un peu sur le chemin; ce fut en vain. Rien ne prouvait que Daniella dût venir là. Je montai au-dessus du couvent et vis ouverte la porte d'une villa que je n'ai pas encore explorée. C'est la Ruffinella, qui a successivement appartenu à Lucien Bonaparte, aux jésuites et à la reine de Sardaigne. Les jardins sont vastes et dominent, de plus haut que tous les autres, la belle vue que j'ai déjà de ma fenêtre de Piccolomini, à une demi-lieue plus bas. Le palais n'est qu'une grande vilaine maison de plaisance, où la reine de Sardaigne n'est, je crois, jamais venue. Cependant, elle a fait faire des fouilles aux environs, et, comme ce palais se nomme aussi villa Tusculana, je pensai que les ruines de Tusculum devaient être par là quelque part, et je les cherchai, sans demander de renseignemens aux jardiniers, voulant garder le plaisir d'aller seul à la découverte.

J'escaladai le jardin qui monte toujours, par une allée fort extraordinaire. C'est encore un de ces caprices italiens dont on n'a point d'idée chez nous. Sur un terrain en pente semi-verticale, on a écrit, c'est-à-dire planté en buis nain et en caractères d'un mètre de haut, cent noms de poètes et d'écrivains illustres. Cela commence vers Hésiode et Homère, et finit vers Chateaubriand et Byron. Voltaire et Rousseau n'ont pas été oubliés sur cette liste qui a été dressée avec goût et sans partialité, par Lucien probablement. Les jésuites l'ont respectée. Un petit sentier passe transversalement entre chaque nom, et, au milieu de l'abandon général des choses de luxe de ce jardin, cette fantaisie est encore entretenue avec soin.

Je parvins au sommet de la montagne, en m'égarant dans de superbes bosquets. Puis, je me trouvai sur un long plateau dont le versant est aussi nu et aussi désert que celui que l'on monte depuis Frascati est ombragé et habité. Devant moi se présentait une petite voie antique, bordée d'arbres, qui, suivant à plat la crête douce de la montagne, devait me conduire à Tusculum.

J'arrivai bientôt en vue d'un petit cirque de fin gazon, bordé de vestiges de constructions romaines. Un peu au-dessous, je pénétrai, à travers les ronces, dans la galerie souterraine par laquelle, au moyen de trappes, les animaux féroces, destinés aux combats, surgissaient tout à coup dans l'arène, aux yeux des spectateurs impatiens. Ce cirque n'a de remarquable que sa situation. Assis sur le roc, au bout le plus élevé d'une étroite gorge en pente, qui s'en va rejoindre, en sauts gracieux et verdoyans, les collines plus basses de Frascati et ensuite la plaine, il est là comme un beau siége de gazon, installé pour offrir au voyageur le plaisir de contempler à l'aise cette triste vue de la campagne de Rome, qui devient magnifique, encadrée ainsi. Le renflement de la colline autour du cirque le préserve des vents maritimes. Ce serait un emplacement délicieux pour une villa d'hiver.

J'y pris quelques momens de repos. Pour la première fois depuis que j'ai quitté Gênes, il faisait un temps clair. Les montagnes lointaines étaient d'un ton superbe, et Rome se voyait distinctement au fond de la plaine. Je fus étonné de l'emplacement énorme qu'elle occupe, et de l'importance du dôme de St-Pierre qui, tout le monde vous l'a dit, ne fait pas grand effet, vu de plus près.

Un bruit mystérieux s'empara de ma rêverie. C'était comme une plainte, ou plutôt comme un soupir harmonieux et plaintif de la voix humaine. Comme tout était désert autour de moi, j'eus quelque peine à découvrir la cause de ce bruit intermittent, toujours répété et toujours le même. Enfin, je m'assurai qu'il sortait de la galerie souterraine, où le bruit de mes pas m'avait empêché de l'entendre quand j'y avais pénétré. J'y retournai. Ce n'était que le murmure d'une goutte d'eau filtrant de la voûte et tombant dans une petite flaque perdue dans les ténèbres. L'écho du souterrain lui donnait cette rare sonorité, qui ressemblait au gémissement d'une divinité captive et mourante, ou plutôt à l'âme de quelque vierge martyre s'exhalant sous l'horrible étreinte des bêtes du cirque.

En quittant cet amphithéâtre, je suivis, dans le désert, un chemin jonché de mosaïques des marbres les plus précieux, de verroteries, de tessons de vases étrusques et de gravas de plâtre encore revêtus des tons de la fresque antique. Je ramassai un assez beau fragment de terre cuite, représentant le combat d'un lion et d'un dragon. Je dédaignai de remplir mes poches d'autres débris : il y en avait trop pour me tenter. La colline n'est qu'un amas de ces débris, et la pluie qui lave les chemins en met chaque jour à nu de nouvelles couches. Ce sol, quoique souvent fouillé en divers endroits, doit cacher encore des richesses.

Le plateau supérieur est une vaste bruyère. C'était jadis, probablement, le beau quartier de la ville, car cette steppe est semée de dalles ou de moellons de marbre blanc. Le chemin était, sans doute la belle rue patricienne. Des fondations de maisons des deux côtés attestent qu'elle était étroite, comme toutes celles des villes antiques. Au bout de cette plaine, le chemin aboutit au théâtre. Il est petit, mais d'une jolie coupe romaine. Le parterre, les degrés de l'hémicycle sont entiers, ainsi que la base des constructions de la scène et les marches latérales pour y monter. L'avant-scène et les voies de dégagement nécessaires à l'action scénique sont sur place et suffisamment indiquées par leurs bases, pour faire comprendre l'usage de ces théâtres, la place des chœurs, et même celle du décor.

Derrière ce théâtre est une piscine parfaitement entière sauf la voûte. On est là en pleine ville romaine. On n'a plus qu'à atteindre le faîte de la montagne pour trouver la partie pélagique, la ville de Télégone, fils d'Ulysse et de Circé.

Là, ces ruines prennent un autre caractère, un autre intérêt. C'est la cité primitive, c'est à dire la citadelle escarpée, repaire d'une bande d'aventuriers, berceau d'une société future. Les temples et les tombeaux des ancêtres y étaient sous la protection du fort. La montagne, semée de bases de colonnes qui indiquent l'emplacement des édifices sacrés, et bordée de blocs bruts dont l'arrangement dessine encore des remparts, des poternes et des portes, s'incline rapidement vers d'autres gorges bientôt relevées en collines et en montagnes plus hautes. Ce sont les monts Albains. Dans une de ces prairies humides où paissent les troupeaux, était le lac Régille, on ne sait pas où précisément. Le sort de la jeune Rome, aux prises avec celui des antiques nationalités de Latium, a été décidé là, quelque part, dans ces agrestes solitudes. Soixante-dix mille hommes ont combattu pour *être* ou *n'être pas*, le destin de Rome, qui, en ce terrible jour, écrasa les forces de trente cités latines, a passé sur l'Agro Tuscular comme l'orage, dont la trace est vite effacée par l'herbe et les fleurs nouvelles.

Vous savez l'histoire de Tusculum? Elle se résume en quelques mots comme celle de toutes les petites sociétés antiques du Latium : établissemens hasardeux, quelquefois à main armée, sur des terres mal défendues, puis fortifiées par l'esprit d'association civique, par la fertilité du sol, et souvent par la situation inexpugnable ; extension de l'association par la ligue avec les éta-

blissemens voisins ; affermissement de l'existence et commencemens de civilisation, aussitôt que cessent le pillage et l'hostilité entre les membres de cette race d'aventuriers fondateurs de villes ; puis les grandes luttes contre l'ennemi commun, Rome, qui, née là dernière, grandit à pas de géant, comme un fléau vengeur des premières spoliations du sol antique ; défaites tantôt partielles, tantôt générales de la confédération latine; alliances subies plutôt qu'acceptées avec le vainqueur ; conspirations et révoltes, toujours écrasées par l'implacable droit du plus fort : effacement final des nationalités partielles, et fusion politique dans la grande nationalité romaine.

Mais c'est ici que l'histoire très confuse de ces nationalités vaincues prendrait de l'intérêt si elle avait de plus grandes proportions, et si elle n'était bouleversée à chaque instant par le flot des invasions barbares. Ces peuples d'origines différentes, qui, tantôt faisaient alliance avec les Romains contre leurs voisins, et tantôt revenaient à l'alliance naturelle contre Rome, conservèrent toujours un sentiment de patriotisme étroit, ou plutôt un secret orgueil de race qui leur fit même préférer le joug de l'étranger à celui de Rome. Tusculum persista, jusqu'au douzième siècle, à trahir, en toute occasion, la cause romaine, aimant mieux épouser celle des Allemands que celle des papes, comme si l'affront subi au lac Régille n'eût pas été effacé après un millier d'années d'apparentes réconciliations. Enfin, les haines du moyen-âge rallumèrent, dans toute sa rudesse barbare, l'antique inimitié. Les Romains fondirent sur Tusculum, la pillèrent et la détruisirent de fond en comble sous le pontificat du pape Célestin III. Une circonstance caractéristique, c'est que le pape avait fait de l'abandon de la citadelle de Tusculum la condition du couronnement de l'empereur, et qu'à peine les Allemands étaient-ils sortis par une porte, les Romains entrèrent par l'autre, livrant cette jeune ville à toutes les horreurs de la guerre. Et pourtant, Jésus avait passé dans l'histoire des hommes ; ses autels avaient remplacé ceux des Némésis païennes. Le vainqueur ne s'appelait plus Furius, mais Célestin.

La société tusculane disparut avec sa ville, avec sa citadelle, ses temples et ses théâtres. Les fugitifs se dispersèrent. Quelques-uns se groupèrent autour d'une chapelle située dans des bosquets naturels, sur les gradins inférieurs de la montagne, et qu'on appelait la Madone des Feuillages (*Frasche*). De là le nom, de là la ville de Frascati ; de là le dédain et l'aversion de tout véritable *Frascatino* pour Rome et ses habitans, *tutti ladri, tutti birbanti*, s'écrie à chaque instant la Tusculane Mariuccia, quand on réveille le levain de ses passions latines. Et pourtant la Mariuccia sait si peu l'histoire de son pays, qu'elle prend Lucullus pour un pape, et la villa Piccolomini pour le berceau de la race pélagique. Elle n'est jamais allée jusqu'à Tusculum, bien qu'il n'y ait guère plus d'une lieue de distance ; mais elle a des dictons flétrissans pour toutes les autres villes du Latium, dictons qui semblent le reflet d'antiques traditions de rivalité, au temps où les Eques, les Sabins, les Albains, les Erniques et les Tusculans ravageaient, à tour de rôle, leurs établissemens naissans, et s'enlevaient leurs troupeaux errans sur des terrains en litige.

La vue que l'on embrasse du sommet de l'*arx* de Tusculum est des plus romantiques. Là, on tourne le dos à l'éternelle Rome. Quand les bois de chataigniers sont feuillus, cette vue doit être plus belle encore; mais, alors, des caravanes de peintres et de touristes envahissent ces solitudes, et je m'applaudis d'être venu ici avant le beau temps, puisque je possède ces lieux célèbres dans tout leur caractère de mélancolique austérité. Les dévotions de la Semaine sainte concentrent la population indigène, déjà si clairsemée, dans les couvens et dans les églises. Aussi loin que ma vue pouvait s'étendre, il n'y avait sous le ciel d'autre créature humaine que moi et un berger assis sur la bruyère entre ses deux chiens.

Je m'approchai de lui et lui offris de partager mon repas, c'est-à-dire mon morceau de pain, et quelques amandes de pin grillées, que la Mariuccia avait mises dans ma gibecière de promenade.

— Non, merci, me dit-il; c'est jour de jeûne, et je ne peux accepter; mais je causerai avec vous, si vous vous ennuyez d'être seul.

C'était un robuste paysan de la marche d'Ancône, d'une quarantaine d'années et d'une figure douce et sérieuse. Son grand nez aquilin ne manquait pas de race; mais sa haute taille, ses cheveux blonds, ses manières calmes, son parler lent et judicieux ne répondaient pas à l'idée que je me serais faite d'un type de pâtre dans la campagne de Rome. Des pieds à la tête, il était vêtu de cuir et de peaux comme un Mohican. Il fait ses habits lui-même et les porte un an sans les quitter. Alors ils sont usés et il s'en fabrique d'autres.

Après m'avoir donné quelques détails sur son genre de vie, il me parla du lieu où nous étions. Il n'y a pas, dans tout Rome, me dit-il, un théâtre aussi entier et aussi intéressant que celui de Tusculum. Et puis, c'est plus agréable, n'est-ce pas, de regarder des ruines dans un endroit comme celui-ci, où personne ne vous gêne, et où il n'y a pas de maisons nouvelles pour vous déranger vos souvenirs?

J'étais fort de son avis. C'étaient là, en effet, les premières ruines qui m'avaient ému réellement. A des vestiges illustres, à des souvenirs historiques, il faut un cadre austère, des montagnes, du ciel, de la solitude surtout. Ce berger est érudit; c'est, à l'occasion, une espèce de cicérone; mais il est discret, sobre de paroles, et bienveillant sans familiarité importune et sans mendicité. Il passe sa vie à gratter la terre, et il a chez lui, dans une cabane qu'il me montra au fond du vallon, un petit musée d'antiquités ramassées à Tusculum. Je montai avec lui sur la roche la plus élevée et il me décrivit la vaste étendue, déployée autour de nous comme une carte géographique. Grâce à lui, je sais maintenant mon Latium sur le bout du doigt, et je pourrai aller partout sans guide. Rien n'est plus facile, aussitôt que l'on connaît les principales montagnes par leurs noms et par leurs formes.

Je me suis donc promené avec les yeux et j'ai parcouru, en désir et en espérance, des sites ravissans ou sévères. J'ai oublié, dans ce voyage, mes préoccupations de ce matin. La locomotion, l'amour des découvertes, ce je ne sais quoi d'enivrant dans la solitude inexplorée, ce sont là d'exquises jouissances, et je me demande quelle société de femme en donnerait de plus vraies.

Oui! voilà ce qu'on se dit tant que la femme est loin!

— Où est la maison où Cicéron composa ses Tusculanes? demandai-je au pâtre, pour voir jusqu'où allait son érudition.

— Chi lo sa? répondit-il, en me montrant, non loin du cirque où j'avais fait ma première station, un édifice assez bien conservé. Les uns disent que c'est ici; d'autres disent que c'est le jardin où est maintenant la Ruffinella. Toutes les fois qu'on déterre une nouvelle ruine, les savans décident que c'est la chose tant cherchée, et que toutes les anciennes ne valent plus rien. Mais qu'est-ce que cela vous fait! Il n'y a pas, sur toute cette montagne, un endroit où Annibal, Pompée, Camille, Pline, Cicéron et cent autres personnages puissans, rois, empereurs, généraux, consuls, savans ou papes, n'aient foulé la bruyère où voilà vos pieds, et respiré l'air que vous respirez maintenant.

— Je ne crois pas, répondis-je; la bruyère est jeune, l'air est vieux et corrompu. Il était pur et salubre quand Rome était puissante. Croyez-vous qu'un Etat pareil eût pu avoir son siége dans ce marécage empesté qui est là bas derrière nous?

— Eh bien, du moins, les gens célèbres que vous savez, ont regardé les montagnes que vous regardez, et quand ils vinrent ici pour la première fois, ils demandèrent peut-être les noms des cimes et des vallées à quelque pauvre diable comme moi, de même que vous me les demandez maintenant. Vous me direz qu'ils ont aussi regardé le même soleil et la même lune que vous pouvez regarder à toute heure du jour et de la nuit. C'est ce que je me suis dit souvent.

— Il y a cette différence entre eux et moi, que je ne suis qu'un pauvre diable comme vous.

— Eh! Chi lo sa? Il paraît qu'il vient ici, tous les ans, des personnes célèbres qui aiment à voir Tusculum, et dont on m'a dit les noms; mais je n'en ai pas retenu un seul. Dans mille ans d'ici, les bergers de Tusculum les auront appris par la tradition et les diront comme je vous dirais ceux de Galba, de Mamilius ou de Sulpicius.

— Vous en concluez donc que les hommes célèbres ne font pas tant d'effet de près que de loin?

— Toutes choses sont ainsi. Voyez, ce pays est assez beau; mais j'en connais bien qui sont plus beaux, et où personne ne va. Cependant, on dit qu'il vient ici des voyageurs du fond de l'Amérique, le plus éloigné de tous les pays si je ne me trompe, pour voir ces morceaux de marbre que je retourne avec mon pied. Ils y ramassent des briques, des cassures de verre et des mosaïques, et les emportent chez eux. On dit qu'il n'y a pas un coin sur la terre où quelqu'un ne conserve précieusement un petit morceau de ce qui traîne à terre dans la campagne de Rome. Vous voyez donc bien que ce qui est ancien et lointain paraît plus précieux que ce qui est nouveau et proche.

— Vous dites vrai; mais la raison de cela?

Il haussa les épaules, et je vis qu'il allait, encore une fois, se tirer d'affaires par l'éternel chi lo sa, si commode à la paresse italienne. Chi lo sa, lui dis-je bien vite, n'est pas une réponse qui convienne à un homme de réflexion comme vous. Cherchez-en une meilleure, et, quelle qu'elle soit, dites-la moi.

— Eh bien! reprit-il, voilà ce que je m'imagine: quand nous vivons, nous vivons; c'est-à-dire que, grands ou petits, nous sommes sujets aux mêmes besoins, et les grands ne peuvent pas se faire passer pour des Dieux. Quand ils n'y sont plus depuis longtemps, on s'imagine qu'ils étaient faits autrement que les autres; mais moi, je ne m'imagine pas cela, et je dis qu'un vivant que personne ne connaît est plus heureux qu'un mort dont tout le monde parle.

— Vivre vous paraît donc bien doux?

— Eh! la vie est dure, et cependant on la trouve toujours trop courte. Elle pèse, mais on l'aime. C'est comme l'amour; on donne la femme au diable; mais on ne peut se passer d'elle.

— Etes-vous donc marié?

— Quant à moi, non. Un pâtre ne peut guère se marier, tant qu'il court les pâturages. Mais vous? vous devez avoir femme et enfans?

— Mais non! Je n'ai que vingt-quatre ans!

— Eh bien? Voulez-vous attendre que vous soyez vieux? Quel est le plus grand bonheur de l'homme? C'est la femme qui lui plaît, et, quand on est riche, je ne comprends pas qu'on vive seul.

— Je vous ai dit que j'étais pauvre.

— Pauvre avec des habits de drap, de bons souliers et des chemises fines? Si j'avais de quoi acheter ce que vous avez là sur le corps, je garderais mon argent pour avoir un lit. Quand on a le lit, on est vite marié. Si vous couchiez, comme moi, en toute saison sur la paille, je vous permettrais de dire que vous êtes forcé de rester garçon. Tenez! regardez ce désert, nous n'y sommes que trois, et deux de nous sont forcés à la solitude!

Je suivis la direction de son regard, et je vis un moine noir et blanc qui traversait le théâtre de Tusculum.— Celui-ci, reprit le pâtre, est esclave de son vœu, comme je suis esclave de ma pauvreté. Vous, vous êtes libre, et ce n'est ni au moine ni à moi de vous plaindre. Mais voilà que le soleil baisse. La bergerie est loin; il faut que je vous quitte. Reviendrez-vous ici?

— Certainement, quand ce ne serait que pour causer avec vous. Comment vous nommez-vous, pour que je vous appelle, si vous êtes dans une de ces gorges?

— Je m'appelle Onofrio. Et vous?

— Valreg A revoir.

Nous nous serrâmes la main et je redescendis vers le théâtre, regardant l'attitude pensive du moine qui s'était arrêté au milieu des ruines. Le coucher du soleil était admirable. Ces terrains, à coupures brusques et à plateaux superposés, couverts de verdure, prenaient des tons éblouissans, éclairés ainsi de reflets obliques. Les courts gazons brillaient tantôt comme l'émeraude et tantôt comme la topaze. Au loin, la mer était une zone d'or pâle sous un ciel de feu clair et doux. Les montagnes lointaines étaient d'un ton si fin qu'on les eût prises pour des nuages, tandis que les déchirures et les ruines des premiers plans accusaient nettement leurs masses noires sur le sol brillant. Le moine, immobile comme une colonne, projetait une ombre gigantesque.

Je passai tout près de lui, comptant qu'il me tendrait la main, et que, pour un sou, j'aurais de lui quelque parole qui serait le résultat de sa méditation. Mais, soit qu'il n'appartînt pas à un ordre mendiant, soit qu'il eût peur de se trouver seul avec un inconnu dans ce lieu désert, il me regarda avec méfiance et appuya la main sur son bâton. Ce geste m'étonna, et je le saluai pour le tranquilliser. Il me rendit mon salut, mais se détourna de manière à me cacher sa figure, qui m'avait paru belle et fortement caractérisée.

Je passai outre, non sans me retourner pour me rendre compte de l'inquiétude de cet homme, dont le vœu de pauvreté devrait être au moins une source d'insouciance et de sécurité. Il avait disparu précipitamment vers les gradins de l'hémicycle.

XXII (Suite).

Je m'en allai, pensant aux paroles naïves et sensées du pâtre philosophe : « Le plus grand bonheur de l'homme, c'est la liberté d'aimer. »

En effet, tout le monde n'a pas cette liberté. Et, moi qui la possède, j'ai déjà laissé passer des années qui eussent pu être pleines de bonheur. A quoi les ai-je employées? A interroger mes forces, mon intelligence, mon avenir, et à sacrifier, à cette attente de l'inconnu, les plus beaux jours de ma jeunesse. Moi, qui me croyais parfois un peu plus sage que mon siècle, j'ai fait comme lui: j'ai lâché la proie pour l'ombre, le certain pour le douteux, le temps qui s'écoulait pour un temps qui ne sera peut-être pas. Qu'est-ce que cette chimère du travail, ce besoin de développer l'intelligence au détriment des forces du cœur? Ne les use-t-on pas, à les laisser dans l'inaction? Et pour quoi, pour qui cette tension de la volonté vers un but aussi incertain que le talent? Comment se fait-il que je n'aie pas encore rencontré l'amour sur mon chemin? Est-ce parce que je suis plus difficile, plus exigeant qu'un autre? Non, car mon idéal a toujours été vague en moi-même. Je ne me suis jamais fait le portrait de la femme à qui je dois me livrer sans réserve. Je me promettais de la reconnaître en la rencontrant; mais je ne me disais pas qu'elle dût être grande ou petite, blonde ou brune. Elle viendra, me disais-je, quand je serai digne d'être aimé; c'est à dire quand j'aurai fait de grands efforts de courage, de patience et de sobriété pour être tout ce que je puis être en ce monde. Il me semblait suivre un bon raisonnement, cultiver ma vie comme un jardin d'espérance; mais n'était-ce pas là une suggestion de l'orgueil? Apparemment je comptais, comme Brumières, trouver une des merveilles de ce monde, puisque je m'appliquais à faire une merveille de moi-même. Ne pouvais-je me contenter d'une humble fille de ma classe, qui m'eût accepté tel que je suis, et qui m'eût aimé naïvement, saintement, et sans rien concevoir de mieux que mon amour?

Et j'aurais été heureux! tandis que je n'ai été que prudent et raisonnable, vous aviez mille fois raison de le penser. J'ai, mille fois, peut-être, étouffé le cri de mon cœur; peut-être ai-je passé mille fois auprès de la femme qui m'eût révélé le vrai de la vie. Je me suis acharné à voir les dangers d'une passion prématurée; je n'ai pas compris l'ivresse de ces dangers, et ce vaillant, ce généreux sacrifice de la raison qui accepte la grande folie de l'amour, telle que Dieu nous l'a donnée.

Je songeais ainsi en descendant de Tusculum, à travers les taillis de chênes. Le rapide sentier, tout pavé en polygones de lave, était encore une rue de la ville antique, et, sous les racines des arbres, je voyais apparaître des restes de constructions enfouies. Je passai devant le couvent des Camaldules et devant la villa Mondragone qui était fermée, et je rentrai à Piccolomini par des chemins étroits, encaissés, où je devins tout rêveur, tout agité de mon problème personnel.

Les objets extérieurs agissent sur moi d'une manière souveraine. Devant un beau site, je m'oublie, je m'absente pour ainsi dire de moi-même; mais quand je marche dans un endroit sombre et monotone, je m'interroge et me querelle. Cela m'arrive, du moins, depuis quelque temps. Je n'avais jamais tant pensé à moi. Sera-ce un bien ou un mal? La solitude que je suis venu chercher me rendra-t-elle sage ou insensé? C'est à dire étais-je insensé ou sage avant cette épreuve? Je crois que nous nous acclimatons

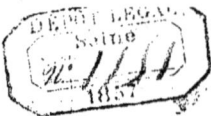

rapidement, au moral comme au physique, et que je deviens déjà italien, c'est à dire porté à la vie de sensation plus qu'à la vie de réflexion. Quand j'ai fait un effort pour savoir si j'appartiendrai à l'une ou à l'autre, je suis bien tenté de me tranquilliser avec le *Chi lo sà* de la Mariuccia et du berger de Tusculum.

XXIII.

9 avril, villa Mondragone.

Je vous écris au crayon dans des ruines. Toujours des ruines! J'aime beaucoup l'endroit où je suis; j'y peux passer la journée entière dans un immense palais abandonné, dont j'ai les clés à ma ceinture. Mais j'ai bien des choses à vous raconter, et je reprends mon récit où je l'ai laissé, l'autre jour.

En dînant, pour ainsi dire, avec la Mariuccia, qui s'assied auprès de ma chaise pendant que je mange, j'arrivai, je ne sais comment, à reparler du vœu de la Daniella. Ainsi, disais-je, elle ne parlera à aucun homme avant le jour de Pâques? — Je n'ai pas dit comme cela. J'ai dit qu'elle ne parlerait pas à son amant avant d'avoir fait toutes ses dévotions; mais je n'ai pas dit que, tout de suite après, elle recommencerait à lui parler.

— Ah! oui-dà! Ainsi ce pauvre amant est condamné à attendre son bon plaisir?

— Ou celui de la madone!

— Ah! Il arrivera un moment où la madone fera savoir qu'elle autorise...?

— Quand toutes les fleurs seront séchées et tombées..... Mais je vous en dis trop; vous êtes un hérétique, un païen, un *mahométan!* Vous ne devez rien savoir de tout cela.

Je pressai la bonne fille de s'expliquer. Elle aime à causer, et elle céda. J'appris donc que les rigueurs de la Daniella dureraient aussi longtemps que les fleurs piquées par elle dans le grillage qui protège la madone de la *Tomba di Lucullo* ne seraient pas entièrement tombées en poussière ou emportées par le vent, disparues, en un mot.

Il me vint à l'esprit de faire une folie des plus innocentes. Sur le minuit, je mis le nez à la fenêtre : il pleuvait, la nuit était noire. Le vent soufflait avec force. Toute la ville de Frascati dormait. Je m'enveloppai de mon caban, je sortis facilement de l'enclos. En escaladant les rochers au-dessus de la petite cascade, je me trouvai de plain-pied sur le chemin, vis-à-vis le parc de la villa Aldobrandini. Redescendre jusqu'à la tombe de Lucullus fut l'affaire de quelques instants. Je n'avais pas rencontré une âme. Sans la lampe qui l'éclairait toute la nuit, j'aurais eu quelque peine à retrouver, dans les ténèbres, la petite fresque de la madone. Ce pâle rayon me permit de reconnaître les jonquilles que j'avais très bien remarquées, la veille, dans les mains de la Daniella, au moment où, avec son sourire mystérieux, elle avait accompli cette dévotion devant moi. Je respectai les violettes et les anémones des autres jeunes filles, mais j'enlevai avec soin, jusqu'à la dernière, les jonquilles flétries de mon *amoureuse*, et je les mis dans ma poche. Ce larcin *perpétré*, je descendais de la borne sur laquelle j'étais grimpé pour atteindre le grillage, lorsqu'une voix d'homme fit entendre l'exclamation suivante : — *Cristo!* quel est le brigand qui profane la sainte image de la Vierge?

Dans ce pays d'espionnage et de délation, mon espièglerie sentimentale pouvait être incriminée et m'attirer quelque désagrément. J'eus la présence d'esprit de ne pas me retourner et de souffler rapidement la petite lampe. Enhardi par ma prudence, l'inconnu m'accabla d'un déluge d'injures pieuses ; j'étais un chien, un fils de chien, un turc, un juif, un Lucifer ; je méritais d'être pendu, écartelé, et mille autres douceurs. J'avais bonne envie de régaler le dos du saint homme, quel qu'il fût, d'une série de répliques muettes proportionnées à l'éloquence de son indignation; mais la raison me conseillait de profiter des ténèbres pour m'esquiver sans l'attirer sur mes traces.

C'est le parti que j'allais prendre, lorsque je me sentis saisir le bras par une main incertaine, qui m'avait cherché à tâtons contre le mur. Je n'hésitai plus alors à me débarrasser du curieux, par un mirifique coup de poing, accompagné d'un planureux coup de pied qui l'atteignit n'importe où. Je l'entendis trébucher contre la borne, glisser et tomber n'importe dans quoi ; ce qui me permit de jouer des jambes et de rentrer chez moi sans m'être trahi par une seule parole. Comme le quidam m'avait paru passablement ivre, je ne pensai pas qu'après avoir fait un somme dans la boue où je l'avais décidé à se coucher, il se souvînt de l'aventure.

La journée du vendredi-saint s'annonçant pluvieuse et sombre, je me permis de dormir la grasse matinée. La Mariuccia, s'impatientant contre ma paresse, entra dans ma chambre, et, quand je m'éveillai, je la vis méditant sur ma chaussure crottée et sur mon caban encore humide.

— Eh bien, Mariuccia, qu'y a-t-il? lui dis-je en me frottant les yeux.

— Il y a que vous êtes sorti cette nuit! répondit-elle d'un air de consternation si comique que je ne pus m'empêcher d'en rire. — Oui, oui, riez! reprit-elle : vous avez fait là une belle affaire!

Et, comme j'essayais de nier, elle me montra les jonquilles flétries que j'avais mises sur la cheminée.

— Eh bien, après? que voulez-vous dire?

— Que ces fleurs-là étaient sur le grillage de la sainte madone, et que vous avez été, cette nuit, les retirer pour empêcher ma nièce de tenir son vœu. Voilà les amoureux! Mais, malheureux enfant, vous avez fait là un péché mortel ; vous avez outragé la sainte madone; vous avez éteint la lampe, et, ce qu'il y a de pis, c'est que vous avez été vu.

— Par qui?

— Par mon neveu Masolino, le frère de la Daniella, le plus méchant homme qu'il y ait à Frascati. Heureusement, il avait bu, selon sa coutume, et il ne vous a pas reconnu; mais il a déjà fait son rapport, et je suis sûre que les soupçons pèseront sur vous, parce que vous êtes le seul étranger qu'il y ait maintenant dans le pays. On enverra des espions ici pour me questionner. Donnez-moi ce caban que je le cache, et brûlez-moi bien vite ces maudites fleurs.

— A quoi bon? Dites la vérité. Je n'ai fait aucune profanation. J'ai pris ces fleurs pour taquiner une jeune fille qu'il n'est pas nécessaire de nommer...

— Oh! oui-dà! Et vous croyez que l'on ne se doutera pas de son nom? On prétend que l'on vous a vu entrer avant-hier dans la maison qu'habite ma nièce. Est-ce vrai, cela?

La Mariuccia est si brave femme, que je n'hésitai pas à me confesser. Elle fut touchée de ma sincérité, et je vis, du reste, qu'elle était flattée de mon goût pour sa nièce.—Allons, allons, dit-elle, il ne faut plus faire de pareilles imprudences. Si Masolino vous eût surpris dans la chambre de sa sœur, il vous eût tué.

— Je ne crois pas, ma chère! Sans me piquer d'être un champion bien robuste, je le suis assez pour me défendre d'un ivrogne, et il est heureux pour votre neveu que je ne l'aie pas rencontré, cette nuit, en haut de l'escalier de la maison dont vous parlez.

— Cristo! l'auriez-vous frappé, cette nuit?

— J'espère que oui. Il m'avait beaucoup insulté, et il mettait la main sur moi. Je me suis débarrassé de lui sans peine.

— Il ne s'est pas vanté de cela! Peut-être ne l'a-t-il pas senti : les ivrognes ont le corps si souple! Mais il n'était pas assez ivre, cependant, pour ne pas voir et entendre. Avez-vous parlé?

— Non.

— Pas un mot?

— Pas une syllabe.

— C'est bien! mais, pour l'amour de Dieu et de vous-même, n'avouez rien à personne. S'il se souvient d'avoir été battu, et s'il apprend que c'est par vous, il s'en vengera!

— Je l'attends de pied ferme; mais je veux tout savoir, Mariuccia! Votre neveu est-il homme à vouloir exploiter mon inclination pour sa sœur?

— Masolino Belli est capable de tout.

— Mais quel intérêt peut-il avoir à me vouloir pour beau-frère? Je ne suis pas riche, vous le voyez bien!

— Allons donc! Vous savez peindre, et, avec cela, on gagne toujours de quoi être bien habillé, bien logé et bien nourri comme vous voilà. Tout est relatif. Vous êtes très riche en comparaison de n'importe quel artisan de Frascati, et si Masolino se mettait dans la tête de vous faire épouser sa sœur, ou de vous forcer à donner de l'argent, il sait bien qu'un *cavaliere* comme vous trouve toujours à gagner ou à emprunter une centaine d'écus romains pour sauver sa vie d'un guet-apens.

— Merci, ma chère Mariuccia! Me voilà renseigné, et je sais à qui j'ai affaire. Messire Masolino Belli n'a qu'à bien se tenir; j'aurai toujours une centaine de coups de bâton français à son service.

— Ne riez pas avec cela. Ils peuvent se mettre dix contre vous. Le mieux, mon cher enfant, sera de vous bien cacher dans vos amours, et de ne jamais voir la petite hors de cette maison-ci, où mon neveu ne met jamais les pieds.

— Et qui l'en empêche?

— Moi, qui le lui ai défendu une fois pour toutes. Il ne se gênerait pas pour me désobéir et me frapper, s'il ne me devait quelque argent; mais je le tiens par la crainte d'avoir à me payer.

Par la suite de la conversation, j'appris, sur ce fameux Masolino, des détails assez curieux. Cet homme n'est peut-être pas toujours aussi réellement ivre qu'il le paraît. Son existence est mystérieuse. Il est censé demeurer à Frascati, mais on ne sait jamais précisément où il est. Sa famille passe fort bien un mois et plus sans l'apercevoir. Il occupe une chambre dans la maison où Daniella est établie; mais personne n'entre jamais dans cette chambre, et si l'on frappe à la porte, qu'il y soit ou non, il ne répond jamais. Ses absences et ses **apparitions** sont tout à fait imprévues. Il est toujours censé boire en secret dans quelque cabaret du lieu ou des environs, avec des amis.

C'est une habitude de cachotterie qu'il a prise pour échapper aux réprimandes de sa femme, et qu'il a gardée depuis qu'il est veuf; mais sa femme disait autrefois qu'il devait cacher ses orgies dans quelque souterrain inconnu, dans quelque lieu inaccessible, car elle l'avait mainte fois cherché des semaines entières, jusque dans les égouts de la ville, sans retrouver aucune trace de lui. Quand il reparaissait, il lui échappait des paroles qui pouvaient faire croire qu'il venait de loin; mais, quelque pris de vin qu'il fût ou qu'il parût être, jamais son secret ne s'était formulé clairement. Il a exercé dans sa jeunesse la profession de corroyeur; mais, depuis une dizaine d'années, il n'a fait œuvre de ses bras, et on ne sait pas de quoi il a vécu. Il faut pourtant, ajoute la Mariuccia, qu'il ait plus que le nécessaire, puisqu'il trouve moyen de boire plus que sa soif.

D'après tous ces renseignemens, je soupçonne ce *galantuomo* d'être un faux ivrogne, ou de s'adonner à la boisson à ses momens perdus. Je pense que le fond de son existence est le brigandage ou l'espionnage; peut-être l'un et l'autre, car il paraît qu'autour de Rome, ces deux professions ne sont pas incompatibles.

Ce qui m'importait plus que tout ceci, c'était de savoir si la Daniella se croirait suffisamment relevée de son vœu pour reparaître à Piccolomini, et je l'attendais avec une vive impatience. Chaque fois que sonnait la cloche de la grille, je courais à ma croisée; mais c'était une suite de visites de commères ou de voisines qui venaient s'entretenir avec la Mariuccia des affaires de la maison et de la propriété Piccolomini, de la taille des oliviers ou de la vigne, de la lessive, de l'emmagasincment des pois, du sermon de fra Sinforiano; et, par occasion, de la profanation de la madone. J'entendais les conversations établies sur le perron, et il me sembla que plusieurs de ces personnages étaient plus curieux que de raison. La Mariuccia m'avait dit : « Dans notre pays, on ne sait jamais qui est espion ou qui ne l'est pas. » J'admirai l'adresse et le sang-froid des réponses de la bonne fille, et j'entendis même qu'elle me faisait passer pour malade depuis la veille.

— Le pauvre enfant, disait-elle, a eu la fièvre cette nuit, et je l'ai veillé, sans le quitter, jusqu'au jour. » Mon alibi ainsi constaté, les questionneurs se retiraient plus ou moins persuadés.

Enfin, la Mariuccia vint m'annoncer qu'elle allait visiter les chapelles du saint sépulcre, et qu'elle me priait de n'ouvrir à personne, pas même à sa nièce, si je la voyais paraître à la grille.

— Oh! pour cela, je ne vous le promets pas du tout, lui dis-je.—Il faut me le promettre, reprit-elle. La Daniella a une clef, et si elle veut venir, elle viendra sans que vous tiriez la corde de ma fenêtre. J'ai une impatience, il ne faut pas vous montrer à ceux qui pourraient passer devant la grille dans ce moment-là.

Quand la Mariuccia fut sortie, je descendis au jardin, malgré la pluie, pour examiner le local sous un rapport que je n'avais pas encore songé à constater, à savoir si on pouvait y entretenir une intrigue avec mystère et sécurité. Je vis que cela était impossible, à moins que les gens de la maison, c'est-à-dire Mariuccia, la vieille Rosa, et les quatre ouvriers employés au jardin et aux terres adjacentes fussent dans la confidence; pourvu que le jardin eût une clôture réelle au-delà du potager; pourvu que l'on n'entrât et ne sortît point par la grille à claire-voie qui donne en pleine rue; pourvu, enfin, que l'on ne risquât point de rendez-vous les jours de fête et les dimanches, parce que, ces jours-là, l'autre grille de Piccolomini, qui donne sur la via Aldobrandini, est ouverte au public, et que le haut du jardin sert de promenade ou de passage aux gens de la ville.

Je conclus de mes observations que le secret de mes relations futures avec la *stiratrice* était une plaisanterie, et j'avoue que j'entrai en méfiance contre les avertissemens et les précautions illusoires de la bonne Mariuccia.

Je remontai à mon grenier, bien résolu, quand même, à risquer l'aventure, dès que je serais assuré du courage et de la résolution de ma complice.

Mais quoi! Elle était là, dans ma chambre, elle m'attendait. Elle était entrée par une porte de dégagement que je ne connaissais pas et qui aboutit aux caves de la maison. Elle avait ma bague au doigt. Ses beaux cheveux étaient ondés avec soin. Malgré une robe noire et une tenue de dévote, elle avait l'œil brillant et le sourire voluptueux d'une fiancée vivement éprise. Je me sentais violemment épris pour mon compte. J'avais soif de ses baisers; mais elle se déroba à mes caresses. — Vous m'avez relevée de mon vœu, dit-elle; vous êtes ici jusque dans ma chambre m'apporter l'anneau du mariage... Laissez-moi faire mes Pâques; après cela, nous serons unis.

Je retombai du ciel en terre. — Le mariage! m'écriai-je; le mariage?... — Elle m'interrompit par son beau rire harmonieux et frais. Puis elle reprit sérieusement : — Le mariage des cœurs, le mariage devant Dieu. Je sais bien que c'est un péché de se passer de prêtre et de témoins; mais c'est un péché que Dieu pardonne quand on s'aime.

— Il est donc bien vrai que vous m'aimez, chère enfant?

— Vous verrez! Je ne puis vous rien dire encore. Il faut que je pense à mon salut, et que je tourne mon cœur vers Dieu si ardemment, qu'il bénisse nos amours et nous pardonne d'avance la faute que nous voulons commettre. Je prierai pour nous deux, et je prierai si bien, qu'il ne nous arrivera point de malheur. Mais, pour aujourd'hui, ne me dites rien, ne me tentez pas. Il faut que je me confesse, que je me repente et que je reçoive l'absolution pour le passé et pour l'avenir.

Tel fut le résumé de l'étrange système de piété de cette Italienne. J'avais bien ouï dire que ces femmes-là voilaient l'image de la Vierge en ouvrant la porte à leurs amans; mais je n'avais pas l'idée d'un repentir par anticipation et d'un péché *réservé*, comme ceux dont j'entendais parler avec tant d'assurance et de conviction. J'essayai de combattre cette religion facile; mais je la trouvai très obstinée, et je fus véhémentement accusé de manquer d'amour, parce que je manquais de foi.

— Adieu, me dit-elle; l'heure du sermon sonne, et j'ai encore trois chapelles à visiter aujourd'hui. Demain, vous ne me verrez pas, ni dimanche non plus. Je ne suis venue que pour vous dire de ne pas faire d'imprudence, et de ne pas chercher à me voir, parce que, d'une part, je dois me sanctifier, et que, de l'autre, mon frère est à Frascati.

— Dites-moi, Daniella, est-il vrai que votre frère vous maltraiterait s'il me voyait occupé de vous?

— Oui, quand ce ne serait que pour savoir s'il peut vous effrayer.

— Vous avez donc l'expérience de ce qu'il peut faire en pareil cas?

— Oui, à propos de vous. Il a déjà entendu dire que le Français de Piccolomini était venu dans notre maison, et il m'a fait, ce matin, de terribles menaces. Vous me défendriez contre lui, je le sais; mais vous ne serez pas toujours là, et les coups seraient pour moi.

— Alors, je serai prudent, je vous le jure!

Le roulement d'une voiture et le son de la cloche interrompirent la conversation.

— C'est lord B*** qui vient nous voir, dit-elle après avoir regardé furtivement par la fenêtre; je reconnais son chien jaune. Lord B*** vient sûrement vous chercher pour vous faire voir le jour de Pâques, à Rome; allez-y, vous me rendrez service; mais revenez le soir!

— Vous n'êtes donc plus jalouse de...

— De la Médora?... N'ai-je pas votre anneau? Si, après cela, vous étiez capable de me tromper, je vous mépriserais tant, que je ne vous aimerais plus.

XXIV.

9 avril. — *(Suite.)*

On sonnait à casser la cloche. La jeune fille se sauva par où elle était venue en me criant : *A dimanche soir!* et j'allai ouvrir à lord B***, qui venait effectivement me chercher. Je me laissai emmener.

— Tout va au plus mal depuis que vous n'êtes plus chez nous, me dit-il quand nous fûmes sur la route de Rome. Lady Harriet me trouvait moins maussade quand vous étiez là pour me faire valoir, en m'aidant à développer mes idées. J'ai eu le malheur de recourir au moyen extrême contre l'ennui et la tristesse : je me suis enivré tous les soirs, seul dans ma chambre. Cela m'arrive rarement; mais il y a des temps si sombres dans ma vie, qu'il faut bien que cela arrive. Ma femme n'en sait rien; mais, comme je suis plus calme et plus abattu aux heures où elle me voit, elle s'impatiente davantage. J'y gagne seulement d'être plus indifférent à ses impatiences.

— Et votre nièce? n'est-elle pas un peu meilleure pour vous que par le passé? Il m'avait semblé, le jour de notre promenade à Tivoli, qu'elle y était disposée?

— Vous vous serez trompé. Ma nièce, c'est à dire la nièce de ma femme, est d'une humeur massacrante depuis votre départ. C'est à croire, Dieu me damne, qu'elle était amoureuse de vous... et, s'il faut vous dire tout...

Je me hâtai d'interrompre lord B***. Il a des momens de trop grande expansion, comme doit les avoir un cœur trop souvent refoulé, et je ne veux pas savoir par lui ce que je sais par moi-même.

— Si une pareille maladie avait pu s'emparer du cerveau de miss Médora, lui dis-je, il est à croire que cela n'aurait pas survécu à mon départ.

— C'est ce que je me suis dit. Elle a, d'ailleurs, tant monté à cheval avec un de nos cousins qui est arrivé cette semaine, qu'elle doit avoir secoué rudement ses vapeurs. A vous dire vrai, c'est aujourd'hui seulement, depuis cinq jours, que je suis un peu lucide. Il se pourrait que, pendant *mon absence intellectuelle*, Médora fût devenue a-moureuse de ce cousin, qui est beau, riche et grand amateur de chevaux et de voyages. Il m'a semblé, ce matin, qu'elle était fort impatiente de sortir avec lui, et que, de son côté, Richard B*** se faisait attendre avec l'impertinence d'un homme aimé.

A la bonne heure, pensai-je ; la crise de Tivoli est oubliée, et il m'est permis de l'oublier aussi. Quoique, jusque-là, j'eusse résisté au désir de lord B*** en refusant d'aller demeurer chez lui, je cédai à ses instances, n'y voyant plus d'inconvéniens, et pensant qu'il y en aurait, au contraire, à paraître fuir son hospitalité.

J'employai le reste du voyage à sermonner lord B*** sur son désespoir bachique, et à le supplier de renoncer à ce funeste moyen de combattre le dégoût de la vie.

— Aimez-vous donc mieux, disait-il, que je me brûle la cervelle, un jour que le spleen sera trop violent? Cependant il avouait qu'après avoir eu recours à ce *contre-spleen* pendant quelques jours, il retombait dans une tristesse plus profonde et contre laquelle il sentait en lui-même moins de forces pour réagir. Il parut surpris et touché de l'intérêt avec lequel je le prêchais.

— Vous avez donc encore de l'amitié pour moi ? me dit-il. Je croyais vous avoir paru si ennuyeux et si nul, que vous quittiez Rome à cause de moi plus encore qu'à cause de Rome. Eh bien, puisque j'ai un ami en ce monde, je tâcherai de ne pas devenir indigne de son estime, et je sens bien que cela m'arriverait si je cédais à la tentation de m'abrutir.

— Il faut faire plus que de tâcher, il faut vouloir.

J'obtins de lui la promesse formelle, et sur l'honneur, qu'il passerait un mois entier sans boire. Je ne pus obtenir davantage.

Nous approchions de Rome, lorsque nous vîmes déboucher devant nous, sur la route, trois cavaliers dans un nuage, non de poussière, il pleuvait toujours, mais de sable liquide soulevé par le pied des chevaux. J'eus quelque peine à reconnaître miss Médora en amazone, mouillée, crottée, jaunie, jusque sur son voile et ses cheveux, par cette bouillie des chemins de traverse où elle semblait clapoter avec délices. Cela ne l'empêchait pas d'être admirablement belle avec sa figure animée et son attitude impérieuse. Les Anglaises que je vois ici montent bien à cheval, mais, presque toujours elles sont mal arrangées et manquent de grâce.

Médora, qui n'est qu'à moitié Anglaise, est admirablement souple et bien posée. Son vêtement de cheval dessinait sa belle taille, et elle maniait sa monture ardente et magnifique avec une *maestria* véritable. Le cousin est un Anglais blond vif, avec beaucoup de barbe et une riche chevelure séparée en deux masses, rigidement égales, par une raie qui va du milieu du front à la nuque. Il est d'une incontestable et splendide beauté, comme lignée et comme ton; mais je ne sais comment il se fait que, pour nos yeux français, la plupart des Anglais, quelque beaux qu'ils puissent être, ont toujours quelque chose de singulier qui tourne au comique; je ne sais quelle gaucherie typique dans la physionomie ou dans l'habillement, qui ne s'efface pas, même après beaucoup d'années passées sur le continent.

Derrière ce beau couple au galop trottaient, avec autant d'agilité que de disgrace, deux laquais de pure race anglaise. Tout cela passa près de nous comme la foudre, sans que la belle Médora daignât tourner la tête de notre côté, bien que *Buffalo*, perché sur le siége et aboyant de tous ses poumons, rendît notre véhicule assez reconnaissable.

Deux heures plus tard, nous étions tous à table dans la triste et immense salle du palais ***. Lord B*** buvait de l'eau; lady Harriet m'accablait de tendres reproches sur ma fuite à Frascati ; le cousin mangeait et buvait comme quatre ; Médora, richement parée, et belle comme elle sait que je ne l'aime pas, m'avait à peine honoré d'un froid bonjour et parlait anglais à ser Richard B*** avec autant d'affectation que de volubilité. Je n'entends pas l'anglais et je n'en aime pas la musique. Médora s'en est maintes fois aperçue; je vis donc que j'étais au plus bas dans son estime, et cela me mit fort à l'aise.

Après le dessert, les deux Anglais restèrent à table, et je suivis les femmes au salon. Nous y trouvâmes Brumières et plusieurs Anglais des deux sexes, avec lesquels Médora se remit à blaiser et à siffler de plus belle dans la langue de ses pères.

— Eh bien ! me dit Brumières, vous avez vu le cousin ? Voilà un *Bonington* qui nous fait bien du tort !

— Parlez pour vous ; moi, qui ne suis pas sur les rangs, je m'arrange très bien de la présence du cousin.

— Ah ! vous persistez à soupirer pour la petite Frascatane ? Je crois, à présent, que j'aurais mieux fait de penser comme vous. Celle-là doit être moins cruelle et moins capricieuse.

Comme nous plaisantions depuis quelques instans sur ce ton, Brumières me menaçant de me venir à Frascati me taquiner, et moi affectant la plus superbe indifférence pour toutes les beautés de l'Angleterre et de l'Italie, le nom de Daniella, prononcé par lui un peu trop haut, parvint jusqu'à l'oreille de miss Médora, et je la vis tressaillir comme si elle avait été piquée d'une guêpe. Une minute ne s'était pas écoulée qu'elle était auprès de nous, dans notre coin, daignant se montrer fort aimable, à seules fins de ramener adroitement la conversation sur le compte de la pauvre *stiratrice*. J'éludais de mon mieux ses questions sur l'emploi de mon temps et de mes pensées dans la solitude de Frascati ; mais le perfide Brumières, toujours soigneux de me rendre haïssable, eut l'art de seconder la belle Anglaise, si bien que la question me fut carrément posée par elle : Avez-vous revu ma femme de chambre, à Frascati ?

Il y avait, dans l'accent dont cela fut dit, tant d'aigreur et de dédain, que j'en sentis la morsure et répondis avec un empressement qui devança celui de Brumières : — Oui, je l'ai revue plusieurs fois, et ce matin encore.

— Pourquoi dites-vous cela d'un ton de triomphe ? répliqua-t-elle avec un regard d'insolence foudroyant. Nous savions bien pourquoi vous aviez choisi Frascati pour votre séjour. Mais il n'y a pas tant de quoi vous vanter ! Vous succédez à Tartaglia et à beaucoup d'autres du même genre.

Je répondis, avec aigreur, que, si cela était, je trouvais étrange de l'apprendre de la bouche pudique d'une jeune Anglaise ; et la querelle fut devenue encore plus amère sans l'arrivée du cousin Richard, qui, s'approchant de nous, changea forcément le cours de nos paroles. Médora trouva pourtant moyen d'essayer, à mots couverts, de me mortifier encore ; mais j'avais repris assez d'empire sur moi-même pour faire semblant de ne plus comprendre.

Je passai la journée du lendemain à visiter les églises et à regarder l'aspect de la population. Toutes mes impressions se trouvèrent résumées, le jour suivant, à la grande cérémonie du dimanche de Pâques. Je vous parlerai de ce que j'ai vu et de ce que j'ai pensé de tout cela. Maintenant je ne veux pas, je ne peux pas interrompre mon récit.

— Ecoutez, me dit lord B*** en revenant à pied de Saint-Pierre par le pont Saint-Ange, j'ai entendu, avant-hier soir, des mots aigres échangés, à propos de la petite Daniella, entre ma nièce et vous. Je vois que vous avez furieusement blessé l'amour-propre de cette reine de beauté en ayant des yeux pour la gentillesse de sa suivante : c'était votre droit ; mais, cependant, prenez garde aux conséquences d'une amourette, dans un pays où les étrangers sont regardés comme une proie, et où, d'ailleurs, tout est sujet de spéculation. Cette jeune fille est bonne et charmante ; je la crois honnête, mais non pas désintéressée ; sincère, mais non pas chaste... Je crois qu'elle a eu beaucoup d'amans, bien que je n'aie pas la certitude du fait ; mais, enfin, telle que je la juge, je ne voudrais pas qu'elle vous en imposât par ces mensonges que la plupart de ses pareilles soutiennent avec une grande audace.

— Voyons, mylord, répondis-je, hasardant moi-même un mensonge pour m'emparer de la vérité : elle a été votre maîtresse, je le sais.

— Vous vous trompez, répondit-il avec calme. Je n'ai jamais eu cette pensée. Une maîtresse dans la maison de ma femme? Jamais! Fi donc!

— Alors... pour avoir l'opinion qu'elle est de mœurs faciles, il faut que vous ayez des preuves...

— Je vous l'ai dit, je n'en ai pas ; mais sa figure est si provocante, elle a si bien l'air d'une fieffée coquette de village ou d'antichambre, que si j'eusse été tenté d'elle, je ne l'aurais jamais prise au sérieux. Nous autres, qui avons beaucoup de domestiques et qui changeons souvent de résidence, nous ne pouvons ni ne voulons surveiller des mœurs dont nous n'endossons pas la responsabilité. Voilà tout ce que j'avais à vous dire.

— Absolument tout?

— Sur l'honneur !

Il était six heures : Lady Harriet voulait me garder à dîner pour que je pusse voir ensuite l'illumination de Saint-Pierre. J'avais bien autre chose en tête que des lampions. Je prétendis avoir donné ma parole de dîner avec Brumières, lequel me démentit avec étourderie ou avec malice. Dans les deux cas, je lui en sus mauvais gré et lui témoignai de l'humeur.—Vous êtes un drôle de corps, me dit-il en *a parte*, comme je lui reprochais sa désobligeance; vous êtes méfiant comme un Italien et mystérieux comme l'amant d'une princesse. Tout cela pour cette petite fille de Frascati ! Vous pouviez bien me dire que vous vouliez retourner passer la nuit auprès d'elle, et je vous aurais aidé à vous esquiver. Que diable ! je comprends qu'il y aurait mauvais goût de votre part à laisser pressentir à nos Anglaises une aventure si naturelle ; mais, avec moi, pourquoi vous cacher comme s'il s'agissait d'une madone.?

J'étais blessé, et il me fallait paraître indifférent. Mon rôle était de nier mes relations avec la Daniella, et pourtant j'avais envie de chercher querelle à Brumières pour la façon dont il me parlait d'elle. De quel droit outrageait-il la femme objet de mes désirs? Quelle que fût cette femme, je sentais le besoin et comme le devoir de la dé-

fendre; mais céder à ce besoin, c'était avouer des droits que je n'avais pas encore.

Ma colère tomba sur Tartaglia, qui me poursuivait dans ma chambre avec sa rengaîne accoutumée sur l'amour de Médora pour moi, et sur l'indignité relative de la petite Frascatane, *cette fille de rien,* qui n'était pas digne d'un *mossiou* comme moi. À mon impatience se mêlait je ne sais quelle sourde fureur devant l'idée humiliante que ce drôle, objet des premières pensées de la Daniella, avait dû abuser de son innocence. Je sentis que je perdais la tête et qu'il s'apercevait de ma ridicule jalousie. — Allons, allons, *mossiou,* me dit-il en prenant vivement la porte, dont il me battant entre lui et moi fort à propos, vous pouvez bien vous passer la fantaisie de cette petite fille, il n'y a pas de mal ; mais il ne faut pas que cela vous empêche de viser plus haut. Vous pensez bien que ce que je vous en dis, ce n'est pas par jalousie, moi! Je ne prétends plus rien sur la Daniella ; il y a longtemps que...

Il s'enfuit en achevant sa phrase, que le bruit de la porte, refermée en même temps par lui, m'empêcha d'entendre.

Je restai en proie à une agitation que je sentais déraisonnable, et que je ne pouvais cependant pas vaincre. —Mon Dieu, mon Dieu, me disais-je, suis-je donc amoureux à ce point-là? Amoureux de qui? D'une courtisane de bas étage, peut-être ! Peut-être ont-ils tous raison de se moquer de moi ! Depuis quand donc un garçon de mon âge doit-il rougir de sentir ses sens émus par une fille qui a appartenu à cent autres? Et pourquoi ne pas avouer ingénûment que je la désire quand même ? Je sais bien qu'il faut savoir gouverner la brutalité de pareilles convoitises, et, en homme du monde, remettre au lendemain, des plaisirs dont on ne peut pas seulement évoquer la pensée devant des femmes honnêtes. Mais pourquoi diable cette Médora, qui s'est si follement jetée dans mes bras, ose-t-elle me parler de mes sens, puisque c'est m'en parler que de me nommer cette Daniella?

Et, en songeant ainsi, j'avais quitté le palais, je traversais la foule bruyante rassemblée autour des *frittorie* pavoisées, et j'étais devant Saint-Jean-de-Latran, sans avoir songé à me précautionner d'un moyen de transport pour Frascati, mais résolu à m'y rendre le soir même, dussé-je faire la route à pied.

J'arrivai à la porte Saint-Jean, me souvenant qu'il y avait par là, hors les murs, des cabarets où j'avais vu des chevaux de louage ; mais quand je parlai de me faire conduire à Frascati à huit heures du soir, un cri de surprise et presque d'ironie indignée s'éleva autour de moi.

— Oui, oui, la *malaria* et les brigands ! répondis-je en toute hâte, je sais tout cela ! Mais il y a aussi de l'argent à gagner. Combien me demandez-vous pour me conduire ?

— Ah! excellence, à l'heure qu'il est, vous n'auriez pas un cheval et un homme pour quatre écus romains.

— Mais pour cinq?

— Pour cinq, un jour de la semaine, peut-être ; mais aujourd'hui, la fête de Pâques! Non, non, pas pour six !

— J'allais en offrir sept, quelque chose comme quarante francs. Pour un gueux comme moi, c'est vous dire combien la fantaisie de tenir parole à ma conquête me gouvernait en ce moment-là. Lord B*** offrant 500 livres sterling n'aurait pas été plus prodigue.

Heureusement pour mon humble bourse, je sentis,une main toucher furtivement mon coude, et, me retournant, je vis Tartaglia. — Que faites-vous ici, excellence? me dit-il en italien. Les chevaux que vous avez demandés sont là. C'est my-lord qui vous les envoie, et j'ai ordre de vous accompagner.

Excellent lord B***! pensais-je en suivant Tartaglia jusqu'aux chevaux, qui étaient effectivement à dix pas de là, tenus par un mendiant; il me blâme, et pourtant il se prête à mon indomptable caprice!

M'élancer sur le magnifique cheval anglais qui piaffait, impatient de dévorer l'espace, fut pour moi l'affaire d'un instant. Je ne me demandai même pas s'il ne me casserait pas le cou, car je suis le plus ignorant des écuyers, et il y a bien quatre ans que je n'ai enfourché une monture quelconque; mais j'ai monté sans selle et sans bride tant de poulains farouches dans les prairies où j'ai passé mon enfance, que j'ai l'instinct nécessaire pour rester solide sans faire de maladresse qui exaspère l'animal le plus irritable et le plus chatouilleux. Les choses se passèrent donc très bien, et quand j'eus fait une lieue au grand trot pour satisfaire la première ardeur de mon cheval, je sentis que j'en étais maître et que je pourrais, à mon gré, ralentir son allure.

Je me retournai alors vers Tartaglia, qui montait aussi une magnifique bête, et qui, cavalier à ma manière, se tenait victorieusement en selle, malgré ses jambes courtes et l'énorme manteau dont il s'était affublé.

—Ah çà, lui dis-je, tu as été assez loin. Il n'est pas nécessaire que tu t'exposes, pour moi, à la fièvre et aux bandits. Retourne au palais, et dis à lord B*** que je n'ai pas besoin de toi. Demain, je lui ramènerai son cheval.

—Non pas, non pas, mossiou! je ne vous quitterai pas. Je ne crains pas la fièvre avec ce bon manteau, et, quant aux bandits, que voulez-vous qu'ils fassent à un pauvre homme qui n'a pas dix baïoques dans sa poche?

—Mais ce bon manteau pourrait les tenter, d'autant plus que tu l'étales avec une majesté...

—Croyez-moi, excellence, avec des chevaux qui courent comme ceux-ci, on ne craint guère les voleurs. Tout ce que je vous demande, c'est de ne pas être fier, et de jouer des talons si nous faisons quelque mauvaise rencontre.

—Daniella, je te le promets! m'écriai-je intérieurement. Puis, je ne pus résister au désir de savoir comment les choses s'étaient passées au palais *)*, pour que lord B*** eût deviné que je m'échappais encore une fois, et, malgré ma répugnance à causer avec Tartaglia, je l'interrogeai; mais il éluda mes questions.—Non, non, mossiou, répondit-il, pas à présent. Je vous dirai tout ce que vous voudrez, quand nous verrons les premières maisons de Frascati; mais, croyez-moi, c'est moi que je vous dis qu'il ne fait pas bon aller au pas et causer dans la campagne de Rome quand le jour est fini. Marchons, et si vous voyez du monde sur le chemin, ne vous gênez pas pour prendre un joli petit galop.

J'insistai pour le renvoyer : — C'est impossible, reprit-il, ne parlez pas de cela. Mylord me mettrait à la porte si je lui manquais de parole.

Nous reprîmes donc le trot. La journée avait été magnifique et le ciel était clair. Nous avions dépassé Tor di mezza via, grande tour isolée au milieu des champs, qui marque la moitié du chemin entre Rome et Frascati, lorsque Tartaglia, qui avait jusque-là trotté respectueusement derrière moi, me dépassa au galop, en me criant de ne pas le suivre de trop près, mais de maintenir mon allure.

Ceci me donna à penser qu'il avait accointance avec quelques rôdeurs de nuit, et qu'il avait été averti de leur présence par un signe insaisissable à ma vue ou mon oreille. Je ne doutai plus du fait lorsque, l'ayant rejoint au trot, je le vis remonter précipitamment sur son cheval et prendre congé d'un groupe d'hommes, parmi lesquels j'en remarquai un de haute taille, qu'il ne me sembla pas voir pour la première fois, et qui parut éviter mes regards en se tournant vers le fossé de la route. Les autres avaient l'air misérable de tous les gens du pays.

— Coquin, dis-je à Tartaglia, quand nous les eûmes dépassés, tu as tes raisons, je crois, pour ne pas pas craindre les bandits.

—Mossiou! mossiou! fit-il en mettant le doigt sur ses lèvres, ne parlez pas de ce que vous ne savez pas! Il y a de mauvaises gens dans la campagne de Rome; mais il y en a aussi d'honnêtes, et il est bon d'avoir un ami comme moi, qui sais comment il faut parler aux uns et aux autres.

—Puis-je te demander, au moins, si ceux, dont tu prétends me préserver en ce moment, sont de mauvais ou d'honnêtes bandits?

— Vous demandez ce qu'il ne vous servirait à rien de savoir, et je ne prétends rien, puisque je ne vous demande rien ni pour eux ni pour moi. Marchons, marchons, je vous prie : je ne crains que les surprises.

Nous arrivâmes sans encombre au pied de la montagne. Je voulus mettre mon cheval au pas pour le ménager. Tartaglia s'y opposa énergiquement.

— Eh! mossiou, vous n'y songez pas! La nuit est tout à fait tombée, et c'est ici le plus mauvais endroit, à cause de la montée. Tenez, voilà une fontaine où bien des gens sont restés pour avoir voulu y faire boire leurs chevaux; et là, tout le long de ce petit mur, est-ce que vous n'avez pas remarqué, dans le jour, les têtes de mort et les ossemens en croix, qui parlent assez clairement?

Enfin nous arrivâmes à la porte de la ville, et Tartaglia consentit à me parler de lord B***. —Voyons, mossiou, dit-il, ne vous fâchez pas! Lord B*** ne sait probablement pas que vous êtes à Frascati. Il s'imagine que vous courez la ville de Rome pour voir les illuminations. Et tenez, nous voici sur une hauteur d'où vous pouvez juger de la beauté du spectacle que vous avez perdu. Retournez-vous, et arrêtez-vous un moment.

Je m'arrêtai. Le spectacle était splendide. Rome brillait dans la nuit comme une pléiade d'étoiles. Dix heures sonnaient à la cathédrale de Frascati.

—Attention! s'écria Tartaglia enthousiasmé : regardez-bien le dôme de Saint-Pierre; le changement va se faire! Ah! l'horloge de Frascati avance d'une minute,... de deux... Attendez! voilà! Est-ce beau?

En effet, toutes les lumières qui, à cette distance de treize milles, éclataient de blancheur, changèrent subitement de ton et devinrent d'un rouge étincelant. L'énorme fanal placé au sommet du dôme rayonnait dans une brume couleur d'incendie. Les Romains sont très friands de ce coup d'œil. Cinq cents ouvriers sont employés, ce jour-là, à le leur procurer; et quand le changement n'est pas général et instantané sur tous les points de l'immense édifice, basilique, dôme, colonnades et fontaines, la population siffle à outrance les machinistes. Aussi ces derniers y mettent-ils tout leur amour-propre, et Tartaglia s'écria philosophiquement : — A l'heure qu'il est, cinq ou six de ces pauvres diables dégringolent de là-haut, pour s'être pressés comme il convenait, car le *changement* me paraît très bien réussi, et le public doit être content. Bah ! il n'y point de beau *changement* sans cela ! Le dôme est si dangereux !

— A présent, j'ai assez vu les lampions. Dis-moi comment il se fait que je sois ici sur le cheval de lord B*** me l'ait envoyé ?

— C'est que vous n'êtes point sur le cheval de lord B***, mais bien sur celui de la Médora. Quant à moi, j'ai choisi le mien parmi ceux des domestiques. J'ai pris celui dont je savais l'allure douce et les jambes sûres.

XXIV *(Suite)*.

Pendant quelques instants, Tartaglia me laissa croire que Médora l'avait envoyé courir avec moi avec ces chevaux. Enfin, quand j'eus mis pied à terre, il m'avoua la vérité : — *C'est moi que j'ai pris sur moi*, dit-il, de seller ces chevaux et de leur mettre une petite demi-douzaine de lieues dans les jarrets. Bah ! de si bonnes jambes ! ajouta, en riant, l'effronté bohémien. Miss Médora trouvera peut-être que son *Otello* a un peu moins d'ardeur que de coutume ; elle fera un peu moins de folies, voilà tout ! D'ailleurs, il pleuvra, le temps se brouille : miss ne sortira pas, et *Otello* se reposera. Allons, *mossiou*, ne soyez pas fâché. J'ai tout fait pour le mieux : quand j'ai vu qu'au lieu de vous calmer, je vous rendais plus volontaire, et que vous preniez votre porte-manteau pour sortir du palais sans rien dire à personne, je me suis dit, moi : Ce pauvre garçon ne va pas trouver de voiture, et s'il en trouve une, ce sera pire que d'aller à pied ; il sera arrêté sur le chemin ; il est fou, il voudra se défendre ; on me le tuera...

— Mais quel diable d'intérêt prends-tu à moi ? lui criai-je en lui jetant vingt francs qu'il refusa obstinément.

— Je prends intérêt au futur mari de la Médora, répondit-il, au futur héritier de lady B*** ; car, voyez-vous, *c'est moi que je vous le dis*, vous serez ce mari et cet héritier. Pour le moment, vous êtes coiffé de cette brunette de Frascati ; mais, avant huit jours, vous en serez las, et vous reviendrez à Rome. La signorina n'aime pas son cousin Richard. Elle l'aime d'autant moins qu'elle fait son possible pour l'aimer ; mais il est sot, et elle s'en aperçoit bien. Bonsoir, excellence ; gardez votre argent ; vous êtes généreux, je le sais : c'est pour cela que j'attends, pour accepter, que vous soyez riche. En faisant votre fortune, je fais la mienne.

En parlant ainsi, il sauta à cheval et prit Otello par la bride. Je voulais qu'il entrât dans la ville pour laisser reposer ces deux braves bêtes.

— Non, non, dit-il, les domestiques courent les rues de Rome, cette nuit ; ils m'ont confié le soin des écuries ; mais, au point du jour, ils y donneront un coup d'œil, et il faut que ces deux bêtes-ci soient séchées et pansées, pour qu'ils ne se doutent de rien.

Il partit au galop, et je me mis à gravir la via Piccolomini, un peu honteux de penser que le cheval favori de Médora m'avait porté à ce rendez-vous, cause indubitable de son éternel mépris. Je voyais aussi se réaliser la prédiction de Brumières relativement à Tartaglia : « En quelque lieu et à quelque heure que ce soit, vous le verrez apparaître au moment où ses services vous seront indispensables, et il saura être l'homme nécessaire dans vos plaisirs ou dans vos dangers. »

Pendant que je faisais ces réflexions, la grille ne s'ouvrait pas ; et la cloche placée en dehors de la maison fait un tel bruit que je n'osais la secouer trop fort. *Elle* est là, sans doute, me disais-je. C'est elle qui va m'ouvrir furtivement la porte.

XXV.

9 avril.—Suite.

Comme j'étais là, attendant avec le plus de patience possible, il m'arriva une aventure énigmatique dont je n'ai pas encore, dont je n'aurai peut-être jamais le mot. Un homme sortait de la via Piccolomini, c'est à dire de l'extrémité de la ville, et semblait se diriger vers la via Falconieri, un de ces petits chemins enfoncés qui circulent entre les parcs et qui portent le nom de celui auquel ils aboutissent. Cet homme passa si près de moi, que je pensai qu'il ne me voyait pas, et que je fis un mouvement pour n'en être pas heurté ; mais il me voyait, et, en m'effleurant, il me mit rapidement dans la main un objet qui me parut être une petite plaque de métal carré ; puis aussitôt, sans attendre la moindre question, il s'enfonça dans le chemin creux et disparut. Ce n'était pas le capucin, oncle de la Daniella ; c'était un grand moine, noir et blanc, qui me rappela celui que j'avais rencontré dans les ruines du théâtre de Tusculum, et qui m'avait semblé vouloir éviter mes regards. Pourtant celui-ci me parut beaucoup plus mince.

Je m'assurai que l'objet mystérieux était une tablette de fer battu de la grandeur d'une carte de visite et percée de plusieurs trous incompréhensibles au toucher. Je me demandai si c'était quelque symbole de dévotion distribué aux passans, ou un avis quelconque donné par Daniella. Mais comment et pourquoi ce moine serait-il intervenu dans une histoire d'amour ?

Averti pourtant comme je l'avais été par Brumières et par lord B*** que, dans ce pays-ci, il faut s'attendre aux choses les plus surprenantes, je crus devoir ne pas m'obstiner à secouer la cloche de Piccolomini, et je m'enfonçai, à mon tour, dans la via Falconieri, sans dessein d'y suivre les traces du moine, mais de manière à dérouter les espions, si espions il y avait, en me perdant dans l'obscurité.

Quand j'eus atteint un endroit complètement ombragé par les grands arbres des deux parcs limitrophes, je me hasardai à frotter une allumette comme pour rallumer mon cigare, mais, en effet, pour constater que j'étais bien seul, et pour regarder le talisman du moine. Ce ne peut être qu'un talisman, en effet, mais à quelle religion il peut appartenir, voilà ce qu'il m'est impossible de présumer. Les jours percés dans le métal n'ont aucune signification que je sois capable de traduire. Après les avoir bien examinés, je mis, à tout événement, l'amulette dans ma poche, et, poursuivant mon chemin, je pénétrai dans l'enclos de Piccolomini par un des talus qui bordent le plan d'oliviers, au delà de la petite porte qui fait face à la grille de la villa Falconieri

La nuit était chaude et sombre, et de Frascati partaient mille bruits joyeux qui étaient une nouveauté pour mon oreille. Pendant le carême, et pendant la semaine sainte surtout, sauf la voix des cloches et le silence de mort. Quiconque ferait entendre le son d'un instrument ou d'une chanson indiquant la pensée de boire ou de danser, risquerait de *cadere in pena*, c'est à dire de subir l'amende ou la prison. Aussi, dès le jour de Pâques, tout ressuscite, tout chante, tout crie, tout danse dans les Etats du pape. Les cabarets sont rouverts, les lumières brillent, tout hangar devient salle de bal, et on s'étonne de voir ce pauvre peuple condamné, de par le sbire et le geôlier, à une austérité toujours abrutissante quand elle n'est pas volontaire, reprendre, avec tant d'énergie et de naïveté, sa gaîté d'oiseau, ses gambades et ses cris d'enfant en récréation.

Quand je fus dans le palais, je reconnus que j'aurais eu beau sonner. Il était complètement désert, et je sentis quelque dépit de voir que ma résolution désespérée d'arriver là à l'heure dite n'aboutissait qu'à une déception. J'attendis en vain un quart d'heure; puis, l'impatience et l'humeur me gagnant, je pris le parti de ressortir pour aller voir la physionomie de Frascati en fête, et probablement la Daniella en danse, oubliant le rendez-vous qu'elle m'avait donné; mais je fis en vain le tour de la ville et du faubourg, jetant un regard furtif sur toutes les guinguettes; je n'aperçus que la Mariuccia, qui prenait grand plaisir à voir sauter les jeunes filles, et qui ne fit pas la moindre attention à moi.

Je rentrai, en proie à une véritable colère, une mauvaise et honteuse colère, en vérité, et je trouvai la Daniella dans sa chambre, à genoux contre un fauteuil et disant sa prière, qu'elle n'interrompit nullement en me voyant entrer; ce qui me donna le temps de me repentir, de me calmer, et enfin de m'émerveiller du sang-froid héroïque avec lequel cette étrange fille, murmurant un reste de patenôtres et se signant dévotement, alla retirer la clé de ma porte et pousser le verrou.

Alors seulement elle me regarda, et pâlit tout à coup. — Qu'est-ce que vous avez? me dit-elle; vous m'examinez d'un air moqueur et froid!

— Et vous, qui ne me regardez pas du tout depuis cinq minutes que je suis là, vous que j'attends et que je cherche depuis une grande heure...

— Ah! c'est là ce qui vous a fâché? Vous croyez donc que c'est une chose bien facile pour moi de me trouver ici à l'heure qu'il est, quand mon frère est à Frascati et quand tout Frascati est debout? Allons! sachez comment j'ai pu arranger les choses sans que ma tante se doutât de rien, car il ne faut pas vous imaginer qu'elle m'approuverait de venir vous trouver sans avoir exigé de vous une promesse de fidélité. Je suis censée passer cette nuit à la villa Taverna-Borghèse, à un quart de lieue d'ici, dans les jardins. Je me suis engagée à y travailler pendant un mois, et, sous prétexte que la course est longue quand il pleut, j'ai demandé à la femme de charge Olivia de me loger pour tout ce temps. C'est une affaire arrangée. Cette femme-là est mes amies; elle m'a donné une chambre placée de manière à ce que je puisse sortir et rentrer sans que les autres gardiens du palais Taverna s'en aperçoivent. Ainsi, je suis partie ce soir, avec elle, en présence de mon frère et de ma tante, et j'ai attendu le moment de pouvoir me glisser de Villa-Taverna dans Villa-Falconieri, et de Villa-Falconie-

ri jusqu'ici, tout cela par les petits sentiers que je connais, et me voilà.

Ce dernier mot *me voilà*, fut dit avec un charme inexprimable. Il y avait, dans la belle voix et dans le beau regard de cette fille, je ne sais quelle candeur angélique dont j'aurais dû être frappé, mais dont je subis l'entraînement sans réflexion. Je la pris dans mes bras, et tout aussitôt je m'arrêtai, étonné et inquiet: mes lèvres avaient senti de grosses larmes sur ses joues.

— Qu'est-ce donc, *Daniella mia?* lui dis-je. Est-ce à regret que tu te livres à mon amour?

— Tais-toi, dit-elle; ne mens pas! Tu n'as pas d'amour pour moi!

Ce reproche m'irrita.

— Eh! mon Dieu! allons-nous recommencer à dire des subtilités et à faire des conditions?...

— Des conditions!... M'avez-vous promis seulement deux jours d'attachement? Et pourtant, je suis là!

— Tu es là tout en larmes, c'est comme si tu n'y étais pas; car je te jure que je ne veux rien devoir à une résolution que tu regrettes. Si je te déplais, ou si tu te repens de ta confiance, va-t-en donc!

— Non, je suis venue et je reste; car je vous aime, moi! C'est la seule chose dont je sois sûre. Et, là-dessus, elle cacha sa figure dans ses mains, et pleura avec tant d'effusion que mes premiers transports firent place à de secrètes angoisses.

— Voyons, Daniella, repris-je, si vous êtes une fille sérieuse et passionnée, quittons-nous; car je suis un homme d'honneur, et je ne peux ni rester dans votre pays ni vous emmener dans le mien; et si vous êtes encore pure, comme vous avez voulu me le faire entendre, sortez, sortez! Je ne veux pas vous séduire et me créer un devoir au-dessus de mes forces. Je suis pauvre et ne peux vivre honorablement que dans une situation indépendante, je vous l'ai dit. Adieu donc. Allons, partez, pendant que j'ai encore le courage de le vouloir.

— Vous vous feriez donc un grand crime de séduire une fille dont vous seriez le premier amant?

— Oui, si elle avait, comme vos larmes me le font croire, la conscience de son sacrifice. Or, je ne veux pas accepter de sacrifice, n'en pouvant offrir aucun en échange.

— Vous dites cela bien sérieusement?

— Je vous le dis sur mon honneur.

— Rien en échange! répéta-t-elle en se dirigeant vers la porte. Pas un jour, pas une heure de fidélité, peut-être!

Elle ouvrit la porte et sortit lentement, comme pour me donner le temps de la rappeler; mais j'eus la force de n'en rien faire, car je m'étais senti, et je me sentais encore si étrangement ému, que je me voyais perdu, dominé à jamais, si j'acceptais le plaisir d'une nuit, à titre d'immolation de toute ma vie de chasteté.

Quelques instants de silence me firent croire qu'elle était partie, en effet. J'avais les nerfs si excités, la tête si malade, que je sentis des larmes de dépit ou de regret couler aussi sur mon visage. J'en fus indigné contre moi-même; je me trouvais absurde et stupide. Je pris mon chapeau et j'allais sortir.

— Où allez-vous? me dit-elle impétueusement en me barrant le passage dans le grenier qui précède ma chambre.

— Je vas courir les guinguettes de Frascati, et comme, tout à l'heure, j'ai vu là beaucoup de jolies figures très agaçantes, j'espère rencontrer facilement une conquête à qui je ne ferai pas verser de pleurs.

— Ainsi, reprit-elle, voilà tout ce que vous voulez? Une nuit d'amour sans lendemain?

— Sans lendemain, je n'en sais rien; mais sans conditions et sans regrets, à coup sûr, voilà tout ce que je veux!

— Allez! dit-elle, je ne vous retiens pas!

Et elle s'assit sur la première marche de l'escalier, lequel est si étroit dans ce taudis, que, pour le descendre, il me fallait la repousser de propos délibéré et l'obliger à me faire place. Elle ne pleurait plus, elle avait la voix sèche et l'attitude dédaigneuse.

— Daniella, lui dis-je en la relevant, à quel jeu puéril et douloureux perdons-nous des heures qui nous sont comptées et qui ne reviendront peut-être plus? S'il est vrai que tu m'aimiez, pourquoi ne pas prendre l'amour que je peux vous donner et qu'il dépend de vous de rendre d'un poids si léger dans votre vie? Soyez sincère si vous êtes folle, et soyez forte si vous êtes sage. Partez ou restez; mais ne me faites pas souffrir et divaguer plus longtemps.

— Tu as raison, me cria-t-elle en me jetant ses bras autour du cou. Il vaut mieux être sincère. Eh bien, oui, je suis une folle, et mes sens me gouvernent!

— A la bonne heure! J'en remercie ma bonne destinée. Donc, je ne suis pas ton premier amour?

— Non, non! je mentais! Ne te reproche rien, et aime-moi comme je suis, comme tu peux, n'importe comment! Mais silence! Eteins cette bougie, j'entends la Mariuccia qui rentre. Elle va venir si tu es rentré aussi; fais semblant d'être endormi; ne bouge pas; si elle parle, ne réponds pas.

Quand le jour parut, je n'étais plus dans les bras de Daniella, j'étais à ses pieds. Ah! mon ami, je pleurais comme un enfant, et ce n'était plus de dépit, ce n'était plus de crispation nerveuse, c'était des larmes du fond de mon cœur, des larmes de reconnaissance et de repentir surtout. Chère et charmante jeune fille! Elle m'avait trompé; elle avait voulu être à moi à tout prix, méconnue, calomniée, avilie par ma méfiance, par ma passion égoïste et brutale. Et j'étais châtié comme j'avais craint de l'être: une fille pure avait assouvi ma soif de voluptés, et j'avais été le possesseur inepte et indigne d'un trésor d'amour et de candeur!

— Oh! pardonne-moi, pardonne-moi! lui disais-je. Je t'ai désirée comme on désire une chose de peu de prix; j'ai rougi en moi-même du sentiment qui me poussait vers toi; je l'ai combattu, je l'ai souillé tant que j'ai pu dans ma pensée. J'ai fait comme les enfans qui ne voient que l'éclat des fleurs, et qui les brisent sans se douter de leur parfum. J'ai été indigne de mon bonheur, de ton dévouement, de ton sacrifice, et me voilà à tes pieds, rougissant de moi, car tu méritais des hommages, des prières, de longues aspirations, et j'ai profané l'amour pur que je te devais avant de te posséder; mais va, je réparerai mon crime; je t'aimerai aujourd'hui comme j'aurais dû t'aimer hier, et je serai ton adorateur, ton cavalier servant, ton esclave aussi longtemps que tu le voudras, avant de redevenir ton amant. Commande-moi ce que tu veux, éprouve-moi, punis-moi, venge ta fierté outragée; car je t'aime, oh! oui, je t'aime, à présent, mille fois plus que tu ne peux et ne dois m'aimer!

Et puis, je tombais dans le silence et dans une enivrante rêverie, en contemplant cette créature si séduisante, et si naïve, si coquette et si chaste, si impétueuse et si humble, assez fière pour avoir pleuré en se livrant, assez dévouée et assez passionnée pour s'être livrée quand même. Une vierge sage calomniant sa pureté, éteignant sa lampe comme une vierge folle, pour rassurer la mauvaise et lâche conscience de celui qu'elle aime et qui la méconnaît! Mais c'est le monde renversé, pensais-je; c'est un bonheur invraisemblable qui m'arrive; c'est un rêve que je fais! Et je pressais ses genoux contre ma poitrine soulagée et purifiée. Je me prosternais devant elle; je me donnais corps et âme. J'offrais mon cœur sans réserve et ma vie pour toujours. J'étais exalté, j'étais fou; et, à l'heure où je vous écris, je le suis encore. Bien que seul dans des ruines, depuis cinq ou six heures, j'éprouve toujours la même ivresse, et je ne sais quelle joie intérieure, mêlée de repentir et d'attendrissement qui est, certainement, ce que j'ai ressenti de plus énergique et en même temps de plus doux, depuis que j'existe.

O Daniella, Daniella! devrais-je dire que ceci est une folie? Devrais-je dire que j'ai existé avant aujourd'hui? Non, certes, car j'aime pour la première fois, et je sens que, dussé-je payer ce jour-là de ma vie, ou, ce qui est pire, des souffrances d'une longue vie, je remercierais Dieu avec enthousiasme de me l'avoir donné! Oh! vivre de toute la puissance de son être! Se sentir inondé de voluptés, esprit et matière; ne plus compter pour rien ces misérables préoccupations, ces montagnes et ces abîmes de si et de mais qui se dressent et se creusent autour des plus vulgaires existences, pour les tourmenter bêtement de rêves sinistres et vains! se sentir fort, à soulever le monde sur son épaule; calme, à défier la chute des étoiles; ardent, à escalader le ciel! Tendre comme une mère et faible comme une femme; ému comme une eau qui frissonne au moindre souffle, jaloux comme un tigre, confiant comme un petit enfant, orgueilleux devant tout ce qui est, humble devant le seul être qui compte désormais pour quelque chose; agité de transports inconnus, apaisé par une langueur délicieuse... et tout cela à la fois! Toutes les situations, toutes les sensations, toutes les forces morales et physiques se révélant avec une intensité, une clarté et une plénitude suprêmes!...

C'est donc là l'amour! Ah! j'avais bien raison d'y aspirer comme au souverain bien, dans mes premières heures de jeunesse! Mais que j'étais loin de savoir ce qu'un pareil sentiment, quand il se révèle tout entier, renferme de joies et de puissances! Il me semble que, d'aujourd'hui, je suis un homme. Hier, je n'étais qu'un fantôme. Un voile est tombé de devant mes yeux. Toutes choses m'apparaissaient troubles et fantasques. J'attribuais à la solitude et à la liberté une valeur qu'elles n'ont pas. J'avais, de mon repos, de mon indépendance, de mon avenir, des convenances de ma situation, de mon petit bien-être intellectuel, de ma raison vaine et vulgaire, un soin ridicule. Je voyais faux. C'est tout simple: j'étais seul dans la vie! Quiconque est seul est fou, et cette sagesse qui se préserve et se défend de la vie complète est un véritable état d'aliénation.

Mais vivre à deux; sentir qu'il y a, sous le ciel, un être qui vous préfère à lui-même et qui vous force à lui rendre tout ce qu'il se retire pour vous le donner; sortir absolument de ce triste *moi* pour vivre dans une autre âme, pour s'isoler avec elle de tout ce qui n'est pas l'amour, mon Dieu, quelle étrange et mystérieuse félicité!

Et pourquoi est-ce ainsi? Autre mystère! Pourquoi cette femme, et non pas tout autre plus belle peut-être et meilleure, ou plus éprise encore? La raison, la fausse raison d'hier s'efforcerait vainement de rabaisser mon choix et de me montrer l'image d'une maîtresse plus désirable. La raison souveraine d'aujourd'hui, cette extase, cette vision du vrai absolu répondrait victorieusement que la seule maîtresse qu'on puisse désirer est celle qu'on a, et que la seule femme qu'on puisse adorer est celle qui vous a jeté dans l'état surnaturel où me voici.

Oui, je me sens, en ce moment, au-dessus de la nature humaine; c'est à dire hors de moi, et plus grand, et plus fort, et plus jeune que moi-même. Je m'estime plus que je ne croyais pouvoir m'estimer jamais; car mes préjugés et mes méfiances, mon aveuglement et mon ingratitude ne me semblent plus venir de moi, mais d'un rôle que j'étais forcé de jouer dans la comédie sociale. J'ai dépouillé ce costume d'emprunt; j'ai oublié ces paroles de routine et ces raisonnemens de commande. Je me retrouve tel que Dieu m'a fait. L'amour primordial, la principale effluve de la divinité, s'est répandu dans l'air que je respire; ma poitrine s'en est remplie. C'est comme un fluide nouveau qui me pénètre et me vivifie. Le temps, l'espace, les besoins, les usages, les dangers les ennuis, l'opinion, tous ces liens où je me débattais sans pouvoir faire un pas, sont maintenant des notions erronées, des songes qui fuient dans le vide. Je suis éveillé, je ne rêve plus; j'aime et je suis aimé. Je vis! je vis dans cette région que je prenais pour un idéal nuageux, pour une création de ma fantaisie, et que je touche, respire et possède comme une réalité! Je vis par tous mes organes, et surtout par ce sixième sens qui résume et dépasse tous les autres, ce sens intellectuel qui voit, entend et comprend un ordre de choses immuable, qui coopère sciemment à l'œuvre sans fin et sans limites de la vie supérieure, de la vie en Dieu!

Ah! le positivisme, le convenu, le prouvé, le prétendu réalisme de la vie humaine dans la société! Quel entassement de sophismes qui, à notre réveil dans la vie éternelle, nous paraîtront risibles et bizarres, si nous daignons alors nous en souvenir! Mais j'espère que cette mémoire sera confuse, car elle nous pèserait comme un flux de divagations notées pendant la fièvre. J'espère que les seuls jours, les seules heures de cette courte et trompeuse existence dont il nous sera possible de nous souvenir, seront les jours et les heures où nous aurons ressenti l'extase de l'amour dans tout son rayonnement divin! O mon Dieu! je vous demande de me laisser, dans l'éternité, le souvenir de l'heure où je suis!

XXVI.

Villa Mondragone, 10 avril.

Je reviens vous écrire aujourd'hui dans la même solitude où j'ai passé la journée d'hier à vous raconter l'événement de ma vie, la transformation de mon être. Seulement, hier il faisait un temps affreux, et je vous écrivais assis sur des décombres, dans une des salles désertes et délabrées de ce noble manoir. Aujourd'hui, je suis en plein air, par un temps délicieux, dans un jardin abandonné où de magnifiques asphodèles croissent librement sur les margelles disjointes des bassins taris et ensablés. Je suis encore plus heureux qu'hier, bien qu'hier, cela ne me parût pas possible, bien que je n'eusse pas conscience, et cela pour la première fois de ma vie, de l'absence du soleil. Je ne m'en suis aperçu qu'en revenant à Frascati, en voyant l'herbe mouillée et le ciel noir. Ah! qu'est-ce que cela me fait, à présent, qu'il y ait de la lumière et de la chaleur sur la terre? J'ai mon soleil dans l'âme, mon foyer de vie est dans l'amour qui brûle en moi.

Ne soyons pas ingrat pourtant : le soleil de là-haut est un bel éclairage pour le splendide décor qui m'environne, et je vais chérir exclusivement cet endroit-ci, parce que je suis aussi près d'*elle* que possible. Je rêve à trouver le moyen de m'y établir le jour et la nuit. Comment cela se pourra-t-il? Je ne sais. C'est, comme je vous l'ai dit, une ruine abandonnée; mais il faudra réussir à m'y faire un nid.

C'est que, voyez-vous, la villa Taverna et la villa Mondragone sont situées dans le même parc. Toutes deux appartiennent à une princesse Borghèse qui ne songe pas à en faire deux lots séparés. De villa Taverna, belle maison de plaisance à mi-côte, on suit un *stradone*, c'est-à-dire une vaste allée couverte d'arbres séculaires, si longue et si rapide, qu'il ne faut pas moins de vingt minutes pour la monter. Enfin, tout en haut et tout à coup, en tournant dans des bosquets sur la gauche, on se trouve devant une masse de constructions incompréhensibles : c'est Mondragone, villa immense et pleine de caractère, bien qu'elle n'ait rien d'imposant. Le style italien des derniers temps de la renaissance est toujours petit de proportion, quelle que soit sa dimension réelle, et l'œil s'y trompe absolument au premier aspect.

C'est dans cette vaste résidence déserte que je peux pénétrer et m'enfermer, sous prétexte de faire des études de dessin. La femme de charge de Villa Taverna, cette Olivia, amie de ma Daniella, qui me connaît déjà depuis quelques jours, me confie une clé qui ne pèse guère moins d'un kilo, et que je dois rapporter à six heures. Cela me permet d'échanger deux fois par jour, en passant à Taverna, quelques regards avec Daniella, qui, dans une salle basse des communs, travaille à une formidable lessive; mais j'ai tant de respect pour elle, à présent, qu'afin de ne pas l'exposer aux plaisanteries des gens de la maison, je fais semblant de ne pas la connaître. La nuit elle se glisse furtivement dans les sentiers couverts et vient me trouver à Piccolomini; mais il lui faut traverser Falconieri où elle risque de rencontrer des gardiens mal disposés, ou bien descendre de Taverna à Frascati, et se faire voir aux gens du faubourg. En outre, nous ne pourrons plus tromper longtemps la Mariuccia. C'est par miracle que, depuis deux nuits, nous échappons à sa clairvoyance, et nous ne savons pas encore si, au point où nous en sommes, elle nous sera favorable.

Ici, dans cette résidence déserte, entourée de grandes constructions dont le faîte s'écroule, mais dont toutes les issues extérieures sont bien closes, je pourrais voir ma chère compagne à toute heure si j'avais un logement quelconque, et je me suis mis aujourd'hui à tout explorer dans le plus grand détail. Il me semble que quelque bonne idée va me venir en vous faisant part de mes découvertes.

Imaginez-vous un château qui a trois cent soixante-quatorze fenêtres (1), un château compliqué comme ceux d'Anne Radcliffe, un monde d'énigmes à débrouiller, un enchaînement de surprises, un rêve de Piranèse ; mais d'abord il faut que je vous fasse succinctement l'historique de villa Mondragone pour que vous compreniez quelque chose à ce mélange misérable et de luxe princier où je cherche un gîte.

Ce palais fut bâti pour Grégoire XIII, au seizième siècle. On y entre par un vaste corps de logis, sorte de caserne destinée à la suite armée du pontife. Lorsque, plus tard, le pape Paul V en fit une simple *villégiature*, il relia un des côtés de ce corps-de-garde au palais par une longue galerie de plain pied avec la cour intérieure dont les arcades élégantes s'ouvrent au couchant sur un escarpement assez considérable, et laissent aujourd'hui passer le vent et la pluie. Les voûtes suintent, la fresque est devenue une croûte de stalactites bizarrées ; des ronces et des orties poussent dans le pavé disjoint ; les deux étages superposés au-dessus de cette galerie s'écroulent tranquillement. Il n'y a plus de toiture ; les entablemens du dernier étage se penchent et s'affaissent aux risques et périls des passans, quand passans il y a, autour de cette thébaïde.

Cependant, après avoir été concédée aux princes Borghèse, Villa-Mondragone était encore une demeure splendide, il y a une cinquantaine d'années, et elle revêt aujourd'hui un caractère de désolation riante, tout à fait particulier à ces ruines prématurées. C'est durant nos guerres d'Italie, au commencement du siècle, que les Autrichiens l'ont ravagée, bombardée et pillée. Il en est résulté ce qui arrive toujours en ce pays-ci après une secousse politique : le dégoût et l'abandon. Pourtant la majeure partie du corps-de-logis principal, la *parte media*, est assez saine pour qu'en supprimant les dépendances inutiles, on puisse encore trouver de quoi restaurer une délicieuse *villegiature*. C'est le parti que voulait prendre et que prendra peut-être la princesse propriétaire actuelle. Des réparations avaient même été entreprises sur un pied de luxe qui peint très bien l'esprit local. On a commencé par l'inutile, comme toujours. Sans se préoccuper de la couverture à jour, ni des brèches faites par le canon aux étages supérieurs, on a fait des parquets, des peintures et des volets richement montés aux premiers étages. Ces volets, par parenthèse, m'ont frappé comme une chose charmante que je n'ai encore vue nulle part. Ils sont d'un bois résineux veiné de rouge qui laisse passer l'éclat du soleil au travers. Cela remplit l'appartement d'un ton rose très gai. J'ai pu en juger, cette partie du local n'étant pas si bien fermée, qu'en cherchant un peu, je n'aie trouvé moyen d'y pénétrer.

Au dessus, s'étendent des salles magnifiques encombrées de poutres et de décombres, et, un détail bien caractéristique, c'est une sorte de boudoir ou chapelle dont le plafond est fraîchement peint, et assez joliment peint par un artiste indigène, dans le goût traditionnel du pays. Ce sont des personnages tout roses nageant dans un ciel de bleu turquin

d'un propre et d'un gracieux à donner des idées de bal ; mais, dans le mur latéral, une grande fente que l'on n'a pas encore songé à fermer, bien qu'elle menace d'emporter un pan de l'édifice, sert de passage à une famille d'oiseaux de proie qui ont trouvé là, pour perchoir, un bout de solive sortant à l'intérieur. Ils s'y établissent paisiblement chaque nuit, ainsi que l'atteste un monceau de traces toutes récentes. Les amours du vautour ou de l'orfraie sont donc encore abrités par un ciel de chérubins ou de cupidons enguirlandés tout flambant neufs.

C'est que les embellissemens, précurseurs accoutumés des réparations urgentes, sont restés en route. A la dernière révolution, ce palais a été, encore une fois, occupé militairement, et les énormes tas de litière qui jonchèrent les terrasses n'ont pas encore disparu. Etait-ce un poste de cavalerie française ou italienne ? Les nombreuses sentences, d'un patriotisme ardent et naïf, charbonnées sur les murs, me font pencher pour la dernière hypothèse.

Va-t-on, comme on le dit aux environs, reprendre les travaux abandonnés ? Là, pour moi, est la question pressante. Si on ne les reprenait pas, la solitude durerait ici, et j'y pourrais peut-être louer un coin où je vivrais inaperçu. Il y a une portion très bizarre qui semble la plus moderne et la moins endommagée, dans laquelle il m'a été impossible de me glisser. C'est comme une petite villa mystérieuse perchée sur un des côtés de la villa principale. C'est probablement le logement de caprice personnel que, dans ces palais italiens, qu'il soit en haut ou en bas, caché ou apparent, on appelle le Casino. Ici, c'est un assemblage de petits pavillons dont les ouvertures annoncent des appartemens lilliputiens. C'est assez laid, mais curieusement agencé autour d'une toute petite terrasse, d'où la vue domine une étendue prodigieuse à travers des balustres massifs dont la destination semble être de cacher ce sanctuaire aux regards du dehors. Etait-ce une fantaisie de retraite cénobitique ? Un campanile à jour, planté sur cette terrasse, semble avoir été une chapelle, ou une sorte d'oratoire aérien, propre à stimuler le bien-être moral par le bien-être physique du beau site et du vent frais. Mais on peut, tout aussi bien, se représenter, dans ce Casino, de mystérieuses amours, retranchées en toute sécurité contre la curiosité d'une suite nombreuse, ou de visiteurs inattendus.

Quoi qu'il en soit, cela fait une demeure réservée que l'on n'aperçoit de nulle part, si ce n'est par son entrée particulière qui donne sur l'ancien parterre clos de murs festonnés et ornés de boules. Cette entrée est masquée par un beau portique attribué à Vignole, où l'on peut se promener dans un isolement complet.

J'aime beaucoup cet abri élégant avec ses arcades ornées de dragons, ses degrés de marbre brisés, et son fond percé de portes et de fenêtres mystérieuses barricadées solidement. C'est au travers des fentes de ces huis jaloux, qui semblent vouloir garder les secrets du passé, que je vois la petite terrasse, les petits pavillons et le clocheton arrondi du casino. De superbes graminées poussent entre les dalles, et des moineaux, aussi sauvages que ceux de nos villes sont familiers, y prennent leurs ébats, sans se douter que, séparé d'eux par une cloison de planches, j'écoute et commente leur caquet. Si je pouvais pénétrer dans cette villa secrète, il me semble que j'y trouverais une demeure close et habitable,

---

(1) Nombre qui, dans l'architecture de cette époque, représente une étendue immense de constructions.

car j'y vois des portes et des fenêtres en bon é-
tat ; mais il faudrait y entrer par effraction, et je
ne dois pas abuser de la confiance des gardiens.

....

En cherchant un passage vers ce Casino, je
viens de faire une autre découverte : c'est un recoin encore plus bizarre, encore plus caché, et
beaucoup plus joli. Après avoir erré dans je ne
sais combien d'églises souterraines, de salles aux
gardes ou d'écuries situées beaucoup plus bas
que le niveau de la cour, et d'une si puissante architecture qu'on ne sait ce que font là, dans les
ténèbres, ces belles et vastes salles, je me suis
trouvé en face d'un escalier tournant que j'ai
descendu.

C'est-là que le château, creusé dans le cœur
de la montagne, devient singulièrement fantastique ; c'est encore une autre résidence qui ne peut
pas avoir servi à loger des domestiques, ils eussent été par trop loin de leurs maîtres. Cela ressemble à un quartier réservé à quelque pénitent
volontaire, ou à quelque prisonnier d'État. Figurez-vous un tout petit préau profond, à ciel ouvert, avec des constructions situées autour comme les parois d'un puits, et, sous les arcades de
ce préau, un autre escalier rapide qui s'enfonce
à perte de vue, on ne sait où.

Je l'ai descendu, et je me croyais bien, cette
fois, dans les entrailles de la terre; aussi ai-je été
encore plus surpris que je ne l'avais été dans le
préau, en voyant entrer l'éclat du soleil à cette
profondeur. Probablement, j'étais tout simplement arrivé au niveau de la base de ce massif de
rocher où Mondragone est assis en face de Rome,
au-dessus d'elle et de toute la région des premiers
étages de la chaîne tusculane. Une sortie doit
avoir existé au bas de cet escalier profond où
j'étais parvenu ; mais elle a été murée apparemment, car je ne recevais que par une petite fente,
à laquelle je ne pouvais atteindre, les bouffées
d'un air frais et l'éblouissement d'un brillant
rayon de lumière.

Une nouvelle série de salles souterraines s'ouvrait à ma gauche. Je m'y hasardai dans les ténèbres. Je manquais d'allumettes pour me diriger, et je dus renoncer à cette dangereuse exploration au milieu des décombres, des excavations imprévues et des casse-cous de toutes
sortes.

Je suis donc remonté au petit cloître que je venais de découvrir, et, dans ma fantaisie, j'ai
donné à cet endroit un nom quelconque. Je vous
le désignerai sous celui de cloître *del pianto*, ou,
si vous voulez, du *pianto* tout court. Ce nom me
vient de l'idée que ce lieu isolé, et invisible du
dehors, a dû servir à quelque longue et douloureuse expiation.

Le casino aérien dont je vous ai parlé auparavant, et qui est à l'autre extrémité du grand pavillon, gardera son nom de *casino*. Je devrais
l'appeler la damnation, *perdizione*. Je ne sais
pourquoi sa petite terrasse retranchée, d'où l'on
voit sans être vu ; ses clochetons païens et ses
petites fenêtres qui regardent dans les yeux les
unes des autres, ont l'air de raconter une aventure galante, cachée là sous prétexte de bré-
viaire.

Si ces vieux murs pouvaient parler, ils révéle-
raient peut-être bien plus d'intrigues que je ne
leur en attribue. Dans tous les cas, ils ont un air
de chronique à la fois sinistre et silencieuse, et il
m'est bien permis d'en faire, dans ma pensée, le
théâtre de romans quelconques.

Le *pianto* a cela de particulier qu'il est difficile, à première vue, de fixer, sur un plan imaginaire, le point exact où il est situé. C'est peut-être
le noyau primitif de toute la construction. C'est
peut-être tout uniment une petite cour intérieure
nécessaire pour aérer les appartemens, qui ne
remplissent pas, comme ceux du milieu, tout l'é-
norme vaisseau du pavillon central. Des fenêtres
d'un style plus ancien que le reste, et en partie
murées, remplissent ses parois supérieures. Celles qui s'enfoncent sous la galerie du cloître sont
mystérieusement closes, et j'ai eu beau chercher,
je n'ai pas trouvé l'entrée des appartemens qu'elles éclairaient. On n'arrive à ce cloître que par
des détours dont je ne me rends pas encore un
compte exact.

J'ai trouvé, malgré l'obscurité, car la plupart
des ouvertures extérieures sont murées au nord,
le milieu de l'édifice. C'est une salle d'entrée, ou
plutôt une cour voûtée, dans laquelle pénétraient,
je crois, les voitures et les cavaliers. L'immense
porte est murée également. Je l'ai cherchée au
dehors et retrouvée au milieu de la plus belle terrasse qu'il soit possible d'imaginer.

Je dis belle quant à la situation et à l'étendue.
C'est un immense hémicycle dentelé d'un parapet
de marbre et d'une riche balustrade en partie
rompue aujourd'hui. Au milieu s'élève, en champignon, une lourde fontaine dont la vasque brisée est à sec ; une partie des eaux errantes se
perdent au hasard dans les fondations ; le reste s'échappe en dehors, dans une grande niche
située au bas du talus monumental de la terrasse.

Mais l'ornement le plus bizarre de cette terrasse, que, pour me conformer à l'usage de la localité, j'appellerai le *terrazone* (la grande terrasse),
consiste en quatre colonnes gigantesques, déjetées par les boulets et surmontées de girouettes
et de croix papales brisées ou tordues. Ces colonnes, qui sont les tuyaux des cheminées de
cuisines pantagruelesques situées sous la terrasse
même, et probablement de plain-pied avec le bas
de l'escalier du *pianto*, ont la forme de télescopes
démesurés et portent, en guise de couronnemens,
des masques grimaçans qui vomissaient la fumée
des festins, bien loin au dessus des cimes des arbres du parc.

Tout cela est d'un goût par trop italien de la
décadence ; mais c'est d'un fastueux étrange, et
la situation est splendide. C'est une vue découverte et incommensurable que j'ai de ma fenêtre à Piccolomini ; mais l'œil va plus loin encore, parce qu'on est à un mille plus haut, et c'est
plus beau, parce qu'au lieu des masures de Frascati pour repoussoir de premier plan, on a une
riche étendue de jardins plantureux d'un grand
style. L'allée de cyprès, en pente rapide, qui, du
bas du *Terrazzone*, traverse tout ce domaine, pa-
rallèlement au *strudone* de chênes verts en berceaux qui descend à Villa-Taverna, est véritablement monumental. Ces arbres ont quelque
chose comme quatre-vingts ou cent pieds de haut.
Leur tige est un faisceau de colonnettes grêles
autour d'un pivot central. C'est bizarre, c'est humide, noir et sépulcral, au milieu du paysage,
je ne dirai pas le plus riant, car la steppe de Rome n'est jamais gaie, mais le plus étincelant qu'il
soit possible d'imaginer.

Mais le *pianto*, avec ses festons de ronces et de
vignes sauvages qui pendent des crevasses ou qui
se traînent sur les débris de sculptures entassés
en désordre, est mon petit coin de prédilection.

Les étroites dimensions du tableau assez théâtral qu'il présente donnent le sentiment d'une sécurité profonde. Il me semble, seul comme je suis, et enterré vivant dans ces massifs d'architecture où ne pénètre pas le moindre bruit du dehors, que l'on pourrait vivre et mourir là, de bonheur ou de désespoir, sans que personne s'en inquiétât. Certes, à l'heure qu'il est, quelque isolé que vous me supposiez, vous ne pouvez vous représenter une cachette aussi secrète et une solitude aussi absolue que celle d'où je vous écris, au crayon, sur un album *ad hoc.*

XXVI (*Suite*).

A Tivoli, j'avais déjà rêvé une solitude à deux, une retraite à jamais cachée, dans la galerie taillée au cœur du roc qui domine la cascade. Certes, c'était mille fois plus beau que la ruine muette et sourde où me voilà enfoui; mais je ne désire plus Tivoli : la folle Medora et la fièvre m'en ont fait un souvenir pénible ; et, d'ailleurs, l'amour vrai n'a pas tant besoin des splendeurs de la nature. Il aime l'ombre et le silence. Le chant terrible des cataractes me gênerait aujourd'hui, s'il me dérobait une des paroles de ma bien-aimée.

Puisque je suis là à vous parler d'elle, il faut que je vous raconte qu'hier soir, m'en retournant par la pluie à Piccolomini, pluie que, du reste, je ne recevais guère, car ces *stradoni* d'yeuses antiques sont de véritables voûtes de feuilles persistantes et de monstrueuses branches entrelacées, j'entendis partir, de Villa-Taverna, un bruit de voix et de rires, où il me semblait reconnaître e rire et la voix de Daniella. J'avais à remettre à Olivia la majestueuse clé de mondragone, et je vis cette aimable femme à une fenêtre de rez-de-chaussée des bâtimens de service qu'elle occupe avec sa famille. Elle me fit signe d'approcher, et me montra, dans la grande salle où Daniella a établi son atelier de *stiratura*, un bal improvisé. A la fin de leur journée de travail, les ouvrières qu'elle emploie et les autres jeunes filles de la ferme et de la maison se livraient entre elles à la danse, en attendant qu'on leur servît le souper.

—C'est tous les jours ainsi, me dit Olivia, qui tenait le tambour de basque, unique orchestre de cette bande joyeuse, et qui le passa à une autre pour me parler;—la Daniella est folle de la danse, et, quand elle vient travailler ici, il faut, bon gré mal gré, que toutes nos filles sautent, ne fût-ce qu'une quart d'heure. Est-ce que vous n'avez pas encore vu danser la Daniella ?

—Une seule fois et un seul instant !

—Oh! alors, vous ne savez pas que c'est la plus belle danseuse du pays. Dans le temps, on venait de Gensano, et de plus loin encore, pour la voir au bal, et, quoiqu'elle nous ait quittés pendant deux ans, elle n'a rien oublié et rien perdu. Tenez, la voilà qui va reprendre ; regardez-la !

Je montai sur une borne et regardai dans l'intérieur, qu'éclairait une de ces hautes lampes romaines à trois becs, exactement pareilles à celles des anciens et très élégantes de formes, mais qui donnent une très médiocre lumière. D'abord je ne vis qu'un pêle-mêle de jeunes filles ébouriffées qui se livraient à une sorte de valse effrénée ; mais l'une d'elles cria : *La fraschetana !* C'est la danse de caractère, et, comme qui dirait la gavotte de Frascati. Toutes s'arrêtèrent et firent cercle pour voir Daniella ouvrir cette danse avec

une vieille femme de la campagne, qui passe pour avoir gardé la véritable tradition. Olivia me fit signe d'entrer par la fenêtre : je ne me fis pas prier, et me mêlai à l'assistance sans éveiller la moindre surprise ; toutes ces fillettes étaient absorbées par les deux grands modèles de l'art chorégraphique indigène qu'elles avaient à contempler.

Cette danse est charmante : les femmes tiennent leur tablier, et le balancent gracieusement devant elles en minaudant vis à vis l'une de l'autre. La vieille matrone, à figure austère, se livrant à ces chatteries d'enfant, était d'un comique achevé, qui ne faisait pourtant rire personne et qui ne déconcertait nullement Daniella. En regardant celle-ci, je ne sais quel frisson de jalousie me passa dans tout le sang. Je crois que s'il y avait eu là quelque autre homme que moi, je lui aurais cherché querelle. Je ne sais pas si je pourrai jamais me résoudre à la voir danser ailleurs que dans son cénacle de petites filles. Elle est trop belle quand elle s'anime ainsi. Elle avait retroussé sa longue jupe brune, qui se drapait tout naturellement sur un court jupon de flanelle rouge assez rustique, mais d'un ton de coquelicot éblouissant. Le fichu blanc qui couvre ordinairement ses cheveux était relevé carrément, comme le capulet de linge des paysannes romaines, et les grandes pendeloques d'or de ses boucles d'oreille sautillaient comme des feux follets sur les ondes lustrées de ses cheveux noirs.

Je ne vous dirai pas que sa danse est de l'art et de la grâce : c'est de l'inspiration et du délire ; mais un délire sacré comme celui qu'éprouverait une sibylle ; c'est une verve et une énergie à faire trembler ; c'est un regard qui brûle, un sourire qui éblouit, et tout à coup, des langueurs qui énervent. Quand elle eut dansé dix minutes, elle céda généreusement la place. « *Aux autres !* » s'écria-t-elle en prenant le *tamburello*, qu'elle se mit à faire résonner avec une vigueur étrange. Il n'y a rien de joli au monde comme le toucher rapide de ces petits doigts sur la peau rebondissante de l'instrument rustique. Elle ne le tient pas élevé au-dessus de sa tête et ne le frappe pas du dos de la main, comme on le fait ailleurs. Ici, les femmes tiennent le tambourin ferme, et le touchent comme si c'était un clavier. Le bruit qu'elles en tirent, en ayant l'air de l'effleurer, est formidable et marque un rhythme si accusé et si accentué que rien n'y résiste, et que la plus médiocre danseuse prend de l'élan et comme de la fureur.

Pourtant, la danse n'était pas enlevée au gré de Daniella, et, pour lui imprimer plus de feu, elle se mit à chanter l'air à pleine voix, avec un accent de colère, des paroles de reproche et d'excitation à ses compagnes endormies, et cette facilité d'improvisation à laquelle se prête la langue italienne, dont toutes les classes de la population manient le mètre et la rime presque aussi aisément que la prose. Toute parole chantée de cette façon a le privilège de produire une grande animation ou une grande gaîté sur les auditeurs. On cessa de danser pour écouter Daniella, qui, au milieu des rires de ses compagnes et des siens propres, débitait une kyrielle de couplets mordans et plaisans. On lui criait, dès qu'elle voulait s'arrêter : *Encore, encore!* L'air qu'elle chantait est sauvage et original. Elle a une voix admirable, la plus puissante, et, en même temps, la plus douce et la plus suave que j'aie jamais entendue, quelque chose qui va au cœur et aux sens, même en jetant follement des badinages enfantins en affectant un accent courroucé. Mon Dieu! pensai-je, qu'elle est belle et complète, cette organisation méridionale qui se joue de toutes les choses enseignées, et qui trouve en elle-même le sens vivant du beau dans toutes ses manifestations! J'étais comme honteux, comme effrayé de posséder cette femme que la foule couronnerait et acclamerait, si elle était en ce moment sur un théâtre avec cet abandon et cette inspiration qui n'ont vraiment ici que moi pour public.

Elle était si enivrée de sa danse, de son chant et de son tambour de basque, qu'elle semblait ne pas m'avoir aperçu encore. J'en fus piqué, et, m'approchant d'elle, je lui dis un mot à l'oreille. Elle jeta en l'air le *tamburello*, et, abaissant sur moi ses beaux yeux humides de plaisir, elle étendit les bras comme si elle allait m'embrasser devant tout le monde. Je m'échappai pour l'empêcher de se trahir et courus pour l'attendre à Piccolomini, où je la trouvai dans ma chambre. Elle était arrivée avant moi, et la Mariuccia ne l'avait pas vue entrer. Je suis tenté de croire qu'elle a des ailes, ou qu'elle parvient à se rendre invisible quand il lui plaît.

XXVII.

Villa Mondragone, 12 avril.

J'ai bien des choses nouvelles à vous raconter. Après vous avoir quitté avant-hier, vers cinq heures de l'après-midi, c'est-à-dire après avoir fermé mon album, comme je me disposais à partir, j'ai vu apparaître ma chère maîtresse à l'entrée supérieure du Pianto. Elle était très émue.

— Je vous cherche partout, me dit-elle; il y a une grande heure que je cours dans ces ruines sans oser vous appeler.

— Eh quoi! une heure que j'aurais pu passer à tes genoux, une heure de délices que j'ai perdue! Il fallait m'appeler!

— Non! il faut plus de prudence que jamais. Mon frère...

— Ah! s'il ne s'agit que de ton frère, moquons-nous de lui! Que peut-il vouloir de moi?

— De l'argent, probablement.

— Je n'en ai pas pour lui.

— Ou le mariage, peut-être!

— Eh bien, soit; si c'est là ce que tu veux, toi, nous serons vite d'accord.

Daniella se jeta à mon cou en fondant en larmes.

— Eh quoi! lui dis-je, es-tu donc émue d'une chose si simple? Ne te l'ai-je pas dit, que j'étais à toi, corps et âme, pour toujours?

— Non! tu ne me l'avais pas dit!

— Je t'ai dit: *je t'aime!* et je te l'ai dit du fond de l'âme. Pour moi, toute ma vie est dans ce mot-là. S'il te faut d'autres sermens, des témoins et des écritures, tout cela est si peu de chose en comparaison de ce que je sens en moi de force et de passion, que je ne veux même pas que tu m'en saches gré. Dis un mot, et je t'épouse demain, s'il est possible demain.

— Ce serait possible demain; mais je ne le veux pas. Nous reparlerons peut-être de cela plus tard; mais, maintenant, je veux prier le mérite d'une confiance aveugle. Ne m'ôte pas l'orgueil de ma faute! Nous avons fait un péché en nous passant de prêtre pour nous unir. Je le sais, et j'accepte pour pénitence le mal qui pourra m'en

arriver de la part des hommes. Ce sera bien peu de chose, et je méritais d'être punie par ton mépris. Puisqu'au lieu de ce que j'attendais de toi, il arrive que tu m'estimes et me chéris pour ma faiblesse, je suis mille fois trop heureuse, et les *autres* peuvent bien me couper par morceaux sans que je m'en plaigne et sans que je fasse entendre un seul cri. La faute est commise, et ce n'est pas d'être mariée un jour ou l'autre qui m'empêchera d'être notée au livre de Dieu.

— Eh quoi! ma bien-aimée, des terreurs et des remords!

— Non, non! j'ai trop de bonheur pour sentir l'épine du repentir, et dusses-tu me repousser ou me fuir demain, je ne pourrais pas regretter les deux jours qui viennent de m'être donnés. Qu'importe que l'on pleure dix ans si, en quelques heures, on a goûté plus de joies que toute une vie de malheur ne peut nous donner de souffrances?

— Ah! tu as raison, fille du ciel! La souffrance est un fait humain qui peut s'évaluer et se mesurer ici: la joie, comme nous l'avons savourée, est au-dessus de tous les calculs, puisqu'elle vient de Dieu.

— Elle vient de Dieu! c'est vrai! L'amour est comme le soleil, qui luit pour les coupables aussi bien que pour les justes. Je ne peux donc pas rougir de t'aimer, ni m'en repentir en aucune façon. Seulement, je compte avec mon juge, et je sais qu'il me fera expier mon ivresse. J'attends donc quelque grand châtiment en cette vie ou en l'autre, et, puisque je l'accepte d'avance, nous sommes quittes, lui et moi!—C'est-à-dire, ajouta-t-elle après m'avoir embrassé avec ardeur, nous sommes quittes, si c'est moi seule qui ai à souffrir en ce monde ou en l'autre; car si c'était toi, si tu devais être puni à ma place..., je me révolterais, je maudirais le ciel, qui m'aurait envoyé une punition cent fois plus grande que mon péché. Voilà pourquoi je viens te trouver et te dire qu'il faut de la prudence, car c'est toi qu'on menace en ce moment à cause de moi.

— Qui me menace?

— La police pontificale a été saisie d'une plainte contre moi, déposée par mon frère, à propos de ces maudites fleurs que tu as ôtées du grillage de la madone. En éteignant la petite lampe, il paraît que tu as fait tomber d'abord le grillage, et puis de l'huile sur la fresque; et ensuite mon frère, frappé et jeté à terre par toi, ivre comme il l'était, a promené, en se relevant et en tâtant la muraille, ses mains remplies de fange sur la sainte image. Voilà comment je peux expliquer les taches et les souillures qu'elle portait le lendemain de cette aventure, car, quelque méchant homme que soit Masolino, je ne peux pas l'accuser d'avoir fait exprès une profanation aussi abominable. Il t'en accuse, lui, et il prétend t'avoir surpris occupé à cette scélératesse. Il ne sait certainement pas quelle personne il a vue; mais ayant entendu dire que tu es entré une fois dans la maison que j'habite à Frascati, il te soupçonne et te désigne. On ne le croit pas dans la ville; mais les autorités, qui devraient bien savoir, comme tout le monde, à quoi s'en tenir sur le compte d'un ivrogne comme lui, le protégent singulièrement et ont commencé une espèce d'enquête. On a été aujourd'hui à Piccolomini pour t'interroger et pour interroger ma tante Mariuccia, qui a tout nié, la chère brave femme, et qui est venue tout de suite me trouver. « Si tu sais où il est, m'a-t-elle dit, fais-le vite avertir de ne pas rentrer, ce soir, à la maison ; car mon frère le capucin, qui est toujours bien informé, m'a dit en confidence qu'il allait être arrêté et emprisonné... Or, vois-tu, dans notre pays, il n'y a pas de petites affaires dès que le saint-office s'en mêle, si l'on n'a pas la protection particulière de quelque personnage d'Église. Avec cela, le malheur veut que tu ne sois pas très pieux. Interrogé, tu te défendras de manière à te perdre...

— Je ne me défendrai pas du tout ; car rien au monde ne me fera dire dans quelle intention j'ai volé tes jonquilles. Je me bornerai à dire qu'il n'entre pas dans mes idées de profaner une image, fût-elle païenne, et je réclamerai la protection de mon gouvernement.

— Quand tu seras dans un cachot sans communiquer avec personne pendant plusieurs semaines, plusieurs mois peut-être, ton gouvernement aura l'oreille fine s'il entend tes plaintes. Si tu dis que tu respectes les images païennes à l'égal de celles de la vraie religion, on te fera tout le mal possible, avec ou sans jugement, et si tu caches la circonstance qui te rend innocent, le vol des fleurs de ta maîtresse, ta maîtresse ira elle-même raconter la vérité et te réclamer comme elle pourra, au risque du scandale. Ne t'imagine pas que je te laisserai mettre dans ces affreuses prisons d'où l'on ne sait jamais quand et comment on sortira. La seule idée de t'y voir conduire me rend furieuse, et je serais prête à m'en aller criant par les rues : « Rendez-moi celui que j'aime et à qui j'appartiens sans conditions ! » Tout le monde dirait : Elle est folle, et mon frère me tuerait. Peu importe ! Voilà ce qui arrivera si tu t'exposes à être pris.

Je combattis en vain les appréhensions probablement chimériques et les résolutions extrêmes de cette chère fille. Elle était si désolée et si agitée que je dus céder à ses prières et lui promettre de passer la nuit à Mondragone. — Puisque c'est un si grand tourment pour toi, lui dis-je, de me voir retourner à Piccolomini, je me soumets, dussé-je périr ici de froid et de faim.

— Il n'en sera pas ainsi, me dit-elle : j'ai songé à tout. Puisque tu promets de m'obéir, viens avec moi.

Elle me conduisit, par un dédale d'escaliers et de couloirs dont elle avait les clés, au casino dont je vous parlais hier, et me fit entrer dans un petit appartement, peint d'une vieille fresque assez galante et meublé d'un grabat, de quelques chaises boiteuses et de deux ou trois cruches éguculées.

— Ceci est misérable, me dit-elle ; c'est là que couchait le gardien, quand il y avait des ouvriers travaillant aux réparations ; mais, avec de l'eau saine et de la paille fraîche, on est bien partout, parce qu'on peut y être proprement. Prends patience ici pendant deux heures, et je vais te l'arranger de quoi te réchauffer et de quoi dîner.

— Tu reviendras donc ce soir ?...

— Certainement, et je n'aurais pas pu retourner à Piccolimini, qui doit être surveillé par mon frère en personne.

— Oh ! alors ! que ne le disais-tu tout de suite ? Tâche que mon danger et ma captivité ne finissent pas de si tôt ; car voilà mon rêve réalisé ! J'aime tant la sécurité et le mystère de ces ruines que je me creusais la tête pour trouver le moyen d'y transporter nos rendez-vous. Tu vois que le ciel ne nous est pas si contraire, puisqu'il fait de ma fantaisie une sorte de nécessité.

— Une nécessité très réelle ! Mais voyons ! Il y a de la poussière ici. Je sais où trouver un balai. Promène-toi sur la terrasse ; personne ne peut te voir d'en bas si tu ne penches pas la tête en dehors des balustres. J'irai laver et remplir ces cruches dans la belle eau de la fontaine qui est au bout du parterre. Quant à la paille, tu viendras tout à l'heure la chercher avec moi dans un cellier où je sais que le fermier met le trop plein de ses greniers.

Tout cela était très bien combiné, sauf l'article du balayage et des cruches portées à la fontaine, et il me fallut entrer en révolte pour que ma maîtresse renonçât à être ma servante. Elle l'avait été à Rome, à Piccolomini, dans les premiers jours, et c'était son plaisir, disait-elle, de l'être toute sa vie ; mais voilà ce qu'il m'est impossible d'admettre. La jeune fille chaste qui s'est donnée à moi doit me commander et non m'obéir. Je comprends, de reste, aujourd'hui, que l'on aime et que l'on épouse sa ménagère ; mais à la condition que, si elle est digne de cette union, on la traitera désormais comme son égale.

— Ah ! je le vois bien, dit-elle en me laissant arracher le balai de ses jolies petites mains brunes et rondelettes ; tu ne me traites pas comme ta femme !

— Je te demande pardon ! Ma femme fera le ménage quand je travaillerai dehors pour la famille ; mais quand j'aurai, comme aujourd'hui, les bras croisés, elle ne fera que ce que je ne saurai pas faire pour l'empêcher de se fatiguer.

— Mais justement, tu ne sais pas balayer ! tu balaies très mal..

— J'apprendrai ! Sors d'ici, car je ne veux pas que tes beaux cheveux récoltent ces nuages d poussière.

Quand le ménage fut fini, je lui demandai si le fermier dont elle m'avait parlé, et à qui nous avions à dérober deux bottes de paille pour me faire un lit, ne venait jamais dans le palais. J'appris qu'il demeurait dans les constructions semi-rustiques que j'apercevais au bout de la grande allée de cyprès. C'est l'usage, dans les anciennes propriétés italiennes, de planter une vraie ferme et une vraie bestiaux tout au beau milieu des jardins. C'est la véritable *villeggiatura*, et c'est très bien vu. Les bœufs avec leurs chars passant dans les allées, les chevaux et les vaches broutant les tapis verts des pelouses ne gâtent rien dans ces paysages arrangés, qui ont leu place dans l'ensemble, comme la rocaille dans les parterres et la girande sur les terrasses. Ces fermes choisies n'affectent pas des airs suisses comme la laiterie de Trianon. Ce sont de jolies fabriques d'un goût bien local, où l'on a incrusté tous les débris de marbres antiques que l'on a eu de reste après avoir bâti les palais. Ces marbres blancs, irrégulièrement encadrés dans la brique rose, sont d'un très joli effet.

XXVII (Suite.)

Le fermier de la laiterie ou ferme-jardinière de Mondragone est un beau paysan que j'ai rencontré quelquefois dans le *stradone*, et qui a toute la confiance des gens d'affaires de la propriété. Mais il ne vit pas en très bonne intelligence avec Olivia, qui voulait avoir le monopole des *bonnes-mains* des promeneurs et des touristes. Elle a réclamé ; il y a eu de graves contestations, et le jugement souverain de l'intendant a partagé les intérêts en tranchant ainsi la question : Tout ce qui est en dehors du palais, annexes, terrasses extérieures, jardins et bâtimens d'exploitation, est placé sous la gouverne et responsabilité du fermier Felipone ; tout ce qui est château, cours ceintes de murs, pavillons, galeries et corps de logis attenant au palais est du ressort d'Olivia. Chacune des parties a son trousseau de clés et réclame aux curieux une *mancia* particulière. La paix s'est faite, mais une paix armée, où chacun, jaloux de ses droits, observe son adversaire et surveille les libéralités de la clientèle, clientèle nulle en ce temps-ci, mais assez fructueuse quand Frascati se remplit d'étrangers.

Je m'intéressai à ce détail par la crainte d'être dérangé, rançonné ou trahi par Felipone. Daniella m'assura que, ne pénétrant jamais dans l'enceinte, dont il n'a pas les clés, il ne se douterait seulement pas de ma présence.

— Mais ces deux bottes de paille que nous venons de lui prendre, et qui se trouvaient en nombreuse compagnie dans une des salles du manoir?

— Ceci est une tolérance d'Olivia, à qui il paie quelque chose comme loyer de ce fourrage. Il le retirera quand la consommation de ses bêtes aura fait de la place dans sa grange; mais, pour cela, il faudra qu'Olivia s'y prête en ouvrant elle-même la porte à ses chariots. Donc, tu es seul ici comme le pape sur sa chaise *gestatoria*, et tu pourras y dormir, cette nuit, sur les deux oreilles.

Elle partit pour me chercher à manger. Je ne voulais qu'un morceau de pain caché dans sa poche, pourvu qu'elle revînt bien vite. Elle me promit de ne pas perdre le temps en inutiles gâteries.

Pendant son absence, j'explorai attentivement mon domicile. Il y faisait passablement froid; mais il y a une cheminée, et le bois ne manque pas dans les appartemens en réparation. J'allai chercher une provision de copeaux, après m'être assuré qu'il y avait chez moi des volets pleins qui me permettaient d'éclairer l'appartement sans que cette clarté fût aperçue du dehors. La nuit s'annonçait noire et pluvieuse comme celle d'hier. Quand elle sera tout à fait venue, me disais-je, les nuages qui rasent cette cime où me voilà niché me permettront d'allumer mon feu sans crainte d'être trahi par la fumée.

J'étais devenu d'une extrême méfiance. Dès qu'il s'agissait de recevoir là ma chère compagne, je voulais qu'elle y fût en sûreté. Je me mis donc à faire le tour de ma forteresse, examinant les issues avec un soin minutieux. Il y en a deux principales au midi, tout près l'une de l'autre : celle de la grande cour et celle du parterre qui lui est parallèle ; toutes deux sont en bois de charpente, traversées de lourds madriers et ferrées solidement. Sous les bâtimens de la cour, à l'ouest, et sur le *terrazzone* au nord, plusieurs ouvertures manquent de portes, et beaucoup de fenêtres sont sans menuiserie ; en outre, toute la grande galerie de l'ouest est complètement à jour; mais toutes ces ouvertures sont situées à une hauteur considérable au-dessus du sol extérieur, à cause des gradins de la montagne, et toutes les portes de dégagement sont bouchées par des tas de moellons ou par des piles de bois de charpente qui braveraient un assaut. Tout cela est au moins à l'abri d'une surprise. Il n'y a pas une seule brèche qui ne soit hors de portée, à moins d'échelles de siège, dont je ne présume pas que Frascati soit bien riche. A supposer que l'on envoyât de la gendarmerie pour abattre une des clôtures, cela ne pourrait pas se passer sans un grand bruit ; les assiégés auraient tout le temps de déguerpir d'un autre côté et de se cacher dans une ces mille retraites qu'offrent les montagnes, les ruines, les couvens et les bois voisins. Ce pays semble disposé tout exprès pour que jamais le pouvoir officiel ne puisse avoir raison de ceux qui veulent se soustraire à ses volontés, et la preuve, c'est que le brigandage y règne en tout temps et y semble indestructible.

Je faisais ces réflexions en traversant la petite galerie sombre du *pianto*. La nuit était venue, et je m'arrêtais de temps en temps, pour étudier tous les bruits étranges de ces ruines. Tantôt, c'était les cris aigus des oiseaux de proie cherchant un abri, tantôt, des rafales de vent engouffrées sous les voûtes; mais, dans le *pianto*, c'était un silence de mort, tant cette construction est isolée dans un épais massif d'architecture.

J'eus donc un tressaillement de joie en croyant entendre des pas sur l'escalier supérieur. Ce ne pouvait être que Daniella dont le pied léger faisait crier le gravier sur les dalles. Je m'élançai à sa rencontre ; mais, en remontant à la salle du grand arceau (je donne des noms à tous ces lieux dont j'ignore l'histoire), je me trouvai seul dans les ténèbres. J'appelai à voix basse : ma voix se perdit comme dans une tombe. J'avançai en tâtonnant; je m'arrêtai au moment de passer dans une autre salle ; j'écoutai encore : il me semblait que l'on marchait derrière moi et que l'on descendait l'escalier du *pianto*, que je venais de remonter. Quelqu'un s'était croisé avec moi dans l'obscurité; quelqu'un qui m'avait entendu appeler, sans nul doute, et qui n'avait pas voulu répondre ; quelqu'un enfin qui marchait furtivement, mais dont le pas, plus accusé que celui d'une femme, ne pouvait plus être attribué à Daniella.

Voilà, du moins, ce que je me persuadai un instant. J'écoutai attentivement. Je me figurai entendre sous mes pieds le grincement d'une porte qui se ferme. Je retournai au *pianto*. Tout était morne et sombre, et je n'entendais que l'écho de mes pas sous les voûtes du petit cloître. J'avais pris pour des pas humains un de ces bruits de la nuit qui restent souvent à l'état d'énigme, bien que la cause en soit des plus simples et fasse sourire quand, par hasard, on la découvre. J'avais eu peur, la peur d'un avare qui a un trésor à enfouir.

Je trouvai Daniella installée dans le Casino, et mettant mon couvert aussi tranquillement et aussi gaîment que si c'eût été là une demeure comme une autre. Elle avait trouvé une table, elle avait apporté des bougies, du pain, du jambon, du fromage, des châtaignes, du linge et une couverture de laine. Le feu brillait dans la cheminée et faisait danser follement les fleurs et les oiseaux de la fresque. Le taudis avait un air de fête et un fond de propreté réjouissante. Je sentis une joie rendue plus vive par le moment de terreur que je venais d'éprouver ; émotions charmantes qui redoublez en nous l'intensité de la vie, je ne vous connaissais pas avant d'aimer ! Je ne songeai plus qu'à m'enfermer avec ma Daniella et à souper avec elle pour la première fois, en lui disant mille fois pour une : Je t'aime, et je suis heureux !

Il était déjà sept heures, et, tous deux, nous mourions de faim. Jamais chère ne me parut plus délicieuse que ce modeste souper.

— Laisse faire, disait Daniella, ceci n'est qu'un repas improvisé. Demain je veux que tu sois mieux que tu ne l'étais chez lord B***, à Rome.

— Dieu me garde de ce bien-être qui te fait arriver ici embarrassée et chargée comme un *facchino*, et qui attirera l'attention sur ces allées et venues.

— Non, non ! dès que la nuit se fait, les grilles des deux parcs sont fermées, et aucun étranger n'y pénètre. Les fermiers et les gardiens rentrent chez eux pour souper, dormir ou causer. D'ailleurs, je ne m'amuse pas à suivre le *stradone*. Je me glisse par des taillis de buis et de lauriers où il est impossible d'être vu, et je pourrais même venir par là en plein jour sans aucun risque, comme je l'ai fait tantôt, comme je le ferai demain matin pour t'apporter des nouvelles de ton affaire, et un déjeûner, avec du café !

Cette idée de café dans les ruines de Mondragone me fit rire, et la sécurité de ma compagne me rappela le pas que j'avais cru entendre. Je songeai alors à lui en faire part. — C'est quelque rat, me dit-elle en riant. Il est impossible que, sans les clés, personne entre dans l'endroit que tu appelles le *pianto*.

— Il y a pourtant là, sous les arcades, un appartement clos de volets et de grilles où je n'ai jamais pu entrer ce matin, et où quelqu'un pourrait s'être installé comme je le suis ici.

— Et Olivia ne le saurait pas ? A d'autres ! Olivia fait sa tournée trop souvent pour qu'on la trompe ; et d'ailleurs ses clés ne la quittent jamais. Je suis la seule personne au monde à qui elle les ait jamais confiées. Quant à ce qu'il te plaît d'appeler un appartement, c'est-à-dire aux caves qui sont au-dessous du petit cloître, et qui communiquaient autrefois avec les grandes cuisines situées sous le *terrazzone*, précisément Olivia m'en parlait ce matin. Ne va pas là sans lumière, me disait-elle, car il y a des chambres souterraines dont les escaliers sont complètement rompus, et si tu te souviens, il y a de quoi se tuer. Moi, je connais très bien tous les coins et recoins de ce palais. J'y venais autrefois avec Olivia tous les dimanches, et je peux te dire que ces fenêtres qui t'intriguent donnent sur une galerie située beaucoup plus bas que le cloître, et dont on ne sortirait pas sans échelle si l'on y tombait, car il n'y a plus d'autre issue que ces mêmes fenêtres. Je ne sais même pas s'il y en a jamais eu.

— C'était donc une prison ?

— Peut-être ! Je n'en sais rien ; mais crois bien que, si je ne te savais en sûreté ici, je ne serais pas si gaie, si heureuse de t'y voir seul avec moi.

Elle ranima le feu, et un grillon, apporté par moi, sans doute, avec les copeaux, se mit à chanter d'une voix délirante.

— Oh ! c'est signe de bonheur ! s'écria Daniella ; c'est signe que le foyer allumé par nous ici est béni et consacré !

XXVIII.

Mondragone, 12 avril.—(Suite.)

Cette veillée s'écoula comme un instant, et pourtant elle renferma pour nous un siècle de bonheur, car, à un certain degré d'épanouissement, l'âme perd la véritable notion du temps. Et ne croyez pas, mon ami, qu'un amour sensuel et aveugle fasse, de mon existence actuelle, une

pure débauche de jeunesse. Certes, Daniella est un trésor de voluptés. Mais c'est dans toute l'acception de ce mot divin qu'il faut l'entendre. Elle n'a, il est vrai, en dehors de la passion, qu'un esprit enjoué, prompt à la riposte dans une guerre de paroles taquines, et des notions assez fausses sur toutes les choses sociales, malgré ses excursions en France et en Angleterre, qui l'ont rendue beaucoup plus intelligente que la plupart de ses compagnes ; mais tout cela m'importe peu, que moi seul connais et savoure, cette âme ardente jusqu'à la folie dans le dévouement exclusif, dans l'abandon fougueux et absolu de tout intérêt personnel, dans l'adoration naïve et généreuse de l'objet de son choix. C'est à la fois mon enfant et ma mère, ma femme et ma sœur. Elle est tout pour moi, et quelque chose de plus encore que tout. Elle a vraiment le génie de l'amour, et parmi des préjugés, des enfantillages et des inconséquences qui tiennent à son éducation, à sa race et à son milieu, elle élève tout à coup son sentiment aux plus sublimes régions que l'âme humaine puisse aborder.

Quand elle s'abandonne ainsi à son inspiration passionnée, elle se transfigure. Je ne sais quelle pâleur extatique se répand sur tous ses traits. Emue et surexcitée, elle blanchit subitement comme les autres rougissent. Ses yeux noirs, si francs et d'un regard si ferme, deviennent vagues et semblent nager dans un fluide mystérieux ; ses narines exquises se dilatent ; un étrange sourire qui n'exprime plus rien des plaisirs matériels de ce monde et qui se mêle aux larmes comme par une harmonie naturelle dans ses pensées, la fait ressembler à ces saintes des peintures italiennes, qui, blêmies et contractées par le martyre, ont, en regardant le ciel, une expression d'ineffable volupté.

Qu'elle est belle dans ces momens-là ! Qu'elle était belle assise près de moi, les mains dans les miennes, la tête tantôt penchée vers moi pour me parler d'amour, tantôt renversée sur le marbre de la cheminée comme pour parler d'elle et de moi à quelque esprit supérieur planant au-dessus de nous deux ! La flamme vacillante dessinait les fins contours de cette bouche où l'expression du plaisir arrive à quelque chose d'austère, et se réflétait dans ces yeux, dont l'éclat s'éteint parfois dans une fixité redoutable, comme si la vie humaine faisait place à un mode d'existence où je ne puis pénétrer.

Oui, elle est encore pour moi toute surprise et tout mystère. Je la possède tout entière sans la connaître entièrement ; et, en la contemplant, je l'étudie comme une abstraction. Elle a des divagations où je l'écoute sans la comprendre, jusqu'à ce qu'un grand trait de lumière jaillisse de ses paroles confuses, moitié italiennes et moitié françaises, auxquelles, pour trouver une nuance qu'elle ne sait comment exprimer, elle mêle des mots d'anglais prononcés avec un effort enfantin et sauvage. Mais quand elle a réussi à formuler sa pensée brûlante, elle se tait, elle pleure d'enthousiasme et tombe à mes pieds comme devant une idole, pour prier mentalement. Et moi, je n'ose enchaîner cette fougue qui me gagne, et je parle aussi cette langue du délire qui n'aurait plus aucun sens si nous nous la rappelions de sang-froid.

Ne vous moquez pas de moi ; cet amour qui s'est révélé à moi par une rage brutale, m'emporte à présent dans des régions que j'appellerais métaphysiques, si je savais bien ce que c'est

6

que la métaphysique ; mais je ne le sais guère ; je sens seulement que, dans les bras de cette puissante maîtresse, mon ame quitte les sens et aspire à quelque chose d'inconnu qui n'est plus de leur domaine. Quand je l'ai embrassée sur la terre, loin d'être assouvi et calmé, je voudrais l'embrasser dans le ciel, et je ne trouve plus ni caresses ni paroles suffisantes pour lui exprimer cet insatiable désir de l'esprit et du cœur, qu'elle partage et que nous ne savons nous dire que par des larmes de douleur et de joie.

Après ces expansions insensées, je reste un peu ivre, et il me faut un certain effort pour me rappeler qui je suis, où je suis, ce qui m'intéressait hier, ce qui pourra me préoccuper demain. Il y eut un moment, cette nuit, où j'avais si complétement oublié toute réalité, que je n'étais plus nulle part. La pluie tombait par torrens, droite, lourde, retentissante sur les toits très bas qui nous environnent, et notre petite terrasse écoulait sur le *terrazzone*, en cascade continue et monotone, son trop plein par les gargouilles brisées. Tout autre bruit avait cessé : plus de vent dans les girouettes, plus de vol ni de cris d'oiseaux de nuit. Le feu ne pétillait plus dans l'âtre, le grillon s'était endormi. C'était un silence absolu, au milieu d'un bruissement soutenu comme celui d'une pluie de sable. Et j'avais une sensation de bien-être extraordinaire, à comparer machinalement la douce chaleur de la chambre où j'étais, avec l'idée du froid humide et noir qui régnait dehors. Mais dire sur quelle campagne tombait cette averse opiniâtre, et dans quelle retraite je me trouvais si bien abrité, avec mon trésor le plus cher, voilà ce qu'il n'eût pas fallu me demander, ce que j'étais heureux de ne plus savoir. C'était le déluge, et nous étions dans l'arche, flottant sur des mers inconnues, dans l'immensité des ténèbres, ignorant sur quels sommets de montagnes ou sur quels profonds abîmes nous poursuivions au hasard notre voyage dans l'inconnu. Cela était terrible et délicieux. La nature se dérobait à notre appréciation comme à notre action ; mais l'ange du salut poussait notre lit tranquille sur les eaux déchaînées, et tenait le gouvernail en nous disant : Dormez ! Et je me rendormis sans bien savoir si je m'étais éveillé.

XXVIII (Suite).

Vers deux heures du matin, je me réveillai tout à fait, saisi par le froid. Je fis sonner la vieille montre à répétition que mon oncle le curé me donna jadis pour étrennes. Je ne touche jamais cette respectable bassinoire sans qu'elle me rappelle un de ces jours d'orgueil et d'ivresse qui comptent dans la vie des enfans. Tout mon passé et tout mon présent me revinrent en mémoire et je recouvrai ma lucidité. Daniella dormait sans paraître souffrir du froid ; ses mains étaient tièdes. Pourtant je craignis qu'elle n'éprouvât les effets de l'humidité, et je me levai pour rallumer le feu.

La pluie tombait toujours avec la même persistance. Je souffris à l'idée que ma chère compagne se lèverait avant le jour et traverserait ce déluge pour retourner à Villa-Taverna. Il faut absolument changer cette manière de vivre, me disais-je ; voilà la troisième matinée qui me brise le cœur en exposant la santé et la vie de ma bien-aimée. Il est impossible que je continue à l'attendre quand c'est moi qui devrais l'aller trouver,

me mouiller, marcher dans les ténèbres, affronter les mauvaises rencontres ; et, puisqu'en me recevant chez elle ou chez Olivia, il est impossible qu'elle ne soit pas diffamée et menacée, il faut que je l'emmène ou que je l'épouse. Ce mystère était plein de charmes ; mais il a de trop graves inconvéniens ; il me coûte trop d'inquiétudes et de remords.

J'oubliais que j'étais sous le coup d'une arrestation, et que mon emprisonnement devant faire le désespoir de Daniella, je lui avais donné ma parole de ne rien négliger pour m'y soustraire. Je me rappelai cette circonstance ; mais n'était-il pas plus facile de fuir ensemble que de se cacher à deux pas de nos ennemis, dans les ruines de Mondragone ?

Oui, oui, il faut fuir, me disais-je, et fuir dès demain. Il faut que cette soirée charmante et cette nuit poétique ne me portent pas à m'endormir dans les délices de l'égoïsme. Eh bien ! ce souvenir restera en nous comme une date romanesque dans l'histoire de nos amours ; mais, la nuit prochaine, il faut, à tout prix, sortir des États du pape.

M'étant arrêté à cette résolution, je restai près du feu, absorbé dans une douce rêverie, voulant savourer toutes les impressions de cette nuit d'aventure à laquelle je ne devais pas vouloir de lendemain. La flamme montait dans l'âtre et projetait une vive clarté sur Daniella endormie. Quel beau sommeil que le sien ! Je n'en ai jamais vu de semblable ; c'est un des contrastes de cette organisation en qui toute chose touche à l'extrême. Autant elle est agissante et d'une vie énergique dans la veille, autant elle est calme et comme ensevelie dans le repos. Elle ne rêve pas ; on l'entend à peine respirer. Elle est comme changée en statue dans sa pose simple et chaste. Sa physionomie est grave, impassible, recueillie comme dans une contemplation sereine du monde supérieur.

Pourtant ces formes gracieuses et délicates n'annoncent extérieurement ni l'énergie dont elle est douée, ni le sangfroid dont elle est capable. Il faut toucher son poignet fin et sa jambe déliée pour sentir la force de ces muscles qui ne reculent devant aucun effort de travail. Elle a tant de souplesse dans les mouvemens qu'on la croirait frêle ; mais en réalité, soit volonté, soit race, soit habitude, elle a, pour marcher, pour courir, pour porter des fardeaux, une aisance et une vigueur peu communes chez une femme. Elle dit avoir été si passionnée pour la danse, avant de quitter Frascati, qu'elle dansait six heures de suite sans respirer, s'en allait, en sortant du bal, se mettre à l'ouvrage au point du jour, sans qu'il lui en coûtât le moindre effort. Aussi se moque-t-elle de moi quand je la plains de ne pouvoir rester près de moi à dormir pendant que le soleil commence à luire. Elle dit que si elle vivait sans fatigue et sans émotion, elle serait bientôt morte.

Qu'y a-t-il donc en elle de si solide comme force physique, que l'exhubérance de la force morale ne l'ait pas déjà usée ? Quand elle est forcée de reprendre le soin de la vie matérielle, c'est une agilité, une gaîté, une présence d'esprit, une netteté de vouloir et une promptitude d'action qui font d'elle une ménagère, une servante et une ouvrière modèles. Qui croirait, à la voir se livrer avec *maestria* aux occupations les plus vulgaires, qu'elle a ces langueurs et ces extases de colombe mystique ?

J'étais heureux de ne pas dormir et de regarder

son front pur, inondé de cheveux noirs, et ses longs cils fins projetant des ombres si douces sur ses joues veloutées. Comment ne l'ai-je pas remarquée, cette beauté pénétrante à nulle autre comparable, le premier jour où elle m'est apparue ? Comment, lorsque je l'ai regardée pour la première fois, l'ai-je trouvée seulement singulière et agréable ? Comment, lorsque, me sentant vaguement épris d'elle, je vous traçai son portrait à Rome, n'osai-je pas prononcer qu'elle était jolie ? Comment, dans ce temps-là, pouvais-je dire que Médora était remarquablement belle ? Dans mon souvenir, à présent, Médora est laide et ne peut être que laide, puisqu'en elle tout est l'opposé de ce chef-d'œuvre de l'art divin que j'ai là dans le cœur et dans les yeux.

Ma montre marqua trois heures. Son vieux bruit sec était le seul bruit saisissable autour de moi. La sonorité s'était faite au dehors, la pluie avait cessé. Quel fut donc mon étonnement d'entendre , comme une mélodie aérienne passant dans l'air, au-dessus du tuyau de la cheminée, le son d'un instrument qui me parut être celui d'un piano ? Je prêtai l'oreille, et je reconnus une étude de Bertini que l'on sabrait avec un aplomb révoltant. Cela avait quelque chose de si étrange et de si follement invraisemblable à pareille heure et en pareil lieu, que je crus être halluciné. D'où diable pouvait venir cette musique ? Elle m'arrivait trop nette pour être supposée partir du dehors ; et d'ailleurs, à un mille à la ronde, il n'y a pas une habitation que l'on puisse supposer en possession d'un piano et d'un pianiste.

Etais-je trompé par le son de l'instrument ? Celui-ci provenait-il d'un de ces petits *cembali* portatifs que les artistes bohémiens promènent sur leur dos de porte en porte ? Mais si cela venait du dehors, à qui donnait-on cette aubade par un temps pareil et en plein désert ? D'ailleurs, c'était un piano, un véritable piano, assez faux et assez sec, mais piano s'il en fût, avec tous ses octaves et ses deux pédales.

— Il y a de quoi devenir fou ici, dis-je à Daniella, que l'agitation de ma surprise avait éveillée. Ecoute, et dis-moi si cela est concevable !

— Cela ne peut venir, dit-elle après avoir écouté, que du couvent des Camaldules, qui est à un quart de lieue d'ici. Je ne sache pas qu'il y ait là d'autre instrument que l'orgue de l'église : il faut que quelque moine artiste soit en train d'étudier une messe pour dimanche prochain...

— Une messe sur une étude de Bertini ?

— Pourquoi non ?

— Mais ce n'est pas plus là le son de l'orgue qu'une crecelle n'est une cloche.

— Eh ! mon Dieu, la nuit, et quand l'air est détendu par la pluie, les sons lointains nous arrivent quelquefois si déguisés, que l'on jurerait entendre tout autre chose que ce qui est.

Il fallut nous arrêter à cette supposition. Il n'y en a pas d'autre admissible. Nous nous rendormîmes, au son du piano fantastique, dans cette masure, que l'on pourrait appeler le château du Diable.

A mon tour, je fus vaincu par le sommeil, à tel point que Daniella, craignant mon chagrin et mon inquiétude ordinaires, se leva sans bruit, au point du jour, et s'échappa furtivement, après m'avoir bien enfermé dans le *casino*, car elle craignait qu'étant libre d'errer dans les ruines, je ne me fisse voir par quelque ouverture.

Elle ne fut pas plutôt partie, qu'une sollicitude instinctive m'éveilla , et que je voulus courir

après elle pour lui dire mon projet d'évasion ; mais j'étais sous clé, et je me résignai à reprendre mon somme. Le temps s'annonçait magnifique, et le soleil envoyait déjà une lueur rose derrière les montagnes bleuâtres. Sur ces terrains inclinés, où la roche volcanique s'égraine en sable doré à la surface, la pluie ne laisse ni fange ni humidité, et une heure après la plus forte averse, on n'en retrouve la trace que sur les herbes plus vertes et les fleurs plus riantes. Je me consolai donc un peu, en pensant que ma chère Daniella n'avait à faire, ce matin-là, qu'une promenade agréable à travers le parc.

Ce fut elle qui m'éveilla à neuf heures. Elle avait couru pour moi toute la matinée. Elle avait été à Frascati comme pour acheter du fil, mais, en fait, pour savoir ce qui se passait à propos de moi. Elle avait causé avec la Mariuccia, et m'apportait, de Piccolomini, ma valise, mon nécessaire de toilette, mes albums et mon argent. Ceci me parut très bien vu ; nous étions libres de partir. En outre, elle apportait des provisions de bouche pour deux jours, de la bougie, des cigares, et ce fameux café dont elle tenait tant à ne pas me sevrer.

Elle avait trouvé moyen de faire grimper tout ce fardeau dans une brouette poussée par un des journaliers de Piccolomini, jusqu'au haut du *stradone,* le tout recouvert de pois secs que la Mariuccia était censée vendre à Olivia, et celle-ci faisait remiser dans un de ses *fourre-tout* de Mondragone, où, selon elle, on allait envoyer encore une fois des ouvriers pour réparer le château. Le paysan avait laissé la brouette à l'entrée de la cour et, renvoyé de suite, il n'avait rien vu déballer.

Quoique ma chère maîtresse fut toute essoufflée de cette expédition, je me réjouis de la bonne idée qu'elle avait eue. Il faut maintenant, lui dis-je, puisque tu es si ingénieuse et si active, que tu arranges toutes choses pour notre fuite. Je t'enlève, à moins que tu ne me dises que mon affaire avec le saint-office n'aura pas de suites et que je peux t'épouser dans ce pays-ci, sans trop de retard.

— Tu songes à l'impossible, répondit-elle en secouant la tête. Ton affaire prend une mauvaise tournure. Mon frère qui, par bonheur, ne te soupçonne pas du tout d'être mon amant, a conçu pourtant contre toi une haine effroyable, à cause des coups que tu lui as donnés. Il prétend maintenant qu'en le frappant, tu l'as traité d'espion et que tu as injurié et maudit, en termes révolutionnaires, le gouvernement de l'Eglise. Il dit t'avoir reconnu, et il produit un témoin qui serait accouru trop tard pour le secourir, mais qui aurait entendu tes paroles et vu ta figure. Ce témoin n'a jamais été vu à Frascati, et pourtant la police paraît le connaître et a pris acte de sa déposition. On a été encore hier soir à Piccolomini, probablement pour t'arrêter, et, ne te trouvant pas, on a fait ouvrir ta chambre pour s'emparer de tes papiers, car on assure maintenant que tu es affilié à l'éternelle conspiration que l'on découvre toutes les semaines contre le pouvoir temporel du saint-père. Heureusement, ma tante avait prévu le cas : elle avait retiré de ta chambre tous les effets, et jusqu'au moindre bout de papier chiffonné. Tout cela était bien caché dans la maison. Elle a dit que tu étais parti la veille pour Tivoli, à pied, avec ton attirail de peintre, et que tes autres effets étaient restés à Rome le jour de Pâques. Aussitôt qu'elle s'est vue débarrassée de ses inquisiteurs, elle est partie elle-même pour Rome, où elle va consulter lord B*** sur ce qu'il y a à faire pour te tirer de là. Il faut donc que tu attendes patiemment ici le résultat de ses démarches; car de songer à voyager, de jour ou de nuit, sans tes passeports qui sont à la police française à Rome, c'est impossible. Tu serais arrêté à la première ville, et, vouloir passer la frontière par les sentiers, comme font les brigands et les déserteurs, en supposant que je pusse te servir de guide, ce qui n'est pas, c'est mille fois plus pénible et plus dangereux que de rester ici, où lors-même qu'on te soupçonnerait d'être, on ne se déciderait pas aisément à venir te prendre.

— Et pourquoi cela?

— Parce que ceci est une ancienne résidence papale et qu'il y avait autrefois droit d'asile. Les Borghèse avaient hérité de ce droit, et, bien que tout cela soit aboli, la coutume et le respect des anciens droits subsistent encore. Pour se faire ouvrir ces portes qu'il te défendent, il faudrait que l'autorité locale se décidât à faire une grave injure à la princesse, et on ne l'osera jamais sans sa permission.

— Mais pourquoi n'obtiendrait-on pas cette permission?

— Parce que Olivia aussi est partie pour Rome, et qu'elle va tout confier à sa maîtresse, laquelle est généreuse et s'intéressera à nous. Tu vois que les femmes sont bonnes à quelque chose, et je crois même que, dans notre pays romain, il n'y a que nous qui valions quelque chose en effet.

J'étais bien de cet avis, et, me rappelant que, sans passeport, il n'y avait moyen de s'embarquer sur aucune rive d'Italie, à moins de se lancer dans des aventures trop pénibles ou trop périlleuses pour la chère compagne que je ne veux pas laisser derrière moi, je me suis résigné à suivre son conseil, et à m'abandonner à la protection des femmes; car je suis profondément touché du dévouement de la Mariuccia et d'Olivia. J'admire la prévoyance et l'activité de ce sexe généreux et intelligent, qui, en tout temps et en tout pays, mais en Italie surtout, a été la providence des persécutés.

— Prends-en donc ton parti, disait Daniella en rangeant la chambre et en plaçant un petit crucifix à mon chevet et un vase à fleurs sur ma cheminée, comme s'il se fût agi d'installer là un ménage dans les conditions les plus régulières et les plus naturelles: Tu en seras quitte pour t'ennuyer ici huit jours au plus. Il est impossible que mylord et la princesse ne trouvent pas le moyen de te délivrer avant une semaine.

— M'ennuyer? Tu ne viendras donc plus me voir?

— Et comment vivrais-je si je ne venais pas? Oh! si tu voyais un jour s'écouler sans moi, tu pourrais bien dire: la Daniella est morte!

— Mais la Daniella ne peut pas mourir?

— Non, puisque tu l'aimes! Donc, tu te soumets?

— Avec une joie dont tu n'as pas d'idée, car je me suis tourmenté tout un jour du désir d'être enfermé ici avec toi. Une seule chose me gâte mon rêve, c'est le métier que tu fais pour venir et t'en aller. Cela est un vrai supplice pour moi.

— Et tu as tort. Voilà le beau temps; le vent souffle de l'Apennin, tous les nuages s'en vont à la mer. Nous avons du soleil au moins pour huit jours; mes promenades seront donc très jolies, et, puisque nous avons inventé, Olivia et moi,

l'arrivée prochaine d'ouvriers dans ce château, nous aurons mille prétextes pour qu'elle m'y envoie avec des paquets. D'ailleurs, le plus lourd est transporté; je n'ai plus qu'à m'occuper de te nourrir. Si ce beau temps nous amène quelques étrangers à Frascati, les soirées sont encore trop fraîches pour qu'ils ne retournent pas à Rome avant la nuit. Or, comme la journée suffit à peine pour leur faire voir les villas qui touchent à la ville, et Tusculum, qui attire plus que tout le reste, tu ne seras pas dérangé ici. Mondragone est toujours ce que l'on visite le moins, et s'il arrivait que, pour ne pas éveiller les soupçons, Olivia fût forcée d'amener ici quelque promeneur, souviens-toi de ce que je vais te dire de sa part. Elle aurait le soin de frapper très longtemps et très fort à la grande porte avant d'ouvrir elle-même. Elle ferait semblant de compter sur un ouvrier occupé dans la cour, et, ne le voyant pas venir, elle essaierait une prétendue *autre* clé, qui serait la véritable, et qui ouvrirait comme par hasard. Tu aurais eu tout le temps de rentrer dans ton Casino et de t'y enfermer. On n'est forcé d'y conduire personne, puisque les étrangers ne savent pas qu'il existe, et on peut toujours dire qu'il tombe et qu'on n'y va plus.

— Ah ça, mon Dieu! ne tombera-t-il pas, pendant que tu es seule ici? Je deviens bête et peureux comme un enfant. Je suis si heureux que je me demande si le ciel ne va pas s'écrouler sur nos têtes, ou si la terre ne va pas fuir sous nos pieds.

— Rien ne tombera, rien ne bougera, nous nous aimons!

— Tu as raison! Il doit y avoir pour les vrais amans une Providence particulière.

— Il y a plus que cela: il y a en eux une vertu magique et une force surnaturelle qui vaincraient le diable, si le diable s'attaquait à eux.

Elle déjeûna avec moi, et me quitta pour aller travailler à Villa-Taverna, car il faut qu'elle soit vue faisant sa besogne, et nous décidâmes qu'à partir du lendemain, elle ne reviendrait plus dans la journée, à moins de quelque événement imprévu. Elle m'arriverait tous les jours, à six heures du soir, et ne partirait plus qu'à huit heures du matin. Il lui était indifférent de rencontrer des ouvriers dans le parc à cette heure-là. Elle serait censée avoir été faire pour Olivia une commission au couvent des Camaldules, et, quant à la course du soir, elle trouverait des raisons non moins plausibles.

— De quoi t'inquiètes-tu, disait-elle? Les raisons ne manquent jamais. Cela se trouve juste au moment où l'on en a besoin, et Celle qui reste court, ou qui fait un mensonge invraisemblable, n'est pas digne d'être femme et d'avoir un amant. Je m'étais souvent imaginé, moi, que quand une femme me dirait si ingénuement sa supériorité en fait de ruse, je me méfierais d'elle pour mon compte; mais, depuis que j'aime celle-ci, tout est changé en moi, tout est renversé dans mon esprit. Du moment que c'est elle qui ment, je trouve que le mensonge est une des grâces de son sexe.

Toutes choses réglées ainsi, je l'ai vue partir sans angoisse. Il me semblait que je ne la quittais pas: j'allais penser à elle tout le jour en travaillant.

XXIX.

Mondragone, 12 avril. — Suite.

Car il est bien temps de travailler, n'est-ce pas? Depuis que j'ai mis le pied en Italie, je me délie les jambes et je me croise les bras. Il est temps aussi, non plus de savoir si j'aurai du talent, mais de songer à en acquérir. En tout cas, il faut que j'aie une industrie qui m'aide à me constituer une sécurité, un intérieur, une famille. Cette industrie pourra toujours être un gagne-pain, sans aucun honneur artistique; c'est le pis-aller de la situation; mais on doit se dégoûter d'un métier où l'on ne met pas tout l'effort de son être moral, et je veux, puisque la question de métier est jugée et acceptée par ma conscience, porter dans le mien tout l'idéal dont je suis capable, tout le feu que je dois puiser dans l'amour. Allons, allons! oui : je dois à la femme qui m'a initié à la vie supérieure, de manifester cette vie par une distinction et une valeur quelconques. J'aurai donc du talent, il le faut, et ce problème de ma destinée et de ma pensée, qui me paraissait si effrayant à sonder, c'est une chose claire comme le jour, à présent. *Vouloir, espérer, tenter !* Non! Quelque chose de plus encore ; quelque chose comme ce qui fait la grandeur et la beauté de ma maîtresse : *croire et pouvoir !*

Je commençai donc sur-le-champ à déballer et à préparer mon sac d'étude; après quoi, je cherchai un sujet pour commencer quelque chose. J'avais si bien juré d'être prudent, que Daniella m'avait laissé la liberté de me promener dans mon vaste domaine.

Il y a là, quand le soleil brille, dans ces accidens d'architecture disloquée, dans cette végétation folle qui a tout envahi, dans ce contraste d'un reste d'opulence souriante avec la solennité de l'abandon, des motifs pour toute la vie d'un peintre. Ces ruines n'ont rien qui rappelle celles de nos manoirs féodaux. Il n'y faudrait chercher ni les grandes lignes austères, ni la sombre couleur, ni le caractère effrayant. Le *pianto* lui-même n'a rien de lugubre. C'est toujours l'Italie qui rit et chante jusque sous l'herbe du tombeau. Mais, par cela même que de telles ruines ont une physionomie que les littérateurs et les peintres n'ont pas usée, soit qu'ils ne l'aient pas regardée, soit qu'ils ne l'aient pas comprise, elles sont pour moi une trouvaille. Ce n'est pas seulement un fait à étudier, c'est un certain aspect à rendre, un sentiment particulier à exprimer ; c'est une interprétation originale d'objets qui ont leur manière d'exister.

J'ai appris avec soin la perspective et j'ai étudié l'architecture, ne voulant pas être arrêté par des obstacles matériels qui gênent même les maîtres aujourd'hui. On s'est moqué de moi à l'atelier, et je me suis obstiné à croire qu'en attendant la révélation de la syntaxe des choses, il était bon d'en connaître la grammaire élémentaire. Nous n'avons pas toujours à notre service les conditions de l'inspiration, et les tons froids dominent dans le tableau de la vie; c'est donc une immense perte de temps que d'attendre les beaux jours de l'exubérance. Si nous n'avons qu'accidentellement du soleil dans l'âme, nous avons toujours, quand nous la cultivons un peu, cette tranquille et laborieuse petite volonté dont vous aussi, mon ami, vous m'avez raillé quelquefois. Tant il y a qu'aujourd'hui me voilà prisonnier

dans des murailles, c'est-à-dire dans des lignes, des aplombs, des angles et des parallèles ; que tout cela produit, dans l'ombre et dans la lumière, des effets magiques, et que je suis bien content d'être *adroit* et *habile* en attendant mieux.

J'ai donc passé deux heures à me promener dans tous les sens et à contempler les effets. Je n'avais que l'embarras du choix. Il s'agit de commencer par quelque chose, et je suis fixé pour demain ; mais vous savez, mon ami, que l'on ne peut pas travailler exclusivement devant la nature. Elle ne pose pas toujours devant nous, et même elle pose si peu qu'elle nous désespère. C'est un modèle qui ne reste pas un instant éclairé comme l'instant d'auparavant. Il faut prendre l'effet au vol, et interpréter ensuite avec le sentiment. J'avais donc besoin d'un atelier pour travailler *da me*, comme on dit ici, et je me suis mis à le chercher.

Certes, le local ne manque pas, et, pour cela aussi, je n'avais que l'embarras du choix. Je me suis décidé pour une salle immense et d'une fort belle coupe, située au premier, du côté sud ; au troisième, du côté nord, tout au beau milieu du grand pavillon. Ce doit avoir été là, jadis, la chapelle papale. Elle n'a plus que les quatre murs, et pas mal de trous que je suis occupé à boucher avec des planches, laissant à découvert les ouvertures qui me donnent un beau jour et qui sont placées trop haut pour inquiéter ma Daniella. Il y a ici, à discrétion, du bois de travail en partie débité, des échelles, des planches et des tréteaux de toutes dimensions. J'ai trouvé même quelques vieux outils élémentaires laissés par les ouvriers, une scie, un marteau, des tenailles, etc., et j'ai choisi, dans le bois dépecé pour la menuiserie, les matériaux au moyen desquels je pourrai me fabriquer, tant bien que mal, une espèce de chevalet. Elevé à la campagne, je ne suis pas plus maladroit qu'un autre, et il ne me faudra pas beaucoup de temps pour devenir le Robinson de ma solitude.

Je suis sûr, pourtant, que vous riez de mes préoccupations d'installation et d'outillement dans mes ruines. Moi aussi, j'en ris, ce qui ne m'empêche pas de m'en amuser sérieusement. Daniella songe bien à mon café ! Je trouve charmant de m'établir comme un artiste paisible et bourgeois, dans les conditions qui semblent le plus exclure le bien-être du corps et de l'esprit. Et si vous y réfléchissez, vous verrez combien ce sentiment-là est naturel, et comme l'idée d'un certain arrangement des choses, fût-ce dans une grotte de rochers, égaie la vie et provoque l'activité humaine.

Quand je me suis vu muni de tout ce qui m'était nécessaire, j'ai songé au moyen de scier et de clouer sans faire de bruit. J'ai essayé mon marteau enveloppé d'un lambeau de tablier de cuir abandonné par les charpentiers ; mais, de mon atelier, je domine tous les environs, et, bien que les jardins soient presque toujours déserts autour de Mondragone, la petite ferme située tout au bas de l'allée de cyprès, c'est-à-dire à un quart de lieue environ, doit entendre chanter les grandes girouettes de la terrasse. Donc je dois renoncer au marteau, et demander à Daniella de m'apporter des clous à vis et des vrilles. Quant au bruit moins retentissant de la scie, j'irai me servir de cet outil dans le *pianto*, où j'ai remarqué qu'aucun bruit du dehors ne pénètre ; d'où je conclus qu'aucun bruit n'en doit sortir.

Ne pouvant rien commencer aujourd'hui, j'ai

fait une nouvelle tournée à un autre point de vue. Il s'agit de savoir si, en collant l'œil aux fentes des huis ou en grimpant aux murs d'enceinte, on peut m'apercevoir du dehors quand je ne suis pas dans mon casino. Je me suis assuré que les portes sont neuves et bien jointes ; que les murs, qui me paraissaient médiocrement élevés, dominent, à l'extérieur, des escarpemens formidables, enfin que ma forteresse, avec son air benin, est très difficile à escalader.

Pourtant, je dois regarder le Casino comme une citadelle de réserve en cas d'envahissement des autres parties de mon domaine par les curieux, et j'ai avisé à boucher les fentes des portes et fenêtres qui relient ma petite terrasse avec le fond du portique de Vignole, lequel sera mon promenoir, les jours de pluie, et mon chemin de retraite rapide en cas d'alerte. Me voilà donc à l'abri de tout espionnage et de toute surprise. Il ne reste plus à redouter que le cas de sommation légale à la bonne Olivia, et le casino n'est garanti, du côté des appartemens, que par des portes assez minces. En outre, il n'y a aucun moyen de s'en échapper sans courir grand risque de se casser le cou, et cette idée me fait frémir quand je songe que je peux être surpris avec Daniella, et qu'elle tenterait probablement de s'échapper avec moi.

Pourtant, tous ces palais italiens ont quelque ingénieuse cachette ou quelque issue mystérieuse, et je serais bien étonné si je ne découvrais pas l'une ou l'autre quelque part.

C'est toujours vers le *pianto* que mon esprit va cherchant le mystère de Mondragone. Il est évident qu'Olivia et Daniella l'ignorent ; mais si l'écroulement de quelque passage secret a effacé le souvenir de la tradition, est-il impossible d'en retrouver la trace ?

Je suis donc retourné au *pianto*, et j'ai vainement tâché d'explorer les cuisines, sous le *terrazzone*. Après quelques pièces insignifiantes, j'ai trouvé des murs et des amas de moellons placés récemment pour soutenir les voûtes qui menaçaient ruine. Cette partie est condamnée absolument. Remontant alors au cloître, je suis venu à bout, avec mon ciseau, de forcer le volet d'une de ces petites fenêtres plus larges que hautes, sortes de soupiraux qui me tourmentaient. J'ai lancé par là, d'abord de petites pierres que j'ai entendu tomber assez profondément, et puis des morceaux de papier enflammés que j'ai pu suivre de l'œil. Le premier que j'ai risqué a été le seul qui menaçât d'incendier le château. En le regardant descendre lentement et brûler à terre, je me suis assuré qu'il n'y avait là aucun amas de bois et aucun débris combustible. Rien que le sol, semé de pierres et de briques cassées. Les autres papiers enflammés m'ont permis de distinguer parfaitement le local. C'est une cave assez spacieuse, bien voûtée, très sèche, et qui communiquait à une cave contiguë par une arcade maintenant comblée de débris jusqu'au cintre.

Tout cela me serait bien facile à explorer au moyen d'une corde à nœuds fixée au soupirail, si ce soupirail n'était défendu par des barres de fer très rapprochées et très bien scellées dans la pierre. Il faudrait donc arracher cette grille, ce qui ne serait pas impossible avec les outils convenables ; mais le bruit ! Il ne m'est pas bien prouvé qu'il soit absolument étouffé dans cet entonnoir. Au premier ouragan, je profiterai du vacarme général pour risquer ce travail.

N'ayant plus rien à tenter aujourd'hui, je suis revenu sur ma petite terrasse pour vous écrire tout ce qui précède. J'ai, de là, cette magnifique vue dont je vous ai parlé, et, avec la jouissance des yeux, celle de l'ouïe, car, excepté le berger qui garde ses moutons sur les sommets de Tusculum, je suis l'habitant le plus haut perché de tout ce massif de montagnes. Tous les bruits des collines et des vallées montent donc jusqu'à moi, et j'ai eu le loisir, en vous écrivant, d'étudier cette musique produite par la rencontre fortuite des sons épars qui constitue, en chaque pays, ce que l'on pourrait appeler la musique naturelle locale.

Il y a des endroits comme cela qui chantent toujours, et celui-ci est le plus mélodieux où je me sois jamais trouvé. En première ligne, il faut mettre la chanson des grandes girouettes de la terrasse extérieure. Il est si régulièrement phrasé à son début, que j'ai pu écrire six mesures parfaitement musicales, lesquelles reviennent invariablement à chaque souffle du vent d'est, qui règne depuis ce matin. Ce vent procède, sur la première girouette, par une phrase de deux mesures plaintives à laquelle répond la seconde girouette par une phrase pareille de forme, mais d'une modulation plus triste ; la troisième continue le même motif, en le modifiant par un changement de ton très heureux.

La quatrième girouette est cassée, par conséquent muette, ce qui est fort à propos, vu que son silence permet à la première de reprendre son thème dans le ton où il vient d'être porté par l'augmentation du vent ; alors, pour peu que la bouffée continue, les trois girouettes chantent une sorte de canon à trois voix qui est fort étrange et fort pénétrant, jusqu'à ce que le souffle qui les pousse tombe peu à peu et les ramène, par des intervalles inappréciables à nos conventions musicales, c'est à dire plus ou moins faux, à leur justesse première.

Ces girouettes pleurardes et radoteuses, avec leurs notes d'une ténuité impossible, sont comme les ténors aigus qui dominent l'ensemble. Je ne sais quel esprit de l'air les met d'accord avec le son des cloches des Camaldules, mais il arrive, à chaque instant, que ces cloches leur font une très belle harmonie. J'entends aussi, par momens, les phrases entrecoupées des orgues de ce couvent, ou de l'église de Monte-Porzio, village que j'aperçois sur ma droite, au-delà des Camaldules. Est-ce de l'une ou de l'autre que partaient, cette nuit, des sons que j'ai cru être ceux d'un piano ? En ce moment, rien n'y ressemble, rien ne m'explique ce phénomène d'acoustique.

D'autres chants se mêlent encore à ceux des girouettes : ce sont les refrains des paysans épars dans la campagne. Ils chantent fort mal ; ils crient du nez, et je n'en entends pas un sur cent qui me paraisse tant soit peu bien organisé pour la musique. Ils semblent avoir beaucoup moins conscience de ce qu'ils chantent que les girouettes de Mondragone. Néanmoins, je saisis parfois des phrases d'un caractère sauvage qui ne déparent pas le sentiment répandu dans l'ensemble.

Les basses continues sont dans le bruissement lourd des pins démesurés qui se dressent du côté de Villa-Taverna comme des parasols ouverts au-dessus du *stradone* de chênes, et dans une cascade que je ne puis apercevoir, mais que je me rappelle avoir remarquée le long de l'énorme massif de maçonnerie qui soutient le *terrazzone*. Ces eaux perdues des ruines sont très mystérieuses. Les fontaines d'où elles jaillissaient étant brisées et taries, elles se sont frayé des passages inconnus dans les fondations et s'échappent par les fissures qu'elles rencontrent, au milieu de rideaux de plantes pariétaires qui font des cheveux et de la barbe aux grands mascarons béants au fond des niches.

Et puis, il y a les cris des oiseaux, bien que les oiseaux soient beaucoup plus rares ici que dans nos climats. Ce sont les vautours et les aigles qui dominent. Le menu peuple des petits chanteurs mystérieux des buissons me paraît en minorité. Il y a donc peu de doux gazouillemens dans l'air, mais de grandes voix aigres qui semblent chanter une messe des morts, en se moquant de ce qu'elles disent.

En écoutant tout cela, je poursuis et tourmente une idée qui m'a bien souvent frappé dans ces harmonies naturelles que produit le hasard. Le vent, l'eau courante, les portes qui grincent sur leurs gonds, les chiens qui hurlent et les enfans qui crient, toutes ces voix qui sont censées chanter faux, produisent quelquefois, par cela même qu'elles échappent aux règles tracées, des effets d'une puissance et d'une signification extraordinaires. C'est peut-être bien à tort que les musiciens s'en offensent. Dans le faux, il y aurait à choisir, et si nous n'avions le sens de l'ouïe oblitéré par la convention de la méthode, nous découvririons des beautés inconnues, des expressions souverainement vraies et nécessaires dans des dissonances réputées inadmissibles. Dans ce nombre il faudrait ranger surtout la fantaisie éolique que ces girouettes rouillées me font entendre en ce moment. Elles pleurent et soupirent, dans leurs folles discordances, avec une énergie dont aucune définition musicale ne saurait rendre le déchirement. C'est quand elles sortent de leurs thèmes *possibles*, c'est quand je ne trouve plus le moyen de noter leurs vibrations délirantes avec des signes convenus, qu'elles remplissent l'air d'une symphonie fantastique qui ressemble à la langue mystérieuse de l'infini.

Et nous, hélas! dans tous nos arts comme dans toutes nos manifestations de sentiment, nous touchons à la limite du possible avec une effrayante rapidité. Oh! comme je sens cela, maintenant que le sens de l'infini est entré avec l'amour dans mon âme! Comme je sens que les paroles sont vaines et les expansions bornées! Je n'ose relire ce que je vous écrivais il y a une heure, dans la crainte d'être indigné d'avoir osé tenter de l'écrire! Et pourtant mon cœur déborde, et j'ai comme un besoin de crier ma joie aux hirondelles qui passent sur ma tête et aux brises qui couchent les herbes sur les flancs des ruines. Mais je m'arrête, parce que je ne la sais pas, cette langue de l'infini qui me mettrait en rapport avec tout ce qui aimé et respire dans l'univers. Le langage humain est court et grossier. Plus il s'alambique, plus il est cynique quand il veut raconter l'amour. L'amour! Il n'a qu'un mot, *j'aime!* et quand il ajoute *j'adore!* il ne sait déjà plus ce qu'il dit. Aimer est tout; et ce qu'il y a de divin et d'ineffable dans cet acte immatériel de l'union des âmes, rien ne peut l'exprimer en plus ou en moins.

C'est qu'à un certain degré d'intensité de l'émotion, l'esprit rencontre un obstacle qui est comme le seuil du sanctuaire de la vie divine. *Tu n'iras pas plus loin*, voilà ce qui a été dit au flot de notre passion terrestre; au-delà de certains cris de la céleste volupté, tu ne pourras plus rien dire, car tu serais Dieu si tu savais manifester le sixième sens, et il faut rester ce que tu es.

Le soleil baisse, et je n'ai d'ailleurs plus le cœur à écrire. Quand l'heure approche où je vais la revoir, je ne me rends plus compte que d'une impatience dévorante. Mais la voilà, je l'entends ouvrir la porte de la cour......................
....

Ce n'était pas elle! C'était un de ces bruits qu'il me faut étudier un à un avec soin pour en découvrir la cause. La grande caserne du fond de la cour laisse pleuvoir ses ardoises, qui, en se détachant avec leurs clous du bois pourri, grattent le toit avant de tomber. — Elle est venue tard: j'ai été bien inquiet. Enfin, la voilà, et, pendant qu'elle met notre couvert, je veux vous dire ce qui se passe dehors à propos de moi.

Olivia et Mariuccia sont revenues de Rome; c'est pour les attendre et pour me rapporter le résultat de leur voyage que Daniella n'est venue qu'à sept heures. Lord B*** et sa famille sont à Florence et ne rentreront à Rome que la semaine prochaine. La princesse Borghèse est absente aussi; mais son intendant général, sûr des sentimens généreux de sa maîtresse, a parlé à un personnage puissant qui s'est engagé à paralyser les poursuites en ce qui concerne l'intégrité de mon asile, à la condition que je n'en sortirai pas sans sa permission écrite. Voilà donc un protecteur qui se constitue mon geôlier, et, pour un peu, je serais ici prisonnier sur parole. Mais c'est ma Daniella qui seule exige de moi ce serment. Le cardinal *** se contente de me faire savoir qu'en me tenant caché à Mondragone, je ne cours aucun danger. Il ne répond de rien si j'en sors seulement une heure.

Tout cela m'arrange on ne peut mieux, et je crois bien que, dans l'état des choses, il faudrait beaucoup de sbires et de gendarmes pour me faire quitter ma chère prison.

XXX.

Mondragone, 18 avril (1).

Je suis vraiment ici le plus heureux des hommes, et je sens bien que ce sont là les plus beaux jours de ma vie. Chaque moment augmente ma passion pour cette adorable femme qui, bien réellement, ne respire que pour moi. Cette ivresse d'amour ne sera-t-elle qu'une lune de miel? Non, c'est impossible, car je ne comprends plus comment j'accepterais la vie si cette ferveur se refroidissait de part ou d'autre. Elle me semble inépuisable. Ce qui est grand et beau peut-il donc nous lasser? On dit pourtant qu'il faut un miracle pour que l'amour dure; je crois plutôt qu'il en faut un bien terrible pour qu'il finisse.

C'est une existence bizarre, mais délicieuse pour moi que celle que je mène ici. Mes dix heures de solitude absolue sur vingt-quatre s'envolent comme un instant, et, loin de m'inquiéter de ce dicton vulgaire que le temps paraît long quand on s'ennuie, je m'aperçois que c'est le contraire absolument qui m'arrive. Les heures que la Daniella passe auprès de moi me semblent longues

(1) *Réponse à un lecteur bienveillant.*—Vous me reprochez d'avoir fait dire à Jean Valreg que l'Italie *ne saurait être purifiée.* Jean Valreg a ses heures de *spleen*, et je lui laisse son individualité telle qu'il me l'a livrée. Peut-être verrez-vous, par la suite, qu'il a ses heures de calme; mais, quoi qu'il en soit, peut-être ne faut-il pas lire un roman comme un recueil de sentences. Merci pour les sympathies que vous m'exprimez.   G. S.
          6 février 1857.

comme des siècles, parce qu'elles sont remplies d'émotions et de joies indicibles. Je remercie Dieu de l'illusion où je suis que j'ai vécu déjà, avec cette compagne venue du ciel, une éternité de bonheur.

Quand je suis seul, je m'occupe et me rends compte des heures qui fuient trop vite pour mes besoins de travail. Quand *elle* est là, j'entre dans une phase sur laquelle il me semble que la course du temps n'a pas de prise, puisque chaque instant me rend plus vivant, plus épris, plus naïf, plus jeune que je ne l'étais l'instant d'auparavant. Oh! oui, oui, nous sommes immortels : l'amour nous en donne la claire révélation !

J'ai mis de l'ordre dans mes journées pour les rendre aussi profitables que possible. Nous nous levons à cinq heures, nous déjeûnons ensemble, je *la* reconduis jusqu'à la porte du parterre, et je m'enferme ; nous avons chacun une clé de cette porte-là. Je cours à mon atelier faire ma palette et peindre, car j'ai esquissé mon tableau, et j'y travaille assidûment. À midi, je prends, sur ma terrasse du Casino, ma très frugale collation. Je fume et lis un peu dans les livres classiques que Daniella m'apporte de Villa-Taverna, où il y a un reste de bibliothèque dans les greniers. Quelques pages chaque jour me suffisent pour retremper ce coin du cerveau qu'il ne faut pas laisser atrophier. Les choses écrites, bonnes ou médiocres, vraies ou fausses, entretiennent toujours un lien de souvenir ou de raisonnement entre nous et ce *non-moi* des métaphysiciens qui est encore *nous*, quoi qu'ils en disent. Je fais ma promenade en continuant mon cigare et mes réflexions sur ma lecture ; puis, je travaille d'après nature, jusqu'au moment où le soleil m'avertit qu'il faut rentrer au Casino pour faire le ménage avec un soin extrême, en attendant ma Daniella.

J'ai déjà ici toutes mes habitudes et toutes mes aises. J'ai trouvé, dans un coin noir sous des copeaux, deux fauteuils dorés très misérables, que j'ai recloués et solidifiés, car la *surdité* du *pianto* me permet décidément de me servir du marteau, avec un peu de précaution seulement. J'ai rétabli l'équilibre de la table et je l'ai frottée et cirée pour la rendre appétissante. J'ai rendu les vitres claires et, pour entretenir les fleurs dans le vase de la cheminée, je sais dans quels coins humides fleurissent les iris de velours noir à cœur jaune, et le long de quels murs poussent encore des giroflées d'un beau ton de carmin. Il y a bien cinquante ans que ces plantes n'ont reçu aucune culture ; elles sont devenues simples, de doubles qu'elles étaient ; mais elles n'en sont ni plus tristes ni moins parfumées. Le réséda de nos jardins pousse ici sur les vieux murs comme l'ortie chez nous. L'asphodèle blanc doublé de vert, qui pousse en quantité dans le parterre, est une espèce magnifique que je n'ai pas rencontrée ailleurs, et que je crois exotique. Elle serait aussi un vestige de l'ancienne culture de ce terrain, maintenant abandonné à lui-même. Le cyclamen, qui ne se plaît que sous les arbres, est plus rare dans ces ruines. Pourtant j'en ai découvert *un nid* dans la rocaille de la fontaine qui est au bout du parterre, et je les ménage religieusement ; j'en sais le compte.

Cette fontaine, la seule qui ait conservé de l'eau vive dans l'intérieur du château, est l'objet divertissant de mon enclos. Elle est placée sur une sorte de théâtre où l'on monte par un perron à bas-reliefs de mosaïques représentant des dragons, et surmonté de vases ventrus, qui nourris-

sent une végétation de plantes sauvages assez semblables à des artichauts. Ces vilaines plantes sont tout à fait en harmonie avec ces vilains pots. La fontaine est une grande coupe posée sur un gros piédestal et garnie des mêmes gros vases de marbre blanc. Un lit d'herbes aquatiques surmontées de petites étoiles blanches d'une fraîcheur exquise s'est installé au fond de cette vasque, qui occupe le milieu d'une espèce de proscénium d'un faux goût antique. Tout autour sont des niches vides de leurs personnages mythologiques, et dans l'une desquelles l'eau arrive du dehors et remplit un bassin assez vaste, au ras du pavé de mosaïques. Car tout est marbre précieux dans cette futile décoration, et les échantillons de lapis, de porphyre, de jaspes, de vert et de rouge antiques, craquent partout sous les pieds. Il y en a, près de la porte, un grand tas destiné à sabler le *stradone*, et sur ce tas, dans un coin du mur, la tête à moitié cachée par les bardanes et les chardons, gît une pauvre bacchante rococo couronnée de raisins. Elle est là, avec son rire pétrifié sur une bouche en cœur, étalant au soleil ses seins nus, tandis que ses jambes, plantées debout à côté d'elle, semblent attendre qu'elle se relève.

Je goûte dans cette captivité, dans cette solitude absolue, des plaisirs que je ne connaissais pas. Ce matin, je regardais au-dessous de moi, par les balustres de ma terrasse, les enfans de la ferme jouer sur la grande terrasse aux girouettes (le *terrazzone*), dont l'enceinte ne fait pas partie de mon domaine. J'écoutais leurs discours, et je me plaisais à l'emphase toute romaine avec laquelle un petit garçon maigre à figure de singe racontait qu'une fois en sa vie il avait mangé la *cioccolata* chez le curé de Monte-Porzio. L'histoire de ce chocolat ne finissait pas, et, pour en raviver le doux souvenir, il invitait ses camarades à en prendre fictivement dans des coquilles que l'on arrangeait en *dînette* sur une grande ardoise. Il imitait alors les manières accortes et majestueuses du curé, pendant une grande heure, au milieu d'un bavardage impossible à suivre, j'entendais le mot de *cioccolata* revenir avec une intonation de volupté indéfinissable, les autres marmots savourant, en imagination, cette ambroisie inconnue, vantée par leur camarade.

Je me rappelai que j'avais quelques tablettes de chocolat apportées par Daniella, et il me fallut un grand effort de prudence pour ne pas les leur jeter à travers les balustres. Quelle eût été leur surprise et leur joie de voir tomber à leurs pieds cette tuile précieuse, envoyée certes par la fée des girouettes ! Je crois que j'allais succomber à la tentation, lorsqu'une jeune femme, que je crois être la femme de *Felipone*, arriva et les gronda beaucoup d'être si près du château, exposés, disait-elle, à recevoir sur la tête les pierres et les ardoises qui pleuvaient incessamment. Cette crainte m'étonna un peu, car, de ce côté-là, rien ne s'écroule quand le temps est calme, et l'empressement qu'elle mit à emmener sa marmaille me fit penser qu'elle me savait là, et qu'elle protégeait le mystère qui m'abrite. Pourtant Daniella assure qu'elle ne peut se douter de ma présence.

J'ai compris, en voyant partir ces enfans qui m'amusaient, les joies mélancoliques des prisonniers, leur besoin d'entendre le son de la voix humaine et de contempler les ébats des êtres libres ; mais j'ai compris cela seulement par la réflexion, car je suis le captif le plus docile et le plus satisfait qui existe. Je resterais certes ici toute ma vie avec joie dans les conditions où je m'y trouve. La pensée que Daniella doit infailliblement arriver à une heure fixe fait pour moi de l'isolement une volupté perpétuelle. Je suis là, du matin au soir, dans l'attente d'un rendez-vous d'amour dont je savoure le souvenir en même temps que l'espérance. Ma passion a ses heures de profond recueillement. C'est comme une idée religieuse méditée dans la solennité d'une vie d'anachorète.

J'écoute aussi avec plaisir des paroles lointaines que m'apportent les bouffées du vent, et j'aime à interpréter les situations auxquelles ces lambeaux de conversation peuvent se rapporter Le chemin des Camaldules à Frascati passe très près d'ici, et j'entends les bouviers crier après leurs bœufs, et les paysans s'entretenir ensemble à voix haute sur leurs chars à quatre roues. C'est, chaque fois, un petit événement pour moi, car ces chemins sont peu fréquentés, et ces bruits rares rompent la monotonie des bruits continus de la cascade et des girouettes.

Mais ce qui m'intéresse davantage, c'est ce qui peut arriver à mon oreille et à ma vue du côté de Villa-Taverna. La végétation est si épaisse autour de cette résidence, que je n'en aperçois que les toits. Aussi Daniella a-t-elle imaginé de monter à une fenêtre en mansarde d'où je peux voir le point blanc de son fichu de tête, et distinguer le signe qu'elle me fait à midi, en allant sonner le goûter des gens de la maison. Elle a cassé exprès la corde pour avoir le prétexte d'aller dans ce grenier secouer la cloche. Elle aime à pouvoir m'avertir elle-même de l'heure de ma collation.

Quelquefois aussi, en allant et venant sous les yeux de ses ouvrières, elle agite et frappe son tambour de basque, comme prise d'un vertige de gaîté. Quand le vent vient du couchant, il m'apporte cet appel amoureux qui me fait tressaillir et trembler de bonheur.

Le temps se maintient magnifique, et ce climat est délicieux au moment où nous sommes. Pourtant, il ne faut pas se faire trop d'illusion : c'est, à peu de chose près, quant à présent, la température du centre de la France; il y a tout au plus huit jours d'avance sur la floraison des arbres fruitiers, et j'ai laissé la Provence plus avancée, sous ce rapport, que ne l'est la campagne de Rome aujourd'hui. Ce qui trompe la sensation dans ce pays-ci, c'est l'éternelle verdure des arbres à feuilles persistantes. Dans l'immense parc que j'ai sous les yeux, tout est chênes verts, pins, oliviers, buis et myrtes. Les âcres parfums des diverses espèces de lauriers qui abondent à l'état d'arbres en fleurs montent jusqu'à moi au point d'être quelquefois incommodes. C'est une très bonne senteur d'amande amère, mais trop violente. Des milliers d'abeilles bourdonnent au soleil. Le ciel est d'un bleu étincelant. A midi, on se croirait en plein été; mais la mer et les montagnes amènent incessamment des nuages superbes, qui, tout à coup, rendent l'air très frais. Les oiseaux ne songent pas encore à bâtir leurs nids; les papillons de nos climats ne sont pas en avance et ne font pas leur apparition plus tôt que chez nous. Les châtaigniers et les platanes ne font que bourgeonner; les taillis de chênes ne songent pas encore à dépouiller leur feuillage sec de l'année dernière. Mon oncle le curé avait donc raison en me disant qu'à Rome les arbres ne *poussaient pas les racines en l'air*, et que notre pays en valait bien un autre. Mais, fût-il ici, il ne

pourrait comprendre combien la physionomie du moindre caillou diffère de celle d'un caillou de chez nous. Toute chose a son air particulier, son expression, son accent, sa gamme pour ainsi dire, et je me sens réellement bien loin de la France, bien absent du milieu qui faisait comme partie de moi-même, bien voyageur, bien surpris, bien badaud et bien intéressé par le moindre brin d'herbe que je rencontre.

Les nuits sont excessivement froides. Heureusement, nous avons découvert, dans certaines salles basses, des lits de charbon, provenant de l'incendie des boiseries ou des meubles du château, lors de l'occupation par les Autrichiens. Nous pouvons donc réchauffer nos petites chambres du casino sans produire de fumée dans les cheminées, et nous avons, dans l'appartement complet dont nous nous sommes emparés, une petite cuisine avec des fourneaux où un foyer de braise, constamment allumé sous la cendre, nous permet de puiser à toute heure.

Tout cet appartement s'est rempli et meublé, comme par magie, des ustensiles nécessaires à une véritable installation. Daniella trouve moyen d'apporter tous les jours quelque chose, et moi, en furetant dans les appartemens du château, je découvre des vases brisés, des meubles éclopés ou des débris d'objets d'art, qu'avec quelque réparation, je fais servir au comfort ou à l'ornement de notre intérieur.

Je n'ai qu'un souci en tête, c'est la crainte que cette douce existence ne prenne fin trop vite. On n'a aucune nouvelle certaine de mon affaire. Le capucin Cyprien, oncle de Daniella, qui va tous les jours à Villa-Taverna, lui dit que l'on me cherche, et que les *carabinieri* (ce sont les gendarmes du pays) s'informent de moi dans tous les environs. On sait que, malgré l'assertion de la Mariuccia, je n'ai pas paru à Tivoli. On a parlé de fouiller les villas, mais on y a renoncé, ce qui ferait croire que mon mystérieux protecteur a agi. Dans tout ceci, j'ignore si la police française a reçu avis de ce qui me concerne. Si cela est, elle me cherche peut-être à Rome pour me donner mes passeports et l'ordre de quitter les Etats romains. J'imagine que ce serait là le parti qu'elle croirait devoir prendre à mon égard; aussi, je me garderai bien de réclamer la protection de mon gouvernement en cette circonstance.

Un fait bizarre complique ma situation. Frère Cyprien a ouï-dire que les agens de police, en furetant dans ma chambre de Piccolomini, d'où la Mariuccia s'était très prudemment empressée de retirer mes bagages, avaient trouvé par terre un petit carré de métal percé de signes cabalistiques. On a demandé à la Mariuccia si cet objet m'appartenait. Elle n'en savait rien; mais, à tout hasard, elle a répondu que cela avait été laissé dans cette chambre par un voyageur qui m'y avait précédé de quelques mois, et dont elle a feint de ne pouvoir retrouver le nom. On n'a pas ajouté tout à fait foi à cette réponse, et on s'est emparé de l'objet mystérieux, que l'on paraît reconnaître pour un signe de ralliement révolutionnaire. S'il en est ainsi, j'ai reçu ce signe de la main d'un agent provocateur déguisé en capucin ou capucin pour tout de bon, et je n'aurais pas beau jeu devant le Saint-Office contre un mouchard de cette espèce.

Ce qui me confirme dans cette pensée, c'est que, deux fois déjà, depuis huit jours que je suis caché ici, j'ai vu ce même moine noir et blanc, que j'avais remarqué dans les ruines de Tusculum, rôder sur le *terrazzone*. Ces gens-là entrent partout, et je ne serais pas étonné qu'il eût fait part de ses méfiances au fermier Felipone, car celui-ci passe de temps en temps sous le Casino d'un air inquiet et les yeux attachés sur les balustres, d'où je puis suivre tous ses mouvemens. Quant au moine, qui est, je crois, un dominicain ou un individu caché sous le costume de cet ordre, il ne m'a même pas paru examiner le palais. Le plus souvent, il me tournait le dos et semblait contempler le paysage immense que domine la terrasse. Mais peut-être observait-il avec l'oreille, et moi, instinctivement, malgré la hauteur d'où je plongeais sur lui, je retenais ma respiration. J'ai demandé à Daniella si elle l'avait quelquefois rencontré dans les environs. Elle m'a dit ne connaître et n'avoir jamais remarqué aucun dominicain en particulier dans les environs.

Je suis environné ici d'êtres beaucoup moins inquiétans que ce moine. Ce sont de petits serpens qui ont des pattes, mais si peu de pattes que je ne puis me décider à les ranger parmi les lézards. Ils couraient mal avec ces rudimens de jambes, s'ils ne rampaient en même temps avec beaucoup de prestesse et de grâce. Ce sont de charmans petits animaux, tout à fait inoffensifs. J'avais fait connaissance avec eux le jour où j'ai été à Tusculum ; le berger Onofrio m'avait appris à les toucher sans crainte. J'ai eu la tentation d'essayer d'en apprivoiser un qui me semblait d'un naturel moins poltron que les autres ; mais Daniella, voyant mon goût pour les bêtes, m'en a amené un plus aimable et plus utile. C'est une belle chèvre blanche qui me donne d'excellent lait et qui me tient compagnie en broutant à mes côtés pendant que je dessine. Je la soigne comme une personne, et elle paraît se plaire ici, où elle entre jusqu'au ventre dans l'herbe et les fleurs. J'ai, en outre, quatre lapins domestiques dans le parterre, et il est question de m'apporter des oiseaux en cage. Il ne faut pas songer à un chien, cela aboie ; ni à des poules, leur voix attirerait des amateurs qui monteraient à l'assaut pour les voler.

Les scorpions abondent. Dès qu'on soulève une pierre, on en trouve un ou deux, blottis et engourdis dessous. Ils ne sont pas dangereux en ce temps-ci, et on peut les tuer par milliers; mais personne ne s'occupe de les détruire. Ils ne piquent que lorsqu'on les irrite, et les accidens sont rares, à ce que l'on m'a dit.

Du reste, la rareté des insectes me frappe dans ce pays de jardins. Aujourd'hui, pour la première fois, je vois voler, autour du casino, un papillon qui n'est pas de nos climats. Il est extrêmement joli. Je crois qu'on l'appelle Thaïs; mais je n'en suis pas sûr. Je n'ai que la mémoire des yeux. Je connais de vue tout ce qui fleurit ou voltige dans les endroits que j'ai habités quelque temps; je ne retiens aucun nom...

J'en étais là de mon journal lorsque..... Mais je suis encore interrompu, et ce qui m'arrive demande un autre chapitre que je vous écrirai demain, si je puis.

XXXI.

Mondragone, 29 avril.

Tout en écrivant, avant-hier, je regardais tranquillement le vol mou et comme indécis du papillon Thaïs, égaré sur les herbes inodores de la muraille. J'étais sur la terrasse du Casino, le dos tourné au portique de Vignole, lorsqu'un léger bruit me fit tressaillir et tourner la tête : Tartaglia était debout derrière moi.

O Brumières, Brumières, pensai-je, vous me l'aviez prédit ! nulle part je ne serai à l'abri de l'espionnage de cet homme ! — Un instant, j'eus la pensée de le prendre à bras le corps, sans lui rien dire, et de le précipiter par dessus la balustrade de la terrasse. Il vit le tremblement convulsif qui contractait mes lèvres, au point de m'empêcher de parler, et pâlit un instant; mais, reprenant vite son audace habituelle : — N'ayez pas d'idées sinistres, excellence, me dit-il, vous n'êtes pas trahi; je viens ici avec la clé, voyez, et de la part de la Daniella.

— Mon Dieu! pourquoi ne vient-elle pas elle-même? Il lui est arrivé malheur, parle!

— Rien, presque rien, excellence! Une entorse qu'elle a prise en descendant trop vite l'escalier du grenier de Villa-Taverna, où elle va tous les jours sonner pour le dîner des gens de la maison, et pour le vôtre surtout!

— Je veux aller la voir, tout de suite! j'y cours!

— Non, non! Il y a des espions dans le parc : vous seriez pris tout de suite. Masolino a des doutes sur sa sœur; il la surveille depuis ce matin, il est à Villa-Taverna. Le médecin est venu avec lui : il dit que l'accident de la Daniella n'est rien; mais qu'il faut qu'elle reste huit jours sans bouger du lit où Olivia l'a mise et la soigne comme sa propre fille. Ne soyez donc pas inquiet ; patientez ou vous vous perdrez en perdant la Daniella. Si on vous arrêtait, elle se lèverait, elle marcherait, elle courrait, dût-elle en mourir. Elle a une tête que vous ne connaissez pas! Los Dieu a voulu que je fusse là quand la chose est arrivée, et que, voyant son chagrin, j'aie pu lui dire à l'oreille : Je sais tout. J'irai avertir *notre ami*, et je te promets de rester ici et d'être à ses ordres tout le temps que tu seras retenue par cet accident. Je ferai plus, *mossiou*! Bien que vous n'ayez pas en moi la confiance que je mérite, je vous garderai mieux que la pauvre fille ne pouvait le faire ; je dérouterai les espions ; j'enverrai les carabiniers où vous n'êtes pas. Je ferai en sorte que vous soyez ici aussi en sûreté que si vous étiez au château Saint-Ange.

Je n'écoutais plus Tartaglia que machinalement. Je songeais à Daniella souffrant au moral et au physique. Je craignais la brutalité de son frère envers elle ; je voyais les obstacles se dresser entre nous, et la première brèche se faire à notre inaccessible paradis. Je regardais, ébahi et consterné, l'insupportable figure du bohémien, que j'étais désormais condamné à attendre et à désirer, à la place de l'idéale apparition de ma maîtresse. Le serpent avait pénétré dans l'Eden.

Et, à ma douleur, se mêlait une secrète irritation. Pourquoi, au lieu d'Olivia, de Mariuccia ou du frère Cyprien, qui étaient tous trois dans sa confidence, Daniella m'envoyait-elle cette canaille de Tartaglia, qui m'a toujours fait l'effet de l'espion par excellence? Je ne pensais pas à lui demander comment, ainsi qu'il le prétendait, il avait pu, d'avance, savoir notre secret. Je pensais aux premières confessions de ma maîtresse, me racontant, avec une humble candeur, que le premier homme qui lui avait parlé d'amour et causé quelque vertige, c'était ce même bandit à figure de polichinelle. Elle ne le lui avait jamais avoué ; il ne l'avait peut-être pas deviné. Elle avait rougi, elle avait ri de sa propre folie. Elle en riait encore, elle le trouvait affreux, elle le savait libertin; mais elle avait conservé pour lui de l'amitié, disait-elle, et une sorte d'estime relative que je ne comprenais pas et dont je lui aurais volontiers fait reproche, si, depuis les jours de notre ivresse, j'eusse pu me rappeler le nom et l'existence de ce drôle. Cette estime surprenante était donc bien plus grande que je ne m'en étais avisé, puisqu'elle allait jusqu'à la confiance la plus absolue, jusqu'au secret le plus intime !

Et voilà que notre bonheur idéal avait un confident, un commentateur, une sorte de témoin ! Et quel témoin ! le plus salissant de tous ceux qu'on pouvait choisir ! Tout me semblait dévoilé et profané maintenant. Un flot d'amertume contre ma divine Daniella se mêlait donc à la douleur d'être si brusquement et si tristement séparé d'elle. Je sentais mon ciel s'obscurcir, mon enivrement se glacer, et des larmes, dont je n'avais pas conscience, couler sur mes joues, pendant que le Tartaglia-Benvenuto m'exposait, avec aplomb et volubilité, tous les motifs de consolation que je devais puiser en lui.

— Allons, dit-il en saisissant et en baisant la main dont j'étais tenté de le souffleter, voilà que le chagrin vous prend et que vous pleurez comme une femme ! Soyez un homme, *mossiou* ! Ceci n'est rien et passera vite. Je vois que vous aimez follement cette petite fille. Vous avez bien tort, pouvant prétendre encore à un si beau mariage... Mais ne vous fâchez pas ! je ne dis rien. Il faut, quand le diable nous tient, le laisser faire, et je sais bien que si l'on contrariait votre opinion du moment, on la ferait durer plus qu'elle ne doit raisonnablement durer. Ne craignez donc pas que je vous dise du mal de la petite *Stiratrice.* D'abord, il n'y a pas de mal à en dire : c'est une fille aimable et que j'ai failli aimer, moi qui vous parle...

Pour le coup, je perdis patience, et, sentant que j'allais me porter à quelque stupide fureur, je me levai et courus m'enfermer dans ma chambre. Là, je tâchai de sortir de l'étourdissement où tout ceci m'avait jeté. Je parvins à me calmer et à raisonner ma situation. La première pensée qui eût dû se présenter à moi, c'est que Tartaglia me trompait; c'est qu'il avait dérobé la clé du parterre à Daniella évanouie. Je ne pouvais malheureusement pas douter d'un accident quelconque arrivé à cette chère créature, car l'heure du dîner était passée et elle n'était pas là. Donc Tartaglia était un espion chargé de découvrir le lieu de mon refuge; il avait procédé par induction, le hasard avait pu l'aider. On allait venir m'arrêter, ou bien, si la protection d'un certain cardinal était réelle et souveraine à Mondragone *intra-muros*, on avait déjà coupé les communications entre Daniella et moi, et on se proposait de me prendre par famine.

Eh bien, cela ne sera pas nécessaire, pensai-je; la chose impossible pour moi, c'est d'ignorer dans quelle situation est Daniella. A tout risque, j'irai à Taverna dès que la nuit sera sombre. Je viendrai à bout de la voir; je lui laisserai tout ce que je possède, à l'exception de ce qu'il me faut pour fuir, et je fuirai. J'irai l'attendre hors des États de l'Église, pour l'épouser et l'emmener en France.

Je commençai donc par m'assurer de la solidité de ma canne à tête de plomb, car j'étais résolu à me défendre en cas de surprise. Je mis mon argent sur moi, dans une ceinture *ad hoc.* Je fis un petit paquet du linge le plus strictement néces-

saire, et de l'album qui contient ce récit. Je pris, en guise de passeport, au besoin, divers papiers pouvant constater mon identité auprès des autorités françaises. Je m'enveloppai de mon caban qui est presque à l'épreuve de la balle, et, résolu à braver toutes choses, je me dirigeai vers la porte de mon appartement qui communique avec l'intérieur du palais.

Mais, au moment où je posais la main sur la serrure, on frappait à cette porte. Je m'arrêtai indécis. Si l'on vient me prendre, pensai-je, je sais le moyen de fuir, au moins de cette chambre; et je me hâtai de sortir par l'autre porte et d'attacher, à un balustre de la petite terrasse, la corde à nœuds que j'ai faite avec celle qui liait ma malle, et qui peut, avec quelques chances de succès, me faire descendre jusqu'au *terrazzone*. Je me hâtais, pensant que l'on allait enfoncer la porte; mais on se contentait de frapper doucement et discrètement. J'entendis même, en revenant au seuil de ma chambre, la voix piteuse de Tartaglia qui me disait : Eh! *mossiou* ! c'est votre dîner qui *va se refroidir*. Ne vous méfiez donc pas de moi !

Ce pouvait être un piége, mais la crainte du ridicule l'emporta sur ma prudence. Si Tartaglia ne me trahissait pas, mes précautions étaient absurdes; s'il venait avec des estaffiers, il y avait autant de chances de salut à me frayer résolument un passage au milieu d'eux à coups de casse-tête, qu'à me risquer le long de la corde, exposé au feu de quelque ennemi caché sous ma terrasse.

J'ouvris donc, l'arme au poing, et ne pus m'empêcher d'avoir envie de rire en voyant Tartaglia assis par terre devant la porte, avec un plat couvert entre ses jambes, et attendant avec résignation mon bon plaisir.

— Je vois bien ce que c'est, dit-il en entrant courtoisement, sans oublier de jeter sous son bras son berret crasseux ; vous croyez que je suis un coquin? Allons, allons, vous en reviendrez sur mon compte, *mossiou l'ingrat* ! Voilà du macaroni que j'ai préparé dans votre cuisine, car je connais les aîtres de longue date, et je me pique de vous faire mieux dîner que jamais n'aurait su l'imaginer la Daniella. La pauvre fille ! elle n'a jamais eu le moindre goût pour la cuisine, tandis que moi, *mossiou*, j'ai le génie du vrai cuisinier, qui consiste à faire de rien quelque chose, et à trouver le moyen de bien nourrir ses maîtres au milieu d'un désert.

Le plat fumant qu'il posait sur la table donnait un tel démenti à mes suppositions que je me trouvai tout honteux. Certes, depuis une heure qu'il était au cœur de ma forteresse, il aurait eu mieux à faire, s'il eût voulu me livrer à mes ennemis, que s'occuper à me préparer un macaroni au parmesan !

Je suis sobre comme un Bédouin; je vivrais de dattes et d'une once de farine, et, depuis huit jours, je me nourris de pain, de viandes froides et de fruits secs, ne voulant pas souffrir que Daniella perde, à me faire des ragoûts et des soupés, le temps qu'elle peut passer à mes côtés. Pourtant la jeunesse a des instincts de voracité toujours prêts à se réveiller, et l'air vif de Mondragone aiguise terriblement l'appétit. Je ne saurais donc affirmer que, malgré mon chagrin, mes agitations et mes dangers, la vue et l'odeur de ce macaroni brûlant me fussent précisément désagréables.

— Mangez, disait Tartaglia, et ne craignez rien.

La Daniella ne mourra pas pour une entorse. Quand je l'ai laissée, elle ne souffrait déjà plus que du chagrin d'être séparée de vous. La première chose qu'elle me demandera quand je la verrai, ce soir, c'est si vous avez consenti à dîner, à ne pas vous désoler et à prendre en patience son mal et votre ennui.

— Ah! mon ennui, qu'importe? Mais son mal! Et ce frère qui la menace! Est-ce vrai, tout ce que tu m'as dit?

— C'est vrai, excellence, vrai comme voilà un bon macaroni; mais les menaces de l'ivrogne Masolino, la Daniella y est habituée et s'en moque. Il a beau se douter de quelque chose, il ne sait rien, il ne peut rien savoir. Et, d'ailleurs, s'il voulait maltraiter la pauvrette, les gens de Villa-Taverna ne le souffriraient pas. Il a beau rôder dans le parc, s'il ne vous rencontre pas, il ne peut rien prouver contre elle.

— Prouver! Elle serait donc impliquée dans mes contrariantes affaires, si l'on supposait qu'elle a des rapports d'amitié avec moi?

— Eh! mais oui, excellence. Vous faites partie d'une société secrète....

— Cela est faux!

— Je le sais bien! mais on le croit, et Daniella, si son frère la dénonçait, comme votre complice, au provincial des dominicains, ou seulement au curé de sa paroisse, comme mauvaise chrétienne, amoureuse d'un hérétique et d'un iconoclaste, pourrait bien tâter aussi de la prison.

— Ah! ciel! je serai prudent, je me soumets! mais ne me trompes-tu pas?

— Et pourquoi vous tromperais-je, vous que je voudrais conserver comme la prunelle de mes yeux pour de meilleures destinées?

Je m'étais assis et me laissais servir par lui, lorsqu'au milieu de ses protestations de dévoûment, j'entendis secouer à ma fenêtre, le petit grelot de la chèvre, dont nous avions fait une espèce de sonnette, Daniella et moi, au moyen d'un système de ficelles qui longent le mur du parterre. — Tiens! m'écriai-je en me relevant, tu es un indigne coquin! Tu as menti, grace au ciel! Voilà la Daniella!

— Eh non, *mossiou!* dit-il en se disposant à aller ouvrir; c'est l'Olivia, ou bien c'est la Mariuccia qui vient vous donner des nouvelles de sa nièce.

J'étais si impatient d'en recevoir de vraies que, sans m'inquiéter davantage de Tartaglia, je m'élançai, je franchis comme une flèche la longueur du parterre et j'ouvris la porte dehors sans aucune précaution. Ce n'était ni Mariuccia ni Olivia, mais bien le frère Cyprien, qui se glissa rapidement par la fente de la porte avant que j'eusse eu le temps de l'ouvrir toute grande, et qui la repoussa derrière lui en me faisant signe de tirer les gros verrous. — Silence, me dit-il à voix basse; j'ai pu être suivi, malgré mes précautions!

Nous avançâmes dans le parterre, et il me parla d'une manière assez embrouillée: c'est sa manière. Ce que je compris clairement, c'est que le jardin était occupé, non pas ostensiblement, mais très certainement par des gens de la police, et que le capucin courait des risques en venant me voir. Allons chez vous, dit-il; je vous parlerai plus librement.

Quand il fut seul avec moi dans le casino, il me confirma le récit de Tartaglia. L'entorse de Daniella n'avait rien d'inquiétant, mais exigeait le plus complet repos. Son frère, installé chez les fermiers de Villa-Taverna, avait l'œil sur la porte

et sur les fenêtres de sa chambre. Je devais renoncer à la voir jusqu'à nouvel ordre. Elle exigeait de nouveau ma parole d'honneur qu'à moins d'être poursuivi jusque dans l'intérieur de Mondragone, je m'y tinsse enfermé et tranquille. — Donnez-moi cette parole, mon cher frère, dit le capucin, car elle est capable de tout risquer et de venir ici en se traînant sur les genoux.

— Je vous la donne, m'écriai-je; mais ne peut-elle m'écrire?

— Elle le voulait, j'ai refusé de me charger de sa lettre. Je pouvais être arrêté et fouillé. C'était nous perdre tous. Voyons, calmez-vous, et causons; mais donnez-moi quelque chose à manger, car c'est l'heure de mon souper, et j'ai une belle trotte à faire pour regagner mon couvent.

Je me hâtai de servir le bonhomme, qui dégusta sa part de macaroni avec un appétit remarquable. Tout agité qu'il était, je vis qu'il prenait grand plaisir à manger, et cela me gênait beaucoup pour obtenir des réponses nettes aux mille questions que je lui adressais. Le pauvre homme n'est peut-être pas gourmand, mais il est affamé. Ce fut bien pis quand Tartaglia, que j'avais oublié, reparut avec un jeune esturgeon cuit au vin, et un plat d'artichauts frits dans la graisse. Il n'y eut plus moyen de tirer du moine un mot de bon sens, et, pendant plus d'une heure, il fallut me résigner à le voir engloutir ces mets, et à manger moi-même pour satisfaire Tartaglia, que je ne pouvais plus regarder comme un ennemi, et dont le dévoûment méritait mieux de moi que des soupçons et des rebuffades.

Ma situation devenait de plus en plus étrange avec ces hôtes nouveaux. Mon chagrin et mon inquiétude se heurtaient aux contrastes d'un appétit de capucin qui profitait d'une rare circonstance pour s'assouvir, et d'une servilité de valet comique dont, en ce moment, l'unique préoccupation était de me prouver ses talens culinaires. Mangez, mangez, excellence, me disait-il; vous aurez du café succulent pour digérer, car la Daniella m'a dit: Surtout, soigne-lui son café; il n'a pas d'autre gourmandise.

Ce détail était si bien dans les habitudes de gâterie féminine de Daniella, que je me rendis tout-à-fait à la sincérité de Tartaglia, attestée d'ailleurs par la confiance et l'espèce d'amitié que le capucin lui témoignait. Il me restait bien une épine dans le cœur, en songeant que cette amitié était réelle et sérieuse chez Daniella, et je me sentais profondément humilié, non pas d'accepter les services de cet homme (je pouvais les payer un jour), mais de le voir immiscé dans les secrets de cœur de Daniella, et comme initié aux mystères de mon bonheur.

Je ne pus me retenir d'en témoigner quelque chose à frère Cyprien. — Vous n'étiez donc pas là quand elle a fait cette chute? lui demandai-je pendant que Tartaglia allait chercher le café. — Eh! vraiment non, dit-il; mais quand même j'y aurais été, ce n'est ni moi ni Olivia ni ma sœur Mariuccia qui aurions pu nous charger de veiller sur vous et de vous empêcher de mourir de faim. Ces deux femmes sont trop surveillées dans ce moment-ci; et, quant à moi, je suis un pauvre homme trop assujetti à la règle de mon ordre. Croyez-moi, Tartaglia est l'ami qu'il vous fallait, et il ne sera jamais arrêté en venant vous voir, lui!

— Ah! ah! et pourquoi cela?

— Je ne sais pas, mais c'est ainsi. Tout le monde le connaît, et il est bien avec tout le monde.

—Même avec la police ?

—Eh ! *chi lo sa !* répondit le moine du même ton que prenait sa sœur Mariuccia quand elle voulait dire : Ne m'en demandez pas davantage. Je ne veux pas le savoir.

Tout en prenant le café, j'essayai de me distraire de mes préoccupations en faisant la conversation avec ce moine. Je fus surpris de sa nullité, et même de sa stupidité. D'après les avertissemens qu'il avait su donner à sa famille à propos de moi, et d'après la visite généreuse qu'il me faisait en ce moment, je devais le croire pénétrant, hardi et actif. Rien de tout cela ! Il est ignorant, timide et paresseux. En outre, il est dépourvu de toute notion, même élémentaire, sur quoi que ce soit au monde, et complétement abruti par la règle de son ordre et par la mendicité. C'est pourtant une bonne et douce créature, qui n'a conservé de facultés aimantes que pour sa sœur et pour sa nièce, et qui, malgré la sincérité de sa dévotion, manquera tant qu'elles voudront à l'esprit de corps monastique pour les servir et les obliger ; mais son ineptie doit rendre son assistance à peu près nulle. Sa cervelle est une tête de pavot percée de trous, par où, depuis longtemps, le vent a fait tomber toute la graine. Il n'a ni ordre dans les idées, ni mémoire, ni lucidité sur aucun sujet. Il sait à peine le nom, l'âge et la profession des êtres avec lesquels il se trouve en relations fréquentes, et, quand par hasard il s'en souvient, il en est si enchanté qu'il répète son dire cinq ou six fois avec une complaisance hébétée. Quant à la nature qui l'environne et dont il vante, à tout propos, la beauté et la fertilité par une phrase banale, stéréotypée, il les voit à travers un crêpe, et ne distinguerait pas, j'en réponds, un chardon d'avec une rose. Rien de particulier ne frappe cette organisation émoussée, très inférieure à celle du paysan le plus fiévreux et le plus indolent de la campagne de Rome. En fait de religion, il est impossible de savoir s'il a la notion de Dieu, à quelque degré que ce soit. Il parle chapelle, reliques, cierges, offices et chapelet ; mais je ne crois pas qu'au dessus du matériel du culte, il ait une idée, un sentiment religieux quelconques.

Quant à la société religieuse et politique de son pays, ce sont lettres closes pour lui. Il confond dans la même soumission béate et souriante tout ce qu'il peut avoir de respect et de foi pour le pape de 1848 et pour le pape d'aujourd'hui ; et non-seulement il approuve et bénit le pape passant d'un système au système opposé, mais encore il admire et bénit, parmi les princes de l'Eglise, les plus ardens ennemis de tout système émanant du pape. Pourvu qu'on soit cardinal, évêque, ou seulement *abbate*, on est un personnage nimbé, qui l'éblouit et le subjugue. Bref, on ne peut rien tirer de lui, et Dieu sait bien que je ne voulais en tirer autre chose que des renseignemens à mon usage sur ma situation personnelle ; mais cela même fut impossible ; tout aboutissait à cet éternel *Chi lo sa?* qui est arrivé à me porter sur les nerfs. Mes questions l'effrayaient ; il ne les comprenait même pas. Il ne savait pas si le cardinal avait agi réellement ; il ne savait pas si mon affaire était poursuivie au civil ou au religieux, si j'avais affaire au *Giudice processante*, juge d'instruction du procès, ou à l'*inquisiteur de droit*, président du tribunal ecclésiastique, ou enfin au Saint-Office proprement dit ; car ces trois juridictions fonctionnent tour à tour et peut-être simultanément dans les poursuites politiques, ci-

viles et religieuses. Or, dans ce pays-ci, l'accusation portée contre moi peut être envisagée sous ces trois faces.

Quand je vis que mes questions étaient superflues, j'engageai Tartaglia à reconduire le capucin à son couvent ; mais celui-ci, pris de terreur, refusa de sortir avant deux heures du matin. — A l'heure qu'il est, dit-il (il était dix heures), mon couvent est fermé et il ne sera rouvert que lorsqu'on sonnera matines. Ne vous inquiétez pas de moi ; je m'éveillerai de moi-même à ce moment-là ; je vais m'étendre sur votre lit et faire un somme.

Cette proposition me révolta, car le bonhomme est d'une malpropreté classique. Tartaglia m'en préserva en lui disant qu'il ne fallait pas risquer d'être surpris dans ma chambre, et il l'emmena coucher dans le cellier à la paille, où, en cas d'événement, il pourrait se tenir coi et n'être pas découvert.

XXXII.

Mondragone, 20 avril (Suite).

Comme il m'eût été impossible de dormir, j'enlevai le souper, je donnai de l'air à ma chambre, puis je m'enfermai et rallumai la bougie afin de tromper l'inquiétude et la tristesse en reprenant ce journal. Mais je n'avais pas écrit une ligne que l'on frappa de nouveau à ma porte. Un pareil incident m'eût bouleversé hier, lorsque je me sentais seul au monde avec Daniélla. Aujourd'hui que je ne l'attends plus et que toutes mes précautions pour conjurer le destin seraient à peu près inutiles, je me sens préparé à tout et déjà habitué à cette vie d'éventualités plus ou moins sérieuses.

Je répondis donc : Entrez ! sans me déranger.

C'était encore Tartaglia. — Tout va bien *mossiou !* me dit-il. Le capucin ronfle déjà dans la paille, et tout est tranquille au dehors. Je vais vous souhaiter *una felicissima notte*, et faire moi-même un somme. Je sortirai avec *fra Cipriano* à l'heure de matines, et pourrai revenir avant le jour avec vos provisions de bouche pour la journée. C'est le moment où les plus éveillés se sentent fatigués, et où l'on peut espérer de tromper la surveillance.

—Tu crois donc que, réellement, les jardins sont occupés par la police ? Le moine n'a pas rêvé cela ?

—Il n'a pas rêvé, ni moi non plus. Rien n'est plus certain.

—Avoue-moi que tu en es toi-même, de la police ?

—Je ne l'avoue pas, cela n'est pas ; mais si cela était, vous devriez en remercier le ciel !

—Tu pourrais donc en être et ne pas vouloir me livrer ?

—On peut tout ce qu'on veut, *amico mio*, et quand on est à même de servir plusieurs maîtres, c'est le cœur et la conscience qui choisissent celui qu'on doit protéger contre les autres. Ah ! mossiou ! cela vous semble malhonnête et vous riez de tout ! Mais vous n'êtes pas Italien, vous ne savez pas ce que vaut un Italien ! Vous êtes d'un pays où toutes choses sont réglées par une espèce de droit apparent qui enchaîne la liberté du cœur et de l'esprit. Chacun pense à soi, chez vous autres, et chacun se sent ou se croit en sûreté chez lui. C'est cela qui vous rend égoïstes et froids. Ici, où nous avons l'air d'être esclaves, nous travaillons en-dessous de la légalité, et nous faisons ce que nous voulons pour nous et pour nos amis. L'obligation de se cacher de ce qui est bien comme de ce qui est mal fait pousser des vertus que vous apprécierez plus tard : le dévouement et la discrétion. Vous devriez croire en moi, qui vous ai déjà rendu de grands services et qui vous en rendrai encore.

— Il est vrai que tu m'as fait traverser à cheval la campagne de Rome pour venir ici...

— Le dimanche de Pâques? En cela, j'ai eu tort. J'aurais dû inventer quelque chose de mieux et vous empêcher de quitter Rome! Mais j'ai de la faiblesse pour vous, et je vous gâte comme un père gâte son enfant!

— Alors, mon tendre père, quels sont, en dehors de ta présence ici en ce moment et du très bon dîner que tu m'as servi, les autres bienfaits dont j'ai à te récompenser?

— Nous parlerons de récompense plus tard. Pour le moment, sachez que tous les avertissemens et renseignemens que la Daniella et la Mariuccia ont reçus à temps pour vous faire cacher, et pour soustraire vos effets aux recherches, viennent de moi, qui suis un homme de tête, et non de ce capucin, qui est une huître au soleil.

— De toi?. J'aurais dû m'en douter! Mais pourquoi m'a-t-on dit les tenir du capucin?

— C'est la Daniella qui vous a dit ça? Je comprends! Elle sait que vous vous méfiez de moi. Heureusement, elle n'est pas comme vous; elle m'estime, elle sait qui je suis... sous tous les rapports! Car si, dans le temps, j'avais voulu abuser de son innocence... mais je ne l'ai pas voulu, *mossiou!*

Il s'arrêta, voyant qu'il rouvrait ma blessure, et que, lié par la reconnaissance qu'il me fallait lui devoir, je résistais avec peine à l'envie de le jeter à la porte. Je crois que le drôle sait le défaut de la cuirasse et qu'il se venge ainsi, par le menu, du peu de cas que je fais de lui. Mais il est poltron en face de moi, et le moindre froncement de sourcil coupe court à ses velléités de représailles.

Il détourna la conversation en essayant de me parler de Médora.

— On dit à Rome, reprit-il, qu'elle est allée à Florence pour épouser son cousin; mais je sais qu'il n'y a rien de vrai. Elle ne l'aime pas.

— Comment sais-tu cela, maintenant que la Daniella n'est plus auprès d'elle pour te révéler ses pensées?

— Eh! mon Dieu! je le sais par mylord B***, qui croit être bien réservé, et à qui je fais dire tout ce que je veux... après dîner.

— Et comment sais-tu ce qui me concerne dans l'affaire de l'image de la madone?

— Vous allez me dire encore que je suis dans la police? Cela n'est pas! Mais on a des amis partout. Je sais tout ce qui vous concerne, et bien plus de choses que je ne vous en dis.

— Il faudrait cependant, il tu as tant de zèle pour moi, me mettre à même de lutter contre mes ennemis?

— Cela viendra en temps et lieu; rien ne presse. Mais vous êtes fatigué, mossiou! Comme on ne sait jamais ce qui peut arriver, vous feriez bien de dormir un peu et de vous tenir en force et santé devant les événemens.

J'étais fatigué, en effet. La brusque transition de ma belle vie de roman et d'amour à ce nouvel état de choses déplaisantes, m'avait accablé comme si je fusse tombé matériellement au fond d'un abîme.

— Voulez-vous que j'emporte la clé de votre chambre? dit Tartaglia d'un ton léger, en me souhaitant le bonsoir.

La question était grave : il pouvait s'être chargé de me faire empoigner sans bruit, et de manière à laisser croire à mon protecteur que je m'étais rendu de bonne grâce, par ennui de la solitude. Jusque-là, il m'avait vu disposé à vendre ma liberté le plus cher possible. S'il me trahissait, il devait vouloir me surprendre endormi.

Mais, comme je vous l'ai dit, j'étais déjà las de me méfier et de me préserver d'événémens que je n'ai pu promettre à Daniella d'éviter; et d'ailleurs, si je devais être vendu par Tartaglia, je trouvais une sorte de plaisir amer à pouvoir dire un jour à ma maîtresse imprudente : Voilà l'effet de votre amitié pour ce coquin. Si, au contraire, le coquin était loyal envers moi, je lui devais réparation formelle de mes injustices.

— Prends la clé, lui dis-je, et bonne nuit!

Il me parut enchanté de cette réponse. Ses yeux de Scapin brillèrent, soit d'une joie de chat qui happe sa proie, soit de reconnaissance pour mon bon procédé.

— Dormez en paix, excellence, me dit-il, et sachez que personne au monde ne viendra vous troubler! Il y a défense absolue d'entrer ici, où l'on sait que vous êtes et où vous voyez qu'on vous laisse tranquille.

— On le sait donc positivement? Tu ne me l'avais pas dit!

— On le sait positivement, excellence! et on espère que vous ferez une tentative d'évasion, ce qui serait une imprudence et une folie. On croit que vous serez chassé du gîte par la faim; mais ils ont compté sans Tartaglia, ces bons messieurs!

Il prit mes habits et se mit à les brosser dans l'antichambre. J'étais si fatigué que je m'endormis à demi, au bruit de sa vergette.

Je m'éveillai au bout d'une heure, et je vis mon drôle assis devant mon feu, occupé à lire tranquillement, en se chauffant les pieds, l'album qui contient ce récit depuis le jour de Pâques. (Vous avez dû recevoir tout ce qui précède; je vous l'ai envoyé de Rome, ce jour-là, par Brumières, qui a un ami à l'ambassade française.)

En voyant ce coquin feuilleter mon journal et s'arrêter sur quelques pages qui semblaient l'intéresser, je fus sur le point de me lever pour lui administrer à l'improviste une grêle de soufflets; mais cette réflexion me retint : S'il est, comme je n'en peux guère douter, de la police, il va se convaincre que je n'ai pas la plus petite préoccupation ni affiliation politique, et mon principal moyen de salut est dans ses mains. Laissons-le se convaincre de mon inoffensivité.

Il y avait, d'ailleurs, dans la tranquillité de sa lecture, quelque chose qui me rassurait sur ses projets immédiats : il n'avait nullement l'air et l'attitude d'un homme qui se dispose à un coup de main. Tout-à-coup, il fut pris d'un fou rire qu'il contint pendant quelques instans en se tenant le ventre, et qui finit par éclater. C'était un motif suffisant pour m'éveiller ostensiblement. Je me soulevai sur mon lit et le regardai en face. Le rire se figea sur sa figure burlesque. Ce fut une scène muette comme dans les pantomimes italiennes.

Son premier mouvement avait été de cacher l'album; mais, voyant qu'il était trop tard, il prit

bravement son parti. — Mon Dieu, mossiou, s'é-
cria-t-il, que c'est donc joli et amusant de se
voir raconté comme ça jour par jour et mot pour
mot! Je vous demande bien pardon si j'ai été indiscret; mais j'aime tant les arts, qu'en voyant
là votre album, je n'ai pas pu résister à l'envie de l'ouvrir; je croyais y trouver des dessins,
des vues du pays; et pas du tout, le nom de Tartaglia m'est sauté aux yeux. Ça m'est égal, mossiou, d'être là dedans trait pour trait; Tartaglia
n'est pas mon vrai nom, pas plus que Benvenuto,
et ça ne peut pas me compromettre. Et puis, vous
avez tant d'esprit et vous dites si bien les choses,
que je suis content de me les rappeler comme ça
en détail, telles qu'elles se sont passées. Oui,
voilà notre promenade de nuit sur les chevaux de
la Médora, et toutes mes paroles, comme je vous
les disais, sur les brigands, sur l'illumination de
Saint-Pierre et sur la manière habile dont je vous
ai forcé à vous servir de ces chevaux dérobés
par moi pour la circonstance. Avouez, mossiou,
que vous avez beau vous méfier de moi, vous êtes
content de reconnaître que je ne suis pas un en-
gourdi ni un imbécile?

— Comme tu es charmé de mon opinion sur
ton compte, tout est pour le mieux, et nous sommes satisfaits l'un de l'autre, n'est-il pas vrai?

— Excellence, je vous l'ai dit, s'écria-t-il avec
conviction en se levant, et je ne m'en dédis pas,
je vous aime! Vous me traitez de canaille et de
gredin en écrits et en paroles; mais, avec la certitude d'avoir un jour votre amitié comme vous
avez la mienne, je prends tous ces mots-là pour
des facéties qu'on peut se permettre entre amis.

— A la bonne heure! ami de mon cœur. A présent, tu es bien sûr que je ne conspire pas contre
le pape, et tu voudras bien ne plus toucher à ce
que j'écris, à moins qu'il ne te plaise recevoir...

— Bah! vous menacez toujours et ne frappez
jamais. Vous êtes bon, excellence, et jamais vous
ne maltraiterez un pauvre homme qui n'aime pas
les querelles et qui vous est attaché. Pour moi,
je ne me repens pas d'avoir lu tout ce qui vous
est arrivé dans ce pays, et surtout l'histoire étonnante de ce maudit petit carré de ferblanc que
l'on a trouvé dans votre chambre à Piccolomini.
C'était là une chose qui me tourmentait bien.
Comment diable, me disais-je, a-t-il pu se procurer cette chose-là? Et quand on l'a reçue,
comment est-on assez étourdi pour la laisser
traîner?

— C'est donc bien précieux?

— Non, mais c'est dangereux.

— Qu'est-ce que c'est?

— Un signe de ralliement; vous l'avez bien deviné, puisque vous l'avez écrit.

— Un ralliement politique?

— Eh! chi lo sà?

— Qui le sait? Toi!

— Et pas vous, je le vois bien! Allons, vous
pensez que c'est un agent provocateur qui vous
a fait prendre cela; moi je dis que c'est un ennemi personnel.

— Qui? Masolino?

— Non, il n'a pas assez d'invention pour ça; et
d'ailleurs, pour oser revêtir un habit de dominicain, il faut être plus protégé qu'il ne l'est; c'est
un ivrogne qui ne fera jamais son chemin. Avez-
vous vu la figure de ce faux moine?

— Oui, si c'est le même que j'avais remarqué à
Tusculum; mais je n'en suis pas certain.

— Et celui qui vient rôder par ici depuis quelques jours?

— C'est celui de Tusculum, j'en suis presque
sûr.

— Et vous reconnaîtriez sa figure?

— Oui, je crois pouvoir l'affirmer.

— Faites-y bien attention si vous l'apercevez
encore, et méfiez-vous! Est-ce qu'il est grand?

— Assez.

— Et gros?

— Aussi.

— Ah! s'il est gros, ce n'est pas lui.

— Qui, lui?

— Celui que je m'imaginais; mais nous verrons
bien; il faudra que je découvre ce qui en est.
Allons, dormez, excellence. Tartaglia veille.

Il sortit en prenant la clé, et je me rendormis.

Je m'éveillai, comme d'habitude, à cinq heures.
Un instant, je cherchai ma compagne à mes côtés. J'étais seul, je me souvins. Je soupirai amè-
rement.

Je m'habillai, et donnai, de ma terrasse, un
coup d'œil aux environs. Aussi loin que ma vue
pouvait s'étendre, je ne vis pas une âme. J'entendis seulement quelques bruits lointains du départ
pour le travail des champs. Tartaglia vint à six
heures m'apporter des côtelettes et des œufs
frais. Il avait un air soucieux qui m'effraya.

— Daniella est plus malade! m'écriai-je.

— Non, au contraire, elle va mieux. Voilà une
lettre d'elle.

Je la lui arrachai des mains. « Aie confiance et
patience, me disait-elle. Je te reverrai, j'espère,
dans peu de jours, malgré les obstacles. Ne sors
pas de Mondragone et ne te montre pas. Espère,
et attends celle qui t'aime. »

Elle me prescrit de ne pas me montrer, dis-je à
Tartaglia, et tu m'assurais pourtant que l'on me
sait ici?

— Ah! mossiou! répondit-il avec un geste d'impatience, je ne sais plus rien. Ne vous montrez
pas, ce sera toujours plus prudent; mais il se
passe des choses que je ne peux plus m'expliquer... Aussi, je me disais: Pourquoi se
donner tant de soins pour s'emparer de ce pauvre petit artiste qui ne peut point passer pour
bien dangereux? Il faut qu'il serve de prétexte à
autre chose... et il y a autre chose, mossiou, ou
bien l'on s'imagine qu'il y a autre chose.

— Explique-toi!

— Non! vous n'avez pas de confiance en moi.

— Si fait! j'ai confiance en toi aujourd'hui; j'ai
été à ta merci toute cette nuit, j'ai dormi tranquillement; je suis persuadé que tu ne veux me
faire arrêter ni dedans ni dehors; parle!

— Eh bien! mossiou, dites-moi: Etes-vous
seul, ici?

— Comment? si je suis seul à Mondragone? Tu
en doutes?

— Oui, mossiou!

— Eh bien! répondis-je, frappé de la même
idée, si tu m'avais dit cela, le premier jour de mon
installation, j'aurais été de ton avis. Ce jour-là et
la nuit suivante, j'ai pensé que nous étions deux
ou plusieurs dans ces ruines; mais voici
le huitième jour que j'y passe, et, depuis ce
temps, je suis bien certain d'être seul.

— Eh! eh! voilà déjà quelque chose. Quelqu'un de plus important et de plus dangereux
que vous a passé par ici; on le sait, on croit qu'il
y est encore, et si on vous surveille, c'est par
dessus le marché, ou parce que l'on vous suppose
affilié à cette personne ou à ces personnes... car
vous dites que vous étiez peut-être plusieurs?

— Oh! cela, je le dis au hasard, et je peux

fort bien te raconter ce qui m'est arrivé. J'ai cru entendre marcher dans le *pianto*.

— Qu'est-ce que c'est que le *pianto*, mossiou?
— Le petit cloître...
— Je sais, je sais! Vous avez entendu...
— On cru entendre le pas d'un homme.
— D'un seul?
— D'un seul.
— Et après?
— Après? Pendant la nuit, j'ai entendu, oh! mais cela très distinctement, jouer du piano.
— Du piano? dans cette masure? Ne rêviez-vous pas, mossiou?
— J'étais debout et bien éveillé.
— Et la Daniella, l'a-t-elle entendu aussi?
— Parfaitement. Elle supposait que cela venait des Camaldules, et que c'était l'orgue, dont le son était dénaturé par l'éloignement.
— Ce ne pouvait pas être autre chose. Donc, mossiou, vous ne savez rien de plus?
— Rien. Et toi?.
— Moi, je saurai! Dites-moi encore, mossiou, avez-vous été partout dans cette grande carcasse de château?
— Partout où l'on peut aller.
— Jusque dans les caves sous le *terrazzone*?
— Jusque dans la partie de ces caves qui n'est pas murée.
— Il y a grand danger à y aller, à ce qu'on dit?
— Oui, à y aller sans lumière et sans précautions.
— Mais il n'y a pas de précaution et pas de chandelle qui empêcheraient cette grande terrasse de crouler, et elle ne tient à rien.
— Qui t'a dit cela?
— Felipone, le fermier de la laiterie des Cyprès.
— Il est vrai que sa femme empêche les enfans de venir jouer dessus; mais cette crainte me paraît une rêverie. Un pareil massif, assis sur un pareil roc, est à l'abri du temps.
— Mais non pas des tremblemens de terre, et ils ne sont pas rares ici. On dit que des voûtes immenses se sont écroulées, et qu'un beau jour le *Terrazzone* se crèvera tout au moins, s'il ne dégringole pas tout à fait. Il y a, sur cette terrasse, des endroits où l'eau séjourne, où il pousse du jonc, et où l'on enfonce comme dans un marécage. C'est pour cela que l'on a muré l'entrée du *cucinone* (la grande cuisine), dont les colonnes à girouettes étaient les cheminées, et qui était elle-même, à ce qu'on m'a dit, une des plus belles choses qu'il y ait dans le pays. Du temps que j'étais ânier et guide à Frascati, j'ai essayé deux ou trois fois d'y pénétrer. Découvrir une entrée praticable, ç'eut été une bonne affaire. J'en aurais sollicité le monopole auprès de l'intendant de la princesse, et j'y aurais conduit les voyageurs; mais impossible, *mossiou!* Sitôt que l'on donne seulement un coup de pioche dans ces vieux murs souterrains, on entend des bruits, des éboulemens et des craquemens sourds qui font dresser les cheveux sur la tête. C'est au point que les gens du pays croient qu'il y a quelque diablerie là-dedans, et que les enfans disent que c'est le logis de la *befana*.
— Qu'est-ce que c'est que la *befana*?
— Une chose dont on a peur et qu'on ne voit jamais; un esprit-bête qui fait le bien et le mal.
— Le nom me plaît. Nous appellerons cet endroit-là la *befana*.
— Je veux bien, *mossiou*, mais je n'y crois pas.
— Et tu ne crois pas non plus qu'il puisse y avoir quelqu'un de caché dans ce logis de la *befana?*

— Non, certes, mossiou! mais la cave qui est sous le petit cloître que vous appelez le *pianto?*
— Je m'en suis inquiété, car j'aurais voulu découvrir une sortie souterraine en cas d'envahissement; mais cela me paraît également fermé par les éboulemens; et d'ailleurs il y a des grilles massives aux soupiraux.
— Je le sais! J'ai voulu limer ça dans le temps, dans l'idée de retrouver l'entrée des cuisines; mais la peur m'a pris, parce que cette grille soutenait une partie lézardée dont la fente s'agrandissait à vue d'œil, à mesure que je travaillais. Si vous aviez bien regardé, vous auriez vu une barre de fer qui est déjà bien entamée; et avec ça, *mossiou*, ajouta-t-il en me montrant une lime anglaise très fine, avec ce petit instrument qu'un homme de bon sens doit toujours avoir sur lui à tout événement, on pourrait continuer, si on était sûr de ne pas se faire écraser par la galerie du cloître!
— Pourquoi faire? Espères-tu que, par là, nous trouverions une issue?
— *Chi lo sà!*
— Mais puisqu'en restant ici, je ne peux pas être pris! Puisque j'ai juré à la Daniella de ne pas bouger!
— Vous avez raison, mossiou, quant à vous; mais, quant à moi, si je trouvais le secret du château, j'en tirerais quelque chose sous à l'occasion. Un jour que j'aurai le temps... et le courage! je veux essayer encore!

J'avais fini de déjeûner. Je laissai Tartaglia déjeûner à son tour, et je me rendis à mon atelier, où je viens de vous écrire ce chapitre, et où je vais essayer de travailler pour dissiper ma mélancolie.

XXXII (*Suite.*)

5 heures.— Je reprends pour vous dire que, pendant que j'étais à peindre, j'ai entendu frapper violemment, à plusieurs reprises, à la porte de la grande cour. Tartaglia, tout effaré, est venu à moi, en me disant : Cachez-vous quelque part, *mossiou*, on enfonce les portes!
— Non, lui dis-je, c'est Olivia qui est forcée d'amener quelque voyageur pour ne pas éveiller les soupçons, et qui m'avertit par un signal convenu.

Je ne me trompais pas. A peine m'étais-je réfugié dans le *casino*, que je vis, par la fente de la porte de ma terrasse, Olivia passer sous le portique-vignole et regarder de mon côté avec inquiétude. Quand elle se fut assurée que mon sanctuaire était bien fermé, elle alla rejoindre ses voyageurs, qu'elle sut tenir à quelque distance. C'étaient des bourgeois marseillais qui décrétèrent, à voix haute et retentissante, que cette ruine était *horrible* et *dégoûtante*, et qui, effrayés de voir courir autour d'eux ces petits serpens dont je vous ai parlé, parurent peu disposés à explorer l'intérieur du palais. Mais ils étaient escortés d'un grand homme sec, vêtu, en revanche, d'un habit noir très gras, qui éveilla l'attention de Tartaglia.
— Voyez celui-ci, mossiou, me dit-il dans l'oreille. Il n'est pas de cette compagnie; il fait le *cicerone*, mais ce n'est pas son état, et il trompe Olivia qui ne le connaît pas. Je le connais, moi;

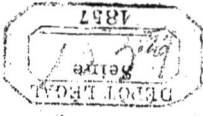

regardez-le bien : l'avez-vous vu quelque part ? — Oui, certainement ; mais où ? Je ne saurais le dire.

— Est-ce lui qui vous a remis l'amulette ?

— Peut-être. Il est de la taille du moine que j'ai vu ce soir-là ; mais il faisait nuit.

— Est-ce le moine de Tusculum ?

— Non ! à coup sûr. Le moine de Tusculum était gras et beau ; celui-ci est maigre et laid.

— Et le moine de la terrasse aux girouettes ?

— C'était celui de Tusculum, et non celui-ci.

— Mais, enfin, où avez-vous vu celui que vous voyez maintenant ? Cherchez bien !

— Attends ! j'y suis !

J'y étais, en effet : c'est le bandit que j'ai assommé sur la via Aurelia.

— Regarde bien, dis-je à Tartaglia, s'il a au front une cicatrice.

— Et une belle ! répondit mon rusé compagnon, qui me comprit sans autre explication. C'est bien lui ! Alors, ça va mal, mossiou ! C'est *vendetta* ! Et *vendetta* romaine est pire que *vendetta* corse !...

XXXIII.

Mondragone, le ...

Toujours à Mondragone ! Mais je ne date pas l'*en-tête* de ce chapitre, ne sachant si je vous écrirai, en ce moment, une ligne ou un volume. Je vais reprendre mon récit où je l'ai laissé.

Le bandit fit plusieurs tentatives pour quitter la compagnie qu'il escortait et pour se glisser dans l'intérieur ; mais Olivia, qui s'était fait accompagner de son fils aîné et qui, apparemment, avait conçu quelque soupçon, ne le perdit pas de vue et l'obligea de sortir, au bout de quelques instans, avec la famille marseillaise à laquelle il s'était donné pour guide. Elle referma les portes à grand bruit pour m'avertir que le danger était passé, et Tartaglia me servit mon dîner comme si de rien n'était.

— Tu penses donc, lui dis-je, que cet honnête personnage est de la police ?

— J'en suis sûr, mossiou. Vous allez dire que j'en suis aussi ; mais cela n'est pas. Je sais que celui-ci en est, parce que c'est lui le témoin qui a déposé pour Masolino, affirmant qu'il vous avait vu souiller et profaner l'image de la madone, et parce que son témoignage a été admis tout de suite, sur quelques mots échangés entre lui et le commissaire.

— Tu étais donc là, toi, que tu sais comment les choses se sont passées ?

Tartaglia se mordit les lèvres, et reprit :

— Eh bien, quand j'y aurais été ! Que savez-vous si l'on ne m'a pas appelé, comme citoyen honorable, pour donner des renseignemens sur votre compte ?

— Et qu'as-tu dit de moi ?

— Que vous étiez un jeune homme incapable de conspirer, un artiste un peu sot, un peu fou, un peu bête.

— Merci !

— C'était le moyen de détourner les soupçons, et vous voyez que je ne me conduisais guère en mouchard, puisque en sortant de cet interrogatoire, j'ai couru avertir la Mariuccia de vous faire cacher. Vous vous demandiez comment je vous savais ici ; je devais le savoir, puisque l'idée était de moi.

Cette explication me fit du bien. Elle justifiait Daniella de l'excès de confiance que je me sentais porté à lui reprocher. Tartaglia avait provoqué cette confiance par son zèle, et, du reste, il la justifiait pleinement désormais à mes yeux.

— Ah ça, lui dis-je, touché de son assistance, ne cours-tu aucun danger à te dévouer ainsi à moi ?

— Eh ! mossiou ! répondit-il, il y a du danger à faire le bien, il y en a à faire le mal, il y en a encore à ne faire ni bien ni mal. Donc, celui qui pense au danger perd son temps et sa prévoyance. Il faut faire, en ce monde, ce que l'on veut faire. Je ne me donne pas à vous pour brave devant la gueule d'une carabine, non ! mais devant une intrigue, si épineuse qu'elle soit, vous ne me verrez jamais reculer. Là où l'esprit sert à quelque chose, je ne crains rien ; je ne crains que les forces brutales, comme la mer ou le canon, les balles ou la foudre, toutes choses qui ne raisonnent pas et n'écoutent rien.

Comme il en était là, le grelot se fit entendre. Je courus à la porte du parterre. C'était le capucin qui m'apportait des nouvelles de sa nièce. Elle continuait à me recommander la patience. En outre, Olivia me faisait dire qu'un des plus grands dangers était passé. En quoi consistait ce danger ? C'est ce que le bonhomme ne sut pas me dire ; mais Tartaglia fut, comme moi, d'avis qu'il s'agissait de la visite de *Campani*, c'est le nom qu'il donne à mon bandit de la via Aurélia.

Le capucin nous avait suivis jusqu'au Casino, et je vis avec déplaisir qu'il se disposait à s'y installer comme la veille. Il avait trouvé le souper bon, et, sans raisonnement ni préméditation de gourmandise, il y revenait, poussé par l'instinct, comme un chien qui flaire une cuisine. Or, je ne connais pas d'être plus ennuyeux que ce bonhomme avec ses trois ou quatre phrases banales, ses redites stupides et son sourire hébété. Bourre-lui sa besace, dis-je à Tartaglia en français, et trouve moyen de m'en délivrer tout de suite.

— Ça n'est pas difficile, répondit le Frontin de Mondragone ; et même sans nous dégarnir de nos vivres, dont nous avons plus besoin que lui. — Mon cher frère, dit-il au capucin, il ne faut pas rester ici. J'ai appris qu'on allait poser des sentinelles à sept heures, c'est-à-dire dans dix minutes.

— Des sentinelles ! dit le moine effaré.

— Oui, pour nous prendre par famine, et si vous ne voulez pas partager notre sort...

— Tais-toi donc, lui dis-je à l'oreille, il va effrayer Daniella en lui portant cette fausse nouvelle. Mais le capucin était déjà en fuite, et il nous fallut courir après lui pour lui ouvrir la porte du parterre. Alors seulement Tartaglia se disposa à le détromper, mais il n'en eut pas le temps. Au reflet de la lune qui argentait la base des murailles, nous vîmes briller deux baïonnettes qui se croisèrent devant le capucin, et une voix forte prononça en italien : On ne passe pas.

La facétie de Tartaglia se trouvait une réalité. Nous étions bloqués à Mondragone.

Fra Cyprien recula avec tant d'effroi et de précipitation qu'il alla tomber dans les bras de la bacchante couchée parmi les orties.

— Diantre ! me dit Tartaglia en refermant la porte avec plus de présence d'esprit, mais non avec moins de frayeur ; les carabiniers ! voilà du nouveau ! Mais, ajouta-t-il après un moment de

7

réflexion, ceci ne me regarde pas ; c'est impossible, ou bien ce n'est que provisoire. Restons tranquilles jusqu'à demain.

— Non, repris-je, sachons tout de suite à quoi nous en tenir. Ouvre le guichet et demande passage pour le capucin. Je vais m'effacer pour qu'on ne me voie pas.

— Au fait, pourquoi pas? répondit Tartaglia. Les agens de police m'ont vu entrer ce matin. Ils me connaissent, ils ne m'ont rien dit Voyons, essayons!

Il ouvrit le guichet et présenta sa réclamation. Un sous-officier de carabiniers s'approcha, et le dialogue suivant s'établit entre eux :

— Ah! c'est vous? dit la voix du dehors.

— C'est moi, ami, répondit courtoisement Tartaglia ; je vous salue.

— Vous demandez à sortir?

— Pour un pauvre frère quêteur qui, me voyant ici, m'a demandé l'aumône. Je lui ai ouvert parce que....

— Epargnez-nous les mensonges. Ce frère quêteur est là, qu'il y reste.

— C'est impossible?

— C'est la consigne.

— Elle ne me concerne pas, je suppose, moi qui suis venu ici pour tendre des lacets aux lapins.... Vous savez qu'il y en a beaucoup dans ces ruines...

— Lapin vous-même; c'est assez, taisez-vous.

— Mais... ami... songez à qui vous parlez ; c'est moi!.... c'est moi qui...

— C'est vous qui trahissez. Attention, vous autres! apprêtez armes !

— Quoi donc? vous prétendez... Laissez-moi vous parler bas. Approchez !...

— Je n'approcherai pas. Je veux bien vous dire la consigne. Personne n'entrera ici, personne n'en sortira, d'ici à quinze jours... et plus!

— J'entends, s'écria Tartaglia effaré : Cristo! vous n'êtes pas des chrétiens! Vous voulez nous faire mourir de faim?

— Vous avez porté des vivres, ce matin ; il fallait en porter davantage : Tant pis pour vous !

— Mais...

— Mais c'est assez. Fermez votre guichet, ou je commande le feu sur cette porte. Carabiniers ! en joue!

Tartaglia n'attendit pas que l'on commandât le feu, il ferma précipitamment le guichet.

— Ça va mal, ça va bien mal, mossiou! me dit-il quand nous eûmes ramené au Casino le capucin éperdu. Je n'aurais pas cru qu'on en viendrait là. Avec les gens de la police... (il y a là dedans tant d'espèces d'originaux!) nous serions tirés ; mais ces démons de carabiniers n'entendent à rien et ne connaissent que leur damnée consigne. Santo Dio! que faire pour leur persuader de laisser sortir ce moine et de me permettre d'aller aux vivres demain matin?

— Tu as pu regarder dehors : Sont-ils beaucoup?

— Environ une douzaine, campés dans le gros massif de fortification antique qui est en dehors, juste en face de la grande porte de la cour. Il y a là de grandes voûtes où ils ont établi leur poste. J'ai vu les chevaux. De là, ils surveillent à bout portant, pour ainsi dire, les deux portes.

— Attends, lui dis-je : laissons le capucin ici se remettre, et allons faire une ronde.

— A quoi bon, mossiou? J'ai tout exploré et vous aussi. Vous savez très bien que sur la face nord tout est muré. D'ailleurs, tenez, ajouta-t-il en sortant avec précaution sur la petite terrasse du Casino, voyez! ils sont là aussi. Ils allument même un feu de bivouac pour passer la nuit!

En effet, douze autres carabiniers occupaient la grande terrasse au dessous de celle où nous étions ; nous fîmes l'exploration de tous les côtés du château, par où une descente, au moyen de la corde à nœuds, nous eût été tant soit peu possible. Tout était gardé. Nous comptâmes cinquante hommes autour de notre citadelle. C'était plus qu'il n'en fallait pour nous bloquer. La grille de l'esplanade, dont, au reste, nous n'avons pas les clés (cela est du domaine de Félipone), et qui se trouve très voisine des portes du parterre et de la grande cour, était gardée aussi ; précaution assez inutile, puisque nous ne pouvons pas aller sur l'esplanade dite le terrazzone.

— Ah! mossiou! s'écria Tartaglia, en rentrant de nouveau dans le Casino avec moi, nous sommes pris! Il est évident que l'on respectera notre asile, en épargnant à la lettre la défense du cardinal de franchir les portes du château ; car il n'est pas besoin de cinquante hommes pour faire sauter les gonds ou pour mettre le feu aux battans ; mais on nous fera dessécher ici tout doucement, ou bien on tirera sur nous au premier mouvement que nous ferons pour sortir. N'avancez pas comme ça la tête au-dessus des balustres, mossiou! ils sont capables de vous envoyer des balles, sous prétexte que vous avez la tête estramuros.

Le pauvre Tartaglia était démoralisé; d'autant plus que, pendant notre ronde, le capucin, pour se remettre de son épouvante, avait avalé les restes copieux de mon souper! — Ogni santi! (Par tous les saints!), s'écria Tartaglia, en lui arrachant le plat des mains, nous avons là un joli convive! J'ai beau être un cuisinier de génie et un homme de ressources, que ferons-nous, mossiou, de ce capucin qui mange comme six, de cet estomac d'autriche (Tartaglia voulait sans doute dire autruche), de cette sangsue qui sera capable de nous sucer vivans pendant notre sommeil? Va-t-en au diable, capucino! ajouta-t-il en italien. Je ne me charge pas de toi. Tu t'arrangeras pour faire cuire à ton usage les herbes de la cour. C'est bien bon pour un homme dont l'état est de se mortifier ; mais si tu touches à nos vivres, tiens, vois-tu, je te mets à la broche, quelque osseux et peu appétissant que tu sois.

Le pauvre capucin tomba sur ses genoux en demandant grâce; il pleurait comme un enfant.

— Rassurez-vous, frère Cyprien, lui dis-je, et rassure-toi aussi, Tartaglia. La position n'est pas si mauvaise qu'elle vous semble. Avant tout, sachez que le jour où nous manquerons de vivres, et où toute tentative d'évasion sera reconnue impossible, je ne vous laisserai pas souffrir inutilement une heure de plus. J'irai me livrer, en franchissant le seuil de la porte, et vous serez immédiatement délivrés.

— Je ne le souffrirai pas, mossiou! s'écria Tartaglia avec une emphase héroïque ; nous tiendrons ici jusqu'à ce qu'il nous reste un chardon à mettre sous la dent et un souffle de vie dans les mâchoires.

— Bon, bon! merci, mon pauvre garçon; mais ceci me regarde. Du moment que votre vie serait en danger, je me croirais relevé de mon serment envers Daniella.

— Je vous en relève ! murmura le capucin avec effusion ; je vous absous de tout parjure et de tout péché.

— Voyez-vous ce poltron et cet égoïste de moine? reprit Tartaglia avec mépris. Eh! je me moque bien de sa peau, à lui! mais sachez, *mossiou*, qu'en vous livrant vous ne me sauveriez pas. Vous avez bien entendu que l'on m'accuse de trahir... ceux qui me croyaient leur compère pour vous persécuter et vous engager à sortir d'ici! mon affaire, à présent, n'est donc pas meilleure que la vôtre, et j'aimerais mieux devenir assec qu'une pierre de ces ruines, que d'avoir maille à partir avec le Saint-Office. Ce n'est pas la première fois que je goûte de la prison... et je sais ce qui en est! Ne songez donc pas à une générosité inutile. Quant à ce moine, j'espère bien que, pour l'empêcher de jeûner et de maigrir, comme c'est son devoir, vous n'irez pas nous exposer...

— Je ne t'exposerai pas; tu seras toujours libre de rester; mais je ne laisserai pas souffrir ce pauvre homme qui est venu ici...

— Pour manger notre soupe! Il n'avait pas d'autre souci!

— N'importe, c'est l'oncle de ma chère Daniella, c'est le frère de la bonne Mariuccia, et d'ailleurs, c'est un homme!

— Non, non! s'écria Tartaglia, oubliant ses habituelles simagrées de respect pour tout ce qui porte la livrée de l'Eglise; un capucin n'est pas un homme! Et plutôt que de vous laisser prendre pour sauver celui-là, je vous débarrasserais tout de suite de vos scrupules en le faisant sortir... n'importe par où!

Le capucin était tellement horrifié de ces menaces, qu'il était comme pétrifié sur sa chaise. J'imposai silence à Tartaglia. Je priai le pauvre moine de se tranquilliser et de compter sur moi. Il m'écoutait sans avoir l'air de comprendre. Il était au bout de ses facultés d'émotion et de raisonnement. Et d'ailleurs, il avait pris un tel à-compte de macaroni sur la famine à venir, qu'il n'éprouvait plus que la pesanteur de la digestion. Il s'endormait sur la table. Je le conduisis à sa paille, en lui donnant, pour s'envelopper, ma couverture de laine, sacrifice dont il ne songea pas même à me remercier.

XXXIII (Suite).

Je retrouvai Tartaglia livré à ses réflexions et plus tranquille que je ne l'avais laissé. — Voyons, *mossiou*, dit-il, il faut raisonner, et quand on raisonne, on se console toujours un peu. Il est impossible que la Daniella, sachant comment on nous traque...

— Hélas! voilà ce que je crains! C'est son inquiétude et son agitation! Elle voudra se lever, aller à Rome...

— Non, non! elle ne le pourrait pas. Son frère est là pour l'en empêcher; et d'ailleurs, si Olivia voit qu'il y a du danger à lui faire savoir où nous en sommes, elle le lui cachera; mais Olivia agira, ou bien la Mariuccia! On ne peut empêcher ni l'une ni l'autre d'aller à Rome. Lord B*** est peut-être revenu de Florence. Le cardinal, quand il saura de quelle manière on interprète sa défense, fera évacuer les parcs et jardins. Enfin, tout ceci est l'affaire de quelques jours, et il s'agit de patienter avec une maigre chère.

— Avons-nous des vivres pour quelques jours?

— Certainement! Nous avons les lapins apprivoisés; il y en a quatre. On peut vivre à deux avec un lapin par jour.

— Nous sommes trois!

— Le capucin aura les os : il a de si bonnes dents, des dents de requin! Et puis, nous avons la chèvre!

— Pauvre chèvre! Mieux vaut la garder; elle donne du lait; et, avec du lait, on vit.

— C'est vrai, gardons la chèvre. La pâture ne lui manquera pas. Par ce temps printannier, ce qu'elle tond d'un côté repousse de l'autre. Seulement, il faudrait l'empêcher d'aller dans le parterre, où elle dévaste certaines racines qui m'ont bien l'air d'être mangeables, faute de mieux.

— Précisément : j'ai vu là des asperges sauvages. Nous lui interdirons le parterre.

— Et que diriez-vous, *mossiou*, d'une brochette de moineaux de temps en temps?

— Eh! eh! cela peut être agréable à l'occasion.

— Avec une petite barde de lard autour! j'ai eu la bonne *idée* d'en apporter un beau morceau que nous ferons durer longtemps. Et puis, avec des trappes, comme je le disais au carabinier, on prend des lapins sauvages, *mossiou*! Et il y en a ici, je vous en réponds!

— Je n'en ai jamais vu un seul; mais, en revanche, il y a des rats magnifiques.

— Fi, *mossiou*! Avant d'en venir là, nous aurons épuisé tous les oiseaux du ciel!

— Mais comment les prendras-tu, ces oiseaux? Nous n'avons ni fusil ni poudre.

— Nous ferons des arcs et des flèches, *mossiou*! Je n'y suis pas maladroit, non plus qu'à la fronde.

— Je songe à quelque chose de plus sûr, lui dis-je en riant : c'est à faire des épinards avec des orties. J'ai lu quelque part que c'était absolument la même chose.

Tartaglia fit la grimace. — Possible! dit-il; mais je crois que je laisserai ma part de ce mets-là au capucin.

Vous voyez que la gaîté nous était revenue, et j'aidais mon compagnon à faire des projets gastronomiques, puisque c'était là sa préoccupation dominante. La mienne était de trouver moyen de faire évader le moine, afin qu'il pût au moins dire à Daniella que je prenais patience, et que j'étais pourvu de vivres pour longtemps.

— Ecoute, dis-je à Tartaglia, tout cela est réglé, et nous voilà bien sûrs de pouvoir attendre environ une semaine; mais nous croiserons-nous les bras, et ne chercherons-nous pas cette issue souterraine qui a certainement existé et qui doit exister encore?

— Ah! voilà, fit-il en soupirant, a-t-elle jamais existé?

— Mais on sortait de ces cuisines où tu as tant cherché à entrer! On y entrait par le palais, et on en sortait par le jardin au bas du *terrazzone*.

— Je vous entends, *mossiou*, dit Tartaglia, dont l'esprit actif se réveille, dès qu'on fait appel à sa sagacité. Si nous pouvions sortir de cette cuisine, que nous appelons la *befana*, nous nous trouverions au bas du *terrazzone*, tandis que les carabiniers sont dessus, et nous entrerions tout de suite dans un fourré de lauriers qui est là, et, de là, dans l'allée de cyprès, et, delà, dans la cour de Felipone, qui nous laisserait certainement évader. C'est un brave homme, je le connais.

— Eh bien?

— Eh bien, oui, on sortirait par les cuisines, s'il y avait une sortie; mais je ne là connais pas, *mossiou*; elle doit être souterraine, car je n'entends pas le cri des sentinelles au bas du grand contrefort sans yeux du *terrazzone*, ce qui prouve

bien qu'on regarde comme impossible une évasion de ce côté-là.

— Raison de plus pour diriger nos efforts de ce
côté-là. Il y a toujours moyen de percer un mur,
eût-il dix pieds d'épaisseur ; et, d'ailleurs, je
compte comme toi sur la découverte d'un passage souterrain.

— Comme moi, vous dites ? Eh ! je n'y compte
déjà pas tant, quoique j'en aie ouï parler. Mais,
mossiou, vous oubliez une chose, c'est que la
grande affaire, ce n'est pas encore tant de sortir
de cette fameuse befana que d'y entrer !

— Eh bien ! la cave du pianto ? Et ton barreau
entamé, il y a si longtemps ? Et ta lime anglaise
qui ne te quitte jamais ? Et nos quatre bras pour
travailler ?

— Et les pierres qui se disjoignent, mossiou ?
Et la lézarde qui s'agrandit dès qu'on ébranle
la grille du soupirail ?

— Bah ! nous étaierons !

— Nous étaierons une construction de peut-
être cent pieds de haut, à nous deux, mossiou ?

— Oui. Quelques briques bien placées suffi-
raient pour empêcher le dôme de Saint-Pierre de
s'écrouler. Voyons, il n'est que neuf heures ; voilà le vent qui s'élève et qui couvrira le bruit de
notre travail. C'est une circonstance rare depuis
quelque temps, et dont il faut profiter. Nous sommes lestés d'un bon souper, nous sommes dispos,
nous sommes de bonne humeur ; attendrons-nous
la faim, la tristesse, le découragement ?...

— Allons-y, mossiou, s'écria Tartaglia en se levant, et, à la française, allons-y gaîment !

Mais, au moment de prendre la bougie, il s'arrêta.

— Nous ferions mieux, dit-il, de nous coucher
de bonne heure et de ménager le luminaire. Le
jour où nous manquerons de bougie et de chandelle.. Cela peut devenir bien incommode et bien
dangereux, mossiou, de ne pas voir clair dans ce
taudis !

— Bah ! nous sommes approvisionnés de cela
aussi pour une semaine, et d'ailleurs la question
est maintenant de sortir d'ici.

Quand Tartaglia m'eut fait voir la barre limée
par lui, je reconnus avec chagrin qu'en réussissant à scier la grille, nous ferions indubitable-
ment tomber le petit cintre de pierres du soupirail ; et comment savoir où s'arrêterait l'écroulement de cet édifice, abandonné depuis plus de
cinquante ans à toutes les influences de la destruction ?

Mais, après mûr examen, je crus pouvoir affirmer qu'en étayant le milieu avec une pile de brique sur champ, et en soutenant les bas côtés avec
deux grosses boules de pierre qui servaient
d'ornement autrefois à je ne sais quelle construction dans ce préau, et qui gisent maintenant dans
les ronces, nous pouvions enlever la grille sans
danger, et nous glisser encore par l'ouverture, ou
soupirail.

Les mesures étant prises et les matériaux ras-
semblés, nous nous mîmes à l'œuvre, et les pléïa-
des étaient sur nos têtes, c'est-à-dire qu'il était
environ minuit quand deux barres, enlevées sans
accident, nous laissèrent le passage libre. Mais
nous étions fatigués, nous avions chaud, et Tartaglia éprouvait une extrême répugnance à risquer l'aventure. Il avait des vertiges, il lui semblait que le pavé oscillait sous ses pieds. Il me
supplia d'attendre au lendemain. Si rien n'a bougé demain matin, dit-il, je vous jure d'être gai

comme un merle, et de descendre là-dedans en
sifflant la cachucha.

Je cédai, et, une heure après, nous étions endormis, en dépit de la voix des sentinelles qui
s'appelaient et se répondaient autour des murailles, et de la lueur du feu du bivouac, qui projetait
un reflet rouge jusque sur les dalles de la terrasse
du Casino.

XXXIV

22 avril. Mondragone.

Hier matin nous avons déjeûné copieusement ;
malgré mes recommandations de sobriété et de
prudence, Tartaglia a la passion de la cuisine.
Faire de bons plats et en manger sa bonne part,
voilà pour lui une jouissance intellectuelle et physique de premier ordre. Il aurait aussi le goût
de l'économat ; son rêve serait de devenir majordome dans une grande maison. En attendant, il
est fier et comme charmé, malgré notre situation
précaire, de commander, dans les ruines de Mondragone, à une valetaille imaginaire, et d'y ordonner toutes choses en vue du bien et de la satisfaction de ses seigneurs. Je crois qu'il y a des
momens où il me prend pour l'ombre d'un ancien
pape, car il sollicite mes éloges avec une ardeur
naïve, et je suis forcé de l'en acabler et de paraître très sensible à ses soins, sous peine de le voir
s'affecter et se démoraliser.

Il semble aussi que, de son côté, il soutienne
son personnage facétieux et comique dans l'intention de me conserver en belle humeur ; mais
c'est peut-être tout simplement le résultat
d'une habitude invétérée de pôserie burlesque. Ainsi, ce matin, je l'ai trouvé dans le
parterre avec le capucin, qu'il avait affublé d'un
torchon en guise de tablier de cuisine, et qu'il
employait à la recherche des asperges sauvages.
Il lui avait donné un nom. Ce n'était plus frère
Cyprien ; c'était Carcioffo (artichaud). Il n'y a
plus de moine ici, disait-il. Il n'y a plus qu'un
marmiton, un éplucheur de légumes, un plu-
meur de volaille, sous les ordres du chef Tartaglia ; et si Carcioffo ne travaille pas, Carcioffo ne
mangera pas.

— Tu n'oublies qu'une chose, lui dis-je, c'est
que nous n'avons ni légumes ni volaille.

— Pardon, excellence, voilà des asperges, petites, mais succulentes ; et quant à la volaille...,
regardez ! » Il me montrait une poule morte dans
son panier.

— Tu es donc sorti ?

— Hélas non ! J'ai essayé, et, comme hier, au
moment où j'appelais par le guichet, on a répondu par ce mot stupide et brutal : En joue ! Moi,
j'ai répondu : Feu ! en fermant le guichet, et je les
ai entendus rire.

— Rire ? c'est bon signe pour toi. Ils s'adouci-
ront peut-être en ta faveur ?

— Non, mossiou ! L'Italien, ça rit toujours,
mais ça ne se radoucit point pour ça !

— Mais cette poule, d'où vient-elle ?

— C'est eux, mossiou, c'est les carabiniers qui
me l'ont donnée.

— Ah ! bah ? Ils consentent à nous faire passer
des vivres ? oh ! alors...

— Non, non !-ils ne nous font rien passer du
tout ; pas si sots ! mais ils sont sots quand même, car cette pauvre bête, qui vient je ne sais
d'où, s'étant approchée apparemment de l'avoine
de leurs chevaux, ils ont voulu la prendre ; ils

l'ont manquée, effrayée, et, comme elle vole bien, elle est venue se percher sur notre mur, où... crac! d'un coup de pierre, je l'ai abattue à mes pieds. Eh! ce n'est pas maladroit, ça, *mossiou*!

— Non, certes!

— Mais, dit le capucin, elle n'est pas tombée d'un coup de pierre; elle a volé de mon côté, et c'est moi qui vous ai aidé à la prendre et à lui tordre le cou.

— Taisez-vous, *Carcioffo*, reprit Tartaglia, vous ne devez jamais contredire votre supérieur!

Voyant que le capucin se prêtait en riant à être l'esclave et le jouet de Tartaglia, pourvu que celui-ci consentît à le nourrir, je crus devoir ne pas me mêler de leurs relations. Seulement, je les observais sans en avoir l'air, afin d'intervenir s'il arrivait que le pauvre frère devînt victime de la malice de notre Scapin ou de sa propre stupidité. Mais je fus bientôt à même de constater que Tartaglia, au milieu de tous ses vices de bohémien, est naturellement bon et même charitable et généreux. Tout en accablant le moine de menaces et de quolibets, il le soignait fort bien, et je vis que ce régime convenait très fort au capucin, qui, abandonné à lui-même, se serait laissé complétement abrutir par l'effroi et la tristesse de la situation.

Après le déjeuner, je surpris Tartaglia rangeant et cachant avec soin certains paquets. C'était une provision de lazagne et de *capellini*, autre pâte de même genre, qu'il avait apportée avant-hier matin, et dont il ne voulut pas me dire la quantité. — Non, non! s'écria-t-il en couvrant cette réserve de son tablier de cuisine; vous vous laisseriez aller à en donner au capucin, qui mangerait plus que sa faim. Il mangera comme nous, ni plus ni moins.

— A la bonne heure; mais voici le moment de travailler au *pianto*. Viens-tu?

— Oui, oui, partons! Mais cachons tout, et fermons bien le Casino.

Nous laissâmes le capucin en prières devant une Vierge Louis XV qui est sous le portique, et nous retournâmes à notre soupirail, munis de la corde à nœuds et de deux bougies.

Tout allait bien; la petite voûte n'avait pas bougé; aucune partie de l'édifice n'avait fléchi. Nous descendîmes sans peine dans la cave. Nous montâmes sur le tas de décombres qui obstrue l'arcade, et nous parvînmes en une heure de travail, à en déblayer assez pour nous faire un passage; Tartaglia cause plus qu'il ne travaille. La fatigue du pionnier lui est très antipathique; mais il m'anime par son babil que j'arrive à trouver très divertissant.

L'arcade, devenue praticable, me semble être une découverte assez sérieuse. Elle s'ouvre sur une galerie qui tourne en demi-cercle et qui a dû servir de lit artificiel à un courant d'eau destiné à alimenter cette fameuse cuisine que nous cherchons.

Cette galerie est large de cinq pieds et haute de quinze ou vingt. C'est un ouvrage magnifique. La voûte est en très bon état. Des dépôts sédimenteux sur les parois attestent le passage et le séjour des eaux. Pourtant l'élévation de la voûte ferait croire que c'était un passage pour des cavaliers lansquenets.

Nous marchâmes à la lueur de nos bougies pendant environ cinq minutes, et, autant que j'en puis juger, nous étions sous la *Terrazzone*; nous en suivions le mouvement demi-circulaire. Aucun bruit ne parvenait jusqu'à nous.

Nous chantions déjà victoire, lorsque nous fûmes arrêtés net par un écroulement qui me parut dater de plusieurs années. La voûte avait cédé. L'eau filtrant, du *terrazzone* probablement, avait, à la longue, causé ce désastre. Le sol était inondé d'une flaque où nous l'entendions tomber goutte à goutte.

— Ou bien encore, me dit Tartaglia, c'est un craquement souterrain, résultat d'un tremblement de terre.

— Peu importe la cause, répondis-je. Il s'agit de savoir si nous pourrons triompher de l'accident.

Je revins sur mes pas, je les comptai, j'observai le mouvement de la galerie, je consultai les souvenirs et les observations de mon compagnon sur la forme et l'étendue extérieure de la terrasse. Nous n'en pouvions plus douter, nous étions tout près de la face extérieure centrale. La voûte qui nous abritait supportait l'immense et magnifique balustrade qui entoure l'esplanade. Une porte, une issue, une bouche quelconque devait être là, devant nous, sous cet éboulement. Il fallait le traverser.

— Nous le pourrons, dis-je à Tartaglia. Il faut le pouvoir! Nous étudierons avec soin la superposition des blocs écroulés. Nous ne toucherons pas à ceux qui nous préservent d'un prolongement de rupture de la voûte; nous fouirons pierre à pierre, et nous creuserons, parmi ces débris, un couloir suffisant.

— C'est bien dangereux, dit-il en secouant la tête, et cela peut durer plus d'un mois!

— Mais cela peut n'être ni long, ni dangereux, nous n'en savons rien.

— De même que notre blocus peut n'être ni l'un ni l'autre, si nous en attendons la fin sans nous éreinter et nous exposer!

— De même qu'il peut être l'un et l'autre, si nous en attendons la fin sans rien faire!

— Vous avez raison, *Mossiou*! allons! j'aime les gens qui raisonnent juste. D'ailleurs, vous avez une confiance et un courage qui me plaisent, et, avec vous, je sens que je ferais des choses que je n'aurais jamais tentées tout seul! Oui, oui, avec vous, je descendrais dans un volcan, dans un enfer.

Nous retournâmes chercher des outils, c'est à dire nous en fabriquer tant bien que mal avec ceux que les ouvriers ont laissés ici pour d'autres usages. Comme ils les ont abandonnés hors de service, nous étions d'abord assez mal outillés; mais la découverte d'un pic énorme et d'une pioche en assez bon état nous permettent, depuis ce matin, de travailler utilement. Nous avons ouvert dans la journée trois pieds de tranchée.

Aux heures de repos, nous surveillons nos carabiniers, qui paraissent se déplaire beaucoup autour de cette ruine menaçante en certains endroits. Tartaglia a imaginé de faire tomber de temps en temps des pierres pour les inquiéter; mais ce jeu est dangereux, et quelque doute leur étant venu, l'officier a commandé de faire feu à tout hasard sur la première brèche qui s'ouvrirait aux murailles.

J'examine ces gendarmes, et je vois qu'ils sont beaucoup plus fins que les nôtres. Ils sont Italiens! Ce n'est pas ici que l'idée viendrait de les chansonner comme on le faisait chez nous, il y a quelques années, sur la candeur proverbiale de *leur institution*. Je crois bien qu'ils ne doivent pas être aussi incorruptibles; mais je ne suis pas assez muni d'argent pour espérer de les séduire, quand même je pourrais m'aboucher avec eux, ce que la surveillance de leurs chefs rend jusqu'ici tout à fait impossible.

Je ne m'ennuie ni ne me décourage. Sans le chagrin que j'éprouve en songeant aux anxiétés de ma Daniella, et le serrement de cœur qui me saisit au souvenir de ma trop courte félicité, je prendrais gaîment l'étrange existence qui m'est faite. Tartaglia m'amuse malgré moi, et le capucin paraît s'accoutumer sans effort à son rôle de *Carcioffo*. Il dort à genoux devant la madone du portique, son chapelet enlacé aux doigts, tout le temps que nous passons à travailler. La prévoyance n'est pas le fléau de son imagination, et tant qu'il aura quelque chose à mettre sous la dent, il conservera son sourire de crétinisme béat.

....

J'en étais là, vous écrivant ces choses, pendant que Tartaglia mettait mon couvert, quand une circonstance inouïe me fit courir sur la petite terrasse du Casino. — *Mossiou! mossiou!* disait Tartaglia, criant à voix basse, comme on s'habitue à le faire dans notre situation : Voyez, voyez! Pouvez-vous expliquer pareille chose? Est-ce que je rêve? Est-ce que vous la voyez aussi? Regardez donc le haut des grandes clarinettes du *terrazzone!*

Je levai la tête et vis les mascarons grotesques de ces grands tuyaux de cheminée se détacher en noir sur un fond rougeâtre, en même temps que, de leurs vastes bouches, sortaient des tourbillons de fumée.

— Tout est perdu, mon pauvre Tartaglia, m'écriai-je. Les carabiniers ont trouvé l'entrée de cette fameuse cuisine; ils s'y sont installés, ils s'y réchauffent et y ont établi leur cantine.

— Non, non, mossiou! Voyez! Ils sont aussi étonnés que nous! Ils regardent et s'interrogent, ils cherchent de tous côtés, ils croient que nous avons mis le feu au château. Le feu à quoi, dans ces caves, je vous le demande? Qu'ils sont sots! Mais les voilà aussi en peine que nous, je vous jure, et même plus, car ils n'osent pas rester sur la terrasse.

En effet, une panique s'était emparé de nos gardes, et leurs officiers avaient beaucoup de peine à les calmer.

— Au fait! dis-je à Tartaglia absorbé; la chose est assez importante! Comment l'expliques-tu?

— Je ne l'explique pas, *mossiou*, dit-il en faisant le signe de la croix. On me l'avait toujours dit, que le diable revenait ici, et que l'on y voyait le feu des cuisines briller comme du temps où les papes y donnaient des festins de Lucullus! Mais je ne le croyais pas, je ne l'aurais jamais cru, et je vous avoue qu'à cette heure, je me repens de mes fautes et recommande mon ame à Dieu!

FIN DU DEUXIÈME VOLUME

LA DANIELLA

TROISIÈME VOLUME.

XXXV.

Mondragone, le ....

Je continue à ne pas dater avant d'avoir écrit la série d'aventures que j'ai à vous apprendre, et que je vous raconte quand et comme je peux.

Je continue pourtant aussi à suivre une division par chapitres, qui me sert à régulariser les momens que je vous consacre. Vous savez que je suis un homme d'ordre, et cela me revient, en dépit de la vie agitée que je mène.

Je vous ai laissé faisant peut-être vos commentaires sur cette fumée fantastique qui s'échappait des longs tuyaux du *terrazzone*.

Je ne cherchais pas à expliquer ce que je voyais, mais je ne partageais pas la consternation de Tartaglia. Bien au contraire, je ne sais quel espoir vague m'était suggéré par cette circonstance inexplicable. Je partis même d'un éclat de rire en entendant mon Scapin mêler aux patenôtres qu'il débitait pour recommander à Dieu sa pauvre âme pécheresse, l'observation suivante : Mon Dieu, comme ça sent la graisse fondue! Puis, il reprit du même ton dolent, moitié dévot, moitié ironique : « Ayez pitié de moi, seigneur! Douze cierges à mon saint patron si vous me sauvez de cette diablerie et de cette damnée odeur de cuisine qui me réjouit malgré moi, car, depuis deux jours, je n'ai pas mangé ma faim, et, en ce moment, je serais capable d'avaler le diable en personne ! »

— Mais c'est que tu as raison! m'écriai-je, frappé de la justesse de sa remarque : ça sent la cuisine!

— Et la bonne cuisine, je vous jure, *mossiou!* Ça nous arrive ici à bout portant. Ils ne sentent pas ça, en bas, les carabiniers! Je parie qu'ils s'imaginent sentir la poudre! Ils croient que nous avons miné la terrasse et que nous allons les faire sauter!

— Crois-tu? Eh bien, la première chose dont il faut nous occuper, c'est de voir si nous ne pourrions pas profiter de cette panique pour nous évader. Voyons! regarde bien, toi qui as des yeux de lynx, s'ils sont assez loin pour nous permettre de descendre par la corde.

— Non, mossiou; ils sont là, à droite et à gauche, sur les allées qui aboutissent au *terrazzone*, et ils nous verraient comme je vous vois, par ce beau clair de lune!

— Eh bien, ils tireront sur nous, mais ils nous manqueront; la terrasse est si grande !

— Beaucoup trop grande dans tous les sens pour que je sois tenté de la traverser sous leur feu! D'ailleurs, que ferons-nous quand nous aurons atteint la balustrade? Encore la corde à nœuds pour descendre dans les lauriers? Et le temps de l'attacher?... Et les balustres qui ne tiennent à rien ! Et puis, croyez-vous que l'allée de cyprès ne soit pas gardée ?

— Il est bien question d'allée ! Une fois au bas de l'esplanade, nous avons, pour fuir et nous cacher, plus d'une lieue carrée de jardins et de parcs remplis de massifs d'arbres, de ruines et de fourrés !

— Ah ! mon Dieu, *mossiou !* voilà que ça sent le poisson ! Oui ! je vous jure que ces clarinettes de la *befana* nous envoient une délicieuse odeur de poisson frais !

— C'est vrai ! mais que nous importent les mystères de cette cuisine de sorciers ? Il s'agit de fuir.

— Il est trop tard, mossiou ! voilà les carabiniers qui reviennent, et la fumée qui se dissipe. Allons ! monseigneur Lucifer est servi, et nous sommes toujours prisonniers !

Nous observâmes quelques instans nos gardiens. Nous vîmes les officiers arpenter bravement le *terrazzone* et s'efforcer d'y ramener leurs hommes ; puis capituler avec l'idée que cet espace nu serait tout aussi bien gardé par des sentinelles posées à chaque extrémité.

— Ces gens ont peur, dis-je à Tartaglia ; le moindre bruit, un peu ressemblant à une explosion souterraine, que nous viendrions à bout de produire dans les salles basses du château, les mettrait en fuite ; car il est certain qu'ils rêvent mine, écroulement...

— Moi, je rêve quelque chose de plus raisonnable, *mossiou*, reprit Tartaglia sortant de sa méditation. Ecoutez-moi, et, si je suis fou, ne me croyez jamais...

— Voyons ton idée !

— Nous ne sommes pas seuls cachés ici : en doutez-vous, maintenant ?

— Pas plus que toi ; alors ?

— Alors, mossiou, les gens qui font si belle cuisine sous le *terrazzone*, sans s'inquiéter de montrer leur fumée, et sans remords de nous envoyer cruellement la bonne odeur de leur ripaille...

— Tais-toi, écoute ! lui dis-je en l'interrompant. A présent, crois-tu que j'aie rêvé le son d'un piano ?

— Oui, *mossiou !* je l'entends ! Je ne suis pas sourd ! bon piano ! belle musique ! Tiens ! c'est l'air de la *Norma*. Ah ! si j'avais ma harpe, je vous ferais entendre un joli duo, *mossiou !*

Nous restâmes quelques instans silencieux, écoutant le piano fantastique, qui n'était ni aussi bon ni aussi bien joué que le prétendait Tartaglia, mais qui, malgré nos anxiétés, nous donnait des idées de gaîté folle, comme on en a dans les rêves, au milieu des plus désagréables situations.

Nous ne fûmes pas moins étonnés de voir que les carabiniers restaient parfaitement indifférens à cette nouvelle bizarrerie. Il était évident qu'ils ne l'entendaient pas, et que, comme des cornets acoustiques, les colonnes creuses du terrazzone nous apportaient ces sons mystérieux, aussitôt perdus dans les régions supérieures de l'air, et insaisissables pour nos gardiens, placés à une centaine de pieds plus bas que nous.

— Donc, reprit Tartaglia, ils demeurent là-dessous, *les autres !* ils y ont de bons appartemens, ils y font bonne chère et belle musique au dessert ! Et ils ne se doutent pas qu'ils ont des carabiniers sur la tête !

— Cela, nous n'en savons rien ; mais nous savons que, tout à l'heure, les carabiniers ne se doutaient pas qu'ils eussent des prisonniers sous les pieds.

— C'est vrai, puisqu'ils ont eu une si belle peur de cette fumée ! Or, comme je vous le disais, *mossiou*, nous avons là des camarades d'infortune ; mais par où sont-ils entrés ?

— Par une issue extérieure qui existe, et que les carabiniers ne connaissent pas.

— Ni la police non plus, je vous en réponds !

— Ni Daniella ni Olivia non plus, car elles m'en eussent fait part.

— Et elles ne savent pas non plus qu'il y a ici d'autres réfugiés que nous, car elles nous en eussent averti !

— Eh bien ?

— Eh bien... mais, s'il y avait une sortie à ce château du diable, par dessous le contrefort de la grande terrasse.. ces prisonniers seraient partis ou en train de partir. Ils songeraient à filer, et non à manger, en étudiant la *Norma* de Bellini.

— C'est ce que je me dis, et je vois leur captivité dans ces caves bien plus effrayante que la nôtre.

— Ah ! voilà ce qui m'intrigue, reprit Tartaglia en secouant la tête ; vous avez entendu ouvrir et fermer des portes. Il y a une communication, entre eux et nous, plus facile que votre diable de galerie qui nous ensevelira si nous continuons à la fouiller. Nous avons mal cherché, mossiou !

— Il faut chercher encore !

— C'est ce que j'allais dire.

— Prenons toujours le pic et la pioche, et allume la lanterne.

— Mais dînez d'abord, *mossiou*, que diable !

— Non ! nous dînerons après ! Il faut suivre l'inspiration quand on la tient. Je ne sais pas pourquoi je suis persuadé que nous allons réussir, maintenant que nous avons la certitude de la présence *des autres*, comme tu dis.

— Laissez-moi prendre beaucoup d'allumettes, *mossiou*. Tant que je vois clair, je suis assez brave.

— Passons par mon atelier, j'ai là tout ce qu'il faut.

Je pris la clé de l'ancienne chapelle papale, que je me permets d'appeler, sans façon, mon atelier, et nous y fîmes nos préparatifs. En voyant, sur le chevalet, mon étude presque finie, dont, par parenthèse, je ne suis pas trop mécontent, l'idée me vint que quelque accident nouveau pourrait bien m'empêcher de l'achever, ainsi que l'album sur lequel je vous écris mes aventures. Un instinct d'attachement puéril pour ces deux objets qui m'ont aidé à savourer mes joies et à me distraire de mes peines, s'empara de moi, et je grimpai à une échelle, au moyen de laquelle je peux atteindre un creux de la muraille formant une sorte de cachette que j'ai découverte, par hasard, ces jours-ci. J'y déposai ma petite toile et mon manuscrit. Je me disais qu'en cas de départ forcé, je les y retrouverais peut-être un jour.

— Que faites-vous là, *mossiou ?* me dit Tartaglia inquiet ; avez-vous quelque pressentiment ? Vous me rendez triste, moi qui avais bonne idée de notre expédition de ce soir !

J'étais encore sur l'échelle, mais je ne songeais ni à descendre ni à lui répondre. Nous nous regardâmes tous deux avec la même expression de doute et de surprise : il nous semblait qu'on venait de frapper légèrement à la porte du fond de la chapelle.

Tartaglia, sans dire un mot, ôta ses souliers,

et alla coller son oreille à cette porte. On y frappa discrètement une seconde fois.

Je lui fis signe d'ouvrir. La curiosité l'emportait en moi sur la méfiance. Il subissait l'impulsion contraire, car il me fit signe avec énergie de garder le silence, et, regardant à ses pieds, il ramassa une lettre qu'on venait de passer sous la porte.

Je m'emparai de cette missive et la décachetai avec empressement. Elle contenait ce qui suit, en français : « Le prince de Mondragone vous prie » de lui faire l'honneur de dîner et de passer la » soirée chez lui. *On fera de la musique.* » Il y avait sur l'adresse : « A monsieur Jean Valreg, » *peintre, en son atelier de Mondragone.* » Le papier rose, satiné et parfumé, était découpé, enguirlandé et orné, au coin, d'un écusson armorial doré et enluminé.

J'examinais avec stupéfaction cet étrange billet, pendant que Tartaglia se tenait les côtes pour s'empêcher de rire tout haut, tant il trouvait la chose plaisante et l'idée du dîner agréable ; mais quand je voulus aller ouvrir au porteur de cette courtoise invitation, Tartaglia, revenant à ses craintes, se mit en travers. — Non, non ! disait-il tout bas, c'est peut-être un piége ; n'y allez pas, *mossiou!* C'est comme le *souper du commandeur!*

On frappait pour la troisième fois : c'était demander la réponse. Je repoussai Tartaglia en lui reprochant tout haut sa méfiance, et j'ouvris à un groom très bien mis et d'une figure intelligente, dont les habits élégans étaient seulement un peu poudreux et rayés çà et là de toiles d'araignées, ornement indispensable de quiconque se promène dans les salles de notre manoir.

— Qu'est-ce que le prince de Mondragone? lui demandai-je sans préambule, en regardant derrière lui pour me convaincre qu'il était seul.

— C'est mon maître, répondit l'enfant en italien sans hésiter, et en retenant une intention gaie ou moqueuse, sous l'air respectueux d'un valet bien stylé.

— Belle réponse ! s'écria Tartaglia. Cela ne nous apprend rien ! Moi qui connais toute la noblesse d'Italie, je vous jure, *mossiou,* que je n'ai jamais entendu parler d'un prince de Mondragone !

— Monsieur veut-il faire réponse au prince ? reprit le groom sans se déconcerter.

Je crus devoir montrer le même sang-froid et prendre ma fantasmagorie comme une chose toute naturelle. Dites à votre maître que j'irais bien volontiers si j'avais un habit ; mais...

— Oh ! ça ne fait rien, monsieur ! Il n'y a que des hommes. D'ailleurs, on sait bien que vous êtes en voyage.

— Il appelle ça être en voyage ! dit Tartaglia d'un ton piteux ; mais suis-je invité aussi, moi ? Car du diable si je reste seul !...

— Moi, je vous invite, répondit le groom ; il y a repas et soirée aussi à l'office.

— Mais... reprit Tartaglia singeant ma réponse, c'est que je ne suis pas en livrée!

— Ça ne fait rien ! vous êtes aussi en voyage !

— Oui, oui, en voyage ! Je ne m'en souvenais plus !

— Et à quelle heure cette soirée ? demandai-je.

— Tout de suite, monsieur ; on n'attend plus que vous.

— Ah ! on m'attendait? Fort bien ! Et où demeure le prince, s'il vous plaît ?

— Sous le *terrazzone,* monsieur.

— Je le sais bien ; mais par où y va-t-on, d'ici?

— Si vous voulez bien me suivre... dit l'enfant en ramassant une petite lanterne sourde qu'il avait déposée au seuil de la chapelle.

— Ah ! *mossiou!* s'écria Tartaglia, à qui la gaîté était revenue, si, au moins, j'avais eu le temps de brosser votre paletot et de donner un coup de fer à vos cheveux ! Mais qui pouvait s'attendre à cela ?

Nous suivîmes le groom, qui nous conduisit droit au *pianto,* descendit le petit escalier, pénétra dans une des caves que j'avais explorées, traversa des tas de décombres, en nous éclairant avec courtoisie et nous avertissant à chaque obstacle qu'il semblait parfaitement connaître. Enfin, il se glissa dans un couloir étroit, et s'arrêta devant une petite niche creusée dans le mur, où je m'étais arrêté dans mes recherches des jours précédens. Alors, il posa le doigt sur je ne sais quelle tête de clou qui mit en mouvement une clochette, et se plaça debout dans la niche, ôta poliment son chapeau en nous disant : « Excusez-moi, si je passe le premier pour vous annoncer, » tourna lentement sur lui-même, et disparut.

C'était un tour comme ceux qui servent, dans les couvens cloîtrés, à faire entrer des paquets, et qui ont dû quelquefois servir à favoriser des communications clandestines sans violer la lettre des réglemens. Celui-ci est en bois massif, mais couvert d'un débris de peinture qui me l'avait fait confondre avec la vieille fresque qui l'encadre. Au bruit sourd qu'il rendit en tournant sur son pivot de fer, je reconnus celui qui m'avait inquiété. Il obéit à une impulsion donnée par derrière, où des verrous massifs le tiennent assujetti et fermé comme une porte véritable.

Cette machine, ingénieuse parce qu'elle est des plus simples, est à peu près impossible à découvrir. Quand elle eut escamoté le groom en nous présentant sa face convexe, elle se retourna pour nous ramener sa face concave, où je me plaçai, pour me trouver tout-à-coup vis-à-vis d'un homme en veste et tablier blancs, qui me salua en me baisant la main, et s'empressa de tourner le demi-cylindre, où Tartaglia parut à son tour en battant des mains et faisant des cris d'admiration. Il était dans la fameuse cuisine gigantesque de Mondragone, dans la cuisine de ses rêves, dans la *befana!*

Je vais vous décrire ce local peut-être unique au monde, surtout dans les circonstances où il se présentait à mes regards, et vous le dépeindre comme si, du premier coup d'œil, j'avais pu me rendre compte des détails que j'eus le loisir d'examiner peu à peu.

C'est une salle voûtée divisée en trois compartimens, par deux rangées de piliers massifs quadrangulaires. Cela ressemble à une église souterraine, et c'est aussi grand. D'un des côtés, que l'on pourrait appeler des nefs, a fléchi, mais paraît assez solidement étayé : c'est celui qui avoisine le *pianto* et probablement l'écroulement de la galerie que j'ai découverte avec Tartaglia, car l'eau que nous avions rencontrée pénètre dans cette nef et y forme un beau réservoir au ras du pavé. Cette eau courante le traverse, bouillonne parmi les fragmens de ruine, et s'enfuit dans un enfoncement sombre avec un bruit mystérieux.

C'est dans l'autre nef latérale que fonctionnaient en ce moment, deux des quatre cheminées monumentales dont nous avions vu la fumée passer sur la petite terrasse du *Casino*. Les réjouissantes odeurs dont Tartaglia s'était délecté se trouvaient justifiées par des préparatifs assez comfortables. Outre le marmiton qui venait de m'accueillir, un grand cuisinier à barbe noire, majestueux comme le roi des enfers en personne, s'agitait lentement autour des fourneaux, et surveillait une douzaine de casseroles de très bonne mine.

Aucune espèce de porte, aucune croisée apparente ne trahit l'existence de cet immense local, suffisamment chauffé et aéré par les vastes cheminées. Toutes les anciennes issues sont murées par des massifs d'une épaisseur égale à la profondeur de leurs embrasures; seulement, au centre de la grande nef du milieu, un large escalier descend à un péristyle terminé par une arcade à cintre rampant. Ce péristyle était jonché de paille, et quatre bons chevaux y étaient attachés comme dans une écurie.

Mais le détail le plus curieux de cette résidence, c'était le bout de cette nef du milieu, réservé pour le principal habitant et arrangé ainsi qu'il suit:

Dans une demi-rotonde un peu plus élevée sur le sol que le reste de l'édifice, une grande vasque de marbre, correspondant probablement à la fontaine extérieure située au bas des contreforts de la terrasse, faisait danser irrégulièrement un petit jet d'eau, tout récemment remis en exercice au moyen d'une tige de roseau. Une vingtaine de pots à fleurs entouraient cette fontaine. C'était des fleurs de serre froide assez communes, et quelques petits orangers, objets de luxe bourgeois ici, tout comme à Paris; mais le maigre parfum de ces plantes était neutralisé par ceux du poisson cuit au vin, et de là graisse fondue qui avaient chatouillé l'odorat de Tartaglia si agréablement, et qui remplissaient énergiquement l'atmosphère où nous nous trouvions introduits.

Du reste, la demi-rotonde où l'on était en train de servir le repas, offrait un aspect de comfortable ingénieusement conquis sur la tristesse et le délabrement de l'édifice. Les froides parois étaient tendues de vieilles tapisseries, jusqu'à la hauteur d'une dizaine de pieds. Le pavé était recouvert de nattes et, sous la table, de peaux de chèvre à longs poils. Un grand sofa, dont la vétusté était cachée par plusieurs manteaux étalés dessus, ainsi que quatre fauteuils sur lesquels on avait jeté des naperons blancs en guise de housses; un pianino assez laid, placé sur une estrade de planches brutes, pour le préserver de l'humidité; un vaste brasero allumé qui cuisait le pauvre instrument d'un côté, tandis qu'il se morfondait de l'autre au voisinage de la fontaine, circonstances qui m'expliquèrent bien pourquoi il m'avait paru si faux; un magnifique bureau Pompadour, dont la marqueterie de bois de rose était à moitié tombée et dont les cuivres étaient verdis par l'oxyde; une toilette de nécessaire de voyage très élégante, étalée sur une table de bois brut, recouverte d'un grand cache-nez de cachemire, en guise de tapis; un lit de fer, orné d'une courte-pointe d'indienne à fleurs et entouré d'un vieux paravent; une guitare qui n'avait plus que trois cordes; la table, dressée au milieu de l'hémicycle et toute servie en vieille faïence ébréchée et dépareillée, mais dont quelques pièces étaient fort précieuses quand même; enfin, un *amorino* en marbre blanc, placé dans un petit myrthe en caisse, taillé en berceau, objet de goût qui avait la prétention d'être un *surtout*; tels étaient l'ameublement et la décoration de cet appartement complet, improvisé dans un compartiment de l'unique salle.

Le reste était à la fois la cuisine, le lavoir, l'écurie et le dortoir des valets, dont les lits, composés chacun d'une planche, d'une botte de paille et d'un manteau, étaient très proprement disposés sur les bases colossales des piliers.

Je vous répète que ceci est un inventaire dressé après coup et à loisir; car, dans le premier moment, passant de l'obscurité à la vive lumière des torches qui éclairaient l'ensemble, et des bougies qui brillaient dans la partie réservée au repas, si je vis quelque chose, je ne compris absolument rien, sinon que j'avais à répondre aux politesses d'un personnage accouru à ma rencontre, lequel se hâta de me dire qu'il n'était pas mon hôte, mais un ami *du prince*, et qu'il allait me conduire *au salon*.

Ce salon, vous le connaissez déjà. C'était l'espace compris entre le sofa, les fauteuils, le pianino, la fontaine et le brasero.

Mon guide, dont la figure me tourmentait d'une vive réminiscence, et devant lequel les valets se rangèrent en l'appelant *signor dottore*, me demanda gaîment pardon de me faire passer par la cuisine, par l'écurie et par l'office.

— La maison du prince est, si mal distribuée, dit-il en riant, qu'il n'y a pas d'autre entrée; mais ce qui corrige cet inconvénient, ajouta-t-il d'un air expressif en s'arrêtant au centre de l'édifice, et en me montrant l'escalier qui descendait à l'arcade fermée seulement par un tas de paille, — c'est qu'il y a une sortie!

CHAPITRE XXXVI.

Comme preuve de cette assertion, un palefrenier entrait, en cet instant, en écartant la clôture de fourrage, et apportait de l'avoine aux chevaux installés dans le péristyle au bas de l'escalier. J'allais exprimer l'agréable surprise que me causait cette révélation, lorsque le prince en personne, descendant les deux marches de son sanctuaire, vint au-devant de moi. — Vous le voyez, monsieur, me dit-il, vous êtes libre, et si vous avez une grande impatience de prendre la clé des champs, je ne vous retiens pas ici malgré vous; mais, comme je me dispose moi-même au départ (vous voyez mes chevaux), j'ai pensé qu'il vous serait agréable de dîner d'abord et d'attendre, en bonne compagnie, l'heure de minuit, préférable à toute autre pour les gens qui ont, comme nous, quelque démêlé avec la police locale. Mon ami, ajouta-t-il en s'adressant à Tartaglia qui me suivait comme un chien, allez trouver mes gens, il leur est enjoint d'avoir grand soin de vous.

— *Mossiou, mossiou!* me dit Tartaglia en me retenant par mon vêtement, n'acceptez pas ce dîner, ne parlez pas à cet homme-là. Je le connais, moi! c'est le prince de...

Celui qu'on appelait le docteur me prit par le bras, comme pour m'encourager à suivre le prince qui nous ouvrait la marche. Tartaglia, passant de l'autre côté, me dit à l'oreille: Ceci gâte notre affaire et nous compromet! Nous voici affiliés à...

— Eh bien, venez-vous? dit le docteur, qui me supposait intimidé. Ne craignez pas de parler au prince: c'est le plus aimable homme du monde.

— Je le vois bien, répondis-je; mais permettez-moi de dire un mot à mon compagnon d'aventure.

— Ah! pardon! faites!

Je fis deux pas en arrière avec Tartaglia. Il voulait parler, je l'en empêchai. — Il ne s'agit pas de m'apprendre avec qui je me trouve : on va certainement me le dire. D'ailleurs, ce mystère m'amuse. Mais toi, tu es libre, on te l'a dit. Si tu veux fuir...

— Seul et à jeun, *mossiou?* Oh! non, certes! Nous voilà chez le diable, je veux tâter de son ordinaire!

— Mais si tu étais mon ami, comme tu le prétends, tu irais d'abord flairer ce passage souterrain, et tu viendrais à bout d'aller dire à Villa-Taverna que...

— Je suis votre ami, répondit-il, et je vas tâcher de faire savoir à la Daniella que nous fuyons cette nuit.

— Non pas, non pas! Dis-lui que je peux partir, mais que je ne partirai pas sans elle. J'attendrai qu'elle soit guérie.

— *Cristo!* Vous ne voulez pas profiter...

— Ah! pas de discussion! N'es-tu pas libre, toi, dès à présent? Va, si tu m'aimes!

Je sais maintenant qu'avec ce mot là je gouverne mon pauvre diable. Il s'élança vers l'escalier; mais le docteur qui, sans nous écouter, ne nous perdait pas de vue, revint vers nous, en me disant avec politesse, mais d'un ton sérieux : — Ne donnez pas encore de commissions dehors, monsieur; ce serait pour nous et pour vous une grave imprudence. Attendez minuit...

Il fallut se résigner et rappeler Tartaglia, qui alla flairer les casseroles et faire connaissance avec les cuisiniers. Moi, je suivis le docteur et le prince au *salon*, où l'on m'offrit un fauteuil. Le prince était déjà étendu nonchalamment sur le grand sofa, et il entama la conversation avec aisance en me parlant peinture, en me demandant ce que je pensais de l'influence de l'Italie sur les artistes des autres pays, en me questionnant, enfin sur mes opinions à l'égard des divers maîtres de la France moderne : tout cela sans faire la moindre allusion à ma situation présente non plus qu'à la sienne, et en discourant avec esprit et légèreté sur toutes choses, hormis celle qui devait le plus me préoccuper.

Pendant cette causerie étrangement calme et qui semblait beaucoup plus faite pour un salon de Paris que pour le lieu où nous étions, le docteur s'occupait du service, *ex-professo*, et s'ingéniait avec le valet de chambre pour suppléer à ce qui pouvait manquer à l'élégance et au comfort de la table. Le groom n'avait qu'une idée, c'était de faire monter le jet d'eau, et, en changeant les becs de roseau, il lui arrivait à tout instant de nous arroser, ce que le prince souffrait avec une grande patience, se contentant de lui dire de temps en temps : Carlino, fais donc attention! Il fait déjà assez humide ici.

Alors, il se mettait à parler de son *habitation* comme un homme qui en discute avec désintéressement les inconvéniens et les avantages.

— C'est fort laid, disait-il; mais c'est si bien situé! La vue est magnifique, de la terrasse du casino.

Je ne pus m'empêcher de lui dire que j'étais beaucoup mieux logé que lui, et qu'il devait beaucoup souffrir dans cette grande cave.

— Mais ce n'est pas une cave, répondit-il. Nous sommes en contrebas de la montagne, voilà tout; et, sans les infiltrations des eaux égarées dans les murs par suite de la rupture de plusieurs canaux, il ferait ici aussi sec que chez vous; mais, avec beaucoup de braise on s'en tire, vous voyez.

— Pourtant, ces fenêtres et ces portes murées... Le soleil n'entre jamais dans cette grande salle?

— Aussi, à l'exception de ces deux derniers jours, ne l'avons-nous habitée que la nuit. Les cours du château sont si vastes et si belles, et le petit cloître est si charmant! Nous n'avions que quelques pas à faire pour respirer un air pur; et puis, par ici, ajouta-t-il en montrant le milieu de l'édifice où est situé l'escalier, nous avons le chemin des champs. C'est là le principal avantage du logement que j'ai choisi.

Chaque mot de ce tranquille personnage semblait appeler de ma part une foule de questions; mais, comme il s'abstenait de m'en adresser de personnelles, je crus convenable de montrer la même réserve ou la même indifférence, et de parler de Tusculum et des environs, comme ferait un touriste dans une auberge.

Pendant que l'on sert le repas, je veux vous décrire ce fabuleux prince dont je sais maintenant le nom, mais que, par prudence, je vous désignerai ici sous un nom de fantaisie : *Monte-Corona*, par exemple. C'est le premier qui tombe sous ma plume.

Ce personnage est âgé d'une cinquantaine d'années. Il appartient à un type plutôt napolitain que romain. Il parle français, sinon avec une correction parfaite, du moins avec une facilité complète et toutes les nuances de l'actualité familière.

Il a pu être beau, mais de cette beauté italienne exagérée qui devient laideur avec les années. Il est beaucoup trop petit pour son nez qui s'avance droit et sans courbure au-devant de sa face comme une lame d'épée. Sa peau, mate et fine, tourne au livide; ses dents sont éblouissantes, indice d'une disposition à la phthisie pulmonaire, ainsi que ses épaules étroites et sa poitrine rentrée. Une masse de cheveux, trop noirs et trop bouclés pour n'être pas un *effet de l'art*, tombe sur ses joues creuses et se mêle au noir de sa barbe trop bien plantée, en ce sens qu'elle fait tache d'encre et masse disproportionnée sur les plans blêmes et malingres de sa figure. Vous avez vu cette tête-là partout : un vieux Antinoüs malade croisé de Polichinelle dégénéré.

L'œil superbe quand même; la physionomie douce et agréable en dépit de cette chevelure de brigand calabrais; une grande distinction de manières et de très petits pieds ridiculement bien chaussés : Voilà le souvenir qu'il m'a laissé.

Quand le valet de chambre eut annoncé que le dîner était servi, bien que, cela se passant sous nos yeux, cette formalité fût fort inutile, le prince se leva, étira ses bras et ses jambes comme un lévrier, bâilla trois ou quatre fois en disant au docteur, d'en air profondément affligé, qu'il n'avait pas d'appétit, et se plaça au milieu de la table. Le docteur se mit en face de lui pour faire les honneurs, soin beaucoup trop pénible pour un homme aussi indolent et aussi maladroit que son altesse, laquelle me fit asseoir à sa droite. La quatrième place resta vide provisoirement, ce qui semblait un cas prévu.

Quand je vis le docteur bien en face et bien éclairé (jusque là il n'avait fait que remuer), je le reconnus positivement : c'était le moine de Tusculum, un homme magnifique, d'une très haute taille, gros à proportion, mais plutôt large qu'épais de carrure et point chargé d'obésité ventrue. Il est de l'âge du prince et paraît plus jeune, bien qu'il ait les cheveux gris; mais cette abondante chevelure, toute bouclée naturellement, semble brûlée par le soleil plus que par les années. Tous les traits sont admirables et rappellent le marbre de Vitellius, moins l'engoncement du cou et l'amollissement des chairs; car si cet homme a les goûts, les instincts ou les besoins d'une vie exhubérante, il a la force de les satisfaire, et l'excès n'a pas encore dépassé la puissance. Son œil est étincelant, ses dents irréprochables, sa voix pleine et vibrante, et l'agilité de cette statue colossale indique une vigueur et une souplesse qui n'ont encore rien perdu des ressources de la jeunesse.

Frappé de l'intérêt d'artiste avec lequel je le regardais, il se prit à rire.

— Nous nous sommes déjà rencontrés, n'est-ce pas? me dit-il, comme pour aider mes souvenirs.

— Une figure comme la vôtre ne s'oublie pas, surtout quand elle vous apparaît sous un costume pittoresque, par un coucher de soleil splendide, et au milieu des ruines de Tusculum.

— Ah! ah! reprit-il en souriant, voilà les peintres! Ils ont des yeux auxquels on ne peut échapper. Heureusement, leur attention et leur mémoire sont exceptionnelles, car on ne pourrait pas se promener en sûreté sous un froc, même dans les endroits où l'on croit trouver la solitude; mais j'espère que vous ne jugez pas indispensable à ma physionomie, ce déguisement que je n'endosse jamais sans une atroce répugnance?

Je lui répondis que sa physionomie était remarquable sous tous les déguisemens possibles, et je me disais, à part moi, qu'il était peut-être dominicain et non médecin; que peut-être encore n'était-il l'un ni l'autre. Le prince vit que je me tenais sur mes gardes, et, avec beaucoup de délicatesse, il affecta de nouveau de généraliser la conversation, et de n'avoir pas l'air de m'interroger sur mes opinions ou sur mes *circonstances*.

Le dîner était succulent, bien que composé d'élémens fort simples. Mes hôtes se mirent à parler de cuisine en maîtres.

— Ce pays-ci n'offre guère de ressources, dit le prince, surtout dans la saison où nous sommes; mais quand on voyage, il ne faut jamais s'inquiéter de ce que l'on trouvera, mais bien de la préparation des mets, quels qu'ils soient. Toute la science de la vie consiste à avoir un cuisinier intelligent. Il en est de fort savans dont je ne fais pas le moindre cas; ils ne peuvent fonctionner que dans les grands centres de civilisation. Je préfère un artiste comme l'homme d'imagination que vous voyez là-bas. C'est un Calabrais, et c'est tout dire. La Calabre, où j'ai vécu longtemps, est un pays dépourvu de tout, pour peu que l'on s'éloigne des rivages. Mais avec cet Orlando, je n'ai jamais fait un mauvais repas. Peu m'importe qu'il m'ait fait manger des rats ou des hérissons quand il n'avait pas autre chose à fricasser. Je ne lui demande jamais ni ce qu'il me servira ni ce qu'il m'a servi. Tout ce qui passe par ses mains devient mangeable, et pourvu qu'on puisse manger, on ne doit pas souhaiter de friandises. Je ne suis pas gourmand, et je ne comprends pas qu'un homme soit l'esclave de son ventre, surtout lorsque, comme moi, il n'a plus jamais d'appétit.

En parlant ainsi, le prince goûtait, avec un sérieux extraordinaire, tous les plats qui passaient devant lui. Il mangeait peu, en effet; mais le bien manger devait être une des préoccupations dominantes de sa vie, puisqu'elle n'était point détournée par la situation probablement assez grave où il se trouvait.

Les vins furent à l'avenant des plats, c'est-à-dire exquis, et le docteur y fit largement honneur, sans en paraître *ému* le moins du monde. Auprès de ce grand coffre béant que rien ne semblait pouvoir déborder, j'étais le plus pitoyable convive. Dès le premier service, j'étais rassasié, tandis qu'il ne faisait que se mettre en train, et je comparais intérieurement ma petite organisation avec celle du descendant des Romains de la décadence. Je remarquais en lui, la sensualité italienne, protestation si frappante contre le régime d'appauvrissement et de stérilité dont est frappée cette terre fastueuse, et l'un me paraissait la conséquence de l'autre. Quand il y a de telles capacités pour consommer, l'esprit ou les bras doivent se lasser de produire.

Interrogé par le docteur, je me défendis de lui dire à quoi je songeais, et combien j'étais étonné de voir de pareilles préoccupations de bien-être et de pareilles jouissances de réfection dans un pareil lieu de refuge, sous les pieds même de gens armés, prêts à s'emparer peut-être de nos personnes.

— D'abord, quant au dernier point, me répondit le docteur, cela est tout à fait impossible. Il faudrait que ces gens armés eussent découvert notre retraite.

— Quoi, m'écriai-je, quand la fumée de votre festin les enveloppe, vous croyez qu'ils ignorent où vous êtes?

— Ils ne l'ignorent pas, dit le prince. Nous n'avons pas la prétention d'être ici sans qu'on le sache; mais il est temps que vous sachiez vous-même dans quelle situation nous sommes. Voici le docteur qui a fait partie autrefois de la guérilla des frères Muratori, lorsqu'eux et lui étaient encore enfans. Pour ce fait, il fut condamné à mort, et je ne sache pas que la sentence soit révoquée; mais sa mère est à Frascati; il ne l'a pas vue depuis quinze ans. Il a su que je venais à Rome, il a voulu m'accompagner. Quant à moi, qui suis sujet de la terre d'Otrante, et par conséquent sujet du roi de Naples, j'ai été compromis dans les derniers événemens de mon pays, pour avoir parlé un peu librement de mon aimable monarque et bâtonné un de ses insolens lazzaroni. Menacé de la prison et d'un procès criminel, je vins me réfugier à Rome, où j'ai un frère cardinal, mais où j'eus l'imprudence de déblatérer un peu contre un autre prince de l'Eglise, qui m'avait volé une *amante*, et de donner des coups de pied dans le dos d'un mouchard qui m'ennuyait. Après quoi, je fus forcé d'aller m'établir à Florence; mais là j'eus le malheur de me plaindre de la garnison allemande et de me battre avec un officier que je tuai en duel. Je m'en allai en Piémont où je fus plus sage et plus tranquille; mais, ayant appris que mon frère le cardinal était gravement malade, je revins secrètement à Rome pour veiller sur mes intérêts dans la succession. Je trouvai mon frère guéri et peu sensible au plaisir très réel que j'en ressentais. Il me pria de m'en aller, pour ne pas le compromettre, et comme, retenu par une petite affaire de cœur qui m'était survenue, j'hésitais à suivre son conseil, il laissa dénoncer ma présence chez lui, non dans l'intention de me livrer, mais avec celle de me forcer de déguerpir; car il me prévint à temps de la nécessité de le faire. Or, cela ne m'était pas possible, au point où j'en étais avec certaine dame, et je la décidai à venir passer

incognita quelques jours à Frascati, où je reçus asile chez la mère du docteur, ici présent ;
mais je n'étais pas caché là depuis vingt-quatre
heures, que mon frère mit à mes trousses des espions à lui, chargés de nous inquiéter ; et, parmi
ces braves gens, il y avait un certain Masolino et
un certain Campani, deux coquins dont il paraît
que vous avez entendu parler... Donnez-moi un
peu de ce jambon, docteur, car il y a longtemps
que je parle sans essayer de manger, et je me
sens faible !

En disant ces paroles , il passa le jambon au
docteur chargé de le couper en menues tranches,
puis il continua :

— On ne voulait pas nous arrêter ; mais on me
menaçait de compromettre la personne qui m'intéressait, et de faire sérieusement au cher docteur un mauvais parti. Le docteur connaissait
particulièrement le fermier Felipone ; il avait
sauvé la vie d'un de ses neveux, sans vouloir être
payé. Il le pria de nous cacher dans une des
chambres délabrées de ce manoir. Felipone se
montra reconnaissant et dévoué. Il ne pouvait
nous loger dans l'intérieur du château dont il
n'est pas le gardien ; mais la partie extérieure, la
terrasse, où nous voici, est confiée à sa garde,
ainsi que les jardins dont elle est censée faire
partie. Lui seul savait que ce lieu est habitable
et encore solide, malgré l'accident dont vous
voyez là-bas les effets , et qui avait décidé
l'intendant, il y a une douzaine d'années, à faire
étayer le fond, puis murer solidement toutes les
ouvertures, afin de condamner cette partie com-
promise de l'édifice. On ne savait déjà plus, dès
lors, qu'une sortie souterraine avait existé au centre : elle avait été murée aussi, nous ne savons à
quelle époque, peut-être après le saccage du
château par les Autrichiens, afin que ceci ne devînt pas un repaire de voleurs.—Mais je suis fatigué de raconter ; aidez-moi donc, docteur ; vous
ne faites que manger ! Que vous êtes heureux d'a-
voir toujours faim ! Est-ce que les faisans sont
passables ? Me conseillez-vous d'en manger une
aile ?

— Je vous en conseille deux, répondit le docteur ; ils sont excellens ! Ayant servi le prince, il
continua sa narration :

— Le local que vous voyez était donc, et
est encore réputé inabordable, dangereux, condamné, impossible. Mais voilà qu'un beau matin, Félipone, en plantant un arbre devant sa
maison , découvrit une voûte. Le compère se
crut possesseur d'un temple antique, ou tout
au moins d'un *columbarium*. Ce n'était pas
cela, mais bien une galerie qu'il ouvrit secrètement, et en travaillant de nuit, pour n'être pas
troublé dans la possession des trésors qu'il espérait découvrir. Il suivit ce vaste couloir, et,
après avoir marché longtemps en droite ligne et
en montant assez rapidement, il se trouva dans
le joli péristyle où vous avez vu nos chevaux.
Seulement l'issue en était bouchée, et il s'imagina
de la percer et de la déblayer, car il ne savait
pas bien où il était. Le temps lui avait paru long ;
il se flattait peut-être d'avoir retrouvé une dix-
septième maison d'Horace, la seule, la vraie,
celle des Tusculanes.

Quand il se vit dans la cuisine papale de Mondragone, il se sentit très désappointé. Néanmoins,
il se fit un malin plaisir de posséder là un monument qu'il pouvait exploiter auprès des touristes,
sous le nez de Mme Olivia, gouvernante et gardienne du reste du château. A force de fureter, il

découvrit également la curieuse machine par où
vous êtes entré ici, et qui, depuis longtemps, était
une tradition perdue. Elle ne tournait plus ; il la
répara lui-même, et, maître désormais de faire
pénétrer ses voyageurs dans tout le manoir, sans
la permission de sa rivale, il se promettait d'en
tirer parti, lorsque ma demande d'asile lui arriva
et le décida à garder le silence sur sa trouvaille,
tant qu'elle pourrait m'être utile. Il se hâta de
transporter ici tous les objets nécessaires à notre
installation, et voici ce qui vous explique ce mobilier, ces ustensiles, cette vaisselle, vestiges vénérables échappés au sac et à l'incendie du château
par les Autrichiens. Ces tapisseries ont peut-être
orné jadis la chambre de Paul III. Quant à ces
fleurs, à ce myrte taillé et à la statuette qui or-
nent cette table, c'est une gracieuseté de Mme
Félipone, laquelle, non contente de se charger
de nos provisions et de nos emplettes, s'ingénie
à nous entourer d'un luxe naïf. *La donna !* s'é-
cria-t-il avec un enthousiasme enjoué, en avalant
un grand verre d'orvieto, c'est la providence de
l'homme, c'est l'ange du proscrit et le salut du
condamné !

Le prince plaisanta un peu le docteur sur l'ardente sympathie de Mme Felipone. Il y eut entre
eux, en italien, un colloque assez curieux et
plein de caractère indigène. Par un côté, celui de
la charité du docteur sauveur de l'enfant, et par
la gratitude des parens, sauveurs, à leur tour, du
bienfaisant médecin, la situation était logique et
touchante ; mais, par un autre côté, celui des
idées trop philosophiques du docteur, usant et
abusant de cette reconnaissance jusqu'à tromper
le bon et dévoué Felipone, cette situation redeve-
nait toute réaliste, toute italienne.

Je fis la sourde oreille pour n'avoir pas à faire,
hors de propos et sans utilité, le puritain et le
pédant. Je comprends tous les entraînemens possibles ; mais j'étais choqué de les entendre a-
vouer devant moi avec si peu de scrupule et de
retenue.

XXXVII.

— A présent que vous connaissez nos *circonstances*, continua le docteur, il faut vous avouer que
votre arrivée à Mondragone nous a passablement
gênés et contrariés Nous y étions depuis huit
jours, et nous y étions bien. Pouvant pénétrer à
toute heure dans l'intérieur du château, sauf à
battre en retraite par le petit cloître, en cas d'une
ronde de Mme Olivia, nous étions plus libres et
plus gais. Depuis que vous vous êtes emparé de
notre promenoir, il nous a fallu aller prendre
l'air, à nos risques et périls, sous divers déguisemens, dans les jardins et dans la campagne ; mais
tout allait passablement encore, et le prince avait
décidé la signora qui s'intéresse à la fuir avec
nous, lorsque le cardinal s'est imaginé de s'opposer à une visite domiciliaire que l'on voulait
faire à Mondragone et que nous appelions de
tous nos vœux, n'ayant rien à en redouter dans
ce sanctuaire du *terrazzone*.

J'interrompis le docteur pour m'accuser d'être
encore la cause innocente de cette contrariété.

— Non, non, reprit-il, le cardinal n'est pas
homme à s'intéresser à vous à ce point-là. Il
aime trop les Allemands et les Russes pour ne
pas détester les Français. Il m'a étendu sur vous
sa protection que parce que vous pouviez lui servir à cacher le véritable motif de sa conduite.

Mais cet ordre de respecter l'intérieur du palais aurait pu vous coûter cher, puisque, ne sachant nullement que nous étions à même de fuir par des chemins invisibles, il nous a tous exposés à un blocus interminable de la part de l'autorité locale, laquelle comptait se venger de la privation de nous coffrer par le plaisir de nous affamer.

Les choses en étant venues à ce point, nous n'avons pas voulu que vous fussiez victime de nos méfaits. Les vôtres ne nous regardent pas, et nous avons résolu de fêter avec vous la cérémonie des adieux à ce respectable asile de Mondragone, que nous ne reverrons peut-être jamais, et où, en somme, nous n'avons pas beaucoup souffert. J'ai dit, *Amen!* Et à votre santé, fit-il en élevant gaîment un grand verre qu'il vida d'un trait.

— Je ne saurais dire avec vous, observai-je au docteur, que je n'aie pas souffert du tout. Depuis quelques jours, je m'ennuyais effroyablement dans ma solitude, et si j'avais été assuré de votre voisinage, j'aurais travaillé plus assidûment à me frayer un passage jusqu'à vous.

— Ah! vous y avez travaillé plus que nous ne voulions! Nous vous avons fort bien entendu miner du côté de l'écroulement. Ce diable de Français, disions-nous, est capable de nous enterrer tous sous la grande voûte. On ne sait pas ce que, dans l'état où elle est, un caillou dérangé dans son équilibre accidentel peut nous causer d'embarras. Heureusement, la masure a résisté à vos coups de pic ou de pioche; mais peut-être était-il grand temps de vous ouvrir la porte.

— C'est vous dire, ajouta le prince, que vous ne nous devez aucun remercîment pour notre invitation, puisque nous ne pouvions, ni vous laisser exposé à mourir de faim, ni vous permettre de continuer à piocher dans nos vieux murs. C'est à nous, à nous seuls, d'être reconnaissants de la confiance avec laquelle vous êtes venu à nous et du plaisir que nous procure votre société.

Cette confiance que l'on me témoignait, à moi, me mit plus à l'aise que je ne l'avais encore été; aussi je pensai devoir me montrer plus expansif, et j'y étais disposé pour le cas où l'on m'interrogerait; mais on me parut savoir tout ce qui me concerne, et le docteur m'adressa une seule question, à laquelle précisément je ne pus répondre avec sincérité.

— Pourquoi, diable! me dit-il un peu brusquement, avez-vous été vous imaginer de toucher à cette madone de Lucullus?

— Et comment, diable, répondis-je, pour éluder la réponse, êtes-vous informé de cette sotte histoire?

— Parce que nos gens ont été à Frascati tous les jours avant notre blocus, dit le prince, et que, d'ailleurs, Felipone nous tient au courant des contes et nouvelles du pays.

— Rangez donc parmi les contes cette absurde aventure: je ne sais pas moi-même ce qu'elle signifie.

— Vraiment? reprit le docteur: Eh bien! moi, je l'avais expliquée d'une manière ingénieuse, toute conforme à un souvenir qui m'est personnel, et j'en serai, à ce qu'il paraît, pour mes frais d'intelligence. Figurez-vous que, dans ma petite jeunesse, à Ravenne, j'avais une petite amoureuse à qui son confesseur défendit de se laisser embrasser. Comme elle retombait plus souvent que de raison dans ce péché mortel, elle crut se fortifier contre le tentateur par un vœu. En conséquence, elle passa son chapelet au col d'une vierge de faïence émaillée (c'était, Dieu me pardonne, un ouvrage précieux de Luca Della Robbia!) et elle fit serment de ne pas me laisser baiser ses lèvres tant que ce chapelet resterait là. Elle me laissait prendre d'autres libertés innocentes, comme de baiser ses mains, ses joues et même sa petite épaule rose; mais la bouche se détournait de la mienne avec effroi, et cela dura bien trois jours, au bout desquels elle m'avoua l'engagement qu'elle avait pris. Aussitôt, sans lui rien dire, je courus à la chapelle en plein vent, où le chapelet flottait au cou de la madone, et, dans ma précipitation, je ne vis pas que l'émail était fêlé; je tirai le collier un peu brusquement: la tête tomba, et je pris la fuite. Heureusement, je n'avais pas été vu, et je pus embrasser ma maîtresse sans avoir affaire à l'inquisition. »

Je ne fis point d'éloges au docteur sur sa perspicacité. Je me bornai à trouver l'histoire très intéressante, et il n'insista pas pour faire un rapprochement entre son aventure et la mienne. Le vin lui déliait la langue, et il était plus pressé de me raconter vingt anecdotes pour son propre compte que de m'arracher l'aveu de la mienne. Pourtant, j'aurais bien désiré, en ce moment, qu'il sût quelque chose de Daniella, et qu'incidemment, il pût me donner de ses nouvelles; mais, pour rien au monde, je n'aurais voulu parler d'elle à un homme qui parlait si follement de l'amour.

— Vous devriez bien, me dit le prince, quand nous aurons fini de dîner, esquisser un souvenir de cette grande salle et de ce campement comique, éclairés comme les voilà. Plus tard, si vous voulez bien me permettre de vous faire une commande, je vous prie de m'en faire un tableau. Ce lieu me sera toujours cher. J'y ai été heureux dans mes pensées, bien que tourmenté d'esprit et malade de corps. Quant à vous, malgré vos ennuis, vous devez le chérir aussi... Je ne vous demande rien... pas même *son* nom; mais *elle* m'a semblé bien jolie.

— Vous l'avez donc vue? s'écria le docteur.

— Oui! le jour où j'ai failli être surpris dans le cloître par M. Valreg. J'avais vu entrer... Mais tenez, docteur, il est comme moi; il a un sentiment sérieux dans le cœur, et nous ne devons pas lui parler de celle à qui nous avons eu l'obligation de pouvoir fumer nos cigares dans les cours et les galeries du château presque tous les soirs. N'est-il pas vrai, ajouta-t-il en s'adressant à moi, que, de six heures de l'après-midi à six heures du lendemain, vous ne sortiez pas du Casino, puisqu'elle y était? Mais, depuis le blocus, il paraît qu'elle n'a pu venir, car vous avez été sur pied, trottant partout et à toute heure avec une insistance...

— Je vois que vous étiez très au courant de mes habitudes; mais pourquoi vous êtes-vous méfié de moi au point de me cacher les vôtres?

— Nullement, mon cher; j'avais de la sympathie pour vous sans vous connaître. J'aimais votre talent...

— Mon talent? Je n'ai pas encore de talent; et d'ailleurs...

— Vous croyez que je n'ai rien vu de vous? Eh bien, sachez que, tous les soirs, nous nous amusions, pour que nous couchions tard, à aller voir, dans votre atelier, ce que vous aviez fait dans la journée.

— Et moi qui me croyais si seul!

— On n'est jamais seul; mais vous avez cru l'être, et nous n'avons pas voulu troubler les délices de vos tête-à-tête; j'aurais peut-être été moins discret et plus taquin, dans d'autres momens de ma vie ; mais, étant passionnément amoureux pour mon compte..... Un bâillement de digestion laborieuse coupa si drôlement le mot *passionnément* articulé par le prince, que j'eus peine à m'empêcher de rire.

Le docteur s'en aperçut. — Vous croyez qu'il plaisante ? dit-il. Eh bien ! pas du tout. Ce paresseux, ce gourmand, ce malade, ce blasé, ce voluptueux, cet excellent prince a encore des passions romanesques ; et, pour le moment... D'ailleurs, en voici bien la preuve, ajouta-t-il en me montrant les voûtes fendues et crevassées : nous sommes là dans une cave qui suinte et qui craque ; moi, j'y suis venu pour pouvoir embrasser ma mère : il n'y a pas d'autre femme au monde pour qui je me résignerais à passer trois jours sans voir le soleil. Mais lui, avec son mauvais estomac, son lombago, ses habitudes de mollesse et de luxe, il aurait été capable d'y passer trois ans pour attendre la décision de la dame de ses pensées. Dieu merci, la voilà résignée à l'enlèvement ; car c'en est un, mon cher, et vous allez être enrôlé dans la garde de la *Princesse voilée !* J'allais dire volée ! Voyons, prince, quel grade donnerons-nous à notre jeune artiste dans le corps d'armée de la divine...

— Ne buvez plus, docteur, dit le prince avec un mouvement d'humeur ; vous avez failli la nommer !

— Oh ! que non ! dit le docteur en faisant la pantomime de cadenasser ses lèvres. Depuis quand donc le docteur ne peut-il pas boire impunément tout ce qu'une table peut porter de bouteilles ?

—Quant au grade à donner à notre nouvel ami, reprit le prince, je le nommerai colonel d'emblée ; car il a fait ses preuves. Savez-vous, monsieur Valreg, que votre aventure sur la *via Aurelia* a fait du bruit, je ne dirai pas dans Rome, c'est une grande cuve qui s'étouffe, plus que celle où nous voici, le son de la voix humain ; mais dans la région privilégiée où l'on peut parler de quelque chose, voire de ce qui se passe sur les chemins ? Il paraît que vous avez endommagé la cervelle d'un sujet utile à la police, qui, en ce moment-là, commettait l'indiscrétion de travailler pour son compte à détrousser les voyageurs. Il a été réprimandé, menacé et pardonné. C'est, à ce qu'il paraît, un homme précieux pour découvrir les transfuges. C'est lui qu'on a mis sur nos traces ; mais, là encore, il a voulu travailler pour son propre compte en se vengeant de vous par de fausses dénonciations.

— On nous a parlé aussi, dit le docteur, d'un certain Masolino et d'un autre animal *ejusdem farinæ*, qui vous guettait, vous, et que nous sommes venus à bout, nous autres, de dépister en ce qui nous concerne. On l'appelle, je crois, Tartaglia.

— *Excellence ?* dit Tartaglia, qui était officieusement occupé à laver les verres dans la fontaine et qui, entendant prononcer son nom, crut qu'on l'appelait.

— Ah bah ! c'est lui ? s'écrièrent le prince et le docteur en éclatant de rire. Ah ! mais vous êtes dupe, monsieur Valreg, et vous avez là, à vos trousses, la pire canaille du pays.

J'eus beau vouloir défendre la bonne foi du pauvre Tartaglia à mon égard, l'exclamation du docteur avait été entendue du cuisinier Orlando, qui s'écria à son tour : *Cristo !* si je ne craignais

de manquer mon omelette soufflée, je ferais vite du feu avec la carcasse de ce traître !

— Un espion ! un espion ! hurla le marmiton, en basse-taille.

—Un espion ! reprit, d'une voix de ténor, le valet de chambre.

— Un bain ! un bain pour monsieur ! ajouta en fausset le groom Carlino.

L'idée eut un grand succès. L'homme que j'avais vu auprès des chevaux, et qui n'était autre que le domestique du docteur, se mit de la partie, et, en un clin d'œil, Tartaglia fut saisi et emporté comme un paquet pour être baigné, noyé peut-être, dans le grand réservoir. Je fus forcé d'intervenir et de l'arracher, non sans peine, à ce danger. Je vins à bout d'expliquer et de motiver la confiance que j'avais en lui, et le prince prononça sa sentence de grâce, ce qui fit murmurer sa maison contre moi.

— Eh ! que vous importe ? leur dit le docteur. Dans deux heures, nous ne serons plus ici, et, qu'il le veuille ou non, ce vaurien sera forcé de nous suivre jusqu'à ce que nous ayons passé la frontière.

— Oui, oui, passons la frontière, mes benoîtes excellences ! s'écria Tartaglia égaré, et plus transi par la peur qu'il ne l'eût été par le bain dont on l'avait menacé. Il parvint à désarmer le docteur, qui avait envie de lui administrer au moins quelques coups de cravache pour contenter les gens du prince. Tartaglia le fit rire par sa mine burlesque et ses lamentations à la Sancho.

— Hélas ! mon doux Sauveur Jésus ! disait-il d'une voix étranglée, moi qui me promettais de si bien dîner ! Ces chers messieurs, que le ciel bénisse, m'ont fait à fait coupé l'appétit, et voilà que je jeûnerai ce soir, moi qui ne songeais pas à me mortifier !

— Je vous promets, dis-je au prince, que, s'il tient parole, il sera bien assez puni. Quant aux inquiétudes qu'il peut causer à vos compagnons, je désire les faire cesser, et je donne ici ma parole d'honneur de lui casser la tête encore mieux qu'au signor Campani, si, pendant votre fuite, il commet la moindre perfidie, ou seulement la moindre imprudence.

Malgré mes promesses, dont on paraissait ne pas se méfier, il fallut souscrire à un arrangement. Tartaglia fut, par l'ordre du docteur, hissé dans une niche de la muraille qui avait autrefois servi de garde-manger ou de chapelle, à vingt pieds au-dessus du sol. Puis on retira l'échelle. Il prit assez bien la plaisanterie ; il pouvait s'asseoir commodément et ne craignait guère le vertige. Au bout d'une heure, il avait réussi, par ses lazzis et ses supplications comiques, à égayer les valets, qui lui passèrent les reliefs de leur festin au bout d'une broche.

Cet incident avait fait manquer l'omelette soufflée, au grand désespoir d'Orlando ; mais il s'en consola, au dessert, par le succès d'une pièce montée, au sommet de laquelle se balançait un perroquet en sucre.

Le fermier Felipone arriva pour en prendre sa part. C'est lui qu'attendait le quatrième couvert. Il refusa de faire revenir les plats : il avait dîné. Sa femme était auprès de la *signora*, qui faisait ses apprêts pour partir et qui viendrait, au dernier moment, prendre seulement une tasse de thé. J'appris ainsi que la dame enlevée, ou sur le point de l'être, était domiciliée secrètement dans une des petites villas situées au bas de l'allée de cyprès, de l'autre côté du chemin qui mène à Frascati, ce qui avait permis au prince de la voir tous les jours chez Felipone ; mais, depuis le blocus, leurs entrevues avaient été plus rares et plus difficiles, Felipone étant, non pas soupçonné, mais surveillé.

Felipone marquant quelque étonnement de me voir, on lui expliqua ma présence, et on me présenta à lui comme un ami de plus à faire évader.

— Ah ! oui-dà ! dit-il en me regardant avec bienveillance : c'est notre jeune peintre, l'habitant du *Casino*, le bien-aimé de ....

Je mis ma main sur la sienne, il sourit et se tut. Un instant après, comme le prince et le docteur causaient ensemble, je pus dire à l'oreille du fermier :

— Comment va-t-elle ? Pouvez-vous me le dire ?

— Bien, bien, jusqu'à présent, répondit-il ; mais elle ira mal demain, quand elle vous saura parti.

— Croyez-vous que je puisse la voir ce soir ?

— Non ! Impossible de circuler dans les jardins ; les carabiniers sont partout.

— Mais vous, êtes-vous bloqué aussi ?

— Non ; je pourrai aller demain à Villa-Taverna. Que lui dirai-je de votre part ?

— Que je reste et que j'attends sa guérison, car elle est ma femme devant Dieu !

— A la bonne heure ! Mais si j'y consens ! dit l'aimable homme en riant ; car je suis la clé du terrazzone, moi, et pour que vous ne mouriez pas d'étisie, il faudra bien que je vous fasse passer des vivres. Allons ! c'est une affaire arrangée. Je n'aime pas madame Olivia, qui est une personne *sofistica* ; mais vous, je vous aime, à cause de la Daniella, qui est ma filleule, et une sainte fille, monsieur, une fille que le monde ne connaît pas, et que vous faites bien d'aimer en galant homme.

Je vous laisse à penser si, à partir de ce moment, je me sentis de l'amitié pour le bon Felipone. C'est un homme gras et court, à figure ronde et à chevelure crépue et frisottée. Sa face rit toujours, même en disant des choses sérieuses ; mais ce rire n'est pas celui de l'hébétement ; c'est une gaîté optimiste et sympathique. J'en voulus intérieurement au docteur de tromper cette âme ouverte et confiante. Il est vrai qu'il pouvait pallier son tort à sa manière, en alléguant l'impossibilité de troubler par des soupçons la quiétude bienveillante de cette heureuse nature d'homme.

— Allons prendre le café au *salon*, nous dit le prince en se levant ; et vous, mes amis, dit-il à ses gens, mangez bien et ne buvez pas beaucoup ; nous avons des précautions à prendre pour sortir d'ici, et une longue route à faire sans débrider.

— Ah, çà ! dit Felipone en s'asseyant sur un des fauteuils qu'il avait prêtés à ses hôtes, tout est bien convenu ? J'ai amené moi-même le cheval de la *signora* ; elle viendra ici sur mon bidet, que je prendrai ensuite pour vous accompagner, car je ne veux pas vous quitter avant que vous soyez hors de danger.

Et, comme je m'étonnais de la présence de ces chevaux, qu'il me semblait plus logique de ne prendre que dans la campagne, on m'expliqua qu'au bas de la galerie souterraine qui descend sous l'allée de cyprès, il y avait de l'eau, en ce moment, jusqu'à mi-jambes.

— Quand nous serons là, je vous prendrai en croupe sur mon bidet, dit Felipone ; il est de force à porter double charge.

— Vous oubliez, lui dis-je, que je ne pars pas, moi !

— Vous ne partez pas ? s'écria le docteur.

— Vous ne partez pas ? répéta le prince.

— Non, reprit Felipone, et il a raison. Je me charge de lui jusqu'à nouvel ordre ; mais il ne refuse pas de vous accompagner avec moi un bon bout de chemin, car les amis sont les amis, et s'il y a quelque groupe de carabiniers en travers de votre fuite, il est bon d'être en force.

— Non, non ! dit le prince. Pourquoi l'exposer à des dangers... Je ne veux pas !

Je le priai de ne pas formuler un refus blessant pour moi ; je sentais bien que l'honneur me déliait de mon serment envers Daniella. L'amour ne peut pas prescrire une lâcheté. Je m'expliquai si nettement sur le plaisir que j'éprouvais à faire mon devoir en cette circonstance, que le prince céda, en me serrant cordialement la main.

— Je vous verrai avec regret revenir ici, me dit-il. La situation n'est pas bonne pour vous. Tant que nous y sommes, mon frère le cardinal maintient sa défense de laisser pénétrer dans le château ; mais dès qu'il nous saura partis, il se fera volontiers arracher la permission de faire ouvrir les portes. On s'emparera de vous, et il entrera fort bien dans les idées de mon frère de vous sacrifier. Vous pourrez bien alors expier, par une captivité plus dure que celle de Mondragone, le hasard qui nous y rassemble.

— Ne craignez rien, excellence, dit Felipone ; je le logerai ici ; il gardera les meubles, et je m'arrangerai, d'ailleurs, pour qu'on le croie parti avec vous. Si on fait alors une visite de police dans le château, tant mieux ; je réponds de lui, s'il quitte le Casino pour le terrazzone.

— Je m'abandonne à vous, répondis-je ; je ferai ce que vous voudrez, pourvu que je reste.

CHAPITRE XXXVIII.

Le café fut exquis et les cigares de contrebande de premier choix. Tout en fumant, nous échangeâmes quelques mots sur la politique, chapitre qu'il est impossible de ne pas aborder, dès qu'un lien de sympathie met quelques hommes en rapport les uns avec les autres. J'évitai pourtant d'avoir une opinion qui pût blesser celle de mes hôtes. J'étais plus curieux de savoir la pensée de ces Italiens bannis et persécutés, que désireux de faire prévaloir la mienne.

Je remarquai, au bout d'un instant, que le prince et le docteur n'étaient nullement d'accord sur les moyens de sauver l'Italie. Plus logique et plus courageux d'esprit que son ami, le docteur voulait renverser les vieux pouvoirs. Le prince, aussi hardi de caractère que timide de principes, ne s'en prenait qu'aux abus, et rêvait un retour à l'Italie de Léon X et des Médicis, sans vouloir avouer que ces abus avaient pris d'autant plus d'essor et de licence, que Rome et Florence avaient eu plus d'éclat, d'artistes, de luxe et d'aristocratie. Quant à son gouvernement napolitain, il en parlait avec horreur et mépris, mais sans pouvoir admettre l'idée de remplacer l'autorité absolue par une Constitution démocratique. Il avait vu la populace de son pays se faire l'exécuteur des hautes-œuvres de la tyrannie, et il ne pouvait sacrifier la répugnance trop fondée du fait à l'enthousiasme du principe. J'en concluais, en moi-même, que là où les natures bienveillantes et sincères comme celle de ce prince, avaient le peuple en aversion, c'était la faute du peuple, et qu'un criterium de l'état de maturité de la démocratie d'un pays, devrait être la confiance qu'elle inspire aux esprits élevés ou aux cœurs aimans. On pourrait dire à un peuple : Dis-moi de qui tu es aimé, et je te dirai qui tu es. Je crois que De Maistre a dit « qu'un peuple a » toujours le gouvernement qu'il mérite d'avoir. »

Du reste, en défendant la légitimité des droits et priviléges de la noblesse et de la royauté, le prince tombait dans l'inconséquence de faire gracieusement bon marché des siens propres, devant la supériorité de l'esprit, du talent et de la science. Il alla même jusqu'à dire, avec un air de candeur modeste, que j'étais quelque chose de plus que lui, parce que j'avais du talent, tandis qu'il ne savait que danser, improviser sur la guitare et monter à cheval. Je ne me laissai pas enivrer à la fumée de cet hommage que j'ai entendu déjà décerner, par les nobles et les riches bien élevés, aux moindres artistes. C'est une banalité de bon goût, dont ils ne pensent pas un mot et qui ne leur coûte pas plus que de dire des choses galantes aux femmes laides et vieilles. Cela fait partie de leur savoir-vivre et du charme de leurs grandes manières.

Il serait possible, pourtant, que ce prince fût de bonne foi jusqu'à un certain point dans sa modestie. Il n'a rien de la perfidie moqueuse contre laquelle un plébéien prudent doit toujours être en garde. Il est d'une inconséquence naïve et me fait assez l'effet de ces grands seigneurs français du siècle dernier, qui portaient aux nues les écrivains philosophiques, mais qui ne devaient jamais accepter la résultante de leurs idées.

Quant au docteur, c'était une autre théorie, plus logique à certains égards, mais qui péchait en sens inverse. Démocrate par naissance et par sentiment, il avait eu, dès sa première jeunesse, son rêve d'héroïsme, et il avait fait ses preuves de bravoure et de dévouement absolu à la patrie; mais, dans son âge mûr, il me semble avoir contracté ce que j'ose appeler les vices des héros : l'intempérance dans la volupté, et l'immoralité égoïste des passions brutales. Le prince, impatienté de l'entendre parler des vertus républicaines, lui reprochait, en homme qui le connaissait bien, d'être bon, vaillant et dévoué par tempérament et non par principe ; d'avoir la conscience large à certains égards, par exemple d'être capable de trahir son meilleur ami pour lui prendre sa maîtresse ou lui débaucher sa femme; de préférer la table à l'étude de la science, de croire à peine en Dieu ; enfin de ne pas valoir mieux que lui-même.

A quoi le docteur répondait que les vertus républicaines n'avaient rien de commun avec les vertus privées; que l'on ne devait même pas exiger d'un glorieux patriote l'étroite moralité d'un bon bourgeois; qu'il fallait tout pardonner (il disait presque tout permettre), à celui qui sauvait la patrie avec l'épée ou avec la parole; enfin que la grande affaire des Italiens n'était pas d'être sages et réguliers dans leurs mœurs, mais d'être braves et de chasser l'étranger. Soyons Italiens d'abord, et puis nous tâcherons d'être hommes !

Il me semblait qu'il mettait la charrue devant les bœufs, et que, pour reconstituer une patrie, il eût fallu d'abord être capable de constituer une société.

La discussion ne fut pas assez longue pour m'ennuyer; elle le fut assez pour me permettre de lire clairement dans l'âme de ces deux hommes à qui l'excitation d'un bon repas donnait le besoin de se résumer. Le prince, après avoir fumé son cigare, sortit de son sofa et de sa position horizontale pour s'inquiéter de l'heure, des apprêts du départ et de la dame de ses pensées qui n'arrivait pas, et pour laquelle il avait fait servir une espèce d'ambigu sur la table nettoyée et couverte de fleurs.

—Il n'est que dix heures, lui répondit le docteur en s'asseyant au piano. Elle viendra dans une heure au plus tôt. Voulez-vous, pour vous faire prendre patience, que je vous joue mon étude de Bertini ?

—Allez ! je vous écoute, dit le prince, qui se recoucha et s'endormit.

Felipone, qui admire le docteur en toutes choses, s'approcha et colla son oreille sur l'instrument pour mieux entendre. Le docteur joua avec aplomb, avec un bon rhythme et un bon sentiment, mais en faisant, sans sourciller, les plus épouvantables fautes d'harmonie, le tout avec la spontanéité d'instincts et l'absence de méthode qui caractérisent beaucoup d'Italiens, lui en particulier. Je ne pus m'empêcher de lui dire qu'il avait un talent merveilleux pour un homme qui ne se doutait pas de la musique. Il prit fort bien la chose, se mit à rire, avoua qu'il avait la passion d'entendre des sons et de taper en mesure sur quelque chose qui fait du bruit; puis il se mit à chanter avec volubilité tous les récitatifs comiques de la *Cenerentola*, passa au *Don Juan* de Mozart, et, emporté par le menuet du finale du premier acte, il dansa et mima avec Felipone, qui se prêtait à sa fantaisie sans y entendre malice, la scène de Mazetto avec Leporello. Le bon paysan essayait de sauter et de faire des passes, le docteur le bousculait, l'étourdissait et pensait à la Zerline dont il était le don Juan.

Tartaglia qui, malgré le pilori où on l'avait perché, avait réussi à manger comme Gargantua, se sentit tellement électrisé par la belle musique et la belle danse du docteur, qu'il se mit à imiter, tantôt la clarinette, et tantôt le basson, avec un grand succès. On l'applaudit, mais on lui refusa l'échelle pour descendre.

J'avais quitté le *salon* où le prince dormait au bruit des chants et de la danse, pour crayonner, selon son désir, un aperçu de la scène bizarre à laquelle les lourds piliers blafards et les sombres voûtes déjetées de l'édifice servaient de cadre. Je cherchais un endroit d'où je pusse voir les groupes principaux bien éclairés, les valets assis par terre autour d'un dîner copieux dont on ne devait pas conserver les restes, les maîtres groupés au fond, et Tartaglia enchâssé comme un saint dans sa niche. J'aurais voulu pouvoir arranger les choses de manière à compléter l'originalité presque énigmatique de cette composition, par la présence des chevaux au premier plan; mais c'était impossible, ils étaient placés trop au-dessous du sol.

Comme je les regardais du haut de l'escalier, je vis qu'il y en avait maintenant une douzaine. Je fus frappé de la beauté de la tête et des jambes de l'un de ces animaux, et je descendis quelques marches pour l'examiner. Il me semblait l'avoir déjà vu ; mais la physionomie d'un cheval ne vous reste pas présente comme celle d'un homme ; et, d'ailleurs, il avait le corps couvert d'un grand manteau. Je ne cherchai pas beaucoup à débrouiller ce souvenir. Je me mis à dessiner ce

que mon œil pouvait embrasser dans la composition fortuite du tableau.

Pendant que j'étais ainsi occupé, deux femmes
étaient arrivées : l'une était la fermière des Cyprès, l'épouse de Felipone, la Zerline du docteur,
et, comme je le savais déjà par Daniella, l'ancienne amie, la Vincenza de Brumières; une petite femme brune, pâle et dodue, assez jolie et
très décidée.

L'autre était la dame voilée, toute en noir, la
taille cachée sous un mantelet court, et relevant
sur son bras une longue jupe d'amazone qu'elle
devait rabattre pour chevaucher. Son petit chapeau de velours noir, couvert d'un voile de den-
telle mis en double, était un chapeau de ville ordinaire. Elle paraissait arrangée de manière à
pouvoir fournir une course à cheval et voyager
ensuite en voiture sans être forcée de changer de
costume. Elle était donc si bien empaquetée qu'il
me fut impossible de voir si elle était belle ou
laide, vieille ou jeune. Son nom ne fut pas prononcé une seule fois autour de moi. Les domestiques et Felipone lui-même semblaient feindre
de l'ignorer : c'était la signora, rien de plus.

Le prince l'avait conduite au fond de la befana
et la servait lui-même. Elle mangeait la face tournée vers la fontaine. Sans doute elle avait relevé
son voile ; mais, eussé-je été curieux de voir ses
traits, la délicatesse me prescrivait de ne plus remettre les pieds au salon, et de rester à la distance où j'étais, distance assez considérable pour
ne pas me permettre de distinguer le son de sa
voix, au milieu de celles des autres.

Le prince apprécia mon savoir-vivre et vint
m'en remercier. Il attendit que mon croquis fût
terminé, puis il me demanda si j'avais des armes
au casino et si je ne jugeais pas à propos d'aller
les chercher. Vous savez le chemin à présent, me
dit-il, et vous n'aurez qu'à sonner pour rentrer
dans notre citadelle. Je vais vous montrer le secret de la clochette.

Je lui montrai, moi, la seule arme que je possède, mon fidèle casse-tête qui, dans une lutte
corps à corps, me semblait la défense la plus sûre.

—Vous savez pourtant vous servir d'un fusil
ou de pistolets, au besoin?

—Oui, j'ai chassé.

—Eh bien ! au besoin nous vous donnerons des
armes. Mais êtes-vous bien décidé à nous escorter? Felipone dit qu'infailliblement nous rencon-
trerons au moins quelques gens armés avant de
gagner les taillis qui conduisent à Tusculum, et il
fait un clair de lune désespérant. Il nous faudra
passer au milieu de l'ennemi, coûte que coûte...

—C'est pour cela que, pouvant vous être utile,
moi qui vous dois la liberté, et peut-être la vie,
je suis très décidé à vous escorter, que vous le
désiriez ou non.

—Mais il y a pour vous un autre péril à prévoir. Il vous faudra revenir et rentrer ici. Felipone répond de vous ramener sans encombre à
votre gîte; mais je crains, moi.....

—Mais alors ceci regarde Felipone et non Votre Excellence. Il est inutile qu'elle s'en préoccu-
pe. J'ai seulement à reconduire au casino ce pauvre diable de Tartaglia, à qui je rendrai la liberté
quand vous serez partis, puisque sa présence
autour de nous cause quelque inquiétude.

—Oui, je l'avoue, je ne saurais partager votre
confiance. Qu'il vous soit attaché, c'est possible,
mais il n'a pas de raisons pour ne pas nous glisser entre les jambes et aller avertir l'ennemi de
nous poursuivre. Il aurait même de fort bonnes

raisons pour le faire : d'abord la récompense attachée à notre capture, ensuite le plaisir de se
venger de la triste figure qu'il fait en ce moment
parmi nous.

—Pourtant le danger auquel il m'exposerait
moi-même en vous trahissant serait une garantie
de sa fidélité. Mais je n'insiste pas, car, après
tout, il n'est pas de ceux dont on peut répondre
sur son propre honneur. Ainsi, je vais le conduire
au Casino?

—Non pas ! Du Casino, il pourrait avertir ceux
qui nous gardent.

—Il est brouillé avec la police qu'il a mal servie en nous servant trop bien !

—Oh! alors, raison de plus pour lui de rentrer dans ses bonnes grâces, de parlementer, et
de mettre l'ennemi sur nos traces, sauf peut-être
à se faire promettre votre liberté en même temps
que la sienne. Il nous a entendus causer, il sait
quelle route nous prenons. Non, croyez-moi, il
est bien où il est. Il passera quelques heures
dans sa niche; il peut s'y coucher, et il aurait
beau crier, personne ne pourrait l'entendre arti-
culer une parole.

—Ne vous y fiez pas, on entend chaque note
de votre piano.

—Oui, du casino, mais non pas du terrazzone.
Il faut être placé plus haut que l'ouverture supérieure des cheminées; et comme, en ce moment,
nous désirons faire un bruit qui attire et concentre l'attention des carabiniers de ce côté-ci, pendant que nous quitterons la place, vous allez voir
qu'il faut un grand vacarme pour qu'ils s'en échappe seulement un peu au dehors. Voyons, il est
bientôt minuit, préparons-nous!—Mes amis, cria-
t-il à ses gens, voici le moment de plier bagage
et de brider les chevaux.

—Oui, oui, s'écria le docteur en arrivant vers
nous. Orlando, mon bijou, beaucoup de feu et
de fumée dans les cheminées, et vous, mes a-
mours, Antonio, Carlino, Giuseppe, tutti! concert
d'instrumens, chants, danses et tapage !

En parlant ainsi, le docteur s'empara de deux
couvercles de casseroles dont il se fit des cym-
bales.

—Tapage! tapage! s'écrièrent les valets en
s'armant, qui d'un tonneau défoncé dont il se faisait une grosse caisse, qui d'un sifflet, et qui du
reste de la batterie de cuisine. On chantait, on
criait, et tout cela en s'agitant pour fermer les
porte-manteaux et seller les montures que ce vacarme mettait en danse, surtout le beau cheval
noir que j'avais remarqué. En un instant, le cha-
rivari d'adieux à la befana de Mondragone devint
une ivresse. Tous ces Italiens sont adroits, agiles
et doués de ces grâces comiques si rares chez
nous, où le grotesque est presque toujours laid.
La scène des derniers préparatifs fut un ballet
général de toute la force des jambes, accompagné de chœurs de toute la force des poumons.

Felipone riait à se tenir les flancs, tandis que le
docteur embrassait la Vincenza plus qu'il n'était
besoin pour prendre congé. Le prince chantait la
messe en se faisant mettre son paletot et ses grandes bottes par Giuseppe, qui l'habillait en mesure
et en sautant d'un pied sur l'autre. Le docteur
soufflait dans une tige de roseau en imitant la
flûte et en s'arrosant fréquemment le gosier d'un
reste de liqueur. La signora, elle-même, comme
prise de vertige, frappait le piano d'une mazour-
ke échevelée. Tartaglia, voyant qu'on le laissait
là, se lamentait avec de grands gestes qui lui

8

donnaient l'air d'un capucin en chaire ; mais sa voix, étouffée par le bruit général, réduisait son éloquence à l'effet d'une pantomime pathétique.

Je n'étais pas bien persuadé de l'utilité de cette bacchanale. Je savais que la fumée des cuisines donnait aux carabiniers l'envie de fuir et de se disperser, plutôt que l'idée de se resserrer autour du château. C'était une imprudence gratuite que de leur apprendre l'existence d'un refuge réputé, jusqu'à ce moment, inaccessible ; mais il n'y avait pas moyen de se faire entendre, et je pris mon parti de chanter comme les autres l'heure du départ. J'étais électrisé par cette gaîté, à l'approche d'un combat regardé comme inévitable.

Enfin le silence se fit. Tout était prêt.—Maintenant, dit le docteur, pas un mot, et en route !

Je pus m'approcher de Tartaglia et lui dire de compter sur mon prompt retour. Nous descendîmes l'escalier, et le prince, ayant mis son héroïne en selle, fit la revue de sa petite troupe. Il fut convenu qu'on se placerait de suite dans l'ordre de marche, et que chaque cavalier s'y tiendrait et garderait ses distances avec une précision militaire. Le docteur se plaça en tête avec le cuisinier Orlando, qui réclamait ce périlleux honneur par droit d'ancienneté. Giuseppe, valet de chambre du prince, avec Antonio, domestique du docteur, se mirent au second rang. Le prince et la signora marchaient ensuite ; puis le gros groom Carlino et le petit marmiton suivaient comme deux pages. Je venais le dernier, portant en croupe Felipone, qui devait nous quitter à la ferme et prendre de là, à ciel ouvert, un chemin plus court pour s'en aller devant en éclaireur. Sa femme eut l'honneur de faire le trajet, jusque chez elle, en croupe derrière le docteur. Nous étions donc dix, en comptant la dame voilée, et en ne comptant pas la Vincenza qui ne devait pas nous suivre au-delà de la ferme.

Ne connaissant pas les aîtres, je ne compris pas beaucoup le plan que j'entendais adopter. Nous nous engageâmes, sans bruit et au pas, dans la galerie qui était jonchée de litière. C'est un couloir assez large et assez haut pour donner librement passage à deux cavaliers de front. Il est tout entier creusé dans le tuf tendre et compact, comme les catacombes romaines. Sa pente, qui suit celle du terrain, est si rapide que, sans la paille, nos chevaux eussent eu de la peine à ne pas glisser ; mais leur marche devint plus difficile quand nous rencontrâmes les longues flaques d'eau dont Felipone nous avait parlé. C'était la fin de l'inclinaison du terrain. Felipone sauta dans l'eau, prit sa grosse petite femme dans ses bras, et disparut par une ouverture latérale qui aboutit à la cave de sa maison.

Nous continuâmes à marcher lentement dans le chemin couvert qui se prolonge en dehors du parc, assez loin sous la campagne. Orlando portait une torche en avant. Malgré l'humidité de certaines parties de la galerie, la rareté de l'air rendait la chaleur étouffante ; le trajet durait depuis un grand quart-d'heure.

Tout à coup nous nous trouvâmes dans l'obscurité. Orlando avait éteint le flambeau ; il avait aperçu au loin devant lui un faible rayon de lune, qui fut bientôt visible pour nous tous. On fit halte. On était arrivé à une petite chapelle abandonnée, à demi-cachée sous les attérissemens, et qui s'ouvre sur la campagne, dans une prairie située entre Mondragone et les Camaldules.

Cette immense galerie souterraine, récemment découverte et déblayée par Felipone, avait donc pour portique une construction fermée, dépendante de sa régie et dont il avait les clés, sans que personne soupçonnât encore la brèche qu'il y avait faite à l'intérieur pour communiquer avec le souterrain. Il se trouvait arrivé là avant nous et tenait le passage ouvert, tandis que Gianino, l'aîné de ses neveux, montait la garde dans la prairie.

Nous mîmes pied à terre, et nous traversâmes la chapelle en tenant nos chevaux par la bride. Le pavé était, là aussi, couvert de litière. Cette sortie s'effectua sans bruit, sous les grands arbres fruitiers qui ombragent le petit édifice.

On se remit en selle dans le plus grand silence. Felipone prit, dans les buissons, un petit cheval pareil à celui que je montais, et qui avait été amené là d'avance, sous apparence de pâture. Il n'avait pour selle qu'une couverture, avec des étriers de corde attachés au surfaix. Le fermier l'enfourcha lestement et passa devant, après nous avoir dit de lui laisser environ dix minutes d'avance sur le chemin. Le docteur connaissait parfaitement la direction à suivre.

XXXIX.

Jusque-là, je ne m'étais guère rendu compte de ce que nous faisions. S'échapper un à un, ou deux à deux, sans bruit, en se donnant rendez-vous quelque part pour monter à cheval et fuir ensemble loin de la portée des carabiniers, m'eût semblé plus raisonnable que de sortir en corps de cavalerie ; mais, en regardant le site que nous traversions, et en me rappelant celui que nous avions à traverser, je vis que nous agissions pour le mieux.

D'abord, notre évasion à cheval était un fait si invraisemblable que, même en rencontrant de près notre petite troupe, les surveillans devaient hésiter à reconnaître en nous les captifs de Mondragone. Et puis le terrain que nous traversions était la continuation la plus favorable du chemin couvert. Ce n'était probablement pas par hasard que la chapelle s'ouvrait au seuil de cette petite gorge étroite et ombragée, dont le fond était envahi par une herbe marécageuse où le pas des chevaux ne soulevait pas de bruit et ne devait pas laisser de traces. Ces circonstances avaient dû être mises à profit, au temps où l'on avait ménagé cette sortie mystérieuse à la forteresse de Mondragone.

A cette époque, tout le trajet que nous avions à faire avant de sortir du territoire de Monte-Porzio, était probablement couvert d'arbres. Je me souviens que nous devions passer par Tusculum, dont les sommets sont maintenant entièrement nus, et que là, probablement, nous aurions à traverser, à toute bride et de vive force, un poste de gendarmerie. Je portai la main aux fontes de ma selle et m'assurai qu'elles étaient garnies de pistolets. Je m'arrangeai de manière à m'en servir librement au premier signal.

Felipone, parti en éclaireur, revint nous dire de continuer au pas le chemin sablonneux qui laisse les Camaldules à gauche et qui monte en droite ligne sur Tusculum. Il n'avait rencontré ni aperçu personne ; le passage était libre, et l'allure lente et calme était préférable à l'irruption brusque au galop, du moins jusqu'à nouvel ordre.

Nous traversâmes donc, sans hâte et sans encombre, la partie découverte du chemin frayé qui s'ouvrait devant nous, et nous gagnâmes, sans être signalés, les taillis à pic de la gorge située sur les derrières du théâtre de Tusculum.

Là, nous étions de nouveau complétement à couvert; le chemin étroit, très uni, mais rapide, ne nous permettait plus d'aller deux de front. Chacun arma le pistolet ou la carabine dont il était muni et eut l'œil sur sa droite; à gauche, il n'y avait que le ravin.

Le paysage étroit et tourmenté que nous arrivâmes à dominer était, à la clarté voilée de la lune, d'une tristesse morne. Ce chemin déjà si mélancolique durant le jour, prend, la nuit, un air de coupe-gorge qui eût pleinement satisfait Brumières.

Ce bois a été le faubourg de Tusculum, et le chemin qui le traverse est, comme je vous l'ai dit ailleurs, une voie antique; circonstance assez grave pour nous, car les pieds de nos chevaux commencèrent à résonner sur les polygones de lave, qui furent jadis le pavé des rues de la ville latine. Nous parvînmes néanmoins au pied de la croix qui marque le sommet de la citadelle tusculane, au milieu d'une solitude absolue. Là, nous nous arrêtâmes pour examiner le revers de la montagne que nous avions à descendre. Sur ce plateau découvert, nous étions abrités par l'ombre épaisse du massif de roches qui supporte la croix.

Je regardai la magnifique vue que j'avais contemplée au soleil couchant, le théâtre antique où, pour la première fois, j'avais rencontré, en habit de moine, ce docteur qui m'entraînait maintenant dans les périls de sa vie aventureuse, et les silhouettes, argentées par la lune, qui dentelaient l'horizon. C'était les sommets et les vallées que le berger Onofrio m'avait nommés; et, pour ne les avoir examinés qu'une fois, je connaissais déjà si bien le relief géographique du pays environnant, que j'eusse pu m'orienter tout seul et m'égarer fort peu.

Nous avions forcément rompu nos rangs pour nous abriter le long du rocher, pendant que Félipone descendait en avant pour faire une nouvelle reconnaissance. Je souffrais de voir cet excellent homme s'exposer tout seul pour les autres, et je demandai à l'accompagner. Le prince s'y opposa.

— Nous ne prenons pas ces précautions pour nous, dit-il à voix basse. Nous avons une femme avec nous; c'est pour elle seule que nous sommes si prudents; c'est pour elle que je consens à exposer Félipone. Si je connaissais les chemins, je prendrais sa place; mais je ne les connais pas, et c'est assez d'un homme en danger.

— Félipone sert la patrie, et le docteur, puisqu'il favorise l'évasion d'un patriote comme moi. S'il est assassiné, ce sera mourir au champ d'honneur! — Et, après ce mouvement d'égoïste enthousiasme, le beau gros docteur ajouta, avec un cynisme sentimental : — S'il ne revient pas, je jure de ne pas abandonner sa femme!

— Ne parlons plus, dit le prince. Malgré nous, nos voix s'élèvent. Silence tous, je vous en prie!

Il serait désagréable d'être surpris et massacrés, pensai-je, pour d'aussi mauvaises paroles que celles que le docteur vient de dire. Nous restâmes immobiles. Je me trouvais auprès de la dame voilée, dont le cheval, peu soucieux de l'ordre qui venait d'être donné, chassait avec bruit l'air de ses naseaux. Je pensais aussi, à propos de cette dame, qu'elle ne valait peut être pas le mal que nous nous donnions et le péril qu'affrontait en cet instant le brave fermier des Cyprès. Pour nouer une intrigue avec un ex-viveur qui n'était ni beau, ni jeune, ni bien portant, il fallait qu'elle fût un peu dans les mêmes conditions, ou qu'elle eût un intérêt de vanité ou de cupidité à s'enfuir avec lui.

Cette mystérieuse amazone me parut une personne nerveuse, impatiente de l'immobilité où il fallait se tenir. Elle tourmentait la bouche de son cheval et l'empêchait de se rasseoir. Deux ou trois fois elle le fit sortir de la ligne d'ombre qui nous protégeait, et cette inquiétude hors de propos m'impatienta moi-même.

Dans l'attente d'un absent en péril, les minutes semblent des heures. Je pouvais me condamner au rôle de statue, mais non empêcher mon cœur de battre et mon oreille de s'alarmer des moindres bruits. La nuit était si calme et l'air si sonore que nous entendîmes sonner la demie après minuit à l'horloge des Camaldules. La chouette, perchée sur une colonne du théâtre antique, répondait, d'un ton aigre, à un appel plus éloigné et plus aigre encore. — Puis, nous entendîmes une voix d'homme qui chantait vers le fond de l'humide vallée noyée dans la brume. Ce n'était pas la chanson du voyageur attardé qui éprouve le besoin de rompre autour de lui l'effrayant silence de la solitude : c'était comme un cantique lentement phrasé par une personne en prières. Aucune émotion dans cette voix mâle et douce, dont le calme contrastait avec nos muettes perplexités.

Enfin Félipone reparut.

— Tout va bien, nous dit-il. Marchons.

— Mais ce chanteur de cantiques? lui dit le prince, l'entends-tu?

— Très bien, et je connais sa voix. C'est un pieux berger qui chante au jour, comme les coqs, à minuit. Mais écoutez-moi. J'espérais que le brouillard monterait, et nous permettrait de prendre le galop sur la grande route; mais il ne fait que ramper à un pied de terre, et il nous nuit plus qu'il ne nous rend service. Je vous engage donc à ne point passer par Marino, mais à descendre par la traverse à Grotta-Ferrata. De là, nous gagnerons Albano par la rive du lac qui sera à notre gauche. Le chemin sera plus long quoique plus direct. Il est moins uni, et vous irez moins vite; mais nous serons presque toujours à couvert, et le pays est si sauvage, que, si nous y faisons quelque rencontre, ce sera avec des voleurs, gens bien préférables, pour nous, aux carabiniers.

— Accordé, dit le prince; marchons!

Nous descendîmes Tusculum à vol-d'oiseau, à travers un vaste champ en jachères qui s'est couvert de réséda, et dont le parfum violent commençait à donner des étourdissemens au prince lorsque nous en sortîmes, en passant dans un ruisseau qui nous remit sur le chemin frayé.

Ces petits chemins encaissés, bordés de haies en pleine liberté de croissance, rappellent assez, au clair de lune, les traines de mon pays. Au jour, cette pensée ne m'est pas venue, à cause de la différence des plantes fleuries qui en tapissent les talus; mais, la nuit, les mouvemens de ces petits sentiers ondulés, souvent traversés d'eaux courantes à fleur de terre, et ombragés de folles branches qui vous fouettent la figure, me rappelèrent ceux où, dans mon enfance, je faisais délicieusement et littéralement l'école buissonnière.

Nous marchions un à un, trottant, galopant ou reprenant le pas, selon les facilités ou les difficultés du terrain. Après Grotta-Ferrata, nous nous engageâmes dans une voie de traverse, au milieu des bois de châtaigniers, assez profondément encaissée entre les hauteurs de Monte-Cavo (*Mons albanus*) et celles qui encadrent le lac d'Albano. Dans cette région sauvage, nous ne fîmes d'autres rencontres que celles de couleuvres monstrueuses, qui s'ébattaient sur le sable des sentiers et qui fuyaient à notre approche. Le docteur, dont l'humeur guerroyante s'irritait de n'avoir eu aucune prouesse à faire, descendait de temps en temps de cheval, en dépit des représentations du prince, pour couper en deux, avec son coutelas de voyage, ces reptiles inoffensifs.

Au bout d'une heure de marche environ, il nous fallut, pour aller plus vite, mettre tous pied à terre dans une descente presque à pic. Chacun conduisait et soutenait son cheval par la bouche. Seule, la dame voilée resta sur le sien, dont le prince prit la bride. J'étais en ce moment derrière eux et pour ainsi dire sur leurs talons, le terrain ne me permettant pas de faire reculer mon poney romain, déjà très impatienté de ce mauvais chemin.

La dame, penchée sur le pommeau de sa selle, parlait, à voix basse, avec son illustre amant. La voix de celui-ci étant moins souple et ne pouvant se tenir à ce diapason, j'entendis qu'il s'obstinait à la conduire, et je compris qu'il insistait pour aller seule. Je compris aussi pourquoi elle désirait le dispenser de cette fatigue. Il n'en avait pas la force ; la vigueur de ses bras et de ses jambes n'était pas en rapport avec son dévoûment. En outre, il a la vue basse et les allures gauches. Il trébuchait à chaque pas et menaçait d'entraîner, dans sa chute, le cheval auquel il se pendait plutôt qu'il ne le soutenait.

Je n'osais offrir de le remplacer, et pourtant je voyais approcher le moment de la catastrophe. Elle fut heureusement sans gravité ; le prince tomba assis sur un talus ; le cheval chercha un instant son équilibre, le retrouva par un écart, et, pressé par l'amazone habile qui le dirigeait, arriva au fond du ravin pour repartir, en bondissant, sur une montée aussi rapide que la descente.

—Non! non! je n'ai aucun mal, me dit le prince que je m'étais empressé de remettre sur ses pieds. La *signora* est d'une pétulance ! Je vous en prie, mon cher, suivez-la. Ces chemins sont très difficiles et elle ne s'en méfie pas assez.

Je rendis la main à *Vulcanius*, c'est le nom du poney que Felipone m'avait prêté, et, dépassant ceux qui marchaient devant, j'atteignis la dame voilée et lui fis part, sans trop me soucier de lui être agréable ou non, des inquiétudes du prince. Elle ne me répondit pas; mais son cheval, comme s'il eût reconnu ma voix, se mit à me parler par ce demi hennissement qui exprime la satisfaction chez ces nobles bêtes ; et chose très bizarre, comme si le langage des animaux m'eût été soudainement révélé, comme si j'eusse compris, par une intuition mystérieuse, ce que me rappelait celui-là, je le reconnus moi-même, et retrouvai tout à coup son nom et le souvenir du service qu'il m'avait rendu. Aussi lui répondis-je gaîment, sans hésiter et sans me soucier d'être très ridicule : — Tiens, c'est toi, brave Otello.

— Oui, c'est Otello, répondit la dame voilée ; n'aviez-vous donc pas reconnu celle qui le monte ?

— Miss Médora! m'écriai-je stupéfait.

— Approchez-vous davantage, dit-elle, et causons pendant que nous le pouvons. Les autres sont loin derrière nous. Ne me faites pas de sermons, c'est inutile. Je suis déjà assez mécontente de ma situation. Sachez, en deux mots, mon histoire, comme je sais la vôtre. Je vous ai aimé, vous êtes le seul homme que j'aie aimé. Vous m'avez haïe ; par dépit, j'ai voulu aimer mon cousin Richard. Cela m'a été impossible. Il s'en est aperçu, il s'est piqué, il s'est éloigné. Nous avons quitté Florence au bout de quelques jours, et nous avons reçu, à Rome, la visite du prince, alors caché à Frascati, ce qui ne l'empêchait pas de venir me voir avec beaucoup de hardiesse. Cette hardiesse, cette situation aventureuse où il se trouvait, ont augmenté l'intérêt et l'amitié que j'avais pour lui, car il y a deux ou trois ans que je le connais et qu'il me fait la cour quand nous nous rencontrons. Je voulais, je veux me marier, et surtout me marier sans amour, uniquement pour avoir une position sociale et m'étourdir dans le monde. Je n'étais plus heureuse avec ma tante. Elle est folle ; elle était devenue jalouse de la très mince amitié filiale que j'accorde à son mari. Je n'ai pu supporter l'ombre d'un soupçon. J'ai quitté sa maison au premier mot d'aigreur. Le prince était, de nouveau, passionnément épris de moi. Il est moins riche que je ne le suis ; mais il a un nom magnifique, de l'esprit, de l'usage et du cœur. Je ne dépends que de moi-même; mais, par égard pour lord et lady B***, je leur en écrivis. Ma tante vint me voir, me supplia de retourner chez elle et d'abandonner ce projet de mariage. Elle trouvait le prince trop vieux et trop laid ; elle parlait même d'user, pour m'en détourner, d'une autorité qu'elle n'a pas. C'est ce qui acheva de me décider. Le soir même de cette explication, qui avait été assez vive, je fis dire secrètement au prince que j'allais le rejoindre à Frascati. J'espérais vous y voir. Je ne savais rien de vos aventures, je ne les appris que par le prince qui les tenait de Felipone. J'aurais pu les apprendre de Tartaglia, si je ne m'étais tenue assez bien cachée à Frascati pour me soustraire à la vue de ce bavard. Je sus, au bout de quelques jours, que lord B*** agissait en vain. Vous deviez, par l'ordre du cardinal ***, rester prisonnier à Mondragone ainsi que votre frère. C'est une leçon qu'il voulait donner à ce dernier pour le dégoûter de revenir à Rome, et dont vous receviez le contre-coup.

» Quand je reconnus l'impossibilité de communiquer avec vous et de vous porter secours, même au moral, puisque vous étiez toujours engoué de cette petite Daniella, je me confirmai dans la résolution d'épouser le prince et de fuir avec lui. Afin que lady Harriet et son mari ne vinssent pas à compromettre cette fuite en me cherchant, je leur ai écrit, ce matin, que nous partions pour le Piémont, où nous devons nous marier, et j'ai confirmé le prince dans le désir qu'il avait de favoriser votre évasion, en le priant toutefois de ne pas me faire reconnaître de vous. Il ignore et doit ignorer les sentiments que j'ai eus pour vous, et qui, je vous prie de le croire, se sont dissipés comme un accès de fièvre.

Puis, elle ajouta d'une voix claire et d'un ton aisé : — « L'amour est une sotte maladie que les personnes les plus raisonnables sont obligées de subir, ne fût-ce qu'une fois en leur vie. Il est fort heureux pour moi que vous ayez été, par hasard, l'objet de mon rêve d'un jour. Vous m'avez empêchée de céder à une fantaisie de mariage d'inclination qui eût, certes, fait mon malheur, comme il a fait celui de ma pauvre tante Harriet. J'ai donc pour vous une véritable reconnaissance, et nous serons toujours amis, si vous le voulez bien. »

Je remerciai Médora de sa franchise. J'étais dans une situation à ne pas me permettre d'observations sur le choix qu'elle avait fait d'un mari si peu enivrant. D'ailleurs, les eût-elles comprises? Il paraît que le titre de prince efface les rides et les années. Je me rappelai aussi, en ce moment, que Médora n'était pas d'une très illustre naissance; que la sœur de lady Harriet avait fait un mariage, non d'amour, mais d'argent, et que l'ambition de remonter à l'échelon social dont elle était descendue par cette mésalliance de sa mère devait être ce que Médora appelait le côté logique et raisonnable de sa vie.

Il lui était échappé un mot qui ne s'accordait pourtant pas avec sa conclusion : « Je suis assez mécontente de ma situation, ne me faites pas de sermons. » Je crus ne devoir pas relever cet aveu, et je la félicitai, au contraire, du succès de son escapade. Je ne voyais pas que cela dût causer ni chagrin sérieux ni dommage sensible à lord B*** ou à sa femme. S'ils eussent été là, je crois que je les aurais félicités eux-mêmes d'être dégagés de la responsabilité que leur imposait la tutelle d'une personne aussi tranchée et aussi extrême en ses résolutions que la belle Médora.

Nous causâmes donc, tranquillement d'abord, de ses projets ; elle voulait s'établir sur la côte de Gênes et m'invitait à aller la voir. Mais elle ajouta tout à coup assez brutalement : « A condition pourtant que vous serez débarrassé de Mlle Daniella. »

— En ce cas, répondis-je avec la même netteté, recevez aujourd'hui mes adieux définitifs; car je compte épouser Mlle Daniella aussitôt que je pourrai l'emmener hors de ce pays, où j'aurais, fussé-je libre, quelque mortification de paraître céder aux menaces de monsieur son frère.

— En vérité, s'écria Médora, vous en êtes là. Vous tombez dans ce piége grossier de croire qu'elle est menacée par son frère, qui l'a laissée voyager avec nous, sans jamais lui donner signe de vie ?

— Je sais maintenant qu'elle n'a voyagé avec vous que pour échapper aux continuelles persécutions de ce frère qui voulait naturellement l'exploiter, et qui l'eût suivie, si sa double profession d'espion et de bandit ne le tenait attaché au sol romain.

— Très bien ! Ainsi, vous connaissez ces détails dont je n'osais vous parler, et vous allez avoir pour beau-frère un mouchard, voleur de grands chemins, par dessus le marché?

— C'est un désagrément prévu, et je passe outre.

Elle garda un instant le silence et reprit :

— Je me demande lequel de nous deux fait une folie : celle qui épouse sans amour un homme comme il faut, ou celui qui veut épouser une femme qu'il aime, en dépit de sa honteuse situation.

— Vous croyez, répondis-je, que la raison est de votre côté, comme je crois qu'elle est du mien; et, tous deux, nous sommes très contents de nous-mêmes. C'est ainsi que se résument tous les antagonismes de l'opinion, et, comme c'est le résultat inévitable de toutes les discussions possibles, on devrait se les épargner comme inutiles, à moins qu'on ne les considère comme un moyen sûr de se confirmer et de se fortifier dans ses propres tendances.

— C'est bien dit, mais ce n'est pas toujours certain. Il y a des convictions entières qui ébranlent les demi-convictions, et je vous avoue qu'en vous voyant si absolu dans la logique de votre théorie, je me demande si je suis dans le vrai chemin de la mienne. Tenez, l'amour est une puissance maudite, puisque celui qui se fait son apôtre est toujours plus fort dans son délire que l'apôtre de la raison ne l'est dans sa quiétude.

— Voici le prince qui nous rejoint, et c'est à lui de vous convaincre de la puissance de l'amour, puisqu'il vous aime et vous implore.

— Attendez ! Un mot encore ! J'espère que vous ne pensez pas que je ne sois plus parfaitement libre de rompre avec lui ?

— Pardon ! Je ne vous comprends pas.

— Je veux dire que je ne suis pas plus sa maîtresse que je ne suis encore sa femme, et que c'est tout au plus si je lui ai permis, jusqu'à présent de me baiser la main. Si vous aviez d'autres idées, elles m'outrageraient bien gratuitement. »

Qu'est-ce que cela me fait ? pensai-je, pendant que le prince passait entre nous pour me remercier, et pour faire à Médora de timides reproches. J'entendis qu'elle lui répondait sèchement, et je me hâtai d'aller reprendre mon rang dans la caravane.

XL.

Il était deux heures du matin quand nous arrivâmes à une petite villa près d'Albano. Là, nos fugitifs devaient prendre, chez une personne amie qui les attendait, une petite voiture, où le prince, le docteur et la signora feraient le reste du trajet jusqu'à la mer, par les chemins de traverse. Leurs gens les suivraient à une courte distance. Tous les chevaux étaient loués ou prêtés, et devaient être dispersés et laissés à certaines stations convenues sur la côte. Otello seul devait être embarqué, comme l'inséparable serviteur de Médora. Je fus donc très étonné lorsqu'elle m'offrit de me le laisser.

— Cette bête gênera et retardera notre embarquement, dit-elle au prince, qui ne s'étonnait pas moins que moi. Ce sera, dans un aussi petit bâtiment que celui qui doit nous emporter, un compagnon très incommode et peut-être dangereux.

— Tout a été prévu, répondit-il, et tout doit être disposé en conséquence. J'aimerais mieux me jeter à la mer que d'être cause pour vous d'un petit chagrin, et puisque vous ne regrettiez dans votre fuite que ce beau compagnon...

— Je regrette autre chose, dit Médora d'un ton singulier, c'est de n'avoir pas réfléchi... à l'ennui qu'il nous causera. Décidément, monsieur Valreg, je vous le laisse, je vous le donne; acceptez-le comme un souvenir de moi.

— Eh ! bon Dieu ! qu'en ferais-je à Mondragone ? m'écriai-je naïvement.

— Felipone le logera et le soignera ; ou bien il restera dans cette maison, où je vais dire qu'il vous appartient et que vous viendrez le reprendre.

— Vous oubliez, madame, que, soit à Mondragone, soit partout ailleurs, le soin de me nourrir moi-même l'emportera nécessairement sur celui de nourrir un quadrupède de cette taille...

— Eh bien, reprit-elle avec impatience, si c'est

un embarras pour vous, vous le vendrez, il est à vous !

— Je n'ai rien fait qui vous autorise à m'offrir un présent, répondis−je, un peu impatienté moi−même de ce nouveau caprice.

Nous étions entrés dans le jardin de la petite villa, où la voiture était toute attelée et prête à partir, et le prince pressait Médora d'y monter. Il crut comprendre qu'elle désirait me récompenser de lui avoir servi de garde du corps, et il eut la malheureuse idée de me demander si je n'avais pas besoin d'argent. Il ajouta, voyant que j'étais peu disposé à avoir recours à lui, qu'il m'offrait un à-compte sur le tableau qu'il m'avait commandé.

Je répondis que ce n'était pas le moment de parler d'affaires ; que la nuit s'avançait, et que nous avions tous à faire diligence pour être hors de danger avant le jour. Médora était sur le marche-pied de la voiture, et semblait vouloir prolonger cette inopportune discussion. — Pardon mille fois, lui dis-je en la saluant ; mais Felipone m'attend, et je ne puis souffrir qu'il s'expose pour moi à rentrer trop tard.

Je pris congé du prince et du docteur, qui me pressèrent encore de partir avec eux. Je me pressai, moi, de remonter sur *Vulcanus* et de reprendre avec Felipone le chemin de Mondragone.

Dès que nous fûmes seuls ensemble, notre marche n'étant plus embarrassée par les précautions à prendre pour une femme, et nos chevaux s'animant à l'idée de retourner chez eux, nous marchâmes si vite, qu'en moins d'une heure nous nous trouvâmes au pied des hauteurs de Tusculum.

La lune était couchée, le temps se voilait, et nous éprouvions cette sécurité que l'on trouve dans la protection de l'ombre et de la solitude... Nous commencions à gravir au pas l'escarpement de l'antique citadelle latine, lorsque Felipone, avec qui je causais tranquillement, posa sa main sur mon bras pour m'imposer silence, en me disant tout bas : Regardez ! là-haut !

Plusieurs ombres noires se dessinaient sur le ciel auprès des rochers de la croix, au beau milieu du chemin qu'il nous fallait suivre.

Felipone n'hésita pas un instant sur le parti que nous avions à prendre. Sans perdre le temps à me l'expliquer, — Suivez-moi, me dit-il. Et, tournant bride, il s'enfonça dans une prairie en pente rapide qui s'étendait à notre droite, et dont nous suivîmes la lisière ombragée jusqu'à une masse sombre que je reconnus être un paillis, c'est à dire une de ces bergeries en paille et en bruyère dont est semé l'*agro romano*.

— Arrêtons-nous ici et ne bougeons pas, me dit Felipone à voix basse. Ne réveillons pas inutilement les bergers et les chiens des autres cabanes. Leur bruit nous trahirait. Il y a, par ici, plusieurs de ces paillis. Je sais qu'en voilà un abandonné. N'y entrons pas, nous pourrions y être bloqués. Si les gens de là-haut ne nous ont pas vus, tout va bien ; nous pourrons, tout à l'heure, traverser la prairie. S'ils nous ont vus, observons-les pour jouer à cache-cache avec eux.

— Observer me paraît difficile dans cette obscurité.

— Quand on ne peut pas se servir de ses yeux, on se sert de ses oreilles. Taisons-nous, écoutons. Un quart-d'heure de patience, et nous saurons à quoi nous en tenir.

— Mais ces chevaux, impatiens de rentrer chez eux, nous trahiront, ou nous empêcheront d'entendre ?

— Je le sais bien : voyez ce que je fais, et faites-en autant. Tenez, voilà un bout de courroie.

Il mettait un tors-nez à son bidet et l'attachait à une branche. J'avais vu pratiquer ce moyen expéditif de réduire à l'immobilité le cheval le plus impétueux. Je tordis la lèvre supérieure du bon *Vulcanus* avec la courroie que je fixai court à un arbre. Dans cette situation, l'animal, dont chaque mouvement devient douloureux, se permet à peine de respirer.

Condamné, par la volonté, à un silence et à une immobilité semblables à ceux que j'imposais à mon cheval, je crois que je souffris plus que lui. On ne se figure pas ce que c'est que la gêne et l'ennui de s'annihiler ainsi, pour se soustraire à un péril que l'on aimerait mieux brusquer. Cela est si contraire au tempérament français, que je me sentis pris de spasmes. Felipone, autrement trempé que moi à cet égard, écoutait et guettait. Placé tout près de lui, je voyais son petit œil rond étinceler dans l'ombre comme celui d'un chat, et il me semblait voir aussi, sur sa bouche, l'éternel sourire de bienveillance et de contentement qui anime ses traits vulgaires, mais agréables.

La confiance que m'inspirait son expérience calma l'irritation de mes nerfs ; debout, les bras appuyés sur le bord du toit de paille, qui ressemblait à une hutte de sauvages, je ne sentis pas que je m'endormais.

Je dormis si bien que je rêvai. Il me sembla voir Daniella et Médora assises sur ce chaume, et jouant avec leurs mouchoirs à me mettre un tors-nez comme à *Vulcanus* ! Puis, je me trouvai transporté dans mon village, au presbytère. Mon oncle se mourait, et la Marion me reprochait d'arriver trop tard.

D'autres images plus confuses se pressèrent dans mon cerveau durant ce court sommeil. Je fus réveillé par la main de Felipone qui se posait sur mon épaule. Est-ce que vous dormez? me dit-il tout bas : allons! vous voilà bien étonné ? vous ne savez plus où vous êtes ? Moi, je n'ai pas été aussi tranquille : j'ai eu une belle peur! J'ai cru, un instant, voir un homme tout debout, à deux pas de moi : mais c'était ce têteau que je n'avais pas encore remarqué ; et puis, quelque chose a passé là, dans les herbes ; mais c'était quelque bête, car il n'en est rien résulté ; et, à présent, je suis sûr que nous avons déjoué les espions, ou que l'ennemi ne nous avait pas aperçus. Il n'y a pas eu le moindre bruit dans les environs.

— Pourtant, lui dis-je, qu'est-ce que ces voix là-bas ?

— C'est le cri des sentinelles autour de villa Mondragone. *Sentinelles, prenez garde à vous*, Hein? dites donc? Ces bons carabiniers qui croient vous garder encore! Mais il s'agit de rentrer dans la place sans qu'ils s'en doutent, et c'est plus difficile peut-être que d'en sortir. Nous ne sommes plus dans le chemin.

— Reprenons-le.

— Oh! que non! le poste de la croix de Tusculum est sans doute occupé, quoique je n'entende plus rien.

— Ce ne sont pas des carabiniers que nous avons vu là ; j'en suis sûr.

— Et moi aussi, mais des limiers de police : c'est pire! Il ne s'agit plus, comme au départ du prince, de passer coûte que coûte, il s'agit de ne pas faire donner l'alarme et de rentrer sans qu'on puisse s'imaginer que nous sommes sortis.

— Eh bien ! ne pouvons-nous gagner avec précaution la petite chapelle qui donne entrée au souterrain ?

— C'est justement ce qu'il faut faire.

— Mais nos chevaux nous gêneront maintenant plus qu'ils ne nous serviront ?

— Ils ne nous gêneront plus ; voyez.

En effet, les chevaux avaient disparu. Pendant mon sommeil, qui avait duré une demi-heure, Felipone les avait dépouillés et mis en liberté. Il avait caché dans le paillis les bridons, les couvertures, les étriers et les sangles, objets faciles à venir reprendre en temps opportun. Ma selle, mes fontes et les pistolets avaient été laissés à dessein à la villetta d'Albano. Nous n'avions gardé pour armes que deux petits fusils en bandoulière, équipement permis à tout habitant d'un pays où la chasse n'est pas gardée. Les chevaux nus venaient d'être livrés à leur instinct ; il s'en étaient allés, en passant, au pâturage où ils avaient l'habitude d'être conduits à la pointe du jour ; et, bien que le jour ne parût pas encore, Felipone était certain qu'ils s'y rendraient d'eux-mêmes, malgré ce point de départ inusité.

— Allons, dit-il après avoir écouté encore, en route ! Le temps voudra s'éclaircir aux approches de l'aube, profitons de ce reste de nuit et de brouillard pour traverser la prairie; nous passerons cette fois derrière les Camaldules; ce sera plus long, mais plus sûr.

Nous prîmes la prairie en biais ; mais nous n'y avions pas fait cinquante pas qu'un projectile passa entre nous en sifflant à nos oreilles.

— Qu'est-ce que cela ? dis-je à Felipone qui s'arrêta surpris.

— Une pierre, répondit-il ; ça a dû partir de ce buisson-là ; oh ! oh ! Campani est par ici. Il lui est défendu d'avoir des armes à feu, parce qu'il s'en sert pour arrêter les passans ; mais il est si adroit à la fronde qu'il se passe de balles. Il nous a vus ! Avançons ! Courez comme moi, en zig-zag !

— Non ! tombons sur le buisson, et faisons une fin de ce coquin-là.

— Et s'il a une bande avec lui ? Vous voyez bien que ceci est une provocation.

En effet, les pierres nous poursuivaient à intervalles réguliers et tombaient presque à nos pieds, dans l'herbe, avec un bruit mat.

— Mauvaise grêle ! dit Felipone en s'arrêtant indécis ; il en vient de ces autres buissons devant nous ! Il paraît que Campani a appris à ses compères à se servir de la corde ; mais ils travaillent pour leur compte et non pour celui de la police, car ils n'ont pas de fusils ; ils craignent le bruit autant que nous. Avançons ! Ils ne sont pas tous aussi adroits que leur maître ; et, d'ailleurs, ils nous entendent plus qu'ils ne nous voient et tirent au juger. Sans cela, l'un de nous aurait déjà son affaire.

Nous avançâmes encore ; mais, tout à coup, Felipone s'arrêta de nouveau. Nous sommes cernés, dit-il ; nous nous sommes enfournés dans un cercle de buissons éparpillés, qui est pour eux un poste meilleur que pour nous. Il va falloir soutenir un siége... Eh bien !... à la grâce de Dieu ! suivez-moi !

Il prit sa course résolument, et, au milieu des pierres qui continuaient à siffler de tous côtés, il se jeta derrière un paillis plus petit que celui où nous étions abrités d'abord, et d'où partaient les aboiemens hurlés de plusieurs chiens, réveillés depuis le commencement de l'assaut que nous subissions.

— Que faire ? dit Felipone ; voilà ce que je craignais ! Les bergers vont prendre l'alarme, nous confondre peut-être avec les brigands et tirer sur nous. Je ne sais pas s'ils sont plusieurs ou un seul, en ce moment, dans la prairie. Depuis quinze jours je ne sors pas de Mondragone ! Nous voilà tombés dans un mauvais traquenard. Je regrette nos chevaux, à présent.

Les chiens enfermés dans le paillis redoublaient de rage. Qui va là ? cria de l'intérieur une voix grave. Et nous entendîmes claquer la batterie d'un fusil que l'on armait pour nous recevoir.

— C'est vous, Onofrio ? répondit le fermier en approchant sa bouche de la fente de la porte. Je suis Felipone, poursuivi par des bandits. Ouvrez-moi !

— Silence, Lupo, silence, Télégone ! dit la voix du berger.

La porte s'ouvrit aussitôt et se referma sur nous, au moyen d'une barre transversale. Nous nous trouvâmes dans les ténèbres, dans la chaleur grasse d'une atmosphère chargée des miasmes de la toison des brebis et d'une forte odeur de fromage aigre.

— Vous n'êtes que deux ? nous dit le berger avec calme et douceur. Vous a-t-on vus entrer ?

— A coup sûr ! répondit Felipone.

— Sont-ils beaucoup ?

— Je n'en sais rien.

— Avez-vous des armes ?

— Deux fusils de chasse.

— Avec le mien, ça fait trois. Ont-ils des fusils aussi, ces coquins ?

— Ils ont des pierres. C'est Campani.

— Avec ses frondeurs ? Croyez-vous que Masolino en soit ?

— *Chi lo sa !* répondit Felipone.

— Vos armes sont chargées ? demanda encore Onofrio.

— *Sicuro !* répondit le fermier.

— Votre camarade n'a pas peur ?

— Pas plus que toi et moi.

— Eh bien, défendons-nous ! Mais il faut voir clair. Attendez !

Il alluma une petite lampe qu'il plaça au milieu des trois dalles de pierre qui lui servaient de cheminée, et nous vîmes l'intérieur du chalet qu'il s'était bâti lui-même à sa guise. Pour sol, le plancher élevé de terre sur des blocs de roches, et sablé ; pour lambris, un mur bas, assez solidement crépi à l'intérieur ; pour toit, une couverture de paille très artistement faite, avec des branches pour charpente et des bambous romains pour volige ; pour lit, une caisse pleine de feuilles de maïs ; pour siége, un tronçon de pin ; pour table, un superbe chapiteau de colonne antique ; pour ornemens, une quantité de chapelets et de reliques, mêlés à des fragmens d'antiquités païennes de toutes sortes ; pour compagnie, deux chiens maigres, qui, avec une incomparable docilité, s'étaient tus à son premier commandement, et trois moutons malades qu'il avait pris dans sa cabane pour les médicamenter. Le reste du troupeau était dans un second paillis plus vaste, situé à dix pas de là, et gardé, à l'intérieur, par d'autres chiens qui faisaient assaut de hurlemens furieux et désespérés.

— La cabane est solide, me dit Onofrio, qui, en me reconnaissant, me sourit autant que son lourd masque cuivré, encadré d'une barbe blonde, peut sourire ; à moins qu'ils n'y mettent le feu, nous y sommes à l'abri de leurs cailloux, et mes paillassons sont à l'épreuve de la balle. Et puis, tenez, ajouta-t-il en retirant du mur certains gros bouchons de paille, voilà, sur chaque face, un trou pour passer le fusil et voir où l'on vise : c'est de mon invention. Il est bon qu'un berger soit fortifié comme cela pour défendre ses brebis. A présent, ajouta-t-il, quand il nous eut postés, mon avis est de ne pas laisser approcher l'ennemi. Faisons feu aussitôt que nous pourrons viser.

—Non! dit le fermier, ne faisons de bruit qu'à la dernière extrémité.

— Pourquoi ça? reprit Onofrio. Le bruit attirera les carabiniers de Mondragone, qui viendront à notre secours. Il paraît, Felipone, qu'ils vous gardent là-dedans un jeune homme bien dangereux, un ennemi de la religion qui a tiré sur le pape ?

C'est ainsi que mon aventure était racontée dans les prairies de Tusculum. Je ne pus m'empêcher de sourire en songeant à l'effroi du bon berger s'il eût pu reconnaître ce scélérat dans le pauvre peintre dont il avait serré la main quelque temps auparavant, et auquel il donnait maintenant asile et protection au péril de sa vie.

— Oui, oui, c'est un grand misérable que ce prisonnier, dit Felipone, sans se départir un seul instant de sa belle et joyeuse humeur. Mais songeons à ceux qui sont là. Je commence à les voir, et voilà vos chiens qui recommencent à être furieux. Si nous les lâchions sur cette canaille?

— Ils me les tueront, avec leurs pierres, dit Onofrio avec un soupir. Je crois que j'aimerais mieux être tué moi-même! Pourtant, s'il le faut, nous verrons!

Tout à coup, une voix âpre, une voix blanche, fêlée comme celle de beaucoup d'Italiens à formes athlétiques, retentit à la porte de la cabane, comme si elle partait de dessous terre. Berger, disait-elle, ne craignez rien; faites taire vos chiens; écoutez-moi.

— C'est la voix de Campani; le serpent s'est glissé dans l'herbe, me dit vivement Felipone, pendant qu'Onofrio calmait ses chiens avec plus de peine, cette fois, que la première. Il s'est blotti sous la cabane, entre le sol et les pierres qui supportent la devanture ; nous ne pouvons pas tirer sur lui!

— Que voulez-vous? parlez! dit Onofrio.

— Nous n'en voulons ni à vous ni à vos moutons, mais à une méchante bête qui est entrée chez vous. C'est le prisonnier de Mondragone, l'assassin du Saint-Père.

— Non! dit Onofrio en me regardant avec bienveillance ; vous mentez! Allez-vous en!

— Je jure sur l'Evangile que c'est lui, répondit le bandit.

— Si c'est lui, vous n'avez pas mission de l'arrêter. Avertissez les carabiniers.

—Oui! pendant que vous le ferez sauver! D'ailleurs, les carabiniers le mettraient en prison, et ce n'est pas ce que je veux.

— C'est cela ! dit Felipone à mon oreille; c'est la vengeance romaine. Il veut vous tuer lui-même.

— Vous ne voulez pas le livrer? reprit Campani.

— Non!

— Une fois? Je vous avertis que nous sommes quinze, et qu'au premier signal, en un clin d'œil, votre baraque va être enfoncée et vos trois carcasses défoncées. Nous mettrons le feu ensuite, et on croira que vous vous êtes endormi trop près de votre lampe en chantant vos prières.

Onofrio frémit de la tête aux pieds, porta à sa bouche le scapulaire qu'il avait au cou, et, avec sa voix sans inflexion et son visage de pierre, il répondit encore *non*, avec une tranquille et grandiose résignation.

Il se fit une minute de silence; puis la voix de Campani reprit :

— *Deux fois?* Je vas donner le signal; il faudra bien que le loup sorte du trou!

Je n'attendis pas le troisième refus du brave berger. Incapable de maîtriser plus longtemps ma colère, je déchargeai ma carabine sur la tête du bandit, qui avait eu l'imprudence de se relever à demi sans se douter de l'existence de la meurtrière d'où je le guettais, et sa cervelle, fracassée à bout portant, jaillissait sanglante sur le mur de la cabane, et jusque sur le canon de mon fusil.

— Mauvaise chance pour lui ! dit Felipone, en qui l'horreur se traduisit par un éclat de rire nerveux.

— Vous l'avez tué? dit l'impassible Onofrio ; c'est un de moins! Attention aux autres! et ne nous laissons plus approcher, s'il est possible !

J'étais résolu à ne pas compromettre plus longtemps les deux hommes généreux qui se dévouaient pour moi. Je m'élançai vers la porte.

— Que faites-vous ? s'écria le fermier en me repoussant avec vigueur.

— Je vais me battre tout seul contre ces bandits, et leur vendre ma vie le plus cher que je pourrai. Ils n'en veulent qu'à moi.

— Cela ne sera pas, je ne le veux pas, dirent à la fois le fermier et le berger. Si vous sortez, nous sortirons aussi.

La situation ne permettait pas un long combat de générosité. D'ailleurs, Felipone n'espérait pas être plus épargné que moi par ces bandits.

— Masolino doit être parmi eux, dit-il; c'est mon ennemi personnel. Il faut que l'un de nous deux en finisse cette nuit avec l'autre!

Quant à Onofrio, il paraissait porter jusqu'à l'héroïsme la religion de l'hospitalité.

— Si nous nous séparons, disait-il, nous sommes perdus. Nous pouvons nous sauver en restant ensemble. Allons, allons, pas de mots inutiles. Que chacun de nous soit à son poste !

LXI.

Felipone se plaça à la meurtrière qui regardait Tusculum, moi à celle qui regardait Mondragone. Onofrio surveillait les autres meurtrières, allant de l'une à l'autre. Il avait mis son tronçon de sapin dans la petite lucarne ronde qui lui servait de fenêtre, afin de nous barricader. La porte fermée se gardait elle-même en attendant que nous eussions à réunir nos efforts pour la défendre, si nous ne pouvions tenir l'ennemi à distance.

Un silence effrayant avait succédé au dehors à la chute du corps de Campani. Pas un cri ne s'était échappé de sa bouche. Tout à coup, Onofrio arma à son tour le long fusil qu'il avait désarmé en nous ouvrant la porte. — En voilà un va vers vous, Felipone, dit-il sans se déconcerter ; ne vous pressez pas !

Felipone tira ses deux coups ; la fumée ne lui permit pas de voir s'ils avaient porté, et, d'ailleurs, il n'avait pas une seconde à perdre pour recharger.

Ce qui devait arriver arriva. Les bandits qui nous cernaient, se voyant repoussés de deux côtés à la fois, se réunirent pour se porter sur les deux faces de la cabane, qu'ils supposaient dépourvues du moyen de défense des meurtrières. C'était à moi de les recevoir, et Onofrio, devinant leurs mouvemens, se porta à la quatrième ouverture, orientée vers Monte-Corvo.

Quand les assaillans virent que nous avions ouvert le feu, ils nous firent voir, à leur tour, que plusieurs d'entre eux avaient des fusils. Ils essayèrent une décharge sur la petite fenêtre à travers laquelle s'échappait peut-être un faible rayon de la clarté de la lampe. Mais leur plomb rencontra la grosse bûche, que le berger se contenta de repousser pour fermer plus hermétiquement l'embrasure. Nous pûmes en compter cinq réunis un instant. Ils se dispersèrent aussitôt, et leurs ombres, opaques dans le brouillard, parurent se multiplier en tournant autour de la cabane; mais peut-être n'étaient-ils réellement que cinq changeant de place.

Leur obstination était le seul indice à peu près certain de la supériorité marquée de leur nombre sur le nôtre. Ils semblaient déterminés à venir chercher, sous notre feu, leurs compagnons morts ou blessés, ou à les venger en nous exterminant; car, entre chaque décharge, ils gagnaient évidemment du terrain, et si nos coups portaient, nous ne pouvions plus le savoir. Nos ennemis approchaient en rempant dans l'herbe haute et serrée qui environnait la cabane. Nous usions peut-être nos munitions en pure perte, car il nous fallait tirer et recharger sans relâche. Nous sentions bien qu'une fois collés aux murs et accrochés à un toit si facile à escalader, ils étaient maîtres de la situation. Qu'ils pussent mettre le feu à notre abri de litière, et nous étions perdus. Sans l'humidité des dernières heures de la nuit, la bourre de leurs fusils eût suffi pour incendier notre pauvre forteresse.

Ce siége dura au moins un quart d'heure, pendant lequel il nous fut impossible de savoir où nous en étions. Si nos ennemis eussent été plus résolus et plus braves, il est à croire que nous n'eussions pu nous préserver aussi longtemps; mais ils agissaient sous le coup d'une préoccupation qui nous fut soudainement révélée, lorsque, au milieu d'un de ces silences plus redoutables que leurs efforts ostensibles, nous entendîmes une voix crier de loin : *Les voilà!* Nous prêtâmes l'oreille : c'était le lourd galop des carabiniers sur les pavés volcaniques de la voie latine.

— Nous sommes sauvés! dit le berger en faisant le signe de la croix. Voilà du secours; notre bataille a été entendue!

— Nous sommes perdus! dit Felipone.

— Non, non, reprit Onofrio; nos bandits prennent la fuite; voyez, voyez! Je le savais bien qu'ils agissaient sans ordres! Poursuivons-les! A moi, Lupo! à moi, Telegone!

— Ami! s'écria Felipone en l'arrêtant, les carabiniers ne doivent pas savoir que vous m'avez vu, cette nuit, non plus que mon camarade. Restez ici, nous fuyons!

— Je ne vous ai pas vus? demanda le berger sans curiosité ni surprise hors de propos, mais du ton de l'air d'un homme qui reçoit aveuglément sa consigne.

— Non! adieu! Les bandits ont voulu vous dévaliser; vous vous êtes défendu tout seul. Si on les prend, et s'ils vous contredisent, vous tiendrez bon. On vous connaît, on vous croira. D'ail-

leurs, Dieu vous récompensera, ami, et vous savez que Felipone n'est pas ingrat! A revoir!

— La paix soit avec vous! répondit le berger. Si vous ne voulez pas qu'on vous voie, entrez dans les châtaigniers, et filez jusqu'au *buco de rocca di papa.*

— Il a raison, me dit le fermier, car voici le jour, et il est trop tard pour rentrer à Mondragone. Venez!

Nous nous élançâmes dehors. Il nous fallut enjamber la face hideuse de Campani, qui était tombé sur le dos en travers de la porte. Un peu plus loin, sous les châtaigniers, un cadavre gisait, la poitrine criblée de chevrotines.

— Ah! il s'est traîné jusque-là? dit Felipone, qui s'était baissé pour le voir; c'est bien lui! Et c'est moi qui l'ai touché! Voilà mes deux coups de fusil! Voyons s'il est bien mort..... Oui; il est déjà froid!

— Marchons! marchons! lui dis-je, les carabiniers paraissent.

— A cette distance, je ne les crains pas à la course, quoique j'aie un peu de ventre. Et vous, savez-vous courir?

— Je l'espère! allons! Mais que faites-vous?

— Je cherche sur ce chien mort quelque chose... que je tiens! Attendez! il faut que je lui crache à la figure... C'est fait!

Nous nous enfonçâmes dans les bois, en suivant d'abord la même direction qui nous avait menés à Grotta-Ferrata. Puis, inclinant sur la gauche, nous entrâmes dans un sentier ondulé qui se rétrécissait et s'effaçait toujours davantage, jusqu'à ce qu'il disparût entièrement sur les bords d'un ruisseau admirablement accidenté. Il faisait jour, et les bois prenaient les reflets rosés de l'aurore.

— Nous voilà aussi en sûreté que possible, dit le fermier en se jetant sur la mousse. Ah! si j'avais su que je devais fournir une pareille course, je me serais mis à la diète la semaine dernière. C'est égal, le jarret est encore bon. Et vous, mon garçon? Ça va bien? A quoi pensez-vous? Est-ce que vous n'êtes pas content d'être enfin débarrassé de Masolino?

— Débarrassé! Qu'en savons-nous? Vous pensez donc qu'il était là?

— Eh bien! et vous? Est-ce que vous ne l'aviez jamais vu?

— Au jour? Non.

— Alors votre connaissance ne sera pas longue, c'est le cadavre que j'ai souffleté tout à l'heure.

— Le frère de Daniella?

— C'est moi qui l'ai tué, et je prends ça sur moi avec plaisir... et orgueil! Le Satan! Je lui devais ça pour avoir voulu violer ma femme, un jour qu'elle lavait seule à la fontaine. La Danielluccia va prendre le deuil; elle n'en sera que plus jolie : ça sied bien aux femmes, et elle me devra un beau cierge devant la madone de Lucullus, pour l'avoir débarrassée d'une pareille crapule de frère.

Telle fut l'oraison funèbre du bandit. La figure animée de Felipone exprimait une satisfaction si franche que, brisé de fatigue et d'émotion, je me sentis machinalement entraîné à la partager.

— Ah ça, dit-il, quand, tout en parlant, il eut repris haleine, nous ne sommes pas au bout de notre fuite; il faut que je m'occupe de vous cacher, et, pour cela, il nous faut grimper dans un vilain endroit; mais vous êtes capable de trouver ça joli, vous qui êtes peintre et qui me voyez pas comme les gens raisonnables.

— Avant tout, lui dis-je, je veux savoir ce qui

doit résulter pour vous de la peine que vous prenez pour moi.

— Pour vous, à présent que Campani et Masolino ont rendu au diable leurs âmes de chiens, je ne risque pas grand'chose. Votre affaire s'arrangera, ou bien vous fuirez avec votre maîtresse. Vous savez, maintenant, que vous n'étiez pas la principale pièce du gibier traqué à Mondragone. Pour le prince, je ne cours pas non plus grand danger. A l'occasion, même, son frère le cardinal me saura gré de l'avoir fait partir, et, s'il faut tout vous dire... je vous dirai ça plus tard !

— Il vous a aidé, sous main, à favoriser son évasion ?

— *Chi lo sà ?* Mais pour avoir servi celle du docteur, si l'on découvre jamais qu'il était de la partie, je pourrais bien tâter de la prison plus longtemps qu'il ne convient à mon tempérament. Donc, mon affaire, à présent, est de vous sauver (par amitié pour Daniella, et pour vous-même, qui me plaisez) sans trop me compromettre. C'est bien facile, si on ne découvre pas mon souterrain. Voilà pourquoi je ne veux pas m'y fourrer en plein jour. Je vais reparaître à la lumière des cieux, en pleine campagne, les mains dans mes poches, comme un bon régisseur que je suis. Les carabiniers me demanderont d'où je viens. J'ai ma réponse toute prête, mon alibi tout préparé, mes compères tout avertis. Ce serait trop long et inutile à vous dire. Sachez seulement qu'il vaut mieux pour moi, à présent qu'il fait jour, rentrer dans deux heures que tout de suite. Ainsi, n'ayez pas d'inquiétude pour moi, et gagnons un endroit où vous pourrez m'attendre jusqu'à la nuit prochaine.

— Pourquoi ne resterais-je pas ici ? L'endroit me plaît et me paraît absolument désert.

— Il ne l'est pas assez ! Dans une heure, il y aura par là des bergers ou des bûcherons. Il faut aller où les troupeaux ne vont pas et où les bûcherons ne travaillent jamais ; là surtout où les carabiniers ne se risqueraient pas volontiers, même sur leurs jambes. Allons, mon camarade, venez donc ! un peu de courage encore !

— Je conviens que je suis fatigué, surtout depuis... depuis que j'ai vu ce Masolino ! Il me semble, à présent, qu'il avait de la ressemblance avec Daniella, et cela me fait mal. Leurs âmes n'avaient aucun rapport ; mais le sang parlera malgré elle ; elle le pleurera !

— C'est son devoir ; la chère enfant ! mais elle sera vite consolée, demain peut-être, quand vous la presserez dans vos bras !

— Demain ? Croyez-vous donc qu'elle soit assez guérie pour sortir de Villa-Taverna ?

— Vous voulez tout savoir, et, à présent, on peut tout vous dire. Elle n'a jamais été malade, elle n'a jamais eu d'entorse ; on a inventé ça pour vous empêcher de vous exposer. Elle était en prison, la pauvrette !

— En prison ?

— Oui, dans sa chambre, à Frascati, tout en haut de cette grande carcasse de maison que vous connaissez. Son frère l'avait barricadée là, et Dieu sait ce qu'elle a souffert !

— Oh ! mon Dieu ! Et à présent, elle n'est pas encore libre ?

— Elle le sera dans deux heures. Dans deux heures, j'irai, sans bruit, lui ouvrir la porte. Vous n'avez donc pas vu qu'en retournant la carcasse de Masolino, j'ai pris cette grosse clé dans sa poche ?

Felipone me montrait une clé massive toute tachée de sang.

— Lavez-la ! lui dis-je en songeant à l'horreur de cette circonstance pour Daniella.

— Et mes mains aussi, dit-il en se penchant sur le ruisseau, car le sang de cette vermine me répugne. Je dirai à ma filleule : « Ma chère petite, verse des larmes, c'est ton devoir ; mais réjouis-toi, car je t'apporte une bonne nouvelle. Onofrio a tué ton coquin de frère qui voulait piller son musée d'antiquités tusculanes ; ton amant est libre, et, de lui-même, il va revenir s'emprisonner à Mondragone pour partir avec toi quand faire se pourra. »

— Mais alors, cher ami, pourquoi ne viendrait-elle pas me trouver ici pour fuir dès la nuit prochaine ? Je sais les chemins, à présent !

— Hé, mon bon ami, avez-vous une dizaine de mille francs en poche pour fréter un petit bâtiment de contrebande qui viendra vous attendre, à ses risques et périls, à Torre di Paterno ou à Torre di Vajanica ?

— Hélas ! non. J'oublie que je ne suis pas un prince et que je n'enlève pas une héritière. Il me faudrait passer par le chemin de tout le monde, et ce serait plus long et plus difficile. Donc, faites-moi rentrer dans ma cage la nuit prochaine. Partez ! courez délivrer Daniella ! Je saurai bien me cacher tout seul ! D'ailleurs, à quoi servent nos précautions ? Puis-je compter sur autre chose que sur la Providence, dans la position où me voici ? Ne vais-je pas rencontrer, dans la cachette où vous voulez me conduire, quelques-uns des bandits que nous avons étrillés et qui, fuyant, comme nous, les carabiniers, s'y seront rendus, ou s'y rendront de leur côté ?

— Je ne serais pas si novice que de vous exposer à refaire connaissance avec leurs pierres. Soyez tranquille ! la bande qui accompagnait nos deux coquins n'est pas de ce pays-ci. Les gens de Frascati ne sont pas si mauvais que ça, ni si hardis non plus ; ils connaissaient trop bien Masolino pour s'entendre avec lui. Nos assassins sont d'ailleurs ; et je gagerais que ce sont tous gens de Marino, le bourg du Diable ! A l'heure qu'il est, ils rentrent chez eux par le bois Ferentino ; ils se déshabillent et se couchent comme feraient des chrétiens, et si l'on fait par là des perquisitions, leurs femmes crieront Jésus-Dieu et jureront sur le sang du Christ qu'ils n'ont pas découché. D'ailleurs, voyez-vous, ma cachette est une cachette. Elle n'est connue que d'Onofrio, qui l'a découverte, de moi, du docteur et de ma femme. La chère âme y a nourri notre ami pendant vingt-quatre heures, avant que l'entrée de mon souterrain fût tout à fait déblayée. Venez donc, et sachez d'ailleurs que c'est mon chemin, car je ne veux pas risquer d'être vu revenant par les fourrés. Je vais m'en retourner chez nous par Rocca-di-Papa.

Nous nous remîmes en route en remontant le cours rapide du petit ruisseau, à travers les roches, tantôt enjambant d'une rive à l'autre, afin d'y trouver place pour nos pieds sur les blocs qui le resserraient, tantôt, quand il s'élargissait sur un sable sans profondeur, marchant dans l'eau jusqu'à mi-jambe, faute d'une berge praticable.

L'instinct paysagiste est si fort, je dirai presque si animal, en moi, que, malgré ma lassitude et les sérieuses difficultés d'une pareille marche, malgré les pensées à la fois lugubres et enivrantes qui me traversaient l'esprit comme des songes fiévreux, je me surprenais admirant les mille accidens imprévus et les mille graces sauvages de ce ruisseau mystérieux, caché dans les déchirures d'une terre luxuriante de fleurs et de roches éclatantes de mousses satinées. Nous passions comme deux sangliers à travers les lianes de cette forêt vierge, et j'avais un regret, un chagrin instinctif de briser ces guirlandes de lierre et de liserons, de souiller sous mes pieds ces tapis d'iris et de narcisses, de déranger enfin cette splendide et délicate décoration, où la nature semblait savourer les délices de son libre essor, en cachette du travail spoliateur de l'homme.

Il y eut enfin un moment où les parois de rocs et de buissons qui nous pressaient s'écartèrent assez pour me laisser voir le pays où nous rampions comme dans un fossé. Ce fut un coup d'œil magique aux premières lueurs du soleil. Nous étions dans le fond d'une étroite gorge couverte de taillis épais, semée de monticules et tourmentée de ces mouvemens brusques et variés qui sont propres aux terrains volcaniques. Les nombreux reliefs de ces petites masses, que protégeait une enceinte de masses plus élevées, rendaient cette solitude particulièrement favorable au genre de retraite que nous cherchions. Derrière nous les terrains onduleux, d'un vert splendide, semés de buissons brillans de rosée, s'enfuyaient en bonds rapides vers les basses vallées de Tusculum. Un petit aqueduc ruiné, perdu dans les arbres et dans les plantes grimpantes, fermait la vue de ce côté-là. Devant nous se dressait une gigantesque muraille de rocher à pic qu'un reste de brume faisait paraître éloignée qu'elle ne l'était réellement, et d'où tombait une cascade perpendiculaire, tranquille comme une nappe d'argent, ou comme un rayon du matin.

Cette cascade, qui me parut plus belle que toutes celles de Tivoli, parce qu'elle est dans un cadre plus grandiose et plus austère, n'a ni célébrité, ni reproductions, ni touristes. Elle n'a pas même de nom : c'est le *buco*, le *trou* de Rocca-di-Papa, un village bâti sur un cône volcanique, à peu de distance, et que, d'où nous étions, il était impossible d'apercevoir ni de pressentir. L'incognito de cette belle cataracte s'explique par son absence durant la saison des voyages et des promenades. La source qui l'alimente s'échappe en filets invisibles dans une coupure voisine, dès que cesse la saison des pluies, et la splendeur de son développement aux premiers jours du printemps est encore une recherche que cette sauvage localité garde pour elle-même et pour les rares promeneurs des jours d'avril.

Je l'avais vue de loin, lors de ma conversation avec Onofrio sur l'arx de Tusculum, et il m'avait dit : — On ne peut pas aller auprès; c'est trop difficile. En effet, c'est impossible à première vue, à travers le taillis serré de noisetiers et de chênes-nains qui couvre les seuls endroits accessibles. Pourtant nous y parvînmes, et je trouvai même cette dure ascension moins pénible que ne le sont certains parcours dans les petits bois ravinés de mon pays. Ce pays-ci a une défense de moins, la défense la plus sérieuse que les fourrés d'Europe puissent offrir : il ne produit pas de ronces. On ne s'y trouve pas enfermé et comme mis en cage par ces énormes réseaux d'églantiers et de mûres sauvages qui s'installent chez nous dans les taillis, et que les chiens de chasse les plus intrépides renoncent quelquefois à traverser.

Ici la nature n'est pas méchante, malgré son grand air de résistance. Elle menace plus qu'elle ne blesse. Elle est en harmonie avec le tempérament hardi et aventureux, mais peu résistant et rarement stoïque de ses habitans.

En cette circonstance, je dois pourtant dire que Felipone fut plus robuste, c'est-à-dire plus gai et plus insouciant que moi. J'étais harassé; j'avais des nerfs et il n'avait que des muscles. Nous ne marchions plus que sur les mains et sur les genoux, lorsque enfin nous gagnâmes un sol à peu près vierge de pas humains, au flanc du grand mur de rocher. Il n'y avait même pas de traces d'animaux dans cette impasse. La cascade tombait à notre droite, et une coupure aiguë sillonnait le massif volcanique devant nous.

C'est là que bondissait, sur un escalier naturel, le véritable courant de la source, la cascade à grande nappe n'étant que le résultat des eaux pluviales et d'un torrent accidentel. Cet escalier se trouve enfoncé en retrait dans le roc et devient invisible à mesure qu'il s'élève.

— Suivez cette échelle de roches et de cascatelles, me dit Felipone. Il y a partout moyen d'y grimper à sec avec un peu d'adresse. Ma femme y a passé pour aller voir notre ami le docteur, un jour qu'un grand mal de dents m'empêchait de sortir. Pauvre petite femme! elle est si bonne pour moi! Je vous quitte ici. J'ai encore un peu de chemin à faire à la manière des chèvres, et je gagnerai le bourg de Rocca-di-Papa, qui est là-haut tout près; vous ne vous en douteriez guère, car ceci ressemble au bout du monde.

— C'est donc à ce village que je dois grimper de mon côté?

— Non pas! quand vous aurez grimpé, vous trouverez une drôle de construction, une vilaine bâtisse, et vous y resterez jusqu'à ce que je vienne vous chercher. Vous serez là tout seul avec le vertige, mais la tête pourra vous tourner sans inconvénient : il y a encore un rebord à la plateforme.

— Ne craignez rien pour moi; courez chez Daniella.

— Oui, je commencerai par elle; après quoi, je tirerai de sa niche ce pauvre Tartaglia, qui doit s'ennuyer beaucoup, et qui sera bien aise de déjeuner pour chasser les idées noires. Ça me fait penser que vous allez jeûner là-haut!

— Cela m'est fort égal : je n'ai envie que de dormir.

— Quand vous aurez dormi, la faim viendra, diable! Voilà un peu de tabac et ma pipe, et ma fiole d'anisette avec une tasse de cuir pour puiser l'eau, qui ne vous manquera pas.

— Non, non. Gardez tout cela; vous en aurez besoin pour retourner, car vous avez encore de la fatigue devant vous.

— Bah! ce n'est rien. Depuis que j'ai vu Masolino salé avec mes chevrotines, je me sens reposé. Je vais seulement boire un coup à votre santé pour chasser l'envie de faire un somme en m'en retournant.

Il remplit d'eau sa tasse de cuir, y versa quelques gouttes d'eau-de-vie anisée, et me la présenta en disant : *Après vous!* avec une courtoisie enjouée.

— Oh mais! s'écria-t-il quand nous fûmes désaltérés, qu'est-ce que je vois-là? La providence est avec vous, mon camarade. Prenez ce qu'elle vous envoie. C'est mauvais, mais ça nourrit, et me voilà tranquille sur votre compte.

En parlant ainsi, il ramassait dans le flot de la

cascade un petit sac de toile grossière accroché à une pointe de rocher.

XLII.

Ce sac contenait quelques livres de graine de lupin. C'est une semence coriace et d'une amertume impossible, qui fait le fond de la culture de certaines régions de la campagne de Rome, et le fond de la nourriture des pauvres. La plante est belle et la graine abondante. Pour la rendre comestible, on lui retire son amertume en la plaçant dans une eau courante où elle reste au moins huit jours, après l'avoir fait cuire à moitié pour soulever l'épaisse pellicule ; on la recuit encore et on la mange croquante. Beaucoup d'ouvriers et de paysans ne connaissent pas d'autre régal.

Ce sac vient de là-haut, dit le fermier en montrant la cime du rocher. Quelque pauvre diable du village aura mal assujetti les pierres en le mettant tremper dans la source, et l'eau l'a emporté. Prenez-le sans scrupule : il eût été perdu. Voyons s'il a trempé assez longtemps !

Il goûta la graine et fit la grimace. Ça ne vaut pas le souper d'hier, dit-il en riant ; mais un peu de mortification peut faire du bien à notre âme, à ce que disent les croyans. Et puis, il y a quelque chose de bon dans cette trouvaille. Puisqu'on n'est pas venu chercher ici ce qu'on avait perdu, c'est qu'on croit le passage impossible, et vous serez là en sûreté. Allons, à la garde de Dieu, mon garçon ! Je suis content d'avoir fait votre connaissance, et j'espère la renouveler dans une douzaine et demie d'heures employées à votre service.

Nous nous embrassâmes cordialement. Il s'obstina à me laisser sa fiole et sa tasse. Je découvris que j'avais la poche encore pleine d'excellens cigares que le prince m'avait forcé de prendre, la veille. Felipone alluma donc sa pipe, en aspira quelques bouffées pour se donner des forces, et s'éloigna en me jurant de ne pas s'arrêter, tant qu'il ne serait pas auprès de Daniella. Son pas était encore si ferme et sa figure ronde si peu altérée par la fatigue et l'insomnie, que l'espérance me resta au cœur.

J'escaladai sans trop de peine les rochers de la cascatelle, et arrivai à me trouver tout à coup en face de la construction la plus étrangement située que j'aie jamais vue. C'est une tour guelfe, à ouvertures ogivales et à créneaux découpés en dents de scie, comme toutes celles qui défendaient jadis les défilés du pays, au temps des querelles des Orsini et des Colonna, et assez semblable à celle qui ferme le ravin du torrent de Marino. La roche se creuse en flanc, comme une coulisse de théâtre, et s'arrondit en plate-forme pour porter et cacher entièrement ce guettoir inaccessible sur la face interne du précipice ; je dis inaccessible (bien que j'y fusse arrivé par là), parce que le passage par la cascatelle pouvait et pourrait être encore rendu impraticable par une masse d'eau plus forte, dirigée dans cette fêlure. Une arche, dans les fondations maintenant à jour de l'édifice, me fit penser que l'eau de la source avait dû être mise à profit jadis pour cet usage. Il n'en sort aujourd'hui qu'une petite quantité à travers les décombres. Là où je me trouvais quand j'atteignis la plate-forme, il eût peut-être suffi d'un déblaiement subit de ces

décombres, pour m'isoler entièrement de toute ressource, dans une sorte de *tour de la faim*.

De la plate-forme, j'entrai de plain-pied dans une petite salle demi-circulaire qui n'avait pas d'issue à l'intérieur. Est-ce là que l'on mettait des prisonniers ? Par où les y faisait-on entrer ? Je n'eus pas le loisir de chercher une réponse à ces questions. J'étais au bout de mes forces. Je me jetai par terre, sur des débris de brique et de ciment, et je m'y endormis comme si j'eusse été sur le duvet.

Je me réveillai sans avoir souvenir d'aucune chose, pas plus des rêves que j'avais pu faire en dormant, que des événemens qui m'avaient conduit en ce lieu étrange. Je ne me rendis compte de ma situation qu'en voyant mon fusil à côté de moi. Je cherchai l'heure. Ma montre marquait midi ; mais elle n'avait pas été remontée, et il pouvait être davantage. Je ne pouvais voir le soleil, le mur de rochers que j'avais pour tout horizon dépassant encore les créneaux de la tour. J'avais seulement une échappée de vue en biais sur une petite portion du ravin, et je m'assurai par la position et la longueur des ombres de quelques arbres grêles qui dépassaient le taillis, que je pouvais, en remontant ma montre, placer l'aiguille sur deux heures après midi, sans me tromper beaucoup. J'avais dormi cinq ou six heures, en dépit d'un froid assez vif et d'une faim dévorante.

Je crus me souvenir que j'avais rêvé que je mangeais, et je me mis à fêter les graines demi-crues et passablement amères que le ciel m'avait envoyées. L'eau anisée et un bon cigare me firent trouver ce repas supportable. Je me sentis réchauffé et d'aussi bonne humeur que possible après des aventures si peu réjouissantes. Mes forces étaient revenues. Je grimpai sur les décombres de ma logette pour voir jusqu'à quel point j'y étais en sûreté, car je savais être à deux pas du village, et je m'étonnais que les enfans qui trouvent tout, n'eussent pas trouvé le chemin de cette tour qu'Onofrio prétendait avoir découvert. Je parvins à une brèche, et je reconnus que la tour était parfaitement encaissée dans un gouffre, et absolument isolée sur son bloc, peut-être par la rupture de quelque arche autrefois jetée comme un pont d'enfer sur l'abîme. La tour avait sans doute été dès lors condamnée à s'écrouler aussi d'elle-même et réputée dangereuse. D'ailleurs, cette masure n'était plus d'aucun usage, et le fond de la gorge par où j'étais venu étant impraticable, même aux bergers, personne ne devait s'aviser de l'ascension de la cascatelle, à moins d'être traqué comme une bête fauve, ou d'avoir un guide comme celui qui m'avait amené là.

En me demandant de quelle utilité pouvait avoir été une construction située ainsi dans une impasse, et tellement enfouie dans une crevasse, qu'elle n'offrait même pas l'avantage de la vue sur le pays environnant, il me vint une idée que de nombreux exemples du même genre dans les pays sujets aux tremblemens de terre ne rendent pas très invraisemblable : C'est que cette tour avait dû être bâtie à cent pieds plus haut, sur le sommet de la muraille de rochers, et que le subit écroulement d'un bord de cette corniche l'avait fait descendre toute disloquée, au plan où elle se trouve arrêtée maintenant, jusqu'à nouvel ordre, c'est à dire jusqu'à la prochaine secousse qui la précipitera tout à fait dans l'abîme. Ce ne serait, en somme, qu'un accident semblable à celui du détachement des voûtes naturelles de la grotte de Neptune à Tivoli, où la violence des eaux a suffi pour tout changer de place.

Il n'y aurait donc eu ici, dans le principe, qu'une tour d'observation sur la cime d'un précipice, à côté d'une cascade. L'événement que je suppose aurait diminué le volume de cette cascade, en créant au torrent un lit voisin plus accidenté, et en ouvrant l'entaille immense où la tour est descendue avec le bloc qui la supportait. Tout cela a pu se passer au quinzième siècle, peu de temps après la construction irréfléchie de cette *maledetta*; c'est le nom que je vais donner à cette tour, pour vous la désigner d'un seul mot.

Le bruit des chutes d'eau ne me permit pas d'entendre si le plateau de rochers qui s'élevait au-dessus de moi était fréquenté. Il devait l'être, puisque j'étais si près de la bourgade; mais comme je ne pouvais rien voir, je conclus naturellement que je ne pouvais être vu de personne.

Je ne sais si vous vous figurez l'horreur grandiose d'un pareil domicile. Les chouettes elles-mêmes ont craint de s'en emparer.

Au-dessus de la salle où j'étais, la tour éventrée n'offrait que crevasses et débris supportés tant bien que mal par la petite voûte de mon asile. Un tas de sable, apporté sur la plate-forme par les courans accidentels des grandes pluies, servait de logement à de nombreux reptiles, que je fis déguerpir. Je n'étais protégé dans mon bouge par aucune espèce de porte; mais, l'ouverture étant fort petite, j'étais à couvert et à l'abri du vent.

Je m'arrangeai pour passer la journée, sinon gaîment, du moins patiemment. Je m'assis sur la petite plateforme et m'exerçai à y braver le vertige que Felipone m'avait annoncé et qui est très réel. Imaginez-vous une poivrière accrochée à l'orifice d'un puits de plusieurs centaines de pieds de profondeur, le long d'une cascade qui a l'air de vous tomber sur la tête et qui se perd sous vos pieds, dans l'espace invisible. Le calme de cette eau brillante qui lèche le rocher en se laissant précipiter nonchalamment, a quelque chose de magnifique et de désespérant. Ce n'est pas l'enivrant fracas des chutes de Tivoli; on est ici trop haut perché pour entendre autre chose qu'une voix d'argent claire et monotone qui semble vous dire: *Je passe, je passe*, et jamais rien de plus.

Moi aussi, j'aurais voulu passer, me laisser tomber, et arriver d'un saut au fond de la gorge, pour me mettre à courir comme l'onde vers Frascati. La pensée de revoir bientôt Daniella me donnait des suffocations d'impatience, et je ne pouvais plus me raisonner et me dominer, comme je l'avais fait à Mondragone dans ces derniers temps. Il me semblait que j'avais payé ma dette au sort contraire, à l'émotion, au péril, à la fatigue, et que j'avais le droit de vouloir être heureux, ne fût-ce qu'un jour, après tant de jours sombres et mauvais. Je marchandais avec la destinée, je voulais secouer cette série d'épreuves, j'en réclamais la fin avec humeur.

Et puis, j'étais triste, faible, effrayé; je voyais la cervelle fracassée de Campani sur le mur de la cabane, et les chiens d'Onofrio léchant le sang encore chaud sur les pierres. Je croyais en voir encore les hideuses éclaboussures sur le canon de mon fusil, et j'avais envie de le jeter dans la cascade. Je voyais le regard fixe de Masolino et cette ressemblance avec Daniella qui m'avait serré le cœur. Je ne suis pas un soldat, moi; je suis un artiste; je n'ai ni le goût ni l'habitude de tuer, et je trouve atroce un pays où la loi ne sait pas, ou ne peut pas sévir contre ses véritables ennemis. C'est un coupe-gorge perpétuel où il faut qu'à l'occasion le premier passant venu se fasse, en dépit de la douceur de ses instincts, l'exécuteur des hautes œuvres d'une société en dissolution et en ruines.

Je sentais un autre vertige que le vertige physique de l'abîme: celui de l'âme aux prises avec une tentation de haine brutale et de mépris féroce pour les membres pourris de l'humanité. Je songeais à l'œil pur et brillant, au sourire vermeil de Felipone saluant l'aube après ce massacre nocturne, et je me disais: Voilà donc ce que l'on devient tout naturellement, avec des instincts de bienveillance et des facultés de dévouement, dans ces vieilles sociétés finies, où il faut se faire justice soi-même et casser la tête à un homme avec autant de satisfaction qu'à un chien enragé.

Décidément, je ne suis pas fait pour ce genre de délassement. J'ai chassé autrefois sans pouvoir aimer la chasse, et s'il me fallait guillotiner moi-même les poulets que je mange, j'aimerais mieux ne manger que des graines et des herbes. Aller à la chasse aux hommes sera toujours un cauchemar pour moi, et il me fallut, dans ce lieu sinistre où j'étais réfugié, faire un grand effort de raisonnement et de volonté pour ne pas me laisser aller à quelque sotte hallucination.

Heureusement, je retrouvai, au fond de la poche de mon caban, un petit album de promenade et un crayon. Je pus étudier un peu le profil de la cascade et les silhouettes du rocher; après quoi, pour me dégourdir et me réchauffer, je fis une promenade de descente gymnastique dans la cascatelle. La gorge était si déserte que je fus bien tenté de pousser plus loin que mon mur de rochers; mais la crainte de compromettre mon bonheur me rendit tout à fait poltron, et je restai caché dans cette brèche qu'il est impossible de voir du dehors, tant qu'on n'a pas gagné, à ses risques et périls, le pied même de la montagne.

Mon souper fut impossible; le lupin, que je n'avais pas eu la précaution de remettre tremper dans l'eau, était tout à fait desséché. Je fis mon repas d'un cigare, après avoir broyé sous les dents quelques graines pour empêcher la faim de revenir trop vite. En me livrant à cette maigre chère et en me comparant aux cénobites des temps anciens, je me rappelai tout à coup ce pauvre moine que j'avais laissé à Mondragone, et qui n'avait pas dû manger depuis la veille, à moins que Tartaglia, qui cachait et enfermait ses provisions avec tant de soin, n'eût songé à lui; mais Tartaglia, ravi de retrouver sa liberté, n'aurait-il pas fait comme moi? n'aurait-il pas oublié son ami *Carcioffo* aussi radicalement que j'avais eu le tort de le faire en prenant congé de Felipone?

Ce qu'il y a de certain, c'est que ce pauvre frère Cyprien avait été annihilé dans ma pensée comme s'il se fût agi d'un vêtement laissé dans une armoire. On ne meurt pas pour un jour de jeûne; mais, en songeant à la capacité de cet estomac d'autruche (d'Autriche, comme disait Tartaglia), et à ces dents de requin dont nous avions tant redouté la puissante mastication, je me fis de grands reproches, et j'eus encore à demander intérieurement pardon à Daniella des mauvais traitemens occasionnés par moi aux membres de sa famille.

La nuit étant tout à fait close, comme je n'avais

aucune espèce de luminaire, et que je n'attendais pas Felipone avant onze heures ou minuit, j'essayai d'engourdir mon impatience par le sommeil; mais je ne fis que penser à Daniella. Je me disais avec bonheur qu'après ce qui m'était arrivé à cause d'elle, je me serais senti dégrisé de tout autre amour, tandis que le sien m'apparaissait toujours plus précieux et plus désirable à mesure qu'il entraînait ma vie obscure et mon humeur paisible dans des hasards étranges et dans des aventures répulsives. Je trouvai tant de consolation et de douceur à l'idée de souffrir un peu pour celle qui avait déjà tant souffert pour moi, que je ne sentis presque plus le froid et les mouvemens fébriles qui m'avaient agité durant tout le jour.

J'avais trouvé moyen de me faire une espèce de lit avec le sable recueilli sur la plate-forme, et de quelques feuilles sèches que j'avais arrachées à la cime d'un jeune arbre tombé, la tête en bas, du haut du rocher dans la cascade. C'était une espèce de platane dont les branches s'étaient affaissées sur la plate-forme de la tour, et cette rencontre l'avait empêché d'être entraîné par l'eau, qui tendait, au contraire, à le rejeter de mon côté. Ses racines retenaient encore une motte de terre humide, son feuillage de l'année dernière était resté attaché aux rameaux, tandis que les bourgeons pointaient à l'extrémité. Il paraissait vouloir vivre dans cette position le plus longtemps possible, et je lui avais presque demandé pardon de dépouiller ses maîtresses branches pour satisfaire mon sybaritisme.

En dépit des douceurs de cette couche improvisée, je ne dormais pas, je tâchais de me rendre compte de ce problème : la marche du temps. Le temps qui marche, qu'est-ce que cela ? me disais-je ; il n'y a pas de temps pour celui qui n'a ni commencement ni fin ; l'éternité semble être l'antithèse du temps. Dieu voit, pense et sent des choses et des êtres qui passent en lui comme cette cascade dont le bruit tranquille ne finit ni ne commence, à mon oreille, son chant inflexible et fatal. Les révolutions des mondes de l'univers ne dérangent pas plus l'universelle palpitation de la vie, que le grain de sable ne dérange et ne trouble ce flot monotone. Et me voilà pourtant ici, comptant les battemens de mon cœur, et voulant, de toute la puissance de mon être, accélérer les secondes et les minutes qui ne reviendront plus pour le *moi* que je connais, mais qui recommenceront dans toute l'éternité pour le *moi* immortel que je suis.

Quelle est donc cette fièvre, cette ébullition de la pensée humaine qui s'élance toujours au delà de l'heure présente, comme si elle pouvait échapper à l'heure permanente de Dieu ? Ce qui est le propre de notre nature terrestre est tout ce qu'il y a de plus contraire à la nature universelle, à la loi de la vie qui marche sans repos comme sans lassitude, et qui ne connaît pas la division arbitraire du temps, puisqu'elle ne connaît pas de limites.

Ne serait-ce pas parce que l'homme n'est que la moitié d'un être, cherchant toujours, non à presser le cours d'une existence qu'il craint toujours de perdre, mais à se compléter par une société sans laquelle sa vie ne lui est rien ? L'autre moitié de son âme est pour lui le dispensateur de l'être et le régulateur du temps. Elle lui donne un moment de joie qui vaut un siècle. Son absence le fait languir dans un état qui n'est pas la vie, et il a beau compter les instans, ces instans-là ne mar-

chent pas puisqu'ils sont nuls. Ils ne devraient représenter que des phases de néant, et tomber pour lui comme une poussière inerte dans un sablier insensible.

J'en étais là de cette divagation, quand une main, qui cherchait dans les ténèbres, passa sur mon visage et se posa sur ma poitrine. L'obscurité était complète dans le coin où je m'étais blotti. Le bruit de la cascade m'avait empêché d'entendre venir un être humain qui était là, près de moi.

—Felipone ! m'écriai-je en bondissant, est-ce vous ?

On ne répondait pas. Je saisis mon fusil à côté de moi, je l'armai. Deux bras m'entourèrent, des lèvres ardentes cherchèrent les miennes.—O Daniella ! c'est donc toi ? m'écriai-je. Enfin, enfin !

C'était elle, aussi vivante, aussi animée, aussi peu lasse après avoir gravi cette rampe escarpée, que si elle eût dansé la *frascatana* sur un parquet.

— Et tu es venue par ce taillis impossible, par ce ruisseau plein de pièges, par ce torrent qui peut renverser à chaque pas ?.. Seule, dans la nuit ? Mais n'as-tu pas été malade ? Tu as peut-être jeûné dans ta prison ? Et peut-être ton frère t'a-t-il frappée ? Et tu n'as jamais perdu l'espoir ? Tu avais de mes nouvelles ? Tu m'aimes toujours, tu savais bien que je ne pensais à rien au monde qu'à toi, que je ne vivais que pour toi ? Et, à présent, nous ne nous quitterons plus d'une heure, plus d'un instant ?

Je lui faisais cent questions à la fois. Elle ne répondait que par des questions sur moi-même ; et, dans l'angoisse de nos inquiétudes rétrospectives, comme dans l'ivresse de notre réunion, nous ne pouvions pas venir à bout de nous répondre. Je la tenais serrée contre mon cœur, comme si on eût dû me l'arracher encore, et les sens n'étaient pas le but de cette extase supérieure à toutes les joies de la terre. C'était la moitié de mon âme qui m'était rendue ; je retrouvais la notion de la vie, le sentiment placide et sublime de l'éternelle possession.

Il fallut renoncer à nous expliquer, à nous raconter quoi que ce soit pour le moment. D'ailleurs, elle s'occupait, tout en me parlant, de je ne sais quelle tentative d'installation. Elle étendit sa cape devant l'étroite ogive qui servait de porte et de fenêtre, et alluma une bougie. Mon Dieu, comme tu as froid ici ! disait-elle ; je vois bien que tu as eu l'industrie de te faire un lit ; mais tu n'as pas eu la malice de chercher le moyen de faire du feu. Je sais qu'un proscrit a passé ici il n'y a pas longtemps. Felipone m'a dit de chercher le charbon et les autres choses qu'il y a laissées, sous les pierres, du côté où le mur est noirci ; cherche donc avec moi.

Je ne voulais pas chercher, je ne voulais pas entendre ; je ne savais pas s'il faisait froid. Je m'employai pourtant, en la voyant fouiller dans les briques et dans les pierres avec ses petites mains intrépides. Nous trouvâmes un tas de menu charbon et des cendres sous les décombres.

— Fais la cheminée, me dit-elle ; voilà les trois pierres plates qui ont déjà servi. — Mon Dieu, tu as donc froid ? — Non, j'ai chaud ; mais il nous faudra passer la nuit ici.—Passons-y toute la vie si tu veux. A présent, c'est mon Vatican.

Elle alluma la braise, avec cette adresse des femmes du Midi, qui savent la disposer de manière à ce que le gaz carbonique soit absorbé entièrement sous la couche en combustion. Puis elle chercha encore et trouva une lanterne sourde, un grand morceau de vieille tapisserie et deux volumes de prières en latin, dont les feuillets avaient en partie servi à allumer le feu. Elle accrocha la tapisserie à l'ogive en guise de porte, mit la bougie dans la lanterne, plaça devant nous, en guise de table, le panier qu'elle avait apporté, et dont elle avait déjà tiré du pain, du beurre et du jambon. Elle servit ce repas avec beaucoup de soin, sur les grandes feuilles du platane. Assis sur des pierres, nous essayâmes enfin de causer en mangeant. Voici ce que j'appris de notre situation.

Daniella ne savait ni le nom du prince, ni celui du docteur, ni celui de la dame voilée. Felipone lui avait raconté l'évasion de personnages importants et le refus que j'avais fait de les suivre hors du territoire. Cette évasion n'était pas ébruitée, mais probablement le cardinal en avait été averti à l'avance, car il était venu à Frascati *incognito* dans la journée. Il avait parlé à Felipone sans témoins. Après quoi, il avait ordonné que Mondragone fût ouvert, dès le lendemain, aux recherches de la police. Le secret du souterrain pouvait être découvert, mais Felipone ne le pensait pas, et sa complicité dans notre évasion ne l'inquiétait que médiocrement.

L'affaire de Campani restait un incident à part. Il avait voulu dévaliser le berger de Tusculum, qui est connu dans le pays pour avoir trouvé des choses précieuses, et qui l'avait tué en se défendant. Ses complices avaient disparu.

— Et ton frère? demandai-je, étonné de pas entendre Daniella prononcer son nom.

— Mon frère était avec eux, à ce qu'il paraît, répondit-elle en pâlissant. Le malheureux! je ne l'aurais pas cru si fou que de recommencer si vite, après...

— Recommencer quoi? après quoi?

— Eh mon Dieu! Il était de ceux que tu as mis en fuite sur la *via Aurelia*! Tu ne te souviens donc pas que je pleurais, après cette bataille? Il ne m'avait pas reconnue sur le siége de la voiture, parce que j'avais un chapeau et un voile; mais moi je l'avais vu; et voilà pourquoi j'ai dit ensuite que cet homme-là était capable de tout.

— Mais... cette nuit? qu'est-il devenu?

— Tu le sais bien, dit-elle en baissant la tête. Ne parlons pas de lui.

— Mais tu sais que ce n'est pas moi?...

— Si c'est toi... n'importe! Dieu l'a voulu ainsi.

— Non! Dieu a permis que ce ne fût pas toi.

— Felipone m'a dit cela, et j'espère que c'est vrai.

— Il t'a dit la vérité. Masolino a été tué avec des chevrotines, et mon fusil était chargé à balles.

— Que Dieu en soit béni! Mais ne crois pas que, s'il en eût été autrement, j'eusse cessé de t'appartenir. Quand même il eût été le meilleur des frères; quand même tu l'aurais assassiné par méchanceté, il ne dépendrait pas de moi de t'aimer moins pour cela. Tu pourrais bien faire un crime et mériter la mort, je te suivrais sur l'échafaud. Oh oui! j'aimerais mieux mourir avec toi que de cesser de t'aimer!

XLIII.

Je devais donc rester caché à la *Maladetta* jusqu'à ce que l'on eût fait une perquisition à Mondragone. Si la galerie souterraine n'était pas découverte, j'y rentrerais la nuit suivante. Dans le cas contraire, on aviserait à me trouver un autre refuge ou un moyen de fuir. Mais la meilleure éventualité était celle de pouvoir rentrer ensemble dans notre chère prison de Mondragone, jusqu'à ce qu'on se fût lassé de faire des recherches aux environs, car le désappointement de ne trouver personne dans le château amènerait certainement des ordres pour que les recherches fussent réelles et sévères.

— Felipone m'a chargée, ajouta Daniella, de l'excuser auprès de toi de son manque de parole. Il n'aura pas trop de cette nuit pour faire disparaître toutes les traces du séjour de ses hôtes dans la grande cuisine, bien qu'il dise que les agens de police seront fins s'ils y pénètrent. Il m'a tout confié; il est sûr de moi. Quant à ton séjour dans le Casino, il n'en reste pas vestige, non plus que dans l'atelier. Tartaglia s'est chargé de tout cela.

— Mais lui, où se cachera-t-il?

— C'est son affaire; il m'a dit de n'être pas en peine de lui.

— Ah! mon Dieu, m'écriai-je, frappé, pour la seconde fois, d'un souvenir qui arrivait immanquablement après tous les autres. Et ton oncle le capucin!

— Tartaglia l'a fait manger et lui a laissé des provisions pour la journée. On ne veut pas lui confier le secret du passage de la terrasse; il ne saurait peut-être pas le garder devant les menaces de ses supérieurs. On avait bien songé à le faire sortir par là les yeux bandés; mais cela eût pris trop de temps. On aime mieux le laisser saisir demain par les carabiniers, qui seront bien sots de n'avoir pas d'autre capture à faire que celle d'un pauvre moine effrayé, et qui le reconduiront, sain et sauf, à son couvent. On l'interrogera: tout ce qu'il peut dire, c'est qu'il s'est prêté à te porter de mes nouvelles. Il ne sait absolument rien des autres réfugiés.

— Ainsi, nous restons ici encore vingt-quatre heures? Tu ne me quittes pas?

— Je ne te quitterai plus jamais, excepté demain matin, pour aller à l'enterrement de mon frère; après quoi, je dirai adieu à Frascati pour toujours, si tu veux.

— Sans regret?

— Sans aucun regret. Je n'y aime plus personne que la Mariuccia et Olivia, et aussi un peu ce pauvre Tartaglia, qui t'a fidèlement servi.

— Et Felipone?, et Onofrio?

— Oui, ceux qui se sont bien conduits avec toi! Il y a, chez nous, des gens qui sont si bons et si dévoués qu'il faut bien pardonner aux autres; mais le plus grand nombre est lâche et mauvais. Croirais-tu que personne ne m'a porté secours quand mon frère m'a enfermée dans ma chambre? Le premier jour, on venait me parler à travers la porte; on me plaignait, mais personne n'avait le courage de faire sauter l'énorme serrure qu'il avait mise lui-même à la place de mon ruban rose. J'y ai mis mes mains en sang; j'y ai brisé tous les ustensiles de mon petit mobilier, j'y ai épuisé mes forces des nuits entières. Quand il m'entendait faire trop de bruit, il entrait et me frappait. J'ai lutté corps à corps avec lui jusqu'à tomber évanouie. Olivia et Mariuccia sont venues dix fois sans pouvoir décider aucun homme à les accompagner. D'ailleurs, Masolino était presque toujours là. Il couchait dans le corridor, et il menaçait d'aller chercher l'autorité pour me mettre en prison tout à fait. — « Je la dénoncerai plutôt complice des conspirateurs qui sont à Mondragone, disait-il; je veux que ces chiens de révolutionnaires meurent de faim, et je sais que c'est elle qui leur portait des vivres. »

» Que pouvaient faire mes amis ? Ils aimaient mieux attendre que de le pousser aux dernières extrémités. Les, autres se réjouissaient de mon chagrin et de ma colère. C'est bien fait, disaient-ils; pourquoi aime-t-elle un impie ? Ils disaient cela pour paraître bons catholiques et n'être pas dénoncés par Masolino. Comme il ne se méfiait pas d'eux, ils eussent pu me délivrer, mais aucun ne l'a osé. Tartaglia l'eût tenté par adresse, mais quand j'ai pu échanger des lettres avec lui sous la porte, et savoir que tu te soumettais et ne manquais de rien, j'ai cru devoir me soumettre aussi. Quand je ne l'ai plus vu revenir, j'ai cru que je deviendrais folle, et j'avais commencé à couper mes draps pour me sauver par la fenêtre. Je m'y serais tuée.

» Heureusement, mon parrain Felipone a pu me faire passer un mot où il me disait : *Tout va bien, patience!* J'ai pris patience. Toute la nuit dernière, n'entendant pas remuer Masolino, je me suis doutée qu'il ne renonçait pas à me garder sans avoir quelque mauvais dessein contre toi, et j'ai travaillé jusqu'au jour à me délivrer. J'avais réussi à entamer le mur de ma chambre auprès de la porte, dans l'espérance de faire tomber les gonds. Mais la fatigue m'a forcée de dormir une heure. Quand j'ai ouvert les yeux, Vincenza était auprès de mon lit. — Lève-toi vite, m'a-t-elle dit, cache-toi la figure avec mon châle, et cours à la ferme des Cyprès. Dans quelques momens, je sortirai; je refermerai ta porte comme si de rien n'était, et je m'en irai te rejoindre. Voilà comment j'ai été sauvée : j'ai fait avertir Olivia et Mariuccia; j'ai passé la journée à Mondragone, que l'on garde toujours avec grand soin. J'ai ri et sauté de joie avec Tartaglia; j'ai fait danser mon oncle le capucin, malgré lui; j'ai oublié que j'étais en deuil de mon frère. Quand je m'en suis souvenue, j'ai pleuré de repentir. Je lui ai commandé un enterrement honorable et beaucoup de messes. Puis, ayant pris, de Filipone, toutes les informations nécessaires sur le lieu de ta retraite... me voilà !

— Mais tu connaissais donc tous les recoins de ce désert? Comment, sans voir clair, as-tu pu arriver ici ?

— J'ai pris le chemin de Rocca di Papa, qui est facile, et puis, au moment de monter la côte, j'ai observé un gros rocher que Felipone m'avait indiqué, qui se trouve placé sur deux autres. Il ne fait pas si noir dehors que cela te semble d'ici. La lune est voilée, cette nuit, mais on voit. Je savais qu'avec un peu de mémoire et d'adresse, on peut entrer par là dans la gorge *del buco*. Il n'y a pas de sentier; mais la distance est courte; et tu vois, je ne suis pas fatiguée.

— Mais tu n'as pas dormi la nuit dernière ?

— J'ai dormi une heure; il y avait presque une semaine que cela ne m'était arrivé.

Elle me montra, sur ses épaules et sur ses bras, les marques bleues des coups qu'elle avait reçus. Elle souriait en me racontant ses tortures.

— Pauvre Masolino, disait-elle, je te pardonne, c'est tout ce que je peux faire. Cela me dispensera de te regretter. A présent que je retrouve ce que j'aime, je suis fâchée de n'avoir pas souffert davantage : mon mal n'est pas en proportion de mon bien!

Je la forçai de prendre du repos. Etendue sur le lit de sable et de feuilles, la tête appuyée sur mes genoux, elle s'endormit de ce beau sommeil tranquille que je contemple toujours avec ravissement. Je passai la nuit à la regarder, dans une muette béatitude; je ne pensais pas; je vivais de cette seule idée : elle est à moi maintenant et pour toujours! Le lieu où nous étions me semblait délicieux, la voix claire de la cascade était devenue une musique céleste. La faible lueur de la lanterne dessinait des silhouettes d'architecture bizarres et réjouissantes sur la muraille crevassée. Le morceau de la tenture assujetti, au bas de l'ogive, par des pierres, se gonflait comme une voile, à l'air vif refoulé vers nous par la chute d'eau. Ce vestige de quelque antique décoration du manoir de Mondragone, apporté là sans doute par Vincenza pour préserver le docteur, n'était pas en tapisserie, comme je l'avais cru d'abord; c'était tout bonnement une ancienne peinture sur toile arrachée de son cadre, une mauvaise imitation de la mauvaise manière de l'Albane, usée, frottée, disparue, mais au centre de laquelle un *amorino* blême et maniéré avait résisté à la destruction et se découpait encore sur un fond d'arbres noirs et opaques. Il me sembla que ce pauvre Cupidon se réchauffait à la douce atmosphère de notre braise, et que, ravi de revoir la lumière, il essayait de se détacher du fond où l'artiste l'avait si cruellement incrusté, pour venir, comme un papillon de nuit, brûler ses ailes éraillées à la bougie.

Dès la pointe du jour, ma chère maîtresse s'éveilla et voulut partir pour Grotta-Ferrata, où l'on avait porté les corps des deux bandits chez les religieux basiliens. Morts sans confession en état de péché mortel, ils devaient n'avoir de prières que celles de la pitié individuelle, et ne recevoir la sépulture que dans un lieu à part du cimetière consacré.

Ce fut un nouveau déchirement de cœur pour moi que de quitter encore ma Daniella. Il me semble maintenant, dès qu'elle est seulement à deux pas de moi, que je vais la perdre de nouveau, et je m'inquiète comme la mère la plus nerveuse et la plus puérile pour son unique enfant.

Je la reconduisis jusque vers les trois rochers où elle devait reprendre la route. En avançant avec précaution dans ces inextricables taillis ondulés et semés de blocs de lave, comme la forêt de Fontainebleau est semée de grès, nous vîmes combien il y est facile d'échapper à des poursuites. Daniella, examinant la localité au jour, se rassura au point de me permettre de faire l'école buissonnière pour retourner à ma poivrière de la Maladetta.

En étudiant les sinuosités du terrain le long des ruisseaux, je m'exerçai à savoir me rendre aussi invisible, en cas d'alerte, que si je n'eusse fait autre chose en ma vie que ce métier de chevreuil.

Je fis donc une promenade de deux heures et plusieurs croquis de ces charmantes retraites, sans m'éloigner notablement de mon refuge et sans apercevoir bêtes ni gens. Après quoi, je refis le chemin que j'avais fait avec Daniella, afin d'aller l'attendre dans le voisinage des trois pierres.

Rassuré par l'impunité de la solitude, j'approchais, sans trop de précautions, de la lisière un peu plus éclaircie du chemin, lorsque j'entendis un galop de chevaux sur le sable. Je me blottis dans les broussailles pour regarder passer les cavaliers, l'ennemi peut-être. Quelle fut ma surprise de reconnaître Otello portant avec une orgueilleuse aisance la dame voilée ! Elle était suivie du groom du prince, chevauchant à distance respectueuse, comme il eût fait dans les allées du bois de Boulogne.

Je me baissai davantage, car il me sembla qu'elle avait tourné la tête avec insistance de mon côté. Elle fit environ vingt pas en me dépassant, et, tout à coup, sautant légèrement à terre, presque sans arrêter son cheval, elle jeta la bride à son jockey, et, relevant adroitement sa jupe d'amazone, elle vint à moi en courant.

Quand elle fut tout près du buisson où je restais immobile, espérant encore que sa fantaisie la pousserait dans un autre sens, elle m'appela à voix basse en me donnant du Valreg tout court. Etonné de la rencontrer dans cette forêt quand je la croyais en mer, je pensai que quelque événement fâcheux était arrivé à ses compagnons de voyage, et, lui faisant signe de ne pas s'arrêter et de ne pas parler, je la conduisis à quelque distance dans les blocs de rochers.

Quand nous fûmes en sûreté, — ne craignez rien, dit-elle, en s'asseyant résolument, et en jetant son chapeau comme pour respirer. Je vois que vous vous cachez mal, et je suis plus prudente que vous ; car vous vous laissez apercevoir et moi j'ai dit au groom de se cacher un peu plus loin avec les chevaux, pour ne pas éveiller l'attention des passans. Nous pouvons causer cinq minutes, j'imagine. Dites-moi pourquoi vous êtes là ! Vous n'avez donc pas pu rentrer encore à Mondragone ?

— Non, madame ; ce ne sera que pour la nuit prochaine.

— Vous êtes là tout seul ?

— Oui, pour quelques instans.

— Qui attendez-vous ? Daniella, je parie ? Je viens de la rencontrer à Grotta-Ferrata, à la porte du monastère, au milieu d'un enterrement. J'ai eu une émotion affreuse ; j'ai cru qu'il vous était arrivé malheur et que c'était vous qu'elle conduisait au cimetière. J'ai failli m'arrêter pour lui parler, à cette fille ! mais elle ne me voyait pas, elle était absorbée. Il aurait fallu approcher trop, et attirer tous les regards sur moi. J'ai espéré que les passans me diraient quelque chose ; je n'ai pas rencontré une âme jusqu'ici, où, en regardant toujours avec attention, pour tâcher de découvrir un paysan qui me renseignerait sur ce mort, je vous ai aperçu. Ah ! Valreg, que je suis heureuse de vous voir là vivant !

Ces dernières paroles furent dites avec l'accent saccadé et la physionomie nerveuse qu'elle avait à Tivoli, et je crus devoir la remercier avec un très froid respect de l'intérêt qu'elle prenait à moi.

— Je me serais jamais consolée d'un pareil événement, dit-elle d'un air préoccupé. Mais est-ce que c'est Felipone qui a été tué ?

— Non, Dieu merci, ce n'est personne qui vous intéresse.

— Mais, pardon, peut-être ! Ce n'était pas pour un inconnu que la Daniella se trouvait là en prières ?

— Parlons brièvement ; le temps me presse. Masolino Belli a été tué cette nuit par Felipone, en cherchant à nous assassiner. Moi, j'ai tué Campani.

— Pour tout de bon, cette fois ?

— Pour tout de bon. Si vous eussiez bien re-

gardé, Masolino n'était probablement pas seul à la porte du cimetière.

— Vous avez tué ce brigand vous-même ? Donnez-moi votre main, Valreg ! J'aime à serrer la main d'un homme qui vient de tuer son ennemi. C'est si rare, au temps où nous vivons, de faire acte d'énergie et de vengeance !

— Cet homme n'était pas plus mon ennemi qu'un loup ou un serpent qui se jetterait sur moi, lui dis-je en touchant froidement la main qu'elle me tendait, et en examinant la singulière expression de férocité exaltée que prenait cette tête fantasque. Je suis le mortel le moins vindicatif qui se puisse imaginer.

— Valreg ! reprit-elle en s'animant, vous ne vous connaissez pas ! Vous êtes, avec votre sang-froid modeste, de la trempe des héros !

— Moi ?

— Ne riez pas, je parle sérieusement. Ce que vous avez fait pour moi en vous exposant à de pareilles aventures vous assure à jamais mon admiration et ma reconnaissance.

Il n'était ni galant ni habile de la détromper ; mais elle parlait avec une telle vivacité, que je me hâtai de dire la vérité, à savoir, que je m'étais exposé par reconnaissance pour ses compagnons, et non pour elle, que je n'avais pas même pressentie sous son voile, dans la béfana.

— C'est impossible, dit-elle en riant ; vous m'aviez reconnue !

— Je ne vous avais pas seulement regardée, je vous en donne ma parole d'honneur.

— C'est prendre beaucoup de peine pour repousser un sentiment de reconnaissance bien pur et bien calme de ma part, reprit-elle en se levant avec une agitation qui démentait ses paroles. J'avais cru, en vous voyant enrôlé tout gratuitement dans mon escorte, pouvoir attribuer ce dévouement à une amitié chevaleresque. Il me semblait que vous me deviez cette amitié-là, à moi qui vous ai si courageusement offert mon amour, et qui, malgré l'outrage que vous m'avez fait de le dédaigner, vous ai gardé un attachement, une estime sincères.

— Si ce sont là vos sentimens pour moi, c'est moi, en effet qui vous dois de la reconnaissance, mais je n'ai pas eu l'occasion de vous la montrer. Voilà tout ce que je voulais dire. Et à présent, voulez-vous me permettre de vous demander où sont vos amis, et comment il se fait que vous erriez séparée d'eux et seule dans ce pays sauvage ?

— Ce pays n'est sauvage qu'en apparence. Il y a, à mi-côte de ce rocher et tout près de ce village, de petites villas où j'ai demeuré l'année dernière avec ma tante ; j'en vais louer une pour quelques jours avant de me décider à prendre un parti.

— Mais le prince...

— Eh bien, le prince !... dit-elle en riant, le prince et le docteur, avec leurs cuisiniers et leurs marmitons, font, en ce moment, voile vers Livourne ou vers Ajaccio, que sais-je ? Cela dépend du vent qu'il fait, et je ne m'en soucie guère. Est-ce que j'aime le prince, moi ? Est-ce que je lui appartiens ? Est-ce qu'il a le moindre droit sur moi ? Je suis libre ; j'ai eu envie de me marier, je lui ai fait l'honneur de le choisir ; je me suis ravisée ; après ?

— Je ne me suis permis aucune réflexion ; je vous demandais seulement si ces aimables et braves personnes étaient en sûreté.

— Parfaitement, puisqu'elles se sont embarquées hier à la pointe du jour. Vous voulez savoir nos aventures? Oh! elles sont moins brillantes que les vôtres. Nous avons traversé en voiture un affreux pays plat où j'aurais dormi de grand cœur si le prince ne m'en eût empêchée en dormant lui-même. Imaginez, *mon cher*, la plus utile et la plus opportune découverte! Le prince ronfle à couvrir le bruit d'une voiture lancée à fond de train! J'ai une horreur particulière pour cette infirmité. Mon cher oncle, lord B..., s'endort tous les soirs dans un coin du salon de sa femme, et il ronfle! Le prince ronfle absolument de la même manière que lui; une manière si ridicule, si inconvenante, si irritante et à la fin si effrayante, qu'en traversant la forêt de Laurentium, je crus que tous les buffles des marécages couraient après nous. Je me jurai de n'être jamais la femme d'un homme qui ronfle, et j'éveillai le docteur pour le lui déclarer, pendant que son ami continuait à ronfler. Le docteur essaya de me ramener à ce qu'il appelait la raison; mais quand il eut épuisé son éloquence pour me convaincre, savez-vous ce qu'il imagina? Je vous le donne en cent!

— Il voulut vous retenir malgré vous?

— Mieux que ça! Il m'offrit son cœur et ses cinquante-cinq ans! Vous me direz qu'il est plus beau que le prince; mais il n'est pas prince : il est roturier et républicain, et il mange deux fois plus que le prince, qui mange déjà deux fois trop, puisque ça le fait ronfler.

» J'avais fort envie de rire, continua Médora, mais je préférai me fâcher, afin d'en finir plus vite. Le prince n'entendit rien; ce qui donna à son lourd sommeil un ridicule de plus. Quand nous fûmes sur la grève, il bâilla d'une manière indécente et remplit la voiture d'une odeur de vieux cigare, mêlée à je ne sais quels vieux parfums de lavande attachés à sa barbe. Se parfumer de lavande! c'est tout ce que j'exècre! Je le pris en horreur, et, sautant sur le sable je déclarai que j'avais réfléchi et changé d'idée; que je ne voulais plus me marier ni m'enfuir, mais retourner sur l'heure chez ma tante Harriet.

» Mon pauvre prince parla de se brûler la cervelle; le docteur se chargea de l'en empêcher dans le cas où il en aurait réellement envie, et, comme ledit docteur était fort piqué de mes dédains pour lui, il voulut démontrer à son ami que j'étais une tête folle et un démon. Le pauvre prince prenait mon parti et s'accusait. La discussion menaçait de se prolonger, mais le jour grandissait. Les gardes-côtes paraissaient au loin. Le patron de l'affreuse petite chaloupe, où je n'eusse pas voulu embarquer seulement un de mes souliers, s'impatientait et menaçait de prendre le large sans passagers. Je coupai court à la situation en m'élançant sur Otello, que le groom avait amené sur nos traces, et en disant des choses désagréables à mes vieux Lindors pour les dégoûter de me retenir. Puis, je saisis un moment où le prince, surpris par une quinte de toux, ne pouvait plus se pendre à la bride d'Otello pour faire un temps de galop comme je n'en ai fait de ma vie. Le prince eut la générosité de vouloir me laisser un de ses domestiques pour me ramener à Rome; mais tous étaient compromis, sauf le groom, qui consentit à suivre ma destinée. Je le vis courir après moi, mais je ne me laissai rejoindre par lui que lorsque j'eus vu, de mes propres yeux, la chaloupe en mer et la grève déserte.

» Alors j'ai été prendre du repos à Albano; et comme aucun mandat d'arrêt ne menace ma liberté, mais que j'aime autant ne pas afficher mes sottes velléités de mariage et le risible dénouement de mon aventure romanesque, je suis partie d'Albano, ce matin avant le jour, pour aller, comme je vous l'ai dit, à Rocca-di-Papa, où je suis certaine de ne trouver, en cette saison, aucun être civilisé qui me connaisse, et où la solitude me conseillera ma conduite à venir. »

XLIV

Après avoir raconté son escapade avec cette sorte de candeur propre aux êtres qui n'ont pas beaucoup de religion morale, la belle Médora remit tranquillement son chapeau, et, voulant l'assujétir dans ses cheveux pour reprendre son voyage, elle m'ordonna de chercher dans la mousse une grande épingle d'acier, qu'elle avait laissée tomber en se décoiffant brusquement.

Son aventure, quoique gaîment racontée, m'avait paru longue, dans la situation précaire où je me trouvais. Ce n'est pas quand il faut avoir l'œil et l'oreille aux aguets, se rendre compte du moindre bruit et du moindre mouvement autour de soi, que l'on se sent bien disposé à prendre la vie par le côté léger et facile, comme cette Anglaise capricieuse semblait résolue à le faire. La circonstance de l'épingle qu'elle me faisait chercher me parut un raffinement de bravade égoïste, d'autant plus qu'elle se mit à rire tout haut, je ne sais de quoi; peut-être de l'idée qu'il serait fort plaisant pour moi, après avoir surmonté des dangers sérieux, d'être surpris par mes ennemis, pour m'être obstiné, hors de saison, à chercher une épingle.

L'amour-propre dont, quoi qu'on fasse, on ne se débarrasse jamais entièrement quand on se sent ou quand on se croit mis au défi par une jolie femme, m'empêcha de laisser voir mon impatience, et j'arrivai à retrouver la perfide épingle sans me départir du plus convenable sang-froid.

— C'est bien! me dit-elle en la recevant d'un air de bizarre triomphe : vous êtes véritablement le seul homme que j'aurais pu aimer! Mais je n'aimerai plus personne, si ce n'est d'amitié. Au revoir donc, et bonne chance pour rentrer à Mondragone!

Elle fit deux pas et se retourna en disant : Vous ne venez pas m'aider à remonter sur mon cheval?

— Non! répondis-je, révolté de cette nouvelle exigence; j'entends venir!

— Tiens! c'est vrai! reprit-elle après un moment de silence. Je me sauve! à bientôt!

Et, sans attendre une réponse, que j'étais peu disposé à lui faire, elle disparut.

Je me baissai dans les rochers et prêtai l'oreille, étonné d'avoir dit vrai en parlant au hasard, pour couper court à cette périlleuse entrevue. Les branches mortes criaient sous les pas rapides, et ce n'était pas seulement sous ceux de Médora fuyant vers ma gauche. Une autre personne venait vers moi par une autre direction. Mon cœur et mes sens reconnurent Daniella. Je m'élançai joyeux à sa rencontre.

Elle était pâle et tremblante; je crus qu'elle était poursuivie et voulus armer mon fusil; mais elle me fit signe que cela n'était pas nécessaire et s'enfonça dans le taillis avec une sorte d'impétuosité désespérée, en se retournant de temps en temps pour s'assurer que je la suivais. Sa figure était bouleversée, non d'effroi, mais de colère.

Quand nous eûmes gagné le pied du rocher *del buco*, je voulus la faire expliquer. Elle ne répondit pas et se mit à gravir avec l'agilité et la force d'un chamois, les gradins inégaux, et, par endroits, gigantesques, de la cascatelle.

Elle entra la première dans la tour, et, se jetant par terre, elle fondit en larmes.

— Daniella, ma bien-aimée, m'écriai-je, en la saisissant dans mes bras, qu'est-ce donc? que t'est-il arrivé? Est-ce l'émotion de cet enterrement? Sommes-nous en danger? Vais-je encore être forcé de me séparer de toi? Non! Je ne le veux pas, c'est impossible! J'aime mieux être tué à tes côtés. Mais réponds donc! Quelqu'un t'a-t-il offensée à cause de moi? As-tu reçu quelque reproche, quelqu'outrage? Parle, ou je deviens fou!

— Vous me demandez ce que j'ai? dit-elle enfin d'une voix étouffée par l'indignation; vous doutez que je sois outragée, avilie, désespérée! Vous croyez donc que je ne l'ai pas vue, cette femme qui s'enfuyait tout à l'heure d'auprès de vous en m'entendant venir?

— Cette femme? Comment, c'est là la cause de ton chagrin? Cette femme est celle qui doit, moins que toute autre te porter ombrage : c'est miss...

— Miss Médora?

— Précisément!

— Vous l'avouez, parce que vous sentez bien que je l'avais reconnue! Oh! elle ne se cachait pas! Au contraire, elle a relevé son voile en passant à dix pas de moi, et elle s'est mise à rire avec insolence. Elle me brave, elle m'avilit. C'est bien la preuve que vous me trahissez.

Je voulus en vain me justifier : la terrible enfant ne m'écoutait pas. Même lorsqu'elle faisait un effort pour recueillir et comprendre mes paroles, il semblait qu'il lui fût impossible d'y saisir aucun sens. Elle marchait avec agitation ou se jetait, avec des poses d'une insouciance effrayante, sur les frêles rebords de la terrasse. Dix fois, je crus qu'elle allait s'élancer dans le précipice. Elle était tragiquement belle dans ce paroxysme de la passion et de la douleur, avec ses cheveux noirs épars, sa pâleur de marbre, ses yeux creusés d'un cercle bleuâtre, ses lèvres frémissantes; elle me faisait peur et me remplissait d'admiration. Rien ne pouvait la calmer, car rien ne pouvait la convaincre. En proie à une idée fixe qui semblait paralyser toute faculté de raisonnement, elle trouvait une éloquence effrénée pour se plaindre, pour m'accuser, pour maudire et outrager sa rivale; elle avait comme des trésors de haine, amassés depuis longtemps au fond du cœur et retenus au bord des lèvres. Elle rugissait comme une lionne blessée; elle avait des hallucinations de vengeance atroce; elle était folle.

Je la regardais avec stupeur en me disant que toute cette rage et toute cette souffrance venaient de la chute d'une épingle; une minute plus tard, notre bonheur n'eût pas été troublé. Pour une minute, pour une épingle, il l'était peut-être sans retour.

Je me défendis longtemps de la contagion de ce délire. Enfin, ne pouvant l'apaiser, je sentis qu'il me gagnait, que je ne trouvais plus de paroles pour me justifier, que mes nerfs se crispaient aussi, et que l'impassible bruissement de la cascade m'entraînait comme un vertige. L'amour de Daniella changé en mépris, son âme profanée par le soupçon, ses lèvres souillées par le blasphême, c'était pour moi comme un rêve affreux. Je ne pouvais pas supporter l'idée de survivre à un bonheur trop grand sans doute pour durer sur la terre où nous sommes. Je sentis le froid du désespoir paralyser mes facultés, et je devins comme hébété devant ses reproches.

Lorsqu'elle vit enfin ce qui se passait en moi, elle se jeta dans mes bras. Ce fut à mon tour de ne pas comprendre qu'elle me disait : mon âme avait descendu trop avant dans l'abîme. J'avais la gorge serrée comme par une main de fer et de glace. Je restais condamné à un farouche silence qui lui fit croire que j'étais irrité contre elle.

Pauvre chère âme! Elle me demandait pardon, elle se roulait à mes pieds, elle couvrait mes mains de baisers, et je ne pus la consoler et la tranquilliser qu'après une réaction nerveuse où je crus que ma poitrine et mon cerveau allaient se briser dans les sanglots.

Quand je pus lui raconter tout ce qui s'était passé à propos de Médora, je la vis prête à retomber dans sa crise. Elle ne me pardonnait pas de lui avoir caché le nom de la dame voilée, et ses réflexions me prouvaient à moi-même, qu'en effet, aux yeux d'une femme jalouse les apparences étaient contre moi. J'avais vu Médora à Mondragone, et je pouvais être devenu jaloux de la bonne fortune du prince. Je l'avais escortée dans cette fuite qui m'avait exposé ensuite à de graves périls, et cela pouvait être l'effet d'une passion qui ne recule devant rien. J'avais parlé avec elle, cette nuit-là, et je l'avais peut-être décidée, par mes prières, à quitter son sigisbé. J'avais peut-être concerté avec elle le rendez-vous que Daniella venait de surprendre. De plus, Daniella m'avait aperçu, de loin, agenouillé devant elle pour chercher l'épingle. Elle pouvait avoir dérangé une déclaration, comme dans les pièces de théâtre, où la pantomime classique de plier un genou, exprime tout au plus, aux yeux du spectateur, les circonstances atténuantes d'une *criminal conversation.*

En dépit de la sincérité de ma justification, il restait d'ailleurs un point mystérieux que ma pauvre Daniella s'efforçait de me faire avouer et que l'honneur me prescrivait de taire. L'amour que Médora se figure avoir eu pour moi, et qu'elle n'avait pas craint de me rappeler avec un air de détachement superbe; la scène de Tivoli et les paroles qui, depuis, dans sa bouche, avaient eu rapport à cette folle circonstance, c'était là un secret que, même vis-à-vis de la maîtresse la plus chère, je devais ne jamais trahir, sous peine de n'être un fat et un lâche à mes propres yeux. Il me suffisait d'établir et de jurer, en toute loyauté, que je n'avais jamais eu un moment d'amour pour Médora. Je ne devais à personne au monde la confession d'un moment d'égarement de la part d'une femme qui s'était fiée à mon honneur.

Malheureusement, les questions de Daniella s'acharnaient tellement à ce cas réservé de ma conscience, qu'elle me contraignait à mentir. Elle poussa la rudesse de sa passion jusqu'à vouloir me faire jurer sur l'honneur que jamais Médora n'avait cherché à provoquer mon cœur, mon imagination, ou mes sens.

C'est en disant toute la vérité que j'aurais pu victorieusement me disculper. Ma vie, ma conduite, depuis l'aventure de Tivoli, étaient bien la preuve d'une sorte d'antipathie pour la belle Anglaise, si j'eusse pu avouer qu'elle m'avait offert sa main; mais Daniella ne croyait pas qu'elle eût été jusque-là. Elle pensait, au contraire, que j'avais pu être rebuté, le jour de la promenade à Tivoli; que ma fièvre n'avait pas eu d'autre cause que cette contrariété; enfin, qu'elle-même n'avait été pour moi qu'un pis-aller. C'était donc ma justification pleine et entière qu'elle me demandait, et je vous jure que j'étais stoïque de lui résister, en refusant de lui livrer Médora, provocante et déçue.

Quand elle vit qu'en me défendant d'avoir jamais senti le moindre attrait pour cette beauté, la moindre sympathie pour ce caractère, je m'abstenais de railler et de mépriser la conduite de miss ***, l'orage recommença. La colère était épuisée, mais ce fut un déluge de pleurs.

— Pourquoi ne pas me dire ce que je croyais savoir et ce que je voulais croire? s'écria-t-elle en tordant ses petites mains comme si elle eût voulu les briser. Cette infâme coquette m'a dit elle-même que vous ne l'aimiez pas, mais qu'elle saurait bien se faire aimer!

— Elle disait cette sottise ou cette folie?

— Oui, par momens, car tous les soirs, à Rome, quand tu étais dans la maison, elle avait des crises de nerfs et des accès de dépit, où elle disait ce qu'elle avait dans la tête; mais quand elle s'apercevait du plaisir que me causait son chagrin, elle disait autrement. Elle prétendait que, dès le premier jour où tu l'as vue sur le bateau à vapeur, tu l'avais regardée avec extase; qu'elle ne pouvait pas faire un mouvement ni lever les yeux sans rencontrer les tiens. Elle était persuadée qu'en courant au-devant de la diligence sur la Via Aurélia, tu n'avais pas eu d'autre idée que de savoir si elle allait droit à Rome, ou si elle s'arrêtait aux environs dans quelque villa; et enfin, que tu ne te serais pas jeté si bravement sur les brigands quand tu pouvais te tenir caché, sans un grand désir de te faire distinguer et remercier par elle. Que veux-tu? toutes ces vanteries me brisaient le cœur, à moi qui t'aimais déjà! Je ne t'ai jamais dit ce que cette fille injuste et despote m'a fait souffrir à cause de toi; quel dédain elle affectait pour ma pauvre condition et pour ma pauvre figure, et comme elle aimait à répéter devant moi qu'avec sa beauté, son esprit et sa fortune, elle ne devait jamais trouver de cœur qui lui fût réellement fermé. Il n'osera jamais me déclarer qu'il m'aime, disait-elle, pendant ta maladie; il se croit trop au-dessous de moi; plus je lui tiens compte de cette fierté modeste, et moins il parle, mieux je le comprends.

— S'il est vrai qu'elle t'ait dit tout cela, elle manque de clairvoyance et de jugement!

— Elle manque tout à fait d'esprit, comme elle manque de cœur. Je la connais bien, moi! Une femme de chambre connaît mieux sa maîtresse que tous les hommes qui lui font la cour. De même qu'elle sait tous les défauts et tous les artifices de sa personne, elle sait toutes les pauvretés de son caractère et toutes les sottises de son imagination. Ces poupées que nous habillons pour vous, se tiennent devant vous comme des marionnettes dont on ne voit que le dessus; mais, quand elles quittent leur costume, elles quittent aussi leur rôle, elles ont besoin de redevenir elles-mêmes et de se vanter devant nous des succès qu'elles ont eus et de ceux qu'elles n'ont pas pu avoir.

Daniella, dont le dépit et l'aversion déliaient la langue, ne manqua pas, en véritable fille d'Eve qu'elle se sentait redevenir, cette occasion de déprécier les charmes de Médora et de me révéler les artifices, vrais ou supposés, de son teint et de sa taille. Je l'écoutai d'abord en riant de cette malice qui la soulageait; puis tout cela me rendit triste. Je n'avais jamais voulu parler de Médora avec elle, et elle avait compris ou paru comprendre que, dans le divin concert de notre bonheur, ce souvenir étranger arrivait pour moi comme une fausse note. Elle avait été si belle dans sa confiance, si grande en me disant, : « Si je pouvais douter de toi, c'est que je ne t'aimerais plus! »

Et je la voyais maintenant s'acharner à enlaidir et à ridiculiser un fantôme de rivale, sans plus tenir aucun compte de ma parole et de ma loyauté.

Je ne pus m'empêcher de le lui dire, et ce fut encore une blessure pour elle, tant il est vrai qu'un peu de foi et d'idéal qui se détache, entraîne une avalanche de troubles et d'amertumes. Elle me fit un crime de ne pas me complaire à lui voir exhaler sa haine, et m'accusa de défendre, dans mon cœur, celle qui lui ôtait son bonheur et son repos.

Je m'assoupis pendant qu'elle continuait à me parler avec une énergie qui dépassait la mienne. Je n'avais pas dormi de la nuit. Trop de joie et trop de douleur m'avaient épuisé. Je succombais à la fatigue et au dégoût d'une querelle qui me faisait l'effet d'un mauvais rêve dont le sens vous échappe à chaque instant.

Je crois que je dormis une heure. Quand je m'éveillai, je la vis assise auprès de moi, chassant les cousins de ma figure et me regardant avec une expression si tendre et si triste que j'en fus navré. — Pardonne-moi, lui dis-je en l'attirant sur mon cœur; tu souffrais, et moi j'ai dormi! C'est la première fois que cela m'arrive, et je ne croyais pas que cela pût m'arriver jamais, de me trouver anéanti devant tes larmes, et de n'avoir pas en moi la force de te consoler. C'est donc que la douleur est, pour moi, une chose impossible à soutenir, et qu'il faudra que je m'endorme dans la mort, si elle continue! Tiens! si notre bonheur est fini, si je dois ne plus te faire que du mal, cesse de m'aimer, toi qui es forte, et laisse-moi me tuer, car je me sens faible et incapable de réagir contre tes reproches.

— Non, non! s'écria-t-elle, il n'en sera pas ainsi! Tu sauras souffrir, s'il m'arrive de souffrir encore. Que puis-je te promettre? Rien, puisque je deviens folle à l'idée d'être trahie. Oui, folle! Tu l'as bien vu, il m'était impossible de t'entendre et de m'entendre moi-même. Mon cœur te défendait et me criait que tu étais sincère; mais je ne sais quel démon criait encore plus fort dans mes oreilles. Ah! ne me dis pas que notre bonheur est fini, car je me poignarderais tout de suite, si tu croyais cela! Non! non! Je te jure que je ne suis plus jalouse et que je ne veux plus l'être. Si cela m'arrive encore, eh bien! dis-toi que j'ai un terrible accès de fièvre, et ne m'abandonne pas plus que tu ne le ferais si je tombais malade. Est-ce que tu ne comprends pas cela, mon Dieu, qu'on soit jaloux avec rage de ce qu'on aime avec passion? Serais-tu tranquille et raisonnable si tu me voyais courir ou me cacher pour causer avec ce prince ou avec ce docteur dont tu me parlais hier? Non, certes! toi aussi tu perdrais l'esprit, tu ne m'écouterais pas, et tu serais peut-être aussi injuste que je l'étais tout à l'heure. D'ailleurs, est-ce que l'amour est tout entier dans le bonheur qu'on goûte ensemble ? Est-ce qu'il n'est pas aussi dans le chagrin, dans le délire, dans l'inquiétude que l'on se cause l'un à l'autre? Est-ce que nous n'avons pas déjà bien souffert de notre passion? S'est-elle refroidie pour cela ?

—Tu as raison ! Il ne s'agit pas d'être heureux, mais d'aimer! Eh bien, fais-moi tout le mal que tu voudras, pourvu que je voie renaître ton sourire et que je retrouve l'ardeur de ton baiser!

La journée s'acheva dans les célestes voluptés d'une tendresse plus vive et plus délicate que nous ne l'avions encore ressentie. Il s'était fait en Daniella comme une transformation, à la suite de cette crise terrible. Elle parlait avec plus d'élévation et de clarté; elle trouvait des mots plus nets et plus profonds pour exprimer son amour. Elle voyait presque en artiste et en poëte les grandeurs de la nature qui nous environnait. Sa beauté même me semblait avoir pris un caractère plus touchant et plus intelligible. Son expansion ne m'étonnait plus par des réticences et des élans imprévus. Elle était intelligente comme un être cultivé dès l'enfance, et tendre comme la femme la plus douce et la plus pieuse. Je n'osais lui dire combien j'étais frappé de cette sorte de transfiguration soudaine. Peut-être m'apparaissait-elle ainsi parce que j'avais vu éclater la violence cachée sous son calme habituel, et que, la connaissant enfin tout à fait, je me sentais épris de l'excès même de son redoutable amour.

Peut-être aussi ce prompt retour à une complète sérénité et cette révélation d'une beauté morale plus exquise, étaient-ils tout simplement le résultat d'une organisation qui a besoin quelquefois d'exhaler un excès de puissance pour se remettre dans son progrès naturel. Les âmes méridionales sont sans doute comme leur ciel qui, après des orages formidables, verse tout à coup de si bénignes influences sur la terre et fait pousser tant de fleurs sur le sol, meurtri et dévasté une heure auparavant.

A onze heures, nous commençâmes à plier bagage. La toile qui nous servait de porte fut roulée et cachée sous les décombres avec les autres ustensiles ; le feu et la lumière furent éteints. Je renouvelai l'amorce de mon fusil. Daniella releva sa jupe de dessus ses agraffes. Nous nous donnâmes un dernier baiser en envoyant un adieu amical à la vieille tour et à la cascade argentée. Puis nous descendîmes la cascatelle pour être prêts à recevoir Félipone qui devait se trouver là à minuit.

XLV.

Nous n'attendîmes pas longtemps ; mais les pas qui vinrent vers nous, par le côté des trois pierres, nous causèrent un moment d'inquiétude. Il nous semblait entendre marcher deux personnes au lieu d'une. Daniella, attentive, et, sinon calme, du moins toujours pleine de présence d'esprit, ayant remonté un peu le rocher pour se rendre mieux compte de ces bruits mystérieux, redescendit vers moi en me disant :

— Je sais qui vient avec mon parrain. Ils ont échangé deux ou trois mots. J'ai reconnu la voix et l'accent : c'est M. Brumières.

C'était lui, en effet.

— Je vous amène un ami, me dit Felipone en s'avançant le premier pour nous reconnaître ; un ami qui vous apporte des nouvelles de Rome. Je ne le connais pas ; mais ma femme a répondu de lui. Seulement, j'aurais autant aimé qu'il ne s'obstinât pas à m'accompagner ici. C'est un homme qui ne peut pas rester cinq minutes sans vouloir faire la conversation ; et vous savez si c'est facile, de causer sur un chemin comme celui qui nous amène ; outre que c'est assez dangereux pour moi! Il est aimable, gai, gentil ; mais il parle trop quand il faudrait se taire. Peut-être qu'il se tait quand il faudrait parler : il y a des gens comme ça !. »

Brumières nous rejoignit, et, après m'avoir embrassé avec une véritable effusion de cœur :

— Puis-je parler ici? dit-il à Felipone, sans voir Daniella, qui, cachée sous sa mante, était à deux pas de nous.

— Si vous avez quelque chose qu'il faille absolument lui dire ici, faites vite, dit Felipone, pendant que je me reposerai un moment auprès de ma filleule.

— Sa filleule ? me dit Brumières à l'oreille, en essayant de voir ma compagne. Est-ce réellement Daniella qui est avec vous ?

— Pourquoi en doutez-vous donc ?

— Je vas vous le dire ; mais venez plus loin... encore plus loin! ajouta-t-il quand nous eûmes fait quelques pas : le bruit de cette cascade est agaçant...

— Il faut en prendre notre parti. C'est ce bruit qui nous permet de causer sans crainte. Voyons, cher ami, pourquoi et comment êtes-vous ici?

— Mon cher ami, c'est pour vous, si vous voulez ; c'est afin de vous aider en cas de mauvaise rencontre. Voyons, pensez-vous avoir besoin de moi? Je vous jure sur l'honneur que je suis prêt à vous assister.

— Je n'en doute pas, et je vous en remercie ; mais si vous avez quelque autre projet, ne vous dérangez pas. Si Felipone vient me chercher, c'est que je peux abandonner sans danger mon asile.

— Eh bien, soyez sincère avec moi, et je m'en vas de ce pas à Rocca-di-Papa. La femme qui est ici avec vous est-elle bien Daniella Belli?

— Oui. Après ?

— Sur l'honneur?

— Sur l'honneur !

— Et l'autre, où est-elle ?

— Quelle autre ?

— Vous savez bien! la dame de mes pensées, la céleste et extravagante nièce de lady Harriett.

— En vérité, mon ami, je ne sais pas si je dois vous le dire. De quelle part la cherchez-vous?

— De la mienne, d'abord ; ensuite, de la part de son oncle et de sa tante, qui sont arrivés ce soir à Frascati, et qui, avec la prudence indispensable en pareil cas, la font chercher, ne pouvant le faire eux-mêmes. Lady Harriett est malade, et son mari n'ose la quitter. Elle a une fièvre nerveuse dans le genre de celle que vous avez eue, la fièvre romaine ; et, quand les accès viennent, on ne sait jamais si c'est peu de chose ou si c'est mortel.

— Si c'est de la part de lady Harriett que vous agissez, je crois qu'il est de mon devoir de vous dire que miss Medora doit être très près d'ici, dans une des villas à mi-côte de Rocca-di-Papa ou de Monte-Cavo.

— Vous ne savez pas laquelle de ces villas?

— Non, je ne le lui ai pas demandé; et d'ailleurs elle ne paraissait pas savoir elle-même où elle descendrait.

— Mais avec qui est-elle ?

— Seule avec un jockey.

— Un jockey ? Le prince dont m'a parlé lord B*** a au moins quarante ans. Il ne peut pas s'être déguisé en groom !

— Ledit prince est parti sans elle, à moins qu'il ne soit redébarqué quelque part pour courir après elle ; mais elle m'a dit l'avoir vu prendre le large hier matin.

— Ainsi vous l'avez donc vue depuis ?

— Oui, aujourd'hui.

— Ah ! *traditore* ! J'en étais bien sûr que vous étiez d'accord avec elle, et qu'elle faisait semblant de se sauver avec un vieux sigisbé pour courir après vous et avec vous dans les montagnes !

— Est-ce là la pensée de lady Harriett et de son mari ?

— Je n'en sais rien ; mais c'est la mienne.

— Il vous faut donc toujours des sermens ? Eh bien ! je vous jure encore, sur l'honneur, que je ne suis pour rien dans les résolutions excentriques de miss Médora.

— Valreg, je vous crois. Quand je suis auprès de vous, votre air de franchise me persuade. Quand je n'y suis plus, je vous confesse que je me défie même de vos sermens. Voyons, mettez-vous à ma place ! Je ne vous connais que parce que j'ai senti pour vous une vive sympathie dès le premier jour, car je pourrais compter le petit nombre d'heures que nous avons passées ensemble depuis notre rencontre à Marseille. Je vois que vous avez, aux yeux des femmes, je ne sais quel attrait. C'est peut-être parce que vous êtes un drôle de garçon sentimental, et que vos théories sur le parfait amour les enchantent ; mais c'est peut-être aussi parce que vous êtes un petit jésuite, ne reculant devant aucun mensonge et aucune perfidie. Vous avez été élevé par un prêtre, que diable ! et peut-être vous a-t-il enseigné l'art des restrictions mentales, qui annulent les sermens les plus sérieux.

— Si vous avez de si agréables soupçons sur mon compte, ne m'adressez donc plus jamais de questions, car je me jure à moi-même que je ne vous répondrai plus.

— Voyons ! ne nous brouillons pas ! Que vous soyez sincère ou non, vous voyez bien que je suis très naïf, moi, puisque je m'avoue dominé et convaincu par votre air et vos paroles. Si je suis dupe, je me réserve de vous proposer l'échange de quelques balles quand je serais sûr d'avoir *posé*. En attendant, soyons comme si cela ne devait jamais arriver, et aidez-moi.

— A quoi, s'il vous plaît ?

— A mettre à profit la folie que miss Médora vient de faire, et que je sais innocente de tous points. Je vas la dépister et me présenter à elle comme son chevalier, dans cette solitude où elle se réfugie, comme l'envoyé de paix, la colombe de l'arche de lady Harriett. Je vas faire de mon mieux pour la dédommager, par une passion franchement déclarée, de votre superbe indifférence et de l'outrage que vous lui avez fait en lui préférant sa suivante ; car toute sa fantaisie est là, je le sais ! Dépit de femme qui cherche à se venger par une fantaisie nouvelle ! Pourquoi ne serais-je pas l'objet de cette fantaisie aussi bien que le personnage qu'a failli l'enlever et qu'on dit peu jeune et peu beau ? Elle s'est donc ravisée à temps, puisqu'elle l'a laissé partir seul ?

— Apparemment ; mais par quelle inspiration veniez-vous la chercher par ici ?

— Parce que la Providence me sert toujours bien. Je suis un de ses enfans chéris ! Figurez-vous, mon cher, que ce matin, en m'informant de vous et d'*elle* auprès de mon ancienne amie Vincenza, aujourd'hui Mme Felipone, laquelle m'a tout raconté, j'ai vu accourir en liberté le cheval noir de Médora ; il avait cassé sa bride et arrivait gaîment à Frascati, où il paraît qu'il a ses affections ou ses aises. Comme il avait la selle de femme sur le dos, j'ai été effrayé, en songeant que quelque accident avait pu arriver à l'amazone ; mais Vincenza ne partageait pas mes inquiétudes. Ce cheval les aura embarrassés à un moment donné, disait-elle ; ils l'auront lâché, et il a retrouvé le chemin de sa plus récente demeure. J'ai pris des informations en me promenant, et des paysans, qui avaient rencontré Otello, m'ont dit qu'il était venu par le chemin de Rocca-di-Papa. Voilà comment j'ai fait, dans mon esprit, un rapprochement entre votre retraite au *buco* et la présence de mon étoile aux environs. Vous voyez que, moi aussi, j'ai ma malice. Abdiquez la vôtre, et dites-moi, puisque vous avez vu Médora...

— Allons, allons ! nous cria Felipone, il faut partir !

Il s'impatientait, et il fallut que Brumières se remît en route avec nous, en silence. Il nous quitta aux trois pierres, après m'avoir encore offert ses services, et prit le chemin de Rocca-di-Papa, qu'il ne connaissait pas beaucoup, mais qui est facile à suivre.

Nous regagnâmes les Camaldules par un nouveau sentier moins difficile et plus court que le lit du ruisseau qui nous avait amenés, la veille, au *buco*, et nous pûmes pénétrer, sans aucune mauvaise rencontre, dans la chapelle de Santa-Galla : c'est le nom du petit édifice qui donne entrée au souterrain.

Quand je me vis enfin dans la mystérieuse galerie avec ma Daniella, je ne pus me défendre de la presser dans mes bras.

— Vous êtes contens de vous retrouver ensemble sous terre ? dit Felipone, qui nous regardait en souriant, tout en allumant une lanterne pour nous diriger dans ces ténèbres. Allons ! c'est bien, mon garçon, d'avoir préféré l'amour à la liberté. Moi, je comprends cela. La femme est tout pour celui qui mérite le nom d'homme. Pour ma Vincenza, je consentirais à demeurer dans un souterrain toute ma vie. Elle est mon soleil et mes étoiles, et celui qui m'ôterait son cœur pourrait bien dire vite son *in manus*.

Je pensai au docteur et à Brumières, lequel, dans la causerie dont je vous ai donné l'abrégé, m'avait fait entendre qu'il consolait déjà la Vincenza du départ de son dernier amant. Il y a des dupes intéressantes, et j'avoue qu'au lieu d'avoir envie de rire de la confiance du fermier, je me sens porté à m'indigner de la trahison qui l'environne. Cet homme est jeune, agréable, beau de santé et de physionomie. Il se pique, avec un peu de forfanterie vulgaire, de ne croire à rien au-delà de la vie, et traite de préjugés les croyances les plus sérieuses ; mais sa charité, sa bravoure, son dévouement et sa bienveillance donnent des démentis continuels à ce prétendu athéisme. Il a cette demi-éducation qui ouvre l'esprit du paysan à des notions de progrès, sans lui ôter l'originalité naïve de ses formes. Si j'étais femme, je préférerais beaucoup à Brumières et au docteur, l'un qui fait de l'amour une satisfaction d'appétit, l'autre un chemin de fortune ou de vanité. Cette généreuse nature de Felipone n'est pourtant qu'un manteau pour couvrir les caprices de sa femme, et cet homme, qui nie Dieu et qui croit en elle, ne lui inspire ni respect ni reconnaissance véritable. Il n'y a pas là le plus petit mot pour rire, selon moi, et, sous ce joyeux cocuage, je m'imagine sentir gronder je ne sais quel drame déchirant ou terrible.

— A présent, nous pouvons causer, dit Felipone en nous éclairant. Marchons doucement, je suis un peu las. Apprenez où nous en sommes, mes enfans. Les perquisitions ont eu lieu aujourd'hui. On a découvert dix anciennes cachettes dans le château. Un architecte, que l'on avait amené là, a très bien expliqué comment les personnes réfugiées dans Mondragone avaient dû s'enfuir; mais quand on a examiné de près ces prétendues issues, on a reconnu que le diable seul avait pu y passer; et la seule chose vraisemblable, la communication du petit cloître avec le terrazzone, et celle du terrazzone avec Santa-Galla, ont été celles que personne n'a su pressentir ni trouver. Si bien que mon secret me reste et que Mme Olivia s'en mord les poings. Le capucin ne pouvait rien dire et n'a rien dit, sinon qu'il avait bien faim, et on l'a mis en liberté, atteint et convaincu d'imbécillité; je te demande pardon de l'expression, ma filleule! Tartaglia, comptant que j'aurais soin de son cher maître, — c'est comme cela qu'il appelle Valreg, — a pris la traverse, pour n'avoir pas de désagrément avec la police locale. Les carabiniers sont partis; ils ont porté leurs recherches du côté de la mer, trop tard, bien entendu. Le seigneur cardinal a défendu que l'on s'occupât davantage de la sotte histoire de la madone de Lucullus, et je l'ai entendu dire au giudice processante: C'est assez attirer l'attention sur une profanation qui n'a été faite que par les auteurs de l'accusation. Ils ont été tués, et vous ne trouverez personne pour la soutenir. Rien n'est misérable et fâcheux comme d'insister sur un grief que l'on ne peut pas prouver. Laissez donc tomber cette invention misérable, et si l'artiste français reparaît dans le pays, où l'on dit qu'il a une maîtresse, contentez-vous de le mettre en prison, sans bruit et pour longtemps, à moins qu'il ne lui plaise de révéler, tout de suite, d'où lui vient le signe de ralliement trouvé dans sa chambre.

» Quant à Onofrio, Son Eminence l'a mandé devant elle pour l'interroger elle-même en particulier. Il paraît qu'on a voulu lui faire avouer qu'il avait donné asile et secours au prince dans son paillis, et qu'une bonne récompense lui a été offerte s'il voulait en convenir. Mais, je vous l'ai dit, Onofrio est un saint. Il aurait pu nous servir et se bien servir lui-même en laissant croire qu'il avait secouru le prince; mais je lui avais dit de se taire, et, ne comprenant pas, il s'est tu. Alors, le cardinal, émerveillé d'une vertu si rare chez un pauvre paysan, lui a proposé de l'envoyer paître des troupeaux à dix lieues d'ici, dans une de ses terres, pour le soustraire à la vengeance des bandits; mais Onofrio, regardant cette offre comme un piége, a encore refusé cela. Il a dit qu'il était engagé, pour deux ans encore, aux pâturages de Borghèse, et qu'il aimait Tusculum, où les étrangers lui faisaient toujours gagner quelque chose avec sa petite vente d'antiquités. Il assure, du reste, qu'il ne craint aucune vengeance, et que ceux qu'il soupçonne d'avoir accompagné Campani et Masolino dans leur

tentative sont trop lâches pour revenir se mettre au bout de son fusil. En cela, il ne se trompe pas: morte la bête, morte le venin; et n'ayant plus de chef, ces canailles quitteront le pays, si ce n'est déjà fait. Bref, le cardinal a renvoyé le berger de Tusculum, en se recommandant à ses prières, et en disant de fort belles choses sur la foi et le désintéressement des âmes simples et vraiment pieuses. Moi, c'est mon avis aussi, que le berger de Tusculum est un saint, vu qu'il a menti comme un chien pour la bonne cause, et c'est ainsi que j'entends la religion.

» Au reste, le brave garçon est bien récompensé de sa discrétion. Tout le pays lui attribue la gloire d'avoir débarrassé Frascati de ce Campani, qui faisait peur aux femmes enceintes par sa laideur, et de ton coquin de frère, ma pauvre Daniella! A présent qu'il est mort, il n'a plus d'amis, et ceux qui lui payaient à boire, il y a deux jours, pour n'être pas dénoncés, disent aujourd'hui que c'était un faltore, et ne lui paieraient pas pour une baïoque d'eau bénite. On va en promenade à Tusculum pour complimenter le berger, voir le lieu du combat et se faire raconter l'aventure, qu'il arrange de son mieux.

» Pour conclure, continua le fermier quand nous eûmes pénétré dans la befana, où nous trouvâmes Vincenza occupée à nous préparer une sommaire installation, vous allez encore rester ici cette nuit; après quoi, vous pourrez, je pense, reprendre possession de votre casino, et passer quelque temps à attendre prudemment les événemens.

— D'autant plus, dit la Vincenza, qu'il y a, à Frascati, un Anglais et une Anglaise, les anciens maîtres de la Daniella, qui auraient voulu voir aujourd'hui le cardinal, et qui auraient tout arrangé avec lui pour M. Valreg, si la dame ne s'était trouvée malade en arrivant. Mais ils disent qu'ils répondent de tout, pourvu qu'il ne se montre pas. Ainsi, soyez tranquille et prenez patience.

Il m'était bien facile de suivre ce conseil. Je rentrais dans ma prison comme Adam fût rentré dans l'Eden, s'il lui eût été permis d'y retourner après quelques jours d'exil sur la terre. Mon Eve avait péché contre Dieu, il est vrai, en péchant contre l'amour. Elle avait cueilli le fruit amer du doute et de la jalousie; mais, en dépit de cette crise terrible, nous étions si heureux de nous retrouver ensemble avec l'espoir de ne plus nous quitter, que nous ne pensions pas avoir payé ce bonheur trop cher par quelques jours d'effroi et de souffrances.

Il était cinq heures du matin quand nous pûmes nous reposer, et ce repos dura jusqu'à midi. Ce réveil dans les ténèbres effraya ma compagne. Notre lampe s'étant éteinte, elle ne savait plus où nous étions; mais elle reprit sa gaîté quand nous eûmes fait de la lumière, et elle me ferma la bouche avec ses baisers en m'entendant plaindre la triste vie où je l'entraînais. Elle s'habilla en chantant, et, pour se reposer de ses fatigues des jours précédens, elle se mit à danser autour de moi. Certes, le lieu n'était pas gai, vu ainsi à la clarté d'une seule lampe, et délaissé par l'active et bruyante compagnie qui m'y avait accueilli trente-six heures auparavant. Mais, en dépit de l'eau qui coule à travers ce vaste édifice et des fenêtres murées de toutes parts, il y fait chaud et sec comme dans toutes les constructions établies dans le sol volcanique, comme dans les catacombes romaines, et comme dans toutes ces caves des vieux palais, où les pauvres ouvriers de la campagne sont heureux qu'on leur permette de se réfugier pendant l'hiver.

Mais nous sommes en plein printemps, et il nous tardait de revoir le ciel. Nous portâmes notre déjeûner dans le *pianto*, où le soleil nous rendit tout à fait la confiance et la joie.

LXVI.

Mondragone, 30 avril.

Felipone vint nous y trouver. Il m'annonça que je devais, par considération pour lui, ne recevoir personne, pas même lord B*** qui était venu lui demander de mes nouvelles, et la Mariuccia qui était fort inquiète de sa nièce. Il ne voulait pas révéler le secret du passage, inutilement, à trop de personnes, et il s'était contenté de dire à nos amis que nous étions dans la campagne, en lieu sûr.

— Ma femme, ajouta-t-il, s'occupera de vous apporter des vivres. Moi, il faut que je me tienne chez nous, car il y a bien des curieux sur pied à la suite de ces aventures que chacun explique et raconte à sa manière, et, parmi eux, des mouchards qui voudraient bien me confesser. Il est bon que je montre à ces gens-là ma figure simple et mes yeux étonnés, car mon rôle est de paraître hébété de surprise quand on me parle de gens cachés ici, qui se seraient envolés par les grands tuyaux du *Terrazzone*. On voudra rôder aujourd'hui, et demain encore, autour du château, et, malgré les portes des jardins fermées, il se glissera toujours quelques enfans entre mes jambes. Faites attention à ne point vous laisser voir en replantant votre tente dans le casino. Olivia n'amènera personne dans les cours. Je lui ai donné avis de votre présence. Elle dira que la police défend de visiter Mondragone jusqu'à nouvel ordre. Vous trouverez tous vos effets de campement dans la *befana* où je viens de les rapporter. Et sur ce, mes beaux enfans, l'amour et l'espoir soient avec vous!

Je ne le laissai pas partir sans lui demander ce qu'il savait de la santé de lady B***. Elle allait mieux. Son mari espérait pouvoir aller à Rome le lendemain pour tâcher de mettre fin aux soupçons absurdes dont j'étais l'objet, et qui devaient, selon lui, tomber d'eux-mêmes après le départ des personnages auxquels on m'avait supposé appartenir.

Nous passâmes donc la journée à remeubler le *Casino*. Comme on n'y avait rien trouvé, on n'avait rien dévasté. Je refis mon établissement de travail dans la chapelle où je retrouvai avec plaisir mon tableau et mon album d'écritures dans le trou où je les avais cachés. Il fait tout à fait chaud, et le soin d'entretenir le feu ne complique plus l'embarras de notre existence. Je ne regrette pas les savantes ressources culinaires de Tartaglia, ni la société de Fra Cypriano. La chèvre nous a été ramenée par Olivia, et nos lapins courent de plus belle dans les grandes herbes de la cour. Je n'ai pas pu décider Daniella à me laisser perdre l'habitude du café; mais je lui ai persuadé que je l'aimais mieux, fait à froid, et que je détestais les ragoûts. Nous vivons donc de quelques viandes froides, de salade, d'œufs et de laitage. Elle s'occupe de moi, à côté de moi, toute la journée, et voilà trois jours que je vous griffonne mon récit à la veillée, lisant, à mesure, à

ma chère compagne, tout ce qui peut l'intéresser dans cette relation de notre humble épopée.

Je suis bien plus heureux, depuis ces trois jours, que je ne l'ai encore été. Daniella ne me quitte plus! On la croit partie avec moi, et s'il me devient possible de prolonger ostensiblement mon séjour en ce pays-ci, je voudrais ne sortir de ma cachette que pour conduire ma fiancée à l'autel. Je voudrais avoir l'agrément de mon oncle, et des papiers qui me missent à même de contracter, en présence des représentans de la légalité française, un engagement inviolable. J'ai donc écrit à l'abbé Valreg, et j'ai envoyé ma lettre à lord B*** pour qu'il la fît partir. Je m'attends bien à des questions, à des représentations, à des lenteurs de la part de mon digne oncle; mais ma résolution est inébranlable. Daniella a assez souffert pour moi, et, bien que mon serment devant Dieu seul lui suffise, je ne veux pas qu'autour d'elle on puisse douter de l'éternel dévoûment dont je la juge et dont je la sais digne.

Je vous ai envoyé aussi une lettre plus abrégée que ce volume, mais résumant les mêmes faits. La connaissance que vous en prendrez vous mettra à même d'agir auprès de mon oncle. Je sais qu'une démarche de votre part pour approuver et appuyer ma demande filiale aura du poids dans son opinion.

Et maintenant, je vais me remettre à la peinture. Je m'aperçois avec plaisir que ces agitations, ces joies, ces dangers et ces fatigues, loin de m'énerver, me font sentir plus vivement le besoin, le désir, et qui sait, peut-être la faculté du travail! Par le temps de civilisation qui court, les artistes sont légitimement avides d'un certain bien-être, à un moment donné. Et moi aussi, je m'arrangerais bien d'une situation faite et de conditions d'existence assez stables et assez douces pour me permettre de faire, de mon talent, le résumé de ma valeur intellectuelle et morale. Mais, d'une part, je n'ai pas encore le droit d'aspirer à ces tranquilles satisfactions et à ces saines habitudes de la maturité. D'autre part, je ne suis peut-être pas destiné à y arriver jamais, et les jours de foi, de santé, d'émotion que je traverse ne me sont pas envoyés pour que j'en attende le résultat incertain par rapport à mon progrès futur. C'est à présent, c'est dans le mystère où je me plonge, c'est dans l'amour qui m'exalte et dans la pauvreté que j'épouse résolument qu'il me faut chercher le calme et la force de mon ame. Je songe à tous ces vaillans artistes du passé qui traversèrent des maux si grands, des revers si tragiques ou des souffrances si amères, sans jamais trouver l'heure bienfaisante où ils eussent savouré la fortune et la gloire. Ils ont produit quand même; ils ont été féconds et inspirés dans la tourmente. Eh bien, marchons dans ce chemin de torrens et de précipices, puisqu'il a été frayé par tant d'autres qui étaient plus et qui valaient sans doute mieux que moi!

. . . .

Du 1er au 15 mai.

Il s'est passé encore bien des choses depuis mes dernières écritures. Comme j'aime mieux en faire davantage à la fois, ceci devient récit plutôt que journal.

Le lendemain du jour où je terminais ce qui précède, Brumières me fit demander par la Vincenza à me parler en particulier, et, bien que Félipone ait défendu, c'est-à-dire demandé à sa femme de ne pas lui révéler l'existence du souterrain, elle l'avait amené dans la *befana*, où j'allai le recevoir.

— Je vous apporte des nouvelles, me dit-il gaîment; mais d'abord, laissez-moi vous presser *sur mon cœur de jeune homme*, car je reconnais que vous êtes un honnête et bon garçon. Vous ne m'aviez pas trompé : Médora… Mais parlons de vous d'abord, ce sera moins égoïste.

» Vous êtes libre. Lord B*** m'envoie vous le dire, et ce que je vous dirai malgré lui, c'est qu'en attendant un semblant d'examen judiciaire des faits qui vous ont été imputés, ce bon Anglais, qui vous aime, a déposé, pour vous servir de caution, une somme que je crois fabuleuse, vu qu'on a de grands besoins dans ce gouvernement, et que le régime du bon plaisir autorise à beaucoup exiger, mais dont lord B*** refuse de dire le chiffre, affectant, au contraire, avec sa générosité de grand seigneur, d'avoir arrangé facilement toutes choses. Donc, mon cher ami, allez le remercier et le consoler de l'état de sa femme, qui devient inquiétant.

» Attendez cependant que je vous parle un peu de mes affaires, à moi. J'ai découvert aisément, aux environs de Rocca-di-Papa, ma céleste extravagante. J'ai enfourché le noble Otello, qui a bien manqué me rompre les os dix fois plutôt qu'une, et, grâce à ce passeport, je suis entré dans la citadelle avec tous les honneurs de la guerre. La joie de retrouver la bête a fait rejaillir un peu de sympathie et de bon accueil sur le cavalier. Je crois aussi qu'après vingt-quatre heures, la solitude des montagnes pesait déjà un peu à mon héroïne.

» D'ailleurs, en apprenant la maladie de sa tante, elle n'a pas hésité à ajourner ses projets de retraite et d'indépendance pour venir la voir et la soigner. Si bien qu'elle est à Frascati depuis deux jours, où j'ai eu la gloire de la ramener, elle sur son noble coursier, moi sur un affreux mulet galeux, la seule monture que j'ai pu trouver dans cette abominable bicoque de Rocca. Heureusement, il avait des jambes, et j'ai pu ne pas rester trop en arrière. Chemin faisant, nous avons parlé de vous, et même nous n'avons parlé que de vous, et j'ai vu que la fantaisie de ma princesse pour vous, était à l'état de souvenir antédiluvien. C'est un plaisir d'avoir affaire à ces heureuses cervelles de souveraines qui changent subitement toutes leurs batteries et font, de leur existence accidentée, une féerie avec changemens à vue. Elle se moque de vous et de votre amour pour la Daniella, avec une aisance qui réjouit l'âme. C'est à tel point que je me vois forcé maintenant de vousdéfendre, d'autant plus que je souhaiterais bien lui prouver que vous agissez le plus raisonnablement du monde, et que le comble de la sagesse est de se marier selon son cœur, quelle que soit l'infériorité sociale ou pécuniaire de l'objet aimé. Vous m'avez donc servi à l'entretenir de théories qui me font franchir beaucoup de chemin, et qui me permettront, au premier jour, d'appeler son attention sur un charmant garçon pauvre, de votre connaissance.

» Sur ce, mon cher, je compte plus que jamais sur vous pour m'aider à plaire, résultat que vous favoriserez en déplaisant vous-même le plus possible.

— Ah ça, lui dis-je, cette plaisanterie dure donc encore, et vous voulez absolument vous persuader que je risquerais de plaire trop, si je ne faisais de grands efforts pour me rendre moins délicieux?

— Ah! tenez, mon brave Valreg, vous parlez comme vous le devez, et je me plais à reconnaître que, malgré mes persécutions, je n'ai pas pu vous arracher le plus petit sourire de vanité. Je n'aurais peut-être pas été si austère et si religieux si j'avais été à votre place; mais le fait est que je sais tout. Ne dites rien, c'est inutile, je sais tout! Médora m'a tout raconté elle-même, avec une insolence de franchise qui m'a mis d'abord en fureur contre elle, et qui a fini par me faire beaucoup de plaisir, car cet abandon de confiance me prouve un désir de mettre mon dévouement à l'épreuve et me donne le droit de me dire le confident et l'ami de ma princesse. Je sais donc qu'elle vous a aimé par dépit et qu'elle vous l'a laissé voir. Je sais qu'un baiser a été échangé dans les grottes de Tivoli… Sapristi! si je ne vous voyais faire, à présent, des folies pour la Daniella, je croirais que vous êtes un nouveau saint Antoine! Il faut que cette Daniella soit délirante pour vous inspirer une telle vertu!

— Ne parlons pas d'elle, je vous prie, répondis-je brusquement, je vais lui dire que je sors; je vais m'habiller, et je vous rejoins chez lord B*** dans un quart d'heure. Où demeure-t-il?

— A Piccolomini, je cours vous annoncer. »

Daniella reçut avec transport la nouvelle de ma liberté. Elle voyait finir mes dangers et arriver l'heure de notre union religieuse qu'elle avait toujours affecté de ne pas juger nécessaire à notre bonheur, mais que ses scrupules religieux appelaient en secret comme une absolution de son péché.

— Nous allons sortir ensemble, me dit-elle en préparant ma toilette de visite : je veux aussi remercier lord B***, ton ami et ton sauveur!

Quoique je sentisse l'inconvenance de cette démarche, je fus vite décidé à en accepter toutes les conséquences. Mais la pauvre enfant lut dans mes yeux la rapide expression de ma première surprise. Elle attacha son regard profond sur le mien, et s'assit en silence, tenant mon habit noir sur ses genoux.

— Eh bien! lui dis-je, tu ne t'habilles pas?

— Non, répondit-elle d'un air abattu; je n'irai pas, je ne dois pas y aller! Je ne peux pas entrer chez eux comme ta femme, et on me ferait sentir que ma place est dans l'antichambre.

— Il faudra pourtant bien, si l'on tient à me voir, que l'on s'habitue à te recevoir comme mon égale.

— Quand nous serons mariés…. peut-être! Mais non, va, jamais! lady Harriett est trop grande dame anglaise pour se résigner à faire asseoir devant elle la pauvre fille qui lui a tant de fois lacé ses bottines. Non, non! jamais! J'étais folle de l'oublier!

— Eh bien, c'est possible. Qu'importe? Je vais remercier ces personnes généreuses et leur faire en même temps mes adieux.

— Tu ne peux pas quitter Frascati tant que la somme déposée pour ta caution…

— Je le sais! je ne quitterai pas Frascati; mais je ne reverrai pas lady B***, car je vais lui annoncer notre mariage, et elle sera probablement charmée de ma résolution de ne plus me présenter chez elle.

— Ainsi, je serai cause que tes amis les plus utiles, ceux à qui tu dois le plus, te chasseront de chez eux?… Ah! c'est affreux de réfléchir, et voilà que je réfléchis ! Eh bien, écoute, ne leur dis rien de moi, c'est inutile, et va vite. Ce soir, je te dirai comment je veux me conduire à leur égard ; j'y penserai. Passe ton habit et va-t-en. Tarder serait mal : on t'accuserait d'ingratitude. Va !

Elle me conduisit jusqu'à la porte de la cour et me poussa presque dans le *stradone*, comme si elle eût craint de se raviser et de me retenir. En me rendant *seul* à la liberté, il semblait qu'elle eût la soudaine révélation d'un état de choses douloureux pour elle et malheureux pour nous deux. Elle était absorbée, et quand, après l'avoir embrassée, j'eus fait quelques pas, je me retournai et la vis debout, au seuil du manoir, immobile, pâle, avec un regard sombre qui me suivait attentivement.

En ce moment, je me rappelai que Médora était à Villa Piccolomini, et que j'allais probablement la revoir. La pensée d'un nouvel accès de jalousie, lorsque Daniella viendrait à savoir cette rencontre, me donna froid par tout le corps. Je retournai vers elle avec la résolution de lui dire la vérité ; mais, en même temps, je compris que si elle m'empêchait d'aller remercier lord B*** et m'informer moi-même de la santé de sa femme, je commettais une lâcheté impardonnable.

On eût dit que Daniella devinait mes secrètes perplexités. Son bel œil terrible interrogeait ma physionomie et tous mes mouvemens. J'avais commencé à marcher vers elle, je ne pouvais plus m'en dédire. — As-tu oublié quelque chose ? me dit-elle sans faire un pas dehors.

— Non ! je veux t'embrasser encore ! » Je l'embrassai en frémissant ; je sentais que je la trompais et qu'elle me le reprocherait ensuite, comme si mon silence couvrait une infidélité. Et pourtant, si la scène de la *maladetta* recommençait en ce moment, si elle se prolongeait jusqu'au soir, jusqu'au lendemain, j'étais avili et, pour ainsi dire, déshonoré aux yeux des amis les plus respectables et les plus sérieux.

Je me confiai à la Providence, à la loyauté de mon cœur, et je partis en courant, me disant bien que cet empressement, qui n'était de ma part que le désir d'être plus vite revenu, serait peut-être traduit plus tard comme une impatience de revoir Médora.

Les réflexions pénibles qui m'assiégeaient m'empêchèrent de goûter le plaisir instinctif de la liberté. Nous avions fait, Daniella et moi, de si doux rêves et de si beaux projets de promenade pour le jour où il nous serait peut-être permis de sortir au grand soleil, appuyés sur le bras l'un de l'autre ! Nous devions être mariés le même jour ; nous ne comptions pas que je serais délivré si vite et si inopinément. Et voilà qu'elle restait seule et tristement prisonnière, tandis que je courais, sans la voir, à travers ces délicieux jardins, où nous nous étions promis de cueillir ensemble sa couronne de mariée !

Comme je franchissais cette porte de villa Falconieri par le cintre à jour de laquelle un vieux chêne passe au dehors une branche énorme, semblable à un bras qui appelle ou repousse les passans, la Mariuccia, qui venait à ma rencontre, se jeta à mon cou et m'embrassa avec effusion en demandant sa nièce et mêlant des doutes et des reproches à ses amitiés. — Attendez quelques jours, lui dis-je, et vous serez sûre de moi, car Daniella sera ma femme. Allez la trouver à Mondragone, distrayez-la d'une heure de mon absence, et surtout ne lui dites pas...

La parole fut suspendue sur mes lèvres par un accès de mauvaise honte. Je venais d'apercevoir, à dix pas devant moi, Médora qui venait aussi à ma rencontre, appuyée sur le bras de Brumières, dans le *stradone* de Piccolomini.

— J'entends ! dit la Mariuccia, qui vit la contrariété sur ma figure. Il ne faut pas dire que la Médora est chez nous ! Ce sera difficile : c'est la première question qu'elle va me faire.

— Attendez que je sois de retour pour lui répondre. Je ne tarderai pas.

Comme la Mariuccia s'éloignait sur le chemin que je venais de faire, je fus salué par un éclat de rire moqueur de Médora, et je l'entendis dire exprès trop haut à Brumières : « C'est une jolie tante à embrasser que la Mariuccia ! Il fera bien de se peigner en rentrant chez lui ! »

— Je vois, à votre gaîté, lui dis-je en la saluant, que lady Harriett est moins malade que je ne craignais.

— Pardonnez-moi, répondit-elle, en prenant tout à coup l'air d'une tristesse de commande ; ma pauvre tante va mal, et nous la perdrons peut-être !

Le son de sa voix était si sec que j'en fus révolté. Daniella, pensais-je, que ne peux-tu lire en moi l'antipathie croissante que cette belle poupée m'inspire !

Je saluai de nouveau et passai outre, sans même excuser mon impatience. J'entendis encore ces mots : « Il est déjà devenu grossier ! » dits à Brumières avec l'intention évidente que je les entendisse. Je levai mon chapeau sans me détourner, comme pour remercier de cette douceur à mon adresse, et je descendis l'allée en courant.

Lord B*** m'attendait sur le perron. Il était affreusement changé. — Eh bien ! vous voilà enfin ? me dit-il en me prenant les deux mains. J'avais bien besoin de vous ! Elle est mal ! On ne me dit pas toute la vérité ; mais je la sens là ! Mon cœur s'en va avec sa vie ! Je l'aimais, Valreg ! Vous ne croiriez pas cela ? C'est pourtant la vérité, je l'aime toujours. Mon ami, je vous prie de rester avec moi cette nuit. Si l'accès de fièvre recommence, cet accès sera le dernier ! Je ne sais pas comment je supporterais cela. Vous ne pouvez pas, vous ne devez pas me quitter !

XLVII.

Mondragone, du 1ᵉʳ au 15 mai.

— Je ne veux ni ne dois vous quitter, répondis-je ; laissez-moi aller avertir ma femme.

— Votre femme ? Vous êtes donc marié ?

— Oui, je suis lié par une parole qui vaut un acte.

— Eh bien ! allez chercher la Daniella, dites-lui que je la prie de venir soigner ma femme. Je sais que, maintenant, elle ne servira plus personne pour de l'argent. C'est donc une marque d'amitié que je lui demande. Lady Harriett en a toujours eu pour elle et l'eût gardée, si Médora n'eût pas déclaré qu'elle quitterait la maison si on ne laissait partir la pauvre fille. A présent qu'elle l'a quittée malgré l'absence de ce prétexte, si elle veut partir encore, qu'elle parte ! C'est un être qui n'a ni cœur ni tête, qui ne tiens pas, moi, à empêcher de nouvelles folies de sa part. Allez, mon ami ; dites à Daniella que mylady est mal soignée, mécontente de ses autres femmes, et que nous avons besoin d'elle. Elle est généreuse, elle viendra!

— Oui, certes! elle va venir! m'écriai-je en reprenant ma course vers Mondragone.

Il était temps que je vinsse au secours de la Mariuccia. Daniella devinat la présence de Médora à Piccolomini. L'orage allait éclater. J'allai au devant du coup. Miss Médora est là en effet, lui dis-je, et très indifférente à l'état inquiétant de lady Harriett. Il faut, auprès de cette pauvre femme et auprès de son mari, deux cœurs dévoués. On nous demande, toi et moi; mets ton châle, et viens!

Elle n'eut pas un moment d'hésitation, et, une demi-heure après, nous arrivions tous trois à Piccolomini.

Nous trouvâmes lady Harriett dans la grande chambre du rez-de-chaussée, entourée de son mari, de sa nièce et de Brumières, qui causaient tranquillement avec elle. Lady Harriett n'était ni maigrie ni sérieusement changée. Sauf un éclat singulier dans le regard, sa maladie, rapide et violente, la laissait parfaitement calme et même enjouée dans l'intervalle des accès. Elle était loin de se douter qu'elle n'eût peut-être que quelques heures à vivre.

En me voyant, elle me tendit les mains, et, regardant derrière moi, elle chercha des yeux Daniella, qui restait à la porte, en proie à un étouffement occasionné, non par la course, mais par la présence de Médora.

— Eh bien! dit lady B***, pourquoi n'approche-t-elle pas? Je la verrai avec plaisir.

Je compris qu'elle ignorait le but de la visite de Daniella, et qu'elle ne pensait pas avoir besoin d'être soignée. Daniella, à qui lord B*** avait été donner rapidement l'avertissement nécessaire, s'approcha et lui baisa la main en pliant un genou devant elle, à la manière italienne. Ma chère enfant, lui dit lady B***, je suis contente de te retrouver bien portante. Moi, je suis un peu indisposée, mais ce n'est rien. Je t'ai fait demander pour causer avec toi de choses sérieuses, tout à l'heure, quand nous serons seules.

— Nous vous laissons! dit Médora sans se déranger, en toisant Daniella, qui restait debout, elle assise, et plus nonchalamment étendue que si elle eût été la malade.

Lord B*** comprit la situation. Il avança un fauteuil auprès de sa femme, et y conduisit Daniella, qui hésita à s'y asseoir. Elle était partagée entre le désir de braver sa rivale et le respect qu'elle était habituée à témoigner à lady B***.

— Oui, oui, assieds-toi, dit celle-ci avec une bonhomie dont elle ne sentit pas la cruauté : cela me fatiguera moins pour te parler.

— Et vous ne devez pas parler beaucoup, chère tante, dit Médora en se levant, comme si un ressort d'opposition eût existé entre elle et Daniella. Vous savez que, quand vous vous agitez, vous avez un peu mal aux nerfs, le soir.

Elle sortit avec Brumières, qui a trouvé moyen de s'installer à Piccolomini dans mon ancienne chambre, et de faire l'utile et l'empressé autour de la famille. Lord B*** m'emmena dans le jardin pendant que sa nièce remontait le stradone avec son nouveau cavalier servant.

— Ma femme, dit-il, veut confesser Daniella. Elle admet l'idée de votre mariage sans trop d'étonnement ni de révolte. Il n'en eût pas été ainsi sans cette terrible fièvre qui l'exaspère durant la nuit, mais qui la laisse épuisée, adoucie et comme sfogata durant le jour. Son caractère et ses opinions redeviennent alors ce qu'ils étaient autrefois... quand elle m'aimait! Elle comprend que l'on se marie par amour, et elle s'intéresse à ceux qui recommencent son histoire. Une seule chose l'inquiète pour vous : elle sait, elle affirme que Daniella est une fille fière et froide; mais elle craint qu'elle n'ait eu pour moi une faiblesse, la seule faiblesse de sa vie. Je l'ai fait rire ce matin, en lui disant qu'avec ma figure et mon âge, il faudrait appeler cela une force, c'est à dire une fièvre d'ambition ou de curiosité de la part d'une jeune fille sage. — N'importe, a-t-elle répondu, vous ne me diriez pas la vérité. Elle me la dira, à moi, car j'ai de l'empire sur elle ; et si elle a cette faute sur la conscience, je lui ferai une bonne morale pour qu'elle n'en ait jamais d'autre à se reprocher, et pour qu'elle devienne digne de l'amour de M. Valreg.

Or, mon ami, continua lord B***, si cette jeune fille n'a jamais commis de péché qu'avec moi, je vous jure...

— Je le sais; je suis tranquille, puisque j'en fais ma femme.

— Votre femme! Avez-vous bien réfléchi à cela?

— J'ai fait mieux que de réfléchir : j'ai laissé mon âme ouverte à la foi.

— Mais la différence d'éducation, l'entourage, les antécédens de position sociale; votre famille, à vous...

— Je n'ai pensé à rien de tout cela.

— C'est ce que je vous reproche! Il faudrait y penser.

— Non! J'ai mieux à faire, c'est d'aimer et de vivre!

Il soupira et garda le silence comme pour chercher des argumens nouveaux; mais il était si absorbé par sa propre situation qu'il n'en trouva pas. Il fut même étonné quand je le remerciai de ce qu'il avait fait pour moi. Il l'avait presque oublié.

— Ah oui! dit-il en passant sa main sur son front chauve et flétri; vous m'avez donné beaucoup d'inquiétude. Je n'en avais pas absolument alors pour milady; mais, depuis deux jours, j'ai vécu un siècle. Voyons, dites-moi donc vos aventures!

Je les lui racontai succinctement dans l'espoir de le distraire; mais je vis bien que, s'il faisait l'effort de m'écouter, il ne pouvait pas faire celui de m'entendre; et, avant que j'eusse fini :

— Retournons auprès de lady Harriett, me dit-il; il ne faut pas qu'elle se fatigue à parler.

Nous la retrouvâmes très animée.

— Je suis contente d'elle, dit-elle à son mari en lui montrant Daniella; c'est vraiment une belle ame et une intelligence bien supérieure à ce que je croyais. Voilà comme nous sommes, nous autres gens riches et dissipés; nous ne connaissons pas les êtres qui nous entourent, M. Valreg n'aura pas de peine à lui donner des manières et de l'éducation. Il en fera une femme charmante, car elle l'aime véritablement. D'ailleurs, il n'en serait pas ainsi; que j'accepterais encore celle qui portera son nom. Je ferais pour lui exception à tout usage et à toute opinion reçue. Je ne pourrai jamais oublier qu'il m'a sauvé la vie, et peut-être l'honneur! A présent, ajouta-t-elle, je me sens lasse et je voudrais me coucher. Mais je ne voudrais pas Fanny; elle m'est devenue antipathique. Cette Mariuccia, qui est ici, est bonne, mais trop bruyante. Ma nièce est trop parfumée... et, d'ailleurs, il ne serait pas convenable qu'elle me servît.

— Je vous servirai, moi! dit lord B***. De quoi vous inquiétez-vous?

— Oh! ce serait encore plus inconvenant!

— Et moi, mylady? lui dit Daniella en lui offrant son bras; voulez-vous me permettre de vous servir encore?

— Mais... c'est impossible! M. Valreg ne te le permettrait pas?

— M. Valreg, répondis-je, la chérira encore plus, s'il est possible, pour les soins qu'elle vous donnera.

— Eh bien, vous me faites plaisir, et je vous en remercie. Viens, ma chère, je ne serai pas ingrate envers toi!

Laissez-la parler ainsi, me dit lord B*** quand elles furent sorties, et si elle offre de l'argent à Daniella, dites-lui de ne pas le refuser, sauf à le jeter dans le tronc d'une église, si, comme je le pense, la chose vous blesse. Lady Harriett ne comprend pas assez la fierté des pauvres. Elle croit que les riches ont toujours le droit de payer. Voici l'heure où il ne faut rien discuter avec elle. Allez donc voir, je vous en prie, si le docteur M*** est arrivé de Rome. Il vient tous les jours à cette heure-ci.

Le médecin arrivait au moment même et voulut voir la malade. Mais elle était couchée, et, soit pudeur anglaise, soit coquetterie, elle refusa de le recevoir. Elle ne se sentait ni ne se croyait assez malade pour justifier l'inconvenance qu'on lui proposait. Comme, avant tout, il ne fallait pas la contrarier, le docteur s'installa avec nous dans le salon attenant à la chambre de la malade. Au bout de quelques instans, Daniella vint rouvrir la porte. Lady Harriett, à peine couchée, s'était endormie subitement.

Le mari et le médecin purent alors entrer pour observer les symptômes de la fièvre, qui se déclarait avec des caractères nouveaux.

Je restais seul au salon, j'entendis remuer des assiettes dans la salle à manger. On mettait le couvert. Le flegme de ces domestiques anglais, qui vaquaient à leurs fonctions avec la régularité méthodique de l'habitude, faisait un douloureux contraste aux agitations poignantes qui absorbaient leur maître de l'autre côté de la cloison.

Au bout d'un quart d'heure, un de ces valets vint annoncer que le dîner était servi, et Fanny, la femme de chambre en disgrâce, traversa le salon pour transmettre cet avis à lord B***. — Je ne dînerai pas, dit-il en venant sur la porte de la chambre de sa femme. Mon cher Valreg, allez dîner, je vous prie, avec ma nièce et M. Brumières, qui veut bien rester près de nous dans ces tristes circonstances.

— J'ai mangé il y a deux heures, répondis-je; si vous le permettez, je resterai ici, ou je me tiendrai dans la chambre de la malade à votre place. Je l'engageai à essayer de manger quelque chose. Il secoua la tête sans répondre. Elle est déjà réveillée, dit-il, et c'est tout au plus si elle veut souffrir le docteur et moi auprès d'elle. Restez ici, si vous vous en sentez le courage; je vous verrai de temps en temps. Cela me soutiendra jusqu'au bout.

— Le médecin est-il donc très inquiet?

— Oui!

Et lord B*** rentra dans la chambre de la malade.

En ce moment, Médora entrait au salon par l'autre porte et arrangeait ses cheveux devant la glace, en quittant son chapeau de paille.

— Est-ce que lady Harriet est déjà recouchée? me demanda-t-elle négligemment. Ce n'est pas son heure. Je croyais qu'elle essaierait de se mettre à table avec nous?

— Là fièvre s'est déclarée plus tôt que les autres jours.

— Ah! vraiment? Je vais la voir.

Elle alla jusque vers le lit de la malade; mais lord B*** lui offrit aussitôt le bras et la ramena vers moi, en lui disant:

— Il n'y a encore rien de certain à augurer de cette crise. Vous savez que votre présence irrite mylady quand elle souffre. Allez donc dîner, et ne vous tourmentez de rien jusqu'à nouvel ordre.

Il rentra chez sa femme et ferma la porte. J'offris aussitôt mon bras à Médora pour la conduire à la salle à manger, où Brumières l'attendait. Puis, je la saluai pour retourner au salon.

Ce qu'elle déploya, en ce moment, de coquetterie et d'amertume, d'ironie et de gracieuseté pour me retenir et me faire au moins assister au repas, m'émerveilla un peu. Je ne l'avais jamais vue si adroite et si tenace. Brumières se croyait obligé, pour lui complaire, d'insister aussi, malgré le dépit que lui causait, par momens, ce caprice. Lorsqu'il laissait voir son dépit, elle le regardait ou lançait un mot vague, de manière à lui faire croire qu'elle se moquait de moi.

Il devenait cependant bien évident pour moi qu'elle voulait me faire asseoir à table à ses côtés, pendant que Daniella remplirait l'office de garde-malade, et, dans l'opinion de miss, de servante auprès de lady Harriet. Elle s'acharnait à sa vengeance, au milieu de la plus douloureuse situation domestique, avec une présence d'esprit et une liberté de vouloir qui m'indignaient. Je dois dire que j'avais grand'faim, n'ayant rien pris depuis le matin et venant de faire trois fois, en courant, le trajet assez long entre Piccolomini et Mondragone; mais, pour rien au monde, je n'eusse accepté un morceau de pain à cette table, et j'allai trouver la Mariuccia, qui mangeait un plat de lazagne dans le *casino*, et qui le partagea joyeusement avec moi.

Je ne sais pas si je vous ai dit que le casino de Villa-Piccolomini est célèbre. C'est un petit pavillon qui se relie au palais comme une aile très basse, et où le savant Baronius écrivit ses annales ecclésiastiques. C'est aujourd'hui un appartement meublé, en location comme les autres. La Mariuccia y avait dressé un lit pour moi, dans le cas où l'état de la malade me permettrait de me coucher. Elle s'étonna de mon refus de manger *avec les maîtres*; mais quand elle sut mes raisons d'agir, elle me dit en souriant:

Je vois que vous aimez ma nièce et que vous savez ménager la susceptibilité d'une femme de cœur. Allons, Dieu vous bénira, et j'ai confiance en vous pour l'avenir.

Je la laissai avec son frère le capucin, qui avait flairé de loin la pauvre lazagne, et qui venait, avec une écuelle de bois, recueillir les restes de ce festin. Il s'étonna de me voir là, et, tandis que la bonne fille lui donnait les explications qu'il était capable de comprendre, je retournai au salon.

Il me fallut traverser la salle à manger et subir un nouvel assaut de Médora, qui voulait me faire prendre le café. Quand elle eut encore échoué, elle donna à Brumières je ne sais quelle commission au dehors et vint me rejoindre au salon, où Daniella était entrée un instant pour me dire que lady Harriett allait mieux, en ce sens que la fièvre n'augmentait pas.

Quand Daniella vit sa rivale approcher de moi et s'asseoir tranquillement sur le sofa, sans daigner s'apercevoir de sa présence, son bras s'enroula autour du mien comme un serpent.

—Peut-on vous parler un instant? me dit Médora, qui vit ce mouvement mal dissimulé, au coin de la cheminée.

Ma position entre ces deux femmes était la plus ridicule du monde; mais il vaut beaucoup mieux, selon moi, mériter toutes les railleries de celle que l'on n'aime pas que le moindre reproche de celle que l'on aime. Je retins donc Daniella du regard, et répondis à Médora que j'étais à ses ordres.

—Mais je veux ne parler qu'à vous seul, reprit-elle avec une superbe assurance. Daniella, ma chère, je vous prie de nous laisser. D'ailleurs, vous êtes nécessaire auprès de mylady.

—Et moi, répondis-je, j'ai une commission à faire pour mylord. J'aurai l'honneur de vous entendre dans un moment moins grave pour votre famille.

J'allais sortir, lorsque Daniella, satisfaite de sa victoire, me tint en disant: Ce que demandait mylord, on l'a trouvé. Rien ne vous empêche de rester ici et de parler avec la signora.—Qui donc pourrait s'en inquiéter? ajouta-t-elle à demi-voix, mais de manière à être entendue de sa rivale; et elle poussa l'orgueil du triomphe jusqu'à refermer la porte entre elle et nous.

—Cette fille est toujours folle! dit Médora, dissimulant sa colère; et, sans me donner le temps de répliquer, elle reprit: Voyons, mon cher Valreg, donnez-moi donc, à propos de M. Brumières, un bon conseil; j'en ai besoin, et, dans la situation où nous sommes vis-à-vis l'un de l'autre, vous ne pouvez pas me le refuser.

—Je pense, répondis-je, que vous vous moquez de moi en me prenant pour conseil, moi qui ne sais rien des convenances du monde où vous vivez; et, quant à notre mutuelle situation, je ne sache pas qu'elle nous crée aucun devoir vis-à-vis l'un de l'autre.

—Pardonnez-moi, c'est une situation sérieuse, et je n'ai rien fait pour me la dissimuler. Je l'ai acceptée, au contraire, en me mettant à votre merci, et, qui pis est, à la merci de Mlle Daniella, qui ne se gêne pas pour me le faire comprendre.

—Je pensais que vous aviez assez bonne opinion de moi pour ne pas craindre que Daniella fût ma confidente en ce qui vous concerne.

—Quoi! vous ne lui avez rien raconté de Tivoli?

—Rien. J'ai eu plus de discrétion que vous, qui avez tout raconté à Brumières.

—Vous me jurez que vous me dites la vérité?

—Oui, madame.

—Voilà un étrange oui, madame! Je sens que vous êtes irrité et offensé de mon doute; je vous en demande pardon; mais ne pourriez-vous être moins fier et moins froid?

—Cela m'est impossible.

—Pourquoi? Voyons! il faut s'expliquer. Vous avez été effrayé de mon amour, et j'ai compris cela. Vous êtes méfiant et pénétrant; vous avez deviné que ce coup de tête n'amènerait rien de bon; mais, que vous ayez la même peur de mon amitié, voilà ce que je trouve inouï, et ce qui m'est plus pénible encore. Soyez donc sincère tout à fait, et même avec brutalité, puisque c'est votre caractère. Je suis lasse d'aller au devant de votre sympathie, et l'effort que je tente aujourd'hui sera le dernier.

Tel est le résumé des préliminaires de l'explication que je fus sommé de donner et que je donnai enfin, résumée ainsi qu'il suit: C'est à vous, surtout, que je la donne nettement formulée, pour que vous puissiez juger mes sentimens et ma conduite dans cette situation extrêmement délicate.

Entre personnes sincères ou sérieuses, l'amitié naît de l'estime mutuelle ou de l'attrait réciproque, soit des esprits, soit des caractères. Mais les natures légères aussi bien que les natures calculées font un étrange abus du nom et des privilèges apparens de l'amitié. Je crois que les femmes, et surtout certaines femmes à la fois astucieuses et frivoles, se servent de ce mot sacré d'amitié comme d'un éventail de plumes qu'elles font jouer entre elles et la vérité. Je sens que celle-ci me hait et voudrait me faire souffrir. Elle invente l'amitié pour me retenir sous sa main, à portée de sa vengeance; de même que, pour épouser un titre, elle avait inventé d'avoir de l'amitié pour ce pauvre prince, raillé, méprisé, outragé et abandonné tout à coup pour avoir ronflé en voiture et parfumé ses habits de lavande: de même que, pour avoir un nouvel esclave à tourmenter en attendant mieux, elle invente d'avoir de l'amitié et de faire ses plus intimes confidences à Brumières.

La facilité avec laquelle les hommes se laissent prendre à ces prétendues amitiés de jeunes femmes s'explique très naturellement par la vanité. Si humble et sensé que l'on soit, on se sent flatté, avant, pendant ou après l'amour, d'inspirer un sentiment qui se donne pour sérieux, une confiance qui semble être une marque de haute estime. Les privilèges d'une certaine intimité chaste flattent les sens quand même, et je comprends très bien que, si je n'aimais pas exclusivement et passionnément une autre femme, celle-ci, avec ses airs de respect pour mon caractère et de docilité devant mes avis, pourrait se moquer de moi et me conduire adroitement à ses fins, lesquelles ne sont autres que de me rendre amoureux d'elle pour avoir le plaisir de me dire: A présent, mon cher, il est trop tard.

Ce n'est pas que Médora soit une de ces femmes tigresses ou serpens, comme on en voit dans certains romans modernes. Oh! mon Dieu non! C'est une femme comme beaucoup d'autres, une vraie femmelette de tous les mondes et de tous les temps; je veux dire une de celles qui n'ont pas grand esprit ni grand cœur, et qui, favorisées de la nature et de la fortune, jouent à leur aise le rôle d'enfant gâté avec tous les gens simples ou vains qu'elles peuvent accaparer. Ces femmes-là font volontiers des perfidies sans être précisément fausses, des coups de tête sans être fortes, et de la diplomatie sans être habiles. Elles s'aiment beaucoup elles-mêmes, d'un amour maladroit et mal entendu, mais exclusif et persistant, qui leur enseigne et leur inspire la rouerie nécessaire à leurs desseins. Elles se compromettent sans se perdre et s'offrent sans se livrer. Elles se font beaucoup de tort et reprennent le dessus continuellement, tant est grande la double puissance de l'argent et de la beauté. Des hommes plus forts et meilleurs que ces femmes-là sont souvent leurs dupes, et Brumières, qui a infiniment plus d'esprit, de pénétration, de suite dans les idées et dans le caractère que n'en a Médora, me paraît destiné à être mené par elle haut la main, et planté là avec le doux titre d'ami excellent et fidèle, dès qu'un serviteur plus brillant ou plus utile se présentera.

XLVIII.

Mondragone, 15 mai.

Tout ce que je viens de vous exposer, je l'exprimai franchement à Médora, au courant de la conversation, et ma conclusion fut que je ne pouvais pas plus croire à son amitié qu'elle ne devait désirer la mienne. Je ne voyais pas que l'aventure de Tivoli m'eût créé d'autre devoir envers elle que celui d'une discrétion dont tout homme d'honneur est capable sans grand effort, et l'espèce de reconnaissance qu'elle prétendait m'imposer pour un baiser et quelques folles paroles ne me chargeait ni la conscience ni le cœur. Ma vanité pouvait seule lui en tenir un compte sérieux, et j'étais décidé à terrasser ce mauvais petit démon sot, plein d'équivoques et de subterfuges. Quant à la reconnaissance que ma délicatesse lui inspirait, je l'en tenais quitte, et la priais de ne plus m'en parler, car, en y revenant sans cesse, elle me ferait croire qu'elle doutait de sa durée.

Étonnée, fâchée et comme brisée des vains efforts qu'elle venait de faire pour trouver le défaut de la cuirasse, elle restait pensive et muette. Lord B*** vint me dire que la malade était assez calme et que la potion avait agi.

— En ce cas, dit Médora en se levant, vous pouvez peut-être vous passer de la Daniella pendant quelques minutes ; je voudrais lui parler.

Daniella vint au bout d'un instant. Sa figure était naïvement radieuse. Je vis bien qu'elle avait profité du moment de répit que lui donnait le mieux de la malade pour écouter ce que je disais à Médora. Celle-ci le devina en jetant un regard d'inquiétude sur la fenêtre r'ouverte. Du perron de la maison, ou du casino de Baronius, Daniella, sortant par le fond de la chambre de lady Harriett, avait pu tout entendre.

— Vous avez l'air triomphant ! lui dit Médora en frémissant de colère ou de crainte.

— Parce que madame va mieux, répondit Daniella avec une douceur à laquelle je ne m'attendais pas.

— Voulez-vous me suivre dans ma chambre ? reprit Médora agitée ; il faut absolument que je vous parle.

Je remontrai que, d'un moment à l'autre, on pouvait rappeler Daniella pour la malade, et je passai dans la salle à manger, où Brumières venait d'entrer. Je l'emmenai fumer un cigare au jardin, et j'entendis que l'on fermait la fenêtre du salon.

Brumières n'a aucun doute sur la loyauté de Médora à son égard. Il ne me demanda pas compte de l'entretien que j'avais eu avec elle, et je le vis plein d'espoir et de joie. — Savez-vous me dit-il, que mes affaires marchent bien ? Dieu conserve la bonne lady Harriett ! Mais, si sa volonté est de la rappeler à lui, Médora, n'ayant plus de parente chez qui elle puisse vivre (elle a usé toutes les autres), va certainement se décider au mariage. Elle y était décidée récemment, puisqu'elle choisissait le vieux prince. Cette folie s'est dissipée à temps, et puisque la foule des soupirans se réduit à moi seul *pour le quart d'heure*; puisque le destin me jette là auprès d'elle, dans cette

étape de Frascati, entre le dégoût de son dernier caprice et la mort de son dernier chaperon, j'a des chances que je ne retrouverai jamais. C'est donc à moi d'en profiter ! Mais que fait-elle avec votre Daniella ?

— Je pourrais m'inspirer de l'air du pays pour vous répondre : *Chi lo sà!* Mais quand on n'est pas Italien, on se donne toujours la peine de supposer quelque chose, et je m'imagine qu'elle se réconcilie avec la personne injustement maltraitée par elle.

— Oui ! ça doit être, car elle est bonne, n'est-ce pas ? C'est une noble nature, violente, mais généreuse, folle à ses heures, et comme ivre de fantaisies d'artiste dans ses résolutions excentriques, mais d'une raison et d'une logique admirables quand elle fait appel à sa propre intelligence. C'est une femme supérieure qui s'ennuie, voilà tout. L'amour en fera une créature adorable, vous verrez !

Brumières s'attribuait si naïvement ce prochain miracle, qu'il n'eût pas été possible de le dissuader. A quoi bon, d'ailleurs ? L'amour-propre exubérant est une si vive jouissance par elle-même, que les déceptions peuvent bien venir à la suite des rêves. Les compensations anticipées sont aussi réelles que celles qui arrivent après un désastre. Je n'avais rien de mieux à faire que d'admirer cette faculté d'illusion, tout en philosophant intérieurement sur la situation de cette famille : d'un côté, lord B*** au seuil d'un immense et incurable désespoir ; de l'autre, Médora faisant des projets ; et, à côté d'elle, Brumières disant : « Dieu conserve lady Harriett, mais sa mort me serait bien utile *pour le quart d'heure !* »

Quand je pus rejoindre Daniella et lui demander compte de son entrevue avec Médora, je la trouvai rêveuse et réservée dans ses réponses.

— Mon Dieu, lui dis-je, tu parais attristée ! T'a-t-elle dit quelque chose qui puisse te faire encore douter de moi ?

— Non, certes ! bien au contraire ! elle a été très franche, très bonne, très grande. Elle m'a avoué, non pas qu'elle t'a aimé, mais que, par un dépit d'enfant, un orgueil de jolie femme, elle avait voulu te plaire. Elle déclare qu'elle a échoué et qu'elle en est contente ; qu'elle se condamne et se moque d'elle-même pour ce mauvais sentiment qui l'a fait m'offenser et me chasser d'auprès d'elle. Elle me redemande *mon amitié* et veut que je lui promette la tienne. Voilà ce qu'elle dit, ce qu'elle a l'air de penser. Je lui ai tout pardonné, et nous nous sommes embrassées, moi de bon cœur, elle... de bonne foi, je pense !

Daniella ne put m'en dire davantage ; on l'appela auprès de lady Harriett. La soirée s'écoula dans des alternatives d'espoir et d'inquiétude. A minuit, la fièvre tomba ; l'accès avait été beaucoup moins grave que les précédents. Le médecin, espérant que mylady était sauvée, alla se coucher. Lord B*** voulut envoyer reposer Daniella, qui aima mieux rester sur un fauteuil auprès de la malade. Médora prit le thé avec Brumières et se retira dans son appartement. Je demeurai au salon avec lord B***, qui, de quart d'heure en quart d'heure, allait, sur la pointe du pied, écouter la respiration de sa femme.

— Vous devez me trouver ridicule, dit-il dans un de ces intervalles de causerie avec moi. Vous me mettez au nombre de ces époux inconséquens qui se plaignent pendant vingt ans de leur femme, et qui ne trouvent jamais moyen de vivre avec elle, si ce n'est au moment de la quitter pour

toujours. Je m'étonne moi-même de ce que j'é-
prouve, car il y a eu des heures... des heures
où j'avais bu, des heures honteuses dans mon
souvenir, où je disais, à moitié sérieusement:
La mort rendra la liberté à l'un de nous!
Mais, en voyant arriver cette mort qui la prenait
de préférence à moi, elle jeune et belle encore,
tandis que je me sens vieux et l'ame usée, j'ai été
saisi d'effroi et de remords. C'est elle qui a droit
à la vie après la triste existence qu'elle a eue a-
vec moi, et j'ai trouvé le destin si injuste dans
son choix, que je devenais fataliste. J'avais l'idée
de me tuer pour le désarmer! »
Je le laissai s'épancher, et j'attendis qu'il eût
exhalé toute l'amertume habituellement refoulée
en lui-même, pour le raisonner avec affection et
le réhabiliter à ses propres yeux sans accuser sa
femme.
Il n'y a pas, dans notre action morale, de fatalité que nous ne puissions combattre et vaincre
presque radicalement, voilà ma croyance, et je
la lui exposais avec sincérité. J'ajoutais que, dans
les faits collectifs que l'on appelle lois de la société, il y avait des souffrances inévitables, fatales en apparence, sur le compte desquelles nous
pouvions mettre souvent nos douleurs personnelles et les torts de ceux qui nous entourent;
mais que toute la force, toute la sagesse de l'individu devaient être employées à combattre ces
mauvais résultats, autour comme au dedans de
nous. Les moyens me paraissaient, non pas faciles, mais simples et nettement tracés. Les vieilles
vertus de la religion éternelle sont restées vraies,
malgré différentes erreurs d'application, et nul
sophisme, nulle corruption sociale, nul mensonge
de l'égoïsme n'empêcheront le bien d'être, par
lui-même, en dépit de tous les maux extérieurs,
une joie souveraine, une notion délicieuse, une
clarté sublime. Quand notre conscience est en
paix, notre cœur vivant, et notre pensée saine,
nous devons nous estimer aussi heureux qu'il est
donné à l'homme de l'être. Demander plus, c'est
vouloir follement renverser des lois divines qui
devaient être, puisqu'elles sont, et que nos plaintes ne changeront pas.
— Je suis tout à fait d'accord avec vous, me
dit lord B***; et c'est parce que mon esprit
ne s'est pas attaché à cette notion saine dont vous
parlez, que mon cœur s'est aigri et que ma conscience s'est troublée. J'ai été coupable envers
les autres en le devenant envers moi-même. J'ai
manqué de volonté pour me faire apprécier, et
j'ai cherché quelquefois, dans l'ivresse, des étourdissemens qui m'ont fait descendre dans l'inertie,
au lieu de me faire remonter dans l'espérance.
J'ai manqué de foi, je le reconnais bien, et si la
femme qui m'aimait m'a pris en dégoût et en
pitié, c'est ma faute bien plus que la sienne.
— Tenez, dit-il encore, après que nous eûmes
longtemps causé sans que la malade se réveillât;
si le ciel me la rend, il me semble que je deviendrai digne, rétrospectivement, de l'amour qu'elle
a eu pour moi. A nos âges, l'amour serait un
sentiment ridicule, s'il ne changeait pas de nature. Mais cette amitié qui lui survit, et à laquelle,
s'il vous en souvient, je portais un toast mélancolique au pied du temple de la Sibylle, c'est un
pis-aller meilleur que l'amour même, plus rare et
plus précieux mille fois. Voilà ce que j'aurais
voulu et ce que je n'ai pas su inspirer à ma
femme!
Puis, comme je lui disais qu'il fallait espérer la
guérison d'Harriett et armer son cœur et sa raison

pour cette belle conquête de l'amitié sainte, non
pas veuve, mais fille de l'amour, il se jeta dans
mes bras et versa des larmes qui détendirent si
peu sa physionomie sans mobilité, qu'elles semblaient couler comme un ruisseau sur une face de
pierre. — Vous me faites du bien plus que vous
ne pensez! me dit-il de cette voix morte et
sans inflexion qui contraste avec ses paroles;
toutes les formules d'encouragement et de consolation sont des lieux communs, et je ne sais
pas si les vôtres ont plus de sens que celles des
autres. Il est possible que non; il ne me semble
pas que vous me disiez des choses nouvelles pour
moi, des choses que je ne me sois pas dites à moi-
même; mais je sens que vous me les dites avec
une grande conviction et qu'il y a dans votre cœur
un vrai désir de me persuader. Vous avez donc,
malgré votre jeunesse et votre inexpérience, un
ascendant particulier sur moi. Si j'en cherche la
cause, je la trouve dans la sincérité particulière
de votre nature, dans l'accord réel que je remarque entre votre conduite et vos idées. Pourtant,
si vous voulez que je l'avoue, je n'avais pas compris d'abord votre amour pour Daniella. Je pensais que c'était une volupté, et que cela prenait
trop d'empire sur vous, trop de place dans votre
vie. A présent, je vois que c'est une passion envisagée et acceptée par vous autant que subie, et
je vous trouve dans le vrai; je suis certain que
vous ne serez jamais malheureux, parce que vous
ne serez jamais injuste ni faible.
» Pourtant, écoutez-moi. Je vous dois bien une
révélation qui peut avoir son importance. Il n'eût
tenu, il ne tiendrait peut-être encore qu'à vous d'é-
pouser la nièce de ma femme. Médora vous a aimé, et je crois qu'elle vous aime encore, autant
qu'elle peut aimer. Dans tous les cas, après les
deux mariages de caprice ou de dépit qu'elle vient
d'arranger et de rompre en si peu de jours, je vois
que son esprit détraqué ne demande qu'à subir une
influence nouvelle, et que M. Brumières pourrait,
tout comme un autre, profiter de la circonstance.
Songez-y, tâtez-vous bien; voyez si une grande
fortune serait pour vous un élément de force et de
bonheur. Ni ma femme ni moi, ne pouvons nous
opposer à n'importe quel mariage résolu par
cette personne fantasque. Pour avoir essayé de la
détourner de ce prince usé et malade (un excellent homme, d'ailleurs), nous l'avons malheureusement poussée à l'inconcevable divertissement
de se faire enlever par lui. Je crois, Dieu me damne, que c'est uniquement le danger d'être tuée en
s'associant à sa fuite qui a réveillé son cerveau
blasé, avide d'émotions inutiles. Elle vous a revu
au moment de s'embarquer, nous a-t-elle dit, et
j'ai cru deviner que vous étiez la cause involontaire de son revirement. Peut-être que vous lui
faites un nouveau tort de cette trahison subite
envers le prince : moi aussi, je pense que, le vin
étant tiré, il fallait le boire ; mais, quelle que soit
votre opinion sur sa conduite, je vous dois un
éclaircissement sur votre situation. En votre faveur, lady B*** abjurera tous ses préjugés; elle
vous l'a dit, et cela est certain. Donc, vous pouvez obtenir la main de sa nièce sans lui déplaire,
non plus qu'à moi, qui n'ai aucune espèce de préjugés sur la différence des conditions sociales et
qui vous trouve, tel que vous êtes au moral, infiniment au dessus de miss Médora »

Vous pensez bien que je n'hésitai pas à déclarer à lord B*** que j'avais une seule, mais invin-
cible raison pour ne pas vouloir plaire à sa niè-

ce ; et cette raison, lui dis-je, c'est que je ne l'aime pas.

— C'est une raison, dit-il, et je ne vous prêcherai pas, comme autrefois, la raison contraire. J'ai passé vingt ans à maudire les mariages d'inclination, et, à présent, je vois bien que l'amour dans le mariage est l'idéal de la vie humaine. Quand on le manque ou quand on le laisse envoler après l'avoir saisi, c'est qu'on ne méritait pas de le conserver. »

Le médecin se releva à cinq heures du matin et jugea la malade hors de danger quant à cette fièvre ataxique, dont le dernier accès venait d'être paralysé par ses soins. Seulement, il lui trouva la respiration progressivement embarrassée. Dans la journée, une pleurésie se déclara. C'était une maladie nouvelle qui devait suivre son cours, et qu'il promit de venir observer et soigner tous les jours durant quelques heures. Un autre médecin, dirigé par ses conseils, vint s'installer à Piccolomini pour suivre et combattre, heure par heure, les symptômes du mal. Toute une pharmacie de prévision fut envoyée de Rome, le jour même.

Nous pûmes tous prendre un peu de repos, même lord B***, qui avait passé déjà plusieurs nuits, et qui se jeta sur un lit dans la chambre de sa femme. Médora monta à cheval avec Brumières.

Deux jours après, tout symptôme alarmant avait disparu devant l'habile et prévoyante médication du docteur Mayer. Lord B*** me rendit ma liberté, et lady Harriett remercia très affectueusement Daniella, en la priant de venir la voir souvent. La Vincenza, présentée par Brumières, avait fait agréer ses soins en remplacement provisoire de l'Anglaise Fanny, qui avait déplu et qui passa le temps à prendre du thé, au grand scandale et au grand mépris de la Mariuccia.

Nous retournâmes à Mondragone en faisant des projets et en nous consultant sur l'installation que nous étions désormais libres de rêver. La pensée de quitter nos ruines, où nous avions maintenant toute facilité de faire un établissement assez comfortable dans le *casino*, nous serrait le cœur à l'un et à l'autre. Nous nous arrêtâmes à Villa-Taverna pour demander à Olivia si elle avait le droit de nous louer le *casino* pour quelques semaines. Elle a ce droit ou elle le prend. Les conditions de la location furent minimes. Daniella envoya aussitôt Felipone avec une charrette pour chercher son petit mobilier à Frascati, où elle ne voulait plus se montrer avant notre mariage. Par suite de la même résolution, elle fit un arrangement avec le fermier pour que celui-ci lui apportât de la ville le pain et les modestes provisions de chaque jour, en même temps que celles de sa famille.

En somme, cette résidence, dont le choix paraît étrange au premier abord, est le seul endroit complétement favorable à notre situation. Elle nous met à distance de tout commérage importun, et nous assure la fuite par le passage resté ignoré, si nos affaires avec l'inquisition n'arrivent pas au résultat favorable sur lequel compte l'excellent lord B***.

Dans l'état des choses, il se fait fort de me faire délivrer mes passeports, si je préfère ne pas attendre ce résultat. Mais je n'ai nullement envie de quitter Frascati maintenant. D'abord, je ferais perdre à lord B*** le cautionnement, dont il a la délicatesse de ne pas vouloir que je m'occupe. Ensuite, je ne dois ni ne veux songer à le laisser dans l'inquiétude et le chagrin. Enfin, j'ai ici des affections, une sorte de famille, un soleil splendide, des travaux en train, des sites qui m'appartiennent déjà et qui me charment, d'autres que je n'ai fait qu'effleurer et dont il me tarde de prendre possession ; et, plus que tout cela, des *aitres* témoins de mon bonheur et dont je sens que je ne sortirai pas sans un vif regret.

Ce vieux mot d'*aitres*, qui vient d'*atrium*, mais qui n'a plus un sens aussi intime et aussi patriarcal que dans l'antiquité, représente pour moi tout un état de choses important dans ma vie de campement. Je peux dire que je connais les aitres de tous ces beaux jardins qui m'entourent, et ceux de Tusculum et ceux de la gorge *del Buco*, et que cette belle nature, où j'étais un passant et un étranger dans les premiers jours, m'appartient et me possède à présent. Elle m'a ouvert ses sanctuaires et révélé ses grâces secrètes. Il y a, entre elle et moi, un lien qui ne sera jamais détruit. Où que je sois, mon souvenir m'y transportera, et les grandes allées comme les petits sentiers, les croupes adoucies comme les roches ardues, les yeuses colossales comme les petites étoiles bleues des buissons, tout cela est à moi pour toujours.

. . . .

Donc, nous revoici installés dans notre forteresse, et je peux jeter du chocolat par la terrasse du Casino aux neveux de Felipone, quand ils viennent jouer sur la terrasse aux girouettes. Il ne sera plus jamais question de manger la chèvre. Nous ne dormons plus sur la paille. Daniella ne tremble plus aux bruits du dehors, et je travaille avec l'espoir d'achever mon tableau, sans crainte de le voir troué par les baïonnettes. Le piano loué par le prince achève son mois de location dans ma chambre, et Daniella s'est imaginée d'apprendre la musique. A présent, je suis bien content de la savoir pour la lui enseigner. Elle a une facilité et une mémoire étonnantes, et je m'aperçois que, pour avoir beaucoup entendu chanter, bien et mal, quand j'étais violon à l'orchestre du théâtre ***, j'en serai un professeur passable. Sa voix est encore plus belle et plus étendue que je ne croyais, et l'instinct rhythmique et mélodique est extraordinairement développé chez elle. Il me semble que je n'ai à lui enseigner que la raison des choses qu'elle sait faire, et que, dans un an, elle pourrait être une aussi grande cantatrice que qui que ce soit.

Elle est, du reste, très possédée de cette idée qui lui est venue tout à coup, en découvrant que j'étais musicien et que j'avais vécu de mon violon. « Quand tu m'as dit que j'avais une voix si belle, j'ai eu du chagrin en songeant que je ne savais rien, et que je n'aurais jamais le temps et le moyen d'apprendre. Qu'est-ce que c'est que mon état de *stiratrice*? Il y a de quoi manger du pain, et rien de plus. Il a un talent, lui, et il me donnera mes aises ; mais je rougirai de ne pouvoir lui donner les siennes et d'être une charge pour lui. Voilà ce que je me disais, et à présent j'ai repris confiance en moi-même. Je ne serai plus une ouvrière, une femme de chambre pour ceux qui me verront arriver avec toi dans ton pays. Je serai une artiste, ta pareille, ton égale, et tu n'auras jamais à rougir de m'avoir aimée. »

Quand elle parle ainsi, sa figure prend une expression si sérieuse et son œil noir se fixe et se dilate avec une volonté si prononcée, que je ne peux pas douter de l'avenir qu'elle rêve. Et pourtant il me semble que j'aimerais mieux pouvoir en douter un peu. Je vais vous expliquer cela.

XLIX

15 mai. — Mondragone.

Hier, Brumières est venu nous rendre visite pendant qu'elle étudiait. De loin il avait entendu cette voix merveilleuse, et il ne pouvait croire que ce fût celle de la Daniella. Quand il en fut convaincu, et qu'elle lui eût chanté une très belle vocalise que j'ai trouvée à Villa-Taverna dans les feuillets déchirés d'un vieux solfége, et que je crois être de Hasse, il fit deux fois le tour de la chapelle qui me sert d'atelier, en donnant des marques d'une vive préoccupation. Puis il revint vers moi et me dit :

— Mais elle n'a aucune notion de musique, n'est-ce pas ? Elle a appris cela comme un perroquet ; elle ne le lit pas, vous le lui avez seriné ?

Je me mis à rire. — Et pourquoi riez-vous, voyons ? — Parce que vous faites des questions d'enfant. Il lui a fallu deux jours pour comprendre ce que c'est que de la musique écrite. Dans quinze jours, elle lira à livre ouvert dans n'importe quelle partition. Dans un mois, avec l'intelligence et la volonté dont elle est douée, elle sera capable de faire sa partie raisonnée dans un ensemble. Mais cet a-b-c de la pratique, dont vous faites une si grosse affaire, ne lui servirait absolument à rien, si elle n'était pas douée comme elle l'est. Il y a des artistes qui ont étudié dix ans, et qui ne se doutent pas de ce qu'elle sait, sans qu'elle même s'en doute.

— C'est vrai, cela ! reprit-il naïvement, et le diable m'emporte si elle ne chante pas mieux que la *** et la *** !

— Voilà que vous passez d'un excès à l'autre. Elle ne sait pas le métier, et, en toutes choses, le métier est à l'art ce que le corps est à l'esprit. Elle doit apprendre à ménager ses moyens, afin de les trouver toujours à son service, même quand l'inspiration, par une chose fugitive, lui fera défaut. Et puis, cette distinction naturelle, cette élévation instinctive, ont besoin d'un critérium du plus au moins en elle-même ; et c'est par le savoir, qui est la lumière du sentiment, qu'elle l'acquerra.

— Oui ! le pourquoi et le comment ! Mais croyez-vous qu'elle conserve cette fraîcheur de timbre, cette naïveté d'accent ?

— Je l'espère, car je ne veux pas qu'elle ait d'autres professeurs que moi, et je m'imagine savoir comment il faut développer une individualité comme la sienne.

— Ah çà ! vous êtes donc un grand musicien, vous aussi ?

— Non, certes. Je sais ce que c'est que la musique, voilà tout.

— Et vous l'aimez passionnément ?

— Depuis huit jours, oui !

— Et votre femme sera une grande cantatrice ?

— Oui ! lui cria Daniella moitié riant, moitié impatientée de ses questions dont elle ne voyait pas venir le but.

Je le pressentais, et je voulus en détourner l'aveu. — Voyons, dis-je à Daniella, veux-tu lui chanter un air du pays ? Cela, c'est toi seule, toi tout entière, avec ce que la nature t'a donné, avec le caractère et l'accent que personne ne pourrait t'enseigner et que personne ne pourrait, en ce sens, réaliser mieux que toi. Te rappelles-tu ce que tu chantais un soir à Villa-Taverna ?

— Oui, oui, s'écria-t-elle. Oh ! cela me fera plaisir de me *rechanter* cela !

Elle dit un ou deux couplets ; mais, mécontente d'elle-même et trouvant qu'elle manquait de feu et d'entrain, elle prit le *tamburello*, et, comme si elle se fût remontée à l'énergique appel de ce grelot sauvage, elle chanta avec plus de nerf. Cependant elle secouait la tête d'un air de dépit.

— Qu'a-t-elle donc ? dit Brumières. Il me semble qu'elle va mettre le feu au château !

— Non, non, je ne suis ni en voix ni en âme, s'écria-t-elle. Ces choses-là ne se chantent pas, elles se dansent !

Et, s'élançant au milieu de la chapelle, en sautant par-dessus les planches et les copeaux qui en encombrent encore une partie, elle se mit à danser, à chanter et à tambouriner en même temps, avec cette sorte de fureur sacrée qui m'avait fait déjà frissonner d'amour et de jalousie.

J'espérais que ce transport ne se communiquerait pas à Brumières ; et, d'ailleurs, je craignais d'être égoïste en m'opposant au besoin que cette fille de l'air éprouvait d'essayer un instant ses ailes. Mais Brumières est impressionnable autant qu'expansif. Il se mit à crier d'admiration et à divaguer dans son enthousiasme d'artiste, de manière à me contrarier beaucoup. J'arrachai le tambourin des mains de Daniella, et, l'emportant presque elle-même dans mes bras, je la poussai au piano en la grondant malgré moi.

— Mais pourquoi l'empêchez-vous d'être si belle ? disait Brumières ; vous êtes un brutal, un pédant ! Laissez-la donc se révéler ! Encore, encore !

Je donnai pour prétexte à mon dépit que ce chant mêlé de danse pouvait casser la voix.

— Crois-tu cela ? me dit Daniella qui, sans être essoufflée, s'était assise, accoudée sur le piano d'un air tout à coup grave et rêveur.

— Non ! lui répondis-je tout bas ; mais je te l'ai dit, tu ne danseras jamais que pour moi, si tu m'aimes.

— Eh bien, mon cher, s'écria Brumières, comme s'il eût deviné mes paroles, vous auriez tort de vouloir faire mystère de telles aptitudes ! Voyez-vous, la signora Daniella a cent mille livres de rente dans le gosier, dans les pieds, dans le cœur, dans les yeux, dans la tête. Ah ! vous n'êtes pas maladroit, vous, d'avoir deviné et saisi au vol la sylphide déguisée en villageoise ! Quelle grâce, quelle verve, que d'enivrements réunis dans un seul être ! C'est trop, c'est trop ! Et avant un an, voilà un prodige qui effacera tous les prodiges de nos théâtres. La musique et la danse, au même degré de puissance...

Daniella l'interrompit brusquement. Elle voyait que ces éloges à bout portant me donnaient sur les nerfs, et elle tenait à me montrer qu'elle n'en était pas enivrée.

— Vous vous moquez de moi, lui dit-elle, et c'est ma faute. La paysanne a trop reparu. Il faudra qu'elle s'efface, car je veux être ce qu'*il* voudra que je sois. En attendant, je vais vous montrer que je suis encore une bonne ménagère, en vous servant du café de ma façon.

Elle sortit et ne revint pas, délicatesse de cœur dont je lui sus un gré infini. Sans s'apercevoir de mon émotion, Brumières continua à s'extasier sur les séductions de ma femme et à me dire, sans trop gazer, que j'avais tiré à la loterie de l'amour un meilleur numéro que le sien. Il m'avait pris pour un braque, pour un philosophe, c'est-à-dire pour un crétin ou un fou ; mais il voyait bien que

10

j'avais de meilleurs yeux que lui et qu'en retournant du fumier j'avais trouvé un diamant ; tandis que lui, en retournant des perles fines, il n'avait ramassé qu'un hanneton.

Je saisis l'occasion de le faire taire sur le compte de Daniella en le faisant parler de Médora, et quoique peu curieux d'entendre un nouveau chapitre de ce roman qui ne m'intéresse pas énormément, je feignis d'y prendre beaucoup de part.

— Eh bien, mon cher, répondit-il, je voudrais bien que nous fussions dans une planète où il serait possible et convenable de dire à un ami : changeons, prenez mon rêve et donnez-moi le vôtre. Vrai ! je vous envie cette adorable et magnifique Romaine qui, en attendant la gloire et la fortune, vous donne à la fois l'ivresse et la sécurité de l'amour. Oh ! je vois bien maintenant quel bonheur est le vôtre ! Moi, sachez que j'ai de cette Anglaise aussi éventée que glacée, cent pieds par dessus la tête, et qu'il me prend envie, cent fois par jour, non pas de l'enlever, mais de m'enlever moi-même d'auprès d'elle. Ah ! si j'avais seulement un petit ballon, comme je m'en servirais, dès ce soir !

— Voyons, qu'y a-t-il donc de nouveau, et comment, depuis huit jours, la scène a-t-elle changé de face à ce point-là ?

— Mon cher, vous êtes trop inexpérimenté pour savoir ce que c'est qu'une coquette. C'est un miroir à prendre les allouettes. Ça brille, et tout à coup, ça ne brille plus, car ça ne luit qu'à la condition de tourner toujours.

— Qui vous force au métier d'allouette ?

— Eh ! eh ! l'ambition ! Je ne fais pas la bégueule avec vous, moi, je dis la chose telle qu'elle est ; j'aimerais à avoir huit cent mille livres de rente : vrai, ça me ferait plaisir ! Je ne suis pas un Arabe du désert comme vous ; je suis né satrape. Il n'y a pas de mal à ça quand on est bien décidé à ne jamais faire ni vilenie ni bassesse pour réaliser sa fantaisie. Vous me connaissez assez, j'espère, pour être bien certain que je ne voudrais ni d'une bossue, ni d'une vieille, ni d'une laide, ni d'une femme de mauvaise vie, m'eût-elle la fortune des Rothschild à m'offrir ; mais Médora est belle, et, malgré le soin tout particulier qu'elle prend de se compromettre et de faire jaser, elle est pure. De plus, elle est adorable d'esprit et de caractère quand elle veut. Enfin, j'en suis fou !...

— Et vous n'avez pas de ballon pour vous soustraire à la fascination ? Allez donc votre train et suivez l'étoile qui vous luit. Pourquoi la blâmer et la maudire pour un jour de caprice ? Si elle était parfaite, seriez-vous assez parfait vous-même pour la mériter ?

— Ma foi, pourquoi pas ? répondit-il en riant ; je ne vois pas ce qui me manque pour être un garçon accompli. D'ailleurs, la question n'est pas de savoir si je dois continuer à la poursuivre ; c'est de savoir si je ne perds pas mon temps et si je n'use pas mes dernières bottes fines pour n'aboutir qu'au titre flatteur de cher ami. Tenez ! vous aviez plus de chances que moi pour réussir auprès d'elle ; pourquoi diable n'avez-vous pas pris ma place et moi la vôtre ? Daniella est plus belle, quand elle chante et danse, que n'importe qui. Et même quand elle rêve... elle a des yeux, des narines... je ne l'avais jamais regardée comme aujourd'hui. Elle est pauvre et méconnue ; mais il ne tient qu'à elle d'être riche et célèbre, et, comme vous avez le mérite de l'avoir découverte, elle vous sera peut-être fidèle.

— Ce peut-être est de trop, mon cher ami ; et si vous voulez me faire plaisir, vous me laisserez apprécier tout seul les mérites de ma femme.

— Allons ! vous voilà jaloux ?

— Et pourquoi pas ! je vous prie ?

— C'est juste. Mais que diable faites-vous là ? dit-il en me voyant retourner mon tableau sur le chevalet et reprendre ma palette.

— Ça veut être de la peinture, répondis-je.

— Eh ! eh ! s'écria-t-il en regardant avec une attention de plus en plus marquée : C'est de la peinture, en effet ! Diable ! mais savez-vous que c'est bien, ça ? Je ne vous croyais pas fort !

— Vous aviez raison : je ne suis pas fort.

— Mais si, diantre ! vous êtes un sournois ; vous cachez votre jeu. Drôle de corps, va ! Est-ce que Médora a vu quelque chose de ce que vous savez faire ?

— Rien du tout. Pourquoi ?

— Ne lui laissez rien voir, hein ? Si elle découvre que vous avez du talent, elle ne m'en trouvera plus du tout.

Il tourna longtemps autour de moi avec des complimens exagérés, mais naïfs comme tous ses premiers mouvemens, et finit par me dire, avec chagrin, que, depuis son arrivée à Rome, il n'avait pas touché un pinceau.

— Et j'y venais pourtant avec la résolution de travailler, car, à Paris, voilà deux ans que je vais dans le monde et que je n'entre guère dans mon atelier. J'ai besoin d'avoir du talent, car je n'ai pas la moindre fortune, et la littérature d'agrément que je fais, ne me rapporte rien. J'ai toujours rêvé des choses difficiles, et pendant que je suis aux prises avec mes rêves ambitieux, le temps se passe et les résultats s'éloignent.

— Vous êtes dans un jour de spleen ; demain vous parlerez autrement.

— J'ai peur du contraire. Médora me traite comme un domestique qu'on essaie.

— Ou comme un mari qu'on éprouve ?

— Vous voulez me consoler ; mais je suis tout démonté. On nous avait promis du café ; voulez-vous que j'aille le chercher ?

— Non ! j'y vais !

— Je vois bien que vous êtes un tigre ! reprit-il quand je revins avec le café que Daniella avait préparé, et qu'elle savait bien que j'irais chercher moi-même. Je le comprends ; mais ne vous inquiétez donc pas de moi. Je suis un homme trop occupé pour être dangereux. D'une part, mon état de chien fidèle et parfois grognon auprès de ma princesse ; de l'autre, une petite sotte d'aventure pour passer le temps et prendre patience. Vous connaissez la Vicenza ?

— Oui. J'aime mieux son mari.

— Son mari n'est qu'un imbécile, parfaitement habitué au sort que je lui procure.

— Vous vous trompez. C'est une dupe aveugle ; mais puisque vous me parlez de ça, je vous dois un avis. Prenez garde à cet homme gras et souriant : il aura un mauvais réveil !

— Je sais que je risquerais quelque chose avec lui. Je ne suis pas riche ; il me rançonnerait, à coup sûr.

— Vous lui faites injure en supposant qu'il vous épargnerait si vous pouviez payer son déshonneur. C'est un homme au-dessus de ce qu'il paraît. J'ai été à même de l'apprécier, et je cause avec lui tous les jours avec beaucoup d'intérêt. Il aime sa femme, il croit en elle, et, dans l'occasion, il sait se venger... Je ne peux rien vous dire de plus. Soyez averti.

— Bah! je connais mon Frascati sur le bout du doigt! Les femmes y sont bien plus libres que les filles. Cette Vincenza, à laquelle j'ai dû renoncer autrefois parce que la partie était trop dangereuse, et qu'en somme, je ne prenais pas la personne assez au sérieux pour tout risquer, à présent qu'elle est mariée et qu'elle demeure pour quelques jours à Piccolomini.... Diable! n'allez pas dire cela à Daniella. Elle le répéterait peut-être à Médora, à présent qu'elles sont au mieux ensemble! Je serais perdu! D'autant plus que je tiens si peu à la fermière! Elle est gentille et proprette, voilà tout. Et puis, j'ai remarqué une chose, c'est que, pour être un peu malin et un peu fort auprès d'une grande coquette, il ne fallait pas perdre un certain calme des sens qui réagit sur l'esprit. C'est en cela qu'une maîtresse sans conséquence, de l'autre côté de la cloison, est fort utile et très appréciable; mais je vois que je vous scandalise et que j'empêche votre femme de revenir auprès de vous. Moi, il faut que j'aille voir si on s'est aperçu de mon absence et de ma bouderie.

Je retrouvai Daniella préoccupée et presque triste. — Tu m'en veux de ma jalousie? lui dis-je en me mettant à ses genoux.

— Je n'ai pas le droit de t'en vouloir, répondit-elle. Je t'ai donné ce mauvais exemple et j'ai été bien plus mauvaise que toi!

— Oui, car tu doutais de moi, et moi, je te jure que je ne t'ai pas seulement supposé l'idée de vouloir plaire à Brumières.

— Bien vrai?

— Aussi vrai que je t'aime.

— En ce cas, je te pardonne.

— Et pourtant, tu restes triste!

— Non, mais je réfléchis, et c'est d'autre chose que je me tourmente. M. Brunnières croit que je peux faire fortune avec mes dispositions pour la musique ou la danse. Il a parlé de public et de théâtre...Tu ne m'avais jamais rien dit de pareil, toi! Est-ce que tu serais jaloux, si, au lieu d'un seul bavard comme lui, j'avais plein une salle d'admirateurs et plein ma chambre de flatteurs?

— Qu'en penses-tu? réponds toi-même?

— Je pense que tu serais très jaloux, parce que je le serais à ta place.

— Et la jalousie fait beaucoup de mal, n'est-ce pas?

— O *Dio santo!* quelle torture!

— Et pour me l'épargner, tu renoncerais au rêve d'une vie brillante comme celle dont parlait Brumières?

— Oui, tout de suite! Si tu dois souffrir quand je saurai quelque chose, ne m'apprends plus rien.

— Ce serait mal. Nul n'a le droit de mettre un frein à la puissance d'un autre, quand c'est une belle et noble puissance. On serait d'autant plus coupable d'étouffer le feu sacré, que l'on aime davantage l'être qui le possède. Ainsi, quoi qu'il arrive, je te mettrai à même de te développer.

— Mais à quoi me servira d'être savante, si je cache mon savoir?

— D'abord, je n'exige rien et je ne veux rien établir pour l'avenir. Il est possible que ton génie t'emporte sur un chemin de soleil et de feu; et, pourvu que tu m'aimes, je te suivrai. Il est possible aussi que, voyant plus de vraie clarté et de douce chaleur dans un sentier ombragé, tu préfères y rester avec moi. Quant à dire ce que tu feras alors de ton savoir, je ne saurais te l'expliquer que par une comparaison : Ecoute le rossi-

gnol; pour qui crois-tu qu'il chante? Pour nous, ou pour lui?

— Ni pour l'un ni pour l'autre; il chante pour ce qu'il aime.

— Voilà une plus belle réponse que ce à quoi je songeais; mais sache que, privé de sa femelle et mis en cage, il chanterait encore.

— Il chanterait pour chanter. Eh bien, je comprends cela. C'est comme cela que j'ai toujours aimé les chansons et la danse, et quand je disais à mes compagnes : « Je n'aime pas le bal, mais j'y vais pour danser, » elles comprenaient bien que je n'y allais pas pour les amoureux et pour les complimens, mais pour le besoin de me décoller l'esprit et les pieds de la terre où l'on marche.

— Il faut que je t'embrasse pour cette métaphore, mon bel oiseau du ciel. Tu la sentiras encore plus claire et plus vraie, à mesure que tu découvriras dans l'art des sources d'émotion, de recueillement et d'enthousiasme que tu ne fais encore que deviner.

— Donc, il faut que je travaille et que je ne me tourmente pas de ce qui en arrivera? Pourtant... est-ce que tu as beaucoup de talent, toi?

— Je ne pense pas, mais je tâche d'en avoir.

— Et tu crois que tu en auras?

— Oui, j'espère : Espérer, c'est croire.

— Mais ce sera long?

— Peut-être que non.

— Et cela te fera riche?

— Cela, c'est douteux. Je ne sais pas. Tu as donc besoin d'être riche?

— Moi? Pourquoi aurais-je ce besoin-là? J'ai toujours été pauvre : mais tu es riche, toi!

— Tu trouves?

— Oui, par comparaison, et je pense toujours que tu vas manger ce que tu as, pour me faire belle et paresseuse.

— Travaille donc et ne crains rien. Disons-nous, pour n'avoir pas de déception, qu'à nous deux nous gagnerons toujours le nécessaire, et que nous pouvons nous passer du superflu.

— Mais... écoute encore! Sais-tu que je n'ai rien?

— Je ne t'ai jamais demandé si tu avais quelque chose.

— Ma petite toilette, qui tient dans ce coffre, et le pauvre petit mobilier que tu vois, c'est tout ce que je possède. J'avais un peu d'argent et des bijoux donnés par la lady Harriett; je n'ai rien voulu accepter de sa nièce en la quittant; mais Masolino, en m'enfermant dans ma chambre, a tout pillé, sous prétexte de m'empêcher de secourir les conspirateurs, et je ne sais ce que cela est devenu. On n'a rien trouvé sur lui ni chez lui.

— Eh bien! tant mieux! Je t'aime mieux ainsi.

— Tu n'es pas inquiet?

— Non!

— Et tu serais fâché peut-être que j'eusse gagné beaucoup d'argent au service de lady Harriett?

— Cela me serait indifférent.

— Mais si j'avais accepté les dons que Médora voulait me faire?

— J'en serais humilié. Je te sais un gré infini, de les avoir si fièrement refusés.

Elle m'embrassa et me pressa de dîner pour aller faire notre visite de tous les soirs à la malade de Piccolomini. Je trouvai ma chère femme un peu agitée et comme impatiente de sortir. J'attribuais sa préoccupation à ce que je lui avais dit de Vincenza et de Brumières : je l'avais engagée à sermonner cette petite femme, ou, tout au moins, à lui recommander la prudence. Daniella, qui est très attachée à son parrain Felipone, était indignée de cette nouvelle trahison.

Lady Harriett va de mieux en mieux. Daniella passa une heure auprès d'elle, puis monta chez Médora, et, au retour, m'embrassa avec effusion sous les platanes de Villa-Falconieri. — Tu m'as donné un bon conseil, dit-elle, et, grâce à toi, je suis délivrée d'un tourment cruel. A présent, tu auras ma confession ! Ecoute !

L.

« L'autre jour, quand Médora, après avoir fait tout son possible pour te plaire, m'a demandé à parler avec moi, elle était si tourmentée, si humiliée, si en peine de trouver un moyen de relever son orgueil, qu'elle me faisait de la peine à moi-même. Elle était si bien sous mes pieds après avoir échoué, même en t'offrant son amitié, que je ne lui en voulais plus du tout. J'étais assez vengée, je me sentais généreuse. Elle avait une peur affreuse de moi; elle voyait bien que j'avais entendu ce que vous aviez dit ensemble, et l'idée d'être bafouée par une fille de rien comme moi, pour une chose qui n'est pas bien grave, lui faisait plus de mal que si une autre eût surpris le secret de quelque crime. Je t'assure que cela est comme je te le dis. J'ai vu Médora faire des imprudences comme jamais une signora anglaise et une fille du grand monde n'oserait s'en permettre. Elle me racontait cela en riant et en dansant par la chambre ; mais vouloir tourner la tête d'un homme et n'y pas réussir, voilà où je lui étais un témoin bien amer et une rivale qu'il lui eût été bien doux d'étrangler.

— Pourtant, repris-je, tu m'as dit qu'elle avait été douce, loyale et généreuse.

— Oui; elle n'avait que ce rôle-là à jouer, et elle l'a joué. Tout ce que je t'ai rapporté est vrai. Elle a bien parlé, et elle m'a embrassée.

— Et pourquoi n'aurait-elle pas été sincère ? Si les coquettes recevaient de temps en temps une leçon bien polie, bien discrète, mais bien nette...

— Elles se corrigeraient peut-être, je ne sais pas ! Mais je sais que Médora a inventé quelque chose de perfide. Elle m'a offert de l'argent.

— Pour payer ton silence ?

— Voilà ce que je lui ai dit en refusant. J'étais offensée de ses doutes; je lui avais tendu la main; je lui avais dit : « Ne craignez rien ; tout cela restera entre nous. » Elle devait me croire. Elle a juré alors qu'elle me croyait, qu'elle m'estimait, et elle a prétendu que je n'avais pas le droit de refuser ce qu'elle appelait une petite dot, vingt mille francs ! Je sais par M. Brumières, lui a-t-elle dit, que M. Valreg possède cela, ni plus ni moins. Je veux que tu sois son égale sous le rapport de la fortune. C'est une preuve de véritable amitié que je te donne, et si tu ne comprends pas cela, c'est que tu n'aimes pas M. Valreg, qui va être bien pauvre et forcé de se faire ouvrier peut-être, quand il aura femme et enfans. Enfin, elle m'en a tant dit, et l'idée de te réduire à la misère me faisait tant de mal, que j'ai accepté, et, pendant trois jours, j'ai eu ces vingt mille francs en bank-notes dans la poche de mon tablier.

— Et tu ne les a plus, j'espère ?

— Non, je les ai rendus ce soir. Je n'ai gardé que le joli petit portefeuille de satin blanc, com-me souvenir, et le voilà ! Tiens, regarde, qu'il est bien vide !

J'embrassai encore ma chère Daniella en la bénissant d'avoir repoussé cette tentation.

— C'est moi qui te remercie, reprit-elle, de m'avoir fait sentir ce que je dois être en devenant ta femme. J'étais pourtant bien contente d'avoir ces vingt mille francs ! Je les comptais trois ou quatre fois par jour dans le *pianto*, quand tu étais dans ton atelier ; mais, comme j'avais besoin de me cacher de toi pour les regarder, comme je ne pouvais pas me décider à te les montrer, je sentais bien qu'ils étaient mal acquis et qu'ils me pesaient comme s'ils eussent été de plomb. La Mariuccia m'a bien grondée, ce soir, de les avoir rendus ! Elle prétend que nous sommes fous ; mais si tu es content de moi, je crois que j'ai fait la chose la plus sage du monde.

— Oui, oui, ma chère, ma bien-aimée, tu me rends bien heureux. Ne regrette donc rien. Laisse-moi le bonheur et la gloire de travailler pour toi, et s'il le fallait, comme le prétend Médora, devenir ouvrier pour te nourrir, sois sûre que je m'y déciderais sans chagrin et sans honte ! Vois-tu, je me suis fait une devise qui dit toute ma foi et toute ma force : *Tutto per l'amore !*

25 mai, Mondragone.

. . . .
Mes papiers n'arrivent pas, non plus que la réponse de l'abbé Valreg, et je suis décidé à procéder au mariage religieux, le seul légal en ce pays-ci. Je me marierai en France à la municipalité, ou bien, au premier jour, nous irons passer quelques heures en Corse pour satisfaire à la loi française. Je souffre de la situation de Daniella, d'autant plus que je la crois grosse, et que l'idée d'ajourner mon devoir de citoyen envers ce citoyen futur qui me fait déjà battre le cœur d'émotion et de ravissement, n'est pas admissible pour moi. Encore deux jours d'attente, et si nous n'avons pas de lettres, nous passerons outre. Médora semble croire encore que je me raviserai. Lady Harriett se scandalise de notre établissement à Mondragone avant le sacrement. Elle a raison ; on est responsable devant Dieu et devant les hommes de la conscience et de la dignité de la femme que l'on aime.

La formalité lente de la publication des bans s'expédie très vite en ce pays-ci et s'escamote en partie moyennant finance. J'ai déjà envoyé Felipone chez le *parocchiale* de Frascati à cet effet. Ce sera un mariage sans éclat et sans noce, comme il convient à notre position et au deuil de Daniella.

Ce matin, après avoir pris cette résolution et ces arrangemens, je me suis rendu à Piccolomini pour en faire part à lord et à lady B***. J'ai trouvé lady Harriett levée pour la première fois depuis sa maladie. Elle ne doit pas sortir de sa chambre avant une quinzaine, par mesure de précaution. En apprenant que le mariage aurait lieu avant qu'elle fût en état d'y assister, elle a eu un trait de caractère féminin bien marqué. Elle se tourmente, depuis une semaine, de la nécessité pressante de ce mariage; et, lorsqu'elle a un peu de fièvre, elle redevient dévote au point de dire que si Daniella ou moi mourions en ce moment, nous serions damnés. Pourtant elle a été fort contrariée de mon empressement à la satisfaire. Elle avait résolu de mettre ce jour-là, pour aller à l'église, une certaine robe du matin qu'elle n'a pas encore exhibée, et elle a été au moment de me prier de différer encore.

Cette robe a été, du reste, l'occasion d'une scène d'intérieur que je veux vous raconter, parce qu'elle m'a touché beaucoup.

Lord B*** était auprès de sa femme, qu'il ne quitte plus d'un instant, et, quand elle a laissé voir son regret, il s'est mis à rire de cet enfantillage avec une bonhomie que je ne lui avais jamais vue auprès d'elle.

— Mylord se moque de moi, me dit lady B*** avec un peu de dépit; c'est son habitude!

— Moi, je me moque? répondit-il en reprenant son sérieux à pas ressort. Vraiment non! Je suis content de vous voir songer à la toilette. C'est signe que vous êtes guérie. Elle est donc bien jolie, cette robe? Est-ce qu'on peut la voir?

— Non! vous ne la trouverez pas jolie; vous ne vous y connaissez pas!

— Mais Valreg s'y connaît, un peintre!

— Je demande à voir la robe, m'écriai-je pour prolonger le moment de gaîté des deux époux.

Fanny apporta la robe, que je ne trouvai pas jolie du tout par elle-même, mais dont je pus louer les enjolivemens compliqués. Les Anglaises n'ont, je crois, pas de goût. Lady Harriett avait choisi, à Paris, une étoffe d'un ton cru que la couturière avait corrigé par les garnitures. Lord B*** trouva la robe laide, et reprocha à sa femme de ne plus porter de rose. Elle prétendit (avec raison!) n'être plus assez jeune. Sur quoi le vieux mari prétendit qu'elle était toujours aussi belle qu'à vingt ans, et cela avec une conviction brusque et obstinée qui valait le mieux tourné des complimens. La bonne Harriett minauda un peu, et finit par avoir l'air de convenir que son mari ne se trompait pas. Mais elle le pria de se taire, trouvant cette galanterie déplacée devant moi, et, comme il y revenait en critiquant le bleu dur de la robe, elle lui imposa silence assez sèchement.

Lord B*** se leva et marcha mélancoliquement dans la chambre. J'avais pris un journal pour avoir l'air de ne pas entendre ce débat puéril. Tout à coup, lady Harriett me retira doucement le journal et me parla bas: Il a passé toutes les nuits depuis que je suis malade, me dit-elle; il n'a pas dormi une heure sur vingt-quatre. Il est fatigué, et il ne veut pas se reposer.

— Vous savez donc cela? lui dis-je. Je pensais que vous ne le saviez pas!

— Il s'en cachait, mais Daniella me l'a dit. Elle est bien singulière, votre Daniella; elle est maintenant d'une hardiesse avec moi... C'est donc vous qui l'avez rendue comme cela? Elle me gronde comme un petit enfant.

— Elle vous gronde?

— Oui, elle me dit que je n'aime pas lord B***!

— Et elle se trompe? repris-je vivement en serrant sans façon les blanches mains de lady Harriett dans les miennes.

— Oui, elle se trompe beaucoup, répondit-elle en élevant la voix. Je l'aime de toute mon âme.

— Qui? dit lord B*** en s'arrêtant au milieu de la chambre.

— Le meilleur et le plus dévoué des hommes.

— Qui donc?

— Ah! je vous le demande?

En parlant ainsi, ils se regardèrent; elle, souriante et attendrie; lui, naïvement étonné et ne comprenant pas qu'il fût question de lui. Je me levai, voyant que le pauvre homme allait man-

quer cette suprême occasion d'être compris, faute de comprendre lui-même. Je le poussai aux pieds de sa femme, qui, oubliant sa pruderie, et comme entraînée par mon émotion, lui jeta ses deux bras autour du cou, non pour l'embrasser, cela eût été un peu trop bourgeois pour elle, mais pour lui dire avec une sensibilité exaltée: «Mylord, vous avez été un ange pour moi, et je vous dois la vie!»

Lord B*** ne sut rien répondre. Il était si ému qu'il devint comme une statue, et sortit au bout d'un instant sans avoir pu trouver une syllabe.

— Eh bien! vous voyez! me dit sa femme avec dépit. Il est homme d'honneur et de conscience. Il m'a comblée de soins; il s'est admirablement conduit avec moi; mais il est tellement dépourvu de sensibilité qu'il ne s'explique pas ma reconnaissance! Il la trouve ridicule; toute expansion lui semble affectée!

Je priai lady B*** de faire un effort pour marcher jusqu'à la fenêtre, appuyée sur mon bras, et elle vit son mari assis derrière la petite pyramide qui décore la fontaine du casino. Il se croyait bien caché et ne se doutait pas que nous l'avions sous les yeux en profil. Il tenait son mouchoir sur sa figure, mais, au mouvement répété de ses épaules, il était facile de voir qu'il sanglottait.

Harriett fut très émue et pleura elle-même en revenant à son fauteuil. Allez donc le chercher, me dit-elle; il faut enfin que nous nous expliquions ensemble. Il croit que je le dédaigne, et pourtant, depuis quelque temps... depuis surtout que Médora n'est plus entre nous, je fais mon possible pour lui donner confiance en moi.

— C'est de lui et non de vous qu'il se méfie, mylady. Si je vais le chercher ce moment, il refusera de se montrer, ou il viendra à bout de refouler son attendrissement devant vous.

— Mais pourquoi est-il ainsi?

— Eh! ne connaissez-vous pas encore cet homme sans expansion, dont vous avez exigé ce que vous seule pouviez lui enseigner? L'abandon est un don du ciel, la faculté de traduire ce qu'on éprouve est un art inné chez ceux qui ont l'instinct artiste, mais qui se convertit en démonstrations gauches ou incomplètes chez les natures trop timides. Lord B*** a trop d'esprit et de fierté pour être ridicule. Il reste impassible en apparence, et vous ne voyez pas qu'il souffre. Au lieu de l'encourager et de lui donner le souffle de la vie pour cet incessant magnétisme qu'exerce la volonté d'une femme aimée, vous attendez, depuis quinze ou vingt ans, qu'il se révèle de lui-même, et vous attendez en vain. Il ne se révélera pas, tant qu'il ne se sentira pas deviné.

— Ainsi, vous me grondez aussi? dit lady Harriett... comme Daniella! Voyons, est-ce vrai, tout ce qu'elle m'a raconté du désespoir de mylord pendant que j'étais en danger?

Je rapportai tout ce qu'il m'avait dit dans la nuit du 1er au 2 de ce mois. Lady Harriett en fut profondément frappée, et sa bonne âme parut se relever d'un long abattement. — J'ai fait fausse route, dit-elle, je le sens bien! J'ai mal pris ce caractère facile à froisser. Allez le chercher, vous dis-je, et, devant vous, je veux lui demander pardon de ma légèreté et de mon indélicatesse.

Elle parlait comme une jeune fille qu'elle croit être. Elle s'imaginait réparer un tort d'hier et se corriger, ainsi qu'elle aimait à le promettre d'un air enfantin, naïvement maniéré. Elle accabla son mari d'un déluge de paroles affectées et de pleurs sincères. Il reçut et admira le tout avec un enthousiasme de reconnaissance qui se traduisit par des *ho!* et des *ah!* qui sont tout ce qu'on peut obtenir de son éloquence. Ils étaient bien un peu risibles, ces amoureux sur le retour, et pourtant, je fus d'autant plus heureux et attendri de leur réconciliation, que c'était, on me l'apprenait, l'ouvrage de ma Daniella.

Le 26 au soir.

. . . .

Il nous arrive une chose singulière et assez contrariante. Par un motif inexplicable, le curé de Frascati refuse de nous marier, *pour le moment et jusqu'à nouvel ordre*. Pendant que j'étais sorti pour faire une étude, il a mandé Daniella devant lui, et lui a dit tout ce qu'il croyait propre à la faire renoncer à ce mariage; que j'étais un inconnu, peut-être un vagabond, mal noté à la police, et sous le coup d'une accusation grave; que le moins qui m'en arriverait serait d'être expulsé à jamais du pays; qu'elle allait donc quitter sa famille et ses amis, sans espoir de les revoir jamais, pour suivre un homme suspect qui n'avait peut-être ni feu ni lieu, etc., etc.

Daniella ayant persisté, il lui a déclaré qu'il lui donnait huit jours pour réfléchir, et qu'à moins d'un ordre supérieur il ne procéderait pas au mariage avant ce délai. Mis en demeure de promettre au moins de s'exécuter dans huit jours, sans plus, il a hésité; il a dit: « *Peut-être, nous verrons.* J'espère que d'ici là, vous aurez renoncé l'un à l'autre. »

Cette situation inquiète et irrite Daniella, d'autant plus que le curé va disant, dans son cénacle de dévotes, que notre mariage n'est pas fait et ne se fera probablement pas. En mandant ma pauvre compagne devant lui, il l'a forcée à se montrer dans la ville, où elle a été accueillie par un empressement de curiosité désagréable pour elle, malveillante à mon endroit. Bien que l'on se soit réjoui tout haut de la mort de Masolino, on prétend maintenant que je l'ai tué pour tromper sa sœur plus aisément, et qu'elle charge son âme d'un grand péché en voulant épouser le meurtrier de son frère. Encore un jour de ces propos, et le curé aura beau jeu à s'en servir contre nous.

— Vous voilà, nous disait Felipone, qui est venu passer la soirée avec nous, comme les *promessi sposi* de notre Manzoni, et notre *parrocchiale* me fait l'effet de don Abbondio. Vous serez donc forcés de lui jouer le même tour que *Renzo* voulut lui jouer?

— Je n'y aurais pas de scrupule, répondis-je, si la chose était encore possible, au temps où nous vivons.

— Comment? reprit Felipone, vous doutez qu'elle soit possible? Voulez-vous être mariés demain matin?

— Oui, certes!

— Oui? bien vrai? Et toi, ma filleule?

— Oui, oui, s'écria-t-elle en frappant des mains; c'est cela! le mariage *alla pianeta!*

Je vais vous expliquer ce qui me fut expliqué à l'instant même. Le mariage clandestin est encore valide dans les Etats romains. Les formalités sont à peu près aussi brusques et aussi simples que celles racontées par l'auteur des *Fiancés.* Il y faut seulement une messe et deux témoins.

FIN DU TROISIÈME VOLUME.

LA DANIELLA

QUATRIÈME VOLUME.

LI.

Mondragone, 4 juin 185..

J'ai été interrompu par une visite très inattendue, et j'ai à vous raconter avec ordre ce qui s'est passé. Je vous écrivais après avoir pesé avec Daniella et Felipone le pour et le contre du mariage à la *pianeta*, lorsqu'on sonna à la porte de la grande cour. J'allai ouvrir, laissant Daniella deviser avec son parrain dans le *casino*.

Mon étonnement fut extrême de voir Médora seule avec Buffalo, venant me rendre visite à dix heures du soir.

— Je ne veux voir que vous, me dit-elle; venez dehors sous ces arbres.

— Non, répondis-je. Que penserait-on si nous étions observés ou rencontrés? Venez chez moi, ma femme et Felipone y sont.

— C'est impossible. Vous n'êtes pas marié, et, comme vous ne le serez pas, je dois considérer Daniella comme votre maîtresse et rien de plus.

— Vous plaît-il de me dire d'où vous savez que nous ne serons pas mariés?

— Je le sais par une lettre que votre oncle à écrite au mien. Il déclare s'opposer formellement à ce qu'il appelle une folie coupable.

— Alors, c'est par intérêt pour moi que vous daignez venir seule, la nuit, m'avertir de cette mésaventure?

— Je ne suis pas seule. M. Brumières est par là qui m'attend. Quant à l'intérêt que je vous porte, il est réel, et, bien ou mal accueilli, je vous rendrai toujours tous les services qui dépendront de moi.

— Apporter une mauvaise nouvelle avec tant d'empressement, est-ce là un service?

— Oui, sans doute, si elle est utile à quelque chose.

— Et si elle ne sert à rien?

— L'intention reste bonne. Vous voilà averti: c'est à vous de savoir si vous devez entretenir Daniella dans ses illusions que vous ne pouvez plus partager. Après la manière dont, en homme de cœur et de principes, vous nous avez parlé de l'abbé Valreg, je ne peux pas supposer que vous songiez à lui désobéir.

— Ceci me regarde et ne saurait vous intéresser. Mais vous plaît-il encore de me dire quelles raisons mon oncle fait valoir pour s'opposer à ce mariage?

— De très bonnes raisons si elles sont fondées, Il aurait reçu, sur le compte de Daniella, des renseignemens très défavorables.

— Lord et lady B*** rectifieront son jugement.

— Moi aussi, certainement. Je ne puis rien alléguer de grave contre *cette fille*, tant qu'elle a été à mon service; mais je ne connais pas ses antécédens.

— Je les connais, moi, et ma parole sera prise

en considération par mon oncle. Je vais vous reconduire au bras de Brumières.

— C'est inutile. Bonsoir; réfléchissez !

Elle disparut, et j'avais à peine refermé la porte que Daniella, inquiète, vint à moi dans la cour.

— Qu'est-ce donc qui est venu? Je pensais que c'était Olivia.

— C'est Olivia, en effet, répondis-je, résolu à ne pas lui faire part de la désobligeante communication de Médora; elle n'avait pas le temps d'entrer. Elle venait me demander, en passant, si nous n'avions besoin de rien.

Quand nous eûmes rejoint Felipone, qui s'en allait par le pianto et par les souterrains (c'est le chemin le plus court, et il n'en veut pas prendre d'autre); je l'arrêtai en lui annonçant que j'étais résolu à me marier dès le lendemain matin.

— Eh bien! fiat voluntas tuâ! dit-il avec sa bonne humeur et sa résolution accoutumées. Il ne s'agit que d'avoir deux témoins. En voilà un, fit-il en posant la main sur sa large poitrine. Quant à l'autre, ce ne sera pas bien facile à trouver si vite: il y a peu de gens disposés à se mettre mal avec le curé. N'importe, on avisera, et on se lèvera de bon matin. Venez chez moi par le souterrain, à six heures précises. Et bonsoir, car je veux être sur pied avant le jour.

— Et pourquoi n'irais-tu pas tout de suite à Frascati? lui dit Daniella. Il n'est pas tard, tu trouverais les gens chez eux.

— Non pas! reprit-il; quand on demande aux gens un service un peu délicat, il ne faut pas leur laisser une nuit de réflexion.

Il s'éloigna, et Daniella, se jetant dans mes bras, me supplia de réfléchir aussi, moi, à la détermination que je venais de prendre. Elle s'effrayait du silence de mon oncle et craignait de m'attirer des chagrins. Attendons encore quelques jours, disait-elle, peut-être recevras-tu une bonne réponse qui nous mettra l'âme en joie et en repos pour ce beau jour de notre mariage.

— Ayons l'âme en repos et en joie tout de suite, lui répondis-je. Si j'ai quelque chagrin de famille, il ne sera pas à comparer à ce que tu as souffert pour moi. Mon oncle n'a aucune espèce de pouvoir légal pour s'opposer à mon mariage. Sa volonté, si elle était contraire à ma résolution, aurait beaucoup d'empire sur moi en toute autre circonstance; mais celle-ci est au-dessus de toute considération. Songe donc, Daniella! tu portes déjà là, contre ton cœur, un être que j'aime déjà avec passion. Je peux déjà dire: C'est vous deux que j'aime plus que tout au monde! A qui me dois-je, je te le demande? Pourquoi attendrais-je des discussions qui ne peuvent rien changer entre nous, et dont l'issue sera toujours la même? L'autre nuit, j'ai rêvé que j'entendais une voix d'ange à mon oreille. C'était celle de mon enfant qui me disait : « J'existe ; je suis entré dans le cercle de ton existence ; je suis là. Dieu me donne à Daniella pour toi. » Et je tarderais, moi, un seul jour à prendre un engagement sans lequel cet enfant, cet ange, pourrait me dire, demain dans mon sommeil: Tu ne veux donc pas de moi?

— Oui, oui, demain ! s'écria Daniella avec transport; marions-nous demain ! Que rien ne puisse nous séparer; que personne ne puisse dire un jour ; Voilà un pauvre petit ange qui n'a pas été aimé, le jour où il est descendu vers eux !

A six heures du matin, nous étions chez Felipone. Sa femme était à Piccolomini, où elle soigne toujours lady Harriet. Cet arrangement ne convient guère au fermier; mais la Vincenza l'a voulu, dit-il : elle ne manque pourtant de rien ici ! Elle veut gagner de l'argent ! folie de jeune femme ! pour avoir des bijoux !

— Et notre second témoin, l'as-tu trouvé, parrain? lui dit Daniella préoccupée.

— Oui, répondit-il; nous allons le prendre en passant. Passe devant, toi, figlioccina, et va-t-en à l'église de ta paroisse par le bas du faubourg. Ton fiancé s'en ira seul par le chemin d'en haut. Moi, je ferai le tour par la porte de la ville. Au moment où la messe sonnera, soyons chacun à une des trois portes de l'église. Je vous donnerai le signal pour entrer, en entrant le premier. Vous aurez l'œil sur moi et vous me suivrez, chacun de votre côté, par les petites nefs. De cette manière, nous arriverons ensemble à la porte de la sacristie sans avoir éveillé les soupçons du curé, qui pourrait bien nous jouer quelque mauvais tour pour nous empêcher de l'approcher à temps.

— Mais le second témoin, reprit Daniella, où sera-t-il?

— Il est déjà à son poste, répondit Felipone. Vous verrez un homme bien dévot, prosterné devant la chapelle de saint Antoine. Touchez-lui l'épaule en passant, Valreg ! Il se relèvera et vous suivra. La chapelle en question sera la dernière à votre gauche.

Au moment de quitter mon bras, Daniella, effrayée, se mit à genoux et pria pour appeler sur notre entreprise la protection de son saint patron. Puis elle se cacha entièrement sa taille et son visage sous un grand châle blanc, et prit le chemin le plus long, ainsi qu'il était convenu.

— Toi, me dit Felipone en me regardant, tu es trop signor étranger ! On fera trop d'attention à toi ! Prends-moi cette cape et ce chapeau de campagne, et marche !

Au moment où la messe de six heures et demie commençait à sonner, j'étais à la porte de droite de l'église, et je la tenais entrebâillée. Au bout de quelques instants, je vis celle qui me faisait face s'entr'ouvrir aussi, et la tête voilée de Daniella apparaître. On allait dire une messe basse, et, dans la semaine, le troupeau des fidèles est fort restreint à cette heure-là. Il n'y avait qu'une douzaine de vieillards des deux sexes dans l'église, et notre isolement dans ce vaisseau désert était une circonstance assez défavorable.

Au bout d'une minute, qui me parut un siècle, Felipone entra par la porte principale, et, longeant les piliers massifs qui le protégeaient de leur ombre, il vint me rejoindre dans la petite nef que je remontais sans bruit, pendant que Daniella faisait le même mouvement le long de la nef opposée.

J'eus un moment d'émotion lorsque je la vis traverser, pour venir nous joindre, à la porte de la sacristie, et surtout quand Felipone me dit, en haussant les épaules d'impatience :

— Et l'autre témoin !

Je l'avais oublié ; j'avais passé près de lui sans le voir. Une seconde de retard faisait tout échouer. Nous entendions des pas traînants dans la sacristie. Je m'élançai vers la chapelle de saint Antoine; mais notre ami inconnu venait à ma rencontre. C'était un paysan qu'à son chapeau pointu et à son sayon de peau de chèvre j'eusse pris pour Onofrio, s'il n'eût été plus petit d'une coudée.

Je ne perdis pas le temps à le regarder. Le curé sortait de la sacristie pour se rendre à l'autel. Nous étions collés contre la muraille, de chaque côté de la porte, Daniella avec son parrain, moi avec mon témoin. Nous saisîmes tous deux, en même temps, la *pianeta*, c'est-à-dire la chasuble de l'officiant, et, parlant le premier, je lui dis en lui montrant Daniella voilée : *Voilà ma femme*; et Daniella dit de même en me montrant : *Voilà mon mari*.

Le curé ne m'avait jamais vu ; il m'adressa un sourire presque bienveillant, comme pour me dire : Mieux vaut ce mariage-là que rien. Il regarda mon témoin, et son sourire devint tout à fait enjoué. Mes yeux se portèrent rapidement sur ce personnage, qui venait d'ôter son chapeau respectueusement devant le prêtre... C'était Tartaglia !

Jusque-là, tout allait bien. La figure du prêtre ne rappelait en rien ce *rocher poilu* auquel l'auteur des *Fiancés* compare la triste figure de don Abbondio. C'était une figure réjouie, luisante de santé ; l'œil était vif et hardi. Mais cette face épanouie se couvrit d'un nuage sombre lorsque Daniella rejeta en arrière le châle qui cachait ses traits. Le curé fit une grimace menaçante en voyant auprès d'elle l'athée Felipone. Mais il était trop tard, nous tenions la chasuble, nous avions dit les mots sacramentels qui appellent et forcent la protection de l'Église. L'officiant était obligé de prendre nos noms, de subir la consécration légale de nos témoins et de nous donner, *in petto*, la bénédiction nuptiale, en bénissant son troupeau durant la messe.

L'attitude de Daniella durant cette cérémonie me toucha vivement. Sa gravité extatique et son recueillement profond contrastaient avec les prosternations facétieusement hypocrites de Tartaglia, et la campe audacieuse de l'incrédule Felipone. Couverte d'un châle blanc, qui, de sa tête brune, retombait sur sa robe de deuil, elle offrait une harmonie de tons austères et de lignes pures qui rappelait la suave majesté des vierges d'Holbein.

Cette beauté délirante aux heures de l'expansion a une faculté étonnante de transformation complète, lorsqu'elle se concentre, pour ainsi dire, dans son ravissement intérieur. Elle porte tour à tour, au front et dans les yeux, l'éclair brûlant et la tranquille lumière des étoiles. Jamais encore je ne l'avais vue si chastement belle et si saintement heureuse.

Quand la messe fut finie et l'acte rédigé dans la sacristie, sans qu'une seule parole fût échangée entre nous et le curé, nous sortîmes de l'église, Daniella et moi. Félipone regagna sa ferme sans vouloir trop ébruiter la part qu'il avait prise à notre mariage et, pendant que nous lui adressions quelques remercîmens rapides, Tartaglia avait disparu comme un rêve.

A peine étions-nous dans la rue, ma femme et moi, qu'une, deux, trois, et bientôt vingt commères vinrent nous accoster et nous questionner. En un quart d'heure, tout Frascati sut que nous étions bel et bien mariés. Nous nous donnions le divertissement de l'annoncer en confidence à chaque curieuse, en la priant de garder le secret. C'était le plus sûr moyen de donner à notre mariage la consécration de la publicité.

Notre premier soin fut d'aller en faire part aux habitans de Villa-Piccolomini. Nous rencontrâmes en chemin la tante Mariuccia, qui pleura de joie, mais qui nous témoigna une certaine inquiétude. Vous allez avoir, dans le curé, un ennemi bien à craindre, dit-elle. Ce n'est pas un méchant homme ; mais il sera fâché de perdre comme ça son autorité par surprise. Et puis, Dieu sait ce que c'est qu'un prêtre étranger qui est venu rendre visite à lord B*** , et qui est, je crois, encore avec lui, à l'heure où je vous parle. Il a une figure noire qui m'a fait peur, et, si vous m'en croyez, vous n'irez pas à Piccolomini pendant qu'il y est.

Les inquiétudes de Mariuccia ne pouvaient m'atteindre. Marié avec Daniella, je me sentais libre et fier comme si j'eusse été le maître du monde. Nous passâmes la grille et vîmes, dans le stradone, lord B*** qui marchait lentement avec un prêtre. Tous deux nous tournaient le dos. Je voulais aller vers eux ; Daniella voulait m'en empêcher et aller d'abord saluer lady Harriett.

— Je ne sais pas pourquoi cet homme noir me fait peur, disait-elle. Sachons de milady s'il vient ici pour nous, et ne nous montrons pas à lui. Viens vite, passons avant qu'il ne se retourne !

Il était trop tard : les deux promeneurs se retournèrent, et ce prêtre, dont je ne m'étais pas donné la peine d'observer la démarche, me montra en plein sa figure. C'était l'abbé Valreg !

Je courus me jeter dans ses bras et, le ramenant vers Daniella interdite, je lui dis, comme au curé de Frascati : Voilà ma femme !

— Ta femme ! ta femme ! dit-il avec moins d'humeur que je n'en attendais de sa part, ce n'est pas encore décidé !

— C'est décidé et conclu, repris-je ; nous sortons de l'église, et nous sommes mariés.

— Mariés? mariés sans mon consentement ! quand j'avais écrit au curé de Frascati que je m'opposais... Ah ! je vois bien que tout va à la diable dans ce pays du bon Dieu, et me voilà encore plus mécontent d'y être venu, quand tout cela aurait pu s'arranger aussi mal de loin que de près !

— C'est donc pour moi que vous avez fait ce voyage ?

— Et pour qui, je t'en prie? Crois-tu que je sois comme toi, et que j'aime à perdre mon temps et mon argent sur les chemins ?

— Je vois, dans cette démarche, une preuve d'affection si grande, que j'en suis heureux au delà de ce que je peux dire. Oui, oui, mon bon vieux! Et, en l'appelant ainsi, comme au temps de mon enfance, je l'embrassais encore malgré lui... Oui, ce jour-ci est le plus beau de ma vie, grâce à elle et grâce à vous, puisque vous êtes là !

— C'est cela ! reprit-il, moitié riant, moitié colère ; je viens pour te donner ma malédiction, et tu trouves tout cela très gentil, très drôle, très amusant !

— Non, non! je trouve cela si bon et si généreux de votre part que je sens que je vous aime mille fois plus qu'auparavant.

— C'est-à-dire que, m'aimant mille fois mieux depuis que tu m'as désobéi et traité comme une vieille marionnette au rebut, je dois m'attendre, par la suite, à un redoublement d'affection dans le même genre ! Ça promet !

Je le laissai exhaler son mécontentement. Lord B*** avait emmené Daniella auprès de sa femme, et nous marchions à grands pas, moi suivant docilement tous les mouvemens de mon bon oncle, le long du stradone. Il avait un dépit que j'eusse trouvé vraiment comique, si la crainte de l'avoir sérieusement affligé ne m'eût tenu dans l'attente d'une explosion plus grave. Mais cette explosion n'arriva pas, et j'en fus même étonné, sachant que l'abbé Valreg, sans être vindicatif, est assez persistant dans ses ruptures avec ceux qu'il appelle des ingrats.

Il se contenta de me *grogner* pendant une demi-heure, me questionnant, n'écoutant pas mes réponses, puis, me reprochant de ne pas lui répondre, et cherchant matière à fâcherie dans les témoignages d'affection que je lui donnais; enfin s'adoucissant tout à coup avec une grande bonhomie, pour repartir sur nouveaux frais, mais jamais avec beaucoup de justice, selon moi, car nos opinions sur toutes choses diffèrent si essentiellement qu'il me reprochait ce que je pensais avoir fait de bon, et passait légèrement sur ce que je m'affligeais sérieusement de n'avoir pu éviter. Par exemple, il comprenait, disait-il, que j'eusse mis à néant son autorité, puisqu'en somme, il n'en avait pas légalement sur moi.

— Chacun pour soi, après tout, disait-il. Ainsi va le monde, et il n'en peut-être autrement. Tu savais que je dirais non; tu t'es dépêché de conclure. Je ne t'en veux pas pour ça : tout autre eût agi de même à ta place. Mais ce que je trouve fou et bête au dernier point, c'est d'avoir refusé une héritière pour épouser une fille qui n'avait rien; car je sais toute ton histoire. J'ai causé avec cet Anglais, qui m'a l'air d'un brave homme, malgré qu'il ait une drôle de manière de parler! Mot par mot, je lui ai tiré les paroles du ventre, tout de même. Je ne suis pas encore si maladroit que tu t'imagines, et j'ai bien vu que tu n'avais fait, dans ce pays-ci, que des âneries. C'est ta manière de voir, soit! Tu crois que tu as une fortune au bout de ton pinceau! Moi, je crois que tu n'auras rien sous la dent quand viendra la marmaille, et que, comme tu seras toujours un niais, j'aurai beau économiser ce temps à faire pour sou, je ne te laisserai jamais ce qu'il faudrait pour contenter tes caprices. Par exemple, voilà une jolie petite course que tu me fais faire, qui me coûtera au moins... cinquante francs de mon argent! Heureusement, l'archevêque de mon diocèse m'a payé les frais de route, vu qu'il avait justement une commission à me donner pour le cardinal Antonelli, qui est de ses amis! Sans ça, j'aurais été obligé de dépenser une année de mon casuel! Il est vrai que je ne serais pas venu ; non, morbleu, je ne serais pas venu !

Tout en grondant, mon oncle m'apprit qu'il était arrivé depuis quatre jours à Rome, et qu'il avait employé ce temps à faire sa commission et à solliciter de Mgr Antonelli la rémission de mon péché :

— Car il paraît, ajouta-t-il, que tu t'amuses à cracher sur les saintes images et à porter sur toi des signes de cabale maçonnique ou autre?

— Vous ne croyez pas cela, j'espère?

—Non, je ne le crois pas. J'ai même engagé ma parole; j'ai juré sur mon salut éternel que jamais l'idée n'avait pu te venir de profaner une image du culte. Quant à la cabale, tu m'avais écrit que tu ne savais pas même de quoi il était question, et j'ai répondu de toi. On a fait un peu de grimaces pour mettre fin à cette procédure; mais comme il paraît que j'avais apporté de bonnes nouvelles de mon archevêque, et qu'il m'avait bien recommandé dans ses lettres; comme, d'ailleurs, je suis têtu et que je ne crains pas de parler en face à n'importe quel grand personnage de l'Église, je l'ai emporté. Tu es libre; le cautionnement sera rendu à ton Anglais, qui est vraiment meilleur que tu ne mérites; et si tu ne te fais plus d'ennemis dans le pays, tu peux y faire quelques économies.

Il m'apprit aussi que ses lettres à lord B*** et au curé de Frascati, pour retarder mon mariage, avaient été écrites de Rome. C'était la cause du retard tenté en vain par ce dernier. Mon oncle avait eu pour motif principal, disait-il, l'inconduite de Daniella. — Mais on m'avait trompé, se hâta-t-il d'ajouter. L'Anglais m'a rassuré à cet égard ; il paraît que la fille est honnête, et qu'on m'avait mal parlé d'elle par jalousie.

Pressé de me dire l'auteur de ces calomnies, il m'avoua avoir reçu à Mers une lettre anonyme où on l'engageait à s'opposer à mon mariage avec une fille intrigante et de mauvaises mœurs.

—Cela, dit-il, m'avait décidé à aller trouver mon archevêque. Je le priais d'écrire dans ce maudit pays pour empêcher ton mariage. C'est alors qu'il m'a dit : Pourquoi n'iriez-vous pas? J'ai justement une communication secrète à adresser à Rome par un moyen sûr. Vous êtes une personne sûre, vous!—Ah! pardié oui, que je lui ai répondu. Je suis un bonhomme tranquille, moi, et pas curieux de toutes vos manigances de grands seigneurs! Ça l'a fait rire. Allez-y, m'a-t-il dit, je me charge de vos dépenses. Tout de même, il a mal fait son compte : il croyait, comme moi, que la vie n'était pas chère en Italie, et les hôtels sont des coupe-gorge. Ah oui! Je me suis mis en colère avec tous ces écorcheurs, les bateliers, les conducteurs, les garçons d'auberge, les aubergistes et les *facchini*! Bien nommés, ma foi! de vrais faquins! Plus de cent fois par jour, j'en ai le sang à la tête. Il faut payer partout, payer pour visiter les églises, qui sont fermées à clé comme des coffres; payer pour demander son chemin dans la rue ; payer à la douane ; et des frais de passeport ! et des mendiants ! C'est honteux, tant de loqueteux dans les rues et sur les chemins ! Si ma paroisse était administrée comme ça, je ne voudrais jamais y remettre les pieds ! En voilà un étonnement pour moi, de voir comment les choses se passent ici ! Des prêtres qui vont à la comédie, des cardinaux qui donnent le bras aux dames pour traverser l'église de Saint-Pierre ; et des Vénus, et des Comus, et des Bacchus plein le Vatican ; des idoles païennes jusque dans les églises ! Encore si tout ça était joli à regarder ; mais rien ! C'est affreux ! Des vieux tas de pierres dans les plus beaux quartiers, des statues à qui il manque bras et jambes, un pays à l'abandon, une brande de Vaudevant, une brenne de Mézières tout autour de la ville sainte, des aqueducs qui n'amènent plus d'eau, des bœufs desséchés, des hommes qui ont tous l'air de brigands, qu'on est toujour à regarder derrière soi s'ils ne reviennent pas vous assassiner après vous avoir ôté leur guenille de chapeau ; des femmes sales, qui ont l'air effronté, par dessus le marché ; des scorpions dans le pain, des cheveux dans la soupe... Et quelle soupe ! Je n'en voudrais pas chez nous pour laver les sabots de ma jument. Pouah ! le vilain pays! Dépêche-toi de me regarder, car tu ne m'y verras pas longtemps dans ta belle campagne de Rome !

Quand il eut exhalé son dépit, sa fatigue, ses déceptions et ses étonnemens, il se sentit plus calme et consentit à venir déjeuner à Piccolomini, où lady Harriett nous réclamait. C'était la première fois qu'elle se remettait à table avec la famille, et je trouvai Daniella assise à côté d'elle. Médora entra quand nous eûmes tous pris place, et sa figure, animée par la promenade du matin, prit une expression de fureur quand elle vit l'accueil fait à ma femme. Elle se calma aussitôt et, après avoir souhaité le bonjour à sa tante, se retira chez elle, sous prétexte de migraine, mais bien évidemment pour ne pas manger avec Daniella.

Lady Harriett fut admirablement bonne et charmante en cette circonstance. Elle sauva l'impertinence de sa nièce en affirmant que Médora était réellement indisposée; mais elle l'affirma d'un air et d'un ton qui montraient que cette personne injuste et volontaire avait perdu toute influence sur elle, et qu'elle se souciait fort peu de la mécontenter. Elle avait fait improviser à son cuisinier, dès qu'elle avait su, par Daniella, notre mariage, un déjeûner plus recherché qu'à l'ordinaire; et Mariuccia avait couvert de fleurs les assiettes de dessert. C'était, disait lady Harriett, tout ce que l'on avait pu faire pour notre repas de noces; et l'abbé Valreg qui, sans être gourmand, a des habitudes de bien vivre très contrariées depuis qu'il a quitté son presbytère, recouvra toute sa bonne humeur devant cette table proprement et copieusement servie.

La bonne Mariuccia voulut aider dans l'office, bien qu'elle ne se mêle jamais du service de nos Anglais. Cette femme aimante et dévouée était heureuse de regarder, par la porte entr'ouverte, sa nièce assise à la table des mylords. Lord B*** l'aperçut au dessert et dit quelques mots à l'oreille de sa femme, qui la fit appeler pour la prier de boire avec elle à la santé des mariés. Elle lui ver-sa elle-même du vin de Grèce dans un verre taillé, et le lui présenta sur une assiette avec force biscuits et confitures. Mariuccia ne fut pas invitée à s'asseoir. La conversion de mylady ne pouvait aller jusque-là; et, en somme, Mariuccia, qui ne s'était pas attendue à tant d'honneur et qui n'était pas en toilette, n'eût pas accepté ce plaisir de s'arrêter plus longtemps. Elle fit le tour de la table pour trinquer avec chacun de nous, embrassa sa nièce avec enthousiasme, et emporta les friandises pour le capucino, ce pauvre idiot de frère qu'elle aime et qu'elle gâte, tout en disant qu'il s'est fait moine parce qu'il n'était bon à rien.

Brumières fut aimable aussi. Il improvisa très heureusement des vers qu'il écrivit au crayon sur le dos d'une assiette, et dans lesquels il vanta à propos le bon cœur et la vive pénétration de la noble dame qui accueillait maternellement la femme de génie, la future grande artiste. Lady Harriett voulut avoir l'explication de cette énigme. Daniella s'y refusait, en riant des exagérations de notre ami; mais celui-ci parla, malgré nous, avec tant de feu, de la voix et de l'instinct musical de ma femme, et du grand talent qu'il m'attribue comme musicien et comme peintre, que, bon gré mal gré, il nous fallut passer pour des aigles. Lady Harriett, prompte à la crédulité et à l'engouement, donna d'emblée dans ce rêve de nos glorieuses destinées et caressa, en elle-même, celui d'être notre première protectrice. Elle déclara que sa première sortie serait pour venir à Mondragone entendre chanter Daniella et voir ma peinture.

Elle était visiblement gaie et heureuse de l'effort qu'elle avait fait pour rompre, une fois en passant, avec ses habitudes de convenance et ses préjugés aristocratiques. Je sentais bien que cette rupture ne pouvait pas être de longue durée, et que tout cela était une petite débauche de bienveillance et de bonté, favorisée par la solitude de Frascati, les souvenirs de la via Aurélia, la présence de mon oncle et le plaisir, toujours cher à l'Anglaise en voyage, de faire un peu d'excentricité. Mais, au milieu de ces considérations, j'en apercevais une plus puissante et plus agréa-ble pour moi : c'était le désir de satisfaire le mari si longtemps méconnu et dédaigné. Lady Harriett était véritablement sensible à l'attachement qu'il lui avait prouvé, et si elle doit revenir à ses tristes erreurs sur le compte de cet excellent homme, ce qu'à Dieu ne plaise! du moins, il aura eu, pendant cette convalescence où la joie de se sentir revivre a disposé Harriett à une appréciation plus équitable, quelques jours de repos et de bonheur.

LII.

L'abbé Valreg voulut nous reconduire à Mondragone, pour voir comment nous y étions installés. A l'aspect de cette vaste ruine, son étonnement fut au comble, et, avant que nous eussions traversé le parterre en friche pour le conduire au casino, un nouveau spleen s'était emparé de lui. Il me trouvait de plus en plus fou, de préférer cette demeure, selon lui lugubre, et cette vie qu'il appelait misérable, à celle que je pourrais avoir en vivant chez nous, sur mes terres. Daniella, avec sa gaîté radieuse au milieu de cette solitude, le frappait de stupeur, et il se demandait tantôt si c'était une sainte, tantôt si c'était une maniaque comme moi.

Il causa avec elle et la trouva si croyante, que cette âme, pleine de foi et de feu, lui fit impression, sans qu'il se rendît compte de l'ascendant qu'elle prenait sur lui.

— Décidément, me dit-il quand il parla de nous quitter, je crois que tu n'as pas mal choisi. C'est une femme de courage et de principes. Le malheur est que tu vas la gâter, lui mettre en tête tes idées saugrenues et vouloir en faire une artiste, c'est à dire une paresseuse, au lieu d'une bonne ménagère qu'elle pourrait être. Mais tout ça te regarde, et je sais qu'il ne faut pas mettre le doigt entre l'arbre et l'écorce. J'ai fait mon devoir auprès de toi; j'ai rempli ma mission auprès du cardinal Antonelli, et je m'en vas un peu plus tranquille que je ne suis parti, et beaucoup plus aise de quitter Rome que je ne l'étais de quitter mon endroit. Il fera chaud quand on me rattrapera aux voyages d'agrément! Allons, tâche de revenir bientôt au pays, à moins que tu ne trouves à faire fortune ici, ce dont je doute bien fort. Mais je comprends aussi que tu doives faire honneur et compagnie à ces Anglais qui t'ont sauvé de la prison, et peut-être de la corde! Tu méritais bien quelque chose comme ça pour ton peu de cervelle! C'est égal, les choses ont mieux tourné que je ne l'espérais, et je te laisse en assez bonne passe, en t'engageant à montrer aux amis qui te comblent, la reconnaissance que tu leur dois.

Il nous quitta sans nous permettre de l'accompagner au-delà de la porte. Il voulait voir le curé de Frascati et faire notre paix avec lui, comme il l'avait faite à Rome avec les cardinaux. Puis, il voulait quitter Rome aussi vite que possible. « J'y mourrais, disait-il, si j'étais forcé d'y passer un jour de plus. » Et il était bien évident pour moi qu'avec sa nostalgie si prompte et son franc-parler si peu diplomatique, il n'avait rien de mieux à faire que de se presser de partir.

....

Mondragone, 5 juin.

Je fus vivement ému pourtant de le perdre sitôt,

car il avait été aussi bon que de coutume, et, en outre, d'une douceur et d'une indulgence dont je n'espérais pas si aisément le retour. Il y avait, dans ce dernier fait, beaucoup du désir de s'en aller, et d'autres raisons qui me furent expliquées plus tard.

Nous venons de passer huit jours de délices dans notre solitude. Daniella n'est nullement malade de sa grossesse, et nous avons profité de quelques beaux jours, entremêlés de jours de pluie et d'orage, pour aller nous promener ensemble autour des lacs. Je donne la préférence au petit lac Némi, dont le cadre n'est guère plus grandiose que celui du lac Albano, mais dont les rives sont adorablement jolies. Il y avait là, le long d'une coulée de roches sombres, un temple dédié à Diane *Nemorina*, dont les itinéraires assurent qu'il ne reste aucune trace, un tremblement de terre ayant tout englouti dans le lac. Alors l'énorme fragment sur lequel nous nous sommes assis serait récemment mis à nu par quelque autre secousse non encore mentionnée. C'est un bloc de construction antique colossale, qui s'est arrêté sur la margelle herbue du petit lac, et qu'un arbre renversé dans l'eau, un arbre également colossal, embrasse, étreint et semble soutenir dans ses racines énormes. L'arbre est bien portant quand même, et trempe sa longue chevelure verdoyante dans le *Miroir de Diane*, tel est le nom poétique que l'antiquité a donné à ce diamant d'eau bleuâtre enchâssé dans le roc, dans les fleurs et dans le feuillage.

Couché sur ce gigantesque débris, autour duquel venaient se briser en faibles soupirs les petites lames de l'eau tranquille, je contemplais, heureux et recueilli, la beauté sereine et suave de ma Daniella, assise sur une des branches de l'arbre. Un vent léger faisait passer sur son front les ombres mouvantes du feuillage et les taches d'or du soleil. Puis elle s'étendit à son tour pour se reposer de l'ardente chaleur qui nous poursuivait jusque sous cet ombrage séculaire. Sa tête, penchée parmi les roseaux, se trouvait naturellement couronnée comme celle d'une naïade. Sa taille souple a déjà perdu de sa ténuité virginale, et je contemplais, avec une passion pleine d'attendrissement et de respect, ses épaules plus tombantes et sa hanche moins cambrée, légers indices, déjà visibles pour moi, du bonheur que Dieu nous envoie.

J'ai prié dans mon cœur avec une foi ardente, pendant qu'elle dormait là, souriante et comme ravie dans un rêve délicieux. Chaque fois que je la contemple, elle me semble toujours plus belle, et je crois découvrir en elle des trésors de grâce qui ne m'avaient pas encore été révélés. Peut-être n'est-elle pas belle pour les autres : voilà ce que j'aimerais à me persuader. Je me souviens maintenant avec plaisir d'avoir entendu dire à Médora qu'elle était laide, et à Brumières qu'elle était agréable seulement. Si cette beauté mystérieuse, qui me fascine et m'enivre, n'était visible et appréciable que pour moi, combien je serais fier d'avoir reçu d'en haut le don de la comprendre!

Lune de miel, direz-vous peut-être! Non, non, vie de miel et d'ambroisie pour l'éternité! Tout ce qui peut m'arriver en ce monde n'est rien que le cours inévitable d'une destinée fugitive. La mort même de l'un de nous ne serait que l'accident du voyage sur cette terre d'épreuves plus ou moins dures, car devant l'effroi dont une semblable pensée me glace, je sens lutter une foi,

une certitude triomphantes : c'est que je suis déjà bien heureux d'avoir rencontré, dans ce monde-ci, l'être que je dois retrouver, aimer et posséder après, et toujours, et partout! Je ne sais si déjà, dans une existence antérieure, j'ai goûté ce bonheur, ou si je l'ai mérité par une suite d'existences pures et tristes! Je ne sais rien du passé, bien que parfois mes joies présentes ressemblent à de vagues et doux souvenirs; mais l'avenir, l'avenir sans fin, je le porte là, dans mon cœur, comme le souffle même de ma vie, et je sens que je ne serai plus jamais seul, parce que je n'aurai jamais d'autre amour sur la terre, et que, par là, j'en éternise la sainte possession.

Nous avons parlé de vous au bord de ce beau petit lac, cratère éteint dont les brisures sont devenues de véritables nids à fleurs sauvages. Daniella vous aime et mêle votre nom à ses prières. Elle a compris ce que je commence à comprendre moi-même : c'est qu'en exigeant ma parole de vous écrire ma vie, autant que possible jour par jour et heure par heure, vous m'avez conduit à une transformation sérieuse de mon individualité. Je ne me sens plus le même qu'au temps où j'existais sans savoir pourquoi ni comment, perdu dans des rêveries vagues, et craignant toujours d'envisager le but de cette existence ; m'ignorant, me négligeant, me dédaignant presque moi-même, et me laissant parfois envahir par ce découragement propre à ceux qui ont besoin d'un idéal que la société ne leur montre et ne leur promet pas. Aujourd'hui, je me sens exister ; j'ai fouillé et interrogé, malgré moi, mon propre cœur, et je sais qu'il a été, sans peur, sans hésitation et sans sophisme, droit au but qui lui était offert par la Providence : *Tutto per l'amore!*

Et je m'inquiéterais, à présent, de la fortune que je n'ai pas, de la réputation que je n'aurai peut-être jamais, de la sécurité, des aises, des convenances, de l'opinion, de la mode, et de ce que fait et pense et dit le monde à propos du but à poursuivre dans cette vie d'un jour? Et que m'importe, quant à moi? De temps en temps, mes yeux tombent sur des publications nouvelles où je vois l'expression du désir, du besoin ou du rêve de chacun. Beaucoup d'argent! Dans les romans même, qui sembleraient être la peinture d'un idéal plus pur que les bulletins financiers des journaux, je vois souvent percer une aspiration impétueuse vers quelque trésor comme celui des grottes de Monte-Cristo. Je ne m'en étonne ni ne m'en scandalise. Je vois bien que, dans une société si incertaine et si troublée, dans une Europe qui frémit de crainte et d'espoir entre des rêves de prospérité fabuleuse et des terreurs de cataclysme social universel, les imaginations vives s'élancent, comme fait celle de Brumières, vers ce programme effrayant : *Être riche ou mourir!* Je crois que c'est là un malheur des temps où nous vivons, et que nous nous donnons un mal terrible pour nous bâtir un gros navire, là où nous n'aurions besoin que d'une petite nacelle.

Au retour d'une de nos excursions, nous avons trouvé Brumières à la porte de Mondragone, tout agité, tout transporté, nous attendant pour nous dire son *étonnante aventure.*

— Voilà, s'écria-t-il, ce qui vient de passer par la tête de Médora : un mariage comme le vôtre, un *matrimonio segreto*, un mariage *alla pianeta!*

— Et avec qui? lui demanda en souriant Daniella.

— C'est ce que je me suis d'abord demandé à

moi-même; mais j'ai fini par me procurer l'agréable persuasion que ce serait avec moi.

— Contez-nous ça !

— Je ne viens que pour vous le raconter ! Sachez donc que, depuis votre mariage bizarre, ma princesse rêve sans cesse à la commodité, à la gaîté, au sans-gêne et à la promptitude d'un pareil moyen pour échapper, en cas de parti pris sur le *conjungo*, aux ennuyeuses formalités, aux lenteurs, aux commentaires, aux cérémonies du mariage officiel. Elle dit qu'elle ne se mariera jamais si, entre le oui dit dans un salon, et le oui dit à l'autel, elle a quinze jours de réflexion. C'est ce qu'a fort bien senti M. Valreg, ajoutait-elle. Il a craint les représentations de sa famille et ses propres objections ; il a voulu se prendre lui-même par surprise ; il m'a donné un exemple à suivre. Il faut que je me marie, c'est décidé ; et comme je n'aime personne, je serai à qui voudra bien m'aimer passionnément, sans autre espoir que celui de mon amitié, sans autre garantie de bonheur que celle de ma vertu. Ma tante et mon oncle s'opposer, comme ils l'ont déjà fait, à ce qu'ils appelleront un coup de tête. Lady Harriett, qui s'est si bien trouvée, comme l'on sait ! de son mariage d'amour, fait comme le renard de la fable, qui avait la queue coupée, et ces bons parens, avec leur désir effréné de faire mon bonheur, ne s'occupent qu'à prolonger indéfiniment mon ennui et leurs tracasseries. Donc, au premier jour, je vais leur dire : « J'épouse Pierre ou Paul. » Ils répondront que ni Pierre ni Paul ne me conviennent, que je suis *folle*, compliment qu'on m'a déjà fait et qu'il ne me plaît pas d'entendre répéter trop souvent. Donc, au premier refus de leur adhésion au premier projet que j'aurai arrêté, je me pends à la chasuble du premier prêtre que je verrai passer dans une église, et tout sera dit. Je sais bien que je m'en repentirai au bout d'une heure ; mais, comme je me repens également de toutes les occasions que j'ai manquées de perdre ma liberté ; comme, tout bien considéré, cette liberté en est venue à m'ennuyer tout à fait, me voilà décidée à me jeter, la tête baissée, comme M. Valreg, dans le précipice.

» Je vous demande bien pardon, chers amis, continua Brumières, de vous répéter ces légères paroles. Je sais que vous avez raisonné tout autrement ; mais je n'ai eu garde de contredire ma divinité. Les dieux ont toujours raison. J'ai déclaré ma flamme avec une sincère éloquence, et on ne m'a encore dit ni oui, ni non ; mais j'ai vu que ma passion ne déplaisait pas, qu'on en attendait l'explosion depuis longtemps et qu'on me permettait d'en dire bien long sans m'interrompre. On m'a laissé mettre à genoux, baiser les mains et même un peu les bras. Bref, j'attends une solution, et j'espère. Faites des vœux avec moi pour que ce mariage déplaise beaucoup à lady Harriett, car si elle cédait, il n'y aurait plus pour Médora le moindre prétexte au mariage clandestin, ni le moindre plaisir ; car c'est l'esprit de contradiction qui la pousse et, à cette imagination blasée, il faut des luttes. Faute de luttes, elle meurt d'ennui, voyez-vous, et j'ai parfois envie de lui dire tout à coup que je ne l'aime pas et que je ne veux plus me marier. Si j'avais ce courage et cette habileté-là, je suis bien sûr qu'elle se persuaderait qu'elle est folle de moi, et qu'elle m'épouserait dans l'espoir de me faire enrager. »

Cette supposition de Brumières était si bien fondée que j'eus un moment l'idée de l'y encourager, par le sentiment de ma propre expérience. Certes, Médora ne m'a voulu pour mari qu'à cause de mon indifférence. Mais, trop naïf pour donner des conseils de perversité à un ami, j'essayai, au contraire, de lui prouver que, dans de pareilles conditions de hasard et de caprice, son union avec Médora le rendrait infailliblement très malheureux et quelque peu avili ; mais cela fut impossible à lui faire entendre. Il ne voit, dans tout cela, qu'une conquête difficile et *rare*, une lutte d'orgueil et de finesse, une affaire qui fera honneur à son habileté et à sa persévérance.

— Vous verrez, dit-il en parlant de lui-même, que le *gaillard* n'est pas maladroit, et que la grande aventure de sa vie, le roman rêvé, la fortune immense et la femme incomparable seront le prix de sa confiance en sa destinée et en lui-même : Aide-toi, le ciel t'aidera.

— Bien, bien ; j'admets que vous réussirez, que vous aurez cette merveilleuse beauté et cette merveilleuse dot: Après ? si l'on vous hait, si l'on vous trompe ?

— Ah ! voilà ce que je ne crains guère ; d'abord, parce qu'elle est froide et fière ! Ensuite, parce que je ne suis pas un sot et que je me ferai aimer d'elle.»

— Laisse-le donc faire, me dit Daniella quand nous fûmes seuls : il ne l'aime pas, il ne veut qu'être riche. D'ailleurs, elle se moque de lui comme des autres. Est-ce qu'il est fait pour flatter une vanité comme la sienne ? Il n'a pas de titre, il monte mal à cheval, il n'a pas de réputation, enfin il n'a rien qui puisse tourner la tête à une Médora.

— C'est vrai ; mais c'est déjà une vieille fille dont les sens se décident peut-être à parler. Il est très beau garçon. Elle cherche un esclave, et il saura jouer ce rôle tout le temps qu'il faudra. Il a de l'esprit, un peu de talent, beaucoup d'aplomb...

— Eh bien! qu'elle l'épouse! que t'importe? »

Je vis que la jalousie de Daniella n'était pas si bien passée, qu'elle ne fût prête à se rallumer au moindre soupçon. Je la calmai en lui disant que je m'intéressais à Brumières et nullement à Médora.

Le lendemain, j'eus une conversation très vive avec lord B***, qui, de temps en temps, vient nous voir le matin. Imaginez-vous que lady Harriett s'est mis en tête de doter Daniella ; qu'elle a entretenu l'abbé Valreg de ce projet et que c'est là la cause de son subit apaisement. Les papiers au moyen desquels je peux faire légaliser mon mariage sont arrivés, et je dois me rendre demain à Rome avec Daniella et mes témoins pour remplir cette formalité devant le consul de ma nation. Lady Harriett veut, en cette circonstance, constituer à ma femme une dot de cent mille francs, et il a fallu presque me fâcher pour me soustraire à cette libéralité. Lord B*** comprend très bien que je répugne à recevoir de l'argent en récompense d'un acte d'humanité aussi simple que celui de la *via Aurelia*. Il convient qu'en me tenant caché pour voir tranquillement accomplir un vol et peut-être un meurtre, j'eusse été un lâche, et qu'il ne résulte pas de mon *manque de lâcheté* que l'on me doive un salaire. Il reconnaît aussi qu'en venant soigner sa femme et en lui disant avec esprit et douceur, des choses qui l'ont émue et persuadée jusqu'à ramener un peu de calme et de bonheur dans son ménage, ma Daniella n'a fait qu'obéir à une belle et bonne inspiration de sa nature, et que tout cela se paie avec le cœur, non avec la bourse.

Mais lady Harriett *veut*, et mylord est bien embarrassé pour la contredire. Je veux être pendu s'il n'est pas redevenu amoureux de sa femme, et même plus qu'il ne l'a jamais été, car il avait toujours résisté à son influence quand elle était mauvaise, et aujourd'hui il la subit aveuglément. Jadis il disait: « Je l'aime, bien qu'elle se trompe;» maintenant il semble dire qu'elle ne peut pas se tromper.

L'excellente dame comprend si peu que je sois humilié de ses bienfaits, qu'elle aura un véritable chagrin, qu'elle sera humiliée elle-même, si je les repousse, et son mari ne sait comment s'y prendre pour lui porter ma réponse. Il a fallu transiger: Il ne sera pas fait d'acte : Daniella recevra un porte-feuille, et mylord voudra bien le reprendre sans *récépissé*, en disant à sa femme que nous l'avons prié d'être notre dépositaire.

Daniella, présente à cette discussion, a eu la générosité et la délicatesse de dire comme moi. Pourtant elle m'a fait quelques reproches ensuite. Elle a déjà l'instinct passionné de la maternité, et elle trouve que nous n'avons pas le droit de refuser ce qui assurait à ses yeux l'indépendance et le bien-être de notre enfant dans l'avenir. Elle comprenait que nous ne dussions rien accepter de Médora; mais elle n'a pas les mêmes scrupules vis-à-vis de lady Harriett qui a toujours été bonne pour elle et devant qui elle ne s'est jamais sentie humiliée.

J'ai eu quelque peine à lui persuader que ce serait peut-être un malheur pour notre enfant de naître avec un héritage assuré, relativement trop brillant pour la condition où je voulais l'élever. Ça été déjà une sorte de malheur pour moi d'avoir un petit patrimoine, puisqu'en considération de l'oisiveté où j'avais le droit de vivre, l'abbé Valreg ne m'a rien fait apprendre, tant que j'ai été sous sa tutelle. Si je n'avais pas aimé la lecture, je serais devenu idiot, et si je n'avais pas eu ensuite un certain courage, je ne me serais pas mis à même d'avoir un état.

— Ta crainte d'avoir un enfant riche vient, me disait-elle, de l'endurcissement d'intelligence de ton oncle. Il a voulu te rendre esclave de ton petit capital, et tu as pris en aversion un moyen de liberté dont on voulait te faire une chaîne; mais nous élèverons nos enfans tout autrement : nous leur dirons...

— Nous leur dirons, malgré nous, la vérité. On ne peut pas se résoudre à tromper ses enfans, même pour leur bien. Et quand ils auront ces distractions et ces langueurs de l'enfance qu'il faut combattre doucement, mais sans se lasser, nous céderons, nous aurons peur de les contrarier, de les fatiguer; nous en ferons des indolens et des oisifs. Alors ils auront d'autres goûts que ceux de la frugalité et d'autres besoins que ceux de l'ame. Ils se trouveront pauvres, car cent mille francs, sache donc que c'est une goutte d'eau dans la mer pour ceux qui ne les ont pas acquis par leur travail et qui n'ont rien à faire que de les dépenser.

Daniella s'assit dans un coin et pleura. « Pourquoi pleures-tu? lui dis-je en l'embrassant. — Parce que tu as raison, répondit-elle. Tu m'as fait songer à la nécessité de contrarier notre bien aimé, notre enfant, notre trésor, notre *tout*! et voilà que nous commençons avant qu'il soit né! Mais c'est égal: il le faut! Tu m'apprendras à l'aimer sagement, à regarder ta fierté, ton honneur et ton courage comme le plus bel héritage à lui

laisser. Allons, n'y pensons plus. Voilà deux fois que je suis riche et deux fois que tu me fais comprendre que toute ma fortune est dans notre amour. »

LIII.

Mondragone, 7 juin.

Nous avons été hier à Rome, et nous voilà mariés indissolublement. Par surcroît de bonheur, j'ai une commande. Le rêve de la Mariuccia s'est réalisé. La princesse B***, s'étant fait raconter toute notre histoire et me voyant enfin à l'abri de toute persécution, m'a demandé d'aller la voir avec ma femme, à laquelle elle a fait l'accueil le plus gracieux. Nous sortions du consulat, et je venais d'échapper à l'acte par lequel lady Harriett voulait nous enrichir. La providence nous envoyait donc un soudain dédommagement et comme une récompense de notre confiance en elle. La princesse a vu une pochade de moi, que j'avais laissé emporter par Brumières, et que celui-ci a eu l'obligeante idée de faire mettre, à mon insu, sous les yeux de l'illustre propriétaire de Mondragone. C'était précisément un projet de fresque, un entrelacement de fleurs, de fruits et d'enfans, pour un joli petit plafond de salle de bain projetée et déjà mise, l'année dernière, en état de recevoir une décoration quelconque. La forme élégante de cette petite pièce m'avait frappé, et, dans un moment de loisir, j'avais jeté mon idée sur du papier à aquarelle. Il paraît que cette idée a plu. On me charge de l'exécuter, et on me fournira un aide pour m'affermir dans ma connaissance, un peu incomplète, des procédés de la fresque. Si l'on est content de mon travail, et que je ne désire pas quitter le pays, on me confiera d'autres décorations dans le palais, et on fera alors arranger le *Casino*, pour me mettre, avec ma famille, à l'abri du froid en hiver. C'est la seule occasion où l'on ait paru songer à envoyer de nouveau des maçons et des charpentiers dans ce palais toujours en ruines, dont on s'occupe, avant tout, d'enjoliver les boudoirs. Il est question de trois mille francs pour mon travail de la saison, et il me semble que c'est déjà bien joli pour un commençant de mon importance.

Et maintenant, me voilà devant ma composition, prenant des mesures, et débrouillant mon premier travail, afin d'entrer dans un rêve délicieux. Tous ces *amorini*, que je vais faire les plus beaux possibles, auront certainement un air de famille. Ils ressembleront tous à Daniella, laquelle veut déjà choisir celui qui lui plaira le mieux, pour le regarder, dit-elle, à toute heure, et pour que ses traits passent, de son ame, sur le visage de son enfant.

Lady B*** se trouve si bien du séjour de Frascati, qu'elle songe à y acheter une villa, afin d'y revenir tous les ans, et qu'elle prend des arrangemens pour passer tout l'été, soit dans sa propriété future, soit à Piccolomini, qu'elle parle de meubler convenablement. Le bon accord semble vouloir durer entre elle et son mari. Je crois qu'elle s'est aperçue de ce fait bizarre, qu'après vingt ans de mariage fort maussade, lord B*** entrait dans une véritable lune de miel, et la satisfaction d'inspirer de l'amour dans son arrière-saison flatte réellement l'amour-propre de cette bonne et vertueuse dame. Elle a pris, avec son époux, des manières de pudique chatterie, et des embarras de jeune personne, et des coquetteries prudes qui seraient très amusantes à observer; mais la Médora raille tout cela avec tant d'aigreur, que nous nous abstenons même d'en sourire, Daniella et moi.

Ce réveil du vieux Cupidon préposé à la gouverne du ménage B***; cette refloraison de mylady, qui, en cachette de mylord, teint ses cheveux un peu blanchis par la maladie qu'elle vient de faire; la jalousie de Felipone, qui commence, dit-on, à faire des scènes de passion à sa perfide Vincenza; notre bonheur, à nous autres solitaires de Mondragone; le printemps, les oiseaux, l'éloquence de Brumières, que sait-on? tout et rien, ont inspiré enfin à Médora une sorte de goût pour son cavalier servant; et le *gaillard*, comme il s'intitule lui-même, a eu l'adresse de rendre lady Harriett assez contraire à ses espérances, ce qui leur donne plus d'assiette. En réalité, lady B*** trouve, avec raison, que sa nièce use trop de la liberté accordée aux demoiselles anglaises, et que cette succession de soupirans, encouragés et éconduits, commence à compromettre la dignité d'une tante et la bonne renommée nécessaire à une fille à marier. Elle tiendrait à honneur de lui faire faire un mariage convenable, à son point de vue, et si elle avait le droit de chasser Brumières de Piccolomini, elle l'eût déjà fait. Il sent très bien qu'on l'admet à contre-cœur au rez-de-chaussée, et il s'en réjouit. Il aspire au moment où on lui fermera la porte du salon au nez. Ce jour-là, Médora sera décidée à être Mme de Brumières, car notre ami a découvert, ou a bien voulu nous révéler, qu'il avait quelques petits aïeux en réserve pour faciliter son établissement.

Dans tout cela, nous cherchons Tartaglia sans retrouver sa trace. Le secours important qu'il nous a donné pour notre mariage, revirement inattendu de ses idées au sujet de mon union avec Médora, l'emploi de son temps depuis sa disparition de Mondragone, rien ne nous a été expliqué. Après nous être apparu comme un revenant dans l'église de Frascati, il s'est évanoui comme une ombre, avant que nous ayons pu le remercier. Felipone prétend n'en savoir pas plus que nous sur son compte. Il nous a raconté qu'il s'était assuré d'abord, pour nous servir de témoin, Simone di Mattia, traiteur de la *Campana*, un de ses amis, habituellement ivre de la veille, et par conséquent incapable de réfléchir aux conséquences d'une brouille avec le curé; mais, au moment de se mettre en chemin, maître Simone s'était ravisé prudemment, prouvant par là, disait Felipone, qu'il portait mieux son vin que celui des autres. Si bien que notre ami le fermier s'était vu très en peine pendant quelques instans, et sur le point de nous faire abandonner l'entreprise pour ce jour-là, lorsque Tartaglia, déguisé en berger de la montagne, s'était trouvé comme tombé du ciel au coin de la rue. Il avait accepté l'offre de nous assister, sans hésitation, disant qu'il m'aimait trop pour ne pas consentir à empirer ses relations déjà très mauvaises avec l'autorité. Felipone n'avait pas eu le temps de lui en demander davantage: la cloche de l'église était en branle.

Onofrio, que nous allons voir de temps en temps, nous a dit l'avoir vu rôder, le soir de ce jour-là, autour de Tusculum; il ne l'a pas aperçu depuis.

. . . .

15 juin. Mondragone.

Nous l'avons enfin retrouvé, mêlé aux nouveaux événemens que j'ai à vous raconter.

Il fut décidé, le 8 de ce mois, que miss Médora épouserait M. *de* Brumières à la *chasuble*. Voici ce qui s'était passé pour amener cette résolution: autorisé à faire sa demande à lady Harriett pour un mariage en règle, Brumières s'était arrangé pour déplaire et pour s'entendre dire devant Médora, jusque-là railleuse et comme prête à se dédire s'il était agréé, des choses assez blessantes, telles que: « J'espère que ma nièce réfléchira. — Je n'ai aucun autre droit sur elle que celui de l'intérêt que je lui porte; mais si elle m'accordait la moindre autorité, j'en userais pour la détourner de vous, qui n'avez pas les opinions et les sentimens du monde où elle est appelée à vivre. »

Il faut vous dire que Brumières, qui n'a aucune espèce d'opinions, s'était posé, ce jour-là, en homme *très avancé* et même beaucoup trop avancé, en présence de lady B***, et que Médora, qui, en fait d'indifférence absolue sur toute matière politique, est absolument dans le même cas que son adorateur, avait trouvé neuf et divertissant d'être excessivement philosophe, en paroles, à son exemple.

La chose prévue arriva; lady Harriett fut scandalisée, et Médora se déclara victime persécutée. Jour et heure furent pris pour l'union clandestine. Seulement, elle jugea à propos de faire une légère modification au programme dont Daniella lui avait donné l'exemple. Craignant que le curé de Frascati ne fût sur ses gardes, elle décida qu'on se marierait à Rocca di Papa, où elle comptait passer les premiers jours de son mariage.

C'était donc un enlèvement en règle dont Brumières nous annonça le bonheur et la gloire, et même, il eut la fantaisie de m'avoir pour un de ses témoins, faveur dont je le remerciai négativement, ne voulant rien faire qui pût être désagréable à lady B***.

C'est à Rocca di Papa précisément que nous reçûmes cette confidence et y rencontrâmes le futur. Il s'y était rendu pour examiner la localité. Nous avions été là, nous autres, pour nous promener, et moi surtout pour regarder des enfans, car ils vivent *en tas* dans cette petite ville, et ils y sont à peu près nus en cette saison. On y peut donc étudier leurs mouvemens dans toute la liberté de la nature.

Je n'ai rien vu d'aussi étrange et d'aussi pittoresque, en fait de construction, que cette bourgade de Rocca-di-Papa. Je vous ai décrit la gorge sauvage meublée d'une sorte de forêt vierge qui occupe le fond du précipice *del buco*. Nous avions laissé ce désert sur notre gauche et suivi le chemin plus large et plus doux qui, à travers les bois de châtaigniers, monte vers la ville. Daniella, en passant auprès des *trois pierres*, détourna la tête pour ne pas voir l'endroit du fourré où elle m'avait surprise avec Médora. Ce lieu lui rappelait le seul chagrin que nous nous soyons causé l'un à l'autre.

Rocca di Papa est un cône volcanique couvert de maisons superposées jusqu'au faîte, qui se termine par un vieux fort ruiné. Les caves d'une zone d'habitations s'appuient sur les greniers de l'autre; les maisons se tombent continuellement sur le dos; le moindre vent fait pleuvoir des tuiles et craquer des supports. Les rues, peu à peu verticales, finissent par des escaliers qui finissent eux-mêmes par des blocs de laves supportant une ruine difficile à aborder et flanquée d'un vieux arbre qui se penche sur la ville comme une bannière à la pointe d'un clocher.

Tout cela est vieux, crevassé, déjeté et noir comme la lave dont est sorti ce réceptacle de misère et de malpropreté. Mais, vous savez, tout cela est superbe pour un peintre. Le soleil et l'ombre se heurtent vivement sur des angles de rochers qui percent de toutes parts à travers les maisons, sur des façades qui se pressent l'une contre l'autre et tout à coup se tournent le dos pour obéir aux mouvemens du sol, âpre et tourmenté, qui les supporte, les presse et les sépare. Comme dans les faubourgs de Gênes, des arceaux rampans relient de temps en temps les deux côtés de la ruelle étroite, et ces ponts servent eux-mêmes de rues aux habitans du quartier supérieur.

Tout est donc précipice dans cette ville folle, refuge désespéré des temps de guerre, cherché dans le lieu le plus incommode et le plus impossible qui se puisse imaginer. Les confins de la steppe de Rome sont bordés, en plusieurs endroits, de ces petits cratères pointus, qui ont tous leur petit fort démantelé et leur petite ville en pain de sucre, s'écroulant et se relevant sans cesse, grâce à l'acharnement de l'habitude et à l'amour du clocher.

Cette obstination s'explique par le bon air et la belle vue. Mais cette vue est achetée au prix d'un vertige perpétuel, et cet air est vicié par l'excès de saleté des habitations. Femmes, enfans, vieillards, cochons et poules grouillent pêle-mêle sur le fumier. Cela fait des groupes bien pittoresques, et ces pauvres enfans, nus au vent et au soleil, sont souvent beaux comme des amours. Mais cela serre le cœur quand même. Je crois d'ailleurs que je ne m'habituerais jamais à les voir courir sur ces abîmes. L'incurie des mères qui laissent leurs petits, à peine âgés de deux ans, marcher et rouler comme ils peuvent sur ces talus effrayans, est quelque chose d'inouï qui m'a semblé horrible. J'ai demandé s'il n'arrivait pas souvent des accidens. — Oui, m'a-t-on répondu avec tranquillité ; il se tue beaucoup d'enfans et même de grandes personnes. Que voulez-vous ? la ville est dangereuse !

J'entrai dans une des plus pauvres maisons, pour me faire une idée de l'existence de ces êtres. Je fus surpris de la quantité de provisions et d'ustensiles entassés dans ce bouge infect. Jarres et tonneaux pleins de pois, de châtaignes, de grains et de fruits secs ; solives garnies de maïs, d'ognons, de fromage, de viande de porc salée ; vases de terre, de bois et de faïence ; linge dans le cuvier de lessive ; lits énormes ; images de dévotion, chapelets bénits, statuettes et reliquaires : tout était pêle-mêle et si encombré, qu'autour de la cheminée, de la table et des lits, il y avait à peine moyen de poser les pieds et de passer les épaules sans fouler ou renverser quelque chose.

Cette abondance en désordre, couverte de crasse et de vermine, me donna à penser. Ces gens sont donc pourvus de tout ce qui est nécessaire à la vie ; le sol est fertile, et ils possèdent dix fois plus d'alimens et de meubles que la plupart des journaliers de mon pays, dont les maisonnettes, propres et bien rangées, ne se remplissent jamais que de ce qui est strictement nécessaire au jour le jour. Chez nous, le pauvre n'a pas de provisions dans les mauvaises années ; il

travaille pour le pain du lendemain, il court après le fagot de la veillée, la femme lave et raccommode sans cesse les pauvres vêtemens de la famille. Ici, il n'y a point de mauvaises années ; on recueille et on entasse, jusque sur son oreiller, des denrées variées ; on engraisse des animaux domestiques jusque sous son lit ; on paie des journaliers pour cultiver la terre, et on ne raccommode pas les hardes ; on ne travaille pas, on se laisse dévorer par la vermine ; on se vautre au soleil et on tend la main aux passans : voilà l'existence des localités fertiles et saines. D'où vient ?

Vous répondrez. Moi, je reprends mon récit. Nous sortîmes de la ville, non sans peine, par une ruelle étroite, rapide, et glissante d'eau de fumier, où passait une caravane de mulets chargés de genêts qui ne laissaient pas de place aux passans, et qui ne pouvaient s'arrêter à la descente. Nous avions hâte de fuir ce taudis navrant, d'où, cependant, par la fenêtre de toute baraque immonde, l'œil plonge sur des abîmes de verdure splendide, sur les brillans petits lacs, sur les ravins délicieux et sur les immenses horizons de montagnes d'opale. Nous marchâmes tout au plus dix minutes, et nous atteignîmes la source del Buco.

C'est une fontaine abondante qui s'épanche dans de grandes auges de pierre blanche, lavoir pittoresque dans les rochers, sur des cimes sauvages. Les eaux s'échappent en nombreux filets qui bouillonnent sur un sol de roche ondulée, et vont, à quelques pas de là, se réunir et s'engouffrer dans le Buco.

Nous étions sur les plateaux qui forment d'immenses terrasses entre les monts Albains et les monts Tusculans, non loin du prétendu camp d'Annibal. Sous nos pieds, dans la fêlure gigantesque du mur de roches que nous tâchions en vain de côtoyer, tombait la cascade et se dressaient les créneaux brisés de la petite tour où j'ai passé des heures si heureuses et si tristes. Il n'y a là de frayé qu'un sentier effroyable où je ne voulus pas laisser Daniella se hasarder. Je m'assurai que, d'en haut comme d'en bas, ma belle cascade et ma tour fantastique sont à peu près impossibles à voir sans se casser le cou. Les formes étranges de ces plateaux, rehaussés de cônes aigus ou tronqués, et les formidables brisures de leurs flancs escarpés attestent les convulsions violentes des âges volcaniques. Sur un de ces plateaux, où un vent frais soufflait avec impétuosité dans sa chevelure, Daniella ramassa pour vous des gentianes d'un bleu veiné de rose et de petites jacinthes sauvages qui sont des plantes adorables de forme et de couleur, mais dont malheureusement vous n'aurez que les squelettes.

Daniella était triste en cueillant ces fleurs et en regardant l'âpre paysage qui nous environnait : des plaines incultes, des taillis impraticables, des ruisseaux sans cours, formant marécage jusque sur les cimes battues du vent ; tout cela s'étendant, d'un côté, jusqu'à Monte-Cavi (mont Albanus), de l'autre jusqu'au revers de l'arx de Tusculum, qui, vu de la hauteur, se trouvait beaucoup plus près de mon refuge dans le précipice, je ne l'avais imaginé.

— Allons-nous-en, me dit Daniella ; mon corps et mon âme se refroidissent ici. Le bruit de cette cascade me fait mal. Tu n'as pas voulu me laisser apercevoir la tour maudite, et tu as bien fait : je sens que je ne la reverrai jamais sans remords.

— Et moi, j'aime, quand même, cette cascade

qui chantait pendant ton sommeil, et cette ruine où, après tant d'heures d'inquiétude et de chagrin mortel, je t'ai enfin pressée dans mes bras et endormie sur mon cœur.

— Tu ne te souviens donc plus que j'ai été injuste, violente, folle et cruelle ? C'est là le seul crime de ma vie, mais il est grand et il me fait trembler, de peur quand j'y pense. Tu sais bien ce que je disais dans nos premiers jours de Mondragone : Dieu, que j'ai offensé quand je me suis donnée à toi sans sa permission, me punira : et il m'a punie plus sévèrement que je ne l'avais prévu. Que j'aie été séparée de toi, maltraitée, insultée, battue, volée, et tout cela avec de mortelles inquiétudes sur ton compte, je m'y attendais presque. La conscience de mon péché m'en donnait comme un avertissement ; mais que, le premier jour où j'ai été réunie à toi, un jour, que j'aurais dû passer en prières et à tes genoux pour adorer et remercier Dieu, j'aie été coupable envers toi, que je t'aie odieusement fait souffrir... voilà un jour de l'enfer qui m'a été imposé, et quand je me souviens de mon délire, je me sens un vertige, comme si le démon me serrait la gorge et me tenaillait le cœur en me criant : « Ce n'est pas la seule fois que je t'aurai en ma puissance ; je reviendrai, et tu recommenceras ! » O mon Dieu, mon Dieu ! s'écria ma pauvre Daniella avec exaltation ; faites que je ne recommence pas ! faites-moi mourir plutôt que de me laisser vivre pour le malheur de ce que j'aime !

Je la consolai en lui jurant qu'elle ne pouvait retomber dans sa jalousie sans danger désormais.

—C'est ma faute, lui dis-je, si, tous deux, nous avons tant souffert. J'ai été surpris par ta douleur, j'ai manqué de foi et de force. J'aurais dû trouver des paroles et des caresses pour te détromper et te rassurer, des formules sacrées pour chasser ton démon. J'étais fatigué et malade ; et puis, j'avais en moi-même, dans ce triste lieu, des pensées sinistres et lâches. J'avais boudé la providence comme un sot enfant boude sa mère. Je m'étais révolté contre les heures qui ne marchaient pas assez vite ; j'avais été fou ! Je méritais donc une punition, et je l'ai subie. A présent, je n'en crains plus d'autre, je n'en mériterai plus. Notre amour nous sanctifiera et chassera le mauvais esprit qui rôde autour des cœurs heureux. Nous ferons de notre passion une religion et une vertu. N'est-ce pas déjà fait ? N'ai-je pas été bien inspiré de braver pour toi tous les reproches et de briser tous les obstacles, de refuser les dons de la richesse et de vouloir être tout pour toi, à moi tout seul ? Tu vois bien que Dieu nous pardonne et nous bénit, puisque je suis sorti de tous mes dangers, et que tout ce que j'ai demandé au ciel se réalise : toi, un enfant, du travail et de la dignité !

Elle essuya ses larmes, et, gagnée par ma foi, elle remercia Dieu avec enthousiasme.

Non, je ne crois pas qu'elle redevienne le jouet de la violence de ses instincts. Je lui ai dit ce que je pense ; je ne la crains pas, cette femme que j'adore. Je sens que je l'amènerai doucement à combattre l'impétuosité de ses premières impressions, et que je lui apprendrai à être heureuse.

Nous nous remettions en route pour Tusculum, lorsque Brumières cria après nous et accourut pour nous accompagner, en nous faisant part de son triomphe.

LIV.

Il venait de Rocca-di-Papa, où il avait trouvé des témoins et pris connaissance des circonstances nécessaires au succès de son entreprise. Quand il eut bien bavardé, il s'aperçut qu'il me mettait dans une situation délicate : il me fallait, ou abuser de sa confiance, ou tromper lord et lady B*** dans le cas où, ayant quelque soupçon, ils me questionneraient. Je résolus de ne pas les voir ce jour-là et de rentrer tard à Mondragone, pour le cas où mylord viendrait m'y rendre visite dans l'après-midi.

— Puisque vous retourniez par ce côté-ci de Tusculum, dit Brumières (et cela me paraît en effet le plus court), je vais avec vous.

- Il fut convenu qu'il nous laisserait chez Onofrio ; mais, quand nous entrâmes chez le berger, la curiosité de voir le petit musée qu'il s'est fait dans son paillis le retint. Brumières est flâneur, comme le sont les caractères enjoués et communicatifs.

Nous étions là depuis un quart d'heure, lorsque je m'entendis appeler du dehors. Je sortis, croyant reconnaître la voix de Felipone. C'était lui, en effet, armé de son fusil, suivi de deux chiens de chasse et portant quelques perdrix dans sa gibecière.

— Avec qui êtes-vous là-dedans ? me demanda-t-il en me montrant la cabane.

— Avec ma femme et Brumières. Pourquoi n'entrez-vous pas ?

— Je vais entrer. Je n'étais pas sûr que ce ne fût pas un étranger, et, vous savez, on est sot, on est timide !

—Vous, timide ?

— Mais oui, avec les gens que je ne connais pas.

— Eh bien ! vous connaissez Brumières, venez !

— Oh ! certainement, je le connais : un bon enfant, un charmant garçon !

Je le regardai pour voir s'il n'y avait pas d'amertume dans cet éloge. La figure ronde et placide du fermier témoignait de la plus entière candeur.

Je pensai que la Vincenza avait, en femme supérieure qu'elle est dans l'art du mensonge, endormi les soupçons de son mari, et je retournai vers la cabane, croyant que Felipone me suivait ; mais il me rappela.

— Attendez donc, me dit-il, j'ai quelque chose à vous dire. Appelez donc ma filleule, ça la regarde aussi.

J'appelai Daniella, qui fit quelques pas vers nous. En ce moment, Onofrio était dehors aussi, occupé, à quelque distance, à panser un de ses chiens mordu par une vipère. Brumières était sur le seuil, regardant avec intérêt une *fibula* étrusque d'une grande beauté.

Daniella regarda Felipone, répondit avec calme, « j'y vais, » et, m'appelant : Je ne peux pas marcher, s'écria-t-elle ; une épine vient d'entrer dans mon soulier, et je n'ose faire un pas, de crainte de l'enfoncer.

Je volai à son secours.—Baisse-toi, me dit-elle tout bas, et fais semblant de chercher. Il n'y a pas d'épine à mon pied, mais il y a là, devant nous, mon parrain qui veut tuer M. Brumières.

— Tu rêves ! Il est aussi tranquille et aussi gai que de coutume.

—Non ! je te jure. Je l'observe depuis un moment, il veut nous éloigner d'ici. Tu vas voir qu'il nous fera un conte pour nous renvoyer.

— Eh bien ! que faire ?

— Ne pas le perdre de vue et nous placer toujours entre lui et son but. Reste là, toi, ne quitte pas ce pauvre garçon d'un pas. Mon parrain t'aime et ne tirera pas au risque de te blesser. Moi, je tâcherai de le distraire, si c'est une mauvaise pensée qui vient de le surprendre, ou de le confesser et de le convertir, si c'est un parti pris d'avance.

Je ne croyais nullement au danger que supposait Daniella ; je suivis néanmoins son conseil. Je m'approchai de Brumières, tandis qu'elle allait rejoindre Felipone, lequel, appuyé sur son long fusil, nous attendait d'un air calme, avec son éternel sourire aux deux coins d'une lèvre épaisse et vermeille.

— Voilà un bijou admirable, me dit Brumières, que je m'arrangeais pour masquer, comme par hasard. Regardez comme cette petite tête de bélier est ciselée, et comme ces ornemens de filigrane sont sobres et bien placés. Il est impossible que ce berger sache le prix d'une pareille chose, et il faut que vous m'aidiez à lui acheter ça, pas trop cher. Ce sera mon cadeau de noce pour demain, en attendant que je puisse faire mieux.

Je m'approchai avec lui d'Onofrio, non pour aider à tromper celui-ci, mais pour continuer à interposer ma personne entre Brumières et Felipone. Onofrio est d'une probité rigide, ce qui ne veut pas dire qu'il ait un désintéressement aveugle et qu'il soit facile de le tromper. Brumières, en brocanteur exercé, lui demanda négligemment si c'était là un véritable antique, feignit de croire que cela pouvait être une imitation en or de Naples, comme il s'en fait beaucoup, ajouta que ces imitations lui plaisaient d'ailleurs autant que les originaux, et que, copie ou non, il en offrait deux écus romains, voulant bien payer un brave-homme instruit et hospitalier.

A cette proposition, la figure douce du berger prit une expression de mépris austère. — Vous êtes un enfant, dit-il ; rendez-moi ça. Ce n'est pas pour les gens qui ne s'y connaissent pas : c'est pour les artistes.

Brumières, un peu piqué, s'obstina à dire qu'il était à peu près impossible de distinguer une copie bien faite d'un original.

— Je ne suis pas orfèvre, répondit froidement Onofrio ; je suis berger. Je ne fais pas de bijoux, j'en trouve. Je n'ai jamais été dans les boutiques de Naples ; je retourne et fouille les pierres de Tusculum. Je n'est pas à moi que vous persuaderez que j'ai acheté ou fabriqué cette agrafe.

— Un voyageur peut l'avoir achetée à Florence ou à Naples, et l'avoir perdue à Tusculum.

— Comme vous voudrez ! dit le berger en reprenant le bijou avec un profond dédain.

Brumières l'avait blessé, non seulement dans sa probité, mais encore dans son amour-propre d'antiquaire. Je regardai du côté de Felipone, qui marchait à quelque distance avec Daniella. Je me disais qu'en cas de mauvais dessein de la part du mari de Vincenza, ce ne serait probablement pas Onofrio qui porterait grand secours à l'imprudent Brumières.

Ce dernier, qui n'avait rien à offrir à sa fiancée, et qui trouvait là la seule occasion de lui faire un présent, s'obstina à marchander et offrit jusqu'à deux cents francs de la broche étrusque.

— Non, lui dit Onofrio ; je ne la donnerais pas à M. Valreg pour ce prix-là ; pour vous, ce sera cinq cents francs.

— Merci de la préférence ! s'écria Brumières. Vous m'en voulez donc ?

— Vous avez voulu me tromper, je vous rançonne.

— Allez au diable !

— Prenez garde d'y aller avant moi, signor !

L'accent de cette réponse fut si marqué, relativement au flegme ordinaire d'Onofrio, que je commençai à croire Brumières en danger.

— Allons-nous-en, lui dis-je à voix basse ; il ne fait peut-être pas bon pour vous ici. Il me regarda avec étonnement, et je lui fis part de mes doutes.

Il n'en tint pas grand compte. Je sais par Vincenza, dit-il, que son mari, pour la première fois de sa vie, commence à le soupçonner ; mais c'est lord B*** qu'il accuse de vouloir le séduire, parce que le brave Anglais, reconnaissant des soins donnés par elle à lady Harriett, lui a fait de trop riches présens. Voilà ce que c'est que d'être opulent et généreux. Moi qui, pour vingt-quatre heures encore, suis gueux comme un peintre, ne cours pas le risque d'être accusé d'acheter le cœur des femmes à prix d'or. Mais voyons, nous perdons le temps ; voulez-vous me rendre un service ? Marchandez et achetez pour moi ce bijou. Il me le faut à tout prix.

— Onofrio ne le livrera pas sans argent comptant, même à moi, son ami ; car il voit bien que ce n'est pas moi qui achète, et je présume que, pas plus que moi, vous n'avez deux ou trois cents francs sur vous ?

— Certes, non ; mais je courrai à Frascati chercher l'argent.

— C'est inutile ; venez jusqu'à Mondragone, et prions Onofrio de nous suivre ; je le paierai.

Onofrio me céda la broche pour trois cents francs ; mais il refusa de venir se faire payer à Mondragone. Il ne pouvait pas s'absenter. Les autres paillis étaient trop éloignés, aucun berger ne pouvait venir surveiller ses bêtes et sa demeure. Quand il s'absentait, il prenait ses arrangemens dès la veille. Il nous offrait d'apporter le bijou le lendemain soir. C'était trop tard pour Brumières. J'imaginai de prier Felipone, qui s'était rapproché de nous, de garder le paillis jusqu'au retour du berger. C'était l'affaire d'une heure au plus. De cette manière, je séparais les deux rivaux et j'emmenais Brumières.

Felipone répondit courtoisement qu'en toute autre circonstance, il se ferait un plaisir d'obliger M. Brumières, mais qu'il était forcé de rentrer de suite à Mondragone.

— Daniella sait qu'il le faut, me dit-il ; vous n'avez pas voulu écouter ce que j'avais à vous dire là-dessus, mais elle vous en fera part.

En toute autre circonstance, comme disait Felipone, il eût été tout naturel de demander à celui-ci de répondre pour nous du paiement, afin que Brumières pût emporter le bijou ; mais je ne pus surmonter la répugnance que j'éprouvais à demander au fermier l'ombre d'un service d'argent pour l'homme qui le trahissait, et Brumières lui-même, malgré son assurance ordinaire, ne s'en sentit pas le courage.

Il y avait, d'ailleurs, quelque chose de trop significatif, de la part d'un homme aussi obligeant et aussi prévenant que Felipone, à ne pas proposer, même à moi, sa garantie.

— Eh bien, allons chez vous, me dit Brumières. Vous me prêterez, et je reviendrai payer. Je serai encore de retour à Frascati avant la nuit.

11

Je crus remarquer un sourire particulier sur les lèvres retroussées du fermier; mais, sur une figure où l'enjoûment est comme une contraction nerveuse habituelle, il est très difficile de saisir un mouvement de l'âme.

Nous reprîmes le chemin de Mondragone, Daniella, Brumières et moi. Felipone nous laissa passer devant, et resta encore quelques momens à causer avec Onofrio; puis, nous le vîmes nous suivre avec son fusil et ses chiens. Il marchait vite pour nous rejoindre, et Daniella nous engageait à doubler le pas, afin de sortir avant lui de la petite gorge encaissée et boisée qui descend de Tusculum aux Camaldules. Mais cet empressement me parut devoir exciter les émotions de Felipone plutôt que de les apaiser, et Brumières, d'ailleurs, s'y refusa avec obstination.

Quand nous nous trouvâmes engagés dans les zig zags ombragés de ce ravin, nous perdîmes de vue le fermier.

— Voilà un joli petit bois, nous dit Brumières; mais il faut convenir que c'est un vrai coupe-gorge.

Je lui répondis que j'en avais déjà fait la remarque, lors de ma fuite nocturne avec le prince et Médora.

— Le fait est, dit Daniella, qu'il a été assassiné ici plus de gens qu'on n'en sait le compte, et que M. Brumières ferait bien, puisque mon parrain ne peut plus le voir, de prendre sa course et de s'en aller à Frascati sans s'inquiéter de ce bijou, qui ne vaut pas le danger qu'il lui cause.

Brumières regarda derrière lui et réfléchit un instant.

— A quoi pensez-vous? lui demandai-je. Ce n'est pas le moment de s'arrêter.

— Croyez-vous réellement, dit-il, que ce gros joufflu, avec son rire bête, ait, dans son front court, la fâcheuse pensée, et dans le caractère, l'énergie désagréable de m'envoyer une balle?

— Moi, répondis-je, je ne crois pas qu'il ait cette pensée. Quant à l'énergie nécessaire pour se venger, je peux vous dire qu'il l'a à un degré très prononcé.

Je songeais, en ce moment, à l'espèce de rage atrocement joviale avec laquelle Felipone avait craché à la figure de Masolino criblé par lui de chevrotines et couché dans le sang, à ses pieds.

Et moi, dit Daniella en prenant le bras de notre ami pour le forcer à avancer, je vous répète, je vous jure que mon parrain veut vous tuer.

— Il vous l'a dit?

— S'il me l'avait dit, c'est qu'il ne serait pas décidé à le faire. Ce que l'on veut faire, on n'en parle pas, et s'il avait laissé paraître quelque chose de son dessein, c'est qu'il ne serait pas encore mûr.

— Mais s'il n'en dit rien et s'il n'en laisse rien paraître, comment pouvez-vous le supposer?

— Pour voir ce qu'un Italien a au fond des yeux, répondit Daniella marchant toujours, il faut des yeux italiens. J'ai vu ce que pensait mon pauvre parrain dans le redoublement de sa gaîté. Il souffre bien, allez!

— Pauvre cher homme! dit en riant Brumières.

— Voyons, lui dis-je, avouez-nous la vérité: Felipone ne vous a-t-il pas surpris avec sa femme?

— Eh bien... oui et non! Ce matin, nous étions dans un bosquet de Villa-Falconieri, en tout bien tout honneur, cette fois, je vous jure! La Vincenza s'avisait, un peu tard, d'être jalouse de Médora, ce qui, par parenthèse, me fait beaucoup

désirer d'aller planter ma tente conjugale à Rocca di Papa, car cette jalousie intempestive pourrait être fort incommode. Je la rassurais de mon mieux, et je mentais comme un arracheur de dents pour l'empêcher d'élever la voix, et, malgré tout, elle parlait un peu trop haut. Enfin, j'ai réussi à me débarrasser d'elle sans trop de criailleries; et, comme je revenais seul, par une de ces jolies allées de buis taillé qui sont comme flanquées de murailles vertes, je me suis trouvé nez à nez avec messer Felipone.... Tenez, comme je m'y trouve encore, dit-il en baissant la voix et en nous montrant le fermier, qui, coupant le ravin en ligne perpendiculaire, venait en souriant à notre rencontre. Et Brumières ajouta : Il m'a regardé et salué gracieusement, comme il fait encore en ce moment-ci.

Brumières parlait encore, qu'un coup de feu passa au-dessus de nos têtes. C'était Felipone, qui, placé maintenant à dix pas de nous, sur un rocher, venait de tirer sur un lièvre.

— Cherche! cherche! cria-t-il à ses chiens, qui s'élancèrent dans le ravin au-dessous de nous. Il les suivit, descendant cette pente verticale avec une agilité que n'eussent pas fait supposer ses jambes courtes et son gros ventre, mais dont je lui avais déjà vu donner des preuves dans notre fuite vers le Buco.

— Il tient à montrer son coup d'œil et son jarret, dit Brumières, en le voyant ramasser son lièvre au fond de la gorge. Si c'est une menace facétieuse, elle est de bon goût, et cet homme-là commence à me plaire. Mais vous avez eu peur, bonne Daniella!

— Oui, pour vous, dit-elle. J'ai entendu le plomb siffler trop près de vous pour que cela n'ait pas été fait exprès. Il a voulu vous effrayer.

— Eh bien, c'est très gentil de sa part, dit Brumières, et je ne le croyais pas si spirituel! Mais ces gaîtés-là pourraient devenir dangereuses pour vous, et, quant à moi, rester davantage à vos côtés serait une lâcheté insigne. D'ailleurs, il faut en avoir le cœur net. Si ce gaillard-là veut m'assassiner, il m'attendra, demain ou ce soir, au coin d'une haie; j'aime autant savoir à quoi m'en tenir tout de suite.

— N'y allez pas! dit Daniella en essayant de le retenir; il a encore un canon de fusil chargé.

Brumières ne l'écouta pas et s'élança dans le ravin en criant à Felipone : « Il n'est pas mort! ne le tuez pas! je voudrais le voir vivant! » Il parlait du lièvre que l'autre tenait par les oreilles.

Ce courage ou cette confiance imposèrent à Felipone; ou bien nous étions trop près pour qu'il voulût nous avoir pour témoins de sa vengeance; ou bien encore Daniella s'était trompée en lui supposant des pensées tragiques.

Nous les entendîmes causer ensemble de bon accord sur la manière dont le lièvre avait été tué.

— Vous l'avez massacré, disait Brumières, avec votre plomb à chevreuil!

— Bah! répondait Felipone, tout ce qui porte est bon!

Nous les vîmes longer le petit torrent sans eau qui parcourt le fond de la gorge. Ils se dirigeaient vers Mondragone et prenaient sur nous de l'avance. Bientôt nous les perdîmes de vue sous le taillis, et, après avoir marché vite pour ne pas perdre nos distances, nous nous arrêtâmes pour écouter.

— J'ai entendu comme un cri étouffé, dit Daniella.

Nous prêtâmes l'oreille : un gros rire, celui de Felipone, se fit entendre.

— Tu vois bien que tu t'es trompée, dis-je à ma femme attentive et pâle.

— Je n'entends pas rire l'autre ! répondit-elle.

Nous quittâmes le chemin pour tâcher de regarder vers le fond. C'était impossible. Nous nous égarions dans le robuste entrelacement des chênes nains, dont les feuilles sèches tenaient encore et interceptaient la vue. La nuit tombait, et quand nous nous retrouvâmes sur le chemin, non loin du couvent, nous avions perdu assez de temps pour que nos gens eussent regagné Mondragone, si tant est qu'ils fussent sortis de la gorge. Nous n'osions appeler Brumières, dans la crainte de hâter la résolution que Daniella attribuait au fermier.

Notre inquiétude cessa à la porte de Mondragone, où nous attendaient Felipone toujours gai, et Brumières sain et sauf. Ils étaient les meilleurs amis du monde. Malgré ma joie de revoir l'amant de Vincenza hors de danger, je ne pus me défendre d'un mouvement de mépris pour le mari.

— Ce lièvre est jeune et encore chaud, nous dit ce dernier. Il sera tendre, et vous allez le manger à votre dîner. Je m'invite et me charge de le faire cuire. Etes-vous des nôtres, monsieur Brumières?

— Ce serait avec plaisir, répondit-il; mais c'est impossible. Il faut que je coure payer et chercher la *fibbia*, et que je retourne à Piccolomini à jeun. Plaignez-moi, et buvez à ma santé!

Je lui remis la petite somme; il partit en courant, et Felipone se mit à débiter des facéties et du latin de moine, du latin de cuisine, comme on dit chez nous, en arrosant le lièvre au feu de la nôtre.

Nous ne le quittions pas, et Daniella, toujours inquiète de ses desseins, feignait de s'intéresser beaucoup aux talens culinaires de son parrain, afin de l'empêcher de s'esquiver pour suivre ou attendre Brumières au coin du bois.

Tout à coup, il essuya sa figure ruisselante de sueur, en nous disant : — Mes bons enfans, j'ai à vous annoncer une nouvelle qui vous surprendra bien. Déjà j'ai dit la chose à Daniella, sans vouloir nommer la personne. Elle a eu l'air de ne pas me croire; mais vous allez voir ! Un ami, que l'on croyait perdu, est retrouvé, et, si vous le voulez bien, je vais le chercher pour le faire souper avec nous !...

— Qui ? demandai-je.

— N'importe, dis que non, murmura Daniella à mon oreille. Il veut nous quitter; c'est un prétexte.

— J'y vais avec vous, répondis-je en m'adressant au fermier. J'en aurai plus tôt la surprise.

— Ça n'est pas la peine, répondit-il; je l'entends qui met le couvert. Il est là.

En effet, un bruit d'assiettes se faisait entendre dans la petite salle à manger. J'y entrai. Un domestique en habit noir tout neuf et en manchettes d'un blanc irréprochable avait la figure tournée vers le buffet; mais sa petite taille et sa tournure hasardée étaient trop remarquables pour que je pusse hésiter à le reconnaître.

— Tartaglia ! m'écriai-je en courant à lui.

— Non plus Tartaglia, *mossiou*, me dit-il en me saluant avec une grâce bouffonne, mais Benvenuto, comme on me nomme dans les autres pays. Benvenuto, premier valet de chambre, homme de confiance, et, sous peu, intendant de la maison de son altesse le prince de Monte-Corona, à Gênes!

— Quoi! tu es entré au service de ce bon prince? Où est-il? comment va-t-il?

— Il se porte bien, et il réside à Gênes, comme je vous le dis.

— Mais toi? comment te trouves-tu ici?

— Il m'a chargé d'une mission de confiance (il baissa la voix). Je reviens *incognito* rapporter à la belle Médora des lettres compromettantes. Le prince est grand et généreux.

— C'est bien; mais, dans le peu de temps qui s'est écoulé depuis le jour où tu m'as servi de témoin, tu n'as pas eu le temps d'aller à Gênes et d'en revenir.

— Je l'aurais eu; mais je n'ai pas fait un si long voyage. Le prince était encore à la frontière des États romains quand il m'a donné son amitié, ma place auprès de lui, et la commission dont je m'acquitte.

LV.

Daniella était enchantée de revoir Tartaglia et de le savoir heureux.

— Puisque tu veux mettre le couvert à ma place, lui dit-elle, tu vas au moins souper avec nous.

Mais à peine eut-elle fait cette invitation, qu'elle se tourna vers moi, comme pour me demander pardon d'avoir oublié mes anciennes méfiances et mon peu de goût pour la société de ce singulier personnage.

Mais les événemens m'avaient prouvé de reste que Tartaglia était loyal en amitié, et j'étais trop son obligé pour hésiter à l'admettre sur le pied d'égalité où ma femme avait toujours été avec lui. Je confirmai l'invitation, ce dont il parut extrêmement flatté.

— Vous êtes bon comme un homme d'esprit, me dit-il, et vous avez raison, *mossiou*, de tendre la main à Tartaglia pour l'élever à vous. Tartaglia n'était pas un mauvais homme, vous le savez bien; mais, entre nous soit dit, c'était quelquefois une vraie canaille. Que voulez-vous? la jeunesse, les passions, la misère, un peu de vin par-ci, un peu de paresse par-là, et aussi le libertinage! Mais Tartaglia est devenu vieux, et, un beau jour, il s'est dit qu'il fallait faire une bonne fin. L'occasion l'a servi, c'est-à-dire que le ciel l'a aidé. Ecoutez son aventure :

« En se sauvant des griffes de la police, qu'il avait trahie par dévoûment à l'amitié, il s'est trouvé dans une petite bourgade de la Maremme siénoise, où une méchante chaloupe pontée venait de déposer un plus illustre fugitif, notre cher susdit prince. Vous savez, *mossiou*, comment il avait laissé traiter le pauvre Tartaglia par ses gens, dans cette maudite *befana* où il faisait, on peut bien le dire, la figure d'un saint dans une niche. Eh bien! tout en passant la nuit ainsi enchâssé et béatifié, Tartaglia avait fait ses petites réflexions, par suite de ses petites remarques, et il s'était dit : Ce beau cheval noir que j'ai vu là, au bas de l'escalier, c'est Otello, je le connais bien. Je l'ai pansé et promené assez souvent, ne fût-ce qu'une certaine nuit, sur la route de Frascati, où, par parenthèse (on peut tout se dire à présent), je vous ai empêché de tomber dans les griffes de Campani, le diable ait son âme! en vous faisant passer pour M. Mangin, le préfet de police... Mais je continue! Donc, j'avais reconnu la dame voilée, puisque j'avais reconnu Otello, et je me disais : Médora ne partira pas avec le prince, puisqu'elle a revu M. Valreg.

» Et puis, je m'étais dit encore : voilà un bon prince, très amoureux et très libéral. Si, au lieu de me fouler aux pieds, il me demandait conseil, il pourrait bien s'apercevoir que je suis un homme dans l'occasion. Si bien que, voyez la destinée, *mossiou !* quand je l'ai retrouvé dans cette bourgade dont je vous parle (ça s'appelle Porto-Ercole), j'ai été droit à lui et je lui ai dit des choses qui lui ont fait ouvrir l'oreille, entre autres celle-ci : la Médora est coiffée d'un garçon (je ne vous ai pas nommé) qui aime ailleurs et ne veut point d'elle. Patientez, et si je vous fais épouser cette belle, faites de moi votre intendant ; je ne vous demande pas plus d'un mois pour réussir. J'y risquerai ma peau ; mais la place que vous me promettez vaut bien ça.

» Je te l'ai donc promise ? a dit le prince en riant. Eh bien ! soit. Je n'y risque rien, puisque tu ne réussiras pas. — Et moi : Nous verrons ! — Or, *mossiou*, me voilà habillé en honnête homme, comme vous voyez, et décidé à le devenir. Je commence bien, puisque j'ai donné au prince le bon conseil de rendre les lettres, ce qui est une chose noble, et faite pour attendrir la Médora : qu'en pensez-vous ? Mais vous êtes préoccupé, et peut-être que mon bavardage vous ennuie ?

— Nullement ; mais je vois que ma femme veut te parler, et qu'elle me fait signe d'aller dans la cuisine.

En effet, Daniella avait eu l'inspiration de confier à Tartaglia le danger où elle croyait Brumières si Felipone nous quittait avant deux heures, et il abrégea toute explication en lui disant :

— Ah ! ah ! je sais ! la Vincenza ! Il est enfin jaloux !

Il se chargea de retenir Felipone, bien qu'il ne fît pas des souhaits très ardens pour la conservation des jours de Brumières. Il savait, par le fermier, chez qui il était arrivé le matin même, que Brumières était devenu le cavalier servant de Médora ; mais il ne s'en inquiétait pas beaucoup. Il pensait qu'elle se moquait de lui. Daniella se garda bien de trahir le secret de Brumières. Nous en étions, elle et moi, les seuls confidens. Les témoins, avertis à Rocca di Papa, ne savaient pas eux-mêmes pour quel office ils étaient requis et à moitié payés d'avance.

Pendant cette explication, j'aidais Felipone à désembrocher son lièvre, et chaque instant qui s'écoulait me donnait la conviction qu'il ne songeait qu'à manger, à rire et à babiller.

Quand nous eûmes apaisé la première faim, Tartaglia reprit, devant le fermier, le thème favori de ses projets de fortune, et celui-ci me parut très au courant de ses espérances, relativement à la réconciliation du prince avec la belle Anglaise. Il me sembla même comprendre, à quelques monosyllabes échangés entre eux, que le prince était attendu à son ancienne résidence de la *befana* d'un jour à l'autre. Je regrettais la peine inutile qu'il allait prendre et les nouveaux dangers qu'il venait braver ; mais je ne pouvais dire un mot pour lui faire donner un meilleur avis. Avec des gens aussi pénétrans que mes deux convives, la moindre réflexion eût pu conduire à la découverte du secret de Brumières.

Je laissai donc Tartaglia, je veux dire maintenant Benvenuto, se bercer de rêves qui ne me semblaient pas tout à fait illusoires, puisqu'en attendant, il avait la confiance du prince. Il était

évident qu'il lui avait plu et qu'il pouvait désormais tenir sa parole de devenir honnête homme. Il avait du linge magnifique, un passeport bien en règle et de l'or plein ses poches : trois choses que j'avais toujours entendu souhaiter à cet original, et moyennant lesquelles il assurait pouvoir rentrer dans le sentier de la vertu.

— Voyez-vous, mes amis, nous dit-il au dessert, après s'être, je dois le dire, très convenablement tenu pendant le repas, il y a des pays où la bonne conduite est assez encouragée pour qu'il y ait plaisir et profit à en faire métier ; mais il y en a d'autres où la condition des gens de ma sorte est si dure et leur éducation si mauvaise, qu'ils ne peuvent pas sortir du bourbier sans un secours extraordinaire. En Italie, où l'on est obligé de tenir compte de la fatalité des choses, vous verrez, si vous regardez bien, que les antécédens n'empêchent pas la considération, et, tel que vous me voyez, je veux, avant qu'il soit deux ans, être M. Benvenuto, intendant considéré, estimé de son maître, redouté de la valetaille, marié à une gentille femme, et père d'un beau garçon qui sera un jour avocat ou médecin, à moins qu'il n'ait la vocation d'artiste, ce en quoi je ne veux pas le contrarier. Pourquoi non ? Hé ! monsieur Valreg, croyez-vous donc que le métier de gredin soit agréable ? et que celui d'homme de bien ne soit pas le plus amusant de tous, surtout pour le pauvre diable qui a vécu d'aumônes insultantes et de coups de pied dans les mollets ? Etre homme de bien ! c'était mon rêve ; comme celui des courtisanes folles est de devenir vieilles bourgeoises dévotes. Quand on vient au monde avec la vocation de la vertu, on fait comme vous, on souffre, on travaille, et on arrive par là au même but que l'enfant prodigue qui rentre tout d'un coup au bercail, moyennant qu'on lui offre du veau et des habits neufs. Seulement, vous avez pris le chemin le plus long pour avoir une bonne renommée, car vous ne la tiendrez bien qu'après vingt ou trente ans de sainteté, et encore vous pourrez la perdre pour une mince peccadille ; car le monde est ainsi fait : plus on lui donne, plus il exige. Tandis que si un coquin passe tout à coup homme honnête, on lui en sait un gré infini. Ça étonne, ça amuse, et ceux qui s'attribuent le mérite de l'avoir converti en sont si fiers qu'ils s'en vont le disant à tout le monde. Je suis sûr qu'avant trois mois, mon prince me prônera à tous ses amis comme son ouvrage ; et pourtant, la vérité est, monsieur Valreg, que si je dois quelque chose à quelqu'un, c'est à vous, parce que... ma foi, je ne saurais dire pourquoi ! une sympathie, une persuasion, votre amour pour cette Daniella, qui vaut quarante Médora... Mais, chut ! avant peu, il faudra dire à celle-ci : *Votre Altesse*, et prendre ses ordres chapeau bas, l'épée au côté !

Il babilla ainsi jusque vers neuf heures, et ses manières étaient telles que, si je ne l'eusse connu dans son abjection récente, j'aurais pu croire qu'il avait toujours vécu parmi des gens honorables. A force de regarder les personnes du grand monde, en leur servant de ruffian et de bouffon, il savait, à l'occasion, jouer le rôle d'un subalterne décent et bien appris. Sa toilette soignée, sa barbe bien rasée, sa chevelure insensée, élaguée maintenant et collée aux tempes, changeaient tellement sa figure et sa manière d'être, qu'il pouvait espérer de n'être pas trop reconnu.

— Explique-moi ta présence à mon mariage, lui

dis-je en le reconduisant jusqu'au *pianto* avec le fermier, qui reprenait par là le chemin de sa maisonnette.

— C'est bien facile. Ce jour-là, j'étais envoyé déjà par le prince pour tâter le terrain. J'avais revu miss Médora, et j'avais été bien mal reçu. Mais, le soir même, j'y retournai, et je fus mieux écouté : votre mariage avait changé ses idées Voilà pourquoi je suis reparti pour chercher les lettres.

— Et as-tu vu Médora aujourd'hui?

— Non. Je vais la voir. J'ai rendez-vous avec elle chez Felipone pour opérer la restitution, et mon éloquence saura mettre l'entrevue à profit pour les intérêts de mon prince.

— A présent, dis-je à ma femme, quand je fus revenu auprès d'elle sur la terrasse du casino, tu n'es plus inquiète? Felipone s'en va les yeux bouffis, et il compte dormir comme un homme qui a chassé toute la journée. Brumières a déposé son cadeau aux pieds de son idole; il est à Piccolomini maintenant...

— Oui, répondit-elle, tout cela paraît ainsi; mais je ne suis pas tranquille.

— Ah ça, sais-tu que tu me rendrais jaloux de Brumières, avec tes pressentimens et l'exagération de tes craintes?

— Mon *Giovanni*, répondit-elle avec candeur, ne suis pas jaloux de M. Brumières : je me reprochais justement de ne pas assez penser à ce pauvre garçon. Je ne puis songer qu'à mon parrain, qui est bien malheureux, je te le jure! Je sais ce que c'est que la jalousie! j'en ai eu le cœur mordu si cruellement! Je sais ce qu'il roule dans sa tête, ou ce qu'il y roulera demain! car, je suppose qu'il ne sache encore rien, si la Vicenza est, de son côté, jalouse de Brumières, elle fera des imprudences, et son mari ne pourra pas fermer les yeux plus longtemps. S'il ne tue pas ce jeune homme, il tuera la Vincenza!

. — Eh bien, répondis-je, ce ne sera pas une si grande perte!

— Cette femme-là est bien coupable et bien bornée, reprit Daniella; mais Felipone l'aime avec passion, et quand il l'aura tuée, il se tuera lui-même, s'il ne devient pas fou.

— J'espère, ma chère femme, que tu crées, avec ton cœur et ton imagination, un roman plus noir que la réalité. Felipone aime sa femme avec les sens. Tous ses traits indiquent la sensualité, rien de plus, et ils expriment aujourd'hui, comme toujours, la sensualité satisfaite. Avec des caresses, sa femme le ramènera. Il n'y a ni assez d'enthousiasme ni assez de réflexion en lui, pour qu'il prenne en haine et en dégoût cette chair souillée et cet amour flétri.

— Tu raisonnes à ton point de vue; mais, chez nous, les sens font faire plus de choses terribles que tu ne crois. Et puis, tu ne juges pas assez bien le cœur de Felipone : il aime avec le cœur aussi. Il a été un père pour moi dans ces derniers temps, et il a pour toi une amitié qui me prouve qu'il est plus intelligent qu'il ne paraît. Va, nous perdrons beaucoup en le perdant!

Je parvins à écarter les idées sombres de cette chère créature, et à lui faire reprendre, avec assez d'attention, notre solfège; mais lorsqu'elle fut endormie, elle eût des rêves effrayans, et, trois fois dans la nuit, elle s'éveilla et se leva pour aller écouter sur la terrasse. Elle ne pouvait pas se persuader qu'elle n'eût pas réellement entendu des gémissemens et des bruits lointains d'une lutte horrible.

Quand le jour parut, elle s'habilla et me pria d'aller avec elle me promener autour de la ferme des Cyprès. Je la voyais si agitée que je cédai. Elle voulait passer par le souterrain. Je lui remontrai que Tartaglia demeurait dans la *befana*, et que, peut-être, le prince y était arrivé déjà. Il aura marché toute la nuit, lui dis-je, et il sera plus désireux de dormir que de recevoir notre visite.

Nous descendîmes la sombre allée de cyprès et fîmes le tour de la ferme, où les domestiques commençaient à s'agiter autour de leurs bêtes.

— Je suis étonnée de ne pas voir mon parrain, me dit Daniella. Il est toujours levé le premier.

Elle interrogea l'aîné des neveux, Gianino, un des orphelins qu'élève le généreux fermier, le petit singe *alla cioccolata*. Il nous apprit que Felipone était sorti avant le jour. Monte à sa chambre, me dit Daniella, et vois si son lit a été défait. Sa femme couche encore à Piccolomini. Lady Harriett la garde jusqu'à la fin de la semaine.

Le lit de Felipone était intact. Il ne s'était pas couché.

— Tu vois! me dit Daniella, il avait les yeux bouffis d'un chasseur qui tombe de sommeil! Sais-tu ce qu'il faut faire? Allons voir Onofrio : il saura quelque chose.

Nous n'eûmes pas la peine d'aller jusqu'aux paillis. Nous trouvâmes le berger de Tusculum sur le plateau où fut le centre de la cité latine, entre le cirque et le théâtre. Il écouta gravement nos questions et parut ne pas les comprendre. Il est venu hier soir, nous dit-il; il m'a payé; son argent est bon; il est reparti tout de suite.

— Vous parlez de Brumières, lui dis-je; mais Felipone?

Il ne l'avait pas revu, et paraissait de bonne foi. Fatigué de notre insistance, il cessa de nous répondre et finit par nous dire : « Enfans, laissez-moi tranquille; c'est l'heure de prier Dieu au soleil levant, et vous me dérangez. »

Il ne nous restait plus qu'un moyen de savoir la vérité : c'était d'aller à Piccolomini ou à Rocca di Papa. Nous prîmes ce dernier parti. C'était à sept heures que le mariage devait avoir lieu, et Brumières nous avait dit qu'il irait le premier, avant la pointe du jour. Médora était en route. En nous rendant au plateau *del Buco* par le revers de Tusculum, nous pouvions arriver à temps pour la messe.

Quelque diligence que nous pûmes faire, la messe finissait quand nous entrâmes dans la ville. Les précautions n'avaient pas été prises avec assez de soin pour que la curiosité ne fût pas éveillée par la dévotion matinale d'une jeune dame déjà connue dans l'endroit, et qui arrivait, au galop de son cheval, pour entendre la messe. Médora avait dédaigné de prendre un déguisement et de laisser Otello dans le bois. Il piaffait, au beau milieu de la rue, avec deux autres chevaux de belle apparence que tenait le petit groom laissé par le prince à sa belle ingrate. La population se pressait autour de l'église, située sur la plus grande place de l'endroit, c'est-à-dire sur une petite plate-forme de rochers très irrégulière, à laquelle on monte par quelques marches taillées dans la lave.

Nous vîmes alors sortir la petite foule qui avait pu pénétrer dans le sanctuaire, et une voix qui me fit tressaillir de surprise cria sous le portail : « Place, place, rangez-vous donc! » C'était là la voix de Tartaglia, et bientôt nous le vîmes apparaître en grande tenue de majordome, donnant le bras à Félipone souriant et endimanché. C'étaient là les deux témoins du mariage de Médora avec...

Devinez! Pour moi, je crus rêver et ne pus trouver une parole pour exprimer ma surprise à Daniella, qui, malgré ses angoisses récentes, partit d'un éclat de rire nerveux en voyant sortir de l'église, à leur tour, les deux nouveaux époux : le prince et Médora, désormais princesse de Monte-Corona.

J'étais sur le point de rire aussi; mais, revenant à moi, je courus à Felipone et lui saisis brusquement le bras en lui disant :

— Felipone ! où est M. Brumières ?

— Il n'est pas là, répondit-il en se dégageant avec la force d'un taureau, mais sans montrer ni peur ni colère.

— Réponds! dis-je à Tartaglia; qu'avez-vous fait de lui?

— Rien autre chose qu'un célibataire jusqu'à nouvel ordre, *mossiou*! Soyez tranquille! Tartaglia est homme d'honneur, à présent, et ne laisse faire de mal à personne. Vous retrouverez votre ami, sans une seule égratignure, dans la niche que l'on m'a appris à connaître, et d'où je sais, par expérience, qu'il est impossible de descendre sans échelle, à moins de vouloir se casser en plusieurs morceaux sur le pavé.

— Et qui a fait ce beau tour-là ?

— Moi, *mossiou*! C'est une idée de moi, et faites-m'en compliment, ajouta-t-il en m'emmenant à l'écart pendant que Felipone se perdait dans la foule : le fermier voulait le tuer. Oh! Daniella avait vu clair! Mais j'ai fait comprendre à ce jaloux qu'un homme mort est plus tranquille qu'un homme vivant, et qu'il serait bien plus vengé en faisant manquer ce mariage, qui était le but de l'ambition de son ennemi. Il s'est donc chargé de l'attirer à la gueule du souterrain, sous prétexte que Médora, qui était, en effet, à la ferme avec le prince, le demandait. Alors, il l'a bâillonné adroitement sans lui faire de mal, et comme il est fort (vous savez, c'est un bœuf), il l'a porté à la *befana* et incrusté dans la niche avec l'aide d'Orlando, le cuisinier du prince.

» Pendant ce temps-là, le prince, que Médora (je dois dire à présent la princesse) ne s'attendait pas à trouver à la ferme avec moi, rendait lui-même les lettres, se soumettait, pardonnait, grondait, pleurait, disait adieu, revenait; si bien qu'au bout d'une heure, miss *** se disait, avec raison, que son vieux soupirant était un galant homme, et qu'il valait mieux pour elle être princesse que bourgeoise.

» Une seule chose l'embarrassait : c'est comment elle allait rompre avec son Brumières. C'est alors que je suis intervenu pour révéler les amours du pauvre garçon avec la piquante fermière. Dès lors, la cause a été entendue, et, en apprenant où le mari jaloux avait niché son rival, elle en a eu un fou rire...

— Comment aviez-vous su le mariage concerté?

— Par Vincenza, *mossiou*; Vincenza avait écouté aux portes, et par elle je savais tout avant de vous voir. »

Daniella, qui avait essayé en vain de rejoindre Felipone, revint à nous.

— Pendant que tu bavardes, dit-elle à Tartaglia, sais-tu ce que devient M. Brumières, et si Felipone ne va pas...

— Ne craignez rien, répondit-il; Benvenuto pense à tout et ne veut pas que cette noce, qui fait sa fortune, soit entachée d'un *accident*. D'a-

bord, Felipone est satisfait, et puis Orlando est là qui garde à vue le prisonnier et qui en répond sur sa tête.

Pendant que je recevais ces révélations, Médora et son époux, environnés de pauvres, semaient de l'or à poignées sur les marches de l'église, et comme toute la population tendait les mains en criant misère sur tous les tons, ils avaient grand'peine à se frayer un passage vers nous. Le prince m'avait aperçu, et il réussit à venir m'embrasser avec effusion. Je m'étonnais de le voir ainsi en public. Il m'apprit qu'il avait la permission en règle de passer trois jours sur le territoire romain. L'espoir de lui voir faire un riche mariage avait décidé son frère le cardinal à le couvrir momentanément de sa protection toute-puissante, qui rejaillissait nécessairement sur Tartaglia.

— Maintenant, me dit-il, mon premier soin va être de courir avec ma femme chez lady B***. Je veux qu'elle obtienne notre pardon, et qu'elle ne se sépare pas de sa tante et d'un oncle sans s'être réconciliée avec eux. Je suis certain que, maintenant, lady Harriett, qui détestait M. Brumières, sera très contente de se voir alliée à un homme de son rang. Venez-vous avec nous? vous plaiderez ma cause?

— Non, c'est impossible. D'abord, je suis à pied avec ma femme...

— Votre femme! s'écria-t-il avec empressement; présentez-moi donc à elle!

Il baisa la main de Daniella, et lui demanda sa sympathie avec ces grâces courtoises qui siéent si bien aux grands seigneurs et qui leur coûtent si peu vis à vis des femmes. Il était désolé de n'avoir pas de voiture à lui offrir; mais, à Rocca di Papa, c'est là un meuble aussi inconnu qu'inutile.

— Je comprends, dit-il en me quittant, que vous soyez pressé d'aller délivrer ce pauvre M. Brumières. En le faisant, dites-lui, de ma part, que je jure sur l'honneur n'avoir eu connaissance du tour qu'on lui a joué que lorsque c'était un fait accompli. Maintenant, s'il trouve que j'aurais dû aller le délivrer et lui céder ma place à l'église, ce matin, dites-lui que j'ai trois jours à passer dans le pays et que je suis à ses ordres.

— Je ferai votre commission; mais je lui dirai, en même temps, qu'il aurait mauvaise grâce à ne pas se tenir coi.

LVI.

Nous retrouvâmes Brumières, non plus dans la niche, mais dans le *pianto*, où Orlando, voyant l'heure du mariage écoulée, l'avait conduit et laissé à lui-même. Le pauvre garçon nous fit beaucoup de peine. Il s'était défendu avec tant de rage, qu'il était courbatu à ne pouvoir bouger sans de vives douleurs. De plus, le chagrin, la honte et la colère lui avaient donné la fièvre. Orlando, en le délivrant de l'humiliation de la niche, lui avait tout appris. Il était comme hébété de désespoir et d'étonnement.

Nous le conduisîmes chez nous, où nous lui fîmes un lit et de la tisane. Il dormit quelques heures et se sentit mieux; mais il ne voulut pas laisser mettre le fauteuil où nous le fîmes asseoir, sur la terrasse du casino. Il semblait qu'il ne voulût pas voir le jour. Il disait, moitié pleurant, moitié riant, que les nuages et les oiseaux se moquaient de lui. Il traduisait la plaintive chanson des grandes girouettes en un rire satanique.

Quand il vit qu'il n'y avait aucune ironie dans l'intérêt que nous lui exprimions, il se rasséréna un peu, et nous nous convainquîmes bientôt que son dépit et sa contrariété passeraient aussi vite que son amour était venu. Il n'avait jamais aimé Médora avec le cœur. Il manquait une belle affaire, et il la manquait ridiculement. Il n'avait guère d'autre souci.

Malgré cette mauvaise situation, il se montra homme d'esprit, et, par conséquent, équitable.

—Elle m'a joué, dit-il ; elle a ri cruellement de ma mésaventure, cela devait être. Elle avait barre sur moi à cause de cette sotte liaison avec la Vincenza. Avec un peu de raison et de justice, elle aurait pu se dire que je n'aimais qu'elle, et que, si j'avais subi la fermière jusqu'au dernier moment, c'était bien faute de savoir comment me débarrasser d'elle sans esclandre. Mais une femme orgueilleuse comme Médora ne peut pardonner ce qui semble un outrage à sa beauté et à sa puissance. C'était la seconde fois qu'elle se trouvait en rivalité avec une de ces femmes qu'elle considère comme appartenant à une race inférieure à la sienne. Elle ne pouvait pas avaler cela. J'ai payé pour deux !

» Quant au prince, il a fait ce que j'eusse fait sans scrupule à sa place, et je pense avoir prouvé hier que, si je ne lui cherche pas querelle, ce n'est pas par poltronnerie. Il me semble qu'une provocation ferait croire à Médora que je suis furieux et inconsolable. Or, il n'en est point ainsi. Ma colère se passe, et ma consolation se trouvera..»

Le personnage à qui Brumières rendit encore plus de justice fut Felipone. Il nous raconta avec émotion et avec plus de couleur que je n'en puis mettre dans ce récit ce qui s'était passé entre lui et le fermier.

Cet Italien ventru est un homme ! nous dit-il ; un homme de rare énergie que j'aurais bien voulu étrangler, cette nuit, à cause de sa force physique, mais dont, malgré tout, j'étais obligé d'admirer la force morale. Je ne sais pas si c'est lui qui a eu l'idée de m'attirer dans ce piége, mais j'y ai donné complétement. C'est la Vincenza, perfide ou résignée, qui est venue me dire, à Piccolomini, que Médora me demandait. Celle-ci était montée dans sa chambre à huit heures, après avoir reçu et agréé mon bijou étrusque au jardin. Moi, j'avais couru si vite sur les chemins à pic de Tusculum que je n'en pouvais plus. Devant me lever avant le jour, je m'étais jeté sur mon lit. N'importe, je me relève, je m'habille, je crois que Médora m'attend au jardin ou dans le casino de Baronius, où nous avions coutume de babiller souvent jusqu'à minuit. Je retrouve la Vincenza dans l'escalier. « C'est chez mon mari qu'on vous attend, » me dit-elle. Je soupire d'avance, et me voilà courant de plus belle. Arrivé à la ferme, je commence à me dire que Felipone veut, en effet, se débarrasser de moi. Mais le jockey de Médora vient à moi et me dit que sa maîtresse est dans la chambre basse, celle qui communique avec le souterrain. Je sentais de plus en plus le piége ; mais que faire ? Si Médora était là, en effet, pouvais-je reculer ? A peine entré dans cette maudite chambre, où je ne voyais pas la moindre lumière, je me sens pris dans une couverture qui m'enveloppe la tête, et j'ai beau crier et jurer, on m'emporte dans le souterrain comme on ferait d'un petit enfant. Arrivé dans la fameuse cuisine, je suis lié et bâillonné par deux personnages dont l'un m'est inconnu. Felipone était l'autre. Cette fois, il y avait de la lumière.

Je pensais qu'on allait m'égorger ; aussi, je me défendais en désespéré, et j'essayais de hurler comme un diable. Une demi-heure de résistance enragée ne m'a servi de rien, sinon qu'à me laisser brisé et épuisé. Eh bien ! pendant tout ce temps, Felipone était admirable de sang-froid, je devrais dire héroïque, et il me terrassait encore plus par là que par la force de ses muscles. Au milieu de mon exaspération, j'entendais les courtes phrases qu'il me jetait de temps en temps : « Signor ! vous êtes imprudent de vous tant défendre... Vous me tentez sans pitié... J'ai juré de ne pas vous faire de mal... jugez si j'ai de la peine à tenir parole ! Ne m'injuriez pas, ne me faites pas perdre patience. Il m'en faut beaucoup ! » Et, de temps en temps, il s'adressait à son acolyte : « Tu vois, Orlando, si je le blesse et si je le serre trop fort ! A moins de l'embrasser et de lui dire que je l'aime, que puis-je faire de plus ? »

Quand ils m'eurent attaché comme une momie et porté dans la niche, au moyen d'une double échelle, Felipone resta au moins cinq minutes à me regarder attentivement. L'autre était descendu. « Vous voilà bien couché, signor mio, me dit-il ; vous pouvez faire un somme et oublier ceux à qui vous avez ôté le sommeil pour toujours. On m'a dit que vous aimeriez mieux être mort que vexé comme vous voilà, pendant que votre maîtresse s'en va se marier avec un autre, et rit de vous savoir où vous êtes. Voilà pourquoi je ne vous ai pas enlevé un cheveu. Pourtant, je vous le dis, il faudra vous en aller ! je ne réponds de moi que jusqu'à demain. » Et, en me parlant ainsi, il souriait toujours ; mais je commençais à trouver son hilarité pétrifiée plus effrayante que celle des diables du Jugement dernier de Michel-Ange.

— Vous voyez, dit Daniella à Brumières, il faut vous en aller ! vous n'êtes pas hors de péril.

— Certes, je le sais bien ! et dès que je pourrai mettre un pied devant l'autre, je quitterai ce maudit pays, sans vouloir y rencontrer une figure humaine.

La Mariuccia vint nous voir dans la soirée. Brumières voulut être présent au récit qu'elle nous fit de la réconciliation de Médora avec sa tante, et pria notre petite tante, à nous, de ne pas lui épargner un détail des railleries dont il avait dû être l'objet. Mais on n'avait rien su à Piccolomini de sa triste aventure. On pensait seulement qu'il avait été congédié la veille, et qu'il était parti dans la nuit. On s'en réjouissait. La Médora avait fait très bien les choses. Elle était entrée chez sa tante au moment du déjeuner ; elle s'était mise à genoux pour demander pardon de toutes ses révoltes. Lady Harriett lui avait fait un bon sermon sur sa manière de vivre, sur ses courses, le soir et le matin, à des heures indues, et, surtout, sur son intimité inconvenante avec M. Brumières. En ce moment, le prince, qui se faisait petit et gentil derrière la porte, s'était jeté aussi aux pieds de mylady, en se déclarant l'heureux époux, et l'on avait déjeûné ensemble de bonne amitié.

Le lendemain matin, le prince vint à Mondragone de très bonne heure, et voulut voir Brumières.

— Monsieur, lui dit-il, je vous ai fort contrarié et suis prêt à vous en rendre raison ; mais, avant tout, je veux vous tirer d'un danger que mon intendant Benvenuto m'a fait connaître et qui s'aggrave d'un instant à l'autre. Je ne quitte ce pays-ci qu'après-demain. Je vous prie donc d'accepter ma voiture et l'escorte d'Orlando et de Benvenuto aujourd'hui même, jusqu'à Rome. De là, vous gagnerez Civita-Vecchia avec le même Orlando qui m'y attendra pour l'embarquement. Vous pourrez, vous, vous embarquer dès demain. Nous nous reverrons ensuite où, quand et comme vous voudrez.

Brumières refusa; mais l'entrevue se termina par une poignée de main.

Une heure après, lord B*** vint, avec sa voiture, chercher Brumières pour le conduire jusqu'au bateau à vapeur. Felipone n'avait pas reparu depuis que nous l'avions rencontré à Rocca di Papa. Benvenuto, qui se démenait et s'ingéniait pour ne pas laisser ensanglanter le prologue de ses belles destinées, pensait que le fermier guettait sa proie, et il avait averti lord B*** de sauver au moins la vie au pauvre amoureux éconduit.

Brumières nous quitta en nous donnant de sincères témoignages d'affection et de gratitude, et en nous priant de donner, de sa part, à la Vincenza, le bijou étrusque que Médora venait de lui renvoyer.

— Voulez-vous donc faire tuer la Vincenza par son mari? lui dit Daniella. Gardez ce présent pour la première duchesse à qui vous ferez la cour.

Brumières pâlit à l'idée de la situation terrible où il laissait la Vincenza, et sourit à celle d'une plus brillante conquête. Nous vîmes bien que ses déceptions ne l'avaient pas guéri de la manie des grandes aventures.

Le prince et la princesse partirent pour Gênes le jour où expirait la permission de séjour du prince dans les États-Romains. Nous ne revîmes pas Médora. Le prince vint nous faire ses adieux, ses protestations d'amitié et ses offres dans le cas où je voudrais aller décorer son palais.

Benvenuto ne voulut accepter de moi aucune espèce de récompense pour les services qu'il m'avait rendus.

— Je suis plus riche que vous, maintenant, me dit-il, et si jamais vous êtes dans la gêne, souvenez-vous de l'ami Tartaglia, qui sera heureux de vous obliger.

Lady Harriett, se sentant tout à fait remise, congédia la Vincenza le jour même. Celle-ci vint nous trouver pour savoir si nous avions des nouvelles de son mari.

— Quoi! lui dit ma femme indignée, tu nous demandes cela avec cette tranquillité?

— Je sais, répondit l'effrontée petite créature, que M. Brumières est en sûreté et que Felipone ne fera point de malheur.

— Lequel des deux vous intéresse? lui demandai-je.

— Eh! mon pauvre mari, puisque l'autre me trompait!

— Et tu ne crains rien pour toi-même? dit Daniella.

— Que veux-tu que je craigne? J'ai aidé Felipone à se venger en faisant manquer le mariage.

— Et tu es sûre de le gouverner encore?

— Chi lo sà? répondit-elle; mais je suis sûre qu'il ne me fera point de mal.

— Et tu ne crains pas qu'il ne s'en fasse à lui-même?

— Qu'il se tue? Oh! si tous les maris trompés se punissaient comme cela de leur confiance, nous serions toutes veuves!

Il n'y avait pas à la chapitrer. C'est une nature insouciante et audacieuse.

— Va, au moins, soigner les neveux de ton mari, lui dit Daniella. Si je ne m'étais occupée d'eux depuis quelques jours, je crois qu'ils auraient fait maigre chère!

— Bah! tu t'intéresses à ces petits singes? Moi, ils m'ennuient et me dégoûtent!

— Alors, je les plains, si ton mari ne revient pas. Pour qu'il oublie ainsi ces pauvres créatures, il faut qu'il soit bien loin, ou bien tourmenté.

Daniella parlait encore lorsque Felipone entra dans le pianto où nous étions en ce moment. Sa femme alla à lui pour l'embrasser. Il la baisa sur les deux joues avec la même aisance que si rien ne se fût passé, et la pria doucement d'aller mettre un peu d'ordre à la maison. — Passe devant, lui dit-il, et enlève les matelas et les couvertures restés dans la befana. Je vais t'aider.

Elle descendit l'escalier du pianto en chantonnant, et en nous jetant, à la dérobée, un regard de triomphe moqueur qui semblait dire: Vous voyez ce pauvre homme!

— Mes enfans, nous dit le fermier en nous serrant les mains, priez pour moi, vous qui croyez... Je suis un homme bien à plaindre!

Sa bouche ne cessa pas de sourire en proférant ce premier et dernier aveu de son désespoir.

— C'en est fait de la Vincenza! me dit Daniella.

— Suivons-le!

— A quoi bon? Aujourd'hui ou demain, elle est condamnée!

— Peut-être que non! Le premier moment est le plus à craindre.

Je m'élançai sur les pas du fermier; mais il avait pris si rapidement l'avance, que je trouvai la porte tournante déjà fermée et verrouillée en dedans. Je frappai en vain, on n'ouvrit pas. Cette porte massive a au moins six pouces d'épaisseur, et ne laisse point passer le bruit qui se fait dans la befana, masquée qu'elle est, de ce côté-là, par un second mur en briques et une autre porte bien jointe.

Je collai en vain mon oreille contre la fente imperceptible que le tour laissait entre le bois et l'encadrement de pierre. Plus de cinq minutes se passèrent sans que j'entendisse d'autre bruit que celui des pas de ma femme qui venait me rejoindre. Puis, il nous sembla que quelqu'un se jetait dans l'intervalle des deux portes en murmurant des paroles confuses; et aussitôt nous distinguâmes la voix claire du fermier qui disait: Basta! (c'est assez). La seconde porte, en se refermant, nous sembla couvrir, de son bruit sourd, un cri étouffé, et tout rentra dans le silence.

— Ces agitations te font du mal, dis-je à Daniella, qui tremblait et ne pouvait plus se soutenir. Je ne veux plus te voir suivre ce cauchemar. La vie de ton enfant est plus précieuse que celle de la Vincenza. Va-t-en, et prends patience, si tu m'aimes. Je te jure que je vais faire tout ce qui sera humainement possible pour empêcher Felipone...

— Il n'est plus temps, va! me dit Daniella. Je ferai ce que tu veux. Tâche de savoir ce que va devenir mon pauvre parrain.

Elle quitta ce lieu sinistre, et je sortis de Mondragone pour courir à la ferme, sans espoir de pénétrer par là dans le chemin souterrain (Felipone avait dû prendre ses précautions), et sans beaucoup de chances d'arriver à temps, quand même le passage serait libre. Le tour qu'il faut faire pour retourner à la porte des cours et redescendre la longueur du château en dehors, avant d'entrer sous les cyprès, prend déjà au moins dix minutes; il en faut au moins autant pour descendre l'allée en courant, et je n'osais guère courir, dans la crainte d'être observé et d'attirer l'attention sur l'événement que je voulais conjurer.

Depuis quelque temps, et surtout depuis le jour où Felipone avait disparu, la ferme était à l'abandon. Les deux domestiques étaient aux champs; les enfans jouaient dans la petite cour. Je demandai à Gianino si son oncle était revenu. Il secoua la tête négativement, et je vis passer, sur sa figure jaune et camuse, une expression de tristesse et d'inquiétude que l'insouciance de son âge n'emporta qu'avec effort. J'essayai, à tout hasard, d'entrer dans la salle basse: elle était solidement fermée, comme de coutume.

J'attendis une heure. J'allai, comme en me promenant, à la prairie où est la petite chapelle qui donne issue au souterrain dans la campagne. Elle était également fermée d'un énorme cadenas. Je retournai à Mondragone et redescendis aux caves de la porte tournante: rien que ténèbres et silence. J'allai consulter Daniella, qui priait devant la madone du portique. Que faut-il faire? lui dis-je.

—Rien! s'il a fait ce qu'il voulait; nous devons paraître ne rien savoir. En le cherchant et en le demandant, nous l'envoyons à l'échafaud. Laissons passer encore une heure, et j'irai porter à manger à ces pauvres orphelins. Felipone les a oubliés, lui si bon pour eux! Quand j'ai vu le commencement de cet abandon, je me suis dit: c'est bien mauvais signe!

La journée s'écoula sans rien changer à nos angoisses.

Vers le soir, Daniella me proposa d'aller voir Onofrio.

— Si mon parrain ne s'est pas tué avec sa femme, il est là. Onofrio était son meilleur ami.

La pénétration de Daniella n'était pas en défaut. Sur les ruines du cirque de Tusculum, nous trouvâmes Felipone assis auprès du berger. Les moutons broutaient, autour d'eux, l'herbe fine de l'amphithéâtre. Le soleil se couchait; une douce brise effleurait, sans les agiter, les cheveux rudes et frisés du fermier.

— Voilà une belle soirée! nous dit-il en venant à notre rencontre. On est bien ici, et vous avez raison d'y venir voir coucher le soleil.

—C'est, dit Onofrio avec son calme habituel, un des plus beaux endroits de la campagne de Rome, et, dans les plus mauvaises journées de l'hiver, on n'y sent point le froid. C'est là que je viens me chauffer au mois de janvier. Ça ne fait de mal à personne, n'est-ce pas? Le bon Dieu ne trouve pas que ça use son soleil quand les pauvres gens, à qui l'on dispute un fagot dans ce monde, vont lui demander un peu de son grand feu.

Nous interrogions avec anxiété la figure de ces deux hommes; il n'y avait chez eux aucun effort visible pour s'entretenir avec nous de la pluie et du beau temps. Ils semblaient continuer une conversation paisible et rêveuse.

— C'est une pauvre vie que la vie de berger, dit Felipone; et pourtant, moi qui, étant garçon, courais un peu les filles et le cabaret dans la ville, j'ai quelquefois désiré d'être seul et dévôt comme ce chrétien-là. Si j'avais cru en Dieu, je n'aurais pas fait les choses à demi: je me serais fait moine ou berger. Plutôt berger, car le moine s'abrutit à recommencer tous les jours la même promenade et à marmotter d'heure en heure les mêmes prières, tandis que le berger va où il veut et dit à Dieu ce qu'il a envie de lui dire.

— Le berger a ses jours de peine et de plaisir, reprit le sentencieux Onofrio. Dans ce temps-ci, il n'est pas à plaindre, et le pays où me voilà fixé, depuis dix ans, est des meilleurs. Mais, dans ma jeunesse, j'ai eu de bien mauvaises saisons à passer, dans des endroits où je ne voyais jamais personne, et où la fièvre me tenait éveillé toute la nuit. Allez, la nuit est bien longue quand on n'a, pour se désennuyer, que le bruit du tonnerre et les grands éclairs qui vous font voir la plaine toute bleue. On dit son chapelet en comptant les gouttes de pluie qui tombent sur le toit de paille. Si on ne croyait à rien, Felipone, on deviendrait aussi bête que les brebis que l'on garde!

— Je n'ai jamais dit que je ne croyais à rien, répondit le fermier; je crois à la folie des hommes et à la malice des femmes.

En parlant ainsi, il fit un mouvement de la tête en arrière pour rire de son gros rire frais et sonore. Daniella me serra le bras pour me faire remarquer, entre son menton et sa cravate, des traces d'ongles toutes récentes: la Vincenza s'était défendue!

— Où est ta femme? lui dit-elle, quand le berger se leva pour rassembler son troupeau.

— Ma femme? dit-il d'un air étonné, elle est à la maison, je pense!

Cela fut dit si naturellement, que j'en fus complètement dupe. Nous revînmes ensemble jusqu'à la ferme. Gianino, en apercevant son oncle, se mit à courir, et se jeta à son cou. Cet enfant, laid et disgracieux, mais intelligent et sensible, se pendait à lui et l'étranglait de caresses.

— Pauvre petit! dit le fermier en l'asseyant sur son épaule, il s'ennuyait sans moi.

— Est-ce que tu vas encore t'en aller? dit l'enfant.

— Non, mon *gianinuccio*; à présent, je vais rester à la maison: je suis las de me promener.

— Et ma tante? Est-ce qu'elle ne va pas revenir aussi?

— Elle n'est donc pas revenue, ta tante?

—Cela t'étonne? dit Daniella à son parrain en le regardant fixement.

—Non, répondit le fermier impassible, en posant l'enfant par terre; elle aura suivi son dernier amant..........................

22 mai.

C'est la seule explication que, depuis quinze jours, nous ayons obtenue de Felipone. Nous avons reçu des nouvelles de Brumières. Il est à Florence. Il nous dit qu'il se porte bien, et nous demande, en post-scriptum, si le fermier n'a pas trop battu sa petite femme.

LVII.

24 juin. — Mondragone.

....

Mais ne pensez pas que, depuis ces quinze jours, nous nous soyons tenus tranquilles, renonçant à retrouver la victime de cette terrible vengeance conjugale.

Dans la nuit qui suivit l'événement, Daniella,

ne pouvant dormir et en proie à un état fébrile qui m'inquiétait, me dit tout à coup :

— Lève-toi, ami ! Il faut pénétrer dans cette *befana* maudite. Qui sait s'*il a eu le courage de tuer sa femme* ? Elle n'est peut-être qu'en punition pour un temps...

— Je n'espère plus rien ; mais, pour te calmer, me voilà prêt à essayer l'impossible. Que crois-tu que je doive faire ? Lorsque j'ai cherché, avec Benvenuto, le chemin de cette *befana*, j'en ai approché beaucoup, puisque le docteur m'a dit avoir entendu notre travail et en avoir été inquiet.   •

— Ce travail était dangereux : je ne veux pas que tu le reprennes ; mais moi, je crois, je dis qu'il y a une autre entrée à la *befana* que celle que nous connaissons, une entrée que Felipone a découverte depuis le temps que le prince et le docteur y étaient, et dont il se réserve le secret pour lui seul.

— Qui te donne cette pensée-là ?

— Une espèce de vision que je viens d'avoir. Oh ! ne me regarde pas d'un air inquiet, ne me crois pas en délire. Je dis une vision, ce n'est pas qu'un souvenir ; mais un souvenir qui s'était effacé tout à fait et qui vient de me revenir, comme j'étais là, moitié pensant, moitié rêvant. Écoute ! Le jour où Felipone nous donna l'idée de nous marier en dépit du curé, je l'avais rencontré dans la partie tout abandonnée du parc qui est entre l'allée des cyprès et le mur de clôture. Il creusait une espèce de fossé, et comme ce n'est pas là son ouvrage, je m'en étonnai. Il ne me donna pas une bonne raison ; mais je n'y fis que peu d'attention, et tant de choses intéressantes m'ont occupée ce jour-là et le lendemain, que je n'ai pas gardé souvenir d'une chose si indifférente. Voilà qu'elle me revient, et c'est peut-être Dieu qui veut que je m'en souvienne. Allons-y !

— Reste tranquille, j'irai seul. Dis-moi où cela est.

— Non, tu ne trouverais pas. Prends tous tes outils ; je porterai la lanterne sourde.

Nous nous glissâmes parmi les lauriers et les oliviers jusqu'aux fourrés épais que Daniella n'avait jamais explorés attentivement, mais où, avec un instinct remarquable, elle retrouva l'emplacement où elle avait vu fouiller. Au lieu d'un fossé, il y avait une butte de terre qui ne paraissait pas de fraîche date. Un épais tapis de mousse témoignait, au contraire, d'un long abandon.

Daniella, qui tenait la lanterne, se baissa et toucha cette croûte de mousse qui se détacha et vint presque tout entière à la main. Elle avait été placée là, elle n'y avait pas poussé ; et elle était si verte et si fraîche qu'elle n'y avait été placée que peu d'heures auparavant.

À la suite de ces observations, je n'hésitai pas à me servir de la pioche et de la bêche. La terre, légère et toute fraîchement remuée, fut écartée en moins de dix minutes. Je trouvai quelques dalles disposées en forme de double escalier formant le toit d'une ouverture carrée à fleur de terre.

Je me penchai sur le bord de cette ouverture, et je sentis le vide.

J'eus encore recours aux papiers enflammés jetés dans ce vide, et je vis l'intérieur d'un vaste puits qui s'évasait vers le fond. C'était une glacière. Je pus fixer la corde à nœuds dont je m'étais muni, à un petit arbre qui masquait en partie l'ouverture. Daniella m'éclaira en faisant lentement descendre la lanterne au moyen

d'une ficelle. Nous n'avions plus d'hésitation, plus de doutes. Cet atterrissement artificiel nous mettait trop sûrement sur la voie.

Je n'eus à descendre que la hauteur d'environ trois mètres. Avant le fond de la glacière, je trouvai un passage très bas et très étroit où je pensai que le gros Felipone ne passait pas sans peine ; et, après un très court trajet, je me trouvai dans la grande galerie qui conduit à la *befana*. Je revins sur mes pas pour calmer les inquiétudes de ma femme et pour lui dire de venir me rejoindre par le *pianto*. J'avais toute espérance de sortir par le *tour*, après avoir constaté le fait mystérieux, horrible probablement, que nous poursuivions.

Je pénétrai sans obstacle dans la *befana*. La faible clarté de ma bougie ne me permettait pas d'en voir l'ensemble, et, après l'avoir explorée dans tous les sens, je commençai à croire que nous avions rêvé une catastrophe. J'allai ouvrir à Daniella, qui arriva bientôt derrière la porte tournante, et que j'étais pressé de tranquilliser.

— Il n'y a rien, il n'y a personne, lui dis-je. S'il eût enfermé là sa victime, il aurait cadenassé cette porte, par où elle pouvait sortir.

— Mais s'il l'a tuée ! As-tu cherché partout ? Tiens, voilà une chose nouvelle, ici. La grande cheminée qui donne près du casino est murée.

— Cela n'a-t-il pas été fait pour nous empêcher d'entendre les cris de Brumières, lorsqu'on l'a tenu ici toute une nuit ?

— Il nous a dit qu'on l'avait bâillonné. On n'aurait pas pris cette peine-là, si la cheminée eût été murée.

Je crevai, à coups de pioche, la cloison de briques qui fermait l'orifice de la cheminée, et je vis qu'on avait entassé du foin derrière cette maçonnerie encore fraîche. Felipone avait donc pris ses précautions d'avance pour que l'on n'entendît pas, du casino, les cris de la victime.

— Puisqu'il a eu tant de préméditation, dis-je à ma femme, il n'y a pas d'espoir à conserver. S'il l'a tuée, il a eu le sang-froid de l'enterrer quelque part, soit ici, soit ailleurs, dans les souterrains, peut-être dans la glacière par où je suis descendu, et dont il a eu le soin de masquer l'entrée.

Nous examinâmes toutes choses. Le lit où Tartaglia avait couché une nuit, ayant celle où il avait arrangé, à la ferme, le mariage du prince, était encore dans le fond de l'hémicycle avec les matelas et les couvertures. Nous nous rappelions que le fermier avait attiré sa femme dans la *befana* en lui donnant pour prétexte qu'il fallait remporter cette garniture de lit, et le lit n'était pas dégarni. Les échelles qui avaient servi à porter Brumières dans la niche et à l'en faire descendre étaient encore là. J'y montai ; je ne trouvai dans la niche qu'un bouton de manchette, que je reconnus appartenir à Brumières. Il n'y avait aucune autre trace d'une lutte quelconque.

— N'importe, dit Daniella, j'ai rêvé que je devais venir ici, et je n'en sortirai pas sans une certitude.

Et, toute pâle et frémissante, elle cria par trois fois, de sa voix pleine et accentuée, dans le sourd et morne édifice, le nom de Vincenza.

Au troisième appel, un faible gémissement se fit entendre, et nous nous élançâmes vers les décombres d'où le son était parti.

Nous trouvâmes, dans le fond de la partie écroulée, la malheureuse femme assise et idiote. Ses vêtemens déchirés, ses cheveux épars, collés à son front par le sang qui s'était coagulé sur son visage, la rendaient si méconnaissable et si effrayante, que Daniella, superstitieuse, recula en disant : C'est la véritable *befana* !

La victime était hors d'état de nous répondre. Elle essaya de se lever et retomba. Je l'emportai dans le casino, où nos soins lui rendirent la raison, mais non la force. Elle avait perdu tant de sang qu'elle était épuisée. Elle avait reçu à la tête un seul coup d'un assommoir quelconque. Elle n'avait rien vu. Elle avait une large blessure près de la tempe, mais elle ne la sentait pas, et demandait seulement si elle avait quelque chose au visage. Elle parut soulagée dès qu'elle sut qu'elle n'était pas défigurée.

Le sang était arrêté; les os du crâne ne me parurent point lésés. Il était évident que Felipone avait voulu tuer, qu'il croyait avoir tué, mais que sa main avait manqué de force et qu'il n'avait pas eu le courage de porter un second coup. Cet homme si adroit et si fort n'avait pas pu tuer la femme qu'il aimait. La Vincenza se rappelait avoir lutté, avant d'être emmenée jusqu'au réservoir, où elle pensait qu'il avait voulu la noyer. Puis, elle était tombée sous un choc violent et n'avait eu conscience de rien, jusqu'au moment où elle nous avait entendu parler, Daniella et moi, dans la befana. Elle n'avait pas reconnu sa voix; elle ne se rendait encore compte de rien en ce moment-là. Mais, en s'entendant appeler par son nom, et par une voix qui, disait-elle, ne lui avait pas fait peur, elle était venue à bout, par un effort machinal, de nous répondre.

Elle pensait avoir été poussée dans le réservoir après le coup qui lui avait ôté la connaissance, et elle ne se trompait probablement pas, car ses vêtemens fripés paraissaient avoir été mouillés jusqu'à la ceinture. Mais elle avait dû revenir à elle, étant seule, et se traîner jusqu'à la place où nous l'avions retrouvée. Ç'avait été un effort tout instinctif, sa mémoire ne pouvait ressaisir ce fait.

Elle ne put même nous donner ces vagues détails qu'après quelques heures de repos. Daniella eut beaucoup de peine à la réchauffer, et passa le reste de la nuit à la soigner. J'avais, de mon mieux, pansé et fermé la blessure, avec le collodion et la toile adhésive qu'à mon départ du presbytère, l'abbé Valreg, en sa paroisse, avait fourré dans ma malle, en cas d'accident. Je lui ai vu faire tant de pansemens charitables, où je l'aidais naturellement, que je n'y suis pas trop maladroit.

Grace à un tempérament peu irritable et à un sang très pur, la malade n'eut pas la réaction nerveuse que je redoutais, et, au bout de deux jours, la cicatrice était fermée dans les meilleures conditions possibles. Il nous fallut agir avec beaucoup de mystère, d'une part pour ne pas exposer Felipone à des poursuites, de l'autre, pour ne pas exposer sa femme à une nouvelle vengeance.

J'avais, dès la nuit même de cette recouvrance inespérée, fait disparaître les traces de mon entrée dans la glacière, après être remonté par là, afin de laisser le tour fermé en dedans. Je pouvais présumer que Felipone n'aurait jamais la force de retourner dans la befana, mais il s'assurerait des issues, pour que personne ne pût constater son crime. Je ne me trompais pas : il travaillait à murer et à condamner pour jamais l'entrée du souterrain dans sa cave. Je le sus par Gianino, qui l'entendait maçonner et porter des pierres durant la nuit; et, malgré ses précautions, je le

vis, en outre, sortir, un matin, des massifs de la glacière. J'allai voir furtivement ce qu'il avait fait. Je trouvai la butte exhaussée et complétement plantée d'arbres. Une autre fois, je vis Onofrio, sans chiens et sans troupeau, auprès de la chapelle de Santa-Galla. Là aussi, probablement, on avait muré le passage.

Il nous tarde beaucoup, comme vous pouvez croire, de voir la Vincenza sur pied et de la faire évader. Nous sommes dans des appréhensions continuelles que son mari ne la découvre dans une des chambres de notre casino. Il est venu nous voir une seule fois depuis qu'elle y est, et s'est assis sur la marche de cette chambre qui donne sur la petite terrasse, vis-à-vis de notre appartement. Appuyé sur les balustres, je fumais en feignant de ne pas l'observer, car j'arrive forcément à être aussi dissimulé qu'un Italien de sa trempe. Il était affaissé et comme abruti dans son déchirant sourire. Peut-être que si j'eusse osé lui dire : « Elle vit, elle est là tout près de toi, » je lui eusse rendu la vie, et le repos. Mais Daniella m'a appris, par la justesse de sa divination, à ne pas me fier aux apparences. Peut-être l'expression de désespoir et de remords que je croyais lire sur la figure de ce malheureux n'était-elle que la satisfaction morne et sombre d'une vengeance assouvie.

25 juin.

Il était temps que l'on vînt nous délivrer de la présence de cette Vincenza. Elle me devenait insupportable. Sans cœur et sans raison, cette créature ne songeait qu'à recommencer une vie de désordre. C'est une sensualité stupide qui la gouverne. Elle n'a d'autre cupidité que le goût de la toilette, et sur son lit, ayant à peine la force de parler, elle s'enquérait du bijou étrusque de Brumières, et reprochait à Daniella d'avoir refusé de le recevoir pour elle. Du reste, prodigue, imprévoyante, ne se demandant jamais si elle aura du pain, mais bien une robe de soie et des fichus brodés. Ses habitudes de galanterie l'ont sollicitée avant même que ses forces physiques fussent revenues, car, en remercîment de mes secours et de mes soins, elle m'a offert ses bonnes grâces avec un cynisme imbécile. C'est, dans sa pensée, vous en conviendrez, une étrange manière de récompenser Daniella de son dévoûment.

Sa société nous était de plus en plus répulsive. Elle troublait et souillait l'harmonie poétique de notre existence par son caquet puéril et le dévergondage de son étroite imagination. La seule chose qu'il y ait à louer en elle, c'est une grande douceur ; mais il n'en faut chercher la cause que dans un manque d'énergie et dans l'absence de toute fierté. Elle reçoit en riant les plus dures leçons, et son mari ne lui inspire que de la peur, sans aucune réaction de vengeance. « Pauvre homme, dit-elle en parlant de lui, je suis sûre qu'il est bien fâché de ce qu'il a fait. Pourvu qu'il ne lui en arrive pas malheur ! Si je voulais, il me reprendrait et me demanderait pardon à genoux. » Mais quand on lui conseille d'essayer une réconciliation, elle répond qu'elle s'y fierait bien, mais qu'il n'est pas *agréable* de vivre avec un homme devenu si jaloux. En un mot, elle trouve moyen de dire des choses risibles en riant elle-même. L'horreur de sa situation dans la befana et de la mort, par la faim, qui l'y attendait si nous ne l'eussions sauvée, ne lui a pas même laissé de terreurs. Elle écarte ces souvenirs avec une merveilleuse facilité, en disant qu'il ne faut pas penser aux choses tristes, et prouvant qu'il est des natures douées de l'heureuse impossibilité de souffrir, ce qui les assimile à certains animaux à moitié inertes, qui remplissent aveuglément les fonctions de la vie dans les bas-fonds de la création.

Daniella a eu le grand sens de n'être pas jalouse en voyant les provocations, à peine voilées, qu'elle m'adressait. — Je ne me sens pas d'indignation contre elle, m'a-t-elle dit; je vois qu'elle n'a pas conscience d'elle-même. Elle a l'innocence des bêtes. Il faut que Felipone ait senti cela, puisqu'il l'a assommée avec aussi peu de remords qu'il eût fait d'un de ses animaux.

Et pourtant Felipone a des remords et un incurable chagrin. J'ai appris à lire, sur sa figure, le démenti secret que la passion donne à son tempérament pléthorique.

La Vincenza commençant à pouvoir marcher, nous nous demandions comment nous la ferions évader secrètement, lorsque, par une nuit d orage effroyable, nous entendîmes sonner à la porte de la grande cour. Une visite à pareille heure et par un temps pareil ne fut pas accueillie sans précaution. Un cavalier, enveloppé jusqu'aux yeux, me demandait à entrer un instant. C'était le docteur R...

— Vous comprenez ce qui m'amène, me dit-il. Je viens chercher la Vincenza... s'il n'est pas trop tard !

Il avait rencontré Brumières à la Spezia. Apprenant que ce voyageur venait de Frascati, le docteur, bien qu'il ne le connût pas, lui avait demandé des nouvelles des personnes qui l'intéressaient, de sa mère, de moi et de Felipone. Brumières, qui venait de recevoir une lettre de nous, où nous lui disions que Vincenza avait couru et courait encore de grands dangers, avait fait part de ce paragraphe au docteur.

— J'ai compris, nous dit celui-ci, que M. Brumières, bien qu'il ne s'en vantât pas, était pour quelque chose dans les malheurs de ce ménage; mais il se pouvait que je fusse seul en cause dans l'esprit du mari; et, d'ailleurs, il me suffit qu'une femme m'ait appartenu sans spéculation et sans perfidie pour que je me regarde comme son défenseur en toute circonstance où je peux quelque chose. Je connais ce bon Felipone, un homme à passions exclusives, capable de haïr autant que d'aimer. Je viens donc voir si je dois lui enlever sa femme, ou si je peux les réconcilier ensemble. Dans tous les cas, je viens attirer le danger sur moi pour le détourner d'elle.

Quand le docteur sut ce qui s'était passé, son parti fut pris à l'instant même. Donnez-moi cette pauvre femme, dit-il; je vais la mettre en croupe derrière moi, et je me fais fort de la conduire en lieu sûr. De là, je l'expédierai en France, où un de mes amis me demande une cuisinière italienne. Elle sait faire le macaroni comme personne. Peut-être qu'un jour son mari pleurera sa violence et sera heureux d'apprendre qu'elle vit encore; mais il ne sera jamais ni utile ni prudent de lui dire où elle est.

Daniella, avertie par moi, habilla et enveloppa la Vincenza dans ses propres vêtemens, et je la plaçai sur le cheval du docteur, qui refusait de mettre pied à terre, et qui causait à voix basse avec moi sous les voûtes de la caserne d'entrée.

La Vincenza s'en allait avec une joie d'enfant, ivre de l'idée de voir Paris et d'être morte pour Felipone. Le docteur lui défendit de lui dire une parole. — Nous jouons gros jeu, me dit-il à l'o-

reille. Faites-moi l'amitié de regarder par là, vers le chemin des Camaldules, si personne n'a eu l'éveil de mon arrivée.

Quand je me fus assuré du fait, il me serra la main et partit au galop avec le dangereux fardeau dont il avait le courage de se charger. Ce qu'il faisait là, au péril de sa tête proscrite et mise à prix, pour une femme dont il ne se souciait déjà plus, si tant est qu'il s'en fût soucié plus d'un instant dans sa vie de plaisirs faciles, était un acte d'humanité tout à fait dans sa nature : quelque chose d'héroïque, accompli avec une agréable rondeur et une crânerie sans ostentation. Grande âme, je ne dirai pas typique par rapport à l'Italie, où les types sont si variés, mais bien italienne, en ce sens qu'elle résume des vertus providentielles et des exubérances fatales : rien à demi, et tout en grand. Là où le mal se fait petit et lâche, on peut dire que le type national est entièrement effacé. Par malheur, il l'est ici dans une effrayante proportion, Hélas ! hélas ! quel compte auront à rendre à Dieu ceux qui tuent l'âme des générations et qui peuplent de spectres abjects les terres bénies où le ciel avait magnifiquement répandu la beauté des idées avec celle des formes !

Conclusion.

Ici se termine le journal de Jean Valreg. Des occupations assidues, la peinture dont il était chargé, les études musicales qu'il continuait avec sa femme, les promenades nécessaires à la santé de l'un et de l'autre, et les visites fréquentes à Villa-Taverna, où lord et lady B*** passèrent l'été, rendirent si difficile le surcroît de besogne que je lui avais imposé, qu'il me demanda la permission de s'en tenir à de simples lettres de temps en temps. Voici le résumé de sa situation à l'automne de la même année.

L'événement tragique de la befana n'avait pas éveillé le moindre soupçon, malgré l'absence indéfinie de la Vincenza. Felipone n'avait pas fait semblant de chercher sa femme. A ceux qui le questionnaient, il répondait qu'il était becco, beccone, becco cornuto ; et il riait ! La disparition de la Vincenza coïncidant avec celle de Brumières, que personne n'avait vu partir, on ne doutait pas qu'il n'eût enlevé la fermière, dont les relations avec lui n'étaient un secret pour personne.

Les annexes de l'immense villa continuaient à dégringoler dans le ravin. Le pavillon central était toujours solide et s'embellissait de fresques et de lambris. Le casino était devenu une demeure délicieuse de fraîcheur, de poésie et de gaîté pour le modeste ménage. Les visites n'y manquaient pas. La curiosité qu'inspirait ce couple amoureux, niché dans une ruine, en attirait bien quelques-unes dont on se fût passé; mais cette curiosité était bienveillante et le soir y tenait fin. Le dîner et la veillée tête à tête, au sein d'une solitude absolue et grandiose, étaient toujours une fête pour Valreg et Daniella. On y parlait du petit enfant comme s'il était déjà né et, en attendant, on aimait Gianino, on le tenait propre et on lui apprenait à lire.

Felipone n'avait pas laissé percer la moindre agitation. Il s'occupait de ses affaires, tenait mieux que jamais sa ferme et sa laiterie, caressait ses neveux, vantait Gianino comme un prodige, ne s'occupait d'aucune femme et riait toujours des maris trompés et de lui-même. « Seulement, nous nous apercevons, écrivait Valreg, qu'il maigrit et que ses yeux se plombent. Il boit beaucoup et commence à divaguer après souper. Il ne lui échappe jamais un mot compromettant ; mais son sourire éternel devient l'étrange expression d'une souffrance chronique. Je le crois atteint d'une maladie de foie, et il fait tout ce qu'il faut pour qu'elle ne soit pas longue. Il va souvent causer avec le berger de Tusculum, qui cherche à le guérir de son athéisme, mais qui n'y parvient pas encore. Pourtant, le fait de cette intimité entre deux hommes de caractères et d'opinions si opposés s'explique peut-être, chez Felipone, par un vague besoin de croire. Il semble parfois qu'il défende avec acharnement son impiété pour se faire battre. Malheureusement, le berger a, malgré son grand bon sens, trop de superstitions locales pour être un apôtre bien efficace. Onofrio croit aux sorciers. Un autre berger, son voisin de paillis, est *jettatore*, jeteur de sorts, et lui fait mourir ses moutons. Il le ménage dans la crainte qu'il ne lui donne une maladie dont il a fait mourir une vieille femme de Marino, et qui consistait à vomir des cheveux, « toujours et toujours des cheveux qui lui pesaient affreusement sur l'estomac, et qui auraient pu couvrir le Mont-Cavi, tant ils étaient longs, épais, inépuisables. » Vous voyez que le sage Onofrio, un érudit, un philosophe, un saint quant à l'austérité, un homme de cœur à tous égards, est, malgré tout, un paysan assez semblable aux nôtres. Ses récits merveilleux font rire Felipone, et ses menaces de l'enfer ne lui causent ni crainte ni remords. Une seule fois, je lui ai entendu regretter de ne pas croire au ciel; mais il a vite ajouté: « Le ciel et l'enfer sont sur la terre. Quand on a eu l'un et l'autre, on n'en doit désirer ni craindre davantage. »

Telle n'est pas la croyance de Daniella ; mais elle a fini par se sentir pardonnée et par savourer sans effroi son amour et son bonheur, désormais sanctifiés par le prochain espoir de la maternité.

Médora se fait construire, aux environs de Gênes, une villa fabuleuse. Tartaglia y fait ses affaires honnêtement, à ce qu'il assure.

La bonne intelligence se soutient entre lord et lady B***. Quand cette dernière a quelque mouvement d'humeur, elle se borne à gronder Buffalo, qui, du reste, est admis au salon. Je sais par l'abbé Valrég, que j'ai vu en Berry, que la bonne Harriett a fait son testament, et qu'elle assure une petite fortune aux enfans à venir de Valreg ; mais c'est un secret que l'on garde au jeune ménage.

Voici la fin de la dernière lettre que nous avons reçue de Jean Valreg. Elle n'ajoute rien au roman de sa vie, mais elle contient une appréciation personnelle de l'état actuel de Rome, qui pourra intéresser quelques-uns de nos lecteurs.
....
« Après vous avoir parlé de tous ces morts illustres dont se compose ici le monde de l'art, je voudrais bien vous parler des vivans. Mais les vivans, hélas ! les vivans ! je les ai cherchés sans les rencontrer. Et pourtant, l'on m'avait dit qu'il y avait là un grand peuple. Il y est encore, à

coup sûr. Il n'y a pas si longtemps qu'il a fait ses preuves, car, de quelque point de vue que l'on envisage le but du peuple romain dans cette dernière révolution, tout ce qui est équitable et intelligent, en Italie, rend justice à sa bravoure, à son patriotisme, à son enthousiasme ; mais où se cache-t-il aujourd'hui, ce peuple héroïque ? Certes, il se cache, il se tait, il attend. Il n'est pas possible qu'en si peu d'années il se soit démoralisé à ce point d'être celui que l'on voit tendre la main dans les rues. Un peuple de mendians!... Il est vrai que ces mendians ont la haine dans les yeux et l'injure à la bouche! Oh! s'il y a là quelques-uns de ceux qui naguère avaient reconquis leur liberté, pitié pour ces héros d'hier, pitié pour ces vainqueurs d'un jour, qui, par leur rapide avilissement, proclament cette poignante vérité des anciens : « les Dieux, » quand ils réduisent l'homme à l'état d'esclave, » lui retirent la moitié de son âme. »

Et si ce peuple est, en majorité, ce qu'il paraît aujourd'hui; s'il est marié avec la paresse et toutes les lâchetés, tous les vices qu'elle engendre ; si Rome est une caverne de filous et de mouchards, à qui la faute ? On pourrait signaler au mépris de l'univers un peuple libre qui refuserait le travail et vivrait satisfait de l'aumône de ses oppresseurs ; mais quand les serfs d'un pouvoir absolu, théocratique, infaillible, tombent dans la dernière abjection, à qui faut-il s'en prendre ? De quel droit exigerait-on des vertus de ceux à qui l'on ne permet pas même de penser ?

Aidez-moi donc à absoudre ceux qui, ayant été grands naguère, seraient aujourd'hui mêlés à la horde misérable que l'on voit traîner sur le pavé de la ville sainte. Et si aucun d'eux ne s'y trouve, disons qu'en effet il y a là, quelque part, muette, invisible, patiente, une race de héros, de saints ou de martyrs.

Moi, qui ne suis affilié à aucune action politique, je ne peux vous parler que de la population que j'ai vue. Eh bien, ce n'est pas une population, c'est une populace. N'y cherchez pas ce troupeau de croyans superstitieux, mais naïfs, que les cérémonies et les images consolaient de sa misère. Il y a longtemps qu'on se représente les pratiques dévotes comme un bien ou comme un mal nécessaire dans ces pays de foi et d'imagination ; mais, quels que soient le dédain ou la sympathie qu'inspire le passé de ce peuple, il faut ouvrir les yeux et le voir tel qu'il est aujourd'hui. Il ne croit plus à rien, pas même au prêtre, ce spectre si longtemps placé à côté de Dieu, et même avant Dieu dans son culte. Il le hait, il le menace du regard et de la pensée; mais il le salue du genou et le bénit des lèvres. La passion des gros sous est le seul rêve de sa vie. Les baraques de la loterie, caricature grossière de nos jeux de Bourse, sont les seuls temples qu'il fréquente avec enthousiasme. C'est là qu'ému par un reste de superstition païenne, il va jeter son dernier écu, après avoir fait des vœux à la Vierge ou à quelque saint patron. Mais, à chaque déception, la Vierge et les saints sont insultés et maudits tout haut, dans des termes qu'on n'adresserait pas chez nous à la dernière fille des rues ou au plus infâme de ses associés.

Quand le pape se montre, il y a encore une espèce de foule autour de lui, foule dont il se méfie pourtant, car une rangée de Suisses allemands, en costume d'opéra, mais bien armés de hallebardes et passablement rébarbatifs et grossiers, fait la haie autour de lui jusqu'au pied des autels. Seulement, il faut dire que cette foule est la plus hideuse qui se puisse concevoir. C'est un ramassis de mendians infects, d'une nudité cynique, affligés de toutes les plaies, de toute la vermine, de toutes les monstruosités que le pire cauchemar pourrait vous représenter. Les orthodoxes se récrient sur la beauté du spectacle. Le pape et les cardinaux traînant l'or et la pourpre au milieu de ces guenilles et de cette sanie, quelle humilité, quel sentiment de l'égalité chrétienne! C'est vraiment édifiant! Mais puisque les uns ont l'or et la pourpre, pourquoi, dans la maison du Christ, ces haillons et ces ulcères, témoignages d'une effroyable détresse et d'un complet abandon? Est-ce une livrée de misère que l'on fait endosser à cette canaille pour former le tableau et garder la tradition du clergé, protecteur accessible de la mendicité? En ce cas, la mise en scène serait savante. Nulle part au monde on ne trouverait pareils costumes de cérémonie! Les plus effrayans mendians de Callot sont des dandies en comparaison de ceux-ci. Mais, hélas, non! ce n'est pas là un costume de circonstance. Vous trouverez partout, dans Rome et autour de Rome, ces déplorables fantômes habitués à leur atroce dénûment. C'est là qu'on voit des êtres littéralement vêtus d'une jambe de pantalon; d'autres, nus jusqu'à la ceinture, vous montrent un moignon rongé par la gangrène, ou vous portent jusqu'au visage, avec un rire amer, une main putréfiée qui vous poursuit et qui impose l'aumône, non à la pitié, on perd tout sentiment vis à vis d'êtres qui semblent se réjouir de leur infection et la considérer comme une grâce d'état, mais au dégoût, à l'horreur qu'ils sont joyeux de vous inspirer.

Ah! mon ami, plaisante et s'amuse qui voudra de l'insouciance italienne, de l'orgueil du Romain porteur de guenilles, de la philosophie du mendiant facétieux riant sur les ruines du palais des Césars! moi, je ne puis! C'est horrible à voir! Le moral de ces misérables est aussi répugnant que leurs plaies. Nulle part je n'avais vu l'être humain aussi dégradé, et les atrocités dont le monde païen fut le théâtre, les bêtes du cirque dévorant des hommes à la vue d'un public altéré de sang, les esclaves fouettés et torturés, tout ce mépris de l'humanité, qui fait les fastueuses annales de Rome, me paraît s'être perpétué et incarné dans son sein et dans ses mœurs. Certes, la scène a bien changé de personnages. Les Césars terribles sont de doux pontifes, et les victimes enthousiastes sont des mendians abrutis. Mais, au fond, ce sont les mêmes contrastes, les mêmes horreurs! Les lions et les tigres du Colisée s'appellent abrutissement, corruption, misère, et Rome tout entière est une arène où l'œil féroce du curieux sans entrailles peut se rassasier des plus hideuses formes de la destruction physique et morale.

Ne prenez pas ceci pour une déclamation, pour une aversion jacobine contre le prêtre. Non, je vous jure. Elevé par un prêtre, qui m'a rendu heureux, je suis nécessairement tolérant envers l'homme qui représente un culte auquel une partie de la population européenne est attachée. Mais je déclare cet homme le plus inhumain ou le plus incapable des souverains du monde temporel. J'ai vu le pape plusieurs fois et de très près. D'après sa figure et d'après ce que disent de lui des personnes dignes de créance, c'est un homme excellent, de mœurs pures et de bonnes intentions. Preuve effroyable du mal inhérent au pouvoir politique de l'Eglise, qu'un honnête homme, véritablement pieux et doux, ne puisse rien changer à cet horrible état de choses. Dans l'opinion des chefs du parti clérical absolutiste, le pape est encore considéré comme un *libéral* funeste à la gloire et à la puissance du clergé. Sa dévotion sincère, ennemie des mesures violentes, est la cause de tous les maux. On cite cette parole d'un cardinal très puissant et très habile : *Tutto il male viene di* QUESTO *(Pie IX) che* CREDE! Le mot peut être apocryphe, mais ces mots-là sont presque toujours l'expression d'un sentiment qui existe énergiquement et qui s'est trahi sous une forme ou sous une autre.

Une chose bouffonne, au milieu de ces choses tristes, c'est que le saint-père est réputé, en haut lieu, *gettatore (jeteur de mauvais sorts),* et que certains cardinaux ne l'approchent jamais sans tenir ouverts deux doigts de la main fermée, coutume italienne qui a pour but, vous le savez, de repousser le mauvais œil. Cela signifie que l'on fait les cornes au diable. Ainsi, cet excellent prêtre, condamné par la fatalité, par la logique implacable des choses, à être réputé mauvais pape ou mauvais souverain, est considéré, par son entourage le plus éminent, comme un suppôt de l'enfer.

Tout cela est bien noir, n'est-ce pas? Mais voulez-vous voir Rome sous son aspect brillant, et revêtue de sa splendeur officielle? Regardez ceux qui y tiennent le haut du pavé. Ce ne sont pas des muscadins comme chez nous sous le Directoire, ni des militaires comme sous l'empire, ni des boursiers comme aujourd'hui. Ici, les muscadins, les militaires, les enrichis, ce sont les membres du haut clergé. Qui passe fier et bruyant sur les dalles sonores, la tête haute, l'œil ardent, la voix retentissante, l'air triomphant! Ce sont les cardinaux, les évêques et les jeunes *monsignori!* A eux les aventures, la gaîté, la liberté, l'impunité; à eux les beaux chevaux, la tournure martiale, les œillades des femmes, le luxe, les recherches exquises de la toilette, le goût des arts.

....

Est-ce dans les vices des hommes qu'il faut chercher la cause de ce dépérissement, on peut dire de cette agonie d'une société? Il serait trop facile de recommencer les déclamations des réformateurs du passé. Quand une société est forcément corrompue, il y a quelque terrible cause générale qui innocente presque les individus. Ici les causes sont multiples; mais la principale c'est, il me semble, la forme même du gouvernement pontifical, qui n'a pas d'analogue dans le monde, et qui a les défauts de toutes les constitutions connues sans avoir aucune de leurs qualités. Est-ce une monarchie? non, puisqu'il ne peut pas y avoir hérédité. Est-ce une république aristocratique? non, puisque l'élection est réservée à un corps de célibataires en dehors de la société. Est-ce une oligarchie? plutôt; mais cette absence d'hérédité est ici un élément de désordre effroyable, parce que l'ambition de famille, déjà si funeste par elle-même, y devient une ambition toute individuelle et complètement stérile. Je comprends jusqu'à un certain point le czar, à la fois César et Pape. Je ne comprends par aucun point un célibataire voulant être l'un et l'autre.

Le célibataire ne saurait se faire aucune idée

des devoirs et des besoins de la famille; aussi, au lieu de constituer la société qu'il régit sur le modèle de la famille, le prêtre catholique est-il nécessairement entraîné à la constituer sur le modèle du couvent, où chacun abjure sa liberté au détriment de tous, au profit de personne.

Le prêtre n'est pas institué pour travailler, puisqu'il n'est pas institué pour produire. Sa mission est de contempler et de prier. Ici, tout le monde est moine; on ne travaille pas. Les stériles richesses du couvent nourrissent une race de pauvres, également stériles, qui ne savent que prier ou faire semblant. La terre se dessèche, l'air se corrompt, la race humaine s'étiole; le corps et l'âme périssent dans l'immobilité du néant; les cloches seules sont vivantes et font retentir d'un éternel chant de mort cette cité dolente, où se traînent en grimaçant des ombres effacées.

Lord B*** m'a fait faire connaissance avec plusieurs personnes distinguées qui me font la guerre sur mon dégoût de Rome, et sur le spleen mortel qui s'empare de moi quand j'y ai passé seulement quelques heures. Je ne suis pas assez *fort* pour leur faire comprendre ce que j'éprouve, et je vous le ferai mal comprendre à vous-même, qui pourtant me connaissez mieux. Vous vous direz que je suis un être trop impressionnable, trop instinctif, que je me laisse trop dominer par la vie de sentiment, et qu'il conviendrait mieux à un artiste de ne pas tant voir les misères et les peines de la réalité, et de s'absorber ou de s'enivrer davantage dans la contemplation des curiosités et des beautés de l'art. Vous avez raison. Que voulez-vous? Je suis toujours le pauvre Jean, amoureux d'un rayon de soleil, pénétré d'horreur et de dégoût quand, au lieu du papillon ou de l'oiseau qui devraient habiter ce rayon, il y voit s'agiter la chauve-souris, fille des ténèbres.

Alors je m'enfuis, pris de terreur devant les morts qui percent les pavés de la ville éternelle, et je retourne, en courant, à ma chère femme et à mes beaux ombrages de Frascati, où m'attendent les sourires de l'impérissable amour et de l'éternelle beauté.

GEORGE SAND.

FIN.

PARIS. — Imp. SERRIERE et Cᵉ, rue Montmartre 123.